DAS GROSSE NATIONAL GEOGRAPHIC BUCH

EIN JAHRHUNDERT ABENTEUER UND ENTDECKUNGEN

DAS GROSSE NATIONAL GEOGRAPHIC BUCH

Ein Jahrhundert Abenteuer und Entdeckungen

C.D.B Bryan

G+J/RBA HAMBURG

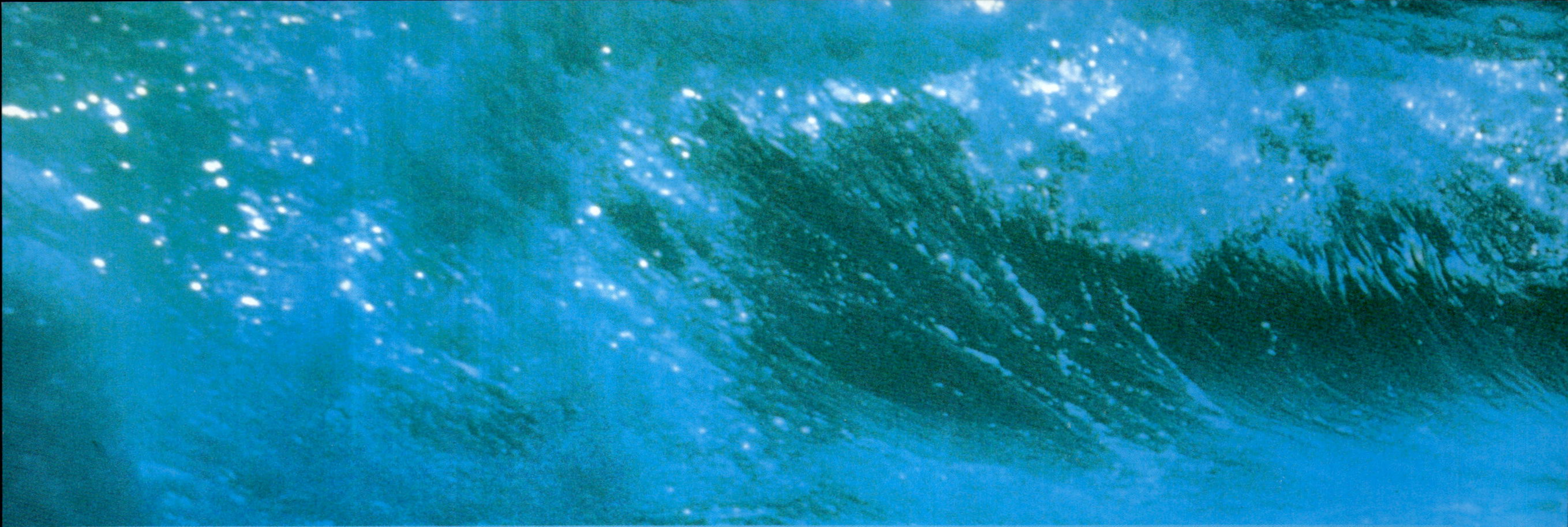

Seite 1: Blitze tanzen über den Bergen bei Tucson, Arizona.

Seiten 2–3: Afrikanische Elefanten an einer Wasserstelle im Schutzgebiet des Etosha-Nationalparks, Namibia.

Seiten 4–5: Der Krater des Vulkans St. Helens im Staat Washington ein Jahr nach seinem Ausbruch am 18. Mai 1980.

Seiten 6–7: Das Gesicht hinter der Maske eines "Schlamm-Menschen" des Asaro-Tales in Papua-Neuguinea.

Seiten 8–9: Eine Fledermaus schnappt nach einer giftigen Kröte.

Seiten 10–11: Afghanische Reiter beim Nationalsport buz kashi, einer wilden Form des Polospiels.

Seiten 12–13: Das Dach der Welt: der Himalaja in Nepal.

Diese Seite: Vier große Meerbarben im japanischen Izu-Ozeanpark.

Folgende Seiten: Die Großen Pyramiden in Gizeh, Ägypten.

Titel der amerikanischen Originalausgabe:
THE NATIONAL GEOGRAPHIC SOCIETY –
100 YEARS OF ADVENTURE AND DISCOVERY
C: D. B. Bryan

Die National Geographic Society wurde 1888 gegründet, um »die geographischen Kenntnisse zu mehren und zu verbreiten.« Seither unterstützt sie die wissenschaftliche Forschung und betreut fast elf Millionen Mitglieder in aller Welt. Die National Geographic Society informiert durch Magazine, Bücher, Fernsehprogramme, Videos, Landkarten, Atlanten und moderne Lehrmittel. Außerdem vergibt sie Forschungsstipendien und organisiert den Wettbewerb NATIONAL GEOGRAPHIC BEE sowie Workshops für Lehrer. Die Gesellschaft finanziert sich durch Mitgliedsbeiträge und den Verkauf der Lehrmittel. Die Mitglieder erhalten regelmäßig das offizielle Journal der Gesellschaft: das NATIONAL GEOGRAPHIC MAGAZINE. Falls Sie mehr über die National Geographic Society, ihre Lehrprogramme und Publikationen wissen wollen: Nutzen Sie die Website unter www.nationalgeographic.com. Die Website von NATIONAL GEOGRAPHIC DEUTSCHLAND können Sie unter www.nationalgeographic.de besuchen.

Deutsche Ausgabe veröffentlicht von G+J/RBA Hamburg 2001

Übersetzung: Thomas Hemstege, Gudrun Erler und Einar Schlereth für Hoffmann und Campe; Dr. Eva Dempewolf für G+J/RBA
Koordination/Redaktion: Carlo Lauer
Redaktionelle Mitarbeit: Maren Borgerding, Peter Demmler, Franziska Maaß, Korinna Schadt, Matthes Wiemer, Christel Waturandang für :Medienmacherei
Realisation: Herbert Hofmann :Medienmacherei
Schlusskorrektur: Martin Ballhaus für CLP
Satz: MediaService *Vienna*, Otto Fritsch
Titelgestaltung: Lutz Jahrmarkt
Produktion: Ursula Stahl
Druck und Verarbeitung: Mohndruck
Printed in Germany
ISBN 3-934385-12-5

Inhalt

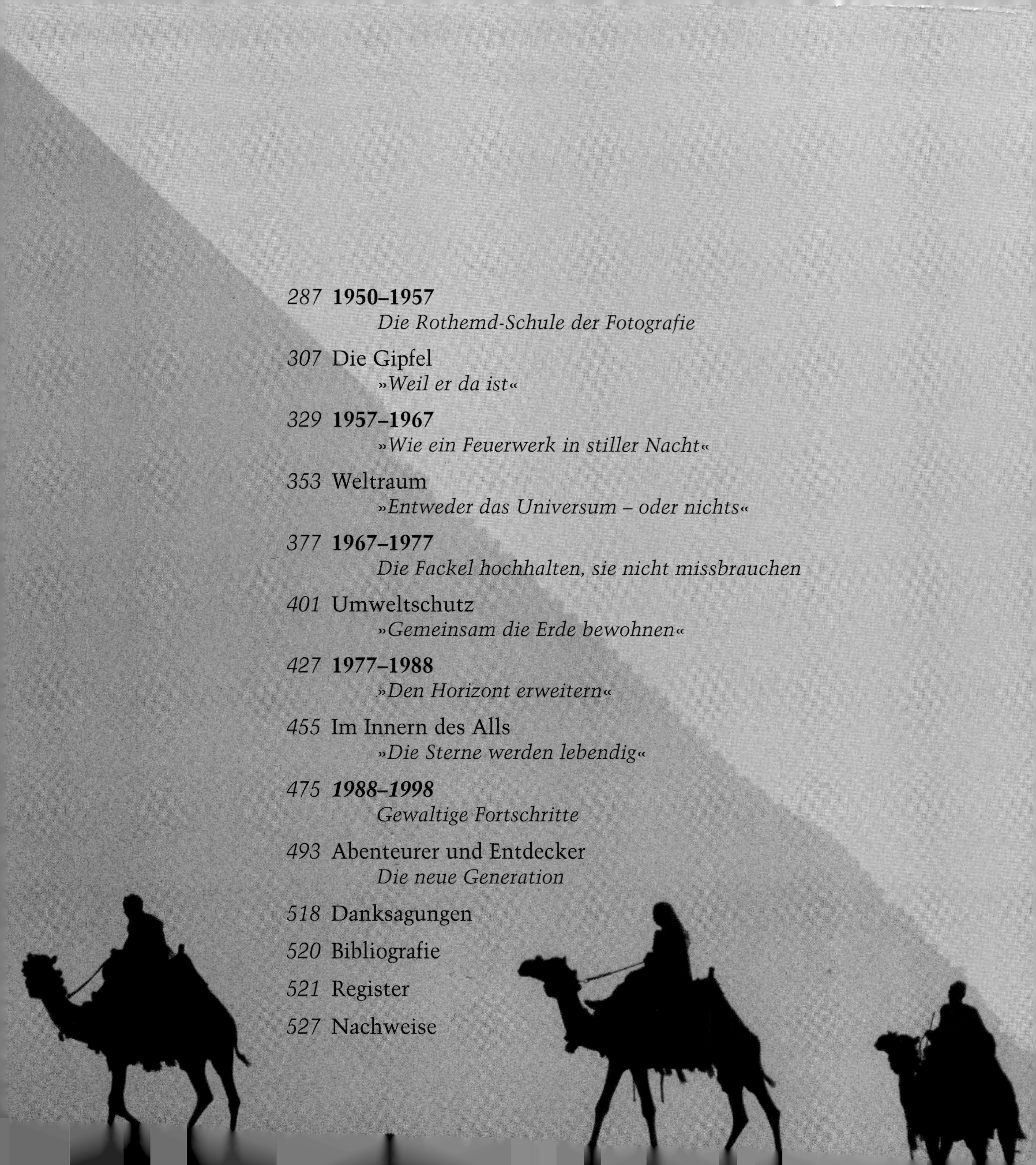

Einleitung

Es musste einfach ein Vergnügen sein, dieses Buch zu schreiben. Denn wer die Möglichkeit hat, die mehr als 100-jährige Geschichte der National Geographic Society zu erforschen, wird wieder zum Kind – zu einem Kind, das an einem verregneten, endlosen Sommernachmittag auf dem Dachboden eines gemieteten Ferienhauses das reich bebilderte Familienalbum einer etwas ungewöhnlichen, faszinierenden und tatsächlich bemerkenswerten Sippschaft entdeckt.

Seit ihrer Gründung im Jahre 1888 öffnete die Gesellschaft ihren Millionen Mitgliedern »ein Fenster zur Welt«. Vor dem Auftauchen der Farbfotografie, vor Film und Fernsehen gab das vertraute NATIONAL GEOGRAPHIC MAGAZINE Generationen von Lehnstuhl-Forschern die Mittel an die Hand – durch fesselnde Augenzeugenberichte und mitreißende Fotos –, zum ersten Mal entlegene Wunder, exotische Sitten und fremdartige Menschen auf der ganzen Erde erleben zu können. Auf den Magazinseiten spiegelt sich ein Jahrhundert voll atemberaubender wissenschaftlicher Erkenntnisse und eine Zeit des wachsenden ökologischen Bewusstseins wider, genauso wie intellektuelle Kuriositäten und die manchmal etwas blauäugigen politischen Ansichten der Gesellschaft. Bücher, Aufsätze und Filme verbreiteten die Ergebnisse der verschiedensten wissenschaftlichen Untersuchungen. Und in dem Hauptgebäude der Gesellschaft werden im Saal der Forscher die Erinnerungsstücke ihrer Helden ausgestellt.

Das 100-jährige Bestehen der Zeitschrift bedeutet mehr als fast 20 Dutzend mit Erinnerung gefüllte Sammelbände, in denen waghalsige Abenteuer, entsetzliche Katastrophen und aufregende Forschungsreisen sorgfältig aufgezeichnet wurden. Eine starke Anziehungskraft geht von dieser Gesellschaft aus, die eine bedeutsame Rolle in den Träumen von Millionen von Menschen gespielt hat.

Wo sonst, wenn nicht auf den Seiten des GEOGRAPHIC, könnte man in einem völlig ernsthaften Bericht vom Ende des 19. Jahrhunderts nachlesen, dass ein Mann vorschlug, mit Wasserstoff aufgepumpte Ballons an seinem Körper zu befestigen, damit er so über die arktischen Eiswüsten hinweg den Nordpol erreichen könne.

Wo sonst, wenn nicht bei dieser Gesellschaft, könnte man ungehindert in den Briefen des legendären Herausgebers Gilbert Hovey Grosvenor herumschmökern und so herausfinden, dass zwei seiner Vorfahrinnen aus Salem als Hexen gehängt wurden; oder erfahren, dass ein französischer Botschafter ihm den Orden der Ehrenlegion verlieh, weil er sich so sehr für die »Popularisierung der Geographie« eingesetzt habe; oder ein derartiges Prachtstück einer Absage finden wie die knappe Notiz Grosvenors, die er 1930 einem Herausgeber zusandte, bezüglich eines Mannes, der bei der Gesellschaft Unterstützung gesucht hatte: »Herr Graves, dieser Mensch ist ein Windbeutel! Er kann mehr Worte machen, als ein gläubiger Tibeter sie drehen kann. Ich würde ihm nicht mehr antworten.«

Gegenüber: Bradford und Barbara Washburn bei der kartografischen Erfassung des Grand Canyon. Ein monumentales Unternehmen, das sieben Jahre, bis 1970, dauerte.

Eineinhalb Jahre wohnte und arbeitete ich zusammen mit den Frauen und Männern der National Geographic Society und konnte frei mit ihnen sprechen. Ich las, ihre Artikel und Bücher, vertiefte mich in ihre Fotografien, Bilder und Filme. Ich besuchte ihre Pressekonferenzen und Vorträge, saß mit in den Abteilungsversammlungen, und nach anfänglichem Befremden lernte ich ihre hingebungsvolle Gewissenhaftigkeit in der Behandlung von Tatsachen schätzen. Ich ging mit ihnen essen, lachte mit ihnen und nahm Anteil an ihren Ideen und Erzählungen. Wirklich nichts auf der Welt ist so wie die National Geographic Society!

Wo sonst könnte man einen Beitrag aus dem 19. Jahrhundert finden, in dem ein Forscher derart reizvoll von seinen Abenteuern in Afrika berichtet wie im folgenden Auszug aus einem Artikel des NATIONAL GEOGRAPHIC MAGAZINE, der im Januar 1899 erschien und mit »Lloyds Reise durch den Großen Pygmäenwald« überschrieben ist:

> ... Ich erreichte den belgischen Grenzposten M'beni am 1. Oktober und trat in den großen, dunklen Urwald. Insgesamt 20 Tage marschierte ich durch düstere Schatten... Mit einem Mal ein kleiner Ort mitten im Wald... Ich traf auf eine große Zahl von Pygmäen, die ... mir sagten, dass sie mich, von mir unbemerkt, seit fünf Tagen beobachtet hätten, indem sie durch die Gewächse des urzeitlichen Waldes lugten. Sie schienen äußerst ängstlich zu sein, denn selbst beim Sprechen verdeckten sie ihre Gesichter. Ich übernachtete in diesem Dorf, und am nächsten Morgen bat ich den Häuptling um die Erlaubnis, die Zwerge fotografieren zu dürfen. Er brachte zehn oder 15 von ihnen zusammen, und es gelang mir ein Schnappschuss. Eine Zeitaufnahme konnte ich nicht machen, da die Pygmäen nicht still standen. Anschließend versuchte ich unter großen Schwierigkeiten, sie zu vermessen, und fand unter ihnen keinen, der größer als 1,20 Meter war. Ihre Arme und Brustkörbe waren prächtig entwickelt, ebenso stark wie bei einem guten Exemplar eines Engländers.

Albert B. Lloyd, einer jener Engländer, wie sie bisher nur in unseren komischen Einbildungen zu existieren schienen, setzte seine Reise bis zum Fluss Aruwimi in Belgisch-Kongo (heute Demokratische Republik Kongo) fort:

> Ich selber wurde von diesen Kannibalen sehr freundlich aufgenommen. Sie sind, das ist wahr, wild und kriegerisch, aber offen und direkt. Ich stieß nicht auf den üblichen kriecherischen Typ, sondern auf beherzte Burschen, die mich als einen von ihnen behandelten. In einem Ort setzte ich das Fahrrad, das ich mit mir führte, zusammen und fuhr, auf den Vorschlag jener Leute hin, eine Runde um ihr Dorf mitten im Urwald. Diese Szene war bemerkenswert, denn Tausende von Männern, Frauen und Kindern kamen tanzend und schreiend hervor, um, wie sie es ausdrückten, einen Europäer eine Schlange reiten zu sehen.

Es muss einfach eine besondere Befriedigung bedeuten, einen Bericht aus erster Hand von Robert E. Peary lesen zu können, der 1909 als erster Mensch den Nordpol erreichte; oder welche Entdeckungen Hiram Bingham 1912 in Machu Picchu machte; oder die Artikel von Richard E. Byrd aus den Jahren 1926 und 1930 über die ersten Überfliegungen des Nord- und Südpols; oder vom Wagnis der Ballonflieger, die 1935 eine Rekordhöhe beim Aufstieg in die Stratosphäre erreichten, oder von Barry C. Bishops Erfolgsgefühl über seine gelungene Everest-Besteigung 1963, obgleich er dabei seine Zehen verlor.

Wie könnte dort nicht Spannung herrschen, wo man teilnimmt an der Aufregung von Matthew Stirling, als er 1939 im Dschungel von Mexiko ein riesiges, geheimnisvolles Steinhaupt mit einem Gewicht von 20 Tonnen ausgrub? Oder 1950 an Jacques Cousteaus Begeisterung beim Tauchen mit Aqua-Lungen nach versunkenen Schiffen; oder an Jane Goodalls Freude über die Zuneigung eines Schimpansenbabys 1960; oder an der Aufregung von Louis und Mary Leakey, als sie in den Sechziger- und Siebzigerjahren auf Fossilien und Fußspuren unserer frühen Vorfahren stießen; oder an Robert D. Ballards Scheu beim Anblick der gewaltigen, rostigen, untergegangenen Überreste des einstigen Super-Liners Titanic, der nach einer Kollision mit einem Eisberg 75 Jahre zuvor gesunken war? In Gedanken und mit ihrer Unterstützung – die Gesellschaft war mit ihnen allen.

Mitglieder, die den Hauptsitz der Gesellschaft aus Marmor und Glas in Washington D. C. besuchen, kommen selten über den Saal der Forscher hinaus. Auf ihrem Rückweg, nachdem sie den schweren Schlitten von Peary oder die geflickte amerikanische Flagge betrachtet haben, die er bei seinem Vorstoß zum Pol um seinen Körper gewunden trug, sehen Besucher vielleicht Mitarbeiter des GEOGRAPHIC die Lobby durchqueren oder vor einem Aufzug warten. Männer, die konservativ in Anzug und Krawatte gekleidet sind, treten höflich beiseite, um ebenso korrekt gekleidetem weiblichen Personal den Vortritt zu lassen. Aber die äußere Erscheinung ist irreführend und verrät nichts von den Abenteuern, die sie erlebten, und den Geschichten, die sie erzählen können: Schilderungen von Banditenüberfällen und zornigen Volksaufläufen, von Hubschrauber- und Flugzeugabstürzen, von unfreiwilligen Bädern in eisigen Stromschnellen, von Kameras, die von Krokodilen zerbissen wurden oder nur nach kräftigem Tauziehen mit giftigen Seeschlangen zurückerobert werden konnten, von Haifischbissen, die überlebt wurden, unberechenbaren Gefangennahmen und mysteriösen Fieberanfällen.

Wo sonst, wenn nicht bei der Gesellschaft, könnte man in Erfahrung bringen, dass der Fotograf Alan Root bei seiner Arbeit in Mzima Springs in Kenia 1974 von einem Flusspferdbullen angegriffen wurde? »Das Nächste, was ich merkte«, sagte Root, »war, dass er mein rechtes Bein im Maul hielt. Das Flusspferd schüttelte mich wie eine Ratte.« Nach einer Hauttransplantation, einer Behandlung gegen Wundbrand und einem Monat Krankenhausaufenthalt in Nairobi war Root wiederhergestellt.

Wo sonst, wenn nicht bei der Gesellschaft, könnte ein Gast eine so amüsante Anekdote in Erfahrung bringen wie diese, an die sich Gilbert H. Grosvenor erinnerte: Im Frühjahr des Jahres 1900 war eine Exkursion der Gesellschaft nach Norfolk, Virginia, aufgebrochen, um eine Sonnenfinsternis zu beobachten. »Dann stellte sich der Astronom Simon Newcomb auf und zählte die Sekunden – die Länge des Schattens, und ... andere Männer machten Aufnahmen von der Sonne. Nun ..., während Newcomb die Sekunden zählte, klopfte er gleichzeitig gegen ein Stück Holz, damit es ja alle hören konnten. Als später die Aufnahmen entwickelt wurden, stellte sich heraus, dass keine Einzige etwas geworden war. Denn der ehrenwerte Wissenschaftler hatte nicht bemerkt, dass er die ganze Zeit gegen das hölzerne Stativ geklopft hatte, so dass alle Aufnahmen verwackelt waren.«

Mit jährlichen Einnahmen von bis zu 350 Millionen Dollar, mit fast elf Millionen Mitgliedern in nahezu allen Staaten der Erde ist die National Geographic Society die größte gemeinnützige Mitgliedervereinigung für Wissenschaft und Bildung in der Welt. Warum war die Gesellschaft so erfolgreich?

Der Herausgeber des NATIONAL GEOGRAPHIC, Wilbur E. Garrett, stellte sich dieselbe Frage 1983. »Ich glaube, es ist in erster Linie, weil wir nach wie vor das gleiche Bedürfnis stillen, das eine kleine Gruppe von Menschen fühlte, die für uns vor beinahe 100 Jahren den Anfang machte«, schrieb er. »Ein Bedürfnis, das der unersättlichen menschlichen Neugierde entspringt, die wissen will, was diese Welt bewegt.«

Dieses Buch, das den unstillbaren Wissensdurst der National Geographic Society und die Welt um sie herum feiert, lässt auch den Leser, so hoffe ich, einen Eindruck davon gewinnen, was die Gesellschaft selbst bewegt.

1888 – 1900

Eine Gesellschaft zur Förderung und Verbreitung geographischen Wissens

Washington D.C., 10. Januar 1888

Sehr geehrter Herr,
Sie sind eingeladen, an einer Versammlung teilzunehmen, die im Tagungsraum des Cosmos Club am Freitag, den 13. Januar um 8 Uhr abends stattfindet. Es besteht die Absicht, darüber nachzudenken, ob es sinnvoll ist, eine Gesellschaft zur Förderung und Verbreitung geographischen Wissens zu gründen.

Mit vorzüglicher Hochachtung, Ihre

Gardiner G. Hubbard
A. W. Greely,
Leitender Funkoffizier U.S.A.
J. R. Bartlett,
Fregattenkapitän U.S.N.
Henry Mitchell,
U.S. Coast and Geol. Survey
Henry Gannett,
U.S. Geol. Survey
A. H. Thompson,
U.S. Geol. Survey
und andere

Am 13. Januar 1888, einem feuchtkalten Freitagabend, machten sich 33 Herren in der Bundeshauptstadt der Vereinigten Staaten durch den Nebel auf den Weg zum Cosmos Club, zu Fuß, zu Pferd oder in einer vornehmen Privatdroschke. Diesem angesehenen Club war es im vergangenen Jahrzehnt gelungen, die wissenschaftliche Elite Washingtons als Mitglieder zu gewinnen. Die Herren trugen Bärte oder Schnauzer, dunkle Anzüge mit hohen steifen Kragen und schwarze Krawatten sowie Westen, an denen dicke Goldketten baumelten. Sie waren in das Clubhaus, das am Lafayette Square schräg gegenüber dem Weißen Haus lag, eingeladen worden, um an diesem Abend darüber nachzudenken, »ob es sinnvoll sei, eine Gesellschaft zur Förderung und Verbreitung geographischen Wissens zu gründen«.

Es waren Geographen, Forschungsreisende, Kartografen, Offiziere, Juristen, Meteorologen, Naturwissenschaftler, Bankiers, Pädagogen, Biologen, Ingenieure, Erdvermesser, Verleger und Erfinder. Einer von ihnen beschrieb sie als »die ersten Erforscher des Grand Canyon und des Yellowstone, diejenigen, die die amerikanische Flagge zum nördlichsten Punkt der Erde trugen, die die Höhe unserer berühmten Berge vermaßen, die die Windungen unserer Flüsse und Küsten aufzeichneten, die Verbreitung von Flora und Fauna festhielten, die uns über die Gebräuche der Ureinwohner aufklärten und die Wege von Sturm und Flut bestimmten«.

Da gab es den vorzeitig gealterten Brigade-General Adolphus Washington Greely, Oberster Funkoffizier der US-Armee, der sieben Jahre zuvor ohne Arktis-Erfahrung mit 37 Jahren eine Expedition angeführt hatte, die weiter nördlich führte, als jemals ein Mensch zuvor gewesen war, und dort strandete. Rettung war erst 1884 gekommen, doch es konnten von der ursprünglich 25 Mann starken Gruppe nur noch Greely und sechs seiner Männer lebend gefunden werden.

Da gab es den heldenhaften, schmerzgeplagten Geologen und Forschungsreisenden John Wesley Powell, der seinen rechten Arm in der blutigen Schlacht von Shiloh verloren hatte und sieben Jahre später, im Jahre 1869, die erste Boots-Expedition auf dem Colorado durch den Grand Canyon leitete, eine riskante, außergewöhnliche Reise von annähernd 1500 Kilometern.

Vorangehende Seiten: Auf eine Einladung hin, »eine Gesellschaft zur Förderung und Verbreitung geographischen Wissens« zu organisieren, versammelten sich am 13. Januar 1888 33 Männer im Cosmos Club in Washington. Das NATIONAL GEOGRAPHIC MAGAZINE erschien im Gründungsjahr der Gesellschaft bereits zum ersten Mal. Dem Bild von der Gründungsversammlung des Malers Stanley Meltzoff lagen zeitgenössische Porträts zu Grunde (siehe gegenüberliegende Seite).

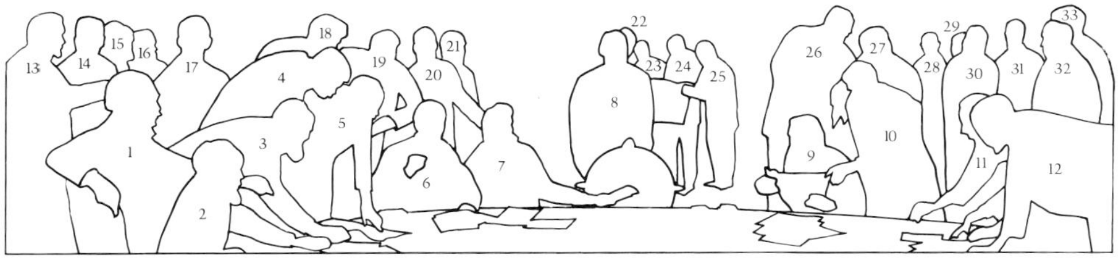

Da gab es den feurigen, lebensbejahenden Juristen Gardiner Greene Hubbard, Freund und Ratgeber von Präsidenten, Politikern und Wissenschaftlern, Finanzier und Förderer der Experimente seines Schwiegersohns Alexander Graham Bell und späterer Treuhänder der Bell Telephone Company. (Selbst zwar nicht Gründungsmitglied, gehörte Bell aber zu den ersten 165 Mitgliedern der Gesellschaft.)

Da gab es den begeisterungsfähigen Russischstudenten George Kennan, der während seiner elfwöchigen Durchquerung Sibiriens »Hunde, Rentiere und Pferde mehr als 260-mal gewechselt und eine Entfernung von fast 9000 Kilometer in sozusagen einem Rutsch zuruckgelegt« hatte, wie er im »Zeltleben in Sibirien« berichtet. Da gab es den hervorragenden Leiter des U.S. Geological Survey, Henry Gannett, einen Pionier der Kartografie der Rocky Mountains in Colorado und Wyoming. Und da gab es den zähen O. H. Tittmann, der zahlreiche Vermessungs-Expeditionen geleitet hatte. Im Jahre 1900 wurde er zum Direktor des U.S. Coast and Geological Survey ernannt.

Unter ihnen war auch der Naturwissenschaftler Wilhelm H. Dall, einer der ersten Erforscher Alaskas, der Geologe Robert Muldrow II, der den Mount McKinley vermessen hatte, und der Meteorologe Edward E. Hayden, der bei einem Erdrutsch ein Bein verloren hatte.

Da gab es den bekannten Arzt und Naturwissenschaftler C. Hart Merriam und den schwerblütigen, ausdauernden Flottillenadmiral George W. Melville, Chefingenieur der Rettungs-Expedition, die vor vier Jahren endlich mit einem Schiff das Eis durchbrochen hatte und den fast verhungerten, halb verrückten Greenly aus Einsamkeit und Kälte hatte erlösen können.

Es wirft vielleicht ein interessantes Licht auf jene Zeit, dass ein so bedeutsames Treffen angesehener Männer auf eine Einladung hin zu Stande kommen konnte, die erst drei Tage zuvor ergangen war. Das Washington, in dem sie sich an einem nebligen Winterabend versammelten, war damals wesentlich kleiner als heute, seine Bevölkerung betrug etwa ein Drittel der heutigen. Der Januar 1888 läutete das letzte Jahr der ersten Amtszeit von Präsident Grover Cleveland ein; in diesem Jahr würde Wilhelm II. Kaiser von Deutschland werden; in diesem Jahr malten van Gogh *Das Nachtcafé* und Toulouse-Lautrec *Zirkus Fernando*; in diesem Jahr wurden Tschaikowskis 5. Sinfonie und Rimski-Korsakows *Scheherazade* in St. Petersburg uraufgeführt; Oscar Wilde würde *Der glückliche Prinz und andere Märchen* schreiben und »Jack the Ripper« würde mindestens sechs Frauen in London ermorden; in diesem Jahr sollte George Eastman in Amerika die Kodak-Kastenkamera einführen, Thomas Edison den Phonographen verbessern und Hiram Maxim das erste funktionierende vollautomatische Maschinengewehr herstellen.

Die Männer versammelten sich rings um den großen, runden Mahagonitisch im Tagungsraum des Cosmos Club mit seinen düsteren Porträts, seinen gasbetriebenen Kronleuchtern und seinem riesigen Standglobus, auf dem noch so viele unerforschte Landmassen und Ozeane zu sehen waren. Sie kamen ohne Zögern überein, dass es notwendig sei, eine geographische Gesellschaft in Washington zu gründen, das damals nicht nur Zentrum der politischen Macht, sondern auch der Wissenschaft war.

Von Kaffee und Brandy und dem lodernden Kaminfeuer gewärmt, billigten sie ohne weiteres die Resolution, in der A. H. Thompson vom Bundesvermessungsamt

Personenschlüssel zum Gemälde:

1. *Charles J. Bell, Bankier*
2. *Israel C. Russle, Geologe*
3. *Flottillenadmiral George W. Melville*
4. *Frank Baker, Anatom*
5. *W. B. Powell, Pädagoge*
6. *Brig. Gen. A. W. Greely, Polar-Forscher*
7. *Grove Karl Gilbert, Geologe und ein zukünftiger Präsident der Gesellschaft*
8. *John Wesley Powell, Geologe, Erforscher des Colorado River*
9. *Gardiner Greene Hubbard, Jurist und erster Präsident der Gesellschaft, der die Experimente von Alexander Graham Bell finanzierte*
10. *Henry Gannett, Geograf und ein zukünftiger Präsident der Gesellschaft*
11. *William H. Dall, Naturwissenschaftler*
12. *Edward E. Hayden, Meteorologe*
13. *Herbert G. Ogden, Topograf*
14. *Arthur P. Davis, Ingenieur*
15. *Gilbert Thompson, Topograf*
16. *Marcus Baker, Kartograf*
17. *George Kennan, Erforscher des arktischen Sibiriens*
18. *James Howard Gore, Pädagoge*
19. *O. H. Tittmann, Geodät und ein zukünftiger Präsident der Gesellschaft*
20. *Henry W. Henshaw, Naturwissenschaftler*
21. *George Brown Goode, Naturwissenschaftler*
22. *Cleveland Abbe, Meteorologe*
23. *Kommandant John R. Bartlett*
24. *Henry Mitchell, Ingenieur*
25. *Robert Muldrow II, Geologe*
26. *Kommandant Winfield S. Schley*
27. *Kapitän C. E. Dutton*
28. *W. D. Johnson, Topograf*
29. *James C. Welling, Pädagoge*
30. *C. Hart Merriam, Vorsitzender des U.S. Biological Survey*
31. *Kapitän Rogers Birnie jr.*
32. *A. H. Thompson, Geograf*
33. *Samuel S. Gannett, Geograf*

vorschlug, die Gesellschaft solle organisiert werden »auf einer breiten und liberalen Basis in Bezug auf die Bedingungen für eine Mitgliedschaft, so weit es vereinbar ist mit ihrem eigenen Wohlergehen und der Würde der Wissenschaft, die sie repräsentiert«. Ein neunköpfiger Ausschuss wurde bestimmt, der einen Satzungsentwurf und einen Organisationsplan ausarbeitete, die beide eine Woche später auf der zweiten Sitzung vorgelegt wurden. Die National Geographic Society war geboren.

Zwei Wochen später werden die Gründer der Gesellschaft Gardiner Greene Hubbard zu ihrem Vorsitzenden wählen. In seiner Antrittsrede wird Hubbard ihnen sagen, dass er »kein Wissenschaftler sei«, noch »für sich irgendwelche speziellen Kenntnisse beanspruchen könne, die es ihm erlaubten, sich ›Geograph‹ zu nennen«.

»Die Ehre, zum Präsidenten der National Geographic Society gewählt worden zu sein, verdanke ich«, fährt er fort, »ganz einfach der Tatsache, dass ich zu jenen gehöre, die sich weitere Fortschritte der geographischen Forschung wünschen. Ich besitze nur dasselbe generelle Interesse an dem Fach Geographie, wie es jeder andere gebildete Mensch auch verspüren sollte.«

»Durch meine Wahl«, erklärte Hubbard, »zeigen Sie der Öffentlichkeit, dass die Mitgliedschaft in unserer Gesellschaft nicht nur auf professionelle Geographen beschränkt ist, sondern all jene mit einbezieht, die, wie ich selbst, gezielte Forschungen anderer unterstützen und das so gewonnene Wissen unter den Menschen verbreiten wollen, so dass wir alle mehr über die Erde, auf der wir leben, erfahren können.«

Die Bescheidenheit seiner Rede wurde von seinem Publikum durchaus registriert. Jeder wusste, dass Hubbard, obgleich selber kein Wissenschaftler, seit langem ein lebhaftes Interesse an Wissenschaft gezeigt und diese eifrig gefördert hatte und außerdem viele Freunde aus dem Kreis der Wissenschaftler besaß. Ebenso bezweifelte keiner Hubbards Annahme, dass sein Interesse »jeder gebildete Mensch auch verspüren sollte«, denn das Augenmerk der Gebildeten jener Zeit richtete sich vor allem auf die Naturwissenschaften.

Hubbards Grundidee der Gleichheit schließlich – das zu fördern und zu verbreiten, was für jeden interessierten Bürger geographisches Wissen im weitesten Sinne werden sollte – wurde zu einem festen Grundsatz, der sowohl die Politik der National Geographic Society bestimmen sollte als auch die Erklärung für die unglaubliche Popularität des Magazins in den folgenden 100 Jahren liefert. Zu jenem Zeitpunkt allerdings spiegelte Hubbards Rede nur den Flirt Amerikas mit den Naturwissenschaften im späten 19. Jahrhundert wider.

Das Land schwankte in den Achtzigerjahren des 19. Jahrhunderts einerseits unter der schweren Last von beherrschenden Monopolen, Tarifbegünstigungen, politischem Gönnertum, korrupten Stadtvätern, erbarmungslosen Räuberbaronen, wirtschaftlichen Depressionen, Missbrauch von Kinderarbeit, Kämpfen zwischen Bundestruppen und Streikenden der jungen Gewerkschaften, verzweifelten Bauern und so starken Einwanderungswellen, dass in mancher größeren Stadt weniger als die Hälfte der Einwohner in Amerika geboren war. Andererseits aber war die Nation voller Optimismus und ungebrochener Kraft, strotzte vor Ehrgeiz und war erfüllt von einem leidenschaftlichen Glauben an die Fähigkeit der Wissenschaft, die Krankheiten dieser Gesellschaft heilen zu können.

Wir müssen nicht lange nach jemandem suchen, der das Vertrauen dieser Ära in die Wissenschaft in Worte fasst. Der Geologe und Anthropologe W. J. McGee, einer der ersten Herausgeber des NATIONAL GEOGRAPHIC MAGAZINE, schwärmte im Jahre 1898:

> In Wirklichkeit ist Amerika zu einer Nation der Naturwissenschaften geworden. Es gibt kein Gewerbe, von der Landwirtschaft bis hin zur Architektur, das nicht von der Forschung und ihren Ergebnissen geformt wurde. Es gibt keine einzige unter unseren 15 Millionen Familien, die nicht die Vorteile wissenschaftlichen Fortschritts genießen würde. Es gibt keine Bestimmungen in unse-

Gegenüber: Der erste Präsident der Gesellschaft, Gardiner Greene Hubbard, und seine Frau, Gertrude McCurdy Hubbard, auf der Veranda ihres Sommerhauses in Twin Oaks, Washington.
»Durch meine Wahl«, erklärte Hubbard in seiner Antrittsrede am 17. Februar 1888 den Gründungsmitgliedern, »zeigen Sie der Öffentlichkeit, dass die Mitgliedschaft in unserer Gesellschaft nicht nur auf professionelle Geographen beschränkt ist, sondern all jene mit einbezieht, die, wie ich selbst, gezielte Forschungen anderer unterstützen und das so gewonnene Wissen unter den Menschen verbreiten wollen, so dass wir alle mehr über die Erde, auf der wir leben, erfahren können.«

ren Gesetzen, keine Absichten in unserem Verhalten, die nicht gerechter gemacht worden sind von dem geraden und selbstlosen Wesen des Denkens, das durch wissenschaftliche Methoden geschult wurde.

Aus »*50 Jahre amerikanische Wirtschaft*«,
Atlantic Monthly, September 1898

Der Geologe und Forschungsreisende John Wesly Powell spricht mit einem Paiute-Indianer. Dieses Foto wurde 1873 auf dem Kaibab-Plateau am nördlichen Rand des Grand Canyon in Nordarizona aufgenommen. Powell, der seinen rechten Arm in der blutigen Schlacht bei Shiloh verloren hatte, führte die erste Expedition mit Booten auf dem Colorado River durch den Grand Canyon.

Die erste Zeitschrift der Gesellschaft erschien im Oktober 1888. Es war eine dünne wissenschaftliche Broschüre im Oktavformat mit einem etwas unschön aussehenden rotbraunen Umschlag. Eine »Bekanntmachung« auf den ersten Seiten formulierte die Ziele der Gesellschaft:

Die »National Geographic Society« wurde gegründet, um »geographisches Wissen zu fördern und zu verbreiten«, und die Veröffentlichung des Magazins wurde beschlossen, um diese Aufgaben erfüllen zu können.

Das Magazin wird als Beiträge Erinnerungen, Essays, Notizen, Briefe, Rezensionen und so weiter enthalten, die einen Bezug zur Geographie haben. Da nicht beabsichtigt ist, die Zeitschrift einfach nur als ein Organ der Gesellschaft zu sehen, sind ihre Seiten offen für alle Personen, die an dem Fach Geographie Interesse besitzen. So hoffen wir, dass sie zu einem Forum des Austausches wird, geographische Forschungen anregt und beweist, dass sie ein annehmbares Medium für die Veröffentlichung von Ergebnissen ist...

Da es darum geht, Kenntnisse zu verbreiten wie auch zu fördern, wird dem pädagogischen Aspekt bei der Darstellung geographischer Sachverhalte die nötige Aufmerksamkeit geschenkt und sich darum bemüht, verstärkt das Interesse an Originalquellen anzuregen.

Zusätzlich zu der Organisation, den alle 14 Tage regelmäßig stattfindenden Treffen zum wissenschaftlichen und allgemeinen Austausch sowie der Herausgabe einer Zeitschrift wurde ein beachtlicher Fortschritt bei der Vorbereitung eines Physikalischen Atlas der USA gemacht.

Die Gesellschaft ... hat zur Zeit etwa 200 aktive Mitglieder. Da es aber keine Begrenzung der Mitgliederzahl gibt, wird sie Fachleute wie auch Laien der geographischen Wissenschaft willkommen heißen, um die Aufgaben ihrer Organisation besser bewältigen zu können.

Im Lauf der Jahre sind die ersten Hefte der Zeitschrift zu Unrecht kritisiert worden als »schrecklich wissenschaftlich, geeignet, geographisches Wissen unter denjenigen zu verbreiten, die es bereits haben, und die anderen abzuschrecken«. Für dieses Urteil wird als Bestätigung der gelehrte Aufsatz von W. J. McGee im Heft Nr. 1 »Die Klassifikation geographischer Formationen durch ihre Entstehung« herangezogen. (»Die zweitgrößte Kategorie geologischer Prozesse«, schrieb McGee, »umfasst die Erosion und Ablagerungen aus der ersten Deformation der Erdoberfläche.«) Aber auch Everett Haydens Bericht über den »Großen Sturm« vom 11. bis 14. März 1888 liegt im ersten Heft begraben.

Sicherlich ist dieser Artikel über die heute zahlreich zu beobachtenden »Großen Schneestürme« wissenschaftlich, sicher beinhaltet er meteorologische Karten mit Isobaren und Isothermen und Pfeilen, deren Federn die Windstärke anzeigen. Sicherlich muss man sich auch durch den Text hindurcharbeiten, bis man erfährt, dass der Sturm einen Meter Schnee über den Nordosten der Vereinigten Staaten brachte, mit Frost und Windgeschwindigkeiten von bis zu 110 Stundenkilometern. Gleichzeitig jedoch enthält der Text einen bestechenden Abschnitt über die Anstrengungen, mit denen das New Yorker Lotsenboot Nr. 3, Charles H. Marshall, die Gewalt und Dauer des Sturmes überstand (siehe S. 30).

Als sieben Monate nach dem ersten Heft das zweite NATIONAL GEOGRAPHIC MAGAZINE im April 1889 erschien, galt der Hauptartikel »Afrika, seine[r] Vergangenheit und Zukunft«. Dieser Text des ersten Präsidenten der Gesellschaft, Gardiner G. Hubbard, ist vor allem bemerkenswert wegen seiner unromantischen Darstellung der Geographie des afrikanischen Kontinents:

...ein gewaltiges. verformtes Dreieck, mit einigen guten Häfen, ohne Flüsse, die für Ozeandampfer schiffbar sind, dessen größter Teil in der heißen Zone liegt. Ein Streifen niedrigen, verbrannten Landes, bedeckt mit Malaria, erstreckt sich in ununterbrochener Monotonie entlang der ganzen Küste und bedroht den waghalsigen Forschungsreisenden mit dem Tode...

Er beeindruckt auch durch seine absolut offene Feststellung der Gefahren, auf die sich ein »waghalsiger Forschungsreisender« einlässt:

Einige [Reisende], die [in Afrika] an der Atlantik- oder Pazifikküste landeten, verloren sich in der Wildnis und tauchten erst nach zwei oder drei Jahren an der gegenüberliegenden Küste auf; andere machten sich von der Küste auf, und man hörte nichts mehr von ihnen. Sansibar war ein bevorzugter Ausgangspunkt für die Seeregion Zentralafrikas, Stanley brach hier auf, um mit zwei Weißen zusammen Livingstone zu suchen, kehrte aber alleine zurück. Cameron nahm mit zwei Begleitern denselben Weg, als er aber die Seeregion erreichte, war er allein. Keith Johnson startete vor zwei oder drei Jahren mit zwei Europäern, innerhalb weniger Monate kam er um. Vom Fieber gepackt oder durch die Folgen eines Unfalls ließ wahrscheinlich jeder zweite Mann sein Leben, und seine Knochen bleichen nun am Rand dieser Route.

Hubbbards anschließende Kritik an den »unseligen Folgen« des Sklavenhandels und der Sklaverei – »der große Fluch Afrikas« nannte er sie – wird vielleicht etwas durch seine Behauptung abgeschwächt, dass eines Negers »Gemüt und Veranlagung ihn zu einem höchst nützlichen Sklaven machen. Er kann lange, harte Arbeit aushalten, von wenig leben, hat eine fröhliche Natur und wendet sich selten gegen seinen Herrn«. Dennoch ist Hubbards Bemerkung zum Sklavenhandel ein Beispiel für seinen aufrichtigen Journalismus.

Von den vier oder fünf Millionen Sklaven, die, so schätzte Hubbard, nach Amerika importiert wurden (selbst die größere der beiden Zahlen hielt er für unterschätzt), starben 12,5 Prozent auf der Überfahrt, ein weiteres Drittel beim »Prozess der Eingewöhnung«, so dass von 100 Personen, die von Afrika verschifft wurden, nicht einmal mehr 50 am Leben waren, um nützliche und produktive Arbeiter zu sein. Und unnachgiebig fügte Hubbard Augenzeugenberichte jener Gewährsleute hinzu, die das Problem genau kannten:

[Der Forscher] Cameron sagt, dass Alrez, ein portugiesischer Sklavenhändler, 500 Sklaven besaß, für deren Erwerb zehn Dörfer von jeweils 100 bis 200 Seelen zerstört wurden; diejenigen, die nicht gefangen wurden, gingen in den Flammen zu Grunde, verhungerten oder wurden von wilden Bestien getötet. Cameron sagt: »Ich zögere keinen Moment zu versichern, dass die schlimmsten Araber Mitleidsengel sind im Vergleich zu den Portugiesen und ihren Agenten. Wenn ich es nicht selber gesehen hätte, hätte ich niemals geglaubt, dass es so brutale und grausame Menschen geben kann, mit einer solchen Zügellosigkeit des Herzens.« Livingstone sagt: »Die meisten widerwärtigen Erinnerungen kann ich verdrängen, die Szenen mit Sklaven jedoch tauchen immer wieder unwillkürlich auf und lassen mich mitten in der Nacht hochschrecken, weil sie so furchtbar lebendig sind.«

Diese Art engagierten Schreibens sollte im Magazin nicht lange anhalten, bereits in den folgenden Nummern muss man intensiv danach suchen.

Mit der Jahrhundertwende verschwand der freie, engagierte Journalismus fast völlig aus der Zeitschrift und wurde – von wenigen Ausnahmen abgesehen – erst in ihrem 89. Jahr wiederbelebt, als Gilbert M. Grosvenor, der Enkel von Gilbert H. Grosvenor, am Schreibtisch des Herausgebers saß.

Mit Heft Nr. 3 begann die Beschreibung aller US-Staaten mit »Die Flüsse und Täler von Pennsylvania«. Das Heft Nr. 4 kam drei Monate später im Oktober 1889 heraus und brachte den Beitrag »Mit der Machete durch Nicaragua« von R. E. Peary,

Gründungsmitglied Adolphus Washington Greely auf der Thetis, zwei Wochen nachdem ihn die Rettungs-Expedition von George W. Melville und Winfield Scott Schley am 22. Juni 1884 in Grönland mehr tot als lebendig aufgefunden hatte.

Greely, der später Mitglied des Verwaltungsrates und Vice President der Gesellschaft wurde, hatte eine wissenschaftliche Expedition zur Lady-Franklin-Bay geleitet. Im Jahr 1882 erreichten vier seiner Männer bei einer nördlichen Breite von 83°24' einen Punkt, der 6 Kilometer weiter lag, als je ein Mensch zuvor gekommen war, aber immer noch 700 Kilometer vom Pol entfernt war. Da im Spätsommer 1883 die Versorgungsschiffe die Expedition nicht erreichen konnten, verlegte Greely das Lager zum Kap Sabine, etwa 800 Kilometer südlich, wo die Gruppe nach einer schwierigen Reise von 51 Tagen ankam. Als Greely im Juni 1884 endlich gerettet wurde, lebten nur noch sieben der ursprünglich 25 Mann starken Gruppe.

Der Umschlag des ersten Heftes des NATIONAL GEOGRAPHIC MAGAZINE.

KAMPF UMS ÜBERLEBEN GEGEN DEN STURM

Als [das Lotsenschiff Charles H. Marshall] noch ungefähr 18 Seemeilen vom Feuerschiff entfernt war, verdeckte eine dichte Nebelwand die Sicht. Es wurde beschlossen, auf See zu bleiben und dem Sturm auszuweichen. Kurz vor Mitternacht sprang der Wind auf Ost um, und gegen drei Uhr morgens kam er so bedrohlich aus Nordwest, dass das Großsegel auf ein Viertel und das Focksegel auf ein Drittel gerefft wurden. Nach einer halben Stunde flaute der Wind völlig ab, und das Schiff lag mitten in der schweren See unter der ständigen Gefahr, von ihr verschlugen zu werden. Es war 12 Seemeilen südöstlich vor dem Leuchtfeuer auf Sandy Hook, als der Sturm mit einer solchen Kraft auf das Boot prallte, dass es sich auf die Seite legte, aber sich unsicher wieder aufrichtete. Nach zwei Stunden war es über und über mit Eis bedeckt, so dass es wie ein kleiner Eisberg aussah. Gegen acht Uhr war der Sturm zu einem Hurrikan angewachsen, und das Schiff wurde auf einer entsetzlich tobenden See hin und her geworfen. Nur unter vollem Einsatz der ganzen Mannschaft schaffte man es, nach und nach das Focksegel und die Fockrahe herabzulassen und festzuzurren. Schwere Wellen brandeten über die Männer hinweg, und die Gefahr, in der sie sich dabei befanden, können nur die begreifen, die es erlebten. Schnee und Regen fielen mit einer derartigen Wucht, dass man nicht in Windrichtungen blicken konnte. Das Schiff lag nun mit der Breitseite zu Wind und See. Eilig wurde die Last verlagert und ein Gewicht aus Blöcken, Ankern und Trossen zusammengebaut, um die Nase des Schiffes im Wasser zu halten und die Kraft der Wellen zu brechen. Es zeigte sich jedoch keine Wirkung, und so wurde überlegt, wie man das Schiff sonst retten könne. Aus Segeltuch wurden drei große Säcke gemacht, die halb mit ölgetränktem Werg gefüllt und am Bug, mittschiffs und auf der Wetterseite über Bord gehängt wurden. Wahrscheinlich wurde auf diese Weise das Boot und das Leben aller an Bord gerettet, denn die Ölsäcke verhinderten das Brechen der Wellen, die jetzt als gewaltige Dünung vorbeiwogten. Ohne große Gefahr wurde noch einmal die Last verteilt, aber auch jetzt half es wenig. Damit die Säcke im Wasser blieben, mussten sie mit schweren Eisenbolzen beschwert werden. Die Säcke wurden jede halbe Stunde neu aufgefüllt. Gleichzeitig musste in jedem Augenblick damit gerechnet werden, dass das Schiff von einem anderen gerammt würde, denn die Sicht betrug kaum 30 Meter in jeder Richtung. Wie ein Wrack sah das Boot aus, es war völlig vereist. Es schien unmöglich, dass es bis Tagesanbruch flott bleiben sollte. Auf Händen und Knien, nur mit einem Seil gegen die Wassermassen gesichert, krochen die Männer alle halbe Stunde zum Auswechseln der Ölsäcke. Kurz vor Mitternacht traf eine schwere See das Lotsenschiff und warf es auf die Seite. Alle beweglichen Dinge rutschten nach Lee, durch die vordere Luke brach Wasser ein. Doch da richtete sich das Schiff wieder auf, und der Kampf ums Überleben ging weiter. Am Morgen des 13. stürmte es noch immer mit der Stärke eines Hurrikans, der Wind kam kreischend in fürchterlichen Böen. Am Abend klarte es endlich etwas auf, und das Schiff richtete sich unter dem Druck der kräftigen Wellen mal nördlich, mal östlich. Am nächsten Tag verbesserte sich das Wetter weiter, das Schiff wurde in fünfstündiger harter Arbeit eisfrei gemacht, und dann wurden die Segel gesetzt. 100 Seemeilen war es vor dem Sturm her getrieben worden und hatte jedes Stückchen dieser Strecke kämpfen müssen. Die Mannschaft hatte keine Gelegenheit gehabt zu schlafen oder die nasse Kleidung zu wechseln; sie musste frieren, da Lebensmittel und Öl knapp geworden waren, aber brachte trotzdem das Schiff, ohne ein Segel oder eine Rahe verloren zu haben, sicher zurück in den Hafen, wo es wie üblich anlegte.

Aus dem Bericht von Everett Hayden über den »Großen Sturm« vom 11. bis 14. Mai 1888, der im ersten Heft des Magazins im Oktober 1888 veröffentlicht wurde.

dem jungen Schiffsingenieur, der später in weniger warmen Gefilden berühmt werden sollte.

Pearys Beschreibung der Mühen, mit denen der Dschungel in Nicaragua freigeschlagen werden musste, damit die Ingenieure die notwendigen Vermessungen für den damals geplanten Trans-Nicaragua-Kanal durchführen konnten, schließt mit einer überraschend flüssig geschriebenen Passage:

> Nach des Tages Arbeit kommt das Nachtmahl, der Tisch ist gedeckt mit Wildschweinen oder Truthähnen oder Wild oder allem. Nach dem Essen wird geraucht, dann werden die Aufzeichnungen des Tages durchgearbeitet und abgeschrieben, und danach greifen alle Hände zu den Hängematten. Für einen Moment dringen die unzähligen nächtlichen Geräusche des großen Waldes in müde Ohren, belebt vielleicht durch das Brüllen eines Tigers oder den tiefen, gedämpften Ruf eines Pumas. Dann folgt der Schlaf, der ebenso wie eine gute Kondition harte Arbeit begleitet, bis der ganze Wald widerhallt von den wie Stiere brüllenden Affen, die mit ihrem Geschrei die Morgendämmerung ankündigen.

Zwei Jahre später, in der Ausgabe vom April 1891, veröffentlichte die Gesellschaft den »Zusammenfassenden Bericht der Expedition zum St. Elias«. Obwohl gemeinsam mit dem Bundesvermessungsamt finanziert, war diese Expedition das »erste Wagnis einer Forschungsreise« der Gesellschaft.

Unter der Schirmherrschaft der Gesellschaft hatte ein zehnköpfiges Expeditions-Team unter Leitung des Geologen Israel C. Russel den Mount St. Elias erforscht, den höchsten Punkt auf der Grenze zwischen Alaska und Kanada. Außerdem hatte es den Mount Logan entdeckt (dessen Höhe später auf 6050 Meter festgelegt wurde und der somit der zweithöchste Berg Nordamerikas ist) und einen gewaltigen Fluss aus Eis, den die Männer des Teams nach dem ersten Präsidenten der Gesellschaft Hubbard-Gletscher nannten.

»In verschiedener Hinsicht bildete die erste Expedition ein Modell für die weiteren 200 Forschungsreisen und Untersuchungen der Gesellschaft, die in den anschließenden Jahren folgten«, schrieb Melvin M. Payne im Jahre 1963. »Sie triumphierte über die Kräfte der Natur. Sie brachte dem Menschen neues Wissen über seine Welt. Und sie begründete die Tradition enger Zusammenarbeit zwischen der National Geographic Society und den Behörden der Vereinigten Staaten.«

Hinzu kommt, dass Russell im folgenden Heft ein Grundmuster für die weiteren Berichte über Forschungsreisen bot. Er erzählte in der Ich-Form:

> Die Dämmerung kam, und der Regen rauschte so stark herab, dass er durch unser kleines Zelt hindurchschlug. Wir rollten uns in unsere Decken ein, fest dazu entschlossen, trotz des Sturms zu ruhen. Lawinen, die bereits sehr zahlreich waren, wurden immer häufiger. Ein Krachen folgte dem nächsten, ein weiteres und noch eines. Es schien, als herrsche auf den Bergen die Hölle.
>
> Als ich hinausblickte, sah ich menschenkopfgroße Felsbrocken ein paar Meter von unserem Zelt entfernt herabdonnern. Einer traf die Zeltstange, an der die Firstleine befestigt war. Unsere Zeltbahn wurde hochgeschlagen, und es regnete herein. Bevor wir unsere Decken zusammenpacken konnten, flogen Steine und Matsch auf sie herunter. Wir zogen uns dann an das Ende des Gletschers zurück und bauten unser Zelt erneut auf. Durchnässt und frierend sehnten wir das Ende der Nacht herbei. Zu schlafen war unmöglich.
>
> Aus *Große Abenteuer mit NATIONAL GEOGRAPHIC*

Ab Januar 1896 wurde aus dem unregelmäßig erscheinenden NATIONAL GEOGRAPHIC MAGAZINE eine Monatszeitschrift. In der Hoffnung, die enttäuschende Auflage zu heben, bot der Verwaltungsrat das Heft für 25 Cents an Zeitungskiosken an und war bereit, Anzeigen aufzunehmen. Der rotbraune Umschlag wurde in einen beigefarbenen geändert. Auf diesen wurden der Inhalt, die Herausgeber und Autoren sowie die Aufschrift »Eine Monatsillustrierte« aufgedruckt.

ANNUAL REPORT OF THE TREASURER.

FOR THE YEAR ENDING DEC. 27, 1888.

THE TREASURER, in account with the NATIONAL GEOGRAPHIC SOCIETY.

1888.			
Dec. 27.	To cash received from life members		$100 00
"	" for annual dues year 1888		1025 00
			$1125 00
1888.			
Apr. 16.	By Cash—M. F. Peake & Co. (20 chairs)		$ 60 00
	" Paid Columbian University, rent of hall		20 00
Oct. 31.	" Paid Tuttle, Morehouse & Taylor, for printing and binding vol. I of Magazine	$ 190 56	
	" Norris Peters, for lithographing storm plates for Magazine	58 00	
	" Sundry expenses of Magazine	6 35	254 91
Dec. 27.	" Paid Cosmos Club, rent of hall		18 00
	" " for miscellaneous expenses:		
	" " " Printing	74 50	
	" " " Stationery	28 35	
	" " " Postage	29 15	
	" " " Sundries	13 39	145 39
Balance on hand (Bank of Bell & Co.)			626 70
			$1125 00

C. J. BELL,
Treasurer.

December 28, 1888.

To the National Geographic Society :

The undersigned, having been appointed an Auditing Committee to examine the accounts of the Treasurer for 1888, have the honor to make the following report :

We have compared the receipts with the official list of members and find complete agreement. We have compared the disbursements with the vouchers for the same and find them to have been duly authorized and correctly recorded. We have examined the bank account and compared the checks accompanying the same. We have compared the balance in the hands of the Treasurer as shown by the ledger ($626.70) with the balance as shown by the bank book ($644.70) and found them consistent, the difference being explained by the fact that a check for $18 drawn in favor of the Secretary of the Cosmos Club has not yet been presented for payment. We find the condition of the accounts entirely satisfactory.

Very respectfully,
S. H. KAUFMANN.
G. K. GILBERT.

13

Der Jahresabschluss des Schatzmeisters vom 27. Dezember 1888 weist ein Vermögen von 626,70 Dollar am Ende des Gründungsjahres der National Geographic Society aus.

Inhaltlicher Schwerpunkt des Heftes vom Januar 1896 war ein Artikel von Hubbard mit dem Titel »Europäisches Russland«, in dem er in der gleichen Weise für die russischen Bauern eintrat, wie er sich zuvor für die Schwarzafrikaner eingesetzt hatte:

> Die Bauern tragen Tag und Nacht dieselbe Kleidung ... und werden von den Priestern aufgefordert, jeden Sonnabend zu baden... Sie führen ein trostloses, abgestumpftes Leben im Winter und haben keine Neigung, wieder zu arbeiten, wenn der Winter endet...
>
> Wir können diese Menschen und ihre Lebensweise kaum verstehen und sind nicht überrascht, dass sie andauernd Karten spielen und trinken und darin den einzigen Ausweg aus der Dumpfheit des endlosen Winters sehen. Sie beeilen sich nie, denn Zeit bedeutet hier nicht Geld.

Ein Ausweg aus der Dumpfheit des endlosen Winters in Washington war die Vortragsreihe der Gesellschaft; für Hubbard und seine Zeitgenossen war die Förderung und Verbreitung geographischen Wissens allerdings eine ernste Angelegenheit. Streng berichtete W. J. McGee dem Verwaltungsrat: »Bei der Wahl bekannter Redner zu aktuellen Themen werden wirkliche Forschungsreisende und Fachleute bevorzugt, die Geographie als einen Zweig der Wissenschaft begreifen. Solche Redner tragen ihren Text frei vor, freilich *ist der übertriebene Gebrauch von Bildern und Anekdoten wenig erfreulich* – der Gegenstand soll unterrichten und unterhalten.« [Hervorhebung durch den Autor]

McGees Ermahnung galt nicht nur für die Vortragenden, sondern war auch an das Magazin gerichtet. Doch gleich in der nächsten Nummer stand der Artikel »Die jüngste Erdbebenwelle an der japanischen Küste« von der Geographin Eliza Ruhamah Scidmore, Mitherausgeberin des GEOGRAPHIC und damals die einzige aktive Frau in der Gesellschaft. Fotos von im Wasser treibenden Körpern, zerstörten Häusern und gestrandeten, entmasteten Schiffen verdeutlichten, dass man die Warnung McGees in den Wind schlug:

> Das Barometer gab keine Warnung, es gab keine Anzeichen für ungewöhnliche Bedingungen am 15. Juni. Das Auftreten von 13 leichten Erdbebenstößen während des Tages rief keinerlei Aufregung hervor. Am Morgen hatte es geregnet und auch am Nachmittag, und bei einer Temperatur von ca. 30° C war die feuchte Witterung äußerst drückend. Die Dorfbewohner dieser abgelegenen Küste hielten sich an den alten Mondkalender und beachteten ihre lokalen Feste und Feiertage. An diesem fünften Tag des fünften Monats wurde das Mädchenfest gefeiert. Der Regen hatte sie wieder nach drinnen in die Dunkelheit getrieben, und beinahe alle waren um acht Uhr in ihren Häusern, als mit ... Getöse und unter Krachen und Knacken von Balken plötzlich alle von wirbelnden Wassermassen verschlungen wurden. Nur wenige Überlebende entlang der ganzen Küste hatten die Flutwelle herannahen sehen. Einer von ihnen erzählte, dass das Wasser zuerst ungefähr 500 Meter zurücklief und über der gespenstisch weißen Sandfläche wie eine schwarze Wand rund 25 Meter hoch stand. Auf ihrer Krone huschten phosphoreszierende Lichter. Andere sahen, als sie ein entferntes Tosen wahrnahmen, einen schwarzen Schatten auf der See und rannten auf höher liegende Gebiete, laut »Tsunami, Tsunami!« schreiend. Diejenigen, die sich in die oberen Stockwerke geflüchtet hatten, ertranken, wurden erschlagen oder dort eingeschlossen. Nur wenige konnten das Dach durchbrechen oder fliehen, als die Welle wieder ablief... Schiffe und Gerümpel wurden bis zu drei Kilometer in das Landesinnere getragen und zerschmettert auf Hügeln, Baumspitzen oder im Schlamm der Felder abgesetzt. Der Rest wurde verschlungen oder aufs Meer getrieben... Viele Überlebende, die vom Wasser mitgerissen wurden, fand man auf weit entfernt liegenden Inseln an Land gespült, oder sie ergriffen Trümmer, von denen sie geborgen wurden. An der offenen Küste kam und ging die Welle innerhalb von fünf Minuten. In den engen Buchten aber kochten und brodelten die Wassermassen

Gegenüber: »Als der Regen stärker wurde, gingen die Lawinen, die bereits sehr zahlreich waren, immer häufiger nieder... Es schien, als herrsche auf den Bergen die Hölle... Als ich hinausblickte, sah ich menschenkopfgroße Felsbrocken ein paar Meter von unserem Zelt entfernt herabdonnern.« So beschrieb das Gründungsmitglied Israel C. Russell eine Welle von Lawinen, die während einer Expedition zum Marvine-Gletscher auf sein Zelt niederging. Die erste Expedition der Gesellschaft wurde in Zusammenarbeit mit dem Bundesvermessungsamt organisiert und führte zu den Eisfeldern des St. Elias, vermaß Hunderte von Quadratkilometern und entdeckte den bis dahin unbekannten Mount Logan, Kanadas höchsten Berg. Im Mai 1891 erschien im NATIONAL GEOGRAPHIC MAGAZINE der Bericht »Eine Expedition zum St. Elias« von Russell, der zu einem Modell für spätere Forschungsgerichte wurde, da in der Ich-Form erzählt wurde.

fast eine halbe Stunde lang. Selbst die besten Schwimmer waren dem Sog hilflos ausgeliefert, und fast alle Körper, die man hinterher fand, waren furchtbar entstellt und verstümmelt, verdreht oder gegen die Felsen geworfen, erschlagen von und zerschmettert zwischen Trümmern. Kurze Baumstümpfe zurücklassend hieb die Kraft der Flutwelle ganze Pinienwälder um. Sie packte die schweren Granitpfosten des Tempeltors und lud die Träger 300 Meter entfernt ab. Viele Menschen starben, weil sie zurückeilten, um andere oder Wertgegenstände zu retten.

Ein herrschertreuer Lehrer trug als Erstes das Porträt des Kaisers an einen sicheren Ort, bevor er nach seiner Familie suchte. Ein halb verrückter alter Soldat, der seit seiner Verabschiedung nach dem letzten Krieg immer wieder die Überzeugung geäußert hatte, dass der Feind bald erneut angreifen würde, glaubte beim ersten Lärm an Kanonendonner der feindlichen Flotte, ergriff sein Schwert und rannte zum Strand, um dem Widersacher entgegenzutreten.

Direkt darauf folgte im Oktober-Heft ein aufgeblasenes Stück über die »Wirtschaftlichen Aspekte der Bodenerosion«, dann erschien der Bericht über die Nansen-Polar-Expedition, der so begann:

Am 17. Juni 1896, als einige Männer der English-Jackson-und-Harmsworth-Expedition auf Franz-Josef-Land über das Eis blickten, entdeckten sie eine unheimliche Gestalt, die sich ihnen näherte. Sie trug langes, abstehendes Haar, einen Bart und Kleider voller Fett- und Blutflecken. Bald stellte sich heraus, dass diese Gestalt niemand anderes war als Dr. Fridtjof Nansen, der 15 Monate zuvor sein Schiff, die Frahm, bei 83°59' nördlicher Breite und 102°27' östlicher Länge verlassen hatte, um mit Schlitten, Booten und Hunden bis zum Pol vorzustoßen. Etwas weiter entfernt befand sich in einem Unterschlupf der Begleiter von Nansen, Oberleutnant Johansen.

Aber noch außergewöhnlicher war wahrscheinlich die Veröffentlichung eines Fotos in der Ausgabe vom November 1896, auf dem ein Zulu-Brautpaar in seinem Hochzeitsschmuck zu sehen war. Mit geradem Blick starren der Bräutigam mit sichtbarem Stolz und Mut, die Braut eher gelassen in die Kamera. Er hält ihre Hand so, als wenn sie ihren Treueschwur durch einen Handschlag besiegeln würden. Es ist eine schöne, ja sensible Aufnahme, und die Bildunterschrift muss die Leser etwas verwundert haben: »Diese Leute haben eine Farbe von dunkler Bronze und eine gute, athletische Figur. Sie besitzen hervorragende Züge, sind aber schrecklich grausam, wenn sie erst einmal Blut gerochen haben.«

Trotz des geänderten Umschlags, trotz des ersten Fotos halb nackter Menschen, trotz der Verwandlung in eine »Monatsillustrierte« und trotz der gelegentlich durchaus volksnahen und nicht trockenen Berichterstattung wurde das Magazin nach wie vor von dem Ausschuss herausgegeben, der sich entschieden für eine akademische Annäherung an die Geographie einsetzt, und blieb daher in seinen Grundzügen unverändert. Die Auflagenhöhe stieg nur wenig an.

Gardiner Greene Hubbard starb im Jahre 1897, und sein Schwiegersohn Alexander Graham Bell wurde, wie er sich später erinnerte, »dazu gedrängt, Präsident der National Geographic Society zu werden, um diese zu retten«. Nach beträchtlichem Zureden nahm Bell die Präsidentschaft an.

Alexander Graham Bell war ein kräftiger, 51-jähriger Mann. Er war ein Neuerer, ein wenig zerstreut, ein exzentrisches Genie mit einer kindlichen Begeisterung und Faszination für alles, was in der Welt um ihn herum geschah. Durch seine Arbeit mit Gehörlosen lernte er mit 25 Jahren in Northampton, Massachusetts, Gardiner

Dieser japanische Druck aus dem Jahre 1896 stellt die durch ein Erdbeben erzeugte Flutwelle dar, die am 15. Juni die japanische Küste überflutet hatte. Eliza Ruhama Scidmore berichtete im NATIONAL GEOGRAPHIC vom September 1896 über die 25 Meter hohe Welle, auf deren Krone phosphoreszierende Lichter flackerten.

Greene Hubbard kennen. Hubbards damals 15-jährige Tochter Mabel war nach einer schweren Scharlacherkrankung taub geworden. Hubbard hatte Bell um Rat gebeten, wie man ihre Aussprache verbessern könne. Bell wurde Mabels Lehrer, sie verliebten sich ineinander. Fünf Jahre später, nachdem Bell sich durch die Erfindung des Telefons seine Fähigkeiten bestätigt hatte, heirateten die beiden.

In den ersten zwei Ehejahren gab es häufig Streit über die Eigenart des Erfinders, spät in der Nacht in aller Stille zu arbeiten. Bell legte sich nicht vor vier Uhr morgens schlafen, nachdem er sich vergewissert hatte, dass seine Frau und seine Kinder vor Mondlicht geschützt waren. (Sein Biograf Robert V. Bruce schloss daher auf eine abergläubische Furcht vor Mondlicht, das auf schlafende Menschen fällt.)

Anfang 1892 erzählte der wissbegierige Bell seiner Frau, dass er am Abend zuvor Jules Verne gelesen habe, dann aber zu seiner »üblichen Nachtlektüre, der Johnson-Enzyklopädie« übergewechselt sei. »Das ist genau der richtige Lesestoff für die Nacht. Die Artikel sind nicht zu lang, die Bereiche wechseln ständig, immer lerne ich etwas, was ich noch nicht wusste, die Gedanken werden angeregt – ständige Vielfalt.«

Im ersten Jahr seiner Präsidentschaft der National Geographic Society war er wohl zu sehr mit seinen Flugexperimenten beschäftigt, um dem Magazin viel Zeit oder Gedanken widmen zu können. Die Mitgliederzahl war nach diesem Jahr von 1140 auf nur 1400 gestiegen, eine aufgeregte Versammlung nahm eine Verschuldung der Gesellschaft in Höhe von 2000 Dollar zur Kenntnis, und die Zeitschrift stand kurz vor dem Bankrott.

Bell war nicht entmutigt. Er trat vor die Versammlung, skizzierte seine Pläne und sagte: »Geographie ist ein faszinierender Gegenstand und kann interessant gemacht werden. Lassen Sie uns einen jungen Mann einstellen, der neuen Schwung in das Magazin bringt und dafür sorgt, dass die Mitgliederzahlen steigen. Ich werde sein Gehalt übernehmen. Zweitens, lassen Sie uns den Versuch, die Zeitschrift über Zeitungskioske zu verbreiten, aufgeben. Unser Magazin soll an die Mitglieder gehen, an Menschen, die an unsere Arbeit glauben und uns helfen wollen.« Bell erkannte, dass nicht die Zeitschrift, sondern die Mitgliedschaft das Besondere an der Gesellschaft war; die ermöglichte es nämlich, wie es 1938 Ishbel Ross im *Scribner* formulierte, dass »ein Hausmeister, Klempner oder einsamer Leuchtturmwärter mit Königen und Wissenschaftlern das Vergnügen teilte, eine Expedition nach Peru oder Forschungsreisende an den Südpol zu senden«.

Bells erster Schritt bestand darin, einen hauptamtlichen Herausgeber zu suchen, der seine ganze Kraft in die notwendigen Arbeiten für das Magazin und in die Mitgliederwerbung stecken konnte. Bis dahin waren diese Aufgaben von einem ehrenamtlichen Ausschuss angesehener Männer erfüllt worden. Wie Bell später schrieb, »war es, um die Zeitschrift zu einer Stütze der Gesellschaft zu machen, anstatt diese mit ihr zu belasten, zuallererst notwendig, diesen Mann zu finden. Der ganze Plan wäre ein Reinfall gewesen, wenn wir nicht den Richtigen gefunden hätten ...«.

Er hatte bereits einen jungen Mann im Auge. Zu den bekannten Fachleuten und Wissenschaftlern, die von der Gesellschaft zu einem Vortrag eingeladen worden waren, gehörte 1897 auch der Historiker Prof. Edwin A. Grosvenor. Dieser war vor seiner Berufung ans Amherst-College 23 Jahre lang Professor für Geschichte am Robert-College in Konstantinopel gewesen. Als Gast im Hause Bell in Washington hatte der Professor voller Begeisterung von seinen eineiigen Zwillingssöhnen erzählt, die Gilbert und Edwin hießen. Bells attraktive Tochter Elsie, damals noch ein Teenager, hatte aufmerksam zugehört und später im Frühling zusammen mit ihrer Schwester Daisy eine Einladung von Frau Grosvenor nach Amherst angenommen, um an der College-Abschlussfeier der Zwillinge teilzunehmen.

Während ihrer Studienzeit hatte ihr Vater darauf bestanden, dass sich Gilbert und Edwin gleich kleideten, als ob er ihr Zwillingsein hervorheben wolle. Wenn zum Beispiel einer der beiden mit einer anderen Krawatte als der Bruder zum Abendessen erschien, wurde er auf der Stelle wieder hochgeschickt, um die Krawatte zu wechseln (siehe S. 39).

Gilbert Grosvenor war so zufrieden damit, Zwilling zu sein, dass er es als »nach der Ehefrau die größte Gunst, die Gott einem Mann schenken kann«, empfand.

Im nun folgenden Sommer fühlte sich Elsie, die keine Schwierigkeiten hatte, die beiden Zwillinge auseinanderzuhalten, zu Gilbert hingezogen. Als sie bemerkte, dass ihr Vater nach einem »vielversprechenden jungen Mann« suchte, erinnerte sie ihn an die Söhne seines Freundes Professor Grosvenor. Vielleicht wollte einer von ihnen in Washington arbeiten?

»Dr. Bell, der meinen Vater sehr bewunderte, machte sich die Idee zu Eigen«, schrieb Gilbert H. Grosvenor später. »Sofort setzte er sich an seinen Schreibtisch und schrieb an seinen Freund. Ob wohl einer der beiden, Edwin oder Gilbert, Interesse an einer Arbeit hätte, die ein ›Sprungbrett für Besseres‹ sei?«

Bell sandte jedem der Zwillinge eine kurze persönliche Notiz mit einer Abschrift des Briefs an ihren Vater. Das Angebot reizte den jungen Gilbert Grosvenor sehr, da er sich von früher Kindheit an für Veröffentlichungen und Literatur interessiert hatte. 1895 hatte er auch an einem zweibändigen Werk seines Vaters über Konstantinopel mitgearbeitet. Autoren und Herausgeber waren ständig zu Gast im Hause Grosvenor, und der junge Bert nahm lebhaft an den literarischen Diskussionen teil. Bevor er aber zusagte, wollte er sichergehen, dass sein Bruder Edwin an seiner geäußerten Ablehnung festhielt, ein Magazin zu machen. Edwin bestätigte, er wolle sich mit Jura beschäftigen, und empfahl seinem Bruder, seinem Herzen zu folgen, den Job anzunehmen und sich in der Nähe einer gewissen jungen Frau in Washington aufzuhalten.

Zu diesem Zeitpunkt studierte Gilbert Grosvenor noch und unterrichtete sein zweites Jahr an der Englewood-Akademie für Jungen in New Jersey, und zwar die Fächer Französisch, Deutsch, Algebra, Chemie, Rhetorik und Diskussion. Später meinte der junge Mann, »verglichen mit diesem Programm, schien die Arbeit eines Herausgebers einfach«.

Er schrieb an Dr. Bell, dass ihn die Aufgabe eines Herausgebers interessiere, und wurde zu einem Treffen in Bells Haus eingeladen. Dabei waren auch die Frau des Erfinders und seine Tochter Elsie anwesend.

Bell zeigte Grosvenor einige Exemplare führender Zeitschriften jener Zeit – *Harper's Weekly, McClure's, Munsey's, The Century* und andere – und fragte ihn: »Können Sie eine Zeitschrift machen, die genauso populär wie jene ist und die die Gesellschaft unterstützt und nicht mehr belastet?«

»Ja, ich glaube, das kann ich«, antwortete Grosvenor. »Aber ich muss langsam vorgehen und meinen eigenen Weg finden.«

Ihm war klar, dass Dr. Bell rasche Ergebnisse erwartete, und er betonte daher wiederholt, dass das Magazin eine Entwicklungsphase durchmachen müsse. In Anbetracht der großen Anforderungen dürfe Dr. Bell keinen Erfolg über Nacht erwarten.

Bell stimmte zu und schlug dann etwas vor, was Grosvenor sofort vorsichtig reagieren ließ: Einige Jahre zuvor hatten Dr. Bell und Gardiner Hubbard 87 000 Dollar in einen missglückten Versuch investiert, eine Zeitschrift mit dem Namen *Science* zu gründen, die nach zwei unwirtschaftlichen Jahren eingegangen war. Bell sagte dem jungen Mann, er sei bereit, die gleiche Menge an Kapital in das NATIONAL GEOGRAPHIC MAGAZINE zu stecken, die er für *Science* zur Verfügung gehabt hatte.

Sehr zur Erleichterung von Frau Bell, die nicht gerade glücklich darüber war, dass ihr Mann erneut eine so hohe Summe wegen einer Zeitschrift verlieren sollte, wies Grosvenor diesen Vorschlag entschieden zurück. Er würde die Arbeit nur übernehmen, wenn der Erfinder das Gehalt auf höchstens 100 Dollar monatlich begrenze – eine Summe, die niedriger lag als sein Lehrergehalt.

In dem Artikel zu diesem Foto, »Zulu-Braut und -Bräutigam« in der November-Nummer 1896 (die erste Abbildung halb nackter Menschen in der Zeitschrift), wird festgestellt: »Diese Leute haben eine Farbe von dunkler Bronze und eine gute, athletische Figur. Sie besitzen hervorragende Züge, sind aber schrecklich grausam, wenn sie erst einmal Blut gerochen haben.«

Die Zwillinge Edwin Prescott Grosvenor und Gilbert Hovey Grosvenor im Alter von zehn Jahren gemeinsam mit ihrem älteren Bruder Asa Waters Grosvenor (von rechts nach links), aufgenommen in ihrem Vaterhaus im heutigen Istanbul, Türkei. Die Zwillinge wurden 1875 in Konstantinopel geboren und lebten dort bis 1890 bei ihrem Vater, der Professor für Geschichte am Robert-College war. »Bevor der zukünftige Präsident unserer Gesellschaft nach Amerika kam«, schrieb Maynard Owen Williams, langjähriger Leiter der Auslandsabteilung des GEOGRAPHIC, »richteten sich seine Augen auf viele Länder und hörten seine Ohren das babylonische Sprachengemisch, das damals auf der Galaterbrücke gesprochen wurde…
Sein Kindermädchen stammte aus Armenien, kurdische Träger schleppten über Kopfsteinpflaster die Einkäufe in sein Haus, Albaner, Bulgaren und Griechen waren seine Klassenkameraden… Kein Wunder, dass für Grosvenor die Geographie eher eine Folge von lebenden Bildern war als irgendwelche Punkte auf der Landkarte.«

»Ich wusste, dass Geld allein nicht das erreichen konnte, was ich wollte«, schrieb Grosvenor später über das schicksalhafte Gespräch mit Bell. »Mir war auch bewusst, dass ein Jüngling von 23 Jahren, trotz allen guten Willens auf Seiten von Dr. Bell, noch nicht reif dafür war, eine solche Riesensumme zu verwalten. Ältere Männer, Männer ohne den Willen zum Experiment, würden mich unweigerlich zur Seite stoßen, und ich hätte wenig Gelegenheit, meine eigenen Ideen zu gestalten und auszuprobieren. Doch ohne neue Vorstellungen, ohne einen neuen Ansatz bestand keinerlei Hoffnung für das Magazin.«

Widerwillig akzeptierte Bell die Bedingungen von Grosvenor, und die Sitzung war beendet. In einem kurzen Moment, als Elsie mit Gilbert allein an der Türe stand, flüsterte sie ihm zu: »Ich habe meinem Papa gesagt, Sie hätten das Talent, das er sucht, und würden gerne nach Washington kommen.«

Am 1. April 1899 brachte Bell Gilbert H. Grosvenor zum Hauptsitz der Gesellschaft, der dem US-Finanzgebäude gegenüberlag. Grosvenor schrieb: »Der Hauptsitz war ein halber Raum (die andere Hälfte wurde von der amerikanischen Forstgesellschaft genutzt) mit zwei wackeligen Sesseln, einem schmalen Tisch, einem Stapel Papier und einem Kontobuch sowie sechs großen Kartons voll mit Zeitschriften, die die Zeitungshändler zurückgeschickt hatten.«

Bell schaute sich um. »Kein Schreibtisch!« rief er aus. »Ich werde Ihnen meinen schicken.«

Am Nachmittag wurde ein hübscher Rollschreibtisch aus Walnussholz gebracht. Als sich Grosvenor daran setzte, konnte er den gesamten Besitz der Gesellschaft überblicken. Die Kasse war nicht nur leer, sondern die Gesellschaft hatte 2000 Dollar Schulden. Mag die Gesellschaft auch finanziell knapp ausgestattet gewesen sein, sie war außergewöhnlich reich durch das gerade erworbene Vermögen: Gilbert H. Grosvenor, ihren ersten hauptberuflichen Angestellten. Allerdings hatte er nicht, wie es Bell vorgeschlagen hatte, die Stellung eines Herausgebers, sondern er war nur Mitherausgeber. Und zwar vorläufig auch nur für drei Monate, nach denen der Redaktionsausschuss über eine feste Anstellung entscheiden sollte.

Der Herausgeber des Magazins war John Hyde. Und obwohl Hyde als Statistiker bei der Landwirtschaftsbehörde angestellt war, hatte er entschieden mehr Einfluss auf die Auswahl des Materials und die Veröffentlichung der Zeitschrift, als es die von Grosvenor herausgegebenen Geschichten des Magazins ahnen lassen.

In den ersten Tagen beim GEOGRAPHIC unternahm Bell große Anstrengungen, um Grosvenor bei seinen Kollegen einzuführen, die alle weitaus älter als der 23-jährige Schulmeister waren. Danach fuhr Bell in sein Sommerhaus nach Baddeck, Neuschottland, um zu arbeiten. Seine Familie, Elsie eingeschlossen, folgte ihm bald darauf.

Grosvenors erste Aufgabe war es, eine Liste aller bereits erschienenen Nummern des NATIONAL GEOGRAPHIC MAGAZINE vorzubereiten. Weitaus schwieriger war es jedoch, Mittel und Wege zu finden, um die geringen Mitgliederzahlen der Gesellschaft zu steigern und damit auch ihr Vermögen. Grosvenor hatte enthusiastisch Bells Grundsatz zugestimmt, den Bezug des Magazins über die Mitgliedschaft zu regeln. Der Anreiz zum Beitritt lag nicht in dem Erhalt einer Zeitschrift, sondern darin, Mitglied zu werden, und zwar in einer Gesellschaft, deren Ziel es war, »geographisches Wissen zu fördern und zu verbreiten«, und dies durch ihr Flaggschiff, das NATIONAL GEOGRAPHIC MAGAZINE, durch Monografien, Nachrichten, Nachmittags- und Abendvorträge und Kurse und anderes.

Grosvenor bat Prominente, Freunde als Mitglieder vorzuschlagen. »Dies bedeutete zunächst, meinen Vater und Dr. Bell um Vorschläge zu bitten«, schrieb er. »In meinem Brief bettelte ich ohne Scheu. Ohne Pause, ohne Gnade.«

Die Mitglieder des Verwaltungsrates ging er nicht weniger hartnäckig an, und auch sie antworteten ihm großzügig, nachdem ihre anfänglichen Befürchtungen wegen direkter Bettelbriefe beschwichtigt worden waren. Sobald ein Vorschlag ein-

Die Grosvenor-Zwillinge als Sportler am Amherst-College: Spiel, Satz und Sieg

Die Zeit am College nutzten die Zwillinge für verschiedene Verwechslungsspiele. Bei einem von ihnen spielten die Halsbinden eine wichtige Rolle: In jenen Tagen durfte sich ein junger Mann nur ein einziges Mal auf der Tanzkarte einer jungen Dame eintragen, denn mehr als ein Tanz wäre unziemlich gewesen. Zum Tanzen ging Gilbert mit einer weißen Halsbinde, Edwin trug eine schwarze. Bevorzugte nun einer der beiden eine bestimmte junge Dame, so trugen sich alle zwei für je einen Tanz auf der Karte ein. Nachdem der erste Tanz vorbei war, wechselten sie die Halsbinden. Das Mädchen merkte den Unterschied nicht, es war sogar froh darüber, an den Farben der Halsbinden die Zwillinge unterscheiden zu können. Aber die *Boston Sunday Post* berichtet am 7. Oktober 1900:

»Dass die Sache auch eine Haken hatte, zeigte sich, als beide mit derselben Partnerin tanzen wollten.

Es entstand nun ein Wettstreit, welcher der Zwillinge durch seine größere Gewitztheit den anderen ausstechen konnte. Das führte dazu, dass jeder auch noch eine Ersatzbinde bei sich trug, falls ein Wechsel verweigert werden sollte.«

Eine andere Möglichkeit bot sich beim Sport, da damals von den Sportlern eines College die gleiche Kleidung getragen wurde. Und so fährt der Artikel der Bostoner Zeitung fort:

»Sogar beim Sport fanden die Zwillinge ihre Möglichkeiten. Beide waren exzellente Tennisspieler, und wenn sie gegeneinander spielten, waren die Siege etwa gleich verteilt. Einen besonderen Namen machten sie sich im Doppel, bei dem sie so geschickt spielten, dass sie die College-Meisterschaften gewannen und das Amherst-College bei den Schulmeisterschaften in New Haven vertraten. In Tennisshirts, weißen Hosen und Leinenschuhen waren sie noch eher zu verwechseln als sonst. Der eine hatte einen starken Aufschlag, der andere spielte gut am Netz, und ihre Kameraden behaupteten, dass sie diesen Vorteil nutzten und einer für den anderen einsprang. Denn weder die gegnerischen Spieler noch die Zuschauer konnten sie auseinander halten. Natürlich bestritten sie das energisch, es blieb aber ein ständiger Scherz unter ihren Freunden…«

Oben: Edwin P. Grosvenor (links) und Gilbert H. Grosvenor (rechts) zusammen mit ihren Studienkameraden des Amherst-College im Jahre 1897.

gegangen war, wurde dieser vom Eintrittsausschuss geprüft, und Grosvenor schrieb an jeden persönlich einen Brief mit der Einladung, beizutreten. Er sorgte dafür, dass die Briefe zumindest auf geprägtem, handgeschöpftem Papier geschrieben wurden, denn »die Leute schenken Briefen, die auf billigem Papier geschrieben sind, keinerlei Aufmerksamkeit. Ich hatte bereits vorher beschlossen, dass wir nur auf feinstem Papier Einladungen zum Beitritt in die Gesellschaft versenden würden«.

Die persönlichen Schreiben an die Vorgeschlagenen begannen alle mit: »Ich habe die Ehre, Ihnen mitzuteilen, dass Sie als Mitglied vorgeschlagen wurden…«

Ein solcher Anfang schien etwas pompös, war aber wirkungsvoll. Eine Mitgliedschaft knüpfte ein Band zu anderen »gebildeten Menschen«, die, wie Gardiner Hubbard, nur wünschten, »gezielte Forschungen anderer zu unterstützen und das so gewonnene Wissen unter den Menschen zu verbreiten, so dass wir alle mehr über die Erde, auf der wir leben, erfahren können«.

Dutzende solcher Briefe gingen jede Woche heraus, und durch Grosvenors Kampagne gewann die Gesellschaft rasch neue Mitglieder. »Du siehst«, schrieb Grosvenor damals an seinen Vater, »wir betonen die Tatsache des Ausgewähltseins, damit die Menschen sich durch den Vorschlag geehrt fühlen.«

Bereits nach knapp einem Monat seiner fantasievollen Aktivitäten war die Gesellschaft so sehr von Grosvenors Bemühungen eingenommen, dass ihm Alexander Graham Bell schreiben konnte:

> Ich bin glücklich, Sie darüber informieren zu dürfen …, dass der Redaktionsausschuss so sehr mit Ihnen zufrieden ist, dass alle meinen, es sei nicht nötig, den Zeitraum von drei Monaten abzuwarten, bis Sie fest eingestellt werden… So habe ich das große Vergnügen, Sie als Mitherausgeber des Magazins zu bestätigen, und zwar für ein Jahr anstatt für drei Monate, vom 1. April 1899 an gerechnet. Ihr Gehalt beträgt 100 Dollar pro Monat…
>
> Ich habe Herrn Hyde geschrieben und angeregt, Ihren Namen als Mitherausgeber unter dem Seinigen im Juni-Heft zu veröffentlichen.

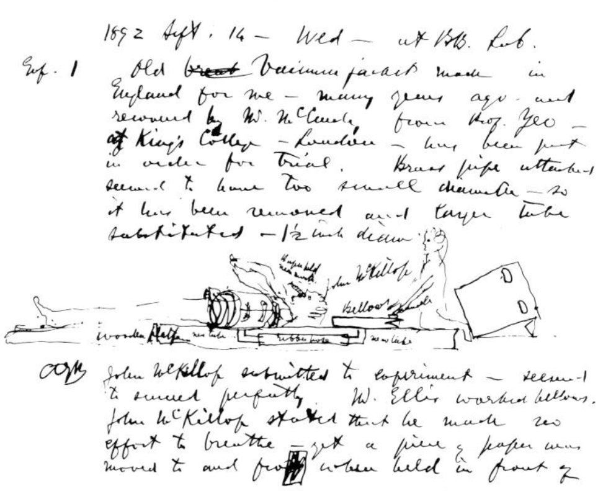

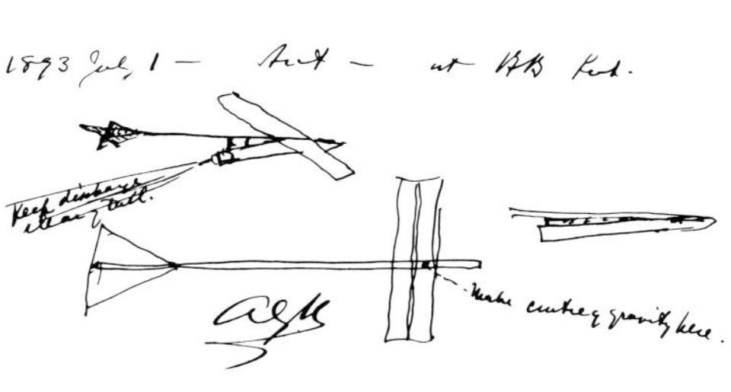

Oben: In seinem Notizbuch aus dem Jahr 1892 skizzierte Bell eine »Vakumjacke«, eine Vorläuferin der eisernen Lunge.
Darunter: Eine Skizze eines raketenbetriebenen Flugzeugs aus dem Jahr 1893. Bells »kleines Modell hatte Flügel und einen Schwanz aus Blech und im Rumpf einen Messingtank mit Treibstoff.« Der Erfinder notierte, dass das Modell etwa neun Meter hoch und 22 Meter weit geflogen ist.

Am folgenden Tag erhielt Grosvenor durch Bells Sekretär eine Nachricht von Bell, dass »der Redaktionsausschuss beschlossen hat, Ihnen einen großen Spielraum zu geben, um korrespondierende Mitglieder zu werben und das Magazin voranzutreiben. Also machen Sie weiter und tun Sie das, was Ihnen in dieser Richtung das Beste dünkt. Wenn Fragen kommen in Bezug auf die Kosten für die Versendung von Rundschreiben usw., erinnern Sie sich daran: Herr Bell steht hinter Ihnen. Dieser Punkt ist wichtig, um die Anzahl der korrespondierenden Mitglieder zu erhöhen.«

»Die Anzahl der korrespondierenden Mitglieder zu erhöhen« war gleichbedeutend mit erhöhten Einnahmen für die Gesellschaft.

Das Konzept mit der Mitgliedschaft, bei der das Magazin ein, wenn auch wertvoller, Bonus war, schien eine gute Markstrategie zu sein, um neue Abonnenten zu werben und den festen Mitgliederkreis zu erhalten. Um Leser anzuziehen, das wusste Grosvenor, musste er die Haltung in der Öffentlichkeit der Geographie gegenüber ändern. Denn man hielt sie für etwas, das »entsetzlich langweilig ist und das man nur Schuljungen zumutet, um es im späteren Leben zu vermeiden«. Der Gesellschaft fehlte noch immer der Schlüssel zum Erfolg: ein populärer Zugang zur Geographie.

Grosvenor begann also andere geographische Zeitschriften, die von geographischen Vereinigungen in aller Welt publiziert wurden, zu studieren. Dann wandte er sich Büchern zu, in denen Geographie eine wichtige Rolle spielte, zum Beispiel Charles Darwins *Reise um die Welt*, Richard Henry Danas *Zwei Jahre unter dem Mast*, Joshua Slocums *Allein um die Welt* und die Reiseberichte, die Herodot 2000 Jahre vor ihm geschrieben hatte. Was war das, fragte sich Grosvenor, was den Büchern der Geschichte des Herodot »so viel Leben verlieh, das das Buch 20 Jahrhunderte überdauern ließ und unvermindert anziehend machte?« Was hatten diese Bücher, auf die die Leser immer wieder zurückgriffen, gemeinsam?

Kurz nach dem Tod von Gardiner Greene Hubbard wurde sein Schwiegersohn Alexander Graham Bell im Jahr 1897 der zweite Präsident der Gesellschaft. Alexander Graham Bell, der Erfinder des Telefons, ist hier zusammen mit Helen Keller auf seinem Sommersitz in Baddeck, Neuschottland, zu sehen. Dort züchtete er Zwillinge werfende Schafe, entwarf einen sonnenbetriebenen Destillationsapparat zur Trinkwassergewinnung aus Meerwasser und setzte seine Experimente fort: Gleitboote, Menschen tragende Flugdrachen, düsen- und raketenbetriebene Propellerflügel, die dem Rotor eines Hubschraubers ähnelten, Flugzeuge mit beweglichen Tragflächen und Querrudern. Trotzdem antwortete Bell, nach seinem Beruf gefragt, stets »Gehörlosenlehrer«. Hinter Bell und Helen Keller sitzt der Vater des Erfinders, Alexander Melville Bell.
Im Alter von sechs Jahren wurde Helen Keller blind, taub und stumm zu Bell gebracht. Bell kümmerte sich um ihre Erziehung, und sie widmete ihm Jahre später ihre Autobiografie, in der sie über ihr erstes Zusammentreffen schrieb: »Ich hätte mir nie träumen lassen, dass dieses Gespräch die Tür öffnen sollte, durch die ich aus der Dunkelheit ins Licht, aus der Isolation zu Freundschaft, Kameradschaft, Wissen und Liebe kommen würde.«

Alexander Graham Bell bei der Eröffnung der Ferngesprächsverbindung zwischen New York und Chicago im Jahre 1892, genau 16 Jahre nach seiner Erfindung des Telefons.

Grosvenor kam zu folgender Überzeugung: »Jedes war ein genauer, selbst erlebter Bericht aus erster Hand. Jedes war direkt und einfach geschrieben und suchte dadurch Bilder in der Vorstellung des Lesers zu erzeugen.«

Als sein erster Sommer als Mitherausgeber zu Ende ging, hatte es Grosvenor geschafft, sowohl den Umfang des Magazins als auch die Auflage zu erhöhen. Aber er hatte sich noch immer dem Geschmack des Herausgebers John Hyde und des Redaktionsausschusses unterzuordnen. Diese waren alle Mitglieder des Verwaltungsrates und wurden auf der Titelseite des Magazins mit Rang und Namen aufgeführt: Oberster Funkoffizier der US-Armee, Direktor des Bundesvermessungsamtes, Direktor des Statistischen Bundesamtes und US-Wetteramtes, Stellvertretender Staatssekretär und so weiter.

Viele von ihnen wollten weiterhin für den Laien unverständliche, fachspezifische Artikel in der Zeitschrift bringen. Für Grosvenor war es meistens schon schwierig, solche Aufsätze popularisiert zu veröffentlichen, ohne Anstoß zu erregen. Sein Verbündeter, Dr. Bell, war nicht erreichbar und wusste nicht, wie der junge Herausgeber sich fühlte und unter welchem Druck er stand. Allerdings schickte Bell den ganzen Sommer lang Briefe an Grosvenor (das Magazin solle »möglichst viele und gute Illustrationen und Karten bringen«) mit Vorschlägen, wie man die Auflage erhöhen könne und, im Hinblick auf die Tatsache, dass viele wissenschaftliche Institute in der Nähe der Gesellschaft ansässig waren, mit dem Hinweis, Grosvenor solle diesen Vorteil nutzen, um ohne weitere Kosten verwendbares Material von diesen zu bekommen.

Laut Robert V. Bruce schrieb Bell, die besten Schreiber brauchten auch eine gute Honorierung, und das hieße, dass höhere Einnahmen durch die Werbung erforderlich waren. Um das zu erreichen, war eine höhere Auflage notwendig, die wiederum nur möglich war, wenn die Zeitschrift nicht nur wissenschaftlich solide, sondern auch für ein breites Publikum interessant war. Aktualität würde auch gut tun, fügte Bell hinzu. Grosvenor sollte im Voraus Material sammeln, um sofort, wenn sich die Aufmerksamkeit der Weltöffentlichkeit einem neuen Ort zuwandte, die erforderlichen Informationen verfügbar zu haben. Außerdem könne die Gesellschaft, schlug Bell vor, »populäre Bücher über geographische Themen« herausbringen.

Was waren denn seiner Meinung nach »geographische Themen«? Bells Antwort lautete: »DIE WELT UND ALLES, WAS IN IHR IST, ist unser Thema.«

Damit erregte er bei Grosvenor keinen Widerspruch, der geschrieben hatte: »Ich dachte bei Geographie an die ursprüngliche Bedeutung im Griechischen: geographia – Beschreibung der Erde. So wird sie am allgemeinsten definiert, so ist sie universal im Anspruch und alle Staaten, Völker, Pflanzen, Tiere, Vögel und Fische umfassend. Wir werden niemals einen wichtigen Gegenstand auslassen.«

Im September 1899 stellte sich Grosvenor auch für die Organisation der Vorlesungen der Gesellschaft zur Verfügung und lud den ehemaligen Staatssekretär John W. Foster ein, den ersten Vortrag zu halten. Als eine Autorität sprach Foster über »Die Grenze in Alaska« – in jenen Tagen ein hoch brisantes Thema, weil eine internationale Kontroverse zwischen den USA, Großbritannien und Kanada darüber entbrannt war, wo exakt die südöstliche Grenze Alaskas lag. Der Zugang zu den erst vor drei Jahren entdeckten Klondike-Goldfeldern stand auf dem Spiel. Nachdem Grosvenor die Rede des Sekretärs in der November-Nummer des GEOGRAPHIC veröffentlicht hatte, wurden darüber im ganzen Land Leitartikel geschrieben.

»So traten wir in das Jahr 1900 mit wachsenden Erwartungen ein, jedenfalls hatten das Dr. Bell und ich gedacht«, schrieb Grosvenor später. »Aber der Vorstand, eine kleine, aber entscheidende Minderheit von fünf Männern des Verwaltungsrates, hielt unsere Pläne für hoffnungslos optimistisch. Diese Männer wollten die ›unehrenhafte‹ Mitgliederwerbung aufgeben und das Magazin wieder an Kiosken verkaufen, obwohl der vorangegangene Versuch ja zur Verschuldung der Gesellschaft geführt hatte.«

Unter den vielen prominenten Herausgebern und Verlegern, die mit ihren Vorschlägen die finanzielle Situation des Magazins verbessern wollten, war auch der äußerst einflussreiche S. S. McClure, der Herausgeber von *McClure's Magazine*. Dieses war vier Jahre nach dem NATIONAL GEOGRAPHIC MAGAZINE gegründet worden und hatte innerhalb von sieben Jahren die Aufsehen erregende Auflagenhöhe von 370 000 Exemplaren erreicht. McClure riet dem Vorstand, da es unmöglich sei, in Washington eine populäre Zeitschrift zu halten, er solle: 1) das Magazin in das Zentrum der Verlagslandschaft, nach New York, verlegen; 2) den Namen in einen einfacheren ändern; 3) von der Idee abkommen, Abonnenten durch Mitgliedschaft zu gewinnen; 4) die Werbung durch Verkauf an Kiosken und eine höhere Auflage ausbauen und 5) niemals den Namen National Geographic Society zu erwähnen, da die Menschen Geographie verabscheuten.

Grosvenor war mit keinem dieser Vorschläge einverstanden, aber die Argumente von McClure beeinflussten zu seinem Leidwesen die Vorstandsmitglieder stark. Glücklicherweise blieben die Mitglieder des Verwaltungsrates bei der alten Konzeption. Der Vorstand jedoch zog seine Zustimmung zu der Abonnenten-Mitgliedschaft zurück. Etwa zu jener Zeit wurde Grosvenor in das Haus von Bell gerufen. Offensichtlich aufgebracht fragte der Erfinder den jungen Herausgeber: »In was für Schwierigkeiten sind Sie da hineingeraten?«

»Schwierigkeiten?« fragte Grosvenor zurück. Er konnte sich keine vorstellen.

Bell runzelte die Stirn und sagte: »Der Vorsitzende des Vorstandes hat um ein Gespräch gebeten, um eine ernste Angelegenheit in Bezug auf die Arbeitsweise des Herrn Grosvenor zu klären.«

Am Nachmittag wurde Grosvenor erneut zu Bell bestellt. Als dieser die Verzagtheit des jungen Herausgebers bemerkte, brach er in schallendes Gelächter aus. Bell war ein großer, fast 200 Pfund schwerer Mann, und sein Lachen war ebenso imposant wie seine Gestalt. »Der Vorstand meint, der Vorsitzende solle den Präsidenten davon in Kenntnis setzen, dass Herr Grosvenor seiner Tochter mehr Aufmerksamkeit schenkt als dem NATIONAL GEOGRAPHIC MAGAZINE.«

Die Bells hatten nichts gegen die Freundschaft von Gilbert und Elsie, auch wenn Frau Bell ein wenig über die Art, in der sie sich äußerte, irritiert war. Sie störte sich daran, dass Gilbert »so vollkommen selbstbeherrscht war, wenn seine Geliebte bei ihm war. Ich bin mir sicher, du wärest da anders«, sagte sie zu ihrem Mann. Mabel Bell entschied sich dann, dieses für eine besondere Eigenart von Bert Grosvenor zu halten. Nebenbei bemerkt, Elsie schien nicht über die »Gefühlskälte« ihres Verlobten böse zu sein, im Gegenteil, sie versuchte sein Verhalten nachzuahmen. »Elsie sagt, sie denkt darüber nach, Gilbert zu heiraten«, schrieb Mabel Bell ihrem Mann in jenem Monat, in dem die Vorschläge McClures diskutiert wurden. »Aber sie geht dermaßen sachlich damit um, dass ich mir sicher bin, dass sie nicht einmal ein kleines bisschen in ihn verliebt ist.«

Bei aller Vorsicht hatte Mabel Bell schon einen neuen Koffer für ihre Tochter besorgt und ihn mit den Initialen E. M. G. und nicht E. M. B. versehen lassen. Als Elsie ihre Mutter schüchtern nach dem Warum fragte, gab Frau Bell zur Antwort: »Ich denke, für die nächste Reise, die du machen wirst, werden diese Initialen genau richtig sein.«

Als Elsie Bert davon erzählte, schlug sein Herz höher.

Die Bells starteten zu einer Europa-Reise, und gleich darauf eskalierten die Probleme zwischen Gilbert Grosvenor und John Hyde und dem Vorstand.

Kurz vor Bells Abreise hatte ihm Hyde geschrieben:

> Lieber Herr Bell,
>
> auf der Vorstandssitzung heute Nachmittag habe ich von Ihrem äußerst großzügigen Angebot berichtet, für ein weiteres Jahr das Gehalt von Herrn Grosvenor zu übernehmen. Auch von Ihrer Auffassung, dass die Gesellschaft Gefahr

Die Exkursion der Gesellschaft 1900 nach Norfolk, Virginia. Im Frühjahr 1900 war von dort eine totale Sonnenfinsternis zu beobachten. Darum mietete die Gesellschaft einen Dampfer und fuhr mit 250 Mitgliedern nach Norfolk. Mit von der Partie waren Alexander Graham Bell, seine Frau, Mabel Hubbard Bell, der Astronom Simon Newcomb, verschiedene Wissenschaftler und der junge Gilbert Grosvenor (siehe S. 21).

Rechts: Der Silver Dart hebt mit A. D. McCurdy in eisige Lüfte ab. »Am Morgen des 23. Februar 1909 versammelten sich Dr. Bell und etwa 150 Dorfbewohner auf der zugefrorenen Baddeck-Bay, um den ersten Flug in Kanada mitzuerleben. Ein Schlitten brachte den Silver Dart in Startposition. Von vier Schlittschuhläufern gefolgt, fuhr das Flugzeug in seinem dreirädrigen Fahrwerk voran, ein erstaunlicher Vorläufer moderner Maschinen. Der Silver Dart hob ab und flog etwa 800 Meter über die Winterlandschaft.« Silver Dart war das vierte »Aerodrome« (Bell bevorzugte dieses Wort anstelle von »Aeroplane«), das die Aerial Experiment Association unter Mitwirkung von Alexander Graham Bell, McCurdy, F. W. (Casey) Baldwin, Glenn Curtiss und Thomas Selfridge gebaut hatte. McCurdys historischer Flug »über das Eis der Bad-deck-Bay« wurde im August-Heft 1956 des GEOGRAPHIC beschrieben: »begleitet von einer Horde aufgeregter Schlittschuhläufer und einem Pferdeschlitten, auf dem der Chef Dr. Bell mit seinem schneeweißen Bart saß«.

Unten links: Das Ehepaar Bell demonstriert die Leichtigkeit eines von dem Erfinder konstruierten Tetraeders wie auch die seiner Herzen.

Unten Mitte: Eine Aufnahme, die Gilbert H. Grosvenor selber machte, als das fünf Tonnen schwere, torpedoförmige Gleitboot HD-4, das Bell entwickelte, auf seinen dünnen Stahlblättern abhebt und über die Baddeck-Bay braust. Das Gleitboot erreichte am 9. September 1919 eine Rekordgeschwindigkeit von 114 Stundenkilometern – ein Rekord, der erst zehn Jahre später gebrochen wurde.

Unten rechts: »AUF DEM BUNT BEFLAGGTEN TETRAEDER BEGINNEN DIE ERÖFFNUNGSFEIERLICHKEITEN: 31. AUGUST 1907«, schrieb das GEOGRAPHIC zu Ehren von Bell. Dieser hatte den 25 Meter hohen Aussichtsturm konstruiert, um die Stabilität eines Tetraeders zu demonstrieren. Fest im Boden verankert, wog der zerbrechlich aussehende Turm mindestens 4500 Kilogramm und konnte ein beachtliches Gewicht tragen.

gesehen hat Grosvenor von diesem Moment an die National Geographic Society »gemacht« und nicht umgekehrt.

Grosvenor, dem der Job zwei Jahre zuvor als »Sprungbrett zu Besserem« angeboten worden war, wurde in den nächsten 66 Jahren zur treibenden Kraft in der National Geographic Society. Unter seiner Führung wandelte sich das GEOGRAPHIC von einem unregelmäßig erscheinenden, häufig simplen Fachblatt mit einer Auflage von ein paar hundert Exemplaren in ein glänzendes, farbiges populäres Magazin mit einer Auflagenhöhe von 5 000 000 Stück zum Zeitpunkt seines Todes – hoch genug, um aus einer Monatsauflage einen 40 Kilometer hohen Stapel zu machen.

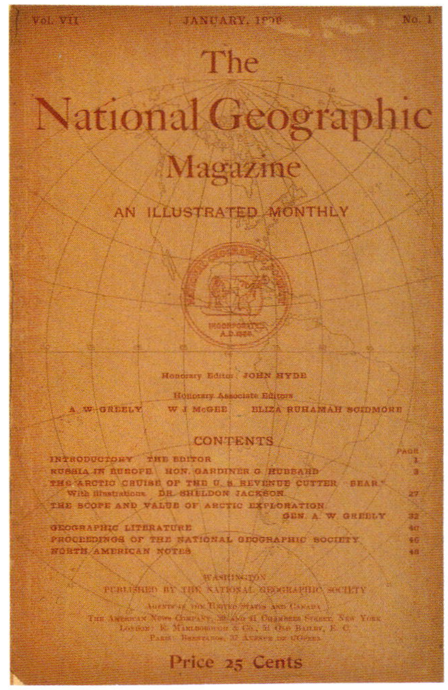

Vol. VII — JANUARY, 1896 — No. 1

The National Geographic Magazine

AN ILLUSTRATED MONTHLY

Honorary Editor: JOHN HYDE

Honorary Associate Editors

A. W. GREELY — W J McGEE — ELIZA RUHAMAH SCIDMORE

CONTENTS

	PAGE
INTRODUCTORY. THE EDITOR	1
RUSSIA IN EUROPE. HON. GARDINER G. HUBBARD	3
THE ARCTIC CRUISE OF THE U. S. REVENUE CUTTER "BEAR." With illustrations. DR. SHELDON JACKSON	27
THE SCOPE AND VALUE OF ARCTIC EXPLORATION. GEN. A. W. GREELY	32
GEOGRAPHIC LITERATURE	40
PROCEEDINGS OF THE NATIONAL GEOGRAPHIC SOCIETY	46
NORTH AMERICAN NOTES	48

WASHINGTON
PUBLISHED BY THE NATIONAL GEOGRAPHIC SOCIETY

Price 25 Cents

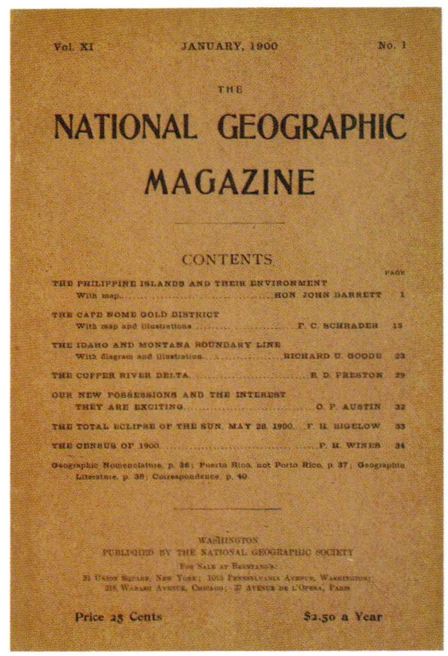

Vol. XI — JANUARY, 1900 — No. 1

THE NATIONAL GEOGRAPHIC MAGAZINE

CONTENTS

		PAGE
THE PHILIPPINE ISLANDS AND THEIR ENVIRONMENT. With map	HON JOHN BARRETT	1
THE CAPE NOME GOLD DISTRICT. With map and illustrations	F. C. SCHRADER	15
THE IDAHO AND MONTANA BOUNDARY LINE. With diagram and illustration	RICHARD U. GOODE	23
THE COPPER RIVER DELTA	E. D. PRESTON	29
OUR NEW POSSESSIONS AND THE INTEREST THEY ARE EXCITING	O. P. AUSTIN	32
THE TOTAL ECLIPSE OF THE SUN, MAY 28, 1900	F. H. BIGELOW	33
THE CENSUS OF 1900	F. H. WINES	34

Geographic Nomenclature, p. 36; Puerto Rico, not Porto Rico, p. 37; Geographic Literature, p. 38; Correspondence, p. 40

WASHINGTON
PUBLISHED BY THE NATIONAL GEOGRAPHIC SOCIETY

Price 25 Cents — $2.50 a Year

Oben: Im Januar 1896 wurde aus dem unregelmäßig erscheinenden NATIONAL GEOGRAPHIC MAGAZINE eine Monatszeitschrift; die Farbe des Umschlags wurde geändert.

Darunter: Ende 1900 wurde der Umschlag noch einmal geändert, die Auflage war inzwischen auf 2200 Exemplare gestiegen.

DIE EROBERUNG DER POLE

Der begehrteste aller geographischen Preise

> *»Endlich am Pol!!! Der Preis von drei Jahrhunderten. Mein Traum und Ziel seit 23 Jahren. Endlich mein. Ich kann es immer noch nicht fassen. Jetzt sieht alles so einfach aus...«*
>
> Aus dem Tagebuch von Robert E. Peary, 6. April 1909.
>
> *»So kamen wir an und konnten unsere Fahne auf dem geographischen Südpol aufpflanzen. Dank sei Gott!«*
>
> Aus dem Tagebuch von Roald Amundsen, 15. Dezember 1911

In der Geschichte der Polar-Erforschung gibt es wahrscheinlich keinen Menschen, der mehr davon besessen war, den Pol zu »gewinnen«, als den Amerikaner Robert E. Peary. Schon im Alter von 24 Jahren hatte er 1880 an seine Mutter geschrieben: »Ich werde nicht eher zufrieden sein, bis ich alles getan habe, damit mein Name von einem Ende der Welt bis zum anderen bekannt wird.« Im Jahr darauf trat er als Ingenieur in die Navy ein und unternahm eine Reise durch Nicaragua, um die Gebiete zu vermessen, durch die der damals geplante Atlantik-Pazifik-Kanal führen sollte. In Nicaragua stieß er auf den Bericht der Reise von Baron Adolf Erik Nordenskjöld, der 1879 die Nordost-Passage zwischen Europa und Asien zum Pazifik entdeckt hatte. In seiner Geschichte der Polar-Erforschung schrieb L. P. Kirwin, dass Peary sofort die Möglichkeiten der Arktis-Forschung erkannt habe und diese ihm den »Zugang zum Ruhm eröffnete, ein Zugang, der ihn zu dem begehrtesten aller geographischen Preise führte, zum Nordpol.«

Vor seiner Abreise zur Grönland-Expedition 1891/92 sprach Peary auf einem Treffen zu den Mitgliedern der Gesellschaft. »Am Ende seiner Rede«, erinnerte sich Benton McKaye in einem Brief an Gilbert H. Grosvenor,

> stolzierte Präsident Hubbard über die Bühne, ergriff eine große amerikanische Fahne, rollte sie auseinander und stellte sich vor Peary auf. Er sprach ein paar Worte der Ermunterung und schloss mit den Worten: »Nun nehmen Sie diese Flagge und pflanzen sie so weit nördlich auf diesem Planeten ein, wie Sie es nur eben schaffen.«
>
> Peary packte die Fahne und verbeugte sich, während wir im Publikum alle zum Start von Pearys Karriere als Polar-Forscher bon voyage riefen.

Auf dieser Expedition marschierte Peary in Grönland an die 1000 Kilometer hin und zurück über die kilometerdicke Eiskappe, die hinterher Peary-Land genannt wurde. Unterwegs machte er viele wertvolle Beobachtungen und stellte fest, dass Grönland eine Insel war und nicht kontinentales Land, das bis zum Pol reichte. Damit wurde er zunehmend bekannt, wurde zu einem beliebten Referenten und konnte seine nächsten Expeditionen zum größten Teil durch Vortragsreisen finanzieren.

In den 90er Jahren kehrte er viermal nach Grönland zurück und verbesserte dort seine Techniken, die es ihm ermöglichen sollten, den Nordpol zu erreichen. Im Jahr 1898, drei Jahre nachdem der Norweger Fridtjof Nansen bei 86°12' eine Breite erreicht hatte, zu der vor ihm noch kein Mensch vorgestoßen war, nur 370 Kilometer vom Pol entfernt, unternahm auch Peary einen kurzen Versuch, der ihn acht seiner Zehen kostete. Dann brach 1900 der Kapitän Umberto Cagni aus Italien, Assistent des Herzogs von Abruzzi, Nansens Rekord um 35 Kilometer. Peary unternahm 1901 einen kurzen Versuch und erneut 1902, kam aber nur bis 84°17'N. Endlich, bei seinem vierten Anlauf im Jahre 1906, erreichte Peary 87°6'N und hatte bei einer Entfernung von 81 Kilometer bis zum Pol den Rekord der »nördlichsten Breite« errungen.

Vorangehende Seiten: Einer der Schlittenhunde auf der Steger-Expedition 1986 nahm ein eiskaltes Bad, als er in eine Spalte rutschte. Aber, so berichtet das GEOGRAPHIC im September 1986 in dem Artikel »Nördlich zum Pol«: »Zur Härte erzogen und durch ihr dickes Fell geschützt, können die Hunde solche Missgeschicke überstehen. Wäre aber ein Schlitten in das Wasser gerutscht, hätte dies das sofortige Ende der Expedition bedeutet.«

Gegenüber: »Die Augen auf ein lang ersehntes Ziel gerichtet, erreichte Robert E. Peary am 6. April 1909 über das Eis den Nordpol – eine Leistung, die nie zuvor und nie danach vollbracht wurde«, beschrieb das GEOGRAPHIC dieses Foto in seinem Register der Jahre 1888 bis 1946. Am 1. Mai 1986 kam allerdings die Steger-International-Polar-Expedition mit fünf Männern und einer Frau am Nordpol an, die erste Hundeschlitten-Expedition, die es ohne Hilfe von außen zum Nordpol schaffte – 77 Jahre nach Pearys Triumph.

Folgende Seiten: Mit Hunden bevölkert und vollgestopft mit Lebertranfässern und Walfischfleisch, herrschte auf dem 55 Meter langen Schiff Roosevelt, das Peary in die Arktis brachte, ein »entsetzlicher Gestank«, den Kapitän Bartlett nie vergessen sollte.

Am 15. Dezember 1906 fand das jährliche Festbankett der National Geographic Society statt, an dem 400 Mitglieder, Regierungsmitglieder und verschiedene prominente Gäste teilnahmen. Präsident Theodore Roosevelt überreichte die erste Hubbard-Medaille der Gesellschaft dem Ehrengast Robert E. Peary. Unter dem lang anhaltenden Beifall der Gäste erhob sich Peary auf seine verstümmelten Füße, um die Medaille entgegenzunehmen. Mit seinen stechend blauen Augen über dem Walrossbart und der ausgeprägten Nase blickte Peary sichtlich zufrieden durch den Saal, dann auf die Medaille. Auf der einen Seite befand sich das Wappen der Gesellschaft, die Rückseite trug die Prägung: »Die National Geographic Society überreicht die Hubbard-Medaille an Robert E. Peary für seine arktischen Forschungen. Die nördlichste Breite wurde bei 87°6' erreicht. 15. Dezember 1906.« Außerdem markierte ein blauer Saphir auf einer Karte der Arktis den Punkt, den Peary erreicht hatte.

Peary blickte auf den Präsidenten, die Offiziellen der Gesellschaft und die Gäste, und als es ruhig geworden war, begann er zu sprechen:

> Der wahre Forscher unternimmt seine Arbeit nicht in der Hoffnung auf Preise oder Ehrungen, sondern weil die Sache, die er sich selber zur Aufgabe gemacht hat, ein Teil seiner Selbst wird. Sie muss vollendet werden um der Vollendung willen, und er nimmt Mühen, Risiken und Hindernisse in Kauf, solange sie ihn nicht von seinem Ziel abbringen.
>
> Mit vielen guten Gedanken und Ideen haben die besten Männer der stärksten und klügsten Staaten der Welt seit drei Jahrhunderten versucht, die letzte und vollkommene Lösung des polaren Geheimnisses zu finden. Jedem Mann und jeder Frau, in deren Adern Blut fließt, schlägt das Herz bei dem Gedanken an dieses Geheimnis höher, das zur Ehre und zum Ruhm unseres Landes gelöst werden sollte. Das ist eine Sache, von der man erwartet, dass *ich sie tue*, und eine Sache, die *ich tun muss*. [Hervorhebung durch den Autor]

Mit der ersten Verleihung der Medaille an Peary war die Vergabe einer Geldsumme in Höhe von 1000 Dollar verbunden, mit der der Peary Arctic Club in New York ein Schiff für ihn bauen und ausrüsten ließ. Im Juli 1908, knapp anderthalb Jahre nach dem Erhalt der Hubbard-Medaille, legte Peary während einer Hitzewelle am Kai des New Yorker Hafens ab, umrundete zwei Monate später mit seinem Schiff, der Roosevelt, die nordöstliche Spitze der Ellesmere-Insel und brach durch das Eis des Arktischen Ozeans bis zum 82°30'-Breitengrad hindurch, dem nördlichsten Punkt, den je ein Schiff aus eigener Kraft erreicht hatte. Als die Roosevelt vom Eis eingeschlossen war, wurde die Ausrüstung ausgeladen und in einem schnell errichteten Iglu-Dorf verstaut. Nach fünf Monaten wurde alles mit Schlitten 140 Kilometer weiter in das Ausgangslager auf Kap Columbia transportiert, das dort auf der Nordspitze der Ellesmere-Insel errichtet worden war, 670 Kilometer vom Pol entfernt. Das Expeditions-Team bestand aus 24 Männern und 133 Hunden. 17 der Männer waren Eskimos, die Übrigen waren der Leiter Peary, Robert A. Bartlett, der Kapitän der Roosevelt, Dr. John W. Goodsell, Arzt, Ross Marvin, Ingenieur, George Borup und Donald McMillan, zwei junge Arktis-Enthusiasten, und Pearys ungewöhnlicher Gefährte, der Farbige Matthew Henson. Peary hatte Henson zum ersten Mal in einem Hutgeschäft getroffen, in dem dieser als Verkäufer arbeitete. Seit seiner zweiten Nicaragua-Reise war Henson ständig mit ihm zusammen gewesen und war inzwischen ein ebenso guter Schlittenfahrer wie die Eskimos.

Am 28. Februar 1909 startete der erste Vortrupp mit Kapitän Bartlett und zwei Eskimos mit ihren Hundeschlitten über das Eis des Polarmeeres. Am nächsten Morgen folgten vier weitere Gruppen mit Peary.

»Eskimo-Sextett, Hauptdeck, Roosevelt« wurde dieses Foto untertitelt, das die Witwe des Forschers, Josephine Peary, der Gesellschaft schenkte.

Pearys Methode, Menschen und Ausrüstung über das Eis zu bewegen, war revolutionär. Sein Gedanke war, die Begleitgruppen bis zum Äußersten anzutreiben, um die Hauptgruppe frisch zu halten. Die Männer, die von Anfang an dazu bestimmt waren, das eigentliche Schlussteam zu bilden, wurden unterwegs nach Möglichkeit geschont.

Kleine Vortrupps hackten eine Spur durch das Eisgewirr und die Rillen für die nachfolgende Hauptgruppe, bauten Iglus als Schlafstellen und lagerten Proviant. Dies war Knochenarbeit, und darum wurden die Gruppen ständig ausgewechselt. Mensch und Tier sollten gesund und kräftig bleiben. Zunächst ging es enttäuschend langsam voran. Einen Tag lang, manchmal sogar eine Woche wurde das Vorwärtskommen durch schwarz glitzernde Flächen offenen Wassers aufgehalten, eisfreie Wasserrinnen, die lead genannt wurden und oft bis zu 400 Meter breit waren. Bei entsetzlicher Kälte und schneidendem Wind hatte das Team am 15. März ungefähr 150 Kilometer durch eine zerklüftete Landschaft zurückgelegt. An diesem Tag sollte der Arzt Goodsell zur Roosevelt umkehren. Einer erfrorenen Ferse wegen wurde auch McMillan gedrängt, sich mit auf den Rückweg zu machen. Bis zum 26. März waren alle bis auf eine Begleitgruppe wieder im Ausgangslager angekommen. Jetzt lag alle Last auf Peary selbst und auf Henson, Bartlett, sieben Eskimos, sieben Schlitten und 60 Hunden. Tags zuvor hatten sie 86°38'N erreicht. Peary erinnert sich:

> Am nächsten Tag, dem 27. März, trafen wir auf schweren Schnee – ein weicher Mantel bedeckte die Tiefen des zerrissenen Eises. Ich erreichte Bartlett und seine Truppe, die völlig fertig war und manchmal an ihrer Arbeit, eine Spur frei zu machen, verzweifelt waren... Ich munterte sie ein wenig auf, erleichterte ihre Schlitten und sandte sie zurück. Auf dem nächsten Tagesmarsch kämpften wir gegen beißenden Wind aus Nordost und stießen auf das Lager von Bartlett, das er an einer Wasserrinne, die sich in drei Richtungen erstreckte, aufgeschlagen hatte. Wir bauten unsere Iglus 100 Meter entfernt auf, um die Männer nicht in ihrem Schlaf zu stören.
>
> Ich wurde aus dem Schlaf gerissen und sprang von meinem Lager aus Hirschhäuten auf, denn Bewegungen im Eis und Rufe alarmierten mich. Durch ein Guckloch in der Wand des Iglus sah ich, wie sich der schwarze Wasserstreifen zwischen unserem und Bartletts Iglu rapide verbreiterte. Eines meiner Hundegespanne hatte sich gerade eben davor retten können, in das Wasser hineingezogen zu werden, ein anderes hatte herabfallenden Eisbrocken kaum ausweichen können. Bartletts Iglu trieb östlich auf einem Floß aus Eis. Ich hastete durch das Eingangsloch und rief den Männern des Kapitäns zu, sie sollten sich für einen schnellen Vorstoß fertig machen.
>
> Schließlich stieß ihre Scholle gegen unsere, und wir zogen Bartlett und seine Gruppe zu uns hinüber. Die ganze Nacht krachte und knirschte das Eis schrecklich, und auch am nächsten Tag stießen die Schollen gegeneinander, brach das Eis auf und leckten die schwarzen Wasserzungen wie ein Präriefeuer. Dann ließ die Bewegung nach, das offene Wasser schloss sich, im Norden klarte der Himmel auf, und wir beeilten uns, das Eis zu verlassen, bevor wieder eine Rinne entstand.

Am 1. April 1909 machten sich Bob Bartlett und die letzte Begleitgruppe auf den Rückweg und ließen Peary und Henson mit vier Eskimos und 40 Hunden allein zurück, die bereit waren, die noch vor ihnen liegenden 213 Kilometer zum Pol zu bewältigen.

> Jetzt war keine Zeit zum Träumen mehr. Ich wandte mich den Problemen zu, für die ich bis heute all meine Energie aufgespart, mich wie für ein Wettrennen trainiert und ein einfaches Leben geführt hatte – für die ich 23

Oben: Pearys Seidenflagge wird heute im Saal der Forscher im Hauptsitz der Gesellschaft in Washington ausgestellt. Stücke der Flagge ließ Peary an folgenden Plätzen zurück: am Kap Morris Jesup (Mitte und oben rechts), am Kap Thomas Hubbard (Mitte oben), am Kap Columbia 1906 (Mitte links), am nächsten Punkt zum Pol 1906 (links oben) und am Nordpol 1909 (Diagonale).

Gegenüber: »Endlich am Pol!!!« schrieb Peary in sein Tagebuch. Zur Erinnerung an ihre Ankunft am Nordpol machte Peary am 6. April 1909 dieses Foto von den Männern, die mit ihm das Schlussteam bildeten: Der Farbige Matthew Henson (Mitte) und die Eskimos Ooqueah, Ootah, Egingwah und Seegloo (von links nach rechts).

meiner 52 Jahre gearbeitet hatte. Trotz meines Alters fühlte ich mich fit für das, was auf mich zukam. Meine mit mir zurückgebliebenen Männer gehorchten mir wie die fünf Finger meiner Hand.

Henson war durch die jahrelange Erfahrung fast so geschickt im Umgang mit den Hunden und Schlitten wie die Eskimos. Er und Ootah hatten drei Jahre zuvor mit mir an der nördlichsten Breite gestanden. Zwei der anderen Eskimos, Egingwah und Seegloo, waren von Anfang an bei der Expedition dabei und bereit, mir überallhin zu folgen.

Die 40 mir gebliebenen Hunde waren eine Auswahl aus den 133 von Kap Columbia. Fast ausschließlich starke Rüden, hart wie Eisen und in bester Verfassung. Meine fünf Schlitten, sorgfältig überholt, waren bereit. Ich hatte Proviant für 40 Tage; wenn wir die Hunde essen würden, reichte es für 50…

Ich beschloss, jeden Nerv und jede Sehne auszuspannen, um fünf Tagesmärsche von je 40 Kilometer zu schaffen, und wollte so drängen, dass der fünfte Marschtag früh genug enden würde, um noch den Breitengrad bestimmen zu können… Hinter diesen Berechnungen stand das Wissen, dass ein einziger Sturm von 24 Stunden Dauer die Wasserrinnen aufbrechen lassen und so alle meine Pläne zerschlagen und uns gemeinsam in große Gefahr bringen würde.

Kurz nach Mitternacht am 2. April machte ich mich auf den Weg, verließ die anderen, die mir nach dem Abbruch des Lagers folgten. Als ich auf eine Erhebung hinter unserem Iglu stieg, machte ich ein weiteres Loch in meinem Gürtel, das dritte seit unserem Start. Jeder von uns Männern war hager und dünn wie ein Brett und genauso hart.

Es war ein schöner Morgen. Der Wind hatte sich gelegt, und es waren die bisher besten Marschbedingungen – große, klare Schollen, von gewaltigen Presskanten umrahmt, die alle leicht überwunden werden konnten…

Die Jahre fielen von mir ab, und ich fühlte mich wie damals, als ich meine Gruppe über das große Grönlandeis geführt und 30, 40 Kilometer täglich auf meinen Schneeschuhen hinter mich gebracht hatte, manchmal sogar 60.

Ein kurzer Schlaf, dann waren wir wieder auf den Beinen. Die Strecke war fast eben. Das Wetter blieb beständig gut, nach zehn Stunden waren wir auf der Hälfte vor dem 89. Breitengrad.

Wieder ein paar Stunden Schlaf. Vor Mitternacht waren wir wieder unterwegs. Wetter und Strecke waren noch besser. Wir marschierten etwas über zehn Stunden, die Hunde oft im Trab. Einmal überquerten wir eilig eine 30 Kilometer breite überfrorene Wasserrinne, die unter unseren Schlitten zusammenkrachte und aufbrach, als der letzte Schlitten sie verließ. Wir rasteten nahe dem 89. Breitengrad, bei einer Temperatur von -45°C.

Eine Mütze voll Schlaf, und wieder unterwegs. Wir fuhren über glattes, junges Eis, und die Hunde fielen manchmal in Galopp. Beißende Kälte, schneidend wie gefrorener Stahl, brannte auf unseren Gesichtern, die aufplatzten. Sogar die Eskimos klagten. Diesmal brauchten wir mehr Schlaf und nahmen ihn uns. Dann wieder hoch. Inzwischen war unsere Befürchtung, auf unüberwindliche Wasserrinnen zu stoßen, gewachsen. Bei jeder Erhebung rannte ich atemlos vorwärts, voll Furcht, sie verberge eine Rinne. Auf der Höhe rang ich nach Atem, erleichtert – nur vorwärts. Langsam ließ die Furcht nach.

Bevor ich nach diesem letzten Marsch ins Iglu ging, bestimmte ich unsere Position mit 89°25' (Abstand zum Pol 56 Kilometer). Ein dichter, lebloser Schleier über uns. Der Horizont war schwarz, das Eis darunter von gespenstischem Muschelweiß. Ich strengte meine Augen an, versuchte mir vorzustellen, ich hätte den Pol schon erreicht. Viel fehlte ja auch nicht mehr.

Der Japaner Naomi Uemura machte als Erster die Tour zum Nordpol allein, den er am 29. April 1978 erreichte. Dieses Foto zeigt Uemura beim Aufhängen der Flaggen jener Länder, die seine Expedition unterstützten.

Oben: »Einstieg ins Flugzeug vor dem Flug zum Pol« lautete die Unterschrift zu diesem Foto in der Ausgabe vom September 1926. In der Mitte Richard E. Byrd, links der Pilot Floyd Bennett und rechts G. O. Noville. In dem Bericht »Der erste Flug über den Nordpol« wird betont, dass die Parkas, die die Männer trugen, auf Hundeschlitten 800 Kilometer von Nome nach Fairbanks, Alaska transportiert wurden und aus »Rentierhäuten mit einem Futter aus Eichhörnchenfellen« gemacht waren. Ihre Schuhe und Handschuhe bestanden auch aus Rentierhaut, die Hosen aus »Eisbärfell, mit dem Pelz nach innen gewendet…«

Rechts: »Der Hundeschlitten muss dem Flugzeug Platz machen, die Zeit der alten Expeditionen ist vorbei«, erklärte Richard E. Byrd nach seiner Rückkehr vom ersten Flug über den Nordpol dem Publikum 1926 auf einem Bankett der National Geographic Society. Dieses romantische Gemälde von N. C. Wyeth, das die dreimotorige Josephine Ford mit Byrd an Bord auf dem Weg zum Pol zeigt, hängt heute in der Hubbard Memorial Hall, dem ersten Hauptsitz der Gesellschaft.

Auf dem fünften Tagesmarsch stieg die Temperatur auf -28°C und verringerte die Reibung unserer Schlitten. Die Hunde schienen von uns angesteckt, sie hoben ihre Köpfe und jaulten, während sie mit angelegten Schwänzen über das Eis jagten.

Ich hatte nun meine fünf Tagesmärsche gemacht, und es war am 6. April Zeit für hastige Ortsbestimmung: 89°57'. Noch drei Seemeilen von den magischen 90° entfernt.

Den Pol praktisch vor Augen, war ich mit einem Mal zu erschöpft, um die letzten paar Schritte zu tun. Ich machte ein Nickerchen, dann stürmte ich mit zwei Eskimos und einem leichten Schlitten noch einmal gut 5 Kilometer voran und machte eine neue Peilung.

Ich war jetzt genau über dem Pol.

»Endlich am Pol!!! Der Preis von drei Jahrhunderten. Mein Traum und Ziel seit 23 Jahren. Endlich mein!« schrieb Peary in sein Tagebuch. »Ich kann es immer noch nicht fassen. Jetzt sieht alles so einfach aus...«

Peary, Metthew Henson und die Eskimos Ootah, Egingwah, Seegloo und Ooqueah blieben noch 30 Stunden am Nordpol, »um weitere Bestimmungen und Fotos zu machen, Fahnen aufzupflanzen, Aufzeichnungen zu deponieren«, schrieb Peary. »Das Wetter war makellos: Tiefsttemperatur um -36°C, Höchsttemperatur um -27°C. Am Nachmittag des 7. April fütterten wir die Hunde mit der doppelten Ration, reparierten die Schlitten, ließen überflüssige Kleidung zurück und machten uns auf den Rückweg...«

16 Tag später, nach einem Gewaltmarsch über die alte Spur bei besten Wetterverhältnissen, kam Peary im Ausgangslager Kap Columbia an. Nach zwei Tagen Schlaf und zwei weiteren Tagesmärschen kletterte er an Bord der Roosevelt. Dort erfuhr er, dass Ross Marvin, der mit der Begleitgruppe am 25. März umgekehrt war, unterwegs in einer breiten Wasserrinne ertrunken war. Sein Tod, schrieb Peary, »war ein bitterer Geschmack im Kelch des Erfolges.«

Sonntagnacht, am 5. September 1909, legte die Roosevelt in Abwesenheit ihres Kapitäns, der sich auf der grönländischen Eiskappe aufhielt, ab und erreichte, nachdem sie die Eskimos in ihren Heimatdörfern abgesetzt hatte, Indian Harbor, Labrador. Am nächsten Morgen ruderten Peary und Bartlett an Land und hatten zum ersten Mal die Möglichkeit, Nachrichten zu senden. Pearys Telegramme gingen an die *New York Times*, *Associated Press*, an den Sekretär des Peary Arctic Club und an seine Frau: »HAB ES ENDLICH GESCHAFFT. ICH HABE DEN D.O.P. BIN WOHLAUF. LOVE...« [D.O.P. = damned old pole. A. d. Ü.]

»Das war die Nachricht, auf die die Welt seit 300 Jahren gewartet hatte«, schrieb Peary später. »Die Entdeckung der Erdspitze.«

Am 8. September schickte Peary das folgende Telegramm an Präsident William Howard Taft:

HABE DIE EHRE, IHNEN DEN POL ZUR VERFÜGUNG ZU STELLEN.

Die Antwort des Präsidenten lautete:

VIELEN DANK FÜR IHR GROSSZÜGIGES ANGEBOT. ICH WEISS NICHT SO RECHT, WAS ICH DAMIT ANFANGEN SOLL. ICH GRATULIERE IHNEN HERZLICH, DAS ZIEL IHRER REISE NACH SO VIELEN MÜHEN ERREICHT ZU HABEN. ICH HOFFE, IHRE BEOBACHTUNGEN WERDEN EIN FESTER BESTANDTEIL WISSENSCHFLICHEN WISSENS. SIE HABEN DEM NAMEN »AMERIKA« WEITEREN GLANZ HINZUGEFÜGT.

◄

Im Zwielicht des Herbsthimmels blicken die Königspinguine über ihr ödes und unwirtliches Reich.

Gegenüber: Aus einer Eishöhle heraus fotografierte Herbert G. Ponting Scotts Schiff Terra Nova, *das 1913 ohne ihn zurücksegelte.*

Dass die Antwort des Präsidenten etwas verhalten erscheint, liegt daran, dass er vier Tage zuvor ein Telegramm aus Kopenhagen erhalten hatte, das lautete:

> ICH HABE DIE EHRE, DEM PRÄSIDENTEN DER VEREINIGTEN STAATEN VON AMERIKA ZU BERICHTEN, DASS ICH GERADE NACH ERREICHEN DES NORDPOLS ZURÜCKGEKEHRT BIN. FREDERICK A. COOK

Der Streit darüber, ob nun Cook oder Peary zuerst den Pol erreichten, hat in all den Jahren die Gemüter erhitzt. Beide wurden gebeten, ihre Aufzeichnungen und Unterlagen einer Gruppe von Wissenschaftlern der National Geographic Society zur Prüfung vorzulegen. Peary tat es, Cook jedoch nicht.

Im Dezember 1983 strahlte die amerikanische Fernsehgesellschaft CBS eine Sendung mit dem Titel »Cook und Peary – der Wettlauf zum Pol« aus, ein Fernsehspiel, das beweisen sollte, dass Cook – in allen Einstellungen als ein sympathischer Mann beschrieben – ein Jahr vor Peary den Pol eroberte. Sie verfehlte freilich ihr Ziel, weil sie Robert E. Peary als bösartigen und paranoiden Menschen darstellte. Es ist auch vermutet worden, die National Geographic Society sei daran beteiligt gewesen, die amerikanische Öffentlichkeit zu betrügen. Mitglieder fragten schriftlich an, was denn nun wirklich passiert sei. Gilbert M. Grosvenor antwortete in der Mai-Nummer des Magazins, dass das CBS-Programm »eine verzerrte Darstellung der historischen Aufzeichnungen, eine Verleumdung eines ehrenhaften Helden und die Rechtfertigung eines Mannes, dessen Leben von großen Betrügereien gekennzeichnet ist« gewesen sei.

Grosvenor rief einige von Cooks Manipulationen in Erinnerung: Er hatte das Lebenswerk eines anderen als sein Eigenes ausgegeben; er hatte fälschlich behauptet, den Mount McKinley erstiegen zu haben, was der Anlass für den von ihm gegründeten Explorers Club gewesen war, ihn hinauszuwerfen; er war zu einer Gefängnisstrafe verurteilt worden, weil er an einem Schwindel mit Öl-Aktien beteiligt gewesen war. Grosvenor wies darauf hin, dass es keine Beweise und Augenzeugen dafür gäbe, dass Cook tatsächlich den Pol erreicht habe, und fasste dann zusammen:

> Pearys Anspruch wird gestützt durch astronomische Berechnungen, die andere und er selber machten, durch Geräusche, die vom Eis aufgenommen wurden und durch die Zeugnisse seiner Gefährten, einschließlich der Eskimos. Nicht einmal seine Gegner können bestreiten, dass er seinem Ziel sehr nahe war, und die ihm Wohlgesonnenen haben keinen Zweifel, dass er es erreichte. Es ist kein Wunder, dass er das Gefühl hatte, dass ihm sein Lebenswerk von einem Schwindler gestohlen worden war.

Die beste Einschätzung dieser Kontroverse liegt vielleicht in einem Spruch, der zu jener Zeit kursierte: »Cook war ein Gentleman und ein Lügner, Peary war keins von beidem.«

Für die Forscher lag – und liegt auch heute noch – die Verlockung der Pole in ihrer Unnahbarkeit, in der Herausforderung, überhaupt anzukommen – und dies natürlich möglichst als Erster. Der Norweger Roald Amundsen, ein ruheloser, getriebener Mann und absoluter Fachmann, der als erster Mensch die Nordwest-Passage durchfahren und damit ihre Existenz bewiesen hatte, bereitete sich im September 1909 auf eine Nordpol-Expedition vor, als ihn die Nachricht von Pearys Erfolg erreichte. Sofort änderte Amundsen heimlich seine Pläne. Neun Monate später, bereits auf hoher See, ließ er sein Schiff in Richtung Süden wenden, um einen Versuch am Südpol zu wagen. In London kündigte die *Times* am 13. September an, dass der Hauptmann Robert Falcon Scott eine Expedition zum Südpol vorbereite, die »hoffentlich im nächsten August aufbrechen wird«. Nicht ganz zwei Jahre später waren Scott und Amundsen in der Antarktis, und es begann ein Wettrennen, das für beide denkwürdig und glorreich, furchtbar und tragisch war. Ein Rennen, das zwar vom Besseren gewonnen wurde, aber den Unterlegenen als gefeierten Helden sah.

Oben: »Allein in einer Hütte unter dem antarktischen Eis verbrachte Byrd 1934 vier harte Wintermonate. Er hatte in der vorgeschobenen Station Wetterbeobachtungen durchgeführt, der Rauch des defekten Ofens machte ihn aber bald krank. Er wusste, dass seine Gefährten ihr Leben aufs Spiel setzen würden, wenn sie von seinem Zustand erführen, und kroch sogar auf Händen und Knien, um seine verabredeten Funkberichte noch zu senden. Durch die gestammelten Berichte alarmiert, wagten sich schließlich drei Männer durch die Polarnacht und retteten ihn.« Aus dem Bericht »Das Land ehrt Admiral Richard E. Byrd«, der im April 1962 im GEOGRAPHIC erschien.

Rechts: Drei Jahre nach seinem großartigen Flug über den Nordpol flogen Richard E. Byrd und drei Begleiter am 28. November 1929 mit einer dreimotorigen Ford von der Klein-Amerika-Basis zum Südpol und wieder zurück. Byrds Sendungen von seinem unterirdischen Stützpunkt in der Antarktis waren für seine Generation genauso spannend wie für spätere die ersten Übertragungen der Astronauten vom Mond.

Am 19. Oktober 1911, einem trüben, nebligen Tag mit widrigen Winden, machten sich Amundsen und sein gut ausgebildetes Team von ihrem Ausgangslager an der Walfischbucht der Ross-Eisbarriere mit Skiern und Hundeschlitten auf den gefährlichen 2000 Kilometer langen Weg zum Pol. Elf Tage später und 90 Kilometer weiter vom Pol entfernt, verließen Scott und seine schlecht vorbereiteten Männer zu Fuß ihr Winterlager an der McMurdo-Bucht, behindert durch zwei unbrauchbare Motorschlitten und neun Ponys, die für die arktische Witterung völlig ungeeignet waren. Der Wettlauf zum Südpol – eine der letzten klassischen Expeditionen mit Menschen und Tieren ohne Unterstützung von außen – hatte begonnen.

Knapp zwei Monate später, am 14. Dezember 1911 kurz nach drei Uhr nachmittags, standen Amundsen und vier seiner Kameraden am Südpol, unter klarem Himmel und in ruhiger Luft bei Temperaturen von -22°C.

Amundsen notiert in seinem Tagebuch: »So kamen wir an und konnten unsere Fahne auf den geographischen Südpol pflanzen. Dank sei Gott!«

Mehr als einen Monat später, am 15. Januar 1912, erreichte Scotts völlig erschöpfte und halb erfrorene Truppe den Pol und fand als Erstes eine von Amundsens schwarzen Fahnen, die einen kilometerbreiten Kreis um den Pol markierten, und hielten sie für die Kennzeichnung des Poles selbst. Doch das war nun gleichgültig. Die Fahne war der Beweis, dass das Rennen verloren war. Enttäuscht schrieb Scott in sein Tagebuch:

> Der Pol. Ja, aber unter ganz anderen Umständen als erwartet... Großer Gott! Es ist eine trostlose Gegend hier, und furchtbar genug für uns, uns bis hierhin durchgeschlagen zu haben, ohne den Ruhm der Erstbegehung zu erlangen.

Am nächsten Morgen erblickten die angeschlagenen Männer in einigem Abstand einen dunklen Fleck, der sich bei näherem Hinsehen als Amundsens Zelt herausstellte. Über diesem flatterten die norwegische Fahne und die Flagge von Amundsens Schiff, der Frahm. Ihre Ankunft am Pol war durch die Enttäuschung, ihn nicht als Erste erobert zu haben, ein deprimierendes Ereignis. Kein Einziger von Scotts Team überlebte die Qualen, den Hunger, die Anstrengungen auf dem eisigen, stürmischen Rückweg von zwei Monaten Dauer zum Ausgangslager. Den Ruhm, nach dem sich Scott zu Lebzeiten gesehnt hatte, fand er erst nach seinem Tod, als seine Tagebücher, die sieben Monate später neben seinem Leichnam gefunden wurden, veröffentlicht wurden. Amundsen hatte den Pol gewonnen, aber Scotts Tagebücher machten diesen zur Legende. Wie sein Biograf Roland Huntfort in *Der letzte Platz auf Erden* feststellte, war Scotts Vorstoß »eine Fortführung des romantischen Mythos vom Forscher als Märtyrer und in einem umfassenderen Sinn eine Verherrlichung von Leiden und Selbstaufgabe, die in sich selber ihr Ziel finden«.

Zwei Jahre nach Scotts Tod begann der Erste Weltkrieg, und das Zeitalter der Polar-Forschung, wie es durch Amundsen und Peary geprägt wurde, war fast beendet. Innerhalb einer Dekade ersetzten Radios, Flugzeuge und starke, motorisierte Fahrzeuge nach und nach Hund und Schlitten und verbanden die bis dahin einsamen Polar-Abenteurer mit dem Rest der Welt.

Kurz nachdem der Oberleutnant Richard E. Byrd mit seinem Copiloten Floyd Bennett mit einem Sonnenkompass, den der Chefkartograf der Society entwickelt hatte, als Erster zum Nordpol und zurück geflogen war, teilte er im Jahre 1926 dem Publikum mit: »Der Hundeschlitten muss dem Flugzeug Platz machen, die Zeit der alten Expeditionen ist vorbei.«

Mit dem Flug über den Nordpol im Rücken – und einem erfolglosen Versuch, Charles Lindbergh zu schlagen und durch den ersten Nonstop-Flug über den Atlantik

◄ *»Der Navy-Eisbrecher Atka«, erklärt ein Artikel im Februar 1965, »schiebt sich durch das antarktische Eis, das von scharfen Winden zu fantastischen Zacken geformt wurde. Während der Sommermonate von September bis März hält das Schiff Kanäle frei, um amerikanische Stationen am Ende der Welt zu unterstützen.«*

Oben: Die vom Wind zerfetzte Fahne der Amundsen-Scott-Südpolstation hängt am 22. März 1957 auf Halbmast, in Erinnerung an Richard E. Byrd, der elf Tage zuvor gestorben war.

Rechts: Als erster ziviler Fotograf erreichte Thomas J. Abercrombie vom GEOGRAPHIC die Südpolstation. Er machte 1957 diese in drei Stunden sechsmal belichtete Aufnahme, auf der die Sonne eher zu hüpfen als aufzugehen oder unterzugehen scheint.

Oben: »Mit einem Sender auf dem Rücken watschelt ein Pinguin durch den Schnee. Der Sender übermittelt den Biologen Werte über Blutdruck und Blutgeschwindigkeit«, erläutert in der November-Ausgabe 1971 von GEOGRAPHIC die Bildzeile zu diesem Foto. »Dieses Projekt – das den Menschen hilft, die Physiologie der Pinguine zu verstehen und deren Anpassung an eine extreme Umwelt – ist Teil eines multinationalen Forschungsprogramms, das in den Jahren 1957/58 im Internationalen Geophysikalischen Jahr (IGY) begann.«

Die Durchquerung der Antarktis: Sir Vivian Fuchs schaffte die 3470 Kilometer lange Strecke vom Stützpunkt Shackleton an der Vahsel-Bucht über verborgene Spalten und harte Hobelrillen zum Südpol und weiter zur Scott-Station bei McMurdo. Mit Raupenfahrzeugen machte die British-Commonwealth-Trans-Antarctic-Expedition in den Jahren 1957 bis 1958 »die letzte große Polar-Reise, die noch gemacht werden kann«, wie es der Antarktis-Forscher und Träger der Hubbard-Medaille Ernest H. Shackleton ausgedrückt hatte.

den Orteig-Preis in Höhe von 25 000 Dollar zu gewinnen –, wandte sich Byrd nunmehr der Antarktis zu, die noch immer eines der größten Geheimnisse der Welt war.

In »Klein-Amerika« hatte die Antarktis-Expedition Byrds ihr Hauptquartier installiert, nahe dem alten Camp von Amundsen mit Blick über die Walfischbucht. Byrd und drei Begleiter, nämlich Pilot Bernt Balchen, Copilot Harold June und Kameramann Ashley McKinley, stiegen am 28. November 1929 in einen dreimotorigen Hochdecker von Ford, um den Versuch zu wagen, bis zum Südpol zu fliegen. Byrd hatte seine Maschine Floyd Bennett getauft, nach seinem geliebten Kameraden, der bei ihrem versuchten Atlantikflug schwer verletzt worden und bei einer Rettungsaktion im folgenden Jahr in Kanada an einer Lungenentzündung gestorben war. Byrd und Bennett hatten gemeinsam den Flug zum Südpol geplant. »Das Schicksal hat ihn beiseite geschoben«, schrieb Byrd, »aber er wurde nicht vergessen.« Byrd trug einen Stein vom Grab des Freundes bei sich, als Beschwerung für die amerikanische Fahne, die er über dem Pol abwerfen wollte.

Angetrieben von den gleichmäßig auf vollen Touren laufenden Motoren, rutschte die schwerfällige, schwerbeladene Maschine auf ihren Skiern über den festen Schnee, gewann langsam an Geschwindigkeit und fand ihren Weg in die Lüfte.

In dem Buch *Große Abenteuer* erzählte Byrd später die Geschichte seines Fluges:

> Als die Skier vom Boden abhoben, sah ich meine Gefährten am Boden herumspringen, schreien und ihre Mützen in die Luft werfen, wild vor Freude, dass wir nun auf dem Weg zum Pol waren. Wir flogen einen Kreis, stiegen durch die Wolken, bis Sonnenschein auftauchte... Hunderte von Kilometern entfernt reflektierten Berge das Sonnenlicht und glitzerten wie Feuer.
>
> Wir hatten nicht nur einen einfachen Flug von 1300 Kilometer Länge vor uns. Auf dem Weg zum Pol mussten wir Hunderte von Kilometern über eine wüste, sich stets verändernde Fläche fliegen, mussten an einer Bergwand Hunderte von Metern steigen und dann ein 3000 Meter hoch liegendes Plateau überqueren... Jetzt begannen wir mit dem Steigflug. Vor uns, hinter den großen Bergen, lag Ungewisses.
>
> McKinley kämpfte mit seiner Kamera, ich navigierte, June war auf Radiosendung, füllte aus Kanistern Benzin in die Tanks nach und kurbelte seine Filmkamera. Wir waren am Heiberg-Gletscher, das Flugzeug hatte fast seine Gipfelhöhe erreicht. Amundsen hatte berichtet, der höchste Punkt des Passes sei 3200 Meter hoch. An beiden Seiten ragten Felswände empor. Zur Rechten erstreckte sich ein breiter Gletscher. Sollten wir den Heiberg in Angriff nehmen, mit seiner bekannten Höhe und mit Luftströmungen, die uns auf das Eis niederdrücken konnten, oder den unbekannten Gletscher zu überfliegen versuchen? Wir mussten uns schnell entscheiden – wir flogen mit fast zwei Kilometern in der Minute in das Bergmassiv hinein. Wir wählten den unbekannten Gletscher.
>
> Bernt Balchen kämpfte mit der Höhe, während die Luftströmungen unser Flugzeug schüttelten, das wie ein Korken im Wasserbottich wackelte. Plötzlich drehte sich das Steuerrad lose in seiner Hand, die Querruder reagierten nicht mehr. Durch das Dröhnen der Motoren rief Balchen: »200 müssen raus oder wir zurück!«
>
> »Einen Proviantsack über Bord!« schrie ich. McKinley schob einen 150 Pfund schweren Sack mit Notverpflegung durch die einen halben Meter breite Falltür.
>
> Die Instrumente reagierten. Aber wir lagen immer noch zu niedrig. Wieder drehte sich das Steuer in Balchens Hand. »Schnell, werft mehr ab!« rief er.
>
> Ich zeigte auf einen anderen Sack. Völlig gelassen schob McKinley ihn durch die Falltür. Wieder zeigten die Instrumente Wirkung.

»Die Lage war ziemlich ungemütlich«, schrieb Fuchs, nachdem eine Schneebrücke unter der Last seines Snocat-Traktors zusammengebrochen war.

ANTARCTIC
EXPEDITION
B

Oben: »Für einen Menschen, der am Pol steht, scheinen sich die Sterne in konzentrischen Kreisen zu drehen«, erklärt der Fotograf und Träger der Hubbard-Medaille Dr. Paul Siple diese Aufnahme, die 24 Stunden lang belichtet wurde. Die gezackte Linie oben im Bild stammt von einem aufsteigenden Wetterballon. Am Südpol gibt es keinen dem Polar-Stern des Nordpols vergleichbaren Stern.
Dr. Paul Siple leitete in den Jahren 1957 bis 1958 ein wissenschaftliches Forschungsprogramm der Amundsen-Scott-Südpolstation, das 16 Monate dauerte.

Gegenüber: Abercrombie am kältesten Punkt der Erde am 17. September 1957. Die Temperatur betrug -74,5°C, bis dahin der tiefste jemals gemessene Wert.

Schließlich erreichten wir den Pass. Wir zogen hinauf, es war noch eine Hand breit Platz. Erleichtert atmete Balchen auf. Keine Berge voraus. Wir blickten über eine klare Strecke zum Pol, der direkt vor uns über dem Horizont lag.

Unser nächster Gedanke galt den Motoren. Das Plateau lag so hoch, dass das Flugzeug seine größte Flughöhe erreicht hatte und die Motoren unaufhörlich mit voller Kraft arbeiten mussten, um die Höhe zu halten. Der Verlust eines Motors würde eine Landung im Schnee bedeuten.

Dann spuckte der Motor steuerbord. June stürzte an die Ventile des Benzintanks. Balchen bediente das Steuerrad. Um möglichst viel Treibstoff zu sparen, hatten wir eine besondere Benzinmischung eingestellt. Eine schnelle Regulierung, und die Maschine schnurrte wieder.

Wir hatten Zeit, uns umzusehen. Endlich das Polplateau – flach, weiß, endlos. Es gab Strecken weichen, glatten Schnees, dann Ansammlungen von buckligen »Heuhaufen«, unter denen sich tiefe Furchen versteckten. Wir sahen harte, vom Wind geformte Kämme mit messerscharfen Kanten, die man Hobelfurchen nennt. Dann tauchten ungefähr 80 Kilometer vom Pol entfernt Sturmwolken auf – wir mussten vor ihnen davonjagen und zum Pass zurückkehren, sonst wäre uns der Rückweg abgeschnitten gewesen. Aber der große Moment war gekommen!

Ich reichte June eine Nachricht für die Radiostation in der »Klein-Amerika«-Basis: Wir haben die Gegend des Südpols erreicht. Fliegen aus Sicherheitsgründen hoch. Kehren bald um.

Die Temperatur betrug -26°C. An einigen Stellen verdunkelten Wolken den Himmel. Berge waren nicht in Sicht. Der Pol lag im Zentrum einer ausgedehnten Ebene. Wir öffneten die Falltür und warfen unsere Flagge ab.

18 Stunden und 41 Minuten nach dem Start von »Klein-Amerika« – »der einsamsten Stadt der Welt« – kehrten Byrd und seine Crew zurück. »Wir waren taub durch das Dröhnen der Motoren, müde von den Anstrengungen unseres Fluges. Aber das vergaßen wir alles, als uns unsere Kameraden willkommen hießen.«

Das NATIONAL GEOGRAPHIC, das (wie Byrd anmerkte) den Flug großzügig mit Geld und Enthusiasmus unterstützt hatte, widmete beinahe die ganze Ausgabe vom August 1930 Byrds Expedition.

Im Jahre 1935 flog Lincoln Ellsworth seine einmotorige Maschine Polar Star über die Antarktis und erhielt dafür die Hubbard-Medaille. Drei Expeditionen später und knapp 30 Jahre nach seinem Rekordflug zum Südpol wurde Richard E. Byrd, »der Admiral vom Ende der Welt«, zum Leiter des Büros des amerikanischen Antarktis-Programms mit Sitz in Washington ernannt. Das erste Flugzeug der US Navy landete 1956 auf dem Südpol, und von da an versorgten Flugzeuge regelmäßig durch die Luft die wissenschaftliche Station, die am Pol errichtet wurde. Unter großen Schneemengen hielten die Wissenschaftler dort tapfer die langen, dunklen Sommermonate aus, bei Temperaturen von -70°C. Die Mannschaft der Station begrüßte am 19. Januar 1958 Sir Vivian Fuchs, als er den Pol erreichte. Fuchs und die britische Trans-Antarktis-Expedition hatten die Hälfte des Weges mit ihren orangefarbenen Snocat-Traktoren zurückgelegt, einen Weg, der sie 3470 Kilometer quer durch die Antarktis führen sollte. Mit der Durchquerung schafften sie etwas, was der britische Forscher Sir Ernest Henry Shackleton – der Träger der Hubbard-Medaille, der drei Jahre vor Amundsen beinahe den Südpol erreicht hatte – »die letzte große Polar-Reise, die noch gemacht werden kann«, genannt hatte.

Das war sie natürlich nicht. Über Reisen zu den Polen wird das NATIONAL GEOGRAPHIC MAGAZINE so lange berichten, wie es Männer und Frauen gibt, die bereit sind, sie zu unternehmen – »nicht in der Hoffnung auf Preise oder Ehrungen«, wie es Peary den Mitgliedern der Gesellschaft auf dem Bankett im Jahre 1906 erklärt hatte, »sondern weil die Sache, die sie sich selber zur Aufgabe gemacht haben, ein Teil ihrer Selbst wird«.

Elsie

Das Ende vom Anfang

»Das Jahr 1905 markierte das ›Ende vom Anfang‹, einen Wendepunkt in der Geschichte der Gesellschaft...«

Gilbert H. Grosvenor

Am Ausgang des alten und Anfang des neuen Jahrhunderts«, schrieb Präsident William McKinley 1900 in seiner Jahresbotschaft an den Kongress, »beginnen Sie die letzte Sitzungsperiode des 56. Kongresses unter sichtbaren Anzeichen für individuellen und nationalen Wohlstand und dem Beweis wachsender Stärke und gestiegener Kraft der Institutionen der Republik.«

Um die Jahrhundertwende bestand Amerika noch aus 45 Staaten, die Bevölkerungszahl betrug 75 994 575. Der Durchschnittslohn eines Industriearbeiters lag bei 22 Cents die Stunde, ein Automobil kostete 1500 Dollar. Bus und Straßenbahn waren noch nicht erfunden, es gab weniger als 250 Kilometer gepflasterte Straßen im ganzen Land. Einer von 56 besaß ein Telefon, es gab weder Radio noch den elektrischen Kühlschrank. Ein Lehrer verdiente an einer staatlichen Schule durchschnittlich 325 Dollar im Jahr. 60 Prozent der Bevölkerung lebten von der Landwirtschaft, es arbeiteten mehr Leute auf den Bauernhöfen als in irgendeinem anderen Beruf. Und, wie McKinley formulierte, es lebte sich in den USA ziemlich gut, wenn auch nur kurz, denn die durchschnittliche Lebenserwartung betrug für weiße Männer 46,6 Jahre, für Farbige 32,5.

Im Jahre 1900 fand der Boxeraufstand gegen die christlichen Missionare in China statt. Colette schrieb den ersten ihrer *Claudine*-Romane, Conrad schrieb *Lord Jim*, Dreiser *Schwester Carrie*, Sigmund Freud veröffentlichte seine *Traumdeutung*, und Nietzsche starb. Picasso malte *Le Moulin de la Galette*, Cézanne sein *Selbstporträt mit Baskenmütze*, Monet seine *Seerosen* und Sargent *Die Sitwell-Familie*. Die Uraufführung von Puccinis *Tosca* fand in Rom statt. Die ersten Browning-Revolver wurden hergestellt, der Kanadier R. A. Fessenden übermittelte menschliche Sprache über Radiowellen, der erste Zeppelin stieg in die Luft, der Cakewalk war der Tanz der Stunde. Eine Revolution in der Drucktechnik teilte die amerikanischen Magazine in zwei Lager, die sich durch die Art der Illustrationen und deren Preis unterschieden.

Keines der Medien, durch die Gedanken leicht unter Menschen verbreitet wurden – also Zeitungen, Zeitschriften, Fachblätter, die Kanzeln der Kirchen, Theaterbühnen und Grafik –, durchlief am Ende des 19. Jahrhunderts und in der ersten

Vorangehende Seiten: Delegierte des 3. Internationalen Geographischen Kongresses auf einem von Pferden gezogenen Aussichtswagen in Chicago. Für Gilbert H. Grosvenor war dieser Kongress, der 1904 zum ersten Mal in den USA stattfand, ein »Augenöffner«. Der Herausgeber (mit dem Hut auf den Knien) sitzt oben, seiner Frau Elsie gegenüber.

Dekade des 20. Jahrhunderts eine so dramatische Entwicklung wie die Zeitschriften. Es war schon immer schwer gewesen, eine klare Trennung zwischen Zeitungen und Zeitschriften zu machen. Um 1880, 1890 wurde eine solche Unterscheidung noch schwieriger, da die Zeitungen spezielle Wochenendbeilagen oder Samstagsausgaben auf den Markt brachten, die im Grunde Zeitschriften waren und zum Teil von führenden Schriftstellern geschrieben wurden. Diese Beilagen hatten zwar wenig Einfluss auf »qualitätsbewusste« Magazine wie *Scribner's Magazine, Lippincott's, The Century* und *Harper's*, aber die kleineren Zeitschriften reagierten auf den Druck der Zeitungen mit größerer Aktualität und brandheißen Storys. Der Wettbewerbsdruck senkte die Preise vieler Magazine auf 10 und 15 Cents. [Diese Angaben basieren auf der Geschichte der amerikanischen Zeitschriften von Frank Luther Mott.]

Gleichzeitig verstärkte sich aber die Nachfrage nach Zeitschriften, da die gebildete Mittelschicht ständig wuchs. (Grund dafür war die Ausweitung des staatlichen Schulsystems und der einfachere Zugang zum College oder zur Universität.) Der Bildungshunger der ehrgeizigen Mittelschicht ließ die Zahl der Publikationen sprunghaft ansteigen. Unter den Tausenden von Zeitschriften, die zwischen 1885 und 1905 gegründet worden waren – in den Anfangszeiten des NATIONAL GEOGRAPHIC also –, gab es zahlreiche Fachzeitschriften wie *American Anthropologist, Astrophysical Journal, Astronomy, Terrestrial Magnetism, American Geologist, Journal of Geology, Physical Review, Journal of Physical Chemistry, Journal of Analytical and Applied Chemistry, Aquarium, Biological Bulletin, American Museum Journal* und *Plant World*. Ungefähr 3300 Zeitschriften erschienen 1885 regelmäßig in Amerika, 20 Jahre später waren es etwa 6000. In diesem Zeitraum waren 11 000 Zeitschriften auf den Markt gekommen (nach Mott), und die Zahl 6000 verdeutlicht weniger, wie viele Magazine es am Ende gab, als vielmehr, wie viele in der Zwischenzeit zu Grunde gegangen waren. Berücksichtigt man die Tatsache, so schien die Missachtung – wenn nicht gar Verletzung – aller Forderungen, die der berühmte Herausgeber und Verleger von Zeitschriften, McClure, für das Magazin formuliert hatte, ein Zeichen von Selbstvertrauen des jungen Herausgebers Gilbert H. Grosvenor zu sein oder zumindest Zeugnis seiner festen persönlichen Überzeugung. Wie auch immer, das NATIONAL GEOGRAPHIC gehörte um die Jahrhundertwende zu den 5500 Magazinen, die in Amerika veröffentlicht wurden – und war eines der wenigen, die überleben sollten.

Es überlebte, weil sich Gilbert H. Grosvenor in den Anfängen der Revolution in der Reprotechnik für die später siegreiche Seite entschied, nämlich für die Einführung der neuen, billigeren Halbton-Technik in der Foto-Reproduktion.

Dieses bisher unveröffentlichte Foto machte Gilbert H. Grosvenor von seiner Frau Elsie Bell Grosvenor ein Jahr nach der Hochzeit im Jahre 1901.

Anfangs hatten bestimmte Verleger gegen die Halbton-Illustrationen Widerstand geleistet. Sie meinten, die gerasterten Fotos sähen »verpfuscht« aus im Vergleich zu den feinlinigen Stahldrucken (oder Kupferstichen). Aber die Rastertechnik dominierte bald, und zwar vor allem aus wirtschaftlichen Gründen: Ein ganzseitiger Stahldruck kostete 100 Dollar, eine gerasterte Platte weniger als 20 Dollar.

»Damals lehnten viele Zeitschriften die Foto-Illustrationen ab«, erinnerte sich Grosvenor. »Der bekannte und erfolgreiche Herausgeber von *The Century* [Richard Watson Gilder] ging sogar so weit zu prophezeien, dass ›den Menschen Foto-Reproduktionen nicht mehr gefallen würden und sie lieber Zeitschriften mit originaler Kunst hätten‹. Er äußerte mir gegenüber, dass er – und die Öffentlichkeit! – unsere gerasterten Fotos als ›vulgär‹ empfänden und einen Stahldruck, der 100 Dollar kostete, vorzögen.«

Die an neuen Entwicklungen interessierten Herausgeber ignorierten die Kritik von außen, wie sie Gilder formuliert hatte, und erkannten die Vorteile der preisgünstigen Illustrationen. Sie entschieden sich wie Grosvenor für die neue Rastertechnik, die die Kosten für eine ganzseitige Abbildung auf 7 und 8 Dollar senkte.

»Es war, als hätte ich im eigenen Garten eine Goldader gefunden«, schrieb Grosvenor, »als ich staatliche Stellen fand, die bereit waren, mir Platten ihrer Publikationen zu überlassen, mit denen ich viele unserer Artikel illustrieren konnte.«

Die anderen Herausgeber hätten diese Fotos auch erhalten können, waren aber nicht an ihnen interessiert. Grosvenor hatte nie daran gezweifelt, dass Foto-Illustrationen eine unschätzbare Bereicherung des Magazins bedeuten würden. Er hatte auch Alexander Graham Bells Rat nicht vergessen, sich bei den in der Nachbarschaft liegenden wissenschaftlichen Instituten kostenlos Material zu besorgen; außerdem sah er den ungewöhnlichen Erfolg des Buches, das sein Vater über Konstantinopel geschrieben und mit 230 Fotos reich ausgestattet hatte.

Zu dieser Zeit wurden die beliebten und für die Gesellschaft ertragreichen Vortragsreisen »zu einem Barometer der öffentlichen Meinung über gute geographische Themen für das Magazin«. Während der Veranstaltungen setzte sich Grosvenor im Columbia-Theater mit seinen 1200 Plätzen stets auf einen Sitz, von dem aus er sowohl das Publikum als auch den Redner im Auge hatte. Fachvorträge über spezielle geologische und geographische Themen zogen durchschnittlich nicht mehr als 20 Personen an; als aber 1902 über den verheerenden Vulkanausbruch des Pelée auf Martinique berichtet wurde, war das Columbia-Theater überfüllt.

Der Pelée explodierte am 8. Mai 1902 um 7.50 Uhr mit einem ohrenbetäubenden Knall, den man noch Hunderte von Kilometern entfernt hören konnte. In weniger als drei Minuten waren die Stadt St. Pierre, ihre Umgebung und 17 von 18 Schiffen im Hafen zerstört. Die heißen Dämpfe und brennenden Gase, die aus einem riesigen Riss im Berg strömten, töteten 30 000 Männer, Frauen und Kinder.

Der zweite Ingenieur Charles Evans von der *Roraima*, die im Hafen von St. Pierre vor Anker lag, erstattete folgenden Bericht:

> Ich stand an der Reling und blickte zum Berg. Plötzlich schien er zu explodieren. Eine riesige schwarze Wolke schoss heraus, den Himmel verdunkelnd. Dann brach eine zweite Wolke, noch größer als die erste, aus der Seite des Berges und raste auf die Stadt zu. Ihre Geschwindigkeit war unglaublich. Alles, was sie berührte, ging in Flammen auf. Eine hohe Wand heißer Asche erfüllte die Luft, sie kam immer näher auf uns zu, und zwar gegen den Wind...
>
> Tauwerk und Ladung der Roraima brannten sofort lichterloh. Ich drehte mich um und rannte hinunter, mein Rücken fing Feuer. Der Schlag der Explosion kam wie ein Hurrikan, ich bekam kaum Luft. Dann traf eine gewaltige Welle unseren Teil des Hafens. Wir kenterten, die Brücke stand unter Wasser, und der Laderaum lief voll.
>
> Aus *Große Abenteuer mit NATIONAL GEOGRAPHIC*

Obwohl der Vortragende Fotos von der Pelée-Katastrophe bei sich hatte, führte er sie nicht vor, da er sie als zu schrecklich empfand – oder weil er sich vielleicht an die Bemerkung von W. J. McGee erinnerte, dass »der übertriebene Gebrauch von Bildern und Anekdoten entmutigend sei«. Auf jeden Fall war es gerade das Fehlen anschaulichen Bildmaterials zu diesem Vortrag, das Grosvenor in seiner Überzeugung bestätigte, dass McGee falsch gelegen hatte. Denn bei dieser Veranstaltung hatte Grosvenor ein Gespräch zwischen zwei jungen Damen mitgehört, die sich beklagten: »Warum zeigt er nicht ein paar aufregende Fotos? Das wollen wir sehen.«

Die Enttäuschung dieser jungen Damen über das Fehlen von Fotos, sagte Grosvenor später, half ihm, »an der Überzeugung festzuhalten, im Magazin Fotos zu bringen – realistische, voll menschlicher Anteilnahme...Das Wesen der Zeitschrift sollte schrittweise deutlich werden: verständliche, prägnant formulierte Texte, allgemeine Inhalte und nicht spezielle Fachthemen, eine Fülle von Bildern. Noch war es schwierig, Bildmaterial zu finden, ebenso gute Artikel...Damals mussten wir nachdrücklich um Material bitten. Darum verbrachte ich viel Zeit auf der Suche nach Beiträgen in den staatlichen Behörden und auch im Cosmos Club, der damals wie heute viele Wissenschaftler als Mitglieder hatte.«

Die meisten Mitarbeiter des GEOGRAPHIC waren bis in jene Tage in irgendeiner Weise mit staatlichen Stellen und Instituten verbunden. Und obwohl die

Links: Elsie und Gilbert Grosvenor spielen mit ihren Kindern Mabel, Melville und Gertrude in Beinn Bhreagh, dem Bellschen Sommersitz bei Baddeck, Neuschottland.

Unten links: Der Sommer in Baddeck bedeutete nicht nur Spiel und Erholung: In einem auf einer Waldlichtung aufgestellten Zelt redigierte Grosvenor Artikel – ab und zu von seinen Kindern (in diesem Fall Gertrude und Melville) und seinem Schwiegervater, Dr. Graham Bell, unterbrochen.

Oben: Wie wohl sich der junge Melville Bell Grosvenor in der Gesellschaft seines Großvaters fühlte, zeigt dieses Foto. »Das ganze Jahr über sehnte ich die Reise nach Neuschottland herbei«, erinnerte sich Melville später. »Mein Großvater war ungeheuer lebhaft und kam herrlich mit Kindern aus.«

heute so beliebte Artikelserie Travelogue angelaufen war – S. P. Langleys »Tagebuch einer Reise von San Francisco nach Tahiti und zurück« erschien im Dezember 1901, Ebenezer J. Hills »Ein Trip durch Sibirien« im Februar 1902 –, wurde das Magazin noch immer stark aus einem Washingtoner Blickwinkel heraus produziert. Der Pelée-Ausbruch aber lieferte Grosvenor nun eine Menge Material, das von landesweitem Interesse war.

Am 14. Mai 1902, sechs Tage nach dem Ausbruch, schickte die National Geographic Society drei ihrer Mitglieder »auf eine Spezial-Expedition nach Martinique und St. Vincent, um die vulkanischen Gegebenheiten auf den Westindischen Inseln zu untersuchen«. Es waren Robert T. Hill vom U.S. Geological Survey, Israel C. Russell, der vor zwölf Jahren die Expedition zum St. Elias geleitet hatte, und C. E. Borchgrevink, ein Polar-Forscher, der die südlichsten Vulkane der Erde, Erebus und Terror, untersucht hatte. Im Juni 1902 berichtet das GEOGRAPHIC:

> Diese Expedition ist die wichtigste und am besten ausgerüstete Gruppe, die je einen tätigen Vulkan beobachtete. Von ihrer Arbeit erwartet man Ergebnisse von großem wissenschaftlichen Wert und praktischem Nutzen. Nach ihrer Rückkehr in die USA werden die Mitglieder ihre Beobachtungen der Gesellschaft mitteilen. Der Bericht wird in Form einer illustrierten Seite in voller Länge in der Zeitschrift der Gesellschaft, dem NATIONAL GEOGRAPHIC MAGAZINE, veröffentlicht.

»Es ist gar nicht so einfach, diese kräftigen Flieger bei Wind wieder herunter zu bekommen«, schrieb das GEOGRAPHIC unter dieses Foto, auf dem Melville (rechts) und sein Großvater Alexander Graham Bell mit anderen einen der riesigen Flugdrachen des Erfinders zur Erde zurückholen.

Außer dieser Mitteilung enthielt die Juni-Nummer einen Artikel über den Vulkanausbruch des Krakatau im Jahre 1883, der aus einem britischen Buch übernommen wurde, einen kurzen Einführungsaufsatz von Grosvenor über Vulkanismus mit einer Karte, auf der alle Vulkane verzeichnet waren, einen Bericht »Magnetische Störungen, die durch den Ausbruch des Pelée verursacht wurden«, eine Karte der vulkanreichen Westindischen Inseln und einen Artikel des bekannten Literaten Lafcadio Hearn über »Die Insel und das Volk von Martinique«. Außerdem wurde ein Vorbericht der Expedition abgedruckt, in dem unter anderem folgende Schilderung der Associated Press über die Besteigung des Pelée durch Professor Angelo Heilprin enthalten war [Heilprin wurde später Mitglied in der Geschäftsführung der Gesellschaft und gehörte auch der Geographic Society of Philadelphia an. A. d. L.]:

> Am Samstag, dem 31. März, entschied sich Professor Heilprin morgens, den Versuch zu wagen und zum Krater aufzusteigen... Der Vulkan war sehr aktiv, aber unter vielerlei Gefahren erreichte Professor Heilprin den Gipfel und konnte in den gewaltigen Krater schauen... Er sah einen riesigen Kegel aus Schlacke in der Mitte des Kraters. Die Öffnung des Kraters bestand aus einer enormen Spalte von etwa 150 Meter Länge und 45 Meter Breite.
>
> Während seines Aufenthaltes am Gipfel ereigneten sich einige starke Explosionen, gefolgt von Dampf und schlackehaltigem Dunst, und immer wieder war sein Leben in Gefahr. Die Asche fiel in solche Mengen auf ihn nieder, dass er zeitweise überhaupt nichts mehr sehen konnte. Eine besonders heftige Eruption bedeckte Professor Heilprin von Kopf bis Fuß mit widerlichem, zähflüssigem, halbfestem Schlamm. Trotzdem setzte er seine Studien und Beobachtungen fort und geriet so noch zweimal in einen Schlammschauer. Er stellte fest, dass die Dämpfe aus drei getrennten Öffnungen austraten, wie es vermutet worden war.

Das Juni-Heft war ganz einfach nur ein Anheizer für die Ausgabe vom Juli 1902, die auf dem Umschlag »MARTINIQUE-NUMMER« genannt wurde.

In diesem Heft galten 40 Seiten dem Bericht von Robert T. Hill über die Explosion des Pelée auf Martinique, zehn Seiten den »Vulkanischen Felsen auf Martinique und St. Vincent«, drei Seiten einer »Diskussion der chemischen Analyse des Vulkanauswurfs von Martinique und St. Vincent«, und auf zwei Seiten waren »Schiffberichte über die Reichweite der Vulkanasche« wiedergegeben. Auszüge aus dem zuletzt genannten Beitrag lauten wie folgt:

»...ich war ununterbrochen mit Experimenten beschäftigt, die mit Drachen zu tun hatten. Warum, weiß ich nicht, außer vielleicht, weil es einige Verbindungen mit dem Problem der Flugmaschine gibt.« Das berichtete Bell 1903 vor der National Academy of Sciences in Washington. Bei seinen bahnbrechenden Studien experimentierte Bell mit vielen unterschiedlichen Drachenformen, um eine Flugmaschine zu entwickeln, die auch mit einer niedrigeren Geschwindigkeit abheben konnte.

Aus dem Logbuch des Dampfers *Louisianian*, Kapitän D. Edwards, von Liverpool nach Trinidad, 25. April bis 9. Mai 1902:

Ankunft in Carlisle Bay, Barbados, 7. Mai, 11 Uhr (250 Kilometer nordwestlich von Martinique). Gutes Wetter bei klarer Sicht. Zwischen 13 und 15 Uhr war heftiges Artilleriefeuer zu hören, kurz darauf erschienen dichte, schwarze Wolken im Westen, Richtung St. Vincent (180 Kilometer westlich) und bewegten sich gleichmäßig O.S.O. Um 16 Uhr war der Himmel völlig bedeckt, mit Ausnahme eines niedrigen Bogens im Norden. Um 16.30 Uhr fielen leichte Ascheschauer, die so stark wurden, dass auf dem Schiff und an Land die Lichter angezündet werden mussten. Um 17.30 Uhr legten wir nach Trinidad (Port of Spain) ab, es war so finster, dass wir eine große Boje in 40 Meter Entfernung nicht ausmachen konnten. Jetzt fiel der Ascheregen so dicht, dass innerhalb kurzer Zeit das Deck etwa einen halben Zentimeter hoch bedeckt war...

Aus dem Logbuch des Schiffes *Lena*, Nibbs, Kapitän, von Barbados nach New York:

Auf Barbados fiel starker Regen aus Vulkanasche vom Mount Soufrière (180 Kilometer westlich) auf die Decks und Planen. Sieben Tonnen davon wurden als Ballast aufgenommen.

Am wichtigsten waren aber im Juli-Heft 1902 ein Dutzend Fotos, die die durch den Vulkanausbruch verursachten Zerstörungen anschaulich machten.

Im Februar 1903 erhielt Grosvenor den Titel Editor und besaß nun die volle Autorität, seine Ideen in Bezug auf die weitere Entwicklung der Zeitschrift zu verwirklichen. (Außerdem wurde er zum Geschäftsführer der Gesellschaft ernannt, verantwortlich für die Bereiche Kaufmännisches und Mitglieder.) Kurz darauf suchte Gilbert H. Grosvenor Rat bei Bell bezüglich der Veröffentlichung eines Fotos, auf dem philippinische Frauen bei der Feldarbeit zu sehen waren, von der Taille aufwärts nackt. Weil, schrieb Grosvenor später, »die Frauen so gekleidet, oder besser gesagt unbekleidet, waren, spiegelte das Foto getreu die Sitten auf diesen Inseln zu jener Zeit wider«.

Bell empfahl dem jungen Herausgeber, das Foto zu drucken, denn er war mit ihm der Meinung, dass eine solche Entscheidung nicht von Prüderei beeinflusst werden dürfe. Das Foto wurde im Mai 1903 als eine von vier Illustrationen zu einem Artikel über »Amerikanische Unternehmungen auf den Philippinen« veröffentlicht, untertitelt mit »Primitive Landwirtschaft. Tagbanua-Frauen bei der Reisernte, Calaminanes-Inseln«. Als Reaktion auf die Veröffentlichung dieses Fotos schrieb Tom Buckley in einem Artikel »Mit NATIONAL GEOGRAPHIC auf ihrer endlosen, wolkenlosen Reise« im *New York Times Magazine:* »Das Magazine ist ohne Frage anständig und so offenkundig von rein anthropologischen Interessen bestimmt, dass selbst in einer Zeit, wo gewisse Leute Beine lieber als Gliedmasse bezeichnen, keiner Grosvenor Unschicklichkeit vorwerfen kann.«

Ungefähr in jenen Wochen entwickelte Grosvenor sieben Grundsätze für das Magazin, Prinzipien, die, wie der jetzige Herausgeber des GEOGRAPHIC, Wilbur E. Garrett, einmal feststellte, »Folgen seiner nachdenklichen Persönlichkeit, seines kulturellen Hintergrunds und seiner viktorianischen Höflichkeit waren und eine andere, aber höchst erfolgreiche Form des Journalismus schufen«. Mit ihren Stärken und auch Schwächen prägten diese Grundsätze in den nächsten 50 Jahren das Gesicht der Zeitschrift. In einem Bericht an das Kuratorium (das den Verwaltungsrat abgelöst hatte) führte Grosvenor die Grundsätze auf:

1. Der erste Grundsatz ist absolute Genauigkeit. Es darf nichts gedruckt werden, was nicht mit den Tatsachen übereinstimmt.
2. Eine Fülle von schönen, informativen und künstlerischen Illustrationen.
3. Alles, was im Magazin abgedruckt wird, muss von bleibendem Wert sein.

Oben: »Primitive Landwirtschaft. Tagbanua-Frauen bei der Reisernte, Calaminanes-Inseln«, lautete die Bildunterschrift zu diesem Foto aus der Mai-Nummer 1903.
Als der junge Herausgeber bei Bell um Rat fragte, ob er dieses Foto veröffentlichen sollte, sagte Bell zu Grosvenor, dass Prüderie eine Entscheidung nicht beeinflussen dürfe. Grosvenor stimmte zu und verteidigte später die Veröffentlichung als »ein getreues Spiegelbild dieser Inseln in jener Zeit«.

Gegenüber, oben: Eine friedliche Straßenszene in St. Pierre, Martinique kurz vor dem verheerenden Vulkanausbruch im Jahr 1902. Der Pelée ist im Hintergrund zu sehen.

Gegenüber, unten: »8. Mai 1902 um 7.50 Uhr. Eine heiße Wolke aus Dampf und Asche raste mit einer Geschwindigkeit von über 100 Stundenkilometern vom Pelée über die Stadt hinweg; sie verdunkelte den Himmel und vernichtete alles Leben. Im Hafen suchten entsetzte Seeleute nach Schutz, als die Todeswolke über sie hinwegrollte. Nur eines von 18 Schiffen blieb unzerstört.« Die Bildunterschrift erläuterte das Gemälde von Paul Calle: »Mount Pelée, ein Vulkan vernichtet eine Stadt.« (Der Artikel von Robert T. Hill aus dem Jahre 1902 »Vulkanische Störungen auf den Westindischen Inseln« wurde 1963 für das Buch der Gesellschaft Große Abenteuer *überarbeitet.)*

Der erste Sitz der Gesellschaft, die Gardiner Greene Hubbard Memorial Hall, an der Ecke der 16-ten und M-Straße in Washington wurde 1903 fertiggestellt. Kurz nach dem Einzug in das neue Gebäude am 24. Oktober 1903 beschwerte sich Grosvenor, der »ein Tischtelefon auf der Gebühren-Grundlage von 1000 Gesprächen zu 72 Dollar« angefordert hatte, bei der Telefongesellschaft:
»Meine Herren,
den größten Teil unserer Telefonate führen wir mit staatlichen Stellen. Verschiedentlich habe ich bestimmte Personen im Kriegsministerium angerufen, wobei mich die Zentrale zwar mit dem Ministerium verband, aber dann mitteilte, dass diese Gespräche, obwohl überhaupt keine Verbindung zu Stande gekommen ist, auf unsere Rechnung gesetzt wurden…«

4. Keine Personality-Stories und keine trivialen Nachrichten.
5. Es wird nicht Partei ergriffen, noch werden umstrittene Themen gedruckt.
6. Über andere Länder und Völker wird nur freundlich geschrieben, jede unangenehme und unpassende Kritik wird vermieden.
7. Der Inhalt jeder Nummer soll möglichst aktuell sein.

»Glücklicherweise«, schrieb Frederick G. Vosburgh, Grosvenors langjähriger Mitarbeiter und Herausgeber der Zeitschrift von 1967 bis 1970, »waren einige dieser Grundsätze – besonders die Punkte 5 und 6 – dehnbar, und der Herausgeber bestimmte den Grad ihrer Dehnung. Darüber bestand niemals Zweifel, ebenso wenig wie über seinen verlegerischen Mut.«

Dieser verlegerische Mut musste sich bereits früh in Grosvenors Zeit als Herausgeber beweisen. Dem Magazin war von dem anerkannten Harvard-Geographen William Morris Davis ein Papier angeboten worden, das Grosvenor »außergewöhnlich schwer zu verdauen fand«. Trotzdem reichte er es an Alexander Graham Bell weiter, der den Text auch für sehr schwierig hielt, aber in Anbetracht der hohen akademischen Position des Autors für eine Veröffentlichung stimmte.

»Mit düstersten Vorahnungen ließ ich es dann drucken«, erinnerte sich Grosvenor. Sofort nach Erscheinen wurden wir von Protestbriefen überschwemmt, unter denen zum Beispiel auch ein Brief von G. Stanley Hall, Präsident der Clark-Universität, war. Dieser eifrige Unterstützer unseres Projekts beschwor uns, unsere Arbeit einzustellen, wenn dies die Art Geographie sei, die wir fördern wollten. »Von diesem Tag an«, fährt Grosvenor fort, »hatte kein einziger Satz mehr Platz im Magazin, der nicht einfach zu verstehen war.«

Vosburgh schrieb über die Art, wie Grosvenor als Herausgeber auftrat:

> Gilbert Grosvenor hatte keine Geduld mit Umstandskrämerei. »Was soll das heißen?« schrieb er streng neben einen Abschnitt voller schöner Wörter, aber ohne klare Gedankenführung.
>
> Schwülstiges ödete ihn an. »Komm raus aus deiner Seifenkiste«, äußerte er gegenüber Schreibern, die sich von ihren eigenen Meinungen mitreißen ließen und große Reden schwangen. »Her mit den Tatsachen! Unsere Leser können sich ihre eigene Meinung zweifellos selber bilden.«
>
> »Die Menschen lernen gerne«, hat er einst beobachtet, »aber sie hassen das Gefühl, belehrt zu werden.«
>
> Wer ein langes Wort gebraucht hatte, wo es auch ein kürzeres getan hätte, bekam das Manuskript aus seinem mit Papier überladenen Büro zurück: das beanstandete Wort war eingekreist, am Rand stand die Bemerkung: »Das ist ein Zungenbrecher.«
>
> Eine Aussage, die mit der hohlen Phrase »man sagt« eingeleitet wurde, führte dazu, dass der Redakteur in sein Büro gerufen wurde und von ihm gesagt bekam: »Das NATIONAL GEOGRAPHIC MAGAZINE veröffentlicht keine Gerüchte. Entweder es ist eine Tatsache oder nicht. Finde das heraus.«
>
> Wenn du dich selber für einen Experten auf einem bestimmten Gebiet oder Land hieltest und in einer hochgestochenen, abgehobenen Sprache geschrieben hattest, brachte Grosvenor dein aufgeblähtes Ego zum Platzen und holte dich auf den Boden zurück. Der angeberische Gebrauch von Fremdwörtern ohne Erklärung war (und ist) gleichfalls tabu, denn keiner kann alle Sprachen verstehen, und es ist unsere Aufgabe, uns selbst verständlich zu machen.
>
> Einmal brachte er es mir geduldig bei: »Wenn du es den Leuten nicht sagst, werden sie es nicht kennen lernen.«
>
> Dieser freundlich aussehende Gentleman mit den höflichen Umgangsformen hatte das Herz und die Seele eines Kämpfers. Diejenigen, die seine Pläne und Grundsätze in Frage stellten, stießen unter seiner Weste auf Stahl.

Am 26. April 1902 wurde der Grundstein für das neue Gebäude der Gesellschaft an der Ecke der 16-ten und M-Street in Washington gelegt. Im Oktober 1903 war die National Geographic Society aus ihren gemieteten Räumen im Corcoran Building in ihren neuen Hauptsitz umgezogen, der von den Familien Hubbard und Bell bezahlt wurde. Zu diesem Zeitpunkt hatte Dr. Bell bereits die Präsidentschaft abgegeben und seinem Schwiegersohn mitgeteilt: »Bert, du bist fähig, dein eigenes Kanu zu paddeln.« Bell wollte sich nur noch auf seine wissenschaftlichen Untersuchungen konzentrieren, die sich damals vor allem um Flugdrachen aus Tetraedern drehten.

Im Juni 1903 beschäftigte sich das NATIONAL GEOGRAPHIC MAGAZINE auf 32 Text- und 79 Bildseiten mit diesen Experimenten über »Die Struktur des Flugdrachens und das Prinzip des Tetraeders«. Vier Jahre zuvor, im April 1899, hatte Bell vor der National Academy of Sciences in Washington einen Vortrag über »Drachen mit Radialflügeln« gehalten. Seitdem, schrieb Bell im GEOGRAPHIC, sei er »ununterbrochen mit Experimenten, die mit Drachen zu tun haben, beschäftigt. Warum, weiß ich nicht, außer vielleicht, weil es einige Verbindungen mit dem Problem der Flugmaschine gibt.«

Bell fährt fort:

> An der Fortbewegung in der Luft sind wir alle interessiert. Ich bin sicher, dass keiner, der je einen Vogel aufmerksam beobachtet hat, für einen Moment daran zweifeln kann, dass Fliegen möglich ist, auch mit Körpern, die schwerer als Luft sind. Mit den Worten eines alten Schriftstellers gesagt: »Wir können doch das nicht für unmöglich halten, was wir bereits vollendet vor uns sehen.«
>
> Ich hatte immer die Ahnung, dass eine nach dem Prinzip des Flugdrachens sorgfältig konstruierte Flugmaschine flugfähig sein müsse. Und andererseits, dass ein sorgfältig gebauter Drachen als Flugmaschine zu gebrauchen sei, die durch eigene Propeller angetrieben wird. Ich bin mir aber der ersteren Vermutung nicht so sicher wie der zuletzt genannten.

Am 17. Dezember 1903, sechs Monate nach dem Erscheinen dieses Artikels im NATIONAL GEOGRAPHIC, verwirklichten Orville und Wilbur Wright den ältesten Menschheitstraum, als sie mit Orville am Steuer den ersten gesteuerten Flug ihres Wright Flyers erfolgreich durchführten. Dieser Epoche machende Flug über 36 Meter dauerte nur zwölf Sekunden und war dennoch die Geburtsstunde der Luftfahrt.

Das neue Gebäude der Gesellschaft, Hubbard Hall, erschien dem jungen Herausgeber Gilbert Grosvenor als »So groß wie ein Palast«, und er »beschloss zu beweisen, dass wir einen solch prächtigen Hauptsitz wert sind. Mit Genuss setzte ich mich mit den unzähligen Problemen auseinander, mit denen ein einsamer Herausgeber zu kämpfen hat. Manchmal glaubte ich freilich, diese Probleme kaum bewältigen zu können...«

Eines der Probleme tauchte zum Beispiel im Dezember 1904 auf, als der Drucker Grosvenor mitteilte, dass er aus technischen Gründen noch elf weitere Seiten für die Januar-Ausgabe benötige. Der junge Herausgeber hatte weder einen passenden Artikel zur Hand, noch war er in der Stimmung, selber elf Seiten zu verfassen. Zufällig lag zwischen seiner Post ein großer, schwerer Briefumschlag, auf dem ausländische Briefmarken klebten. In Gedanken versunken, womit er die Januar-Nummer füllen sollte, öffnete er eher gleichgültig den Umschlag und blickte »mit wachsender Aufregung auf das, was aus ihm herausfiel«.

Vor ihm lagen 50 Fotos der geheimnisumwobenen tibetischen Hauptstadt Lhasa, die von den Forschern Tsybikoff und Norzunoff für die Russische Geographische Gesellschaft gemacht worden waren, die die Fotos jetzt dem NATIONAL GEOGRAPHIC kostenlos anbot. Diese Aufnahmen – die zu den frühesten Fotos aus der tibetischen Hauptstadt überhaupt gehören – waren so außergewöhnlich, dass Grosvenor schnell elf von ihnen auswählte und dem Drucker den Auftrag gab, die

Die Hubbard Memorial Hall mit einer Büste von Gardiner Greene Hubbard im Vordergrund.

Links: Fotos – »dieses Wort wurde zu Musik in meinen Ohren, ähnlich wie das Klingeln der Kasse für einen Geschäftsmann.« Dies schrieb Grosvenor später als Reaktion auf ein Angebot, das ihm sein Cousin, der Kriegsminister William Howard Taft, im Februar 1905 gemacht hatte. Das Kriegsministerium hatte den mit zahlreichen Fotos illustrierten ersten »Volkszählungsbericht der Philippinen« veröffentlicht und überließ dem GEOGRAPHIC kostenlos die Fotoplatten. Grosvenor wählte 138 Fotos aus, die im April 1905 ganzseitig auf 32 Bildseiten erschienen.

Gegenüber: Über diese beiden Fotos schrieb Gilbert H. Grosvenor in seiner »Geschichte des NATIONAL GEOGRAPHIC« im Jahre 1967: »Der Honigwabenpalast des Dalai Lama hoch über Lhasa und tibetische Frauen auf dem Weg zum Markt – diese Fotos markieren einen Wendepunkt in der Geschichte des Magazins. Während viele Verleger Fotos ablehnten, hielt der Herausgeber Grosvenor sie für notwendig, um Geographie anschaulich zu machen. Als er von russischen Forschern einen Umschlag voller Fotos erhielt, die die geheimnisvolle Hauptstadt Tibets zeigten, füllte er mit diesen Bildern elf Seiten der Ausgabe vom Januar 1905. Die erste reine Fotogeschichte der Zeitschrift war zu jener Zeit etwas absolut Ungewöhnliches. Er rechnete mit seiner Kündigung, statt dessen aber, erinnerte er sich, ›wurde er zu diesem Heft beglückwünscht‹.«
Die Fotos erhielt er allerdings nicht »von russischen Forschern«, sondern von der Kaiserlichen Russischen Geographischen Gesellschaft zu St. Petersburg. Der Begleittext stammte von dem Fotografen Tsybikoff und war im Jahresbericht des Sekretärs des Smithsonian-Instituts 1903 erschienen. Diese Herkunft wurde im Januar-Heft 1905 noch erwähnt, geriet aber später in Vergessenheit, vielleicht aus dem Grund, den ein Mitarbeiter der Gesellschaft bei anderer Gelegenheit genannt hatte: »Das ist die Version, an die sich Dr. Grosvenor lieber erinnert.«

freien Seiten mit den Fotos aus Tibet zu füllen. In Erwartung der Kündigung, weil er es gewagt hatte, die Seiten eines seriösen Magazins nur für malerische Fotos mit kurzen Bildlegenden zu nutzen, besuchte er anschließend seinen Club und »machte einen Tag blau«, ging später nach Hause und erzählte seiner Frau, was er getan hatte.

Selbst im Zeitalter der überaus populären »illustrierten« Zeitschriften grenzte es an Ketzerei, als Grosvenor so viele nicht direkt fachbezogene Fotos ohne ausführlichen Begleittext brachte. Neben diesem Faktum beunruhigte es Grosvenor, so sagte er seiner Frau Elsie, aber auch, dass er das Geld für die Fertigung der Druckplatten aus der äußerst dürftigen Kasse der Gesellschaft bezahlt hatte.

Grosvenors Befürchtungen waren allerdings schnell verflogen, als ihn nach Erscheinen des Januar-Heftes Mitglieder auf der Straße ansprachen, um ihm zu dieser Ausgabe zu gratulieren und zu betonen, wie sehr ihnen »die ersten Fotos aus dem romantischen Lhasa« gefallen hätten.

»Unsere Mitglieder mochten die Bilder mehr als die Artikel, die wir ihnen vorgesetzt hatten«, erinnerte sich Grosvenor im Jahre 1951. »Sie zeigten ihre Zustimmung dadurch, dass sie selber neue Mitglieder warben. Diese Erfahrung bewies mir, dass das, was mir persönlich gefiel, dem Durchschnittsbürger auch zusagte, oder mit anderen Worten, dass ich ein durchschnittlicher Amerikaner bin. So setzte die beachtliche Entwicklung des NATIONAL GEOGRAPHIC ein, möglichst viele Bilder zu drucken und später farbige Bilder zu bringen, mehr Bilder als in irgendeiner anderen Publikation der Welt.«

Der Erfolg der Fotoserie aus Lhasa verleitete Grosvenor zu der Auffassung, seine Arbeit als Herausgeber sei nunmehr einfacher geworden. Er musste einfach nur »unsere Seiten mit Bildern füllen«. Aber es stellte sich heraus, dass es genauso schwierig war, gutes Bildmaterial zu geographischen Themen zu bekommen wie gute Manuskripte. »Die einzigen Fotos, die damals in Frage kamen, zeigten Berge und Landschaften«, beklagte er sich später. Aber wieder einmal war das Glück auf seiner Seite.

Die Flagge der National Geographic Society wurde von der Frau Gilbert Grosvenors, Elsie, für die Ziegler-Polar-Expedition im Jahr 1903 entworfen. Die drei Farben stehen für den Himmel, die Erde und den Ozean.
Grosvenor erinnerte sich später: »Elsie fragte mich nach meinen Vorstellungen, und ich antwortete, es müsse eine Flagge mit Wiedererkennungswert sein. Wir hatten in Washington viele Paraden gesehen, aber die meisten Flaggen waren durch ihre Symbole und Aufschriften so kompliziert, dass ein Beobachter vom Straßenrand aus nicht erkennen konnte, wofür sie standen... Darum bat ich meine Frau, eine Schrift zu wählen, die vom Straßenrand aus leicht zu lesen sei. Sie kam auf die drei Streifen mit den Großbuchstaben ›National Geographic Society‹, damit jeder lesen konnte, was auf der Flagge stand. Das muss so sein, denn eine Flagge, die man nicht lesen kann, hat keinen Sinn. Eine Flagge muss dem Betrachter sofort mitteilen, wofür sie steht.«

Im folgenden Monat, also im Februar 1905, erzählte ihm sein Cousin William Howard Taft, der spätere Kriegsminister, dass das Kriegsministerium den ersten »Volkszählungsbericht der Philippinen« veröffentlichen werde, illustriert durch viele Fotos. Wenn Grosvenor die Mitglieder auf diese wichtige Veröffentlichung aufmerksam mache, so sagte Taft, helfe die National Geographic Society damit der Regierung und auch dem philippinischen Volk.

Durch das Stichwort »Fotos« war Grosvenors Interesse sofort geweckt. »Das Wort wurde zu Musik in meinen Ohren, ähnlich wie das Klingeln der Kasse für einen Geschäftsmann«, schrieb Grosvenor.

Auf Tafts Anweisung hin überließ der Volkszählungsleiter Grosvenor alle Kupferplatten der Fotos, die zu dem Bericht gehörten. Grosvenor entschied sich für 32 Bildseiten mit insgesamt 138 Fotos, die in der Ausgabe vom April 1905 erschienen.

Um durch eigenen Einsatz an so viele Fotos zu kommen, hätte die Gesellschaft Tausende von Dollars zahlen müssen, zusätzlich zu den 350 Dollar für die Herstellung der Fotoplatten. Doch, wie Grosvenor später deutlich erklärte, »war Geld etwas, was die Gesellschaft zu dieser Zeit überhaupt nicht besaß«.

Die Nummer vom April 1905 mit der »Entdeckung der Philippinen« war ein so großer Erfolg und brachte so viele neue Mitglieder, dass eine zweite Auflage gedruckt wurde. Die Zeit schien reif für eine entschiedene Werbekampagne. Grosvenor stellte zusätzliches Personal ein und steckte viel Geld in eine intensive Mitgliederwerbung. Bis zum September war die Mitgliederzahl auf 10 000 gestiegen und lag somit dreimal so hoch wie im Vorjahr. Das Magazin lief so gut, dass Grosvenor im selben Monat dem Verwaltungsrat mitteilen konnte, dass die Gesellschaft das Jahr nicht nur mit schwarzen Zahlen beenden würde, sondern sogar mit einem Plus von 3500 Dollar. Als dieser Erfolg, der einen Meilenstein bedeutete, erreicht war, stimmte der Verwaltungsrat folgender Entschließung zu:

> Die National Geographic Society dankt durch ihren Verwaltungsrat Herrn Dr. Bell für seine großzügigen Beiträge in den Jahren 1899 bis 1904. Wir freuen uns, Herrn Dr. Bell Mitteilung machen zu können, dass die Gesellschaft inzwischen eine so solide Grundlage erreicht hat, dass wir ihn im Jahre 1905 von seinen Beiträgen befreien können.

Zum ersten Mal seit dem 1. April 1899 musste Bell keine 100 Dollar monatlich zum Gehalt von Gilbert Grosvenor beisteuern. »Elsie und ich jubilierten«, schrieb Grosvenor später. »Endlich sah ihr Vater seinen Traum verwirklicht: eine geographische Zeitschrift, die die Gesellschaft unterstützte. Insgesamt hatte er 6900 Dollar in den Aufbau des Magazins investiert anstatt der 87 000 Dollar, die er im Jahre 1899 angeboten hatte.«

In diesem Monat gingen so viele Beitrittserklärungen ein, dass Grosvenor Dr. Bells Sekretär um Hilfe bat. Als die beiden jungen Männer im Büro saßen, fragte Grosvenor den Sekretär, ob er nicht jemanden wüsste, der ständig für den GEOGRAPHIC arbeiten wolle. »Eines Morgens dann«, erinnerte sich Grosvenor, »kam dieser kräftige, gut aussehende junge Mann herein. Er überreichte mir seine Karte, und ich las auf ihr John Oliver La Gorce.« Er fuhr fort:

> Der Name John sprach mich ungeheuer an. Es war ein hoch geschätzter Name in der Bibel. Der Name Oliver war einer der magischen Namen des Mittelalters. Zu diesem Zeitpunkt wusste ich noch nicht, wofür »La Gorce« stand, erfuhr aber bald, dass sein Vater einer angesehenen französischen Familie entstammte. Weiter brachte ich in Erfahrung, dass seine Mutter Irin war, und hielt diese irisch-französische Mischung für sehr passend. Er war sich sicher, ein guter Gesellschafter zu sein, und sehr praktisch veranlagt. Dann fragte ich Herrn La Gorce, ob er nicht eine Arbeit annehmen wolle, die – wie es mir Dr. Bell einmal erklärt hatte – »ein Sprungbrett für etwas Besseres sei«. Er sagte ja, er wolle. Wir machten einen Vertrag. Ich habe ihn nie nach irgendwelchen Empfehlungsschreiben gefragt.

Einige Tage später kam Dr. Alexander Graham Bell zu uns. Er wurde von Herrn La Gorce empfangen, betrat mein Büro und fragte: »Was ist das für ein feiner junger Mann, den ihr da habt? Was für eine gefällige Art er hat.« Ich stellte die beiden einander vor, und es bestand sofortige Wertschätzung auf beiden Seiten.

La Gorce blieb die nächsten 52 Jahre bei der Gesellschaft und ging am 8. Januar 1957 als Präsident und Herausgeber in den Ruhestand, zwei Jahre nachdem er die Grosvenor-Medaille »für außergewöhnliche Leistungen bei der Förderung und Verbreitung geographischen Wissens in den Jahren 1905 bis 1955« erhalten hatte.

In dem Jahr, als Grosvenor La Gorce einstellte, beschloss er auch, ein jährliches Bankett der Gesellschaft einzurichten. Grosvenor wusste, dass nicht nur die Mitglieder in Washington ein solches Fest begrüßen würden, und plante daher, durch einen im ganzen Land bekannten Gastredner das Ansehen der Gesellschaft zu erhöhen. Seine Wahl fiel auf seinen Cousin William Howard Taft, den Kriegsminister, und diese Wahl war richtig. Auch wenn Tafts Körpergewicht ein deutlicher Beweis seiner Liebe zum guten Essen war, konnte sich Grosvenor doch nicht sicher sein, ob ein Bankett und die Familienbande ausreichten, um die Einwilligung Tafts zu erhalten. Daher wandte Grosvenor eine kleine List an, indem er den Minister in Anwesenheit von dessen Frau einlud, von der er wusste, dass sie gesellschaftliche Ereignisse genoss.

»Oh, was für eine hübsche Idee!« antwortete Frau Taft. »Wir nehmen die Einladung gerne an.«

Grosvenor hatte seinen Gastredner, Frau Taft ihr gesellschaftliches Ereignis, der Kriegsminister hielt eine lobenswerte Rede, und so wurde das erste Bankett der Gesellschaft zu einem Erfolg.

Am Ende des Jahres war die Mitgliederzahl der Gesellschaft von 3662 auf 11 479 gestiegen, und »das Jahr 1905«, erinnerte sich Grosvenor später, »markierte das ›Ende vom Anfang‹, einen Wendepunkt in der Geschichte der Gesellschaft«. Die National Geographic Society zahlte mittlerweile neun Personen ein Gehalt: Gilbert Hovey Grosvenor, Herausgeber und Geschäftsführer; John Oliver La Gorce, Sekretär; einem stellvertretenden Schatzmeister, einem Bibliothekar, vier Angestellten, einem Hausmeister.

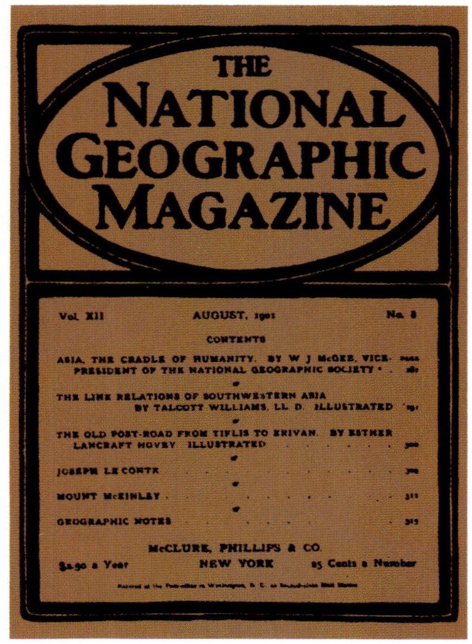

THE NATIONAL GEOGRAPHIC MAGAZINE

Vol. XII AUGUST, 1901 No. 8

CONTENTS

ASIA, THE CRADLE OF HUMANITY. BY W J McGEE, VICE-PRESIDENT OF THE NATIONAL GEOGRAPHIC SOCIETY

THE LINE RELATIONS OF SOUTHWESTERN ASIA BY TALCOTT WILLIAMS, LL. D. ILLUSTRATED

THE OLD POST-ROAD FROM TIFLIS TO ERIVAN. BY ESTHER LANCRAFT HOVEY. ILLUSTRATED

JOSEPH LE CONTE

MOUNT McKINLEY

GEOGRAPHIC NOTES

McCLURE, PHILLIPS & CO.

$2.50 a Year NEW YORK 25 Cents a Number

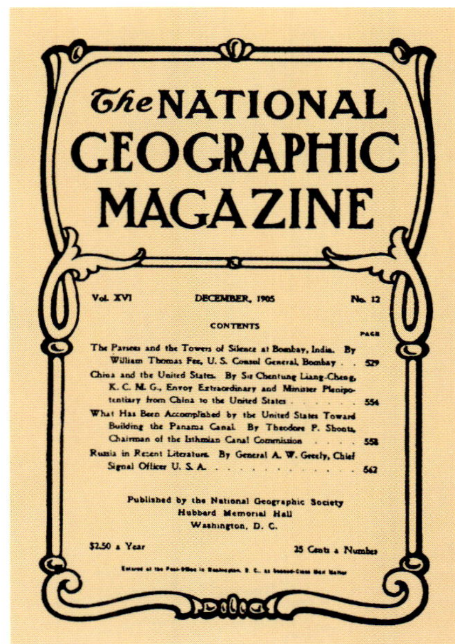

The NATIONAL GEOGRAPHIC MAGAZINE

Vol. XVI DECEMBER, 1905 No. 12

CONTENTS

	PAGE
The Parsees and the Towers of Silence at Bombay, India. By William Thomas Fee, U. S. Consul General, Bombay	529
China and the United States. By Sir Chentung Liang-Cheng, K. C. M. G., Envoy Extraordinary and Minister Plenipotentiary from China to the United States	554
What Has Been Accomplished by the United States Toward Building the Panama Canal. By Theodore P. Shonts, Chairman of the Isthmian Canal Commission	558
Russia in Recent Literature. By General A. W. Greely, Chief Signal Officer U. S. A.	562

Published by the National Geographic Society
Hubbard Memorial Hall
Washington, D. C.

$2.50 a Year 25 Cents a Number

Im Jahre 1901 wurde der Umschlag des NATIONAL GEOGRAPHIC MAGAZINE zum vierten Mal verändert, wie oben abgebildet. Im Jahr 1904 wurde dieses Design zu Gunsten einer Gestaltung im Stil des Art nouveau gewechselt, die bis zum Jahre 1910 beibehalten wurde.
Ende 1905 hatte das Magazin eine Auflagenhöhe von 11 479 Exemplaren erreicht.

NATURKATASTROPHEN

O Gott, jetzt reicht's. Bitte, lass es aufhören!

»O Gott, jetzt reicht's. Bitte, lass es aufhören!«

Mit Tränen in den Augen erlebte ein 16-jähriges Mädchen gemeinsam mit seiner Mutter im Garten vor ihrem Haus das heftige Erdbeben in Alaska von der Stärke 8,5 am Karfreitag, den 27. März 1964.

»VANCOUVER! VANCOUVER! Das ist es...«

Die letzten Worte des Geologen David Johnston am 18. Mai 1980 um 8.32 Uhr, zehn Kilometer vom Mount St. Helens entfernt.

Einige Wochen vor jenem ereignisreichen Frühjahr 1980 hatte der Mitherausgeber des NATIONAL GEOGRAPHIC, Rowe Findley, an einem Artikel über die amerikanischen Nationalparks gearbeitet. Am 21. März rief ihn ein Freund aus der Forstverwaltung an und berichtete, dass der 2951 Meter hohe Mount St. Helens von Erdstößen erschüttert werde. Dieser ruhelose Vulkan der Cascade-Range-Gebirgskette beherrschte den Gifford-Pinchot-Nationalpark im Staate Washington. Als Findley Informationen über diesen Vulkan heraussuchte, stieß er auf einen Bericht von Dr. Dwight Crandell und Dr. Donal Mullineaux über »Mögliche Risiken zukünftiger Ausbrüche des Mount St. Helens«. Der Mount St. Helens, las Findley, war in der Mitte des 19. Jahrhunderts einer der aktivsten Vulkane der Cascade Range gewesen, und, so sagten die Autoren voraus, bis zum Ende unseres Jahrhunderts sei ein neuer Ausbruch fällig.

Bis zum 26. März hatten die Erdstöße an Stärke und Kraft zugenommen, und »der ruhende Vulkan begann sich zu rühren und zu recken«, so beschrieb es Findley. Er buchte einen frühen Flug für Freitag, den 28. März. Als er ankam, stiegen aus dem Berg aufwärts ununterbrochen bis zu drei Kilometer hohe Rauch- und Aschewolken, die über dem nordöstlichen Berghang als dunkelgrauer Staub niedergingen. Es war, notierte Findley, »der Beginn eines geologischen Ereignisses – der erste Vulkanausbruch in einem der 48 aneinander grenzenden Staaten, seit der Vulkan Lassen in Kalifornien, ein anderer Berg der Cascade Range, nach dreijähriger Tätigkeit 1917 zur Ruhe kam«.

Journalisten, Geologen, Spinner und Neugierige fanden sich, von dem aufsässigen Vulkan angezogen, in den umliegenden Gebieten ein, alle darauf aus, das gewaltige, verheerende Drama mitzuerleben. Wie ein routinierter, alter Künstler ließ sich der Vulkan jedoch nicht drängen, sondern folgte seinem eigenen Zeitplan.

»In den letzten Märztagen und den ganzen April über«, schrieb Findley, »war der Berg noch nicht voll erwacht. Ein zweiter Krater brach neben dem ersten auf, dann wurde aus beiden ein einziges Becken, 520 Meter lang und 250 Meter tief. Nach Ansicht der Geologen befand sich der Vulkan aber noch immer nicht auf einem ›niedrigen Energieniveau‹, so dass »keiner mit einem baldigen Ausbruch rechnete«.

Findley verbrachte die Woche zwischen dem 11. und 18. Mai mit seinen neuen Freunden Reid Blackburn, einem 27-jährigen Fotografen, den der *Vancouver Columbian* an das NATIONAL GEOGRAPHIC ausgeliehen hatte, und dem 84-jährigen Harry Truman, der die Aufmerksamkeit der Medien dadurch auf sich gezogen hatte, dass er sich weigerte, eine Hütte am Spirit Lake, acht Kilometer vom Vulkan entfernt, zu verlassen.

Vorangehende Seiten: Als sich am 23. Januar 1973 ein Spalt in der Erde öffnete, wurde in der Nähe des isländischen Vestmannaeyjar, der einzigen Hafenstadt auf der Insel Heimaey, ein neuer Vulkan geboren. Innerhalb von 24 Stunden wurden die 5300 Einwohner der Insel mit Schiffen und Flugzeugen evakuiert. In den nächsten Wochen wurde ein Teil der Stadt von Lava und Asche bedeckt, gleichzeitig vergrößerte sich die Insel um ungefähr anderthalb Quadratkilometer. Der Vulkan wurde Eldfell getauft, und wie in dem 1983 erschienenen Buch der Gesellschaft Die Erforschung unseres lebenden Planeten *berichtet wurde, »behaupten die Teenager des Ortes, der warme Krater des Eldfells sei ein idealer Treffpunkt«.*

Gegenüber: St. Pierre, Martinique, kurz nach dem Ausbruch des Pelée am 8. Mai 1902. Bei der Explosion, die noch Hunderte von Kilometern weit zu hören war, wurden heißer Wasserdampf und Gase freigesetzt, die innerhalb von drei Minuten die Stadt zerstörten und 30 000 Menschen den Tod brachten.

Sonntag, 18. Mai 1980: Der Fotograf Gary Rosenquist war am richtigen Ort zur falschen Zeit. Er konnte diese außergewöhnliche Fotoserie vom Ausbruch des Mount St. Helens machen, bei dem 400 Meter des Gipfels abgesprengt wurden und 20 Menschen starben.

»Ungefähr zwei Millionen Vögel, Fische und Säugetiere vernichtete der Ausbruch am 18. Mai«, berichtet das GEO-GRAPHIC im Januar-Heft 1981. »Mehr als 250 Kilometer Lachs- und Forellenbäche und 26 Seen wurden zerstört. Die Wälder an den Berghängen wurden einfach geköpft, entwurzelt, zerfetzt und von Winden von der Stärke eines Hurrikans weggeblasen...«

Am 15. und 16. Mai zogen so dichte Wolken auf, dass der Berg fast unsichtbar war. Am 17. Mai schien zwar die Sonne, aber der Berg, schrieb Findley, »dämmerte weiter vor sich hin. Der nördlichste Buckel wuchs Tag für Tag anderthalb Meter, alle Anzeichen deuteten darauf hin, dass nichts passieren würde«. Findley fuhr nach Cougar, einer Niederlassung der Holzindustrie, 20 Kilometer südwestlich vom Mount St. Helens.

»Sonntag, den 18. Mai. Die Morgensonne trifft den Berg noch immer im Dämmerzustand«, schrieb Findley in seinem Artikel für die Januar-Ausgabe 1981, der überschrieben war: »St. Helens: Ein Berg voll Todessehnsucht«:

> Weil er sich ruhig verhielt, beschloss ich, ihn an diesem Tag nicht zu beobachten, eine Entscheidung, die sich später als sehr weise herausstellen sollte. Weil er sich ruhig verhielt, fuhren viele andere – Camper, Bergsteiger, Fotografen und einige Holzfäller – zu ihm hinaus oder hatten es zumindest nicht eilig, von ihm wegzukommen. In einigen schrecklichen Sekunden werden sie diese Entscheidung bereuen, und später wird nach und nach alles wieder in Vergessenheit geraten.
>
> Zehn Megatonnen TNT. Eine Menge, die mehr als 5000-mal so gross ist wie jene, die 1945 bei den Luftangriffen über Dresden abgeworfen wurde, vor allem aus Kohlendioxyd und Wasserdampf entstanden, Gase, die an sich harmlos sind, außer wenn sie dem immensen Druck und der Hitze im Vulkaninneren ausgesetzt sind und plötzlich entweichen können.
>
> Das 5,0 Punkte starke Beben machte alles möglich. Die ganze Bergseite sackte ab, als die Gase mit einem Knall explodierten, der noch 300 Kilometer weit entfernt zu hören war. Mit der Geschwindigkeit eines Flugzeugs breitete sich die unbeschreibliche Druckwelle in Richtung Nord, Nordwest und Nordost aus. In einem donnernden, gleich bleibenden Stoß mähte sie die Riesen des Waldes nieder, insgesamt 320 Quadratkilometer... Im Umkreis von fünf Kilometern vom Krater aus verschwanden die Bäume einfach – durch die Lüfte über unbekannte Entfernungen hinweggetragen.
>
> Dann kam die Asche – feurig, heiß, alles bedeckend, erstickend – und ein Hagel aus Felsbrocken und Eis. Die bunte, dreidimensionale Welt der Bäume, der Hügel und des Himmels wurde zu einer Welt aus pulvriger, grauer Asche, die die umgehauenen Baumstämme verglühen ließ und Autoreifen zum Schmelzen brachte, die den Himmel verschwinden ließ und jede Entfernung verschleierte. Sie brachte scharfen, glühenden Staub mit sich, der sich in nur wenigen Minuten über die gesamte Fläche von 320 Quadratkilometern verteilte und sich anschließend Zentimeter für Zentimeter niederschlug.
>
> Die stürzende Nordwand des Berges wurde zu einem massiven Schlitten aus Erde, der unaufhaltsam den Hang hinabdonnerte, bis er auf die gegenüberliegende Wand des North Toutle Valley stieß. So fand die Beerdigung von Harry Truman und seiner Hütte statt, ebenso von 20 Sommerhäusern in dieser etwa anderthalb Kilometer lang gestreckten Gegend, die Village genannt wurde.
>
> Die Hauptenergie der Eruption richtete sich nun nach oben, und die jede Helligkeit verschluckende Aschesäule stieg bis auf 10 000 Meter, weiter auf 15 000, 18 000 und dann 20 000 Meter... Ihre Spitze kippte um, dann blähte sie sich ambossförmig auf und zog auf breiter Front mit dem Wind ostwärts.
>
> Der sonnige Sonntagmorgen wurde Unheil verkündend grau und so dunkel, dass man seine eigene Hand nicht vor Augen sehen konnte.
>
> In dem unheimlichen Grau und Schwarz, das nur von dem Zucken der Blitze durchbrochen wurde und erfüllt war von Donnerschlägen und rasenden Winden, fanden Tausende von kleinen und großen Such- und Rettungsaktionen statt.
>
> Entlang der Pazifikküste im Nordwesten herrschte ungläubiges Entsetzen. In Vancouver und Portland, in Kelso und Longview und in Hunderten anderer Dörfer und Städte war die turmartige dunkle Wolke bedrohlich zu beobachten.
>
> Ein Telefonanruf ... trieb mich nach draußen, damit ich das Spektakel anse-

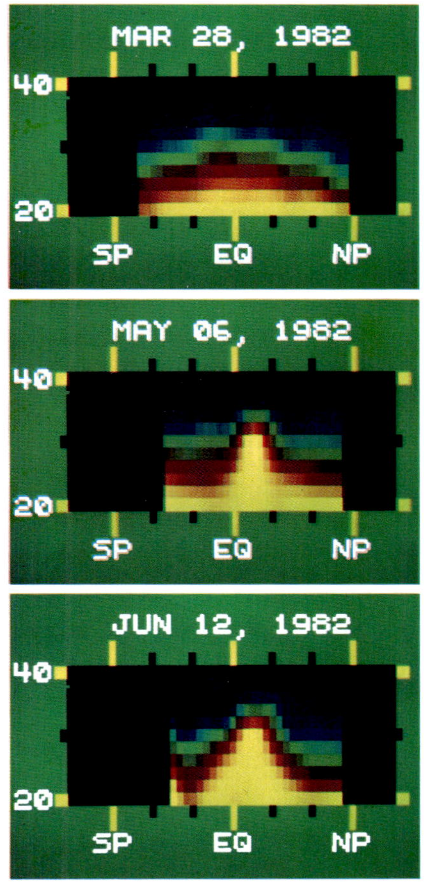

Oben: »Die Explosionen des mexikanischen und des nordamerikanischen Vulkans waren in ihrer Wirkung sehr unterschiedlich... Beim Ausbruch des El Chichón wurden nur 80 Quadratkilometer verwüstet, aber aufgrund der atmosphärischen Bedingungen und der Stärke der Eruption durchdrang die Asche die Kaltluftbarriere und gelangte in die Stratosphäre... Diese Grafiken übermittelten Satelliten von Europa. Sie zeigen das Eindringen der Explosionswolke in die Stratosphäre.«

Gegenüber: »Auf dieser Aufnahme eines Wettersatelliten sieht man den Ausbruch des El Chichón am 4. April 1982 als hellen Kreis über der mexikanischen Landbrücke. Es war der stärkste Vulkanausbruch auf der nördlichen Halbkugel nach der Explosion des Mount Katmai in Alaska im Jahr 1912.«

Folgende Seiten: Einwohner von Cristóbal de las Casas, etwa 100 Kilometer vom El Chichón entfernt, schützen sich mit Tüchern vor dem Ascheregen und räumen am Nachmittag die Straßen.

hen konnte. Sobald es mir möglich war, ging ich an die Luft, um eine bessere Übersicht zu gewinnen, und konnte einfach nicht glauben, was ich sah.

Die ganze Spitze des Berges war weg.

Der Mount St. Helens war nicht mehr majestätisch, nicht mehr nahezu symmetrisch. Sein Gipfel bestand nur noch aus hässlichen, flachen Höckern. Aus ihrer Mitte stieg unaufhörlich eine sich ausweitende Aschewolke, die blaugrau schattiert war. Durch diese undurchdringliche Finsternis zuckten orangefarbene Blitze wie züngelnde Schlangenzungen. Vom Fuß des Ehrfurcht einflössenden Berges breitete sich eine den Boden verhüllende Rauchglocke aus.

Dort irgendwo lagen Coldwater I [eine Messstation des U.S. Geological Survey], die rauschenden Wasser des Coldwater Creek und das Tal, das ich vor 40 Stunden in grüner Schönheit zurückgelassen hatte.

In Coldwater I, zwölf Kilometer vom Zentrum des Ausbruchs entfernt, hatte Reid Blackburn gerade noch genug Zeit, um vier Fotos zu machen, bevor er in seinen Wagen flüchtete, wo ihn die glühende, erstickende Asche einholte. Harry Truman und seine Hütte wurden 100 Meter hoch von Schutt und Asche bedeckt. So wurde er zu einem Teil des Berges, von dem er gesagt hatte, er sei ein Teil von ihm. Außer diesen beiden verloren noch ein Dutzend Menschen beim Ausbruch des Mount St. Helens ihr Leben.

Die gesamte Spitze des Berges war, wie Findley notiert hatte, tatsächlich weg. Die Explosion sprengte anderthalb Kubikkilometer des Gipfels ab und verkürzte die Höhe des Berges von 2951 Meter auf 2551.

Zwei Jahre später, im März und April 1982, brach der 1260 Meter hohe Vulkan El Chichón im mexikanischen Staat Chiapas aus, und in einer Serie heftiger Eruptionen wurden über 500 Millionen Tonnen Asche, Staub und Gase in die Atmosphäre geschleudert. Der El Chichón, nur halb so groß wie der Mount St. Helens, füllte die Luft mit einer mindestens zehnmal so großen Menge Schutt, und obwohl offiziell nur von 187 Toten gesprochen wird, schätzt man die Zahl der Opfer auf über 1000.

Und am 13. November 1985 – zwei Monate nach einem starken, küstennahen Erdbeben, dessen Wellen auch noch in dem 350 Kilometer entfernten Mexico City Gebäude einstürzen ließen und wahrscheinlich 30 000 Menschen den Tod brachten – fand 3500 Kilometer weiter südlich eine kleinere Eruption des 5435 Meter hohen Nevado del Ruiz statt. Diese ließ einen Teil der Eiskappe schmelzen und löste so eine mörderische Schlammlawine aus, die ungefähr 20 000 Menschen in Armero tötete, 48 Kilometer vom Berg entfernt. In diesem einst blühenden Zentrum der Landwirtschaft überraschte die Schlammlawine die meisten um 23 Uhr im Schlaf und begrub sie unter 30 Meter hohem Schlamm.

Das Erdbeben in Mexiko ereignete sich am 19. September 1985 um 7.18 Uhr, als sich eine riesige Platte der Erdkruste 20 Kilometer unter der Meeresoberfläche verschob.

»Rhythmisch breiteten sich seismische Wellen fächerförmig nach Mexico City aus, hunderttausendmal so stark wie die Hiroshima-Bombe, mit einer Geschwindigkeit von 25 000 Kilometer in der Stunde, was einem Wert von 8,1 auf der Richterskala entspricht«, schrieb Senior Editorial Staff Member Allen A. Boraiko. »Der Erdstoß war so heftig, dass hohe Gebäude in Texas erzitterten, dass in Colorado das Wasser über den Rand der Schwimmbecken schwappte und dass die Erde wie eine angeschlagene Glocke erbebte.«

Wenn wir die Fotografien betrachten, die die Astronauten von der Erde gemacht haben, und unsere liebe, von Wolken überzogene blaue Kugel gelassen durch das

Arbeiter vor der hölzernen Kuppel der Santa-Rosa-Kirche, die von dem Erdbeben in San Francisco am 18./19. April 1906 zerstört wurde. 80 Kilometer von San Francisco wurde Santa Rosa am stärksten durch das Erdbeben beschädigt.

Budweiser
SAM'S
LIQUOR STORE

sternenübersäte Samtzelt des Weltraums treiben sehen, vermittelt uns der Planet einen trügerischen Eindruck von Ruhe. Unter den Wolken nämlich lauern gewalttätige, stürmische Kräfte, die, einmal losgelassen, auf der Erde verheerenden Schaden anrichten, deren zerbrechliche Kruste ständig unter unseren Füßen knirscht und bebt und zu explodieren droht.

Wie Kendrick Frazier, ein ehemaliger Herausgeber der *Science News*, in seinem Buch *Das gewalttätige Gesicht der Natur* herausgestellt hat, jagen zu jedem beliebigen Zeitpunkt 1800 Gewitter über die Fläche unseres Planeten, treffen etwa 100 Blitze in jeder Sekunde auf seine Oberfläche, und von den 50 und mehr Hurrikans und Taifunen, die jährlich entstehen, bewegt sich mindestens einer im Spätsommer auf bewohnte Küstenstriche zu: eine halbe Milliarde Menschen lebt auf Schwemmland, das für ein Drittel der Weltbevölkerung Nahrung liefert. Tobende Wassermassen überfluten dann irgendwo die Häuser der Menschen und ihre Ernten.

Mehr als 14 000 Erdstöße, die stark genug sind, die Nadeln der Seismografen ausschlagen zu lassen, erschüttern Woche für Woche unseren Planeten. Zweimal täglich beschädigt ein Erdbeben irgendwo auf der Erde Gebäude. 15- bis 20-mal im Jahr hat ein Erdbeben eine solche Stärke, dass es Zerstörung und Tod mit sich bringt. »Und währenddessen«, fügt Frazier hinzu, »warten 516 tätige Vulkane darauf, ihre Kräfte loszulassen, irgendein Ausbruch beginnt alle 15 Tage.«

Als im Sommer 1927 der Finanzminister Herbert Hoover in seiner Eigenschaft als Leiter der Rettungsoperation die Verwüstungen begutachtete, die der über seine Ufer getretene Mississippi angerichtet hatte, sagte er: »Wir stehen demütig vor einem derartigen Ausbruch der Naturgewalten und vor der Machtlosigkeit des Menschen, sie zu kontrollieren.«

Das NATIONAL GEOGRAPHIC berichtete über »Die große Mississippi-Überschwemmung von 1927« ebenso wie über fast alle großen Naturkatastrophen, die sich seit Gründung der Gesellschaft auf unserem Planeten ereigneten. Tatsächlich haben seit dem Artikel »Der große Sturm vom 11. bis 14. März 1888« in der ersten Ausgabe der Zeitschrift Beiträge über Schneestürme, Überschwemmungen, Hungersnöte, Dürrekatastrophen, Hurrikans, Epidemien, Lawinen, Erdbeben und Vulkanausbrüche einen besonderen Stellenwert im Magazin.

Am bewegendsten sind jedoch die Beiträge des GEOGRAPHIC, in denen über verhungernde Kinder berichtet wird. Hungersnöte nehmen keine Rücksicht, sondern suchen sich ihre Opfer überall, so zum Beispiel im von Überschwemmungen heimgesuchten Bangladesch, das Steve Raymer 1975 so schildert:

> Die Szenerie ist entsetzlich und macht einen frösteln. Mehrere Tausend verhungernde Bengalen warten geduldig, wie es scheint, auf ihren Tod in einem Flüchtlingslager in Rangpur, einem der abgelegensten Gebiete des armen, hoffnungslosen Bangladesch.
>
> Lebensmittel, aus den Vereinigten Staaten und Kanada geschickt, sind so begrenzt vorhanden, dass täglich nur eine Schüssel Mehl ausgeteilt werden kann, aber noch nicht einmal Milchpulver. Viele sind zu schwach, um zu essen oder nach den Fliegen zu schlagen, die in der Nähe der Küche umherschwirren.
>
> Ich sehe ein Kind: ein nacktes Skelett, auf sein kärgliches Mahl wartend. Sein verhutzelter Körper trägt die verräterischen Anzeichen fortgeschrittener Unterernährung. Andere Kinder sitzen fast leblos in ihrem Schmutz. Eine in Lumpen gekleidete Frau umklammert einen Säugling, der so dünn ist, dass seine Rippen unter der sich pellenden Haut wie ein Vogelkäfig aussehen. In den Augen der Mutter stehen Tränen.

◂

Bei dem Erdbeben in Alaska am Karfreitag, den 27. März 1964 sackten in Anchorage zahlreiche Gebäude und Straßen mehr als zehn Meter tief ab. Zwei Tage später begannen Truppen der Armee mit den Aufräumungsarbeiten.

Gegenüber: Verbogene Gleise in Lázaro Cárdenas an der mexikanischen Pazifikküste verdeutlichen die Stärke des Erdbebens, das am 19. September 1985 mehr als 9000 Menschen tötete und selbst im Hunderte von Kilometern entfernten Texas hohe Gebäude zum Schwanken brachte.

Oder in Armenien, wo eine Hungersnot im Jahre 1919 ihre Opfer fand. Melville Chater berichtet:

> Als wir uns Igdir näherten, drehte sich unser Dolmetscher, ein liebenswerter, freundlicher junger Armenier, vom Fahrersitz zu uns um und fragte mit einer Spur Theatralik in der Stimme:
>
> »Was wollen Sie sehen, meine Herren?«
>
> »Die Umstände«, schnauzte der Doktor.
>
> »Meinen Sie die Umstände für die Sterbenden oder die Toten? Die Sterbenden können Sie überall in den Straßen sehen. Aber ich weiß auch, wo viele Tote sind – in welchen Häusern –, wenn Sie das sehen wollen.«
>
> »Fahr los!« sagte ich hastig. »Das entscheiden wir später.«
>
> Die Bevölkerung von Igdir bestand einschließlich der umliegenden Gebiete aus 30 000 Armeniern, 20 000 Tartaren und 15 000 Yezidis. Als wir durch die schmutzigen Straßen der Stadt fuhren, sahen wir hin und wieder ein paar niedergeschlagene Menschen herumsitzen. In den verwinkelten Seitenstraßen brannte die Sonne. Dort spielten keine Kinder und lärmten keine Tiere. Die Luft war erfüllt von einer schweren, verhängnisvollen Stille, wie sie immer über Ortschaften hängt, die von einer Seuche beherrscht werden. Wir fanden die Kinder, so wie sie waren. Sie lebten in einem Waisenhaus, in dem man schon allein von dem furchtbaren Gestank krank werden musste. Wir erfuhren, dass es weder Medikamente noch Desinfektionsmittel gab, mit denen man die hygienischen Voraussetzungen in den vielen kleinen Krankenbetten hätte verbessern können.
>
> Krank? Sagen wir lieber bettlägerig – ein Wort, das den Zustand dieser winzigen, verkümmerten Kreaturen besser beschreibt. Ihre Gesichtshaut war wie ein Trommelfell gespannt. Ihre Augen blickten starr und verrieten Angst und Schrecken, als sähen sie schon den nahenden Tod. So lagen sie da, vor lauter Hunger körperlich völlig erschöpft...
>
> Brüsk sagte der Arzt: »Sie werden alle sterben«, nachdem er einen flüchtigen Blick auf sie geworfen hatte. »Wir können ihnen nicht helfen. Es war überhaupt eine dumme Idee, mit dieser Schrottkiste hierher zu fahren.«
>
> »Wollen wir nun die Umstände der Toten ansehen?« fragte der Dolmetscher freundlich...

Etwas weiter im Text erzählt Chater, dass sie auf »50 verschrumpelte, am Straßenrand sitzende Kinder stießen«, die im Freien »die tägliche Portion gekochten Reis des American Committee aßen. Das war mit einmal Schlucken getan«, stellte er fest und fährt fort:

> Die Kinder zerstreuten sich und suchten den Boden ab, sowie ich es schon vom Auto aus häufig beobachtet hatte. Bald kaute eines auf Stroh, ein anderes auf Spänen eines Pferdehufes, ein drittes auf einem gefangenen Käfer.
>
> Ein siebenjähriges Mädchen ging in die Hocke und knackte etwas zwischen zwei Steinen, leckte sich dann die Finger. Der Arzt ging hinüber und untersuchte den Gegenstand. Mit eigenartiger Schärfe fragte er: »Wo hat sie den her – diesen Knochen?«
>
> Das Kind schaute mit ängstlichem, schuldbewussten Blick auf. Dann kam die Antwort durch den Dolmetscher, der mit leiser Stimme sagte: »Dort drüben, vom Friedhof.«
>
> Ich bin mir nicht sicher, ob wir unsere Fassung bewahrten.

Wenn nicht klimatische oder politische Verhältnisse die Ursache für Dürren und Hungersnöte sind, dann gibt es die Heuschrecken, von denen zum Beispiel im Jahre 1958 Äthiopien heimgesucht wurde, als die Insekten 167 000 Tonnen Getreide vernichteten – genug, um damit eine Million Menschen ein Jahr lang zu ernähren.

In seinem eindrucksvollen und aufrührenden Artikel »Die Ratte, Schoßhund des Teufels« stellte Thomas Y. Canby fest, dass Ratten die Ursache für die Pestepidemie in Bombay 1898 waren, bei der 12,5 Millionen Inder den Tod fanden. Der den Tod brin-

gende Floh nistet nämlich im Pelz der Ratte und brachte im Mittelalter schätzungsweise 25 Millionen Menschen den Schwarzen Tod. »In einer Welt, die ständig von Hungersnöten bedroht ist«, fährt Canby fort, »zerstören die Ratten etwa ein Drittel aller Getreidepflanzen. In Indien entziehen sie durch ihre Verwüstungen dem hungernden Volk so viel Getreide, dass man mit dieser Menge einen Güterzug füllen könnte, der 5000 Kilometer lang wäre.«

> Eine durchschnittliche Ratte, verdeutlicht Canby, kann durch ein Loch schlüpfen, das kleiner als ein Markstück ist; eine Backsteinmauer hinaufklettern, als ob sie Sprossen hätte; einen Kilometer weit schwimmen und drei Tage lang Wasser treten; Leitungsrohre und Kohlestücke durchnagen mit meißelähnlichen Zähnen, die den unglaublichen Druck von 16 600 Kilogramm pro Quadratzentimeter ausüben; überleben, wenn sie durch die Toilette weggespült wird, und auf dem gleichen Weg in die Häuser eindringen; sich so rasch vermehren, dass ein Paar 15 000 Nachkommen innerhalb eines Jahres haben kann; fünf Stockwerke tief auf den Boden fallen und unverletzt wegtrippeln.

»Allein in diesem Jahr«, berichtet Canby außerdem, »werden Ratten Tausende von Menschen beißen, ihnen Krankheiten bringen, Verzweiflung und Schrecken. Sie werden für über eine Milliarde Dollar Sachschäden anrichten, nicht eingerechnet die ›Feuer unbekannter Ursache‹, die dadurch entstanden, dass die Ratten die Isolierung der elektrischen Leitungen abnagten.«

So weit die schlechten Nachrichten. Die guten sind, dass »die Ratte in den Labors einen größeren Beitrag für die humanmedizinische Forschung geleistet hat als irgendein anderes Tier«. Der Autor bemerkt auch, dass eine in Kokosnuss-Öl fritierte Ratte den »angenehmen Geschmack eines Eichhörnchens oder Kaninchens hat«.

Keine der Naturkatastrophen, die über die Menschheit hereinbrechen können, ist so dramatisch wie ein Erdbeben, das häufig auch Ursache für einen Vulkanausbruch ist. Die Stärke eines Erdbebens wird mit den Werten der Skala gemessen, die in den Jahren 1930 und 1940 von Charles F. Richter und Beno Gutenberg am California Institute for Technology entwickelt wurde. Die Richterskala ist nicht geometrisch, sondern logarithmisch. Der Anstieg um 1 auf der Skala bedeutet also einmal einen Anstieg der Stärke des Erdstoßes um 32 Einheiten, zum anderen den zehnfachen Wert der seismischen Welle, den der Seismograf verzeichnete. Darum ist zum Beispiel das Erdbeben, das 1906 San Francisco traf, mit einem Wert von 8,3 auf der Richterskala nicht zweimal so stark wie eines mit 4,1 sondern etwa eine Million Mal so stark.

Zwischen 1970 und 1980 fanden 21 Erdbeben von der Stärke 6,3 und stärker statt, die fast 960 000 Menschen den Tod brachten.

Am 27. März 1964 wurde Alaska von einem Erdbeben der Stärke 8,5 erschüttert, – das heftigste Beben, das den nordamerikanischen Kontinent in diesem Jahrhundert traf. Im GEOGRAPHIC berichtete Bill Graves in der Juli-Ausgabe 1964 über die Schäden:

> Es begann Jahre vor jenem fatalen Karfreitag, dem 27. März 1964. Tief in der Erde, vielleicht 20 Kilometer unter dem Gebiet nördlich von Prince William Sound, arbeiteten schreckliche kaum begriffene Kräfte an der Erdkruste, die die großen Felsschichten bogen und dehnten, so wie die geschichtete Federung eines Lastwagens gedehnt wird, der über Schlaglöcher fährt. Dann, an dem Punkt, den man Fokus nennt, gab der Fels nach, zerbrach und bewegte sich auf der Stelle mit einer Kraft, die etwa 12 000 Hiroshima-Bomben entsprach.
>
> Die Verwüstungen verteilten sich mit einer ungeheuren Geschwindigkeit über einen Bogen von 800 Kilometer... Die Stoßwelle durchbrach die Erde mit

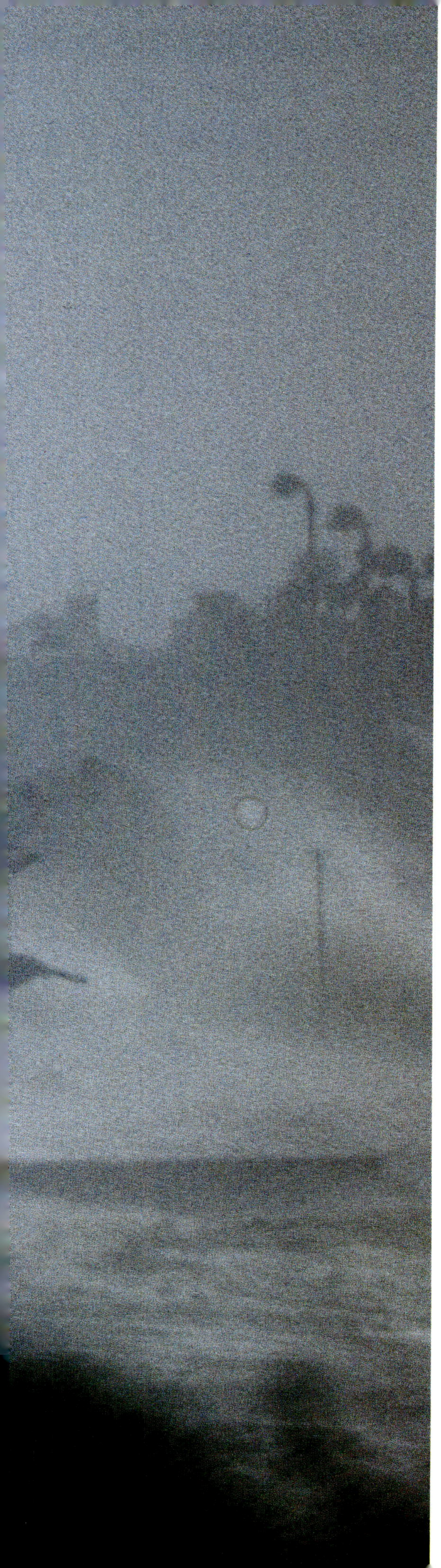

Nachdem der Hurrikan »Allen« in der Karibik 250 Tote zurückgelassen hatte, peitschten im August 1980 seine Winde mit einer Geschwindigkeit von 300 Stundenkilometern wilde Wogen gegen die Küsten von Corpus Christi in Texas.

mehr als 1000 Kilometern in der Stunde, riss das Land auf, teilte und zerwühlte es, als führe eine riesige Scheibenegge über die Erdoberfläche. Schnellstraßen wölbten sich unter dem Druck der Stoßwelle nach oben, große Betonplatten schoben sich ineinander wie schief gelegte Schindeln. Bahndämme hoben und krümmten sich, und die Gleise wurden zu gewundenen Stahlbändern verdreht. Gelassene, schneebedeckte Berge erzitterten, Ströme von Eis und Felsen gingen zu Tal und rasierten dabei die Bäume und Büsche an den Hängen ab... Rasend verbreitete sich die Erdbebenwelle weiter, im Vorübergehen andere Kräfte in Bewegung setzend. Draußen vor der sichelförmigen Südküste Alaskas hob sich der Meeresboden und brachte dadurch gewaltige Wassermassen von mehreren Millionen Tonnen Gewicht in Wallung. Diese Bewegung wurde zu einem Tsunami, einem seismischen Seebeben, dessen Wirkung an der Küste einem Rammbock glich. Es war 5.36 Uhr.

Die Bürgersteige in Anchorage »kräuselten sich wie eine Meereswoge« und hoben sich bis zu zehn Meter. »Im Bruchteil einer Sekunde zuckte die Erdbebenwelle der Länge nach durch die 4th Avenue, der Stoß schnitt den Boden unter ein paar Dutzend Häusern auf der nördlichen, älteren Straßenseite auf... Der Schnitt war so sauber, dass das Gebäude des Denali-Theaters drei Meter unter das Straßenniveau sackte, ohne dass eine der Glühlampen an der altmodischen Fassade zu Bruch ging. Die Geschäfte und Büros auf der südlichen Straßenseite bebten zwar, die Gebäude standen aber fest, und es zersprangen nur ein paar Fensterscheiben«.

Die Stadt Kodiak wurde von »einer zehn Meter hoch steigenden Wasserwand getroffen, die durch den Kanal brauste und dabei die 100 Tonnen schweren Krabbenboote auf ihre Schultern nahm, sie wie leere Nussschalen hin und her schüttelte und über die Hafenmole trug, manche sogar zwei, drei Blöcke weit in die Stadt«. Auch die Bewohner von Valdez konnten sich an eine gewaltige Welle erinnern und wie »die zurückflutenden Wassermassen den ganzen Pier von Valdez mit sich nahmen und 28 Schauerleute und Zuschauer für immer verschwanden«.

Auch Hurrikans können Sturmfluten bewirken oder riesige Flutwellen, die vom Wind getrieben die Küsten überschwemmen. Allein in den Vereinigten Staaten wurden seit 1900 mehr als 13 000 Menschen durch Hurrikans getötet. Am 8. September 1900 verloren 6000 Menschen ihr Leben, als eine sechs Meter hohe Sturmflut über Galveston Island in Texas hereinbrach. Neun von zehn Opfern eines Hurrikans sterben durch Ertrinken. Im Jahre 1970 tötete ein Zyklon – dies ist die Bezeichnung für einen Hurrikan im westlichen Pazifik und Indischen Ozean – 500 000 Menschen auf den küstennahen Inseln in Bangladesch.

Seit seiner Gründung hat das GEOGRAPHIC MAGAZINE 92 Artikel über Naturkatastrophen veröffentlicht; davon beschäftigten sich 32 mit Vulkanausbrüchen, 19 mit Erdbeben, elf mit Sturmfluten, sieben mit Hurrikans, fünf mit Dürrekatastrophen, zwei mit Schneestürmen und je einer mit Lawinen, Taifunen und dem Monsun.

»Katastrophen sind brutale Störungen, die das Gebäude unserer Gesellschaft ins Wanken bringen«, schrieb James Cornell in seinem Buch *Große Naturkatastrophen*. »Sie erinnern plötzlich an die Zerbrechlichkeit des Lebens ... und lassen unsere Alpträume wahr werden.« Berichterstattung über Naturkatastrophen ist nichts anderes, als geographisches Wissen über die elementaren Naturgewalten zu verbreiten. Außerdem gehört es zur Natur des Menschen, sich mit diesen nicht kontrollierbaren Naturereignissen auseinanderzusetzen, um diese zu verstehen, und hier bedeutet verstehen zunächst sehen. So wie es die beiden jungen Damen 1903 bei dem Vortrag über den Ausbruch des Peleé formulierten, als sie sich darüber beklagten, dass es keine »aufregenden« Fotos zu sehen gab.

Bangladesch, 1974: »Die Qual in den verzweifelten Gesichtern der hungernden Bengalesen werde ich niemals vergessen.« Der Fotograf des NATIONAL GEOGRAPHIC erinnerte sich so an seinen Auftrag, für den Artikel »Der Albtraum einer Hungersnot« im Juli-Heft 1975 Fotomaterial zu liefern.

1905 – 1920

Die Sprache der Fotografie

»... das NATIONAL GEOGRAPHIC MAGAZINE hat eine neue, allgemeine Sprache gefunden, die nicht erst lange geübt werden muss, ... die Sprache der Fotografie!«

Aus einem Werbeprospekt des Jahres 1915, »*Die Geschichte der Geographie*« von John Oliver La Gorce

Gilbert Hovey Grosvenors verlegerisches Konzept entwickelte sich mit dem neuen Jahrhundert, und das NATIONAL GEOGRAPHIC MAGAZINE reifte so zu einer populären und vielseitigen Zeitschrift heran. Das von Grosvenor gezeigte Selbstvertrauen, dass nämlich »das, was ich mag, der durchschnittliche Leser auch mögen wird«, fand also seine Bestätigung.

Nach Bells Artikel über die Konstruktion der Flugdrachen erschienen Beiträge über so verschiedene Themen wie die geographische Verbreitung von Geisteskrankheiten in den USA, Probleme der Einwanderung, das »Zahlenverhältnis der Kinder in den Vereinigten Staaten«, das Erdbeben in San Francisco, Polar-Expeditionen, Eugenik, die amerikanische Industrie, »Seltsame Reisemethoden in merkwürdigen Winkeln der Welt«, »Kinder der Welt« und so weiter.

Zwei Artikel des Juli-Heftes 1905 zeigen, wie sehr sich das inhaltliche Spektrum erweiterte; sie sind einer besonderen Erwähnung wert: »Der lila Schleier: eine Meeresromanze« war mit dem Kürzel »H. A. L.« gezeichnet – der letzte Buchstabe stand, wie die Leser ein Jahr später erfuhren, für »Largelamb«. H. A. Largelambs »Der lila Schleier« beginnt wie folgt:

> Vor den Küsten Neuenglands findet man häufig einen merkwürdigen, auf dem Wasser treibenden Gegenstand, der an einen gewaltigen Damenschleier von violetter oder lila Farbe erinnert... Im Jahre 1871 hatte der inzwischen verstorbene Prof. Spencer F. Baird Gelegenheit, einen dieser Schleier zu untersuchen, und stellte dabei fest, dass er in seiner äußeren Erscheinung »durchgängig von lilabrauner Farbe war, sechs bis neun Meter lang und 1 bis 1,5 Meter breit, bestehend aus einer schleimigen Substanz, die völlig durchsichtig war« ... Als er diese Substanz unter dem Vergrößerungsglas betrachtete, ... wurde deutlich, dass der lila Schleier aus den Eiern einer bestimmten Fischart bestand.

Welcher Fischart? Der Lophius piscatorius, erzählt uns der Autor, »ist unter verschiedenen Namen wie ›Gänsefisch‹, ›Großmaul‹ oder ›Angler‹ bekannt und eine äußerst bemerkenswerte Fischart«. Außerdem eine der hässlichsten, die Gott erschaffen hat, eine Tatsache, die für Largelamb jedoch völlig unwesentlich war, der uns die Entstehung des Namens »Gänsefisch« so erklärt:

> »Bekannt dafür, dass er Gänse verschluckt! – das war eine Beobachtung, die unglaublich schien. Aber ein vertrauenswürdiger Fischer hatte dem verstorbenen G. Brown Goode berichtet, dass »er einst einen Kampf im Wasser beobachtet und erkannt habe, dass ein Gänsefisch den Kopf und den Hals eines großen Seetauchers verschluckt hatte, der ihn an die Oberfläche gezogen und dann versucht hatte zu entkommen.«

Das Öffnen der Mägen einiger Gänsefische brachte Largelamb zusätzliche Erkenntnisse, denn er fand in ihnen »sieben Wildenten«, »große Möwen« und beim dritten Mal »sechs Wasserhühner in frischem Zustand«, die H. A. L. schlussfolgern ließen: »Der Fisch ist ein gefräßiges, Fleisch fressendes Tier – genauer gesagt ein Allesfresser – und völlig wahllos bei der Auswahl seiner Speisen.«

Vorangehende Seiten: Einem Aufruf von Präsident Woodrow Wilson zu einer Demonstration folgend, die der Nation die Notwendigkeit des Eintrittes Amerikas in den Ersten Weltkrieg deutlich machen sollte, marschierten 150 Mitarbeiter der National Geographic Society – die Frauen weiß gekleidet, die Männer in Strohhüten – über die Pennsylvania Avenue in Washington. An der Spitze der Präsident der Gesellschaft, Gilbert H. Grosvenor, mit seiner Frau und dem Assistant Secretary der Gesellschaft, George W. Hutchison, auf der Bereitschaftsparade am 14. Juni 1916, dem Flag Day.

Mit »Der lila Schleier« tauchte H. A. Largelamb zum ersten Mal im GEOGRAPHIC auf, aber es war nicht das erste Mal, dass dieser bekannte Autor für das Magazin einen Artikel geschrieben hatte. »H. A. Largelamb« ist nämlich ein Anagramm: wenn man die Reihenfolge der einzelnen Buchstaben verändert, erhält man den Namen keines Geringeren als des allgegenwärtigen A. Graham Bell.

Der zweite Beitrag von Bedeutung im Juli-Heft 1905 wurde von Seiner Exzellenz Eki Hioki geschrieben, dem Ersten Sekretär der japanischen Gesandtschaft, und ist ein frühes Beispiel dafür, dass eine ausländische Macht die Gelegenheit hatte, im NATIONAL GEOGRAPHIC ihren Standpunkt zu vertreten. In »Der Zweck der anglo-japanischen Allianz« kommt Hioki zu dem Schluss:

> Japan begehrt nicht die Besitzungen der Vereinigten Staaten im Pazifik, sondern im Gegenteil, es begrüßt die USA als seinen Nachbarn...
>
> Aus demselben Grund, aus dem Japan die Vereinigten Staaten nicht politisch bedroht, wird Japan die Vereinigten Staaten auch nicht wirtschaftlich bedrängen... Es gab niemals, es gibt heute nicht und es wird auch in Zukunft niemals eine wirtschaftliche Rivalität zwischen Japan und den USA geben... Die Vereinigten Staaten werden nie von den bedrohlich wachsenden Produkten Japans überschwemmt werden...

Obwohl Grosvenor schon früh den Wert »schöner und informativer« Illustrationen erkannt hatte – die Fotos zu den Beiträgen über den Ausbruch des Pelée, über Lhasa, Tibet und den Volkszählungsbericht von den Philippinen waren ja ein durchschlagender Erfolg gewesen –, galten die frühen Illustrationen doch mehr den Orten und Dingen, nicht den Menschen. Wenn Menschen abgebildet wurden, posierten sie meistens in ihrer Eingeborenentracht. Doch im Januar 1905 waren zu dem Artikel »Einwanderung im Jahr 1904« anders geartete Fotos erschienen. Im Jahr 1981 schrieb ein Mitglied der Gesellschaft in dem Buch *Ansichten der Erde* über diesen Artikel, »er sei illustriert mit dem Foto einer Menschenschlange auf Ellis Island: zerlumpte, alte Männer, ein junger Farbiger, eine barfüßige Frau, die ein Kopftuch trägt. Auf den Fotos sind sie wirklich, was sie in der Dichtung werden sollten – die müden, armen, zusammengepferchten Massen, die sich danach sehnen, endlich frei zu atmen«.

Allerdings hatte Grosvenor diese ausdrucksstarken Fotos doch wohl eher zufällig ausgewählt. Gerade jetzt wandte sich das GEOGRAPHIC aber mehr »exotischen Eingeborenen in farbigen Kostümen« zu, und Beiträge wie »Meereshydrografische Beobachtungen an den Küsten der Weltmeere« verloren an Bedeutung. An ihre Stelle traten »Abenteuer«, die in der ersten Person erzählt wurden, wie zum Beispiel im folgenden Ausschnitt einer Schilderung von »Marokko, das Land im äußerten Westen«:

> Nach dem Dinner versammelten wir uns im Wohnzimmer, als wir lautes Rufen aus dem Quartier der Diener vernahmen. Mein Schwiegersohn, Herr Cromwell Varley, folgte mir. Er, seine Frau und seine beiden Töchter, die gerade aus der Schule in Genua zurückgekehrt waren, hatten mit [meiner Frau] Frau Perdicaris den Familienkreis vervollständigt. Ich rannte durch den Gang, der zu den Quartieren der Diener führt, wo ich auf eine Gruppe bewaffneter Einheimischer stieß.
>
> Selbst jetzt erkannten wir noch nicht die Gefahr, in der wir schwebten, sondern glaubten, ... diese seien wie wir herbeigeeilt, um den Grund der Unruhe herauszufinden...
>
> Als ich mich zu den Einheimischen umdrehte, um sie zu fragen, was vorgefallen sei, umringten sie mich, und ich sah, dass bereits einige unserer europäischen Diener gebunden und hilflos waren. Im gleichen Moment wurden wir selber von den Einheimischen angegriffen, mit Gewehren geschlagen. Gleichzeitig wurden uns unsere Arme auf den Rücken gedreht und unsere Hände mit dicken Palmseilen zusammengebunden, die uns wie Messer ins Fleisch schnitten.

»Einwanderer auf der Einwanderungsstation Ellis Island« lautete nüchtern die Bildunterschrift zu diesem Foto, das den Artikel »Einwanderung im Jahr 1904« illustrierte, der im Januar 1905 im GEOGRAPHIC erschien.
Im Jahre 1981 sah ein Herausgeber der Zeitschrift die Bilder mit neuen Augen und schrieb in seinem Buch Ansichten der Erde*: »Auf den Fotos sind sie wirklich, was sie in der Dichtung werden sollten – die müden, armen, zusammengepferchten Massen, die sich danach sehnen, endlich frei zu atmen.«*

Der Autor Ion Perdicaris erzählt nun, dass er, seine Familie und seine Dienerschaft gewaltsam aus dem Haus gedrängt werden, unter strenger Bewachung der mit Gewehren bewaffneten Einheimischen, während

> ihr Anführer etwas abseits stand, eine vornehme Erscheinung, fein gekleidet wie der hier ansässige Adel. Einer meiner Männer machte dieser Person bittere Vorwürfe wegen der grundlosen Aggression.
>
> Der Anführer des Bergvolkes hob die Hand und erklärte in einem emphatischen Ton, dass wir, falls es keine Fluchtversuche oder andere Schwierigkeiten gäbe, sicher und unverletzt zu unseren Leuten zurückkehren könnten. Er fügte hinzu: »Ich bin Raisuli, der Raisuli!« – das ist bei seinem Stamm der Titel, mit dem die lokalen Fürsten bezeichnet werden. Sein Name war also Mulai Achmed ben Mohammed, der Raisuli.
>
> Als ich ihn seinen Namen nennen hörte, ahnte ich, dass die Sache sehr viel ernster war, als ich bisher angenommen hatte.
>
> Von dem Raisuli war nämlich in der letzten Zeit erzählt worden, dass er auf dem Kriegspfad sei, aber ... niemand hätte daran gedacht, dass er jemanden in der direkten Nachbarschaft von Tanger angreifen würde.
>
> Ich ging auf ihn zu, gefesselt wie ich war und im Abendanzug, und sagte auf Arabisch zu ihm: »Ich kenne Ihren Namen, Raisuli, und nehme Ihr sicheres Geleit an, aber so wie wir sind, können wir nicht mit Ihnen gehen. Wir brauchen noch Mäntel, Hüte und Schuhe.« »Welchen Ihrer Diener soll ich entlassen, damit er aus Ihrem Haus holt, was Sie benötigen?« fragte der Raisuli zurück.
>
> Ich wählte Bourzin aus, einen jungen Wächter, der an diesem Abend Dienst hatte...

Die harmlosen Fotos, die diesen Artikel begleiteten – »Eine Gruppe Kamele auf dem Weg nach Tsarradan. Das Gebiet unserer Gefangenschaft«, »Ein Wasserrad, von einem Esel auf der Strecke nach Tsarradan bewegt. Die Festung des Raisuli. Man beachte die irdenen Gefäße und die verbundenen Augen des Tieres«, »Maurische Frauen am Spinnrad, von einem Sklaven bedient« –, ließen nicht deutlich werden, wie groß der internationale Protest war, den der Fall Perdicaris auslöste. Text und Illustration liefen noch immer unabhängig nebeneinander her, gemeinsam war ihnen nur, dass sie auf denselben Seiten des Magazins standen. Die Entführung von Perdicaris war aber ernst genug, um Präsident Theodore Roosevelt zu veranlassen, seinem Staatssekretär ein Telegramm zu diktieren: »Wir wollen Perdicaris lebendig oder den Raisuli tot.« Zu dem Zeitpunkt, zu dem der Artikel erschien, war Perdicaris bereits befreit worden. Dann, vier Monate später, im Juli 1906, wurde auf dem Umschlag des GEOGRAPHIC angekündigt:

»Wild beim Spiel mit Blitzlicht
und Kamera fotografiert«
Von George Shiras III
Kongressmitglied von 1903-1905
Eine Folge von 70 Aufnahmen des Wilds beim Spiel –
Reh, Elch, Waschbär, Stachelschwein, Wildkatze, Reiher, Enten,
Schnee-Eule, Pelikan, Vögel im Flug etc.

»Im Jahr 1906 kam George Shiras III, Mitglied des Kongresses und Spross einer prominenten Familie, in mein Büro mit einer Schachtel voller außergewöhnlicher Blitzlichtaufnahmen von Wildtieren«, schrieb Grosvenor später. »Er hatte eine besondere Technik für diese Art Aufnahmen entwickelt, und für seine Arbeiten bei Ausstellungen in Paris und St. Louis Goldmedaillen gewonnen.«

»Mit wachsender Erregung sortierte ich die Fotos in zwei Stapel, einen großen und einen kleinen«, fährt Grosvenor fort. »Eine führende New Yorker Zeitschrift hatte sich von Herrn Shiras nur zur Übernahme von drei Aufnahmen überreden lassen, daher war er völlig verwundert, als ich beabsichtigte, alle Fotos des großen Stapels zu bringen. Und das habe ich getan – 74 Stück auf 50 Seiten, begleitet von nur vier Textseiten, und zwar in der Juli-Nummer.« In dem Text beschrieb Shiras, wie er zwei Kameras am Bug eines vier Meter langen Bootes montiert und auf eine Entfernung von neun und zwölf Metern eingestellt hatte. Über den Kameras befand sich eine starke Lampe. Mit dem Boot fuhr Shiras vorsichtig um die Biegung eines Flusses oder Sees, um nah genug an die Tiere heranzukommen, und fotografierte sie mit Blitzlicht. »Es gibt kein Geräusch oder Lebenszeichen«, schrieb er, »nur das langsam zunehmende Licht...«

»Als diese ungewöhnlichen Bilder aus der Tierwelt erschienen waren, erreichten uns viele Briefe, in denen mehr Naturthemen verlangt wurden«, berichtete Grosvenor. »Aber zwei angesehene Geographen des Verwaltungsrates traten von ihren Posten zurück und betonten nachdrücklich, dass ›ein Spaziergang durch die Natur noch keine Geographie ist‹. Sie kritisierten zudem, dass ich ›aus der Zeitschrift ein Bilderbuch mache‹.«

Ende 1906 war die Auflage auf 19 237 Exemplare gestiegen; das rechtfertigte nach Grosvenors Auffassung eine Kampagne für weitere Anzeigen. »Eine Aufgabe, die ich John Oliver La Gorce anvertraute«, erinnerte sich Grosvenor später. »Ich ließ ihm freie Hand, abgesehen von einigen Grundsätzen, die ich festgelegt hatte und die zum Beispiel untersagten, im Magazin für Schnaps, Bier, Wein und Arzneimittel zu werben. Schließlich wurde die Zeitschrift häufig auch in Schulen eingesetzt. Außerdem hatte ich mich dafür entschieden, im Interesse der Werbenden und der Leser die Anzeigen getrennt von den Beiträgen und Bildern zu drucken.«

Nicht viel später, im Jahre 1908, enthielt ein Heft des NATIONAL GEOGRAPHIC bereits zur Hälfte Fotos. In dem Buch *Ansichten der Erde* stellte ein Mitarbeiter der Gesandtschaft fest, dass besonders seit dem Artikel von Thomas Barbour im August-Heft 1908 über »Weitere Nachrichten über Niederländisch-Neuguinea«

das Magazin nicht nur zeigte, wie die Menschen leben, sondern »auch wie sie aussehen... Barbour legte seine Schmetterlingsnetze beiseite und nahm seine Kamera zur Hand. Eines seiner Fotos zeigt, auf den ersten Blick jedenfalls, ein typisches Bild einer Gruppe Eingeborener in Lendenschurz oder unbekleidet. Diese Männer des Tobadi-Tals tragen ›Hauer von Wildschweinen in ihren Nasen, Federn im Haar und auch in den Ohren irgendetwas‹. Dennoch werden die grimmig aussehenden Männer nicht als Wilde vorgeführt. Schüchterne Knaben stehen zwischen ihnen. Einer der Männer hält die Hand eines Jungen, ein anderer schlägt einem Jungen väterlich auf die Schulter. Hier herrscht Menschlichkeit.«

Am 6. April 1909 erreichte Robert E. Peary den Nordpol – oder kam dem Pol nahe genug, dass er ihn bestimmen konnte. Gilbert und Elsie Grosvenor waren von Baddeck nach Sydney, Neuschottland, gereist, um Pearys Schiff, die *Roosevelt*, bei seiner Rückkehr willkommen zu heißen. Starker Stürme wegen verspätete sich Peary jedoch. Während die Grosvenors warteten, verkündete Dr. Frederick Cook, er habe den Pol vor Peary erreicht. In einem Interview erinnerte sich Grosvenor 1962 an jene Zeit:

> Um alles in der Welt hätte ich es nicht geglaubt. Ich glaubte Cook nicht, weil ich ihn kannte. Und wir warteten Tag für Tag in Sydney, bis ich schließlich ein Telegramm von Herrn Gannett, dem Vice President der Gesellschaft, bekam: »Besser Sie kommen nach Washington zurück, um mir zu helfen...« Der damalige Präsident der Gesellschaft, Willis L. Moore, wollte Cook verteidigen, und Herr Gannett sagte, er brauche meine Hilfe, um eine solche Situation zu verhindern. Darum eilte ich nach Washington zurück und war selbstverständlich fest und unerschütterlich von Pearys Anspruch überzeugt...

Die Kontroverse zwischen Grosvenor und dem Präsidenten Willis Moore war nichts Neues. »Moore strebte als Präsident der Gesellschaft eine größere Autorität mir gegenüber an, als ihm zustand«, sagte Grosvenor später. Moore hatte verschiedene Taktiken ausprobiert: Zwei Jahre zuvor hatte er La Gorce kündigen wollen, weil Grosvenors Assistent für einen Zeitungsartikel ein Honorar von 2,50 Dollar angenommen hatte; dann hatte Moore eine Änderung der Statuten verlangt, um dem Präsidenten die Verantwortung für alle Belange der Gesellschaft zu übertragen; als das fehlschlug, versuchte er alle finanziellen Angelegenheiten unter seine Kontrolle zu bringen.

In allen Fällen war es Grosvenor mit voller Unterstützung des Verwaltungsrates gelungen, seine Stellung zu behaupten. Als Moore 1910 von seinem Amt zurücktrat, wurde Henry Gannett zum Präsidenten der Gesellschaft gewählt. »Herr Gannett war ein führender Geograph seiner Zeit, und jedermann hatte große Achtung

Gegenüber und oben: »Direkt auf die leuchtenden Augen zu wird das Kanu mit festen, leisen Schlägen gelenkt. Die Entfernung beträgt nur 20 Meter, und es gibt nur eine einzige Frage: Bleibt es noch einen Moment länger stehen? Der Blitzlichtapparat ist hoch genug über dem Bug des Bootes installiert, das Pulver liegt auf der Pfanne bereit, es wird sich entzünden, wenn der Auslöser bedient wird... Zwölf Meter noch, und die Spannung ist groß. Plötzlich gibt es einen Klick, und eine weiße Lichtwelle breitet sich vom Boot aus – Rehe, Hügel und alles andere sind für einen Moment in das weiße Licht einer Mondnacht getaucht. Ein dumpfer Knall, und dann senkt sich wieder die schwarze Nacht herab. Nur ein 25stel einer Sekunde ist vergangen, aber die Zeit reicht aus, um das Reh auf die Fotoplatte zu bannen...« So beschrieb George Shiras III in der Juli-Ausgabe 1906 des GEOGRAPHIC seine neue Technik, mit der er Tiere bei Nacht fotografieren konnte.
Grosvenors Entscheidung, in diesem Heft 74 dieser Tieraufnahmen zu veröffentlichen, führte zum Rücktritt zweier Mitglieder des Verwaltungsrates, die meinten, »ein Spaziergang durch die Natur sei keine Geographie«. Das fand wohl auch eine Weißeule am Michigan River, denn Shiras schilderte, dass das Blitzlicht das Tier so erschreckte, dass »es aus fünf Metern Höhe ins Wasser fiel, dann wie ein Kavallerist fluchte und ans Ufer tapste«.

vor ihm«, erinnerte sich Grosvenor. »Nach der Wahl von Herrn Gannett ging ein Mitglied auf ihn zu und sagte: ›Gott sei Dank steht nun an der Spitze der Gesellschaft ein echter Wissenschaftler.‹ Herr Moore ... war lange Zeit Direktor des Wetteramtes gewesen und hielt sich selber für einen bedeutenden Wissenschaftler. Aber er war ein Politiker, und selbst die Meteorologen nahmen ihn wissenschaftlich nicht ernst. Nachdem der neue Präsident das gesagt hatte, nahm Herr Moore seinen Hut, stand auf und verließ unverzüglich die Versammlung. Wenige Tage später schied er auch aus dem Verwaltungsrat aus. Ein Mitglied meinte, Moore verhielte sich so, weil er vorhätte, auf der Gehaltsliste der Gesellschaft voranzukommen. Damals ›bebte‹ es in der Gesellschaft, weil sich viele neue Mitglieder anmeldeten.«

Die erste Serie handkolorierter Illustrationen erschien im GEOGRAPHIC in der Ausgabe vom November 1910 – »Farbige Bilder« nannte Grosvenor sie: 24 schwarzweiße handkolorierte Fotos mit »Szenen aus Korea und China«, die der betuchte New Yorker William W. Chapin aufgenommen hatte. Chapin hatte in den vorangegangenen Jahren in Kodak investiert und dabei gute Geschäfte gemacht. Die Farbfilme waren zu dieser Zeit noch nicht ausgereift, und Chapin ließ einen japanischen Künstler seine Fotos nach seinen eigenen sorgfältigen Notizen, die er sich über den jeweiligen Hintergrund und die Kleidung gemacht hatte, farbig ausmalen.

Eines dieser Fotos zeigt die Rückenansicht eines koreanischen Bauern, der einen großen geflochtenen Strohhut und einen Umhang aus losem Heu trägt, die ihn vor Regen schützen sollen. »Dieses und die anderen Fotos auf den 24 Seiten waren bei ihrem Erscheinen eine Sensation«, erfuhren später die Leser einer Geschichte des GEOGRAPHIC. Auf den heutigen Betrachter wirken diese Aufnahmen nicht mehr so sensationell: Fotos von schwerbeladenen Kulis, buddhistischen Nonnen, gefesselten Gefangenen und schüchternen Mandschu-Frauen auf einer Straße in Peking, besonders da wir heute mehr Informationen verlangen, als sie die damaligen Bildunterschriften boten: »Mandschu-Frauen, Peking, China«. Selbst der Text wirkt distanziert, zurückhaltend und enthält Zeilen wie: »Die Straßenszenen in Seoul bieten der Kodak-Kamera viele großartige Möglichkeiten, die Lastenträger beiderlei Geschlechts bringen einen ständigen Wechsel in das Straßenbild; die meisten sind willige Opfer, völlig zufrieden mit einem kleinen Trinkgeld.«

Jede Farbseite kostete viermal so viel wie eine Schwarzweiß-Seite, und zunächst hatte Grosvenor vorgehabt, nur ein paar Farbreproduktionen pro Heft zu veröffentlichen, um die entstehenden Kosten über das Jahr zu verteilen. Aber am Ende kam er doch zu der Überzeugung, dass die Serie durch ein Auseinanderreißen verdorben würde. Die zustimmende Resonanz der Mitglieder und eine steigende Nachfrage bei den Anzeigen bestätigten Grosvenor, dass sich die Ausgaben für die Farbseiten gelohnt hatten. Aber das Problem bestand darin, dass die Entwicklung in der Farbfotografie hinter Grosvenors Enthusiasmus für Farbreproduktionen herhinkte.

»Im Jahre 1910«, schrieb Grosvenor später, »verfügte ich über genügend Mittel, um ein Fotolabor einrichten zu lassen. Bald schon war das NATIONAL GEOGRAPHIC ein Pionier auf dem Gebiet der Farbfotografie. Zunächst nach dem Prinzip der Lumière-Autochrome, später auch auf der Basis anderer Entwicklungsmethoden – Agfacolor, Finlay, Dufay. Jede neue verfügbare Technik wurde von dem Magazin optimal genutzt.«

Der Sohn von Königin Victoria, König Edward VII., starb im Jahre 1910, George V. trat seine Nachfolge an. Japan annektierte Korea, China schaffte die Sklaverei ab, und der amerikanische Kongress verabschiedete die Mann Act (die den Transport von Frauen aus Gründen gewerblicher Unzucht über die Staatsgrenzen hinweg verbot). Der Halleysche Komet war zu beobachten, und Mark Twain, Leo Tolstoi und Julia Ward Howe starben. Die Bilder von Cézanne, van Gogh und Matisse wurden auf der Ausstellung der Post-Impressionisten in London gezeigt. Prinz Albert I. gründete das Ozeanographische Museum in Monaco. Das Ballett zu Strawinskys

»Der Feuervogel« wurde in Paris aufgeführt, und in Europa und Amerika waren die Leute verrückt nach Tango. Barney Oldfield fuhr seinen Benz-Rennwagen mit einer Spitzengeschwindigkeit von 213 Stundenkilometern in Daytona, Henri Farman flog ungefähr 480 Kilometer in sechs Stunden und 15 Minuten. In den Vereinigten Staaten wurde das »Weekend« üblich, und am Broadway sang Marie Dressler »Der Himmel beschützt das Arbeitermädchen« (einer musste es ja tun, denn 1910 waren 7,5 Millionen Frauen und Mädchen außer Haus beschäftigt). Die Mitgliederzahlen der Gesellschaft stiegen auf 74 018.

Das Januar-Heft des GEOGRAPHIC enthielt einen Bericht über das jährliche Bankett der Gesellschaft, das am 15. Dezember 1909 stattgefunden hatte und auf dem Robert E. Peary eine spezielle Goldmedaille für die Eroberung des Nordpols überreicht worden war.

Das Februar-Heft des Magazins erschien zum ersten Mal mit der Umschlaggestaltung, an die sich langjährige Mitglieder der Gesellschaft noch heute gut erinnern können: ein gelber Rand mit vier Globen, die den Blick auf die vier Hemisphären darstellen, eingebettet in ein graues Band aus Eicheln, Eichen- und Lorbeerblättern. Einer der beeindruckendsten Beiträge dieser Zeit war »Rassenvorurteile im Fernen Osten« von Melville E. Stone, dem Generalmanager der Associated Press, der im Dezember 1910 erschien. Stone argumentierte, er könne nicht nachvollziehen, warum das orientalische Wesen »unergründlich« sei; er habe im Gegenteil noch immer »Respekt vor der Idee Ciceros, dass es ein ›gemeinsames Band‹ gäbe, das alle Menschenkinder verbinde. Und wie auch immer unsere Ignoranz und Gleichgültigkeit den Orientalen gegenüber in der Vergangenheit ausgesehen haben mag, es ist gut festzustellen, dass sich die Bedingungen sowohl für uns als auch für sie in der letzten Dekade von Grund auf geändert haben.« An einigen Beispielen, die er selber erlebt hatte, zeigte Stone die Unfähigkeit der Europäer, die Asiaten zu akzeptieren:

> Im letzten Jahr lud ein Clubmitglied von hervorragender Stellung unwissentlich einen Eurasier in den Bengal Club in Kalkutta ein. Als sich herausstellte, dass eine solche Einladung ergangen war, brach unter den Mitgliedern ein Proteststurm los. Die Angelegenheit konnte schließlich dadurch geregelt werden, dass das den Anstoß erregende Mitglied allein mit seinem Gast im Damensalon des Clubs speiste. Am nächsten Tag wurde das Mitglied vor den Clubausschuss geladen und davon in Kenntnis gesetzt, dass ein erneuter Verstoß gegen die Clubregeln seinen Ausschluss zur Folge hätte.

Bei einem Ball der Regierung in Kalkutta tanzten die weißen Männer zwar mit einheimischen Prinzessinnen, aber nach Angaben von Lady Minto, der Frau des Vizekönigs von Indien, berichtete Stone weiter: »Keine weiße Frau hätte je daran gedacht, mit einem Einheimischen zu tanzen. Das hätte zweifellos zur Ächtung geführt.« Ein noch erschreckenderes Beispiel, das Stone anführt, erzählte ein Japaner, der in Havard studiert hatte und damals Minister der japanischen Krone war:

> Als [Kommandant] Perry [im Jahr 1853] hierher kam und Townsend Harris (den wir in seliger Erinnerung haben) ihm folgte und den ersten Vertrag mit Japan machte, wurde uns [den Japanern] zur Auflage gemacht, Grund und Boden für ihre Gesandtschaften und Konsulate zur Verfügung zu stellen. Das taten wir. Yokohama war damals eine unbedeutende Ortschaft, ein einfaches Fischerdorf. Es war der naturgegebene Hafen von Tokio, da wir aber keine Handelsbeziehungen zum Ausland hatten, bedeutete das für uns nichts. Wir gaben ihnen Grundstücke für ihre Konsulate. Händler und Kaufleute folgten, und wir gaben ihnen ebenfalls Grundstücke für ihre Geschäfte. Die Briten kamen, die Russen und andere europäische Nationen, und wir räumten ihnen allen die gleichen Bedingungen ein...
>
> Nun, im Laufe der Zeit wurde aus dem Dorf eine Stadt ... Sir Harry Parks, der britische Minister, bat um ein Grundstück für einen Rennplatz. Wir gaben zu

Ein Foto von Thomas Barbour: »Männer des Tobadi-Tales, Humboldt Bay, Neuguinea«. Im Text wurde erklärt: »Da sie eine Vorliebe für Schmuck haben, tragen sie Hauer von Wildschweinen in ihren Nasen, Federn im Haar und auch in den Ohren irgendetwas. Die Knaben, die noch nicht vollwertige Mitglieder des Stammes sind, tragen die Haare so, wie das Foto zeigt. Die Haare werden mit einem Splitter einer großen Muschelart (Tridacna) abgeschabt. Das ist eine äußerst blutige Operation.« Der Artikel »Weitere Nachrichten über Niederländisch-Neuguinea« erschien im August 1908.

Die erste Serie mit farbigen Fotografien im NATIONAL GEOGRAPHIC wurde von William W. Chapin aufgenommen. »Bauer mit Regengewand und Hut – Seoul, Korea« (oben) und »Die Mandschu-Familie auf einem Ausflug – Peking, China« (gegenüber, unten) wurden im November 1910 veröffentlicht und »markierten einen Wendepunkt in der Geschichte der Zeitschrift«, wie Gilbert H. Grosvenor 1963 schrieb. »Nach seiner Orientfahrt kam Herr Chapin mit all seinen Schwarzweiß-Fotos zu mir, die ein japanischer Künstler koloriert hatte. Entschlossen, im NATIONAL GEOGRAPHIC neue Wege zu gehen, druckte ich 24 Farbseiten in einem Heft, was noch kein Verleger vor mir gewagt hatte. Das Heft wurde zu einer Sensation und brachte uns hunderte neuer Mitglieder.« »Tanzende Mädchen« (gegenüber, oben) erschienen in der Ausgabe vom November 1911 und in einer zweiten Serie Farbfotos mit dem Titel »Blicke auf Japan«.

bedenken, dass die europäischen Missionare Pferderennen für ein Laster hielten. Er aber bestand darauf, und wir gaben ihm ein Grundstück. Dann wurden wir um ein Grundstück für einen Club für Ausländer gebeten, und wir gaben ihnen ein Gebiet direkt am Meer, das beste Stück Land der Stadt.

Dann wollten sie Kricket spielen und Fußball, schließlich auch Golf. Als die Stadt wuchs, entstanden rund um das Kricketfeld immer neue Häuser, so dass dieser Platz praktisch zur Stadtmitte wurde. Verstehen Sie bitte richtig, alle diese Grundstücke waren Schenkungen. Im letzten Jahr stellten wir fest, dass wir das Land selber brauchten, und boten als Ersatz für das Spielfeld ein Grundstück am Stadtrand an. Da inzwischen eine Eisenbahnlinie eingerichtet worden war, wäre das neue Gebiet sehr viel zugänglicher gewesen als der alte Platz, als wir diesen abtraten. Die Ausländer waren unzufrieden und schlugen vor, wir sollten das alte Feld kaufen, damit sie mit dem Kaufgeld den neuen Platz einrichten könnten. Schließlich schlossen wir einen Kompromiss und zahlten ihnen die Einrichtung eines neuen, erweiterten Spielfeldes, ohne dass sie einen Beitrag zu der Erweiterung leisteten.

Dann wurde die Frage nach der Besteuerung aktuell. Yokohama war zu einer Stadt mit 300 000 Einwohnern herangewachsen, Millionen Dollar waren in Gebäude investiert, die Ausländern gehörten. Wir forderten für die geschenkten Grundstücke keine Steuern, hielten es aber für fair, die Gebäude, die darauf standen, zu besteuern. Das lehnten sie ab, da überall in Europa die Häuser mit den Grundstücken zusammen versteuert würden. Wir trugen den Amerikanern das Problem vor, die auswichen und sagten, sie täten das, was die anderen für richtig hielten. Dann wurden wir dazu gezwungen, die Sache dem britischen Konsul zur Entscheidung vorzulegen, nach dem Gesetz der Exterritorialität, und er entschied gegen uns. Der Fall liegt nun am Gerichtshof in Den Haag.

Zum Schluss will ich Ihnen mit Bezug auf diese Ausführungen sagen, dass es keinem Japaner erlaubt ist, das Clubhaus zu betreten oder die Tribüne des Rennplatzes oder auf dem Golfplatz zu spielen. Dann werden Sie vielleicht verstehen, warum es in Yokohama einige Vorbehalte gegen Ausländer gibt.

In einem Ergänzungsband zu dem regulären Heft vom Juni 1911 bot das Magazin ein Fotopanorama der kanadischen Rocky Mountains in einer Größe von 2,40 Meter Länge und 18 Zentimeter Höhe an. »Bis heute«, erinnerte sich Grosvenor, »ist dies das wunderbarste Bergpanorama geblieben, das je fotografiert wurde. 20 Berge, Pässe, Canyons und andere Merkmale werden in diesem Sonderband genau beschrieben.« Am 29. März 1912 machte der Leiter der britischen Antarktis-Expedition, Robert Falcon Scott, den letzten Eintrag in sein Tagebuch und starb auf dem Rückweg vom Südpol. Im September 1912 wurde der Bericht von Dean C. Worcester, dem Innenminister der Philippinen, über »Kopfjäger im nördlichen Luzon« mit Fotos von Charles Martin illustriert – eines davon war ein grässliches ganzseitiges Foto, untertitelt mit: »Ein unglücklicher Ifugao-Kopfjäger verlor seinen Kopf und brachte so Schande über seine Familie und sein Dorf.« Das kopflose Opfer, die Arme wie die Flügel eines Truthahns über der Brust zusammengeschnürt, wird auf den Schultern einiger Männer fortgetragen. Der begleitende Text mit der Beschreibung der Zeremonie, wie die Krieger triumphierend mit dem Kopf des Gegners heimkehren, ist ebenso schrecklich wie das Foto selbst.

Im Jahre 1913 wurde mit dem Bau eines neuen Verwaltungsgebäudes neben der Hubbard Hall begonnen, Gilbert H. Grosvenor kaufte sich eine 40 Hektar große Farm in Bethesda, Maryland, und entdeckte seine Liebe zu Vögeln.

Das Juni-Heft 1913 enthielt 50 Farbfotos von »50 weit verbreiteten Vögeln in Feld und Garten«.

Später erzählte Gilbert H. Grosvenor, wie es zu dieser Serie gekommen war: »Mein Zwillingsbruder, Edwin Prescott Grosvenor, hatte mir erzählt, dass die Broschüre des Landwirtschaftsministeriums ›50 weit verbreitete Vögel in Feld und Gar-

Als Grosvenor auf Charles Martin (oben, links im Bild) aufmerksam wurde, war er Feldwebel bei der Armee und dem Innenminister der Philippinen, Dean C. Worcester, unterstellt. Martins grausiges Foto (gegenüber, unten rechts) gehörte zu einem Artikel von Worcester von 1912 »Kopfjäger im nördlichen Luzon« und war unterschrieben mit: »Ein unglücklicher Ifugao-Kopfjäger verlor seinen Kopf und brachte so Schande über seine Familie und sein Dorf.« Die anderen beiden faszinierenden Fotos von Martin werden an dieser Stelle zum ersten Mal veröffentlicht: Häuptlinge der Provinz Kalinga lauschen einem Phonographen (gegenüber, oben), und Eingeborene auf Luzon rauchen Tabak (gegenüber, unten links). Im Jahre 1915 wurde Martin Chef des Fotolabors, das die Gesellschaft inzwischen eingerichtet hatte.

ten‹ mit einer Auflage von 100 000 Exemplaren innerhalb von zwei Wochen vergriffen gewesen war und das Ministerium den weiteren Anfragen nicht nachkommen konnte. Ich lieh mir also die Fotoplatten und druckte die Broschüre, nachdem ich die Autoren honoriert hatte, im NATIONAL GEOGRAPHIC MAGAZINE nach. Unsere Mitglieder waren begeistert.« Das erste Lumière-Autochrome wurde im Juli 1914 veröffentlicht, ein einziges Foto, das einen »Blumengarten in Gent« zeigte. Die Bildunterschrift erklärte, dass das Foto auf der letzten Weltgartenschau »Belgischer Blumengarten« in Gent aufgenommen worden war, und bemerkte: »Das Foto lässt einen zweifeln, was mehr Bewunderung verdient – die Schönheit der Blumen oder die brillanten, naturgetreuen Farben der Kamera.« Lumière-Autochrome, die erste kommerzielle Form für Farbfotografie, war in Frankreich entwickelt worden und seit 1907 auf dem Markt. Das Genter Blumengarten-Farbfoto war wegen seiner technischen Perfektion bemerkenswert, nicht wegen des abgebildeten Gegenstands. Es sollte noch Jahre dauern, bis Farbreproduktionen in populären Zeitschriften gang und gäbe wurden.

Am 28. Juni 1914 wurde das Attentat auf den Erzherzog Franz Ferdinand, den Thronfolger in Österreich-Ungarn, von einem serbischen Nationalisten in Sarajevo verübt. Am 28. Juli erklärte Österreich-Ungarn Serbien den Krieg, Russland befahl die totale Mobilmachung. Am 1. August erklärte das Deutsche Reich Russland den Krieg, am 3. August auch Frankreich und marschierte in Luxemburg und Belgien ein. Am 4. August erklärte England dem Deutschen Reich den Krieg, und innerhalb von wenigen Wochen verbündeten sich Montenegro und Japan mit den Alliierten (England, Frankreich, Belgien, Russland, Serbien). Das Osmanische Reich, oder das, was von ihm noch geblieben war, trat auf die Seite der Zentralmächte (Deutschland und Österreich-Ungarn).

Während Leser, die nicht das NATIONAL GEOGRAPHIC bezogen, in hoffnungslos überalterten Atlanten blätterten, um die Geschehnisse zu verfolgen, hatten die Mitglieder der Gesellschaft ihr August-Heft bereits erhalten, das eine »Karte der neuen Balkanstaaten und Zentraleuropas« enthielt. Die Erklärung dazu lautete:

> Die Augen der Welt sind auf Europa gerichtet, auf den gewaltigen Krieg, der dort beginnt. Daher ist die Karte, die dieser Ausgabe des NATIONAL GEOGRAPHIC MAGAZINE beiliegt, besonders aktuell. Sie enthält vollständig die neuesten Daten über Zentraleuropa, einschließlich der neuen Grenzen im südlichen Europa, die nach den Balkankriegen auf der Londoner Konferenz festgelegt wurden.
>
> Den Mitgliedern der Gesellschaft wird diese Karte eine wertvolle Hilfe sein, wenn sie die militärischen Operationen verfolgen wollen, von denen zu befürchten ist, dass sie ohne Beispiel in der Geschichte sind.

Die Veröffentlichung dieser Karte war ein verlegerischer Coup, den Grosvenor ein Jahr zuvor vorbereitet hatte, als er und seine Frau in Edinburgh festsaßen. »Drei Tage konnten wir nirgends an unser Geld kommen«, berichtete Grosvenor. »Ich rief den Sekretär der Königlichen Geographischen Gesellschaft an. Ich fragte ihn, ob er glaube, dass es Krieg gäbe. ›Oh‹, antwortete er, ›es wird nie einen Krieg in Europa geben. Niemals!‹ Das war 1913.«

Nach seiner Rückkehr bestellte Grosvenor, der durch die politischen Spannungen und das Gerede über den Krieg aufmerksam geworden war, bei professionellen Kartografen eine aktuelle Karte Zentraleuropas. »Wir hatten mehrere Hunderttausend davon drucken lassen«, sagte er. »Und sie warteten im Keller, bis 1914 der Krieg ausbrach. Innerhalb einer Woche waren sie an unsere Mitglieder verteilt. Natürlich gewannen wir damit auch viele neue Mitglieder.«

Mag sein, dass die Vereinigten Staaten damals neutral waren, aber das GEOGRAPHIC machte seine Sympathien in Artikeln deutlich, wie z.B. in Arthur Stanley Riggs langem (100 Seiten), reich illustriertem (73 schwarzweiße und 16 farbige

»Meine Kamera dokumentierte den Reichtum des zaristischen Russland, als ich mit meinen Eltern und meiner Frau 1913 nach Moskau reiste«, schrieb Gilbert H. Grosvenor, den man auf dem Bild rechts mit seiner Geschwindigkeitskamera, die gerade neu in London entwickelt worden war, in Baddeck, Neuschottland, sieht. Mit einer Belichtungszeit von 1/5000 Sekunde bot sie ganz andere Möglichkeiten als die 4A-Kodak-Klappkamera, mit der Grosvenor in Moskau fotografiert hatte: »Die Kathedrale des Hl. Basilius« (gegenüber, oben) und »Die Beerdigungsprozession eines armen Mannes in Moskau« (gegenüber, unten). Nach seinen Angaben wurde die Aufnahme der Basilius-Kathedrale handkoloriert und illustrierte seinen Beitrag »Das junge Russland – Land der unbegrenzten Möglichkeiten« im Jahr 1914.

Fotos) Beitrag »Die Schönheiten Frankreichs« (November 1915), der von einem Leitartikel »Was die Welt Frankreich schuldet« begleitet wurde. Dem Artikel in der Ausgabe vom September 1914 »Belgien – der unschuldige Zuschauer« mit Fotos von getöteten Pferden auf einer zerstörten Straße folgte »Das Elend Belgiens« im Mai 1917, einen Monat nachdem die USA in den Krieg eingetreten waren.

Das November-Heft des GEOGRAPHIC im Jahre 1914 enthielt Gilbert H. Grosvenors Beitrag »Das junge Russland – Land der unbegrenzten Möglichkeiten«, zu dem er sowohl atemberaubende, »ehrliche«, handkolorierte Fotos als auch einen Text lieferte, der das Analphabetentum und die Zensur kritisierte. Grosvenor berichtete:

> »Es gibt Zustände in Russland, die Besucher aus einem Land mit freien Schulen, Rede- und Pressefreiheit kaum verstehen können. Da es nur beklagenswert selten gute Schulen gibt, wird ein armer Mann vor viele Probleme gestellt, wenn er seinen Sohn ausbilden lassen will. Der Besucher erhält zwar seine amerikanische Zeitung, doch sie ist manchmal auf einer halben Seite von der Tinte des Zensors verunstaltet, dass man nicht einmal einen einzigen Buchstaben entziffern kann. Die Furcht, nein Angst, belauscht zu werden, wenn man einmal offen über politische Themen spricht...«

Dann betonte er die »Frömmigkeit des Volkes«, die reichen Bodenschätze und dass die russische Parteinahme für die Union im amerikanischen Bürgerkrieg England wahrscheinlich davon abgehalten hatte, zu Gunsten der Konföderierten zu intervenieren. Dass zudem »der zeitliche Fortschritt ... zwangsläufig Kräfte freisetzen muss, die das verhängnisvolle Analphabetentum und Unwissen beseitigen werden, damit Russland dann tatsächlich zum Land der unbegrenzten Möglichkeiten werden kann.«

Während in Europa der Erste Weltkrieg tobte, wurden im NATIONAL GEOGRAPHIC Artikel mit folgenden Überschriften veröffentlicht: »Das Frankreich von heute«, »Geteiltes Polen«, »Armenien und die Armenier«, »Rumänien – der Zentralstaat«, »Was Großbritannien plant« und »Das verbindende Band: Unsere natürliche Sympathie für die englische Tradition, die französische Republik und das russische Streben nach Freiheit« und so weiter. Trotzdem hatte die Zeitschrift auch noch Platz für Beiträge wie »Die wilde Heidelbeere ist gezähmt«. Außerdem wurde

HIESSLING
И.А.ЛОГИНОВЪ
КОФЕ
В·Н·СОМОВЪ
ОТКРЫТЫЯ ПИСЬМА
ЯПОНІЯ

ausführlich über die archäologischen Untersuchungen von Hiram Bingham in Machu Picchu, Peru, berichtet, die von der Yale-Universität und der National Geographic Society gemeinsam finanziert wurden, und auch über die Expedition der Gesellschaft in »Das Tal der 10 000 Rauchsäulen«, in die entfernte und abgelegene Vulkanregion um den Mount Katmai in Alaska, wo 1912 die stärksten bisher verzeichneten Vulkanausbrüche stattgefunden hatten. Robert F. Griggs berichtete im Januar 1917:

> Die Stärke des Ausbruchs [des Mount Katmai] kann man sich am besten im Vergleich zu einem ähnlich starken Ausbruch des Vesuv vorstellen. Dieser würde bei einer solchen Eruption Neapel mit viereinhalb Meter hoher Asche bedecken, Rom immerhin noch 30 Zentimeter hoch. Der Knall wäre noch in Paris zu hören, Ascheregen gingen noch in Brüssel und Berlin nieder, und die Rauchwolke wäre noch in Christiana, Norwegen, zu sehen.

Bei den Mitgliederzahlen wurde im Jahre 1911 zum ersten Mal die 100 000-Grenze erreicht, zwei Jahre später, also 1913, waren es 234 000, 1914 337 000 und 1915 schließlich 424 000. So konnte John Oliver La Gorce in einem Werbeprospekt der Gesellschaft prahlen:

> ... das NATIONAL GEOGRAPHIC MAGAZINE hat eine neue, allgemeine Sprache gefunden, die nicht lange erlernt werden muss – eine Sprache, die eingängiger als Esperanto ist und von jedem verstanden wird, sei es nun ein Urwaldbewohner oder ein adliger Höfling, sei es ein Eskimo oder ein Wilder auf Borneo, sei es ein Kind in seinem Kinderzimmer oder ein Professor im Hörsaal, sei es eine Hausfrau in der Küche oder ein Geschäftsmann in Eile – kurz gesagt, die Sprache der Fotografie!

Im April 1916 erschienen zu dem Beitrag »Das Land der Allerbesten«, der Grosvenors Hochschätzung für die Vereinigten Staaten erkennen lässt, die ersten natürlichen Farbfotografien in der Zeitschrift, unter ihnen waren 23 Lumière-Autochrome von Franklin Price Knott (einem angesehenen Maler, der Farbfotografie als Hobby betrieb), einschließlich einer Aufnahme von dem damaligen Traumpaar Ruth St. Denis und Ted Shawn beim Tanz, untertitelt mit »Die Poesie der Bewegung und der Charme der Farbe«. Eine zweite Folge von 16 Fotos war von Knott in Tunesien, Algerien, Holland, Indien und in den Vereinigten Staaten gemacht worden, sie erschienen im September desselben Jahres. Aufgrund des Krieges waren es für einige Jahre die letzten farbigen Fotografien, die gedruckt wurden.

Am 2. April 1917 rief der amerikanische Präsident Woodrow Wilson zu einer Kriegserklärung gegen Deutschland auf. In diesem Monat enthielt das GEOGRAPHIC »Ihr Beitrag für Amerika: Eine Proklamation an das amerikanische Volk von Präsident Wilson«; außerdem einen Artikel von Granville Fortescue »Die Last, die Frankreich trug«, in dem beschrieben wird, wie »die deutsche Armee sich über die blühenden Provinzen Frankreichs verbreitete wie eine graue, ätzende Säure«, und das, was Fortescue »Das Wunder an der Marne« nannte: »Drei Tage lang richteten deutsche Truppen ihre bluttriefenden Lanzen lüstern auf den Eiffelturm und riefen zuversichtlich: ›In einer Woche wird unsere Flagge auf der höchsten Spitze Frankreichs wehen!‹ Aber Gott, der das Schicksal der Welt geheimnisvoll webt, erhörte die Gebete Frankreichs. Ein Wunder geschah. Paris, der schönste Ort, den die Menschen je auf der Erde schufen, wurde vor Plünderung und Zerstörung bewahrt.«

Ein Foto von Arbeitern in einer Munitionsfabrik war unterschrieben mit: »Die Arbeit in der Munitionsfabrik macht vor dem Alter nicht halt: Viele der französischen Frauen sind in der Herstellung von großkalibrigen Geschossen für die Kanonen an der Front tätig, obwohl sie schon längst das Rentenalter überschritten haben, und sind froh, am Ende ihres Lebens noch einmal etwas ›für Frankreich‹ leisten zu

Oben: »Die Entwicklung der Lumière-Autochrome eröffnete eine neue Welt auf dem Gebiet der Fotografie, und wir nutzten schnell ihre Vorteile«, schrieb Grosvenor. Die Autochrome der Tänzer Ruth St. Dennis und Ted Shawn von Franklin Price Knott erschienen im April 1916.

Gegenüber: »1915 ging ich nach Kalifornien, um an einer Rettungsaktion für die gewaltigen Mammutbäume teilzunehmen«, schrieb Grosvenor. Er und sein Freund Horace Albright legten sich nicht in einem Zelt schlafen, sondern »breiteten ihre Schlafsäcke am Fuß eines riesigen Mammutbaumes aus«. Unten: Beeindruckt von der »Majestät und Freundlichkeit« der großartigen Baumriesen, starteten Grosvenor und die Gesellschaft eine Kampagne, um die Mammutbäume vor den Interessen der Holzwirtschaft zu retten. Zwei Jahre später wurde durch Beiträge der Gesellschaft eine 90 000 Ar große Fläche zum Schutzgebiet der kalifornischen Mammutbäume erklärt. »Ein Trupp Kavallerie der Vereinigten Staaten und ein gefällter Mammutbaum« (oben) wurde im Jahr 1917 veröffentlicht.

Im GEOGRAPHIC erschienen viele Fotos aus dem Ersten Weltkrieg: (außen rechts) »Ein verletzter Hund wird bandagiert – Mit einem Heldenmut, der an den ihrer Herren erinnert, bringen diese tapferen Tiere den verletzten und sterbenden Soldaten im Niemandsland zwischen den Fronten Hilfe. Nur ein herzloser Scharfschütze kann diese Mitleidsengel aufs Korn nehmen.« (Mai 1917); (rechts) Die von der Gesellschaft unterstützte Krankenstation National Geographic Society Ward mit 20 Betten im amerikanischen Ambulanzhospital in Neuilly, Frankreich (Juli 1917). Dieses Foto wurde mit der Bemerkung veröffentlicht: »Stell Dir vor, es ist Dein Junge!« Anschließend wurde um Spenden für die Krankenstation gebeten. Unten: In diesem Klassenraum wird das NATIONAL GEOGRAPHIC MAGAZINE eingesetzt, um fremdsprachigen Soldaten im Camp Kearny, Kalifornien, Englisch beizubringen (August 1918).

können. In vielen Fällen ist ihrer Hände Arbeit das Letzte, was sie geben können, da ihre Söhne, Enkel und Ehemänner bereits in der Feuerlinie geopfert wurden.«

Der ehemalige Präsident William Howard Taft steuerte den Artikel »Ein giftiger Krieg« bei, in dem er bemerkte, dass »die Gemüter großer Menschen durch die Überzeugung vergiftet worden sind, es sei ihre höchste Pflicht, jeden Gedanken an Menschlichkeit der Entwicklung und Förderung militärischer Macht unterzuordnen...« Der Generalmajor John J. Pershing schrieb »Haltet zu den Soldaten«.

Das GEOGRAPHIC-Heft vom Oktober 1917 war ein Sonderheft, in dem 1197 verschiedene Flaggen und Standarten aller Nationen der Welt und privater Organisationen – einschließlich der der National Geographic Society – abgebildet waren, und war, wie der Herausgeber feststellte, »das teuerste, informativste und schönste Heft des Magazins in der Zeitungsgeschichte.«

Die Gesellschaft und ihre inzwischen 625 000 Mitglieder befanden sich nun im Krieg, und die Leser wurden um Spenden für die NATIONAL-GEOGRAPHIC-Krankenstation in dem amerikanischen Ambulanzhospital in Neuilly, Frankreich, gebeten und mit Artikeln wie »Die Geschichte eines amerikanischen Fliegers in Frankreich«, »Wahre Geschichten aus den Schützengräben« und einer neuen Karte der National Geographic Society mit der Bezeichnung »Karte der westlichen Kriegsschauplätze« versorgt.

Der Krieg endete am 11. November 1918, und das gesamte Heft des folgenden Monats bestand aus dem reich illustrierten Artikel von Edwin A. Grosvenor »Die europäischen Rassen: Inbegriff eines nie endenden menschlichen Dramas. Die Hoffnungen, die Fehlschläge, Errungenschaften und Konflikte der vielen Völker auf dem am dichtesten besiedelten Kontinent«.

Im folgenden Jahr beschäftige sich die März-Nummer ausschließlich mit einem einzigen Thema: Dem Hund. Dem Leitartikel »Des Menschen bester Freund: Kamerad in der Einsamkeit, Wächter bei der Jagd und Verbündeter im Schützengraben« folgten die Beiträge »Die bei uns am häufigsten vorkommenden Hundearten« und »Die Klugheit und der Mut der Hunde: Beispiele bemerkenswerter Intelligenz und selbstloser Demut des besten Menschenfreundes unter den Tieren«.

Ende 1919 war Theodore Roosevelt gestorben, Präsident Wilson hatte den Vorsitz bei der ersten Sitzung des Völkerbundes, obwohl der Senat der Vereinigten Staaten gegen den Beitritt Amerikas gestimmt hatte. In Moskau wurde die Dritte Internationale gegründet, die Habsburger gingen ins Exil, und die deutsche Flotte wurde in der Scapa Flow versenkt. Der Friedensvertrag von Versailles wurde unterzeichnet. Sherwood Anderson veröffentlichte *Winesburg, Ohio*, James Branch Cabell *Jurgen*, Hermann Hesse *Demian*, W. Somerset Maugham *Silbermond und Kupfermünze* und Carl Sandburg bekam einen Pulitzer-Sonderpreis für Lyrik für *Cornhuskers*. Walter Gropius gründete und erbaute das Bauhaus in Weimar. Der Jazz erreichte Europa, Jack Dempsey schlug Jess Willard und gewann so die Boxweltmeisterschaft im Schwergewicht, und der »Black-Sox«-Skandal lähmte den Profibaseball. Das Repräsentantenhaus der Vereinigten Staaten dachte über Beschränkungen der Einwanderungsquote nach, Lady Astor wurde ins Parlament gewählt, und der Amerikaner Oliver Smith perfektionierte den »elektrischen Hasen«, der ein neues Zeitalter beim Windhundrennen einleitete. Die Zahl der Mitglieder der National Geographic Society betrug 668 174.

Im Februar 1910 erschien das GEOGRAPHIC MAGAZINE zum ersten Mal mit der einprägsamen Umschlaggestaltung mit Eicheln, Eichen- und Lorbeerblättern. Der Rand und das innere Feld mit dem Inhaltsverzeichnis waren aber nach wie vor ockerfarben. Später, im Jahr 1920, änderte sich der Umschlag erneut. Jetzt war die Farbe des inneren Feldes weiß gehalten. 1910 besaß die Gesellschaft 74 018 Mitglieder, innerhalb von nur zehn Jahren stieg die Auflagenhöhe des Magazins auf 713 208 Exemplare.

ARCHÄOLOGIE

Ruinen, versunkene Städte und Knochen

»... Ich legte besonderen Wert darauf, dass die Fertigstellung der Karte ... sofort in Angriff genommen wird, weil nämlich derselbe Topograf noch zur Verfügung steht und bereit ist, die Aufgabe zu übernehmen. Seine Arbeit ist rein geographischer Natur. ... Sie antworteten, dass Sie daran nicht so sehr interessiert seien, sondern mehr an Ruinen, versunkenen Städten und Knochen...«

Aus einem Brief vom 18. März 1912 von Hiram Bingham an Gilbert H. Grosvenor.

Die lange dauernde, für beide Seiten vorteilhafte Verbindung zwischen der National Geographic Society und Hiram Bingham, der Machu Picchu entdecken sollte, begann eher unerfreulich. Im Jahr 1908, drei Jahre bevor Bingham die versunkene Stadt der Inka aufspürte, sandte dessen Frau zwei seiner Artikel und Fotos an den Herausgeber des GEOGRAPHIC, Gilbert Hovey Grosvenor, der sie entschieden zurückwies und erklärte: »Wir haben etliche Artikel über Südamerika und nicht genug Platz, um sie alle unterzubringen.«

Als aber im folgenden Jahr 1909 Binghams Buch *Tagebuch einer Expedition durch Venezuela und Kolumbien* erschienen war, fand Grosvenor es »großartig« und fragte bei Bingham an, ob er ihm »einen Artikel von ungefähr 4500 Wörtern über das am wenigsten bekannte Gebiet, das Sie durchquert haben, und so viele Fotos wie möglich« senden könne. Grosvenor bot ein Honorar von 25 Dollar für den Artikel und für jedes gedruckte Foto 1,50 Dollar an.

»Ich weiß kaum, was ich sagen soll«, schrieb Bingham zurück. Auszüge des Buches und »einige Bilder ..., von denen Sie jetzt behaupten, dass sie Sie besonders interessieren«, betonte er, seien bereits vor neun Monaten von Grosvenor abgelehnt worden. Bingham fuhr fort: »Da Sie diese Artikel damals nicht haben wollten (obwohl Sie das Allerbeste meiner ersten Reise enthielten), glaube ich kaum, dass Sie irgendetwas, was ich über meine letzte Reise schreiben könnte, für wert halten werden, gedruckt oder gar bezahlt zu werden.«

Binghams Brief wurde an Grosvenor, der sich im Sommer in Baddeck, Neuschottland, aufhielt, weitergeleitet. Grosvenor antwortete sofort: »Es ist sehr merkwürdig, aber ich habe nicht die geringste Erinnerung an die Artikel, von denen Sie sagen, Ihre Frau hätte sie mir geschickt...« Er versprach, »der Angelegenheit nachzugehen, wenn ich nach Washington zurückgekehrt bin.« Ob er der Sache nachging, weiß man nicht, es gibt jedenfalls keine Belege dafür. Der Briefwechsel zwischen dem 33-jährigen Herausgeber des GEOGRAPHIC und dem 33-jährigen Assistenzprofessor für lateinamerikanische Geschichte wurde dann für einige Zeit eingestellt.

Im Sommer 1911 verbrachte Bingham einige Tag auf einem windigen Dschungelpfad in der Nähe von Cuzco, hoch über den tosenden Strudeln des Flusses Urubamba. »Die Felsen fielen 600 Meter in die Tiefe, und über mir ragten die schneebedeckten Andengipfel bis in den Himmel«, erinnerte er sich später.

An den Hängen waren die ansteigenden Terrassen der Inkas zu erkennen. Doch das war für uns nichts Neues. Schließlich suchten wir nach der letzten Hauptstadt des riesigen Inka-Reiches, das sich weit über Peru hinaus ausgedehnt

Oben: Hiram Bingham vor seinem Zelt im Lager der Expedition nach Machu Picchu im Jahr 1912.

Gegenüber: Der Archäologe, Historiker und Politiker Bingham hilft beim Steuern einer primitiven Fähre in Peru. Später wurde er Gouverneur in Connecticut und Senator der Vereinigten Staaten.

Vorangehende Seiten: Drei Jahrhunderte lang lag die versunkene Stadt der Inka, Machu Picchu, verborgen. Dann wurde sie von Hiram Bingham entdeckt, der später drei von NATIONAL GEOGRAPHIC und der Yale-Universität unterstützte Expeditionen dorthin leitete, und zwar in den Jahren 1912, 1914 und 1915.

Oben: Schädel und Knochen schimmmern auf einem alten Friedhof bei Lima, Peru, und erinnern daran, dass die Heimat der Indianer seit dem Eindringen der spanischen Konquistadoren bis in unsere Zeit immer stärker zerstört wurde.

Rechts: Jeden Herbst findet auf der Insel der Sonne im Titicaca-See, dem Geburtsort des ersten Inka, ein indianisches Ritual statt. Hier paddelt ein Aymara-Indianer mit einem Lama im Boot zu der jährlichen Zeremonie, bei der das Blut des Lamas der Mutter Erde geopfert wird, um eine reiche Ernte zu erbitten.

1952

»Kurz vor der Dämmerung ... fanden wir uns in Boca San Miguel wieder... Hier trieben wir die Maultiere zusammen und nahmen unsere Mahlzeit ein: Reis, Bohnen und kalte Tamales. Als die Maultiere wieder bepackt waren und wir aufstiegen, war die Sonne bereits untergegangen, und die stille Dunkelheit der Tropen senkte sich auf uns nieder«, berichtete der Archäologe Matthew W. Stirling im GEOGRAPHIC vom August 1939. An dem ihrem Lager Tres Zapotes nächstgelegenen Anlegeplatz Boca San Miguel machen Dr. Stirling, der Entdecker von elf massiven Steinköpfen der Olmeken, und seine Frau eine Pause, damit sie der Fotograf des GEOGRAPHIC, Richard H. Stewart, aufnehmen konnte. Über diesen Dschungelpfad wurden, selbst dann, wenn er so matschig war, dass die Maultiere bis zum Bauch einsanken, alle Ausrüstungsgegenstände der Expeditionen in den Jahren 1939 und 1940 transportiert. Diese Unternehmungen wurden gemeinsam von der National Geographic Society und dem Smithsonian-Institut finanziert.

Oben: Dr. Matthew W. Stirling misst einen über zehn Tonnen schweren gigantischen Steinkopf aus, den die geheimnisvolle Kultur der Olmeken in den heißen, schwülen Niederungen der Golfküste im südöstlichen Veracruz ungefähr in der Zeit 1200 v. Chr. zurückließ.
Stirling fragte sich, wie es ohne Zugtiere oder das Rad möglich gewesen sein konnte, diese riesigen Steinblöcke mehr als 15 Kilometer von ihrem Ursprungsort hierher zu transportieren.

Gegenüber: Matthew Stirling grub in La Venta diesen 2,50 Meter hohen, 24 Tonnen schweren Steinkopf und weitere dieser rätselhaften Porträts aus; er war auf der Suche nach Erklärungen für ihre verwirrende Vergangenheit. »Nachdem die Olmeken diese und andere Skulpturen rituell geköpft hatten, begruben sie sie – vielleicht um ihnen ihre Macht zu nehmen«, erklärte die Gesellschaft 1983 in ihrem Kulturatlas Menschen und Orte der Vergangenheit.

hatte, bis die Spanier im 16. Jahrhundert kamen. Mit zwei Kollegen der Yale-Universität, einem peruanischen Soldaten und einem Maultiertreiber war ich jedem Gerücht, das von Ruinen erzählte, nachgegangen. Und jetzt, am Flussufer lagernd, zu Füßen eines Berges, der Machu Picchu hieß, erfuhren wir, dass es auf seinen Höhen auch Ruinen geben sollte.

Bingham war damit einverstanden, dem Informanten Melchor Arteaga (»ein Indianer, der offensichtlich sehr dem Feuerwasser zugetan war«) 50 Cents für eine Führung zu diesen Ruinen zu zahlen. Am 24. Juli 1911, einem regnerisch-trüben Tag, überquerten der große, schlaksige Bingham, ein ausgenüchterter Arteaga und der Feldwebel der peruanischen Armee, Carrasco, den reißenden Urubamba über eine Brücke – die so wackelig war, dass er hinüberkroch, gestand Bingham – und stiegen auf zu dem »steilen, überaus schwierigen Hügel«.

Auf allen vieren krochen wir durch das schlüpfrige Gras, gruben unsere Finger tief in das Erdreich, um nicht abzurutschen. Der Urubamba brauste tief unten bedrohlich. Die Hitze war erdrückend. Arteaga beklagte sich über die vielen Schlangen – boshafte Ottern der Art *fer-de-lance* warteten darauf, nach ihrer Beute zu schnappen.

Ich mobilisierte alle Kräfte und kraxelte durch den lichter werdenden Dschungel, bis der Boden eben wurde. Schweißgebadet richtete ich mich auf und sah eine Grashütte. Indios kamen mit Kürbissen voll Quellwasser auf uns zu.

Mit dem Blick auf steile Hügel trank ich abwechselnd einen Schluck Wasser und holte Luft. Unsere indianischen Gastgeber sagten, es gäbe alte Gebäude »nicht weit weg von hier«. Mit einem Jungen als Führer und Carrasco als Dolmetscher machte ich mich auf den Weg.

Wir kamen um eine Kuppe und blickten plötzlich auf Inka-Terrassen, die stufenförmig wie eine gewaltige Treppe vor uns aufstiegen. Jede war etwa 30 Meter lang und mit massiven Steinwänden etwa drei Meter hoch befestigt. Was für eine Siedlung hatte inmitten dieser hoch gelegenen Wildnis hunderte solcher Terrassen nötig gehabt? Hier konnte so viel Getreide angebaut werden, dass eine ganze Stadt davon satt werden könnte!

In meiner Aufregung vergaß ich meine Erschöpfung und rannte über die breite Terrasse bis an den Rand des Dschungelgewirrs. Ich stolperte in das feuchte Unterholz, hielt an und hörte mein Herz pochen. Eine bemooste Wand türmte sich vor mir auf, von Bäumen halb versteckt. Die riesigen Steinblöcke schienen wie zusammengeklebt, und zwar ohne Mörtel – eine der gelungensten Konstruktionen der Inkas. Ich ging die Wand entlang und stellte fest, dass sie Teil eines Hauses war. Dahinter stand ein weiteres, und dahinter noch viele mehr.

Unter einem Vorsprung befand sich eine Höhle, ihre Wände hatten Nischen aus behauenem Stein – ein königliches Mausoleum. Weiter oben erhob sich ein halbkreisförmiges Gebäude mit schräg nach außen abfallenden Wänden wie der Sonnentempel in Cuzco. Zur Spitze hin wurden die Schichten des Mauerwerks dünner. Die Außenseite jedes Steins war abgerundet, so dass sich am Gebäude eine feine Kurve abzeichnete. Zwischen die einzelnen Steinblöcke hätte man keinen Nagel treiben können. Es war ein architektonisches Meisterwerk.

Steintreppen führten zu einem Platz, auf dem weiße Tempel aus Granit vor dem Himmel standen. Hier hatten die Hohen Priester, in prachtvolle Gewänder gehüllt, die Rituale des Sonnengotts vollzogen. Eine nahe Gruppe sorgfältig gebauter Giebelhäuser mussten dem Inka persönlich als Palast gedient haben. Ich konnte sie mir gut vorstellen, mit Vicuña-Teppichen und weichen Stoffen geschmückt, die die auserwählten Frauen gewebt hatten – jene »Jungfrauen der Sonne«, die bei den Zeremonien der Inka-Religion eine ganz bedeutende Rolle gespielt hatten.

Unten am Hang standen die Häuser in verwirrender Anzahl eng beieinander, auf unterschiedlich hohen Terrassen, wohl auf mehr als 100 Stufen. Dieses gut erhaltene Heiligtum war offensichtlich nicht in die Hände der Konquistado-

Im Mondlicht liegt El Castillo, das größte von fast einem Dutzend restaurierter Gebäude in der heiligen Stadt der Maya, Chichén Itzá, in Yucatán. Hier fanden die National Geographic Society und mexikanische Ausgräber Menschenknochen und über 4000 Artefakte in dem Opferbrunnen. »Still sind die Tempel, Höfe und Colonnaden; die Priester, Herrscher und die heiligen Opfer sind verschwunden; verschwunden auch die Künstler und Bauleute; verschwunden das demütige Volk, das diesen Prunk und Pomp durch unaufhörliche Mühen möglich machte – zurück zur Mutter Erde, überwuchert von dem lebendigen Grün der Bäume und Sträucher und Blumen. Wenn man aber in einer Mondnacht auf der breiten Terrasse vor dem Palast der Itzá-Könige steht, die stille Stadt zu Füßen, mit ihren Tempeln und weißen Pyramiden, die sich gegen den schwarzen Wald abzeichnen, beginnt ein Wispern in den Bäumen und erzählt von anderen Tagen, anderen Menschen, anderen Taten – und jeder, der bereit ist zu lauschen, wird es hören.« Das schrieb Sylvanus Griswold Morley über Chichén Itzá im NATIONAL GEOGRAPHIC MAGAZINE im Januar 1925.

Gegenüber: Zwei typische Beispiele für künstlerische Nachschöpfungen, wie sie in den 30er Jahren im NATIONAL GEOGRAPHIC beliebt waren, sind diese beiden Bilder von H. M. Herget, die 1935 als Illustrationen zu dem Beitrag »Die Rettung der schönsten altamerikanischen Skulpturen« von J. Alden Mason erschienen. Der Titel des Bildes unten lautete: »Am Altar opfert ein Priester einen Ara, während andere Papageien seinen Kopf umschwirren.« Die Unterschrift für das obere Bild begann so: »Ein reuiger Maya quält sich selbst, indem er eine scharfe Kordel durch seine Zunge zieht«, und fährt fort: »Selbstverstümmelung war bei den Maya ein Zeichen der Ergebenheit. Gewöhnlich wurden die Ohrläppchen durchstochen. Im Hintergrund steigen Gläubige die steilen Treppen eines Pyramidentempels hinauf. Die blutige Kordel wird in einer verzierten Steinvase aufbewahrt.«

ren gefallen. Ich dachte, dass sich Machu Picchu möglicherweise als die größte und wichtigste Ruine herausstellen könnte, die je in Südamerika nach Ankunft der Spanier entdeckt worden war.

Aus *Große Abenteuer*

Bingham war sich sicher, dass er das legendäre Vilcabamba gefunden hatte, die letzte Festung des Inka-Herrschers, der sich, wie man glaubte, auf der Flucht vor den Spaniern 1537 dorthin zurückgezogen hatte. Bingham skizzierte auf einer Karte alles, was er gefunden hatte, und setzte seine Reise auf der Suche nach weiteren versunkenen Inka-Städten entlang des Urubamba nach Vitos auf dem Vilcabamba fort, bevor er nach New Haven in Connecticut zurückkehrte, um seinen Geldgebern Bericht zu erstatten. Nach verschiedenen Gesprächen mit Gilbert Grosvenor schrieb Bingham am 23. Februar 1912 einen Brief und bat um eine Antwort sowohl von dem Präsidenten der Gesellschaft, Henry Gannett, als auch von Grosvenor, in denen sie ihr Interesse an und ihre Unterstützung für Binghams Arbeit zum Ausdruck bringen sollten. »Je mehr Referenzen Sie mir mitgeben«, schrieb Bingham, »desto besser kann ich [die Politiker in Lima] davon überzeugen ..., dass unser Vorhaben wissenschaftlicher und nicht kommerzieller Art ist.« Mitte März antwortete Grosvenor: »Wir sind doch der Meinung, dass Ihre Arbeit in erster Linie archäologischer Natur und nicht genügend geographisch ist, darum glaube ich, dass wir leider im Moment unsere Pläne fallen lassen müssen. Ich werde Ihnen später wieder schreiben. Ich bin an Ihrer Arbeit außerordentlich interessiert, und ich tue, was ich kann, um das Unternehmen durchzusetzen.«

Bingham war fassungslos:

18.März 1912

Lieber Grosvenor,

Ihr Brief ist sehr enttäuschend. Ich habe bei meinen Planungen besonderes Gewicht auf den archäologischen Aspekt gelegt, weil ich nach unseren Gesprächen den Eindruck hatte, dieser sei Ihnen besonders wichtig. Sie werden sich sicherlich an unsere erste Unterhaltung in Ihrem Büro erinnern, wo ich besonderen Wert darauf legte, dass die Fertigstellung der Karte, die auf der Peru-Expedition der Yale-Universität begonnen wurde, sofort in Angriff genommen wird, weil nämlich derselbe Topograf noch zur Verfügung steht und bereit ist, die Aufgabe zu übernehmen. Seine Arbeit ist rein geographischer Natur. Sie erinnern sich, dass Sie antworteten, Sie seien daran nicht so sehr interessiert, sondern mehr an Ruinen, versunkenen Städten und Knochen. Um Ihren Interessen entgegenzukommen, wurde dann bei der Planung größere Betonung auf die archäologische Seite der Dinge gelegt. Falls Sie nun Ihrem Komitee die Angelegenheit anders vortragen wollen, oder wollen, dass ich meine Pläne dahingehend ändere, dass mehr Zeit für die archäologische [durchgestrichen und ersetzt durch geographische] Forschung bleibt, einschließlich der Geologie, Physiografie, Topografie und Naturgeschichte, werde ich das gerne machen.

[Und] ... wenn ich dann für archäologische Forschungen Geld erhalten sollte, würde ich gerne ausschließlich [durchgestrichen und ersetzt durch ausgedehnte] Ausgrabungen bei Cuzco machen und Klarheit bringende [sic] Ausgrabungen in den Ruinen, die bei der letzten Reise entdeckt wurden.

Wenn Sie immer noch glauben, es sei nötig, in diesem Jahr von einer Zusammenarbeit abzusehen, bitte ich um eine möglichst baldige Antwort.

Ich bin äußerst dankbar für Ihr Interesse an unserer Arbeit und weiß, dass Sie alles in Ihrer Macht Stehende tun, um das Unternehmen durchzusetzen. Ich hoffe, dass Sie Erfolg haben.

Hochachtungsvoll
Hiram Bingham

Auf Drängen von Gilbert H. Grosvenor stimmte die National Geographic Society schließlich zu, Binghams Rückkehr nach Machu Picchu finanziell zu unterstüt-

zen, und verkündete in der Ausgabe ihrer Zeitschrift vom April 1912, dass sie sich mit 10 000 Dollar »in diesem Jahr an einer Expedition nach Peru beteiligen werde, für die die Freunde der Yale-Universität einen gleich hohen Betrag zur Verfügung stellen«. Diese 10 000 Dollar waren der erste Beitrag der Gesellschaft für ein archäologisches Forschungsvorhaben.

In diesem Jahr »verbrachten Bingham und sein Team mehrere Monate in Machu Picchu und säuberten es vom Dschungelbewuchs. Sie gruben es so weit aus, wie es notwendig war, um seinen originalen Zustand zu erhalten...« Binghams Bericht über seine Expedition »Im Wunderland Perus« füllte die gesamte Ausgabe des GEOGRAPHIC vom April 1913: 186 Seiten, acht Zeichnungen, zwei Landkarten, ein ausklappbares Panorama »Ruinen einer alten Inka-Stadt, Machu Picchu« und 234 weitere Fotos.

Ein anderer Archäologe, der eine langfristige Verbindung mit der Gesellschaft einging, war Dr. Matthew W. Stirling, der, gewöhnlich von seiner Frau Marion begleitet, zwischen 1938 und 1946 acht Expeditionen ins südliche Mexiko machte. Über die Jahre hinweg entdeckte er im Dschungel massive, kunstvoll behauene Steinköpfe – der schwerste von ihnen wog 24 Tonnen –, Stelen mit Jaguarköpfen und Meisterwerke aus Jade, die Stirling alle einer Zivilisation namens Olmeken zuordnete, die die Geschichte der von Kolumbus entdeckten »Neuen Welt« um 2500 Jahre vordatierte. Auf seiner ersten Expedition nach Tres Zapotes im mexikanischen Staat Veracruz stieß Stirling auf ein Maya-Monument aus dem Jahre 32 v. Chr. und legte den ersten gefundenen Riesenkopf so weit frei, dass er ihn fotografieren konnte. Die Fotos überzeugten die National Geographic Society und das Smithsonian-Institut von der archäologischen Bedeutung des Fundes. Neue Mittel wurden für eine zweite Expedition zur Verfügung gestellt. Mit seiner Frau Marion kehrte Stirling nach Mexiko zurück. Für das August-Heft des GEOGRAPHIC schrieb er 1939: »So fanden wir uns schließlich in dem kleinen Hafen von Alvarado wieder, auf dem Weg in das Gebiet der Tuxtlas, wo wir mit unseren Untersuchungen fortfahren wollen.«

> Die roten Ziegeldächer von Alvarado blieben hinter uns zurück, als wir mit unserer Barkasse die seichte Bucht überquerten und den Fluss erreichten. Als wir an dem von Mangroven überwucherten Ufer entlangtuckerten, tauchten bald zu unserer Linken die großen Sandhügel auf, die direkt hinter der Küste liegen. Über den gewaltigen Flächen erhoben sich im Westen die blassblauen Hügel der Sierras, alle anderen überragend schwebte der schneebedeckte Kegel der Orizabas (Citlaltepetl) wie ein Gespenst, der wichtigste landschaftliche Orientierungspunkt von Cortez.
>
> Unsere Herzen schlugen ein wenig höher, als wir zum ersten Mal ostwärts die verschwommenen Vulkangipfel der Tuxtlaberge ausmachen konnten, zu deren Füßen unser Ziel lag.
>
> Was würde uns dort erwarten? Eins war sicher – der Riesenkopf! Werden wir ihn in erhabener Einsamkeit finden, oder sollten wir auf die Überreste einer großen Stadt stoßen, die einem derartig ehrgeizigen Kunstwerk angemessen sind?
>
> Was wird zum Vorschein kommen, wenn wir den gesamten Kopf ausgraben? Gehört ein Körper zu dem Kopf? Wenn ja, welche Körperhaltung nimmt dieser ein – kauernd, sitzend oder stehend?

Die Stirlings und ihr Team verbrachten die Nacht in Tlacotalpan, gingen am nächsten Morgen wieder an Bord ihrer Barkasse und setzten ihre Reise fort. Sie verließen den Hauptstrom des Papaloapan und glitten durch ein Gewirr verwinkelter Kanäle, bedeckt mit Wasserhyazinthen und so schmal, dass sie manchmal mit den Händen beide Ufer berühren konnten. Einsam lebende Vaqueros waren auf der Suche nach Rindern, große Iguanas sonnten sich auf den mit Wein bewachsenen Wänden des Dschungels, und Papageien kreischten. Als sie Boca San Miguel erreicht hatten, stiegen sie auf Maultiere um und kamen nach einem kurzen Ritt in ihr Lager Tres Zapotes.

Gegenüber: Seitdem Neil M. Judd auf der ersten von sieben Expeditionen der Gesellschaft im Jahr 1921 die schönen Ruinen des 1000 Jahre alten Pueblo Bonito erforschte und in den folgenden Jahren restaurierte und bewahrte, gilt das Interesse der Archäologen diesem »Schönen Tal« in New Mexico. Archäologisch einzigartig sind die stillen Ruinen des Pueblo Bonito, eines Zentrums der großen Pueblokultur der Anasazi-Indianer im Chaco Canyon, Neu-Mexiko, und noch immer sind viele Fragen ungeklärt. Die wichtigste ist: Warum haben die Erbauer der kunstvollsten Architektur im Südwesten in dieser kargen Landschaft gesiedelt? Und warum verschwand die Kultur der Anasazi so plötzlich?

Folgende Seiten: Die Chacoans, Anasazi-Indianer, die im Chaco Canyon lebten, waren als Ackerbauern davon abhängig, die Jahreszeiten für Aussaat und Ernte richtig bestimmen zu können. Ein ganz erstaunliches prähistorisches Denkmal der Chacoans fand 1977 die Künstlerin Anna Sofaer, die »Sonnenkreise« nämlich, mit denen die Zeit gemessen wurde.
Bei der Wintersonnenwende fallen die Sonnenstrahlen so durch die Spalten großer Steinplatten, dass die Spirale von ihnen eingeklammert wird. Bei der Sommersonnenwende wird die Spirale in der Mitte vom Licht geteilt. Die Tagundnachtgleiche im Frühling und Herbst wird durch einen zusätzlichen Lichtstrahl markiert, der auf eine zweite Steinzeichnung, links von der großen Spirale, fällt. Diese alte Sonnenuhr steht am Eingang des Chaco Canyon, eingeritzt in den Fajada-Butte-Felsen.

»Zwischen den Schatten des Todes das Glitzern von Gold ... und ein Echo der Liebe«, beginnt die Bildunterschrift für diese Fotos im Mai-Heft 1984 des GEOGRAPHIC, die den Beitrag »Am Vesuv erzählen die Toten Geschichten« illustrierten. Die Anthropologin Dr. Sara Bisel untersuchte das Skelett (oben) einer reich geschmückten 45-jährigen römischen Dame, die bei dem Vesuvausbruch, der auch das nahe gelegene Pompei zerstörte, in Herculaneum unter Asche und Lava begraben wurde. Der Schmuck der Frau bestand aus zwei goldenen Ringen, goldenen Ohrringen für durchstochene Ohrläppchen und (rechts) zwei Armreifen aus Gold in der Form von Schlangen mit Augen aus eingelegtem Jaspis.

Dieses Camp bestand aus einem Haupthaus, in dem sich das Vorratslager der Expedition, das Labor und ein »Gästezimmer« für Honoratioren befanden, und aus zwei kleineren Gebäuden mit Strohdächern. Eines davon beherbergte die Stirlings, das andere Dr. C. W. Weiant und seine Frau. (Weiant war in den 20er Jahren zur Archäologie gekommen, während er in Mexiko als Chiropraktiker gearbeitet hatte; er hatte dann einen Abschluss als Anthropologe an der Columbia-Universität in New York gemacht.)

Da die Arbeiter täglich wechselten, übertrug Dr. Stirling Dr. Weiant die Aufgabe, die Einteilung der Arbeiter zu überwachen und die Lohnstreifen an sie auszugeben. Mit diesen gingen die Arbeiter zum Kaufmann im Ort, der sie dann auszahlte, so dass die Expedition nicht das Risiko auf sich nehmen musste, große Geldsummen im Lager aufzubewahren. Seine Berichte diktierte Stirling seiner Frau Marion, die sie dann auf der Schreibmaschine abtippte, was für die Eingeborenen faszinierend und Anlass für Heiterkeit war. Stirling hatte angenommen, dass seine Fähigkeit, »alle Arbeiten an andere zu delegieren«, die Dorfbewohner »ziemlich stark beeindrucken« und von seiner Wichtigkeit überzeugen werde. »Eines Tages jedoch«, schrieb er, »wandte sich das Hausmädchen Valvina vertraulich an Frau Stirling: ›Wie schade‹, sagte sie, ›dass Ihr Mann nie lesen und schreiben gelernt hat.‹«

Schon bald nach ihrer Ankunft in Tres Zapotes begannen sie mit »der Ausgrabung des Riesenkopfes, der nicht mehr als 100 Meter von unserem Lager entfernt lag... Es rankten sich viele Geschichten um den Riesenkopf«, schrieb Dr. Stirling:

> Man erzählte uns, dass vor Jahren Schatzsucher eine Menge Gold in seiner Nähe gefunden hätten. Die Brust der Figur sei freigelegt worden, und auf ihr seien zwei Alligatoren eingraviert. Zusätzlich erfuhren wir, dass es unmöglich sei, den Kopf zu fotografieren, weil er sich auf dem Film immer umdrehe, so dass auf dem Foto nur seine Rückseite zu sehen sei.
>
> Obwohl wir einigen dieser Informationen recht skeptisch gegenüberstanden, stieg unsere Neugierde immer mehr, als wir nach und nach den schweren Lehm, der das Objekt umgab, entfernten.
>
> Mit einer Gruppe von 20 Arbeitern dauerte es nicht lange, das Monument auszugraben. Am zweiten Tag schon wurden unsere Fragen beantwortet. Aus einem einzigen Basaltblock herausgehauen, war der Kopf wirklich nur ein Kopf, und dieser ruhte auf einem vorbereiteten Sockel unbearbeiteter Steinplatten.
>
> Nachdem er von der Erde völlig befreit war, bot der Riesenkopf einen Ehrfurcht gebietenden Anblick. Abgesehen von der Größe ist die Steinmetzarbeit auch sauber und sicher ausgeführt, die Proportionen sind vollkommen. Sein Ausdruck ist für Skulpturen der amerikanischen Ureinwohner einzigartig, denn er ist bemerkenswert realistisch gehalten.
>
> Gänzlich freigelegt ist er zum ersten Mal in moderner Zeit anzuschauen, und es bleibt doch ein großes Geheimnis um ihn. Denn er passt nicht in unser Bild der bekannten frühen amerikanischen Kulturen. Er ist ungefähr 1,80 Meter hoch, hat einen Umfang von 5,40 Meter und wiegt über zehn Tonnen.
>
> Wie ist dieser riesige Steinblock von seinem Ursprungsort am Fuß des Berges Tuxtla mehr als 15 Kilometer weit hierher transportiert worden? Dieses Problem, dessen Lösung sogar das Genie eines mit modernen Maschinen ausgerüsteten Ingenieurs beweisen würde, wird noch dadurch erschwert, dass eine zehn Meter tiefe Schlucht des Arroyo überwunden werden muss. Die alten Ingenieure haben es nicht nur geschafft, einen makellosen Block aus dem Basalt herauszubrechen, sondern haben diesen Block erfolgreich ohne die Hilfe gezähmter Tiere und ohne Räder unversehrt an seinen jetzigen Ort transportiert.

Die Verbindung zwischen Stirling und dem NATIONAL GEOGRAPHIC dauerte mehr als 30 Jahre, führte das Paar nach Mexiko und in den Dschungel von Panama und Ecuador.

Archäologische Forschungen, die in neuerer Zeit von der Gesellschaft unterstützt wurden, fanden in Aphrodisias statt, der großen griechisch-römischen Ruinenstadt in einem einsamen Tal im Südwesten der Türkei, und in dem ehemaligen römischen Badeort Herculaneum am Mittelmeer im Schatten des Vesuvs. Diese Städte sind sich nicht nur dadurch ähnlich, dass nur Ruinen von ihnen blieben, sondern beide sind auch Orte von Romanzen und Tragödien, die ja häufig mit der Arbeit der Archäologen verbunden sind.

Aphrodisias war bereits in der Bronzezeit ein blühendes Zentrum und blieb es die griechische, römische und byzantinische Epoche hindurch, bis es von einem Erdbeben erschüttert wurde und den Angriffen von Eindringlingen im 12. und 13. Jahrhundert erlag. Im 2. Jahrhundert v. Chr. erreichte die Stadt ihre Blütezeit, und sie war berühmt wegen ihres Heiligtums der Aphrodite und wegen ihrer zahlreichen Bildhauer, deren Werke im ganzen Römischen Reich gefragt waren. Heute ist ihr Gebiet Fundort unvergleichlichen archäologischen Materials. »Stellen Sie sich vor, Sie kommen in eine Stadt der Antike, die so reich an archäologischen Schätzen ist, dass erstklassige Statuen aus den Wänden der Gruben rollen, von alten Wänden stürzen und in Massen zwischen den Säulenresten liegen«, schrieb Kenan T. Erim im August 1967 im GEOGRAPHIC. Erim, Professor für Archäologie an der New Yorker Universität, verbrachte dort mehr als 20 Jahre und führte Ausgrabungen in den Ruinen der Stadt durch, die einst so schön war, dass Kaiser Augustus ausrief: »Von allen asiatischen Städten habe ich diese für mich auserwählt.« Als Erim dort arbeitete, »brach das Porträt einer Frau aus der Zeit um Christi Geburt von einem Pfeiler einer byzantinischen Backsteinmauer herab und rollte mir buchstäblich vor die Füße. Eine Mauer, die aus Bruchstücken früherer Bauwerke bestand, enthielt eine massive Statue der Göttin Aphrodite, die der Stadt ihren Namen gegeben hatte. Und im Odeon, der Musikhalle«, schrieb Erim:

> gruben wir 20 elegante Statuen und Relieffragmente aus.
>
> Ich habe Aphrodisias als einen Ort kennengelernt, der wegen der vielen Erinnerungen in seinen Marmormauern ruhelos ist. Stumm, aber viel sagend lassen ihre Gesichter die Vergangenheit lebendig werden – Apollon, Artemis, Dionysos, Nymphen, Satyrn, Kentauren, Bacchanten; Faustkämpfer, Patrizier, Politiker und behelmte Legionäre des kaiserlichen Rom.

Waren die Figuren auch stumm, Erim beschrieb gewandt ihren Ausdruck:

> Als ich in Aphrodisias grub, beschlichen mich immer wieder die den Archäologen eigentümlichen Gefühle, die sich nicht beschreiben lassen. Für mich setzten diese Erfahrungen gewöhnlich an dem Punkt ein, wenn die Schaufel wieder einmal auf ein Stück Marmor, auf einen Kopf aus Stein gestoßen war.
>
> So weit gekommen, fange ich an, mit den bloßen Händen die Furchen des Kopfes abzufahren. Still und erwartungsvoll schauen mir meine Kollegen zu…
>
> Meine Finger gleiten um den Kopf herum. Was haben wir gefunden? Einen Helden, eine Zelebrität aus der Geschichte? Langsam, während ich das Erdreich beiseite schaufle, enthüllen sich die Gesichtszüge selber. Bald blickt das blinde Marmorauge in den blauen anatolischen Himmel. Und dann, nachdem ich den letzten Schmutz abgebürstet habe, blicken wir in das Gesicht eines Menschen, der in diesem Stück Stein weiterlebt, dessen Abbild wir nach Jahrhunderten zur Auferstehung gebracht haben.

Manchmal jedoch, dort zum Beispiel, wo sich solch verheerende Dinge wie in dem beliebten römischen Badeort Herculaneum ereigneten, finden die Archäologen nicht nur steinerne Abbilder der Stadtbewohner, sondern die Bewohner selbst.

Am 24. August im Jahr 79 nach Christus, um ein Uhr mittags, brüllte nach den Untersuchungen des Vulkanologen Haraldur Sigurdsson der Vesuv wie ein gewaltiges, verwundetes Ungeheuer auf, erbrach eine Wolke aus Bimsstein und Asche 20 Kilometer hoch in die Stratosphäre und machte nach Süden hin den Tag über Pompei zur Nacht. Mehr als 15 Zentimeter Asche und Bimsstein regneten stündlich auf Pompei herab.

Über 20 Jahre lang unterstützte die National Geographic Society die Ausgrabungen von Professor Kenan T. Erim in Aphrodisias, den Ruinen einer griechisch-römischen Stadt in der südwestlichen Türkei, wo, wie Erim schrieb, »einem die erlesensten Skulpturen aus den Wänden der Gräben entgegenfallen…«

Oben: Erlasse römischer Kaiser fand man in griechischer Schrift in die Wände des Theaters von Aphrodisias gemeißelt. Kaiser Hadrian befreite Aphrodisias von einer Nagelsteuer; Oktavian bestimmte, dass die Nachbarstadt Ephesus eine gestohlene Statue an Aphrodisias zurückgeben müsse, an die Stadt, die er nach seiner Ernennung zum Kaiser zu seiner eigenen machte.

Gegenüber: Der Kopf einer Aphrodite aus dem zweiten vorchristlichen Jahrhundert liegt in einem milden Reinigungsbad. Die wasserdurchtränkten Stoffe schmiegen sich an die Wellen ihres Marmorhaars.

Gegenüber: »Mit dem Pinsel fegen die Archäologen die Jahrhunderte beiseite und legen eine Armee aus Terrakotta-Figuren frei, die das Grab des ersten chinesischen Kaisers, Qin Shi Huangdi, bewachen. Die 7500 Tonsoldaten wurden vor 22 Jahrhunderten beerdigt – in Kampfaufstellung mit echten Streitwagen und Waffen aus Holz und Bronze. Eine reale Armee von Rebellen stürzte die Tonfiguren nach dem Tod des Kaisers um. Heute wird die geisterhafte kaiserliche Wache – einer der spektakulärsten archäologischen Funde – Figur für Figur, und oft Stück für Stück, restauriert und dann an ihrem ursprünglichen Platz wieder aufgestellt…«
Aus Reise nach China, *einer Sonderveröffentlichung der National Geographic Society aus dem Jahr 1982.*

Eine halbe Stunde nach Mitternacht gab es eine zweite Lawine und einen neuen Lavastrom. Um 5.30 Uhr am Morgen des 25. August erreichte eine dritte Woge den Süden Pompeis und begrub Herculaneum unter sich. Um 6.30 Uhr erstickte eine vierte Welle die Einwohner Pompeis, die noch nicht geflohen waren. Eine halbe Stunde später gab es eine weitere Feuerlawine und einen Lavastrom und um 8.30 begrub der sechste und letzte Ausbruch nach zwölf Stunden vulkanischer Wut die Opfer von Pompei unter sich. Inzwischen war Herculaneum unter 20 Zentimeter Asche verschüttet.

Über 1900 Jahre später kamen die Skelette der geflüchteten Bewohner Herculaneums wieder ans Tageslicht. 1984 kehrte ein Autor des Magazins, Rick Gore, nach Herculaneum zurück, um sie zu betrachten:

> Aus dem zeitlosen modrigen Dunkel starrt ein römisches Opfer des Vesuvs in das 20. Jahrhundert, die Zähne vor Schmerz aufeinander gepresst. Daneben liegen die Überreste Dutzender anderer Opfer verstreut, die von der feuchten Vulkanerde begraben wurden. ... Makabre neue Überbleibsel wurden 1982 entdeckt, als italienische Arbeiter begannen, eine Reihe von Deichkammern auszuheben, die auf die alte Strandlinie von Herculaneum trafen. Seitdem wurden eine Menge weiterer Überreste untergegangenen Lebens am Strand gefunden: eine Adelige mit ihren Juwelen, ein römischer Soldat mit Schwert und Werkzeugen, Laternen, Münzen und sogar ein unversehrtes römisches Boot. Diese Entdeckungen beinhalten mehr als nur einen Blick auf die bewegenden Minuten einer aufgeschreckten Bevölkerung. Sie bringen nämlich eine Vielzahl neuer Details ans Licht der Wissenschaft, die uns mehr darüber erzählen, wie die Menschen damals in den untergegangenen Städten am Vesuv lebten, und wie sie starben.

Gore hatte Herculaneum zum ersten Mal im Jahr 1982 besucht und wurde als Erster in die Kammern geführt, die Dr. Guiseppe Maggi, der Leiter der Ausgrabungen, damals freigelegt hatte:

> Als sich meine Augen an die Finsternis gewöhnt hatten, tauchte aus der vulkanischen Erde zu meinen Füßen eine Gruppe Mitleid erregender Skelette auf. Maggi ist überzeugt, dass es sich dabei um eine Familie auf der Flucht handelt: sieben Erwachsene, vier Kinder und ein Baby, über das einer der Erwachsenen schützend seinen Körper hält. Anrührend liegt ein Skelett mit dem Kopf so gebettet, als ob es auf einem Kissen schlummere.
>
> »In diesem Raum hat die Natur ein dramatisches Meisterwerk geschaffen«, sagte Dr. Maggi zu mir. »Wir werden durch diese Stellung zutiefst bewegt. Man kann sich genau vorstellen, wie jede Person bei der anderen Schutz suchte.«
>
> Wenn dies ein Raum des Pathos war, war der folgende einer des Horrors. Ein Berg wirr durcheinander liegender Knochen, einschließlich denen eines Pferdes. »Ich glaube, vor lauter Angst sind diese Leute die Treppe hinuntergestürzt«, sagte Maggi. »In ihrer Panik suchten sie Schutz in diesem Raum.«
>
> Als ich eintrat, konnte ich fast so etwas wie ein gemeinsames Stöhnen über die Jahrhunderte hinweg vernehmen. Ich vermochte fast die Schreie zu hören, als die Feuerlawine niederging. Es muss so gewesen sein, als sei man in einem Hochofen gefangen.

Der Reiz der Archäologie liegt darin, dass sie Mittel und Methoden liefert, mit denen man das Schweigen der Jahrhunderte durchbrechen kann. Durch sie erhält man Wissen an Hand kleiner Mosaiksteinchen, die die Jahrtausende überlebten. Von Hiram Binghams »Die Geschichte von Machu Picchu« aus dem Jahre 1915 und Peter Schledermanns »Eskimo- und Wikinger-Funde in der Arktis« von 1981 sind regelmässig Artikel über Archäologie in der Zeitschrift erschienen. Diese Berichte – Erzählungen, mal von Detektiven, mal von Abenteurern, Wissenschaftlern und mal über das Glück oder das Suchen nach »Ruinen, versunkenen Städten und Knochen« – zeigen die Notwendigkeit, unsere gemeinsame Geschichte zu verstehen und damit uns selber.

1920–1930

Die neue große Liebe: Autos, Flugzeuge und die ersten Farbfotos

Seltsamere Dinge sah auch Sindbad nicht, als er festgebunden am Fuß des Vogels Rock durch die Lüfte flog.

Francesco de Pinedo, Kommandant der königlich-italienischen Luftwaffe, nachdem er mit dem Seeflugzeug 96 000 Kilometer über sechs Kontinente zurückgelegt hatte; aus der Ausgabe vom September 1928

Im Januar 1920 trat der 18. Zusatz zur Verfassung der Vereinigten Staaten in Kraft. Die Prohibition hatte jedoch keinen Einfluss auf die Einkünfte des Magazins, da Reklame für Schnaps, Bier und Wein schon immer verboten gewesen war.

In den Zwanzigerjahren schwebte Amerika in einem Zustand zwischen dem naiven Idealismus der Jugend und dem Lebensüberdruss der Nachkriegszeit. Die Entscheidung des Senats gegen den Eintritt des Landes in den Völkerbund war symptomatisch für das Bestreben der Nation, sich von den europäischen Traumata zu lösen.

Wie Präsidentschaftskandidat Warren G. Harding 1920 sagte, brauchte Amerika jetzt »Versöhnung statt Heldenpathos, Normalität statt Wundermittel, Restauration statt Revolution ..., Gelassenheit statt einschneidender Maßnahmen«. Harding sprach für die Bürger mittleren Alters, aber als F. Scott Fitzgerald schrieb: »Die Unsicherheiten von 1919 waren vorbei. Amerika leistete sich den größten und buntesten Vergnügungsrummel in seiner Geschichte«, da sprach er für die Jugend im Zeitalter des Jazz, die keine Probleme wollte, sondern Aufregung.

Trotz einer Wirtschaftskrise zu Beginn des Jahrzehnts – 1921 nahm die Mitgliederzahl zum erstenmal seit Gilbert Grosvenors Einstellung ab (die Auflage sank um 65 867 Exemplare auf 647 341) – entwickelte sich der spektakulärste Wirtschaftsboom, den das Land je erlebt hatte. Dieser Boom war jedoch gefolgt von einem ebenso spektakulären Zusammenbruch.

Zwischen Ende Oktober und Mitte November 1929 verloren die Aktien über 30 Milliarden Dollar ihres Buchwertes (über 40 Prozent ihres vorherigen Kurswertes), und am 29. Oktober 1929, dem »schwarzen Dienstag«, fielen die Aktienwerte allein an diesem einen Tag um 14 Milliarden Dollar. Dennoch, solange das Fest dauerte, waren die Zwanziger ein Riesenspaß.

Backfische mit Bubikopffrisur tanzten Charleston in kurzen Röcken, Glockenhüten und bis unters Knie gerollten Seidenstrümpfen; junge Männer in weiten Hosen und mit kleinen Flaschen in den Taschen klimperten auf Ukulelen und brachten ihren Damen kleine Ständchen mit Schlagern wie »Barney Google« (mit seinen Ku-ku-Kulleraugen), »Baby Face« (»Du hast das süßeste Babygesicht«), »Runnin' Wild« (»Außer Rand und Band – Durchgedreht, total unverschämt«) und »There's Yes, Yes in Your Eyes« (»Deine Lippen sagen nein, nein, aber...«).

Große Sportjournalisten wie Grantland Rice, Paul Gallico, Damon Runyon und Ring Lardner schrieben über große Sporthelden wie Babe Ruth, Lou Gehrig, Bill Tilden, Johnny Weissmueller, Jack Dempsey und Gene Tunney; sie machten die »Vier Reiter« von Knute Rockney und die Kämpfer der Rennbahn unsterblich. Die Zwanzigerjahre waren jedoch nicht nur glanzvolle Jahre; die Dekade wurde überschattet vom Massaker am St.Valentinstag, der Scheidung des 51-jährigen Millionärs Edward (»Daddy«) Browning von seiner 15-jährigen Frau Frances (»Peaches«) Browning, dem

Vorangehende Seiten: »Zehn Automobile auf der Steigung zum Twin Peak bei San Francisco« begann die Bildunterschrift des NATIONAL GEOGRAPHIC für diese Aufnahme der Chandler Motor Car Company, die in der Ausgabe über die Automobilindustrie im Oktober 1923 erschien. »Ein Händler in San Francisco hatte beschlossen, der Welt zu zeigen, was seine Automobile auf solch extremen Steigungen leisten konnten«, hieß es weiter. »Zehn Besitzer, unter ihnen auch eine Frau, fuhren zur Startlinie am Fuß des Berges, und nach dem Start wurde der Gang dann nicht mehr gewechselt. Die Kraft des in Amerika gebauten Motors stellt eine herausragende technische Leistung dar.«

»Schauermord« an dem 14-jährigen Bobby Franks, der von Floyd Collins in eine Höhle in Kentucky gelockt wurde, und dem Tod von Rudolfo Valentino.

Vor allem aber waren die Zwanzigerjahre die Ära der Liebesgeschichte Amerikas mit dem Automobil. Ein Autor bemerkte dazu:

> In den Zwanzigerjahren bewirkte das Automobil im Leben Amerikas die größte Revolution, die jemals von einer einzigen Erfindung verursacht wurde... Es löste die Stadtzentren auf und schuf riesige, ausgedehnte Vororte, nahm Familien mit hinaus zu Sonntagsausflügen und verringerte die Zahl der Teilnehmer am Gottesdienst. Es eröffnete hart arbeitenden Amerikanern einen Fluchtweg zu Vergnügungen und neuen Sehenswürdigkeiten, bestätigte sie in ihrer Unabhängigkeit und belastete sie mit Schulden (1925 wurden drei von vier Autos per Ratenzahlung gekauft).
>
> Aus *Dies fabelhafte Jahrhundert, 1920–1930*

Natürlich wurde diese Liebesaffäre in geradezu verschwenderischer Fülle im NATIONAL GEOGRAPHIC sichtbar: Im Oktober 1923 stellte das Magazin seinem Mitarbeiter William Joseph Showalter 79 Seiten und 76 Illustrationen zur Verfügung für seinen Beitrag »Die Automobilindustrie: eine amerikanische Kunst, die ganz neue Produktionsmethoden und ein verändertes Transportwesen geschaffen hat«.

Kein Wunder, dass die Mitarbeiter des GEOGRAPHIC sich gegenseitig zu übertreffen suchten, indem sie mit ihren Automobilen in Gegenden fuhren, wo niemals zuvor ein motorisiertes Fahrzeug gewesen war. Erwartungsgemäß kamen sie dabei zu recht exotischen Ergebnissen, wie Melvin A. Hall in seinem Bericht »Mit dem Automobil über die Ostküste und durch das Batak-Hochland von Sumatra« schildert:

> Nach einer Stunde vergeblicher Anstrengungen gaben Joseph und ich es auf, den Wagen herauszuziehen. Da die Dunkelheit rasch hereinbrach, beschlossen wir, ... den Wagen zurückzulassen und zu versuchen, uns durch den Schlamm zum nächsten Eingeborenendorf durchzukämpfen. Es war ein verzweifelter Entschluss, aber die einzige Alternative wäre eine Nacht im Auto gewesen...
>
> Nach etwa anderthalb Kilometern stießen wir auf sechs Einheimische... Ich war überrascht, hier menschliche Wesen zu finden, und da ich um die Sicherheit unseres Wagens und unseres Gepäcks fürchtete, fragte ich den Anführer, ob er oder einer seiner Männer für eine angemessene Entschädigung die Nacht in einem Automobil verbringen würde ..., um es während meiner Abwesenheit vor Schaden zu bewahren. Zu meinem Erstaunen lehnte er sofort ab, und als er seinerseits die Frage an seine Männer richtete, weigerten diese sich ebenfalls.
>
> Ich konnte mir ihre Abneigung nicht erklären. Die Polster im Fond des Wagens gaben sicherlich ein ebenso komfortables Quartier ab wie irgendeines, das sie gewohnt waren; es konnte auch nicht der Sturm sein, den die Männer des Hochlands so fürchteten; und die Belohnung, die ich angeboten hatte, war zwar gering, entsprach aber wahrscheinlich dem Lohn einer ganzen Woche.
>
> Dann fiel mir ein, dass sie vielleicht vor dem Automobil selbst Angst hatten, und ich beeilte mich, ihnen zu versichern, dass es nicht nur trocken und bequem, sondern auch ganz sicher war, dass ich es abgeschlossen hatte, und dass es sich nicht bewegen konnte, bis ich es selbst in Gang setzte.
>
> »Oh, das ist es nicht«, sagte der Sprecher mit einer Miene, als habe er schon sein Leben lang in Automobilen geschlafen.
>
> »Was ist es dann?« Ich war zugleich neugierig und verärgert.
>
> »Tiger.«
>
> »Tiger?«
>
> »Ja, wirklich«, übersetzte Joseph nervös. »Er sagt, dass bestimmt jede Menge Tiger dorthin kommen und ihn auffressen!«
>
> »Aber doch nicht in einem Automobil«, wandte ich ein. »O nein; zuerst holt der Tiger ihn raus.«

»Auf der Fahrt durch den berühmten Wawona-Tunnelbaum im Mariposawald in Kalifornien« stoppt ein Automobil für dieses Foto aus der Oktober-Nummer von 1923. Der Baum hat bis heute überlebt, die Straße nicht.

Dem Artikel »Mit dem Automobil über die Ostküste und durch das Batak-Hochland von Sumatra« folgte im Januar 1924 »Die Eroberung der Sahara mit dem Automobil« und im Juni 1926 dessen Fortsetzung über die Expedition von Citroën durch Zentralafrika: »Durch die Wüsten und Urwälder Afrikas mit dem Kraftwagen: Raupenfahrzeuge bewältigen eine 24 000 Kilometer lange Reise von Algerien nach Madagaskar in neun Monaten« (Raupenkettenfahrzeuge mit zehn PS, Vorläufer der Fahrzeuge, die im folgenden Jahrzehnt für die fantastische Expedition von Citroën-Haardt durch Asien eingesetzt wurden).

Im Februar 1925 veröffentlichte das Magazin Felix Shays Bericht »Auf dem Landweg von Kairo nach Kapstadt: Eine abenteuerliche Reise von 135 Tagen von Nord nach Süd durch den afrikanischen Kontinent, unternommen von einem Amerikaner und seiner Frau«. Die Schilderung enthielt so atmosphärische Zeilen wie diese: »Mit dem Abend kam die Erlösung. Eine sanfte Brise wehte vom Nil herüber, und wir saßen nach dem Abendessen bis Mitternacht auf der Lehmterrasse des Hotels, tranken Zitronensaft und Whisky Soda.« Und: »Jede Nacht hörten wir das Schlagen der Trommeln bis zum Morgengrauen«.

Sechs Monate nach Erscheinen von Shays Reisebericht veröffentlichte das Magazin Major F. A. C. Forbes-Leiths »Von England nach Indien mit dem Automobil: Eine Reise über 13 720 Kilometer durch zehn Länder von London nach Quetta in fünfeinhalb Monaten«.

1929 konnten die Leser des GEOGRAPHIC Madagaskar »per Boot, Auto, Bahn oder Filanzana« durchqueren oder von Buenos Aires nach Washington reiten – »Eine einsame Reise von zweieinhalb Jahren durch elf amerikanische Länder, die über 15 400 Kilometer durch Berge und Ebenen, Wüsten und Urwälder führte«.

Es gab sogar einen »African Queen«-ähnlichen Bericht von Frank J. Magee über den »Transport einer Marineeinheit durch den afrikanischen Dschungel im Krieg«, zu dem Gilbert Grosvenor einleitend schrieb: »Keine Heldentat im Ersten Weltkrieg war von derart ungewöhnlichen Umständen begleitet wie der erfolgreiche Versuch von 28 wagemutigen Männern, die eine einsatzbereite Marineeinheit auf dem Landweg durch die afrikanische Wildnis transportierten, um eine feindliche Flottille, die den Tanganjikasee kontrollierte, zu zerstören.«

Das GEOGRAPHIC hatte sich in den Zwanzigerjahren zwar in das Automobil verliebt, doch war dies nur eine vorübergehende Laune, verglichen mit der Begeisterung, mit der seine Herausgeber das Flugzeug in die Arme schlossen! In diesem Jahrzehnt erschienen in der Zeitschrift alles in allem 30 verschiedene Artikel über die Luftfahrt. Brigadegeneral William (Billy) Mitchell feierte die Zukunft des Flugzeugs und des Luftschiffs in der März-Nummer des Jahres 1921; Richard Byrd berichtete über seinen Flug mit Floyd Bennet über den Nordpol im September 1926, den Südpol im August 1930 und über den Atlantik im September 1927. Die transatlantische Leistung von Byrd, die er mit vier Mann Besatzung in seiner dreimotorigen Fokker Amerika vollbrachte, wurde jedoch von Charles Lindberghs Alleinüberquerung in den Schatten gestellt, die dieser in seiner einmotorigen Spirit of St. Louis nur 33 Tage früher beendet hatte.

Die Geschichte des Fluges von Sir Ross Smith, der ihn, seinen Bruder Keith und zwei Crewmitglieder von London nach Australien führte, erschien im März 1921. »Von den Dingen, die der Mensch geschaffen hat, ist das Flugzeug dasjenige, das am meisten Lebensfreude bringt«, erklärte Ross Smith. Ein Artikel über Lindberghs Flug in der Spirit of St. Louis von Washington D. C. über 13 lateinamerikanische Länder und zurück erschien im Mai 1928.

Die Juli-Ausgabe von 1924 war ganz der Luftfahrt gewidmet und zeigte vor allem »Amerika aus der Luft«. Sie enthielt Luftaufnahmen von den Vereinigten Staaten (solche Fotos waren nie vorher gedruckt worden) und »Der Nonstop-Flug durch Amerika«, den persönlichen Bericht von Leutnant John A. Macready über den ersten, erfolgreichen Flug durch die Vereinigten Staaten von einer Küste zur ande-

»Keine Heldentat im Ersten Weltkrieg war von derart ungewöhnlichen Umständen begleitet«, schrieb Gilbert H. Grosvenor im GEOGRAPHIC vom Oktober 1922 über diesen erfolgreichen Versuch von 28 Männern der britischen Marine, eine kleine, einsatzbereite Flottille »auf dem Landweg durch die afrikanische Wildnis« zu transportieren.

ren, den er und Leutnant Oakley G. Kelly in einem großen einmotorigen Fokker-T-2-Hochdecker unternommen hatten.

Kelly flog die Maschine beim Start vom Mitchel Field auf Long Island, und Macready landete sie auf dem Rockwell Field in San Diego. Während des knapp 27stündigen Flugs durch heftige Regengüsse, nächtliche Dunkelheit und enge Gebirgspässe wechselten die Piloten fünfmal die Plätze – ein schwieriges und waghalsiges Manöver, bei dem ein Mann die Maschine von der fast völlig sichtbehinderten Hecksteuerung innerhalb des Rumpfes fliegen musste (Sicht gab es nur an den Seiten), während der andere das offene Cockpit verließ.

> Nach sechs Stunden am Steuer des vorderen Cockpits signalisierte der Pilot durch energisches Schwenken des Rades dem Piloten am Heck, das Steuer zu übernehmen. Sobald er sicher war, dass alles zufriedenstellend funktionierte, öffnete er die kleine Tür hinter sich, zog die Rückenlehne des Pilotensitzes heraus und ließ sie zusammen mit dem Fallschirm und dem Sitzpolster durch diese Öffnung auf den Boden fallen.
>
> Während er eine Seite seines Klappsitzes anhob, kroch er durch die kleine Tür und den schmalen Durchgang, der parallel zum Treibstofftank verlief, zum Heckpiloten. Durch lautes Schreien konnten sich die Piloten hinten verständigen…

Nachdem das Flugzeug in eine sichere Fluglage gebracht worden war, wurde der Wechsel am Steuer durchgeführt: Der aktive Pilot trat schnell nach vorn hinaus, während der neue Pilot von hinten hereinschlüpfte.

Der diensthabende Pilot kroch über die Drähte durch den Durchgang in den Frontsitz und übernahm das Steuer, während der andere Pilot das Fallschirmpolster und den Sitz zurück in Position brachte. Der Flug konnte weitergehen.

Francesco de Pinedo, Kommandant der königlich-italienischen Luftwaffe, der mit dem Seeflugzeug 96 000 Kilometer über sechs Kontinente flog, schrieb voll Begeisterung im September 1928: »Seltsamere Dinge sah auch Sindbad nicht, als er festgebunden am Fuß des Vogels Rock durch die Lüfte flog.«

Überall dort, wo Flugzeuge flogen, waren auch die Kameras dabei: Für die Oktober-Ausgabe von 1927, die zeigte, »Wie Lateinamerika aus der Luft aussieht«, überwanden amerikanische Flieger die hohen Anden, trotzten brasilianischen Urwäldern und folgten rauchenden Vulkanen, um neue Luftwege rund um Südamerika kartografisch zu erfassen.

Luftaufnahmen faszinierten Gilbert H. Grosvenor, und plötzlich erschien jede Bildunterschrift, als stünde sie unter einem Luftbild, wie zum Beispiel »aus der Luft gesehen«, »wie es aus der Luft aussieht« oder »Blick auf ...«, »von oben gesehen«, oder »eine Ansicht vom Flugzeug aus«. Diese Luftaufnahmen waren natürlich in Schwarzweiß, aber in den Zwanzigerjahren wandte sich der fotobegeisterte Herausgeber des GEOGRAPHIC zunehmend der Farbfotografie zu.

John Oliver La Gorce bemerkte 1915 in einer Werbebroschüre der Gesellschaft:

> Wenn es nach Meinung des Herausgebers unmöglich ist, die wahre Atmosphäre eines fernen Landes in Schwarzweiß zu vermitteln, dann wird sie mit großem Aufwand in Farbe oder Fotogravüre hergestellt, so dass die Leser, jung und alt, die wirklichen Verhältnisse sogleich verstehen können, ohne ihre Vorstellungskraft übermäßig beanspruchen zu müssen.

1915 waren von der Gesellschaft zwei neue Mitarbeiter, Charles Martin und Franklin L. Fisher, eingestellt worden, um den zunehmend anspruchsvollen Einsatz der Fotografie in der Zeitschrift zu beaufsichtigen. Martin wurde mit der Leitung der neuen Dunkelkammern und des Labors beauftragt, Fisher wurde Chef der Bildabteilung. 1920 hatte Gilbert Grosvenor genügend Vertrauen in die Zukunft der Farbfotografie, um die Dunkelkammern vergrößern und das erste Farblabor in der amerikanischen Verlagsgeschichte einrichten zu lassen; da jedoch in den frühen Zwanzigerjahren nur wenige Zeitschriften Farbfotos druckten, scheute die große Mehrheit der Berufsfotografen den Aufwand und die Kosten, die nötig waren, um das Verfahren zu erlernen. Deshalb waren die wenigen Fotografen, die mit der Herstellung von Lumière-Autochromen vertraut waren, beim GEOGRAPHIC sehr begehrt. Herausgeber Grosvenor, der erkannt hatte, dass für den Erfolg seines Magazins die ständige Verbesserung der fotografischen Qualität wichtig war, ermutigte sein kleines Fotografenteam stets aufs Neue. So schrieb er 1926 an Maynard Owen Williams in Frankreich:

> Die Kunst des Fotografierens in Farbe erfordert die Technik eines Ingenieurs, die künstlerische Begabung eines großen Malers und die Entdeckerfreude eines Tagespressefotografen. Deshalb hoffe ich, dass Sie nicht gleich den Mut verlieren, wenn nicht jede Ihrer Farbaufnahmen ein Volltreffer wird. Ich bin sehr zufrieden mit der zunehmenden Qualität all Ihrer Bilder.

Dem Bildredakteur Franklin Fisher, der die USA und Europa nach Fotografen abgesucht hatte, die Farbplatten für das Magazin liefern konnten, gelang es schließ-

Oben: »Mitglieder der National Geographic Society warten auf Eintrittskarten für den Empfang von Lindbergh.« Lange vor der angekündigten Zeit versammelten sich die Mitglieder vor der Hubbard Hall, dem Hauptsitz der Gesellschaft, um Karten zu ergattern. Von den 30 000 Interessenten konnten jedoch nur 6000 Mitglieder im Washington Auditorium Platz finden, wo Charles Lindbergh am 4. November 1927 von Präsident Calvin Coolidge die Hubbard-Medaille verliehen wurde. »Die Enttäuschung vieler war zu bedauern, aber unvermeidlich«, bemerkte das GEOGRAPHIC.

Gegenüber: Mehr als zwei Wochen nach dem sensationellen Nonstop-Alleinflug von New York nach Paris schart sich am 6. Juni 1927 auf dem Flugplatz in Croydon, England, eine begeisterte Menge um Charles Lindbergh und seine »Spirit of St. Louis«. Er war von Brüssel aus nach England geflogen.

lich, eine kleine Gruppe freier Mitarbeiter zu versammeln, die hauptsächlich aus Künstlerkreisen stammten oder unabhängige, wohlhabende Fotoliebhaber waren.

Die Nachkriegsära der Farbfotografie begann im März 1921 mit Helen Messinger Murdochs acht Autochromen von Indien und Ceylon, die Sir Ross Smiths Bericht »Von London nach Australien mit dem Flugzeug« illustrierten; von ihr erschienen keine weiteren Arbeiten im GEOGRAPHIC.

Zwei Fotografen, deren Bilder weiterhin erschienen, waren Fred Payne Clatworthy, der sich auf den amerikanischen Westen spezialisierte, und Franklin Price Knott, der Miniaturen malte, bevor er nach seinen Worten dem »Zauber der Autochrome« erlag. In seinem Artikel »Künstlerabenteuer auf der Insel Bali« schrieb Knott im März 1928:

> Durch die Farbfotografie können plötzlich Millionen Leser dieses Magazins die Herrlichkeiten der Natur entdecken – Gottes großes Atelier. Wie der Pinsel des Künstlers erfasst die Kamera jetzt die Farbnuance und jede Schattierung, von der Wüste Arizonas über den Sonnenuntergang in den Alpen bis zum prunkvollen Schmuck am Hofe indischer Radschas und der bronzenen Schönheit der Dschungelmädchen in den Lotosteichen.

Was Knott über seine vergeblichen Versuche erzählte, die scheuen bronzefarbenen Mädchen auf Bali im Bild festzuhalten, drückte die Enttäuschungen aller Farbfotografen jener Zeit aus, die sich mit ihrer schweren, hinderlichen und abschreckenden Ausrüstung abmühten. Er schrieb:

> Da war vor allem ein Mädchen auf dieser Insel, eine wahre Venus – aufrecht, grazil und anmutig wie ein Reh. Des Öfteren konnte ich einen Blick von ihr erhaschen. Manchmal badete sie mit anderen Mädchen in einem Teich am Straßenrand, oder sie schritt ruhig und gelassen mit einer Opfergabe zum Tempel. Immer wieder versuchte ich, sie zu fotografieren, erwischte aber nur einen kurzen Augenblick lang ihr hinreißendes Lächeln, bevor sie wieder davonhuschte.

Um besseres Material aus Europa zu bekommen, schloss Franklin Fisher mit europäischen Fotografen Verträge ab: mit Gervais Courtellemont in Frankreich, Hans Hildenbrand und Wilhelm Tobien in Deutschland, Gustav Heurlin in Schweden und Luigi Pellerano in Italien. In der Regel entwickelten diese Männer ihre Autochrome an Ort und Stelle und sandten dann die zerbrechlichen Platten in ausgepolsterten Kisten mit dem Schiff nach New York. Einige von ihnen haben die Büros des NATIONAL GEOGRAPHIC in Washington während ihrer ganzen Karriere nie gesehen. Diese namhaften Fotografen, die unabhängig voneinander arbeiteten, lieferten – wie Priit Vesilind in seiner Dissertation über die Farbfotografie im GEOGRAPHIC anmerkte – die vielleicht einzige, vollständige Fotoreportage über das Europa vor den Zerstörungen des Zweiten Weltkrieges.

Mittlerweile war die Belegschaft der Gesellschaft durch zusätzliche Mitarbeiter erweitert worden. Maynard Owen Williams (1919), Edward L. Wisherd (1919), Clifton Adams (1922) und W. Robert Moore (1927) hatten sich Laborleiter Charles Martin in Washington angeschlossen und wie ihre europäischen Kollegen systematisch einen Fotobericht über das Amerika der Vorkriegszeit zusammengestellt. Von den 1818 Autochromen, die im GEOGRAPHIC zwischen 1921 und 1930 erschienen, waren fast 94 Prozent von den oben erwähnten zehn Fotografen gemacht worden.

Martin war nach seinem Militärdienst auf den Philippinen zum GEOGRAPHIC gekommen (Martins Fotos – darunter das von dem enthaupteten Kopfjäger – hatten 1913 Dean C. Worcesters Artikel über die Philippinen illustriert). Obwohl Martin, wie Vesilind schrieb, »schwer zufrieden zu stellen war, … führte er den hohen Qualitätsstandard ein, der seitdem die Laborarbeit des GEOGRAPHIC geprägt hat«.

Oben: »Eine zum Hungertod verurteilte Mongolin.« Die Veröffentlichung dieses schockierenden Autochroms von Stéphane Passet im Mai 1922 wurde auch damit gerechtfertigt, dass sie »auf authentische Weise die Sitten dieser Zeit widerspiegelt«.

Gegenüber: Seitdem Gilbert H. Grosvenor 1903 entschieden hatte, die Fotos von zwei halbnackten Philippininnen bei der Feldarbeit zu veröffentlichen, sind barbusige Eingeborenenfrauen im NATIONAL GEOGRAPHIC ein beliebtes Motiv gewesen. Franklin Price Knotts Autochromplatten von balinesischen Mädchen trugen in der Ausgabe vom März 1928 die Bildunterschriften »Nicht einmal die Kamera konnte dieser zurückhaltenden und würdevollen Tochter des Ostens ein Lächeln entlocken« (gegenüber, oben) – und in einem vielleicht recht merkwürdigen Versuch ethnographischer Abgrenzung »Auf Bali gibt es keine Blondinen« (gegenüber, darunter).

Maynard Owen Williams konnte den Patriarchen der Orthodoxen Kirche von Jerusalem unmöglich bitten, seinen Palast zu verlassen, um in der heißen Sonne mit seinen unermesslich reichen Juwelen und in seinen Brokatgewändern für die Kamera zu posieren. Wegen der langen Belichtungszeit bei Autochrom-Aufnahmen konnte Williams nicht drinnen fotografieren. Also postierte er seine Kamera auf einem sonnigen Balkon vor den Räumen des Patriarchen, stellte mit Hilfe eines »Ersatz-Geistlichen« alles fotografisch richtig ein, »und als Seine Eminenz dann an derselben Stelle stand, belichtete ich zwei Platten derart schnell, dass er überrascht feststellte, dass die Prozedur schon vorbei war«, schrieb Williams in der Dezember-Nummer von 1927.

Es war Martin, der in Zusammenarbeit mit dem Ichthyologen Dr. W. H. Longley, Professor für Biologie am Goucher College, die ersten Unterwasserfarbfotos der Welt machte. Die Fotos, die bei den Dry Tortugas in den Florida Keys aufgenommen wurden, sind das Ergebnis »vieler Wochen und Monate des Experimentierens« ... [und] »machten die Entwicklung einer speziellen Technik notwendig, ... da die normale Autochrom-Platte die Bewegungen unter Wasser nicht registrierte«. Die acht Autochrome und eine Beschreibung der aufgetretenen Probleme erschienen 1927 in der Januar-Ausgabe des GEOGRAPHIC unter dem Titel »Die ersten Autochrome vom Meeresboden: Seefische sind in ihrer natürlichen Umgebung entlang der Florida Keys erfolgreich in Farbe fotografiert worden«. Ein Abschnitt des Artikels lautete:

> Es war notwendig, alle Platten, die in geringer Tiefe benutzt wurden, extrem lichtempfindlich zu machen, so dass die Belichtungszeit unter Wasser auf eine Zwanzigstelsekunde reduziert werden konnte.
>
> Durch die Feuchtigkeit, die extreme Hitze und den Mangel an ausreichendem Strom für den Ventilator musste die Prozedur in den Dry Tortugas jeden Morgen um fünf Uhr (in der kühlsten Zeit des Tages) durchgeführt werden, um zu verhindern, dass die Emulsion auf den Glasplatten schmolz.

Da aber das Sonnenlicht schon in einer geringen Tiefe von viereinhalb Metern abnahm, brauchte man selbst bei den extrem lichtempfindlichen Platten noch eine zu lange Belichtungszeit. Martin konstruierte deshalb eine Vorrichtung mit Blitzlichtpulver, das er unter Wasser zünden konnte, sobald ein Fisch in Sicht kam. Es funktionierte, jedoch mit schmerzhaften, belastenden Folgen:

> Für jede Ladung brauchte man ein Pfund Magnesiumpulver. Die Zündung von einer solchen Menge Sprengstoff auf einem kleinen Fischerboot – gesteuert von zwei Männern, die gleichzeitig gezwungen waren, die schattenhaften Bewegungen des Tauchers mit seiner Kamera zu verfolgen – war eine harte Nervenprobe. Besonders dann, wenn die Männer manchmal zwei oder drei Stunden in Erwartung der plötzlichen, ohrenbetäubenden Detonation ausharren mussten. Sie konnten nie wissen, in welchem Augenblick der Taucher seine Beute in der gewünschten Position vor die Linse bekam...
>
> Einmal erlitt Dr. Longley schwere Verbrennungen und war sechs Tage lang arbeitsunfähig, weil 28 Gramm Pulver vorzeitig explodierten. Wäre es eine volle Ladung gewesen, hätte der Unfall wahrscheinlich seinen Tod oder die völlige Erblindung zur Folge gehabt.

Der Magazinleser von heute, der die Brillanz moderner Farbabzüge gewohnt ist, wird beim Anblick von Autochromen aus den Zwanzigerjahren vielleicht nicht verstehen, warum damals so viel Lärm um sie gemacht wurde. Oft wirken die Aufnahmen leblos und gestellt, sie waren im Farbspektrum begrenzt und zuweilen auch ungeschickt retuschiert. Verglichen mit den Schwarzweißfotos, die sie ergänzten, hatten die frühen Autochrombilder in den Zwanzigerjahren jedoch eine ähnliche Wirkung wie die Farbfernseher, die in den Fünfzigern begannen, Schwarzweiß zu verdrängen.

Da die Gesellschaft mit den eingeschränkten Möglichkeiten der Autochrom-Platten noch nicht zufrieden war, experimentierte sie weiter.

Für kurze Zeit erprobte das GEOGRAPHIC die Farbmethode von Paget. 1919 wurde Frank F. Jones, ausgerüstet mit Paget-Platten, in das Gebiet um den Mount Katmai in Alaska geschickt, um eine der sechs Expeditionen der Gesellschaft ins »Tal der 10 000 Rauchsäulen« im Bild festzuhalten. Expeditionsleiter Robert F. Griggs schrieb in der September-Nummer von 1921 über einige der Probleme, mit denen der Fotograf Jones zu kämpfen hatte:

Am 21. August 1926 schickte John Oliver La Gorce folgendes Telegramm an Gilbert Grosvenor, der damals in Baddeck, Neuschottland, den Sommer verbrachte: »SCHICKEN SIE MARTIN INS DRY-TORTUGA-LABOR. ER HAT ACHT PLATTEN VON FISCHEN, VIEREINHALB METER UNTER WASSER, ERHALTEN, DIE ERSTEN, DIE JE AUFGENOMMEN WURDEN STOP … KÖNNEN VON DEN ACHT BILDERN VIER FARBSEITEN BEKOMMEN. SIND SIE EINVERSTANDEN, ZWÖLF FARBSEITEN JAMAIKA UND DIESE VIER SEITEN FISCHE ALS SECHZEHNSEITIGEN BOGEN ZU NEHMEN? UNMÖGLICH, NUR VIER SEITEN ZU VERWENDEN STOP BEACHTLICHE LEISTUNG. MÜSSTE VOLLTREFFER WERDEN. ALLES WOHLAUF.«
Als Ergebnis »wochen- und monatelangen Experimentierens« waren die weltweit ersten gelungenen Unterwasserfarbfotos, die u. a. auch den Schweinsfisch zeigten (links, unten), eine Sensation, als sie im Januar 1927 in der Zeitschrift erschienen. Charles Martins Mitarbeiter, der Ichthyologe Dr. H. W. Longley, erlitt jedoch schwere Verbrennungen, als 28 Gramm des Magnesium-Blitzlichtpulvers vorzeitig explodierten; es war in Ein-Pfund-Portionen auf ein Floß montiert worden (links, oben), um unter Wasser zusätzliches Licht zu erzeugen.

In einem Gebiet wie dem »Tal der 10 000 Rauchsäulen« ist das Fotografieren in Farbe mit ganz besonders großen Schwierigkeiten verbunden. Die Platten reagieren auf ungünstige Witterungseinflüsse sehr empfindlich und müssen vor dem heißen, feuchten Boden mit größter Sorgfalt geschützt werden. Die Staubwolken, die oft vom Wind aufgewirbelt werden, dringen überall ein, so dass es extrem schwierig ist, alles sauber zu halten. Staub ist für die Farbfotografie viel gefährlicher als für normale Arbeiten in Schwarzweiß, denn die Platten müssen im Voraus eingelegt werden und können nicht wie Filme erst kurz vor der Belichtung gewechselt werden.

Auf einem Schwarzweißfoto kann ein Fleck leicht entfernt werden, aber beim Farbverfahren von Paget, das wir benutzten, musste jeder Fehler auf der Aufnahmeplatte oder dem Betrachtungsraster als permanenter Klecks bestehen bleiben... Bei den Arbeiten in Farbe ist die Zahl der technischen Faktoren, sind die Anforderungen an die künstlerische Auffassungsgabe des Fotografen wesentlich höher. Wer solche Arbeiten unter derart harten Bedingungen erfolgreich ausführen kann, ist daher eine seltene Ausnahme... Für seine Ergebnisse gebührt Mr. Jones die größte Anerkennung, denn sie zeugen von großer Geduld und künstlerischem Können.

1924 schloss sich Melville Bell Grosvenor, der Sohn von Gilbert Grosvenor, der Gesellschaft als Assistent von Franklin Fisher an. Nachdem er die Marineakademie der Vereinigten Staaten absolviert hatte, hatte Melville seinen Dienst in der Marine beendet. »Mein Vater glaubte an die Farbfotografie und förderte sie nach Kräften«, erzählte Melville Priit Vesilind später. »Sein Mitarbeiterstab hielt das für übertriebene Extravaganz. Aber die Leute liebten Farbbilder. Sie wollten, dass die Dinge natürlich aussahen, und so probierten wir alle möglichen Methoden aus, sobald wir sie entdeckten – übernahmen sie und experimentierten mit ihnen.«

Um ihre Farbdrucke und die Qualität der Abzüge zu verbessern, schickte die Gesellschaft Mitglieder ihrer wachsenden Bildredaktion ins Ausland, um in England, Frankreich und Deutschland und später bei Eastman Kodak in Rochester, New York, neue Erkenntnisse zu sammeln.

Ab September 1927 waren Farbfotos in jeder Ausgabe der Zeitschrift enthalten – alle waren Lumière-Autochrome, und alle wurden oft unter größten Anstrengungen gemacht. Fred Payne Clatworthy, ein Fotograf aus dem Team von Franklin Fisher, spezialisierte sich auf Landschaftsaufnahmen des amerikanischen Westens. Im Begleittext zu seiner Arbeit »Die Wunder des Westens in Farbe« vom Juni 1928 schrieb Clatworthy: »Nur wenige der vielen Leser, die nun nach naturgetreuen Farbbildern im NATIONAL GEOGRAPHIC MAGAZINE suchen, können sich vorstellen, welch große Schwierigkeiten es bei der Beschaffung der Originale gibt.« Clatworthy wusste, wovon er sprach: Während eines Aufenthalts im »Tal des Todes«, wo er Wüstenblumen fotografieren sollte, hätte er beinahe sein Leben in dem Sandsturm verloren, der den Mann, der nach ihm gereist war, erstickte.

Die Schwierigkeit, die Filmplatten sauber zu halten, die Unzugänglichkeit der Gebiete, in die er geschickt wurde, und das Gewicht der schweren Kamera bereiteten dem Fotografen des GEOGRAPHIC schon genug Probleme – er hatte aber auch noch mit dem notorischen Geiz des Bildredakteurs zu kämpfen. Für die erste Serie von 16 Autochromen, die für seinen Beitrag »Ansichten des Westens im Land der Besten« Verwendung fanden, bekam Clatworthy insgesamt 160 Dollar.

»Seit Jahren bin ich der Meinung, dass Sie in Ihrem Bestreben, der Gesellschaft Geld zu sparen, zu eifrig darauf bedacht sind, für Ihr Bildmaterial nur den Mindestbetrag an die Fotografen zu zahlen«, schalt Gilbert H. Grosvenor Fisher in einer Notiz vom 27. Oktober 1928. In seinem langen, mal lobenden, mal tadelnden Brief fuhr er fort:

Wir haben diese Sache wiederholt besprochen, und jedes Mal, wenn Sie auf meine Bitte hin das ursprünglich festgesetzte Honorar erhöhten, sei es für

Gegenüber: »Noch unerfahren wie Gänschen, doch Übung macht die Gans zum perfekten Marschierer« lautete die zurückhaltende Bildunterschrift des Fotos oben; die Aufnahme darunter zeigt einen »Aufmarsch der Nationalsozialisten in Nürnberg«. Beide illustrierten Lincoln Eyres Artikel »Wiedergeborenes Deutschland« vom Dezember 1928.

Fast acht Jahre später, am 5. August 1936, beauftragte der Mitherausgeber John Oliver La Gorce den freien Journalisten Douglas Chandler mit einem Artikel über »Das charakteristische Alltags- und Geschäftsleben in der großen Metropole Berlin«. Damals war die Nazipartei vier Jahre an der Macht. »Wir wissen, dass die Meinungen über die gegenwärtige Lage in Deutschland sehr auseinandergehen und dass es schwierig ist darüber zu schreiben, ohne auf Politik oder Religion zu stoßen«, schrieb La Gorce an Chandler, »aber das überlassen wir den anderen Organen.«

Die Schwäche in Grosvenors redaktionellen Leitprinzipien – unter Vermeidung von kritischer Stellungnahme oder Kontroverse nur das Angenehme zu veröffentlichen – ist niemals deutlicher sichtbar geworden. Chandlers Artikel »Berlin im Wandel« folgte dem Diktat von La Gorce und ließ den brutalen Antisemitismus des Hitlerregimes völlig außer Acht.

Im Lauf der Jahre hat sich die Berichterstattung im GEOGRAPHIC gebessert, da nachfolgende Redakteure und Herausgeber die redaktionellen Maßstäbe aus dem Salon eines viktorianischen Gentleman durch die eines Nachrichtenbüros ersetzten.

»Das war '26. Jetzt, im Frühjahr '29, bin ich wieder drin.«

> Clatworthy, Courtellemont oder Sakamoto, erfolgte sofort eine Verbesserung in Qualität und Anzahl der eingereichten Fotos. Durch diese erhöhten Ausgaben hat das Magazin Material gewonnen, das an Wert sehr viel mehr ausmacht als die zusätzlichen Kosten, die ich veranlasst habe.

Grosvenor erinnerte Fisher an die ursprünglich niedrige Bezahlung für Clatworthys Autochrome und wies ihn darauf hin, dass der Preis »10 Dollar pro Seite« gewesen sei, und dass der Fotograf »gedrängt worden sei, weitere Serien zu liefern«. Grosvenor fährt dann in seinem Brief fort:

> Mehrere Jahre vergingen, und Clatworthy lieferte nichts ab. Schließlich rief er eines Tages an, und ich fragte, warum er keine Fotos mehr geschickt habe, und er erwiderte, dass das Honorar, das Sie ihm anboten, seine Ausgaben nicht decken könne. Ich bot ihm deshalb 1000 Dollar für eine Serie von 16 ganzseitigen Negativen, und innerhalb einiger Monate lieferte er eine bemerkenswerte Serie, die wir in der Juni-Ausgabe von 1928 unter dem Titel »Fotografien des Westens in Farbe« druckten.
>
> Diese Serie von Clatworthy hat uns pro Originalbild 62,50 Dollar gekostet. Die gezahlte Summe reichte aus, um Clatworthy die Deckung seiner tatsächlichen Ausgaben zu ermöglichen, aber sie reichte nicht aus, um finanziellen Gewinn daraus zu ziehen. Ich meine jedoch, dass dies ein durchaus fairer Preis war, da das Ansehen, das er durch diese Serie gewann, die öffentliche Nachfrage nach seinen Vorträgen ebenso erhöht hat wie die Honorare, die er für diese Vorträge erhält.
>
> Vom Standpunkt der Gesellschaft aus ist die Ausgabe von 62,50 Dollar pro Seite, deren Kosten sich auf eine Auflage von 1 200 000 Exemplaren verteilen, fast ohne Belang. Daher war dies für die National Geographic Society eine ausgezeichnete Investition.
>
> Beim Kauf von Fotos und anderem Material für das Magazin dürfen wir nicht vergessen, dass Inserenten für einen Platz in der Zeitschrift gut und gerne 2500 Dollar für eine Seite zahlen; eine Einfügung, und sie zahlen viele zusätzliche Dollars für die Vorbereitung ihrer Ausgabe. Der Raum, der für unsere Inserenten so wertvoll ist, ist für die National Geographic Society sogar noch wertvoller.
>
> Allgemeine geschäftliche Überlegungen zeigen also, dass das NATIONAL GEOGRAPHIC MAGAZINE ruhig mehrfach 62,50 Dollar für eine Bildseite zahlen kann, da jede Seite unserer Zeitschrift eine Reklame für das Produkt der National Geographic Society darstellt. Der Versuch, ein paar Dollar am Einkaufspreis von Fotos einzusparen, ist eine selbstmörderische Politik, und diese Politik hindert uns daran, das Material zu bekommen, das wir brauchen, wenn die National Geographic Society existieren soll.

Von »Menschliche Gefühle im Bild der Fotografie« (Oktober 1920) bis »Durch Java auf der Jagd nach Farbe« (September 1929) erschienen im GEOGRAPHIC der Zwanzigerjahre Beiträge, die Fotografie und Fotografen gleichzeitig feierten. Dies taten natürlich auch Artikel über Vögel, von »Die Krähe, Vogelbewohnerin aller Länder: Ein gefiederter Strolch, der trotz seiner räuberischen Neigungen viele faszinierende Züge und viele bewundernswerte Eigenschaften hat« (April 1920) bis »Der Adler in Aktion: Eine genaue Studie über das geisterhafte Leben des amerikanischen Nationalvogels« (Mai 1929).

Es gab Beiträge über »Die Haarnetzindustrie in Nordchina« (September 1923) und über die Reise einer Amerikanerin auf einem Hausboot in China mit dem wundersamen Titel »He für den Suzhou He« (Juni 1927); ferner erschien »Auf der Pirsch nach der Drachenechse auf der Insel Komodo« (August 1927), gefolgt von »Micky, der Biber« (Dezember 1928).

Im September 1921 veröffentlichte das Magazin »Unser größtes Nationaldenkmal: die National Geographic Society beendet ihre Forschung im ›Tal der 10 000

Rauchsäulen‹«. Die Artikel des Archäologen Neil M. Judd über die Rätsel der Ruine von Pueblo Bonito in Neu-Mexiko erschienen 1922, und 1924 wurde die erste Folge der Serie des Botanikers Joseph F. Rock über Abenteuer in China und Tibet veröffentlicht.

1922 druckte die Gesellschaft *Das Tal der 10 000 Rauchsäulen* auch in Buchform. Im Vorwort hob Gilbert Grosvenor erneut die bedeutende Rolle der Mitglieder hervor: Er erklärte, dass die Expeditionen

> … von den 750 000 Mitgliedern der National Geographic Society finanziert wurden, von denen jeder, ob Millionär, Collegeprofessor, Großindustrieller oder Angestellter, den gleichen Anteil an Unterstützung gewährte. Jedes Mitglied der Organisation mag es daher mit tiefer Befriedigung erfüllen, dass er oder sie geholfen hat, unser Wissen über den jungen, aktiven Planeten, auf dem wir leben, so beträchtlich zu erweitern.

Leider waren die Vulkane nicht die einzigen Kräfte, die in den Zwanzigerjahren auf unserem jungen Planeten aktiv waren. Als sich das Jahrzehnt seinem Ende näherte, erregte kein Artikel die Gemüter so sehr wie der Bericht von Lincoln Eyre im Dezember 1928, betitelt »Wiedergeborenes Deutschland«. Massen marschierender Braunhemden in kurzen Hosen und mit Hakenkreuzarmbinden schrien, den rechten Arm erhoben, »Sieg Heil!« auf dem Foto mit der Unterschrift »Aufmarsch der Nationalsozialisten in Nürnberg«. Dieser Illustration folgte eine weitere Aufnahme, die durch eine Straße marschierende kleine Schüler zeigte. Sie trug die Bildunterschrift »Noch unerfahren wie Gänschen, doch Übung macht die Gans zum perfekten Marschierer«.

Im folgenden Jahr ernannte Hitler Heinrich Himmler zum Reichsführer der SS, Trotzki wurde aus der Sowjetunion verbannt, Warren Hardings Innenminister wurde im Teapot-Dome-Skandal der Annahme von Bestechungsgeldern in Höhe von 100 000 Dollar für schuldig befunden, und Herbert C. Hoover trat sein Amt als 31. Präsident der Vereinigten Staaten an. Ebenfalls im Jahr 1929 veröffentlichte William Faulkner *Schall und Wahn*, Hemingway *In einem anderen Land*, Thomas Wolfe *Schau heimwärts*, Engel und Erich Maria Remarque *Im Westen nichts Neues*. Marc Chagall malte *Das Milchmädchen*, Disney zeigte seinen ersten Mickymaus-Zeichentrickfilm *Steamboat Willie*, und Tonfilme verdrängten den Stummfilm. Das deutsche Luftschiff »Graf Zeppelin« flog in 20 Tagen, 4 Stunden und 14 Minuten 31 300 Kilometer rund um die Welt (und sein Kommandant, Dr. Hugo Eckener, erhielt für diese Glanzleistung von der Gesellschaft eine besondere Ehrenmedaille). Kodak führte den 16-mm-Farbfilm ein, die amerikanische Börse erlebte den »Schwarzen Freitag«, die Weltwirtschaftskrise begann, und der 5. Graf von Rosebery starb als glücklicher Mann im Alter von 82 Jahren, nachdem er sich drei Herzenswünsche erfüllt hatte: Er hatte die reichste Erbin Englands geheiratet, das Derby gewonnen (dreimal) und war Premierminister geworden.

Als das Jahrzehnt zu Ende ging, erreichte die National Geographic Society eine Mitgliederzahl von 1 212 173. Im folgenden Jahr kamen 34 810 neue Mitglieder hinzu, so dass die Gesamtzahl nun bei 1 246 983 lag. Erst 1946 erreichte die Gesellschaft wieder die gleiche Mitgliederzahl, die sie dann anschließend übertraf.

VOLUME LVI
NUMBER THREE
THE NATIONAL GEOGRAPHIC MAGAZINE
SEPTEMBER, 1929
CONTENTS
TWENTY-FOUR PAGES OF ILLUSTRATIONS IN FULL COLOR
Into Primeval Papua by Seaplane — With 99 Illustrations — E. W. BRANDES
Through Java in Pursuit of Color — With 10 Illustrations — W. ROBERT MOORE
Java, Queen of the East Indies — 29 Natural-Color Photographs
A Vacation in Holland — With 15 Illustrations — GEORGE ALDEN SANFORD
PUBLISHED BY THE NATIONAL GEOGRAPHIC SOCIETY
HUBBARD MEMORIAL HALL
WASHINGTON, D.C.
$3.50 A YEAR
50c THE COPY

Ende 1930 hatte die Gesellschaft 1 246 983 Mitglieder. Diese Zahl wurde erst nach dem Ende des Zweiten Weltkriegs wieder erreicht.

Jenseits der Grenzen ist etwas verloren gegangen. Es wartet auf dich. Geh!

»Bis eine Stimme, eindringlich wie das Gewissen, in endlosen Variationen Tag und Nacht und immer wieder unaufhörlich flüsterte:
›Etwas Verborgenes. Geh und finde es. Geh und schau hinter die Berge – Etwas Vergessenes hinter den Bergen. Vergessen und auf dich wartend. Geh!‹«

Aus Der Forscher *von Rudyard Kipling* (1898)

»... hat die im Geiste des Abenteuers übernommene Aufgabe, und zwar jede Aufgabe, das Verdienst des Romantischen.«

Joseph Conrad, *A Personal Record* (1912)

Oben: M. O. Williams, hier vor einem Halbkettenfahrzeug der Expedition in der chinesischen Provinz Xinjiang, leitete über 30 Jahre den Foreign Staff (Auslandsabteilung) des NATIONAL GEOGRAPHIC.

Gegenüber: »Der ›Skarabäus‹ hätte um ein Haar ein schlimmes Ende genommen«, schrieb Williams, als im Himalaja ein Gebirgspfad seitlich einbrach und das Fahrzeug zwölf Meter über einer Schlucht abzustürzen drohte.

Vorangehende Seiten: Bei Farah in Afghanistan salutieren von Genghis Khan geplünderte Truppen den Teilnehmern der transasiatischen Expedition von Citroën-Haardt (1931-32).

In der Geschichte des NATIONAL GEOGRAPHIC haben Männer und Frauen stets auf das geachtet, was Kipling »eine Stimme, eindringlich wie das Gewissen« nannte. Einige von ihnen, wie Theodore Roosevelt, folgten ihr in die Wildnis Afrikas, andere, wie Greely, Peary und Steger, kämpften sich durch die arktische Eiswüste, um zum Pol zu gelangen. Charles und Anne Morrow Lindbergh flogen auf der Suche nach sicheren Flugrouten unter den extremsten Bedingungen 46 600 Kilometer in einem kleinen, einmotorigen Seeflugzeug, und Robin Lee Graham, Tim Severin und Thor Heyerdahl stachen mit zerbrechlichen Booten in See. Als jedoch Abenteurer und Forscher im ersten Drittel unseres Jahrhunderts über den Globus ausschwärmten, schien nur der Mond unerreichbarer und geheimnisvoller zu sein als China. Und obwohl im GEOGRAPHIC zwischen 1900 und 1935 70 Artikel über China erschienen, fesselten keine davon die Leser so sehr wie jene, die von zwei ganz verschiedenen Männern geschrieben wurden – Maynard Owen Williams und Joseph F. Rock.

Williams, ehemals Missionar in China und Syrien, war hochherzig, gesellig, unbefangen und leicht zu begeistern. Er kam 1919 zum GEOGRAPHIC, lieferte den Text oder Fotos oder auch beides für 90 Beiträge und war für Generationen von Lesern »Mr. GEOGRAPHIC«. Er war einer der Journalisten, die bei der Öffnung des Grabes von Tutenchamun dabei waren, er machte als einer der ersten Farbfotos in der Arktis und war in Bulgarien ebenso zu Hause wie auf Bali. Während seiner über 30-jährigen Tätigkeit als Chief of Foreign Staff (Leiter der Auslandsabteilung) des NATIONAL GEOGRAPHIC wurde Williams einmal gefragt, wie er schwierige Leute in entlegenen Gebieten dazu brachte, mit ihm zusammenzuarbeiten. Er antwortete: »Ich gewinne ihr Vertrauen, indem ich mich wie eine nette, kleine Lady benehme. Ich trage niemals eine Waffe. Ich erzähle allen Leuten, ich sei hilflos und dass ich ihre Sprache nicht sprechen kann.«

1930 wurde Maynard Owen Williams zum einzigen Repräsentanten der Gesellschaft und einzigen Amerikaner für eine motorisierte Expedition durch Asien ausgewählt, die vom Franzosen Georges-Marie Haardt geleitet wurde.

In einer Zeit glorreicher Expeditionen war die transasiatische Expedition von Citroën-Haardt in den Jahren 1931 bis 1932 die großartigste und abenteuerlichste von allen. Im vergangenen Jahrzehnt hatte Haardt die Sahara mit Halbketten- oder Raupenfahrzeugen durchquert, die von André Citroën konstruiert worden waren. »Dann«, schrieb Williams, als Afrika hinter ihnen lag, »forderte die Weite Asiens die Franzosen heraus.«

Mit sieben neuen, extra von Citroën gebauten, sieben Tonnen schweren Halbkettenfahrzeugen startete Haardt am 4. April 1931 zu seiner Reise, die über Land vom Mittelmeer zum Gelben Meer führen und die teilweise der Route folgen sollte, die Marco Polo vor sechseinhalb Jahrhunderten genommen hatte.

Der ursprüngliche Plan der Expedition war, »Asien von Beirut nach Peking mit Kettenfahrzeugen zu durchqueren, wobei man an der Nordseite des Hindukusch in östlicher Richtung durch das russische Turkestan fahren wollte, um das asiatische Hochgebirgszentrum zu umgehen«. Aber als die Sowjets keine Einreisegenehmigung erteilten, wurde die Expedition in zwei Hälften geteilt: Eine Gruppe von sieben Fahrzeugen, die China-Gruppe, sammelte sich in Tianjin am Gelben Meer und brach nach Westen auf. Die anderen sieben, die Pamir-Gruppe, zu der auch Williams gehörte, startete »vom Mittelmeer in Richtung Osten ... zu einem Rendezvous in Zentralasien«. Williams' Bericht über diese anstrengende, zehnmonatige, die Motoren verbrauchende, mehr als 11 850 Kilometer lange Reise über wandernde Sanddünen und heiße Wüsten, durch eisige Flüsse und über verschneite Bergpässe des Himalaja wurde als Serie in drei Ausgaben veröffentlicht: im Oktober 1931 und im März und November 1932.

Von Beirut aus stieß die Pamir-Gruppe nach Damaskus vor und fuhr von dort weiter nach Palmyra, wo Williams notierte:

> In der Empfangshalle des Zenobia-Hotels ertönte vom Schallplattenspieler ganz unbekümmert »Ich küsse Ihre Hand, Madame«. Aber hinter der dünnwandigen Tür des Salons saßen die Herren der Wüste, stolze Besitzer von glänzenden Automobilen, rauchend bei einer Tasse Kaffee zusammen und versteckten ihre wahren Gefühle hinter einstudiert geschmeidigen Gesten.

Am folgenden Morgen schrieb Williams im einsamen Außenposten der französischen Fremdenlegion von Palmyra: »Als unsere Wagen sich in Linie formierten und wir ein stummes ›Vive la France‹ salutierten, nahmen die Legionäre Haltung an, um ›das Gewehr zu präsentieren‹. Unter den einsamen Klängen eines Jagdhorns stieg die Trikolore zum ersten Mal über diesem provisorischen Wüstenfort auf.«

Die Pamir-Gruppe durchquerte die heiße, staubige syrische Wüste zwischen Damaskus und Bagdad – wo, wie Williams schrieb, »das Brot trocknet, während man es in der Hand hält, und die Kanten hart in die aufgesprungenen, rissigen Lippen schneiden« - und erreichte die ersehnte luftige Klimazone entlang des Euphrat, die »nach den Härten der Wüste ... eine fast feminine Weichheit ausstrahlte«. Und weiter dröhnten und rasselten die Kettenfahrzeuge durch Bagdad und Kirmanshah nach Siahdehan – von wo sie den Spuren Marco Polos folgten –, »dann eilten wir durch Nishapur, die Stadt der Türkise, und Omar Khayyam hindurch, ohne anzuhalten«. Bis in Afghanistan ein reißender Fluss ihren Weg blockierte:

> Einen sieben Tonnen schweren Funkwagen durch den Helmand zu bekommen, war eine heikle Aufgabe, die sich unsere Mechaniker und die Leute vom Fluss teilten... Die Führung übernahm dabei ein Graubärtiger, genannt »Baba Daria«, »Vater des Flusses«, der [unserem Chefmechaniker] dolmetschte:
> »Baba Motor.« ...
> »Möge mein Speichel eure Gesichter bedecken!« schreit Baba Daria.
> »Was sagt er?« fragt Baba Motor.
> »Er sagt, der Lastwagen ist schwerer, als Sie sagten« [erwidert der Übersetzer].

Eine Kamelkarawane mit Versorgungsgütern für die Citroën-Haardt-Expedition zieht den Bulunkul-See entlang. Als die Reisenden das Gebirge vor Westchina überwunden hatten, waren sie für den Transport der Ausrüstung neben ihren Kettenfahrzeugen auf Kamele, Ponys und Yaks angewiesen.

Die Gruppe fuhr weiter durch Kandahar in Afghanistan nach Kabul. Ende Juni hatte sie den Khyber-Pass überwunden und gelangte nach Shrinagar, der damaligen sommerlichen Hauptstadt Kaschmirs, die 5543 Kilometer und (einschließlich der Zwischenaufenthalte) 81 Tage von Beirut entfernt lag. »Dort waren wir mit unseren Wagen gestrandet... Der Jhelum war über die Ufer getreten und hatte das Kaschmirtal in einen See verwandelt...«, während »die Hilfsfahrzeuge aus Peking, die in Kashgar zu uns stoßen sollten, festsaßen...2000 Kilometer Luftlinie von uns entfernt, eine Strecke, die nicht einmal eine Krähe lebend überwinden konnte.«

Expeditionsleiter Georges-Marie Haardt war entschlossen, »mit zwei seiner sieben Fahrzeuge weiterzufahren, bis ein unüberwindliches Hindernis oder Zeitmangel das Abenteuer unterbrach«. In den Halbkettenfahrzeugen »Goldener Skarabäus« und »Silberhalbmond« verließ die Pamir-Gruppe Shrinagar am 12. Juli und erreichte in der Nacht Bandipur im Norden.

> »Am Morgen ... das übliche Chaos bei der Abfahrt, aber mit dem seltsamsten Gepäck, das man sich vorstellen kann. Lederbezogene *yakdans* (Holzkisten) ..., kleine Rollen Kabel, auf die sich die Träger stürzen, sich aber davonschleichen, als sie ihr Gewicht spüren; Ersatzräder mit Ballonreifen, die übereinander links und rechts auf die Ponys aufgeschnallt werden; Radachsen und Getriebegehäuse schlenkern zwischen vier protestierenden Kulis; ein Stativ, das aufrecht wie ein junger Baum getragen wird; Kameras, Schlafsäcke, Werkzeugkisten, Lebensmittelkisten, grüne Zelte...150 Ponyladungen allein für eine Gruppe... Ein Träger nach dem anderen verschwindet... Diener besteigen die besten Ponys und entkommen, bevor man sie erwischt.

Entlang der Expeditionsroute warteten »steile Abhänge, scharfe Haarnadelkurven, enge Pfade, schwache Untermauern und Seitenwände«. Der 14,5 Kilometer lange »Zickzack-Aufstieg« von der Bandipur-Brücke nach Tragbal dauerte viereinhalb Stunden und wurde zur »Triumphfahrt der Fahrzeuge«.

> Um uns herum badeten dicht bewaldete Hänge im Morgennebel. [Dann] ein bedenkliches Rumpeln, und ...diese majestätische Stille wurde vom Röhren eines Motors durchbrochen... Eine Gruppe von Kulis hievte die [zwei] Wagen um eine enge Kurve, und da kamen sie, eindrucksvoll in ihrer langsamen Unnachgiebigkeit...

Dann schrieb Williams: »Ohne Vorwarnung kam die schlechte Nachricht durch die Wüste Takla Makan und den Himalaja: Die China-Gruppe war in Urumqi festgehalten und Captain Point gefangengenommen worden!«

Später erfuhr man, dass die China-Gruppe unter Korvettenkapitän Victor Point die Wüste Gobi durchquert hatte und in Yibin eingetroffen war. Dort hörte sie Berichte über einen Aufstand in der Provinz Xinjiang. Obwohl die Behörden die »Große Route« (Seidenstraße) für sie gesperrt hatte, war Point weitergezogen und hatte Xinjiang am 26. Juni erreicht. Eine Nachricht, die von einer früheren Karawane hinterlassen worden war, warnte sie vor Gefahren. Point selbst sah »die Verheerungen des Krieges: tote Pferde und umgestürzte Karren, Leichen, die die Straße säumten, und in den Gräben Soldaten, Frauen und Kinder, die sich in einem heillosen Durcheinander zusammendrängten«.

Etwa zwei Wochen später war die China-Gruppe in Turfan, als der Gouverneur der Provinz Xinjiang Point und seine Leute in die Provinzhauptstadt Urumqi rief. Point, der nicht seine ganze Gruppe gefährden wollte, ließ die französischen Teilnehmer zurück und fuhr in einem Wagen mit einer chinesischen Delegation dorthin. Obwohl ihnen bei ihrer Ankunft ein »fürstlicher Empfang« bereitet wurde, versperrte man Point den Weg, als dieser versuchte, wieder abzureisen.

»Bin ich ein Gefangener?« fragte Point, erhielt aber keine Antwort. Drei Tage später sagte man ihm, er könne nicht abfahren, ehe nicht die anderen Fahrzeuge und die Franzosen aus Turfan eingetroffen seien. Weil diese aber ohne den aus-

Gegenüber: In einem Bazar in Herat, Afghanistan, konnte Maynard Owen Williams 1931 eine Menschenmenge dazu bringen, für dieses eindrucksvolle Foto drei Sekunden vollkommen stillzuhalten.

Auf die Frage, wie er schwierige Leute in entlegenen Gebieten dazu bewegte, mit ihm zusammenzuarbeiten, antwortete Maynard Owen Williams: »Ich gewinne ihr Vertrauen, indem ich mich wie eine nette, kleine Lady benehme. Ich trage niemals eine Waffe. Ich erzähle allen Leuten, ich sei hilflos und dass ich ihre Sprache nicht verstehen kann.« »Der größte Triumph, den ein Mann in diesem Gebiet erleben kann, ist, eineinviertel Millionen Mitglieder mit auf einen hohen Berg zu nehmen, ihnen die Welt zu zeigen und zu sagen: ›Sie gehört euch, gewissermaßen wäre dies ohne mich nicht möglich‹«, schrieb Maynard Owen Williams 1929 an den Herausgeber Gilbert Grosvenor.

drücklichen Befehl von Point Turfan nicht verließen, wurde er angewiesen, den entsprechenden Befehl zu geben. Point weigerte sich und verbrachte eine Woche in Gefangenschaft, ehe er nachgab. Noch bevor die Fahrzeuge Turfan erreichten, kam ein Telegramm aus Nanjing, »in dem die Provinzbehörden Anweisung erhielten, jegliche Aktivität der Expeditionsgruppen zu unterbinden«. Der Pamir-Gruppe wurde nicht gestattet, ins Land einzureisen. Points China-Gruppe wurde nach Peking zurückbeordert. Die Spannungen wuchsen.

Obwohl ihm verboten worden war, sein Funkgerät zu benutzen, war Point entschlossen, Haardt zu warnen. Soldaten umzingelten sein Lager und »beobachteten jeden unserer Schritte«. Aber durch Points Funktechniker und Mechaniker, die »das Geräusch der Fahrzeugmotoren übertönten und die Antennen in einem Baum versteckten, konnten wir am 26. Juli nach einem Monat Unterbrechung wieder Kontakt zur französischen Delegation und der Pamir-Gruppe aufnehmen«.

Da sie Hunderte von Kilometern voneinander getrennt waren, konnte Expeditionsleiter Haardt für die China-Gruppe nichts anderes tun, als sich unverändert auf den verabredeten Treffpunkt hinzubewegen. Also fuhren sie weiter mit ihren schweren Kettenfahrzeugen auf Wegen, die kein Kraftwagen jemals befahren hatte, in Richtung auf den 4127 Meter hohen Burzil-Pass im Himalaja. Sie steuerten durch eisige Flüsse und pflügten durch Schneefelder, bis die Mechaniker zu erschöpft waren, um weiterzufahren, und »in ihren Schlafsäcken auf dem Schnee sofort einschliefen, um bei Sonnenaufgang die lange, mühevolle Auffahrt zum Gipfel zu beginnen«, wie Williams schrieb.

> Der große Tag war von seltener Schönheit, mit feinen Wolken und einer glühenden Sonne. Der Schnee schmolz rasch dahin, und kleine Bächlein füllten die Wege aus... Die Motoren liefen ausgezeichnet, sogar in dieser dünnen Luft, und auch die Kulis, die an langen Seilen zogen, damit die Fahrzeuge nicht seitlich abrutschten, leisteten gute Arbeit. Schwere Eisenzacken wurden an den Laufflächen der Kettenwagen befestigt..., aber die Vorderräder gruben sich tief ein, und das gesamte Gefährt drohte immer wieder zum Fluss hin abzurutschen. Der Kampf über den Pass dauerte zehn mühevolle Stunden... Am nächsten Tag hätte der »Skarabäus« um ein Haar ein schlimmes Ende genommen: Als ich ihn einholte, saß er am Rand eines Abgrunds zwölf Meter über einem Wildbach fest, wobei der größere Teil seines linken Kettenzuges in der Luft hing.

Der Außenrand des Pfades hatte unter dem Gewicht des »Skarabäus« nachgegeben. Sobald die Gruppe das Himalaja-Gebirge und den Burzil-Pass hinter sich hatte, ließ sie ihre Raupenfahrzeuge in Mishgar an der Nordwestseite des Karakorum zurück, der jetzt zu Pakistan gehört. Dort bestieg Haardts Pamir-Gruppe 60 Kamele und 80 Pferde für die 675 Kilometer lange Reise nach Aksu. Sie erreichte Kashgar am 19. September, und einige Tage später zog Haardts Karawane weiter zur »Großen Route«, der alten Seidenstraße zwischen China und dem Mittelmeer, die laut Williams »älter war als Götzen und Geld«.

Am 24. Oktober trafen Points China-Gruppe und Haardts Pamir-Gruppe endlich zusammen. Dazu schrieb Point später an Williams:

> »Wir befanden uns in der Tokosun-Schlucht, mitten im Durcheinander von hoch aufgeschichteten Felsen – die letzten Hindernisse, die uns noch trennten –, als ich den schwarzorangefarbenen Wimpel des ›Goldenen Skarabäus‹ erblickte. Es war elf Uhr vormittags... Das war sein Fahrzeug, dem wir sieben Monate lang unermüdlich zugestrebt waren. Und da stand er vor mir und breitete die Arme aus. Meine Mission war beendet.«

Haardts Männer und ihre Materialien wurden für die Reise nach Peking in Points übrige vier Kettenfahrzeuge verfrachtet:

> Von Urumqi nach Beijing [Peking] sind es 3700 Kilometer. Zwei von unseren Reisewagen waren geplündert worden. Der Führer der Aufständischen, Ma

Der Künstler Alexander Jacovleff begleitete die Citroën-Haardt-Expedition und fertigte diese Zeichnungen von einer vietnamesischen Fürstin in Hue an (oben), einer chinesischen Fürstin in Urumqi (darunter) und von drei Fürsten aus der inneren Mongolei (gegenüber).

Zhong Ying, wartete zu Pferde an der Großen Straße auf uns; Unmengen unserer Vorräte waren bereits in seiner Hand. Sanddünen und Flüsse, Wüste und felsige Schluchten kreuzten unseren Weg. Oft dachten wir an die Kälte der mongolischen Hochebene.

Die anstrengende Fahrt nach Peking begann: »Selten wurden die Zelte aufgeschlagen«, schrieb Williams, »Handkoffer und selbst Waschschüsseln wurden tagelang nicht angerührt. Nicht nur die gegenwärtige Kälte, auch die Bedrohung durch noch strengeren Frost hatten wir ständig zu fürchten. Selten waren wir frei von Erschöpfung.« Während ihrer kurzen Zwischenstopps wurden sie von christlichen Missionaren aufgenommen, bevor sie ihre lange Reise fortsetzten:

> Nacht für Nacht tasteten wir uns auf den schlimmsten Wegen vorwärts, mit einer eingeplanten Rast für Männer und Wagen von zwei bis fünf Uhr morgens. Der Fahrer sank darin über dem Steuer zusammen, während sein Beifahrer, der tagsüber schlafen konnte, den Temperaturanzeiger für Wasser und Öl überwachte. Sobald ein Kühler einzufrieren oder ein Lager steif zu werden drohte, weckte uns ein Röhren des Motors. Unzählige phantastische Landschaften, die vor dem Licht unserer Scheinwerfer tanzten, vermischten sich nun mit dem, was einige von uns als Wirklichkeit und andere als schlechten Traum empfanden.

Es war so kalt, dass Williams an seinem Füllfederhalter saugen musste, um die Tinte aufzutauen; aber er fuhr fort, sich Notizen zu machen:

> Wir verließen Xinjiang am Mingshui-Pass im kalten Morgenwind in 1980 Meter Höhe... Nach 30 Stunden ohne Schlaf passierten wir einen Strom von Menschen auf der Flucht vor Ma Zhong Ying und erreichten die Tore von Suchow... Inzwischen waren die Aufständischen unter General Ma Zhong Ying schon in der Umgebung – und kamen immer näher. Ein nächtlicher Versuch, unser Funkgerät zu benutzen, schickte uns einen Obersten auf den Hals. Aber ... unsere Dolmetscher ... waren angewiesen worden, beim Mah-Jongg 29 Dollar an ihn zu verlieren, und die Aufregung legte sich.
>
> Am nächsten Morgen kam die Erlaubnis zur Abfahrt. ...endlich öffneten sich die Stadttore, und unsere Wagenkolonne fuhr davon. 24 Stunden später marschierten die Truppen von Ma Zhong Ying in Suchow ein.
>
> Inzwischen waren wir in Gaotai angelangt [281 Kilometer entfernt]. Der Kopf eines Banditen – einer von 17 gerade Hingerichteten – baumelte an einem Strick neben dem Stadttor. Wir ... fuhren weiter.

Den Rebellenführer Ma Zhong Ying auf den Fersen, polterten die Wagen der transasiatischen Expedition von Citroën-Haardt auf tief ausgefahrenen Wegen entlang der chinesischen Großen Mauer, deren Bau vor 2200 Jahren begonnen wurde. Am 5. Januar 1932, als sich die Dàhán oder Große Kälte ankündigte, waren die vereinten Expeditionsgruppen auf halbem Wege zwischen Urumqi und Peking, »aber das Schlimmste lag noch vor uns«. Sie wandten sich nach Yinchuan, und dann:

> Nördlich von Ningsia [Yinchuan] krachte der »Silberhalbmond« um Mitternacht durch dickes Eis, und meine Kamera schwamm plötzlich im Eiswasser zwischen meinen durchlässigen Lederstiefeln. Die Scheinwerfer waren ganz unter Wasser und brannten noch, bevor ich den Strom ausschalten und wie meine Gefährten auf das Dach klettern konnte.
>
> Als der Wagen tiefer und tiefer sank, überbrückten Williams und ein Begleiter das Wasserloch und brachten die schwere Kiste mit Fotodokumenten in Sicherheit. Taschenlampen tauchten die chaotische Szene in grelles Licht. [Ein Mann stand] auf dem Kühler und hieb mit einem kolbenähnlichen Brecheisen auf das dicke Eis. Der Wagen wälzte sich tiefer und tiefer, bis schließlich die gesamte Motorhaube im Wasser versank.

Der sechsjährige Lebende Buddha von Guya, der 1927 in einem einsamen tibetischen Kloster von Joseph F. Rock fotografiert wurde.

Gegenüber: »Der Haupttänzer verkörpert den Fürsten der Hölle«, so begann die Bildunterschrift für dieses Autochrom von Joseph F. Rock, das in der Ausgabe vom November 1928 veröffentlicht wurde. Weiter hieß es: »Mit dem Zepter des Todes in der rechten Hand erscheint der furchterregende Totengott Yama auf den Stufen der Chorhalle und versetzt seine tibetischen Zuschauer in Angst und Schrecken. Später schließt sich sein Dämonengefolge, das ›Bawa‹, seinem Tanz an.«

Oben: Diese 1925 veröffentlichte Fotografie von Rock erreichte die Gesellschaft mit folgendem Bildtext: »Der Fürst von Choni und meine Wenigkeit. Ich wohne im Lamakloster des Fürsten an einem ruhigen Ort mit eigenem Innenhof. Ihm unterstehen 500 Lamas, die von vier Uhr morgens bis zwei Uhr nachmittags ihre Gebete verrichten. Stets sind sie beschäftigt mit ihren Hörnern, Muschelpfeifen, Glocken und Zimbeln, die sie mit einem tiefen Bass begleiten.«

Links: Die Zehen des größten sitzenden Buddhas der Welt. Der 69 Meter hohe Buddha wurde im 8. Jahrhundert aus einer Felswand mit Blick auf den Zusammenfluss dreier Flüsse herausgemeißelt. Man hoffte, dass sein günstiger Einfluss die Schiffer vor tückischen Strömungen beschützen werde.

Der Botaniker und Forscher Dr. Joseph Rock führte zwei Expeditionen der National Geographic Society (1923–24 und 1927–30) in die entlegenen, kartografisch noch nicht erfassten tibetischen Grenzgebiete von China und Tibet, in denen zuvor noch kein Weißer gewesen war.
Bedroht von Banditen und Schneestürmen, kämpfte sich der Einzelgänger Rock durch verlassene Talschluchten und reißende Flüsse und erklomm scharfkantige Gebirgsgrate, um Tausende von Pflanzen und zahllose Tier- und Vogelexemplare zu sammeln. Von unterwegs schickte er Berichte und Fotos, die der Welt nach ihrer Veröffentlichung im NATIONAL GEOGRAPHIC erste Einblicke in das Land gaben, »in dem die Zeit stehen geblieben ist«. Unter Rocks Einsendungen war auch dieses Foto, das im November 1928 mit folgender Bildunterschrift erschien: »Tibetische Hörner rufen zum Tanz. Auf dem Dach eines Tempels ermahnen zwei Mönche die streng enthaltsamen Choni Lamas, sich für die uralte Pantomime Cham-ngyon-wa vorzubereiten. Aus den 4,5 Meter langen Hörnern erschallen seltsame, langgezogene Töne, die bis weit in die Berge hinein zu hören sind. Die gleichen Hörner sind zum Klingen gebracht worden durch den Atem Tausender Bläser, deren Gedächtnis sich in den Weiten der Vergangenheit verloren hat.«

Nach über einer Stunde fieberhaften Kampfes in bitterer Kälte zogen drei andere Kettenfahrzeuge unseren Wagen aus dem Wasser zum gegenüberliegenden Ufer. 13 Stunden Verzögerung ... und meine gesamte eingepackte Kleidung zu soliden Blöcken gefroren...

Neben der Kälte hatte die Expedition auch mit Staub zu kämpfen, »der in unsere Nasenlöcher und Münder eindrang. Mit steifgefrorenen Fingern schaufelten wir mit Speichel vermischte Sandbrocken zwischen Unterlippe und Zähnen hervor. Staub drang auch in die Zylinder der Fahrzeuge, als besäßen sie überhaupt keine Luftfilter. Die Kolben wurden ungewöhnlich rasch verschlissen, und Öl verschmutzte die Zündkerzen. Während einer kleinen Reparatur gefror das Wasser um die Zylinder«.

In Lunghingchang wurden die Reisepässe der Gruppe von chinesischen Offizieren kontrolliert; immer häufiger waren nun Soldaten zu sehen. In jeder Stadt richteten Uniformierte voll Argwohn ihre Gewehre auf die passierenden Fahrzeuge.

»Kurz vor Einbruch der Dunkelheit gelangte der ›Silberhalbmond‹ zu einer schmalen Brücke«, die die anderen Fahrzeuge bereits überquert hatten. Williams, der neben dem Fahrer saß, blickte plötzlich in den Lauf eines Gewehrs, das ein netter junger Soldat hielt. »Mit fünf oder sechs Kilometern pro Stunde dauerte es lange, bis wir an dem herumschwenkenden Gewehrlauf vorbeigerollt waren«, schrieb Williams. Augenblicke später, als sie zwischen brusthohen Lehmmauern dahinfuhren, an denen Truppen aufgestellt waren,

ertönte eine Gewehrsalve. Elf Kugeln blieben nicht ohne Wirkung auf »Silberhalbmond« und seinen Anhänger...

Wir nahmen Aufstellung hinter einem quer verlaufenden Erdwall und machten unser [Maschinengewehr] einsatzbereit.

»Feuert hoch oder an eine Wand«, befahl Audouin-Dubreuil, [Haardts Stellvertreter]... Vier schnelle Schüsse. Dann eine Welle des Schweigens. Vier weitere Schüsse. Schweigen. Noch vier Schüsse. Er hatte insgesamt zwölf Patronen verschossen, als über dem chinesischen Hauptquartier eine Flagge hochgezogen wurde. Von beiden Seiten erschienen nun die Männer zu einer Unterredung, von der Point barhäuptig und lachend zurückkehrte. »Was für ein schreckliches Land. Die hatten tatsächlich die Stirn, das Ganze als ›kleines Missverständnis‹ zu bezeichnen.«

Nachdem sie jedoch mit den Offizieren Tee getrunken hatten, kamen beide Seiten überein, es so zu nennen.

Bald nach Mitternacht passierte die Expeditionsgruppe die Grenze zur Inneren Mongolei. »Am nächsten Tag traf ein Dodge, Baujahr 1919, beladen mit 22 Mann, die derart mit Staub bedeckt waren, dass sie wie Attrappen wirkten, auf dem Weg nach Lunghingchang ein. Bevor sie dort ankamen, waren drei von ihnen getötet und die übrigen vollkommen ausgeraubt worden.«

Schließlich schrieb Maynard Owen Williams:

Am Mittag des 12. Februar 1932 bogen die Fahrzeuge in die Auffahrt der französischen Gesandtschaft in Beijing ein. Sie wurden von der Elite vieler Nationen begrüßt und erlangten ihren wohlverdienten Ruhm. In 314 und einem halben Tag hatten sich die Teilnehmer der transasiatischen Expedition 11 850 Kilometer durch Asien ihren Weg gebahnt...

◀ *Charles und Anne Morrow Lindbergh in den Cockpits der »Lockheed Sirius«, in der sie 1933 21 Länder besuchten. Ihr Flug über 46 600 Kilometer führte sie über vier Kontinente, durch arktische Kälte, tropische Hitze und durch Schnee-, Sand- und Wirbelstürme.*

Im Lauf der Jahre eroberten einige Persönlichkeiten die Herzen der Leser des GEOGRAPHIC. Eine von ihnen war die junge »Kamel-Lady« Robin Davidson, über deren Reise in der Maiausgabe 1978 berichtet wurde. 2700 Kilometer legte sie durch die raue australische Wildnis zurück, wobei sie manchmal ihre vier Kamele führte, andere Male wieder ritt, begleitet nur von ihrem Hund.
Ein anderer Liebling war Peter Jenkins, über dessen Wanderung durch ein erstaunlich empfindsames, freundliches Amerika in zwei Teilen (April 1977 und August 1979) in der Zeitschrift berichtet wurde. Keiner schien jedoch die Leser des GEOGRAPHIC so zu fesseln wie der abenteuerlustige 16-jährige Schüler Robin Lee Graham (gegenüber), der am 27. Juli 1965 allein von Los Angeles mit der 7,2 Meter langen Fiberglas-Slup »Dove« aufbrach und am 20. April 1970 – nach 1739 Tagen und 30 600 Seemeilen – in den Hafen von Long Beach in Kalifornien zurückkehrte – nun als abgehärteter junger Mann mit einem neuen, 9,3 Meter langen Boot, »The Return of the Dove«, und begleitet von seiner schwangeren jungen Frau.

Von Peking aus sollte die Reise in Richtung Süden durch Indochina fortgesetzt werden, aber »der Tod unseres großen Führers, Georges-Marie Haardt, der in Hongkong am 16. März 1932 an einer Lungenentzündung starb, brachte die Expedition zu einer Zeit zum Stillstand, als Französisch-Indochina zu Ehren Haardts einen großen Triumphzug veranstalten wollte«.

Statt durch die Tragik und den unvorhergesehenen Stopp der Expedition entmutigt zu sein, schrieb Williams:

> Was Haardt und seine Männer sonst noch vollbracht hätten, ist ohne Bedeutung. Sie haben sich eine schwierige und bislang unvollendete Aufgabe gestellt und danach gehandelt.

Der Leiter der Auslandsabteilung des GEOGRAPHIC fasste seine Erfahrungen so zusammen:

> … das Verdienst für den gegenwärtigen Erfolg gebührt diesem tapferen Franzosen, dessen Kämpfe ich beobachten und an denen ich teilhaben durfte. Mit diesen Männern zu leben, sie bei der Arbeit zu sehen, ihnen zu helfen, ihren Erfolg zu dokumentieren, war das größte Abenteuer meines Lebens.

In *Zwölf gegen die Götter* schrieb der Autor William Bolitho über Kolumbus: »… sein wahrer Ruhm ist der aller Abenteurer: ein extremer Außenseiter gewesen zu sein.« Bolitho könnte damit Joseph F. Rock beschrieben haben, einen in Wien geborenen Naturforscher, der zwischen 1922 und 1935 zehn Artikel für das GEOGRAPHIC schrieb, die hauptsächlich von den wenig bekannten Grenzgebieten Chinas und Tibets handelten. Als einziger Sohn eines österreichischen Dieners verweigerte sich Rock allen Versuchen seiner Familie, ihn zum Priester zu machen, und beschloss stattdessen, mehr über die Welt zu erfahren. Durch seine außergewöhnliche Sprachbegabung lernte er im Lauf seines Lebens neben seiner deutschen Muttersprache fließend Ungarisch, Arabisch, Englisch, Italienisch, Spanisch, Französisch, Latein, Griechisch, Tibetisch und verschiedene chinesische Dialekte. Außerdem erwarb er sich die Fähigkeit, Hindi, Japanisch und Sanskrit zu lesen und zu verstehen.

Rock kam 1905 zum ersten Mal nach Amerika, zog dann 1907 nach Hawaii, studierte als Autodidakt Botanik und wurde 1913 amerikanischer Staatsbürger; er schrieb drei bedeutende Bücher über die Flora der Hawaii-Inseln und brach 1920 auf, um die nächsten 30 Jahre in Asien zu forschen. Dort sammelte er Tausende von botanischen, ornithologischen und zoologischen Funden; er zeichnete Karten, forschte und fotografierte in Teilen Asiens, in denen kaum ein Abendländer je vor ihm gewesen war. Rock veröffentlichte dann seine Erkenntnisse über Geographie, Volkskunde, Sprachen, Religion und Kultur der Völker Westchinas und Osttibets im GEOGRAPHIC. Seine Arbeiten trugen Titel wie »Auf der Suche nach den geheimnisvollen Bergen: Eine Expedition an der chinesisch-tibetischen Grenze zur unbekannten Amnyi-Machin-Gebirgskette, deren höchster Berg fast dem Mount Everest gleichkommt« (Februar 1930) und »Über die großen Flüsse Asiens: Ein Forscher folgt dem Yangzi, dem Mekong und dem Salwin durch gewaltige Schluchten, deren Felswände stellenweise über 3000 Meter hoch aufragen« (August 1926).

Typisch für Rocks Abenteuer ist eines, das er in seinem Artikel vom September 1925 beschreibt: »Ein amerikanischer Naturforscher reist durch das von Räubern heimgesuchte Zentralchina zur Amnyi-Machin-Gebirgskette in Tibet«:

> Ich war im Zentrum des Dorfs in einem armseligen alten Tempel voller Särge untergebracht… Dunkelheit brach herein. Um Mitternacht erschienen Offiziere und verkündeten, dass draußen die Banditen seien und dass die Stadt gegen den bevorstehenden Angriff nicht gehalten werden könne. In meinem ganzen Leben habe ich keine solche Nacht verbracht.

Ich öffnete meine Kisten und verteilte 600 Silberdollar unter meinen Männern. Dann packte ich besonders warme Unterwäsche, ein Handtuch, Kondensmilch, Schokolade und etwas Munition für meine zwei 45-Kaliber-Revolver zusammen.

Vollständig angekleidet saß ich da und harrte der Dinge, die da kommen sollten. Jede Minute rechneten wir mit dem Beginn der Schießerei. Die Soldaten sagten, sie könnten mich schützen, nicht aber meine Kisten, und das sicherste sei, sich zurückzuziehen und sich zu verstecken, wenn die Banditen den Tempel stürmten.

Die Dorfbewohner fingen an, ihre wenigen Wertgegenstände zu vergraben, es herrschte große Aufregung... Draußen vor dem Dorf hingen an Stangen die Köpfe der Banditen, die vor einigen Tagen gefangen worden waren.

Mir wurde mitgeteilt, dass einige hundert Banditen das Dorf umzingelten und dass die Gefangennahme unvermeidlich sei.

Jedoch »war bei Tagesanbruch kein einziger Bandit zu sehen«, schrieb Rock. »Sie waren verschwunden.«

Während seiner Jahre in China wurde Joseph Rock von Banditen verfolgt, von Schneestürmen bedroht, von majestätischen Bergen, die nie ein Weißer gesehen hatte, herausgefordert und geriet beim Gang über primitive Seilbrücken, die sich über weit unten tosende Flüsse spannten, in Gefahr. Jahr für Jahr stieß Rock weiter vor durch einsame Talschluchten und zerklüftete Berge, um Tausende von Pflanzen (darunter 493 Arten von Rhododendron), Säugetier- und Vogelexemplare zu sammeln.

Joseph F. Rock war fähig, Geselligkeit wie auch immense Einsamkeit intensiv zu erleben. Einmal schickte er am Weihnachtsabend von China einige getrocknete Enzianblüten, einen Rittersporn und ein Edelweiß an Gilbert H. Grosvenors kleine Nichte, und ein anderes Mal schrieb er über General Pereire, einen Freund und Chinakenner, der »in Kanze auf seinem Weg zum großen Schneeberg Amnyi Machin starb... Er liegt im Schatten des Lamasserie von Kanze (Sichuan) begraben. Vielleicht werde ich, einsam, wie ich gelebt habe, selbst einmal an einem solchen Ort ruhen«.

Er spielte den Bergstämmen Enrico Carusos Schallplatten vor und trug stets David Copperfield in seinem Gepäck, um sich an seine unglückliche Jugend zu erinnern. Nur unter äußerst harten Bedingungen erlaubte er seinen Dienern, ihm etwas anderes zu servieren als österreichisches Essen, das über einer kleinen Kohlenpfanne nach Rocks speziellen Rezepten zubereitet und mit feinem Porzellan und Servietten auf einem Leinentischtuch angerichtet wurde. Täglich nahm er ein Bad in einer Klappbadewanne von Abercrombie & Fitch und trug bei Empfängen – selbst für das unbedeutendste Dorf- oder Stammesoberhaupt – stets ein weißes Hemd, Krawatte und Jackett. Im Verlauf seiner ausgedehnten Expeditionen wurde Rock immer wieder als »verloren« gemeldet, aber immer wieder tauchte er auf. Sein Glück war ebenso wechselhaft wie seine Gefühle für die Chinesen, mit denen er lebte: 1941 wurden die Druckplatten für ein vierbändiges Werk über das Volk der Nakhi, das er gerade drucken ließ, in Shanghai vernichtet, als die Japaner die Stadt bombardierten. Zwölf Jahre Forschung waren vergebens, als das Schiff, das seine Manuskripte in die Vereinigten Staaten transportieren sollte, im Arabischen Meer von den Japanern torpediert wurde. Schließlich wurde Rock, der im Lijiang-Tal, im Herzen des Nakhigebiets, mehr als 27 Jahre gelebt und gearbeitet hatte, im Jahr 1949 von den Kommunisten zum Volksfeind erklärt und für immer aus China verbannt.

Seereisen in Nachbauten alter Schiffe sind im GEOGRAPHIC ein beliebtes Thema geworden. In »Die Reise der ›Brendan‹« erzählte Tim Severin (gegenüber) im Dezember 1977, wie er in einem Lederboot von Irland nach Neufundland gesegelt war, um die legendäre Reise des irischen Mönchs St. Brendan aus dem 6. Jahrhundert zu wiederholen. Er hatte damit seiner Meinung nach zumindest bewiesen, dass eine solche Überfahrt stattgefunden haben könnte. Vor Severin war es Thor Heyerdahl, der 1947 seine »Kon-Tiki«, ein Floß aus Balsaholz, baute und damit von Südamerika nach Polynesien segelte, um zu zeigen, dass die Menschen der westlichen Hemisphäre einen Beitrag zu frühen polynesischen Kulturen geleistet haben könnten. 1969 baute Heyerdahl »nach der Methode der alten Ägypter« »Ra I«, ein Boot aus Papyrusrohr, und segelte damit von Afrika zum westlichen Atlantik, wo er, wie er lakonisch berichtete, »aufgeben musste, weil die Rohrbündel sich ablösten«. Mit der »Ra II« war er erfolgreicher. 1970 überquerte Heyerdahl in diesem verbesserten Papyrusboot den Atlantik von Marokko nach Barbados und bewies, dass die alten Seefahrer dasselbe hätten tun können.

1930–1940

Eine Revolution in der Farbfotografie

»Sie projizierten diese Filmschleife mit ihren brillanten Farben immer wieder, und ich fragte den Mann, ob ich den Film untersuchen könne ... ich hielt ihn unter eine Lupe, ein Vergrößerungsglas, und ich sah, dass keinerlei Flecken darauf waren! Im Unterschied zu einer Autochrome- oder einer Finlay-Aufnahme gab es auf dem weißen Papier und den weißen Hemden überhaupt keine Farbrückstände! Und ich fragte mich, ›wie, zum Teufel, haben sie diese Farbe hinbekommen?‹«

Luis Marden über seine erste Begegnung mit dem neuen 16-mm-Kodachromefilm von Eastman Kodak im Jahr 1935.

Als sich die Weltwirtschaftskrise verschärfte, kämpften die Zeitschriften ums Überleben. *Munsey's* fusionierte mit *Argosy, Everybody's* mit *Romance,* und sogar *McClure's* – das Magazin, mit dem Gilbert H. Grosvenor vor 29 Jahren auf Druck des Verwaltungsrats konkurrieren musste – war gezwungen, sich mit *Smart Set* zusammenzuschließen. Aber das NATIONAL GEOGRAPHIC, dessen Einkünfte mehr von Mitgliedsbeiträgen als von Werbeeinnahmen abhingen, ging ins neue Jahrzehnt mit der größten Auflage seiner Geschichte. Dennoch war auch das GEOGRAPHIC nicht gegen äußere Einflüsse gefeit. 1931 sank die Zahl der Mitglieder um 44 362, 1932 um 168 575 und 1933 um 151 548 – ein Verlust von 364 485 Mitgliedern in diesen drei Jahren.

Grosvenor sah sich gezwungen, die Gehälter seiner Mitarbeiter zu kürzen. Unter den Betroffenen war auch der Leiter der Auslandsabteilung, Maynard Owen Williams, der darauf antwortete:

18. April 1933

Lieber Dr. Grosvenor!

Wenn Sie anlässlich einer Gehaltserhöhung sagten, Sie verkündeten diese Erhöhung »mit Vergnügen«, hatte ich immer das Gefühl, dass dies keine leere Phrase war. Dieser Eindruck hat stets dazu beigetragen, die Erhöhung um so mehr zu schätzen.

Daher müssen Sie in Erinnerung an die damaligen glücklichen Tage, als wir nicht zu schätzen wussten, wie gut es uns ging, die Zustimmung zu der nun notwendigen Gehaltskürzung mit großem Bedauern gegeben haben.

In aller Aufrichtigkeit habe ich Ihnen für die Erhöhungen gedankt, wenn sie kamen. In aller Aufrichtigkeit danke ich Ihnen für Ihr persönliches Interesse und Ihre Unterstützung, die in Zeiten notwendiger Einschränkungen eine persönliche Belastung für Sie sein müssen.

Die Kürzung wird eine veränderte Lebensweise mit sich bringen, aber dies sollte kein echter Verlust sein. Opfer zu bringen ist ein Luxus. Nach so vielen Beweisen Ihrer Anteilnahme und Ihrer Unterstützung kann ich nicht umhin, Ihnen meine Anteilnahme und meine Unterstützung für eine Zeit auszudrücken, die für Sie aufgrund Ihrer persönlichen Gefühle und Sympathien mühsam gewesen sein muss... Ich hoffe, dass Sie die Gehaltskürzungen nicht in irgendeiner Weise als persönliche Bürde betrachten. Wenn dies aber so sein sollte, dann weiß ich dies zu würdigen, und das Gefühl, dass ich nun meinen Teil daran zu tragen habe, erleichtert mich.

Hochachtungsvoll
Williams

Vorangehende Seiten: Dieses eindrucksvolle Dufay-Farbfoto von Anthony Stewart erschien im März 1939 im NATIONAL GEOGRAPHIC mit dem Titel »Lächelnde Studentinnen aus fünf Staaten hinter einem alten, mit Schnörkeln verzierten Tor bei Ashley Hall«. Es zeigt junge Frauen in einem Internat in Charleston, South Carolina.

Grosvenor war so gerührt, dass er noch am selben Tag antwortete.

18. April 1933

Lieber Williams!

Ihr freundliches Schreiben über die Gehaltskürzungen hat mich sehr bewegt. Ihre mitfühlende Geste hat mir viel von dem Kummer genommen, den ich infolge dieser Kürzungen mit mir herumtrug. Selbst nach den Kürzungen glaube ich, dass die Personalgehälter immer noch höher sind als im Blütejahr 1928. [1928 betrug Maynard Owen Williams' Gehalt 7700 Dollar im Jahr; es wurde 1929 auf 9000 erhöht (abzüglich der Versicherungsprämien in Höhe von 272 Dollar).] Die National Geographic Society hat dank der Fähigkeiten und der Loyalität der Männer und Frauen ihrer Organisation die Stürme der Depression bis jetzt abgewettert. Mit getrimmten Segeln hoffen wir, sie gut zu überstehen, falls nicht irgendeine unvorhergesehene Sintflut über Amerika hereinbricht.

Ich danke Ihnen für Ihr Verständnis.

Hochachtungsvoll
Gilbert Grosvenor

Solch schmeichelhafte Briefe an den »Chef«, wie Grosvenor von seinen Mitarbeitern auch genannt wurde, waren – besonders zu den Dienstjubiläen – nichts Ungewöhnliches. An Lobhudelei konnte in diesen Schreiben jedoch keiner Grosvenors rechte Hand, John Oliver La Gorce, übertreffen, der seinen erstgeborenen Sohn Gilbert Grosvenor La Gorce genannt hatte und 1916 schrieb:

> Ich wollte Ihnen gestern etwas sagen, aber unbekümmert wie ich bin, konnte ich nicht darüber sprechen, ohne albern zu werden. – Gestern war der große Tag, an dem ich gleich doppelt volljährig wurde. Seit 36 Jahren weile ich auf dieser Erde, aber nur elf davon bewusst – elf Jahre mit Ihnen gemeinsam an Ihrer Seite im Glanze Ihrer umfassenden Menschlichkeit und Ihrer Liebe, die Sie uns Mitarbeitern entgegenbringen. Sie werden nie ahnen, wie oft Sie mir manch kleine Unart ausgetrieben und mein Temperament gezügelt haben, wie oft ich innehielt und dachte »Himmel nein, das würde Grosvenor nicht tun!«– Ich stehe tief in Ihrer Schuld, denn Sie haben mir meine Interessen und meine Freuden bewahrt wie Ihre eigenen, und ich bin immer bemüht, dies auf irgendeine Weise zum Ausdruck zu bringen.
>
> Das klingt nach Gefühlsduselei, ist es aber wirklich nicht.

Die Finanzlage der Gesellschaft begann sich 1934 zu bessern. 1935 war die Zahl der Mitglieder wieder auf über eine Million gestiegen – zum Teil dadurch, dass das GEOGRAPHIC auch weiterhin das Altbekannte, das Vertraute pflegte: Neben langen Serien über amerikanische Städte und Bundesstaaten erschienen Berichte wie »Auf der Suche nach Pflanzen auf den Kanarischen Inseln«, »Unser Freund, der Frosch« oder »Einige Seiten aus den Annalen der Tulpe«. In *Bilder der Welt* weist ein Autor der Gesellschaft darauf hin, dass die Realität die rosarote Brille zuweilen durchdrang. Im Hinblick auf die Vorbereitung eines Artikels, der im November 1934 erschien, schrieb der Autor:

> Bei der Vorbereitung einer Reportage über Südkalifornien erkannte Franklin L. Fisher, dass man einen Ort vorsichtig behandeln musste: Hollywood.
>
> In einem Schreiben an den zuständigen Fotografen stimmte Fisher der Idee zu, zu zeigen, wie ein Star geschminkt wurde. Aber, fügte er hinzu, er solle dabei jemanden auswählen, dessen Name nicht mit einem Skandal in Verbindung stand. Vielleicht wäre Joan Crawford geeignet.
>
> Der Fotograf antwortete, dass »die einzige Schauspielerin, die nichts mit einem Skandal zu tun hatte, wohl Minnie (Mrs. Micky) Maus sei«.
>
> Das GEOGRAPHIC entschied sich für das Schwarzweißfoto einer Schauspiele-

Diese Finlay-Aufnahme, betitelt »Eine Fuchsjagd in der Nähe von Newark beweist die Verwandtschaft von Delaware mit dem alten Süden«, erschien in der September-Ausgabe von 1935 mit der Bemerkung: »Eine so natürliche Farbfotografie von Tieren in Bewegung ist eine seltene Leistung«. Die Szene wurde von dem Fotografen B. Anthony Stewart arrangiert, der »gerade in dem Alter war, einen Durchbruch zu versuchen«, wie er später sagte. Die angedeuteten Bewegungen reichten aus, um Stewarts Foto von der Fuchsjagd von allen steifen und gestellten Autochromen, die zuvor im Magazin erschienen waren, zu unterscheiden.

rin, der gerade künstliche Wimpern angepasst wurden. Bei den Farbfotos konzentrierte man sich auf Blumen und Orangen, während im Text versucht wurde, dem Titel »Südkalifornien bei der Arbeit« gerecht zu werden. Aber die Weltwirtschaftskrise, die das Leben in Amerika entscheidend beeinflusste, konnte nicht verschwiegen werden. »Männer ohne Arbeit gehen hier in den Straßen genauso auf und ab wie anderswo...«

Trotz der Weltwirtschaftskrise wurden in den frühen dreißiger Jahren bedeutende Fortschritte in der Farbfotografie erzielt, und die Gesellschaft begann unverzüglich, mit neuen Verfahren zu experimentieren. Das Finlay-Verfahren, eine Verfeinerung der Paget-Methode, wurde in England entwickelt. Die Beck Engraving Company in Philadelphia, die alle Schwarzweiß-Druckplatten für das Magazin herstellte und nun bestrebt war, ihre eigene Farbfotogravurabteilung zu schaffen, hatte in das neue Verfahren investiert und das GEOGRAPHIC ermutigt, es auszuprobieren. Sie unterstützte sogar Charles Martins Reise nach England finanziell, damit dieser sich dort die Technik aneignen konnte.

1930 war Melville Bell Grosvenor, GHGs Sohn, seit sechs Jahren bei der Gesellschaft und hatte Bildlegenden geschrieben und redigiert. Die Finlay-Aufnahme war zwar etwas körniger als das Autochrom-Foto, aber die Emulsion war empfindlicher. Dieser Vorteil ermöglichte es Melville Grosvenor im September 1930, die ersten Naturfarbfotos aus der Luft zu veröffentlichen.

Da Farbplatten lange belichtet werden mussten und die Vibration eines Flugzeugs scharfe Luftaufnahmen in Farbe fast unmöglich gemacht hätte, flogen Melville Grosvenor und eine Crew von Technikern an Bord von Luftschiffen. »Unsere Fotoreisen waren oft die reinste Schattenjagd«, schrieb Melville. »Manchmal, nachdem wir mit der Geschwindigkeit eines Schnellzugs Washington überflogen hatten, erreichte das Schiff die gewünschte Stelle genau zu dem Zeitpunkt, als sich gerade ein Wolkenfetzen zwischen das Motiv und die Sonne schob, so dass der Versuch scheitern musste.

Melvilles Aufnahmen von der Freiheitsstatue, dem Washington-Monument, dem Lincoln-Denkmal, dem Kapitol und eines Ozeandampfers auf dem Weg in den Hafen von New York waren nur deshalb einzigartig, weil sie in Farbe waren; die technische Leistung, nicht die künstlerische verdiente Beachtung.

Fünf Jahre später wurde das Finlay-Verfahren noch immer angewandt. B. Anthony Stewart arbeitete unter Charles Martin in den Fotolabors des NATIONAL GEOGRAPHIC und hoffte, wie er dem GEOGRAPHIC-Mitarbeiter Priit Vesilind erzählte, verzweifelt auf eine Chance, sich auf diesem Gebiet beweisen zu können.

»Der alte Martin nannte mich immer ›Bozo‹«, erinnerte sich Stewart, »und endlich erhielt ich aufgrund meiner Fortschritte die Zustimmung des Bildchefs. So gab mir Frank Fisher den erstaunlichen Auftrag für eine Arbeit im Staat Delaware. Ich kann mich erinnern, wie er zu Martin sagte: ›Nun, in Gottes Namen, er kann in Delaware nicht viel verkehrt machen, schicke ihn also ruhig hin.‹

Die Entfernung dorthin war so kurz, dass ich für 50 Cents Benzingeld zurück nach Washington kam.

Ich [verwendete] ausschließlich Finlays ... und fand heraus, dass man unter idealen Bedingungen in der Mittagssonne eines Junitages nur 25 Hundertstel belichten musste, wenn die Bewegung des Objektes nicht von der Seite, sondern direkt auf einen zukam. Ich war gerade in dem Alter, einen Durchbruch zu versuchen. Ich wollte zeigen, dass ich es den Großen gleichtun konnte. Also suchte ich mir als Motiv eine Fuchsjagd. Ich richtete es so ein – alles wurde von mir inszeniert –, dass Hunde und Reiter direkt auf mich zukamen. Nun, die Fotos kamen heraus, und ich war sofort ein Erfolg.«

Stewarts Aufnahme mit der Unterschrift: »Eine Fuchsjagd in der Nähe von Newark beweist die Verwandtschaft von Delaware mit dem alten Süden«, erschien im September 1935 mit der Bemerkung: »Eine so natürliche Farbfotografie von Tieren in Bewegung ist eine seltene Leistung.«

Als Pferde und Reiter auf Stewart zukamen, bewegten sie sich jedoch in der Realität sehr langsam. Trotz der unscharfen Stellen durch schwanzwedelnde und sich balgende Hunde sah man nur angedeutete Bewegungen. Diese Andeutungen reichten jedoch aus, um Stewarts Foto von der Fuchsjagd von allen steifen, gestellten Autochrom-Aufnahmen zu unterscheiden. 1930 veröffentlichte das GEOGRAPHIC 1328 Schwarzweißfotos, 366 Autochrome und 38 Finlays. 1935 erschienen 1277 Schwarzweißfotos, 72 Autochrome und 231 Finlays. Das Dufay-Verfahren, das 1937 eingeführt wurde und nur wenig schneller als das Finlay-Verfahren arbeitete, hatte den Vorteil, dass als Emulsionsbasis Film statt Glas verwendet wurde – ein Plus, das Robert W. Moore als weltreisender Fotograf des GEOGRAPHIC schnell schätzen lernte. 1931 hatte Moore 150 Pfund an sperrigen, zerbrechlichen Finlay-Glasplatten für einen Auftrag nach China mitgenommen; seine Kamera und die Behälter wogen noch einmal 50 Pfund.

Nach 1941 erschienen mit Ausnahme der späteren Gedenkausgaben keine Autochrome-, Finlay- oder Dufay-Farbdrucke mehr. Der Grund für ihr Verschwinden war die Einführung von Eastman Kodaks revolutionärem neuen 35-mm-Kodachromefilm im Jahr 1936. Doch obwohl Gilbert H. Grosvenor 1963 schrieb: »Das Magazin hat sich jedes verbesserte neue Farbverfahren sofort extensiv zunutze gemacht«, hat man sich beim GEOGRAPHIC mit der Anwendung von Koda-

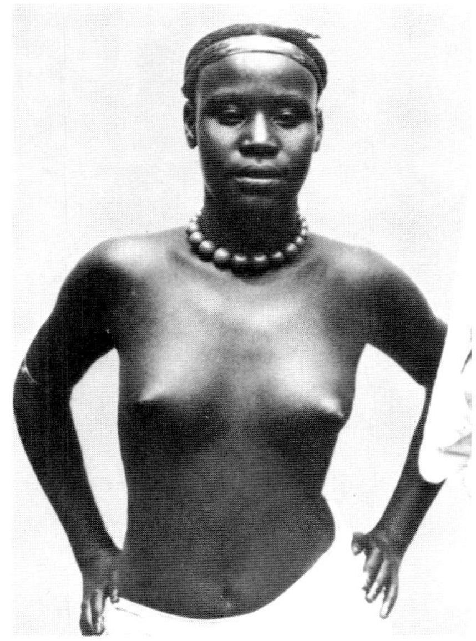

»Dieses sudanesische Sklavenmädchen gehört einem reichen arabischen Kaufmann aus Mocha.« Abkommen zwischen christlichen Nationen zur Abschaffung des Sklavenhandels sind ohne Wirkung auf das Verhalten der Menschen in entlegenen Winkeln der muslimischen Welt. »Besucht ein Reisender einen Scheich und bewundert einen seiner Sklaven, so wird ihm sein Gastgeber – wie es die Gastfreundschaft der Wüste gebietet – sein menschliches Eigentum zum Geschenk machen!«
Aus »Perlenfischerei im Roten Meer« von Henri de Monfreid, November 1937

Die Geschichte der National Geographic Society ist auch eine Geschichte der Farbfotografie, denn die Gesellschaft hatte, wie Gilbert Hovey Grosvenor 1963 schrieb, »in der Fotografie – und besonders in der Farbfotografie – von Anfang an den Weg gewiesen«.

In der Farbfotografie war das erste kommerzielle Verfahren das mit Lumière-Autochromen, das in Frankreich entwickelt wurde und 1907 auf den Markt kam. Obwohl es eine ganz neue Welt eröffnete, brauchte man dafür wie für die Schwarzweißfotos jener Zeit schwere Kameras und unhandliche Glasplatten, die sehr lange belichtet werden mussten. Franklin Price Knotts Aufnahme von einem tunesischen Karottenhändler erschien im September 1916 im Magazin.

Das Finlay-Verfahren, das in England entwickelt wurde, erschien 1930. Obwohl die Fotos körniger waren als die der Autochrome, benötigten sie kürzere Belichtungszeiten, so dass Gilbert Grosvenors Sohn, Melville Bell Grosvenor, die ersten gelungenen Luftaufnahmen in Farbe machen konnte. Agfacolor, ein deutsches Verfahren, erlaubte bei hellem Sonnenlicht und weit geöffneter Blende Belichtungszeiten von einer Fünftel- bis Zehntelsekunde. Obwohl Agfacolor doppelt so lichtempfindlich war wie Lumière, wurde es schnell zugunsten des Dufay-Verfahrens aufgegeben, das 1937 eingeführt wurde.

Das Dufay-Verfahren arbeitete nur mit geringfügig schnelleren Belichtungszeiten als das von Finlay, aber es wurden dafür Filme statt Glasplatten benutzt, ein Vorteil, den die GEOGRAPHIC-Fotografen, die bei Außenaufnahmen 150 Pfund an Kameras, Stativen und Glasplatten schleppen mussten, schnell zu schätzen wussten. Die Autochrome-, Finlay-, Agfacolor- und Dufaycolor-Verfahren wurden alle aufgegeben, als Kodachrome, das 1936 von Eastman Kodak eingeführt wurde, den Fotografen die Möglichkeit gab, Bewegungen in Farbe auf 35-mm-Film festzuhalten. Im NATIONAL GEOGRAPHIC erschien das erste Kodachrome-Foto im April 1938.

Für die Autochrom-Rasterplatte (oben) wurden winzige Körnchen gefärbter Kartoffelstärke verwendet. (Autochrom-Bild, rechts)

Die Finlay-Rasterplatte (unten) enthielt 175 Linien auf 2,5 Zentimeter. (Finlay-Bild, darunter)

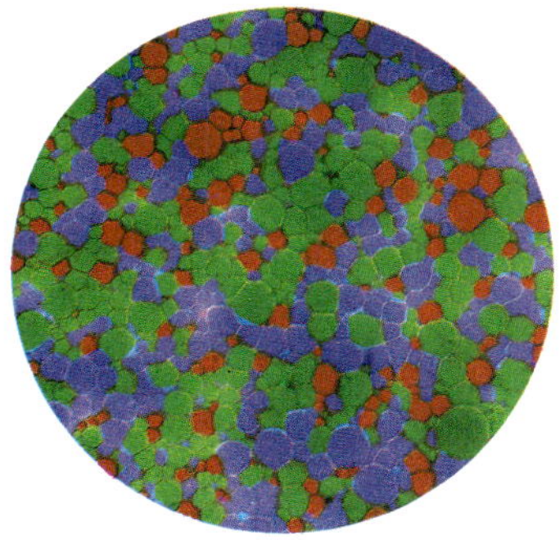

Die Agfacolor-Rasterplatte (oben) wurde aus Teilchen gefärbten Harzes gebildet. (Agfacolor-Bild, links)

Die Rasterplatte für das Dufaycolor-Verfahren (unten) bestand aus parallelen gekreuzten Linien. (Dufaycolor-Bild, rechts)

Im Gegensatz zu allen anderen fotografischen Verfahren jener Zeit lieferte Kodachrome ein Bild ohne Körnung und mit der Möglichkeit zu fast unbegrenzter Vergrößerung. (Kodachrome-Bild, links)

Neben 74 menschlichen Skeletten, Juwelen und einem Opferaltar aus Silber, Perlmutt und Gold schmückte dieser vergoldete Stierkopf mit einem Bart aus Lapislazuli eine Lyra, die – mit den erstarrten, gespreizten Fingern des Spielers auf den Saiten – in den Königsgräbern von Ur gefunden wurde. Vor 5000 Jahren waren dort im Irak die Könige samt ihrem Gefolge begraben worden. Der Bericht von M. E. L. Mallowan über die Ausgrabungen, die von C. Leonard Woolley geleitet wurden, erschien im Januar 1930 unter dem Titel »Das antike Ur in neuem Licht«.

chrome offensichtlich Zeit gelassen, da es dort erst zwei Jahre nach seiner Einführung auftauchte.

Es gibt gute Gründe für die Annahme, dass Luis Marden der erste war, der die Möglichkeiten von Kodachrome erkannt hat. Als Marden im Jahr davor im Alter von 19 Jahren zum GEOGRAPHIC kam, arbeitete er als Journalist für den Boston Sunday Herald, war Rundfunksprecher und Autodidakt und beherrschte vier Sprachen (Englisch, Spanisch, Italienisch, Portugiesisch). Auf Anregung von Kip Ross, dem damaligen Sprecher der Firma E. Leitz, hatte Marden eben erst *Die Farbfotografie mit der Kleinbildkamera* – das erste Lehrbuch über dieses Thema – geschrieben. Als er erfuhr, dass die Zeitschrift Fotografen suchte, schrieb Marden der Gesellschaft, dass er »in Farbe experimentiere«. Die Gesellschaft lud ihn daraufhin nach Washington ein. Er erschien im Büro des Bildchefs Franklin S. Fisher mit einer 35-mm-Leica um den Hals. »Benutzen Sie eine Leica bei Ihrer Arbeit?« fragte Marden den Älteren unschuldig.

»Natürlich nicht«, antwortete Fisher. »Wir verwenden hier kein Spielzeug. Wir machen ernsthafte Fotoarbeit.« Um Mardens Fähigkeiten zu testen, sagte Fisher: »Wollen wir mal sehen, ob er ein Farbfoto machen kann.« Er ließ Marden Finlay-Platten in der Dunkelkammer einlegen, gab ihm eine Ica-Jewel-Kamera, einen Wagen mit Fahrer und schickte den jungen Mann auf die Suche nach Farbmotiven. »Ich entsinne mich, es war in der brütenden afrikanischen Julihitze Washingtons«, erinnerte sich Marden später.

> … alles war verbrannt und ausgetrocknet. Schließlich machte ich mit dem Stativ in der Nähe von Haines Point eine Aufnahme von Trauerweiden und einem Schiff, das gerade rot lackiert wurde. Ich habe seitdem keine bessere mehr gemacht. Dann ging ich zurück ins Labor, um den Film selbst zu entwickeln und ihn auf den Betrachtungsraster einzustellen. Ich habe sie total beeindruckt, denn eine Menge … Fotografen kamen beim GEOGRAPHIC vorbei, viele Profis mit langjähriger Erfahrung, die aber nie in Farbe fotografiert hatten.

In jenen Tagen machten sich die Berufsfotografen nicht die Mühe, das Farbverfahren zu lernen, da noch kein Markt dafür vorhanden war. Keine Zeitschrift außer dem GEOGRAPHIC druckte regelmäßig Farbfotos, es gab nur Diapositivplatten, kein Fotopapier, das dem Fotografen den Druck von Studioporträts ermöglichte.

1935 führte Kodak seinen ersten Kodachrome-Film als 16-mm-Kinofilm ein. Ein Jahr später sah Marden, der nun als Fotograf ausschließlich für das Magazin arbeitete, im Schaufenster eines Kamerageschäfts in der Innenstadt von Washington die Vorführung dieses Films. Marden erinnert sich:

> Sie projizierten diese Filmschleife mit ihren brillanten Farben immer wieder, und ich fragte den Mann, ob ich den Film untersuchen könne. Er gab ihn mir, und ich hielt ihn unter eine Lupe, ein Vergrößerungsglas, und ich sah, dass keinerlei Flecken darauf waren! Im Unterschied zu einer Autochrome- oder einer Finlay-Aufnahme gab es auf dem weißen Papier und den weißen Hemden überhaupt keine Farbrückstände! Und ich fragte mich, »wie, zum Teufel, haben sie diese Farbe hinbekommen?«
>
> Natürlich hätte sich jeder, der ein bisschen Ahnung von technischen Dingen hatte, denken können, dass dies nur durch übereinandergelagerte Schichten erreicht werden konnte – eine empfindlich für Rot, eine für Blau, eine für Grün usw. – aber als ich den Film sah, rannte ich zurück zum GEOGRAPHIC, ging zum Leiter des Fotolabors, Charles Martin, und sagte: »Ich habe diesen neuen Film gesehen, er ist einfach verblüffend. Wenn er wirklich auf den Markt kommt, wird er uns alle Türen öffnen, es wird die Befreiung des Fotografen sein, so als würde man aus dem Gefängnis entlassen.«

Die Befreiung würde auf dreifache Weise erfolgen: Erstens war das endgültige Bild von Kodachrome nur ein gefärbtes Bild: Das Bild, das daraus entstand, enthielt

– im Gegensatz zu jedem anderen Foto jener Zeit, einschließlich der schwarzweißen – keine metallischen Silberkörnchen. Marden erkannte sofort, dass man mit Kodachrome ein kleines Abbild ohne Körnchen erhielt, das man fast unbegrenzt vergrößern konnte. Zweitens hatte der Film eine größere Lichtstärke. Die Belichtung von Lumière-Autochrome-Platten erforderte helles Sonnenlicht, und obwohl die Hersteller von Finlay-Platten damit angaben, dass man mit ihrem Verfahren »Schnappschüsse« machen konnte – Action-Fotos – , so erhielt man »bei jeder Bewegung verschwommene Stellen«, wie Marden erklärte. Drittens hatten die Fotografen, die mit Autochrome- oder Finlay-Glasplatten arbeiteten, durch ihre Ausrüstung ein erhebliches Gewicht mit sich herumzuschleppen.

Marden wusste, dass Kleinbildkameras, Rollfilme und Kodachrome-Bilder die Fotografie des NATIONAL GEOGRAPHIC revolutionieren würde – aber nur, wenn er den Leiter der Bildredaktion überreden konnte, ihm die Erlaubnis für deren Anwendung zu geben.

Über Freunde gelang es Marden, zwei Rollen des neuen 35-mm-Kodachrome-Films zu kaufen, noch bevor dieser auf den Markt kam. Da man beim GEOGRAPHIC damals noch nicht einmal eine Leica besaß, nahm Marden an einem Wochenende seine eigene Kamera und die zwei Rollen Kodachrome-Filme und »belichtete sie auf jede erdenkliche Weise: ein Mikrofoto von einer Briefmarke, Straßenszenen, ein Goldfisch in Großaufnahme, ein Studioporträt...«

Am gleichen Wochenende fotografierte Marden auch eine Freundin auf ihrem Ritt im Washington Rock Creek Park, während er selbst zu Pferde saß. Solch ein Kunststück wäre mit einer sperrigen Finlay- oder Autochrome-Kamera fast unmöglich gewesen. Zwei Wochen später kamen die entwickelten Filme von Eastman Kodak zurück. »Es waren Farbdiapositive wie die, die man heute hat; aber der Film kam natürlich als ganzer Streifen zurück. Kodak war gewiss noch weit davon entfernt, ihn auseinander zu schneiden und die Teile zwischen kleinen Papprahmen aufzuziehen.« Marden kopierte die besten Diapositive auf gläserne Lichtbildplatten, dunkelte alles um sie herum ab und fragte dann Franklin Fisher, ob er sie sehen wolle.

Fisher kam mit seinem Assistenten und einigen anderen in den kleinen Vorführraum. Marden erinnerte sich:

> Ich war nur ein einfacher Fotolaborant, und ich führte sie [die Bilder] in unserem kleinen Vortragsraum vor. Sie füllten nur die Mitte der Leinwand aus, hatten aber noch einen Durchmesser von 1,8 Metern. Ich erzählte, dass man Kodachrome-Bilder mit kurzer Belichtungszeit aufnehmen könne, dass sie sehr handlich seien und dass man sie in beliebiger Größe vervielfältigen könne. Es folgte tödliche Stille.
>
> Jeder, der sich auf dem Gebiet der Fotografie auskannte, hätte begreifen können, was ich ihnen da zeigte, aber dies waren Leute, die bei Fotos auf Anschaulichkeit, nicht aber auf Technik Wert legten. Heutzutage kann man sich nur noch schwer vorstellen, wie verblüffend diese Fotos waren! Sie waren scharf und hatten keinerlei Farbfehler. »Sehen Sie das weiße Hemd?« sagte ich. »Keine Farbflecken. Die Hauttöne? Kein Rot oder Grün drin.«
>
> Sie sagten nicht viel, stellten nur ein paar Fragen, das war alles. Ich ging zurück in meinen Verschlag von Dunkelkammer. Als ich gerade Abzüge machte, fühlte ich, dass jemand im Raum war. Es war ganz dunkel unter den roten Lampen, und ich roch den Tabak des Laborchefs. Und Charles Martin, der sehr unwirsch und kurz angebunden sein konnte, fragte: »Sagen Sie mal, Marden ... diese Fotos, die Sie da mit dem neuen Film gemacht haben ... haben Sie die in Ihrer Freizeit gemacht?«
>
> Ich sagte: »Ja, Mr. Martin, ich habe sie vor einigen Wochenenden gemacht. Warum?« »Nun, Mr. Fisher wollte es gerade wissen. Er sagte, dass die Dinger für das NATIONAL GEOGRAPHIC nie auch nur einen Pfifferling wert sein werden.«

Sogar »Der Löwe von Judäa« posierte in seinem Krönungsornat bereitwillig für den NATIONAL GEOGRAPHIC-Fotografen W. Robert Moore. Das »natürliche Farbfoto« von Haile Selassie, dem neu gekrönten Kaiser von Äthiopien, erschien im Juni 1931.

»Es war wieder eine höchst interessante Reise«, schrieb Alan J. Villiers (oben) 1932 an Bildredakteur Franklin L. Fisher. Mit seinem Rahsegler Parma (links) hatte Villiers gerade das Wettrennen von Australien nach England gewonnen, an dem insgesamt 20 große Windjammer teilnahmen. »Wir erreichten die Falmouth Bay nach 103 Tagen und einigen Stunden und gewannen mit vier Stunden Vorsprung (nicht viel nach 103 Tagen!) ...Während der Reise hatten wir mit gewaltigen Stürmen um Kap Horn zu kämpfen. Wir... setzten unsere besten Segel, warfen alles bewegliche Gut über Bord, räumten das Mittschiffshaus aus und ertränkten unser Schwein...« Villiers, beim GEOGRAPHIC äußert beliebt, schrieb für die Zeitschrift (und die Buchveröffentlichung Männer, Schiffe und das Meer*) zwischen 1931 und 1976 über 20 Artikel über die Seefahrt.*

Wir standen da in der düsteren Dunkelkammer, und ich weiß nicht, ob ich sagte: »Glauben Sie das?«, oder ob wir uns nur ansahen und lächelten. Als hervorragender Techniker wusste Martin, dass diese Ansicht lächerlich war.

Trotzdem schickte Martin zwei einzelne Aufnahmen zur Beck Engraving Company, die davon Autotypien herstellte. Meines Wissens waren dies die ersten Autotypien, die jemals von einem Kodachrome-Film gemacht wurden.

Obwohl die Probeautotypien gelungen waren, vergingen noch über zweieinhalb Jahre, bis die ersten Kodachrome-Bilder im NATIONAL GEOGRAPHIC MAGAZINE erschienen. Als Mitarbeiter des GEOGRAPHIC schrieb Priit Vesilind in seiner Dissertation über die Farbfotografie in der Gesellschaft:

Erst der erfolgreiche Außeneinsatz eines namhaften Fotografen bewirkte, dass sich das GEOGRAPHIC für den 35-mm-Kodachrome-Film erwärmte...

Im Sommer 1937, ein Jahr nachdem Kodachrome auf den Markt kam, besorgte Bud Wisherd, der Assistant Chief des Fotolabors, ein Dutzend zusätzlicher Rollen des Films. Fünf davon schickte er W. Robert Moore für einen Auftrag in Österreich, und Marden nahm die übrigen für eine Expedition nach Mexiko. Mardens Kodachrome-Bilder über Mexiko wurden erst im September 1940 veröffentlicht... Moores Fotos erschienen im April 1938... B. Anthony Stewart hat Mardens Situation wohl treffend beschrieben: »Als Neuling und Begründer stößt man zunächst einmal auf Ablehnung. Warten Sie ein wenig ab, ehe Sie etwas Neues vorstellen, denn Sie werden den Leuten damit auf die Zehen steigen.«

Moore, der das Privileg hatte, der Kodachrome-Pionier beim GEOGRAPHIC zu sein, beschrieb später, wie... er innerhalb weniger Tage seine fünf Kodachrome-Filmrollen verknipst hatte; unter anderem hatte er eine temperamentvolle österreichische Tanzgruppe eingefangen. »Zu dem rasch wechselnden Tempo von Gitarre, Mandoline und Akkordeon schwenkten die Männer ihre Partnerinnen im Kreis herum«, schrieb er später. »Für die Aufnahmen stand ich entweder aufrecht oder legte mich im Hof bäuchlings auf den Boden. Derbe Stiefel wirbelten Staub auf, Kleider und Petticoats raschelten, und die Tänzer hatten genauso viel Spaß wie ich. Jetzt gehört das zur Routine, aber der Tanz war eines der ersten Farbmotive, die ich jemals ohne Stativ geknipst habe.«

Als die 35-mm-Fotos von Moore entwickelt und für den Druck vorbereitet wurden, kam man auch zu Hause beim GEOGRAPHIC zur Erkenntnis, dass von nun an die Fotografie der Zeitschrift nie wieder dieselbe sein würde.

»Alle gerieten ins Schwärmen«, erinnert sich B. Anthony Stewart. »Die tanzenden Mädchen, das Schillern der Farben, das war etwas, wovon Farbfotografen bisher nie zu träumen gewagt hatten.«

Als sich Edwin Wisherd 1971 zur Ruhe setzte, sagte er: »Ohne Zweifel war dies während meiner Zeit hier das bedeutendste Ereignis auf dem Gebiet der Fotografie: Die Entwicklung der 35-mm-Kamera und des lichtempfindlichen Farbfilms von Kodachrome.«

1938 erschienen im Magazin neben 62 Kodachrome-Aufnahmen drei Lumière-Autochrome-, 222 Finlay-, 69 Dufay- und 18 Agfacolor-Fotos. Im folgenden Jahr veröffentlichte das Magazin acht Autochrome-, 47 Finlay-, 93 Dufay-, elf Agfacolor- und 317 Kodachrome-Aufnahmen – es vollzog sich eine Revolution in der Farbfotografie.

Melville Bell Grosvenor, der inzwischen Assistant Editor des GEOGRAPHIC geworden war, erinnerte sich: »Frank Fisher hatte sehr altmodische Vorstellungen, aber er erkannte wie mein Vater sofort die Zeichen der Zeit. Fortan veröffentlichten wir keine der anderen Bilder mehr, wir warfen sie zum alten Eisen und ersetzten sie so schnell wir konnten durch Kodachrome-Fotos. Ich werde das nie vergessen – das war wirklich sensationell.«

Es gab noch andere Sensationen im GEOGRAPHIC, denn die Dreißigerjahre waren das Jahrzehnt der großen Expeditionen in noch wenig bekannte Regionen der Erde, der »ruhmreichen Jahre«.

»... es war offensichtlich, dass wir eine der reichsten und bedeutendsten Fundstätten der Welt entdeckt hatten«, schrieb Roy Chapman Andrews (oben) in »Forschungen in der Wüste Gobi« für das GEOGRAPHIC vom Juni 1933. »Allein die Eier des Dinosauriers machten sie berühmt, aber sie waren auf keinen Fall der bedeutendste Fund, den wir aus der Wüste Gobi mitbrachten. Wir waren überrascht über das große Interesse, das die Dinosauriereier hervorriefen.«

Gegenüber: Roy Chapman Andrews, der 1931 für seine geographischen Entdeckungen in Zentralasien die Hubbard-Medaille erhielt, nähert sich in der Wüste Gobi einem Adlerhorst, um einen jungen Adler zu fangen.

Begonnen hatte die Dekade im Januar 1930 mit M. E. L. Mallowans Bericht, mit dem Titel *»Das antike Ur in neuem Licht«*, über einen der großen Momente in der Archäologie: Man hatte die 5000 Jahre alten Königsgräber von Ur im Irak entdeckt.

> Eines dieser Gräber bestand aus einem fast neun Meter tiefen Schacht. An dessen Ende befand sich eine einzelne Kammer, über der sich eine Kuppel wölbte ... die auf den Ziegelboden gestürzte Holzdecke hatte die fünf Toten unter sich begraben. Vier von ihnen waren Diener, die fünfte eine Frau, höchstwahrscheinlich von königlichem Geblüt ... gekleidet in die prächtigen Hofgewänder jener Zeit. Sie trug einen Kopfschmuck aus Goldbändern, die strahlenförmig in sieben Streifen von der Kopfmitte ausgingen, und einer Fülle von goldenen Pappelblättern, Karneolen und Perlen aus Lapislazuli sowie um den Hals Goldketten und Karneolperlenschnüre...
>
> Der Schmuck der Toten war von einzigartiger Pracht und Fülle. Als wir den Schacht bis auf den Boden freiräumten, schien uns fast, als schritten wir auf einem Teppich aus Gold.. Die [68] Frauen, die in ordentlichen Reihen nebeneinander lagen, waren auf die gleiche Art gekleidet wie die Hauptperson in der Kuppelkammer. Die Haarbänder aus Silber oder Gold waren fast identisch, und viele der Goldbänder trugen die Spuren feiner Netze; der Schleier, der einst den Kopf verhüllt hatte, war nun völlig zerfallen. Der Kopfschmuck enthielt derart viele und schwere Juwelen, dass die Frauen nicht minder voluminöse Perücken getragen haben mussten...
>
> Die sechs Männer, vermutlich die Leibwache, lagen in einer Reihe an der Mauer des Schachtes. Die Frauen lagen in Reihen quer zu ihnen, und der Hauptschatz war an drei Ecken vergraben.

Die Juni-Ausgabe 1930 enthielt »Der erste Flug mit dem Luftschiff um die Welt«, Dr. Hugo Eckeners Bericht über seinen dreiwöchigen Rundflug um die Erde über 31 300 Kilometer, den er als Kommandant des gewaltigen deutschen Luftschiffs Graf Zeppelin unternommen hatte und für den er mit der Sondergoldmedaille der Gesellschaft ausgezeichnet wurde. Im August brachte die Zeitschrift Admiral Richard Evelyn Byrds Bericht über die erste Eroberung des Südpols aus der Luft.

Als Gilbert H. Grosvenor auf einem Ozeandampfer im selben Jahr den Atlantik überquerte, entdeckte er von Deck aus den finnischen Windjammer Grace Harwar. Grosvenor, der selbst ein begeisterter Segler war, konnte das vollgetakelte Schiff im Vorbeifahren fotografieren. Als er später erfuhr, dass der australische Autor und Fotograf Alan Villiers auf diesem Schiff zur See gefahren war, als es Getreide von Australien nach England transportierte, bat ihn Grosvenor, einige Segelbeiträge für das Magazin zu liefern. Im darauffolgenden Jahr schrieb Alan Villiers »Mit dem Windjammer um Kap Horn«, seinen ersten Artikel für das GEOGRAPHIC, dem viele weitere folgten. Der Bericht erschien in der Nummer von Februar 1931 und enthielt Auszüge aus dem Tagebuch Ronald Walkers, eines jungen Reporters und Freundes von Villiers, der mit ihm in der Mannschaft gedient hatte:

> Riesige Wellen kommen näher, um das Schiff zu treffen, schieben sich höher und höher, sammeln sich zum Stoß. Du drehst dich um, sie zu beobachten. Der Wind schlägt dir heulend ins Gesicht, und die See spuckt dich boshaft an, versprüht ihre Gischt. Ein großer Brecher, ein flüssiger Berg steht drohend über dem Schiff, höher und höher schießt er empor, und weiß blitzt sein schäumender Kamm wie der Federbusch auf dem Helm des Kriegers, wenn er sich bricht. Tiefer und tiefer sinkt das Schiff hinab, erschauernd unter dem bevorstehenden Stoß. Hundert kleinere hat es vermieden; diesem mächtigen Schlag muss es sich stellen. Zitternd vor Furcht windet es sich, als sei es lebendig. Es krängt nun schwer zur Seite, es schwankt entsetzlich... Plötzlich schießen Sterne an den Spieren vorbei – es ist weniger schlimm, wenn sie herauskommen –, werden wild durch den Himmel geschleudert. Das Schiff empfängt den vollen Schlag, es taumelt durch den Aufprall. Ein Beben geht durch seinen arbeitenden Rumpf...

Oben: »Sturzhelme dienen einem doppelten Zweck: Professor Auguste Piccard (rechts) und sein Begleiter saßen während ihres ersten Fluges auf zwei Polstern und bewahrten ihre empfindlichen Instrumente in zwei Körben auf. Diese Körbe und Polster waren auch als Kopfschutz im Falle einer unvorhergesehenen Landung gedacht.« Aus »Mit dem Ballon in der Stratosphäre« in der März-Ausgabe von 1933.

Gegenüber: Amelia Earhart, die erste Frau, die allein über den Atlantik flog, wird bei Ihrer Landung in Londonderry, Nordirland, am 21. Mai 1932 von einer jubelnden Menge empfangen. Einen Monat später erhielt sie für ihre Leistung eine Sondergoldmedaille – die erste, die von der Gesellschaft an eine Frau verliehen wurde.

Dieses Foto von zwei Weißschnabel-Spechten – das erste, das je von einem nistenden Pärchen dieser seltenen Art gemacht wurde – stammt von dem Ornithologieprofessor Arthur A. Allen. Es illustrierte seinen Artikel »Mit dem Mikrofon auf der Jagd nach den Stimmen aussterbender Vögel« vom Juni 1937. In diesem bedeutenden, umweltbewussten Artikel warnte Dr. Allen vor den Übergriffen der Zivilisation auf die Lebensbereiche von Vögeln, wie z.B. den des Singschwans.

> Aber die gebrochene See hat einen ebenbürtigen Gegner gefunden. Der Federbusch des Kriegers ist gefallen, das Schiff richtet sich erneut auf und schleudert Hunderte von Tonnen des tosenden Wassers aus seinen überströmenden Luken. In mörderischer Gier auf menschliche Beute peitscht die See wieder und wieder zornig über das Schiff hinweg. Sie kann die Gier nicht befriedigen, und so verschiebt sie alles, was beweglich ist, und faucht und zischt gegen die Luken und Wellenbrecher in der wahnwitzigen Absicht, alles niederzureißen... Aber das Schiff siegt. Unter dem Gewicht der Masse des brodelnden Wassers rollt es weiter, gewinnt sein Gleichgewicht zurück und sammelt sich, um dem nächsten Ansturm zu begegnen, und dem nächsten und übernächsten...

Traurig berichtet Villiers, dass der junge Walker sechs Tage nach dieser Eintragung in sein Tagebuch getötet wurde, nachdem er das verwickelte Voroberbramsegel gelöst hatte: Während die Männer an Deck des Dreimasters anzogen, um das regennasse, aufgequollene Leinensegel hochzuziehen, rissen sich die Fallen los, und die Rah stürzte auf Walker nieder.

Im Juni 1931 berichtete William Beebe in seinem Artikel »Eine Rundreise zu einem Grab in der Tiefe des Meeres« über seine Tauchfahrt in der Bathysphäre, einer schweren Taucherkugel aus Stahl, in eine Tiefe von 428 Metern. (Vier Jahre später, im Jahre 1934, erreichte Beebe eine Tiefe von 908,4 Metern – ein Rekord, der 15 Jahre lang Bestand hatte.) Im selben Monat erschien ein Artikel, der den Beginn der transasiatischen Expedition von Citroën-Haardt in den Jahren 1931–32 ankündigte. Mit einer Kolonne von Halbkettenfahrzeugen bahnten sich die Teilnehmer der Expedition ihren Weg über 11 850 Kilometer durch Asien auf dem Landweg vom Mittelmeer zum Gelben Meer.

Roy Chapman Andrews erzählte in seinem Artikel »Forschungen in der Wüste Gobi« vom Juni 1933, er habe »eine der reichsten und bedeutendsten Fundstätten der Welt entdeckt«. In der Mongolei entdeckte Andrews nicht nur die Eier von Dinosauriern, deren Alter er auf 95 Millionen Jahre schätzte, sondern auch die Schädel von winzigen Säugetieren von der Größe einer Ratte, die zur gleichen Zeit wie die Dinosaurier gelebt hatten, ferner 30 Millionen Jahre alte Knochen und den »riesigen Zahn, fast so groß wie ein Apfel, des Riesen-Baluchitherium ..., des größten Landsäugetiers, das jemals auf der Erde gelebt hat ... ein von seinem Typus abweichendes, pflanzenfressendes Rhinozeros, [das] ... mit ungefähr fünf Metern Schulterhöhe 7,2 Meter lang war und mehrere Tonnen wog.«

Für seine Funde erhielt Roy Chapman Andrews 1931 von Präsident Gilbert H. Grosvenor die Hubbard-Medaille der Gesellschaft. Grosvenor erklärte zu den Entdeckungen, dass sie »die Lücken im Stammbaum der Lebewesen geschlossen haben«. Alan Villiers tauchte erneut im Januar 1933 mit »Das Rennen der Getreideschiffe um Kap Horn« auf, seinem mitreißenden Bericht über ein Rahseglerrennen »durch Stürme und beschwerliche Flauten, über 25 700 Kilometer von Australien nach England«.

Zwei Monate später veröffentlichte das Magazin Dr. Auguste Piccards Bericht »Mit dem Ballon in der Stratosphäre«. Piccard schildert darin seinen Aufstieg auf 16 000 Meter in einer kugelförmigen Aluminiumkabine, die ganz ähnlich aussah wie die Tiefseetaucherkugel von Beebe. Ziel seines Aufstiegs zu einer Höhe von 16 Kilometer war die Untersuchung der kosmischen Strahlung.

1934 wurde Anne Morrow Lindbergh als zweiter Frau eine Medaille der Gesellschaft verliehen. Zwei Jahre zuvor war Amelia Earhart die Sondergoldmedaille für ihren ersten Alleinflug als Frau über den Atlantik überreicht worden. Anne Morrow Lindbergh erhielt die Hubbard-Medaille für ihre denkwürdigen Flüge in den Jahren 1931 und 1933, die sie als Kopilotin und Bordfunkerin für die Vermessungen von Charles A. Lindbergh unternahm. Während ihres Fluges im Jahre 1933 hatten die beiden schlimmste Gefahren zu überstehen – Schnee-, Sand- und Wirbelstürme, arktische Kälte und tropische Hitze –, als sie mit ihrer Lockheed Sirius, die mit einem

Ponton ausgerüstet war, über vier Kontinente flogen und 21 Länder besuchten. Ihr Abenteuer über 46 600 Kilometer war für die Fliegerei der damaligen Zeit eine unglaubliche Glanzleistung. Ihr eigener Bericht über diese Reise erschien 1934 in der September-Nummer mit dem lakonischen Titel »Der Flug um den Nordatlantik«.

Die nachfolgende Nummer enthielt Captain Albert W. Stevens Bericht über die U.S.-Army-Air-Corps-Expedition zur Stratosphäre in Explorer, dem größten Freiballon, der jemals gebaut wurde.

Während in Ballons schwindelnde Höhen erreicht und in Flugzeugen verblüffende Entfernungen überwunden wurden, war im GEOGRAPHIC immer noch Platz für »altmodische« Abenteuer, wie Henri de Monfreids Artikel über die »Perlenfischerei im Roten Meer« vom November 1937:

> Unter geblähtem Großsegel hatten wir uns nach zehn Minuten von der Insel entfernt. Die Nacht war hereingebrochen, und ich bestimmte den Kurs mit dem Kompass... Wir mussten über die Mitte des Roten Meeres... Es war zwei Uhr morgens, und aller Augen waren auf den Horizont gerichtet...
>
> Mit Hilfe eines Nachtfernglases holte ich es näher heran, und Ali deutete auf einen einzelnen schwarzen Punkt im Meer an der Südseite der Insel. Es war ein Zarug [ein kleines Segelboot, das auf dem Roten Meer von Schmugglern benutzt wurde], das an einem Riff festgemacht hatte. Unsere Gewehre waren schnell geladen, jedes mit fünf Patronen. Insgesamt hatte ich nur 50. Dann wurden die Axt, eine Bohrstange und ein großer Eisenhammer in Kampfstellung gebracht, als ob wir vorhatten zu entern ... die Würfel waren gefallen, ich konnte nicht mehr zurück...
>
> Wir waren etwa eine halbe Kabellänge [rund 90 Meter] von dem schlafenden Zarug entfernt, als der alte Sudanese uns bemerkte. Ich zog die Ruderpinne hoch, und als das Segel niedergeholt war, trieben wir schnell auf unsere Beute zu... Wie gewöhnlich rief ich »Huuuh«, als seien wir ganz unschuldig zufällig in unserem Boot dorthin geraten, obwohl dies eine sehr ungewöhnliche Stunde war, um vor Anker zu gehen.
>
> In der Zwischenzeit hatte ich mit meiner Zigarette die Lunte angezündet. Das kleine Licht des Feuerstrahls bewegte sich unbemerkt, und der schwarze Zünder qualmte unheilvoll in der Dunkelheit.
>
> Ich senkte den langen Bootshaken ins Wasser, als wollte ich gerade ankern, hielt aber die Sprengladung unter den Bootsrumpf. Sorgfältig zählte ich die Sekunden bis zehn. Dann rief ich dem bereitstehenden Nakhoda zu:
>
> »Ruf deine Männer.«
>
> Alle zusammen riefen wir den Leuten zu, sie sollten ins Meer springen, wenn sie konnten. Die Zaraniks erwachten; der Abzugshahn eines Gewehrs klickte; ich zählte weiter – 18, 19...
>
> Dann spritzte eine grünliche Flamme aus der Mitte des Bootes hervor, als das Dynamit explodierte.
>
> Ich hatte den Sprengstoff unter dem Mast platziert, wo sich normalerweise keine Schlafenden aufhielten. Der Mast krachte herunter, und ein paar Minuten später regnete es Steine von allen Seiten – der Kieselballast war himmelhoch in die Luft geschleudert worden...
>
> Das Zarug sank in wenigen Minuten, und die Männer zappelten im Wasser. Hektische Rufe wurden laut. Die Sudanesen schwammen schwerfällig nur mit ihren Armen, da sie zu zweit an den Beinen zusammengekettet waren. Die Zaraniks flohen in kleinen Booten zur Insel. Die Panik war vollkommen.
>
> Ich entzündete eine große Benzinfackel, die die Szene erhellte... Die Zaraniks paddelten in drei Booten davon, aus denen sie eifrig Wasser schöpften. Ich schoss in ihre Richtung, während meine Somalier ihnen nachjagten...
>
> Der Tag brach an, und bald konnten wir durch das klare Wasser den Rumpf des gesunkenen Zarugs erkennen... Einer der geretteten Sudanesen, ein Herkules mit ziemlich dünnen Beinen, nahm das Ende eines Taus und tauchte hinab.

»Fast nur noch in unserer Erinnerung sind sie lebendig: die vier nordamerikanischen Vogelarten, die bereits ausgerottet sind«, schrieb Arthur A. Allen (oben). »In unseren Museen werden wir bald die präparierten Exemplare des großen Alks, der Labrador-Ente, der Wandertaube und der Heidehenne finden. Dem Carolina-Sittich ist wahrscheinlich das gleiche Schicksal beschieden...« Um die Stimmen der noch lebenden Vögel aufzuzeichnen, forschte Allen weiter und fand unter anderen »den Weißschnabel-Specht... den nun vielleicht seltensten Vogel Nordamerikas«, und es gelang ihm, seine Verhaltensweisen und seine Stimme festzuhalten. Aus »Mit dem Mikrofon auf der Jagd nach den Stimmen aussterbender Vögel« in der Juni-Ausgabe von 1937.

Die Expeditionsleiter des GEOGRAPHIC, Piccard, Byrd und Beebe, wurden 1934 in dieser Zeichnung von Gaar Williams aufs Korn genommen. In den Dreißigerjahren war das NATIONAL GEOGRAPHIC in anderen Zeitungen und Zeitschriften eine beliebte Zielscheibe für Karikaturen: Drei davon erschienen zwischen März 1930 und Dezember 1931 allein im New Yorker. Als einer der Redakteure des GEOGRAPHIC 1932 begann, ein Album über heitere Anspielungen auf das Magazin vorzubereiten, beschwerte sich Gilbert Hovey Grosvenor, dass einige der »guten« herausgelassen wurden – darunter auch eine Karikatur, auf der jemand dem GEOGRAPHIC per Telefon mitteilte, er habe »eine Fotografie von der anderen Seite des Berges, der gerade in der neuesten Ausgabe des GEOGRAPHIC abgebildet sei«.

Ich sah, wie er über das Wrack kletterte und alles mit ausgestreckten Armen abtastete, während seine Fußsohlen zur Oberfläche zeigten.

Mit einer geschmeidigen Drehung kam er wieder an die Oberfläche. Während er aufstieg, blies er immer wieder einen Schwall Luftblasen durch die Nase. Er hatte das Seil befestigt und befahl uns, daran zu ziehen.

Eine Kiste kam herauf... Es war der Kasten des Zaranik Nakhoda, verziert mit eingelegten Kupferfiguren. Ich brach das Vorhängeschloss auf und öffnete ihn.

Der Sudanese schwor, dass die Perlen darin seien...

Unerklärlicherweise wurde Monfreids Schilderung mit dem Foto einer auffallend schönen, halbnackten Frau illustriert; das Foto trug die Bildunterschrift: »Dieses sudanesische Sklavenmädchen gehört einem reichen arabischen Kaufmann aus Mocha«, und weiter hieß es: »Abkommen zwischen christlichen Nationen zur Abschaffung des Sklavenhandels sind ohne Wirkung auf das Verhalten der Menschen in entlegenen Winkeln der muslimischen Welt. Besucht ein Reisender einen Scheich und bewundert einen seiner Sklaven, so wird ihm sein Gastgeber – wie es die Gastfreundschaft der Wüste gebietet – sein menschliches Eigentum zum Geschenk machen!«

Die sudanesische Sklavin erschien 1937, in dem Jahr, als Francos Rebellen Malaga einnahmen, als Guernica durch deutsche Luftangriffe zerstört wurde und Spaniens republikanische Regierung ihren Sitz nach Barcelona verlegte. Es war das Jahr, in dem die Japaner Peking, Shanghai und Nanjing eroberten und Chiang Kaisheks Truppen sich mit Mao Zedong und Zhou Enlai verbündeten. König Edward VIII. von England hatte im Vorjahr abgedankt und als Herzog von Windsor Wallis Simpson geheiratet. 1937 unterzeichnete Präsident Franklin Delano Roosevelt das zweite der drei Neutralitätsabkommen; Mussolini besuchte Libyen und Berlin. Picasso malte *Guernica*, Ernest Hemingway schrieb *Haben und Nichthaben*, und John P. Marquand gewann mit *Der selige George Apley* den Pulitzerpreis.

Disneys *Schneewittchen und die sieben Zwerge* hatte Premiere, und Greta Garbo spielte die Hauptrolle in *Die Kameliendame*. Amelia Earhart verschwand auf ihrem Flug über den Pazifik, der deutsche Zeppelin Hindenburg explodierte, als er sich seinem Ankermast in Lakehurst, New Jersey, näherte; Joe Louis wurde im Kampf gegen James J. Braddock Weltmeister im Schwergewicht; die Golden Gate Bridge wurde für den Verkehr geöffnet, und die New York Yankees schlugen die New York Giants in den World Series 4 : 1.

In den Vereinigten Staaten hielt die Wirtschaftskrise weiter an; die beliebtesten Schlager waren »Nice Work If You Can Get It« und »The Lady Is a Tramp«.

Auch wenn das Magazin vermeiden konnte, Menschen zu zeigen, die sich durch die Jahre der Depressionen kämpften, so konnte es doch nicht die neuen politischen Kräfte in der Welt ignorieren.

Ein Jahr zuvor, im September 1936, berichtete Mrs. Kenneth Roberts in ihrem Artikel »Ein Besuch im heutigen Italien«, dass Mussolini in den Augen der Italiener fast zum Gott geworden war, nachdem seine moderne Armee gegen den erbitterten Widerstand des Völkerbunds – das hieß für Italien die führende Weltmacht England – über die Äthiopier gesiegt hatte.

In »Spanien im Aufruhr« erzählte Ruth Q. McBride, wie sehr die »Sommerresidenz« der amerikanischen Botschaft im Hotel Continental in San Sebastian von der Außenwelt abgeschnitten war: »Sie konnten nicht einmal Botschafter Bowers in seinem Sommersitz im nahen Fuenterrabîa erreichen. Sie hatten keine Möglichkeit, sich zu verteidigen. Linksradikale Soldaten – mit Gewehren bewaffnete Bauern, darunter viele Frauen – stürmten mordend an den Türen vorbei.«

Auf den Fotos, die im Februar 1937 Douglas Chandlers Artikel »Berlin im Wandel« illustrierten, sind die Fahnen der Nazi-Diktatur allgegenwärtig. Die Bildunterschrift eines Fotos lautete: »Am 1. Mai drängen sich die Massen im Berliner Tiergarten, um Adolf Hitler reden zu hören… Geschmückt mit dem Hakenkreuzsymbol und von Truppen bewacht, sieht man im Hintergrund das Rednerpult auf den breiten Stufen des Alten Museums… Der mit Fahnen und Hakenkreuzen geschmückte Maibaum verkörpert die Wiedergeburt eines alten Brauchs, der früher hauptsächlich in ländlichen Gebieten gepflegt wurde.« Die gleiche Ausgabe enthielt auch »Unsere Flucht aus Madrid« von Gretchen Schwinn, deren Schilderung begann:

> Ein Teller Katzengulasch kostete Mutter und mich in Madrid einen Dollar… Das dunkle, mit Sehnen durchsetzte Fleisch, das ein bisschen nach Kaninchen aussah, für das man es ausgab, war außer Pferdefleisch unser erstes in sechs Wochen. Während wir aßen, konnten wir die Artillerie der Rebellen hören, die aus etwa 30 Kilometer Entfernung langsam auf die spanische Hauptstadt vorrückte, wo vor zwei Monaten die ersten Bomben gefallen waren…
>
> Draußen trugen wir rot-weiß-blaue Armbinden mit dem Zeichen »U.S.« in großen Buchstaben, dem Stempel der Botschaft und einer Erkennungsnummer »für alle Fälle«. Wir trugen unsere ältesten, einfachsten Kleider, niemals aber Hüte. An einem Regentag war Mutter von einer drohenden Menge gezwungen worden, den Hut, den sie leichtsinnigerweise aufhatte, fortzuwerfen. Unsere Armbinden reichten nicht aus. Nur Adelige trugen Hüte. Wir hatten gesehen, wie eine Frau von jungen Mädchen wegen ihres Hutes gesteinigt wurde. Für einen jungen Mann wäre ein Schnurrbart ebenso gefährlich gewesen.

»Das wiedererstandene kaiserliche Rom« von John Patric feierte im März 1937 Italiens neuen Glanz, aber die Fotos waren erschreckend. Eines davon, das Kinder in Uniform und mit Gasmasken zeigte, trug die Bildunterschrift: »Unheimliche Besucher aus einer anderen Welt? Nein, Schüler, die sich auf den Krieg vorbereiten.« Ein anderes mit marschierenden Kindern war betitelt: »Mit stolz erhobenem Kinn imitieren junge Schwarzhemden die Pose des Duce.«

Doch obwohl das Jahrzehnt mit der Wirtschaftskrise begonnen und dem Weltkrieg geendet hatte, konnten die Leser des GEOGRAPHIC immer noch Trost bei den Vögeln finden – »Hochseevögel«, »Vögel der Nordmeere« und »Vögel an Küsten und Binnengewässern«.

Da gab es »Kanarienvögel und andere gefiederte Freunde in Käfigen«, »Krähen, Elstern und Eichelhäher«, »Der Adler, König der Vögel, und seine Familie«, »Weit fliegende Wildhühner und ihre Feinde«, »Jagdvögel in Steppe, Wald und Tundra«, »Kolibris, Mauersegler und Ziegenmelker«, »Papageien, Eisvögel und Schnäpper«, »Die Küstenvögel, Kraniche und Rallen«.

Da gab es »Gefiederte Bewohner von Wald, Strom und Sumpf«, »Sperlinge, amerikanische Finken und Sporenfinken; diese glücklichen kleinen Sänger jubilieren in Feld, Wald und Wüste überall in Nordamerika« und »Die Prachtmeisen und Finken: Ihre prächtigen Farben und lustigen Lieder erfreuen die Herzen der amerikanischen Vogelfreunde in Ost und West«.

Und Trost fanden sie: In Scharen strömten die Leser zum GEOGRAPHIC zurück. Die Gesellschaft hatte 1935 wieder eine Million Mitglieder, ihre Zahl stieg mit Ausnahme von 1938 bis 1944 weiter an. Aber wenn man sich an irgend etwas im GEOGRAPHIC von 1940 bis 1945 erinnern sollte, dann sind das die Landkarten, die darin überall zu finden sind. Die kartografische Abteilung, die im Ersten Weltkrieg entstand, kam im Zweiten voll zum Zuge.

VOLUME LXXV
NUMBER ONE
THE NATIONAL GEOGRAPHIC MAGAZINE
JANUARY, 1939
The Transformation of Turkey — With 26 Illustrations and Map — DOUGLAS CHANDLER
Old Pattern and New in Turkey — 23 Natural Color Photographs — BERNARD F. ROGERS, JR.
The Texas Delta of an American Nile — With 27 Illustrations and Map — McFALL KERBEY
Rio Grande Cornucopia Under a Winter Sun — 24 Natural Color Photographs — B. ANTHONY STEWART
I Kept House in a Jungle — With 29 Illustrations — ANNE RAINEY LANGLEY
Modern Venezuelan Vignettes — 9 Illustrations
THIRTY-TWO PAGES OF ILLUSTRATIONS IN FULL COLOR
PUBLISHED BY THE
NATIONAL GEOGRAPHIC SOCIETY
HUBBARD MEMORIAL HALL
WASHINGTON, D.C.
$3.50 A YEAR
50c THE COPY

Ende 1939 war die Mitgliederzahl der National Geographic Society auf 1 093 578 gestiegen.

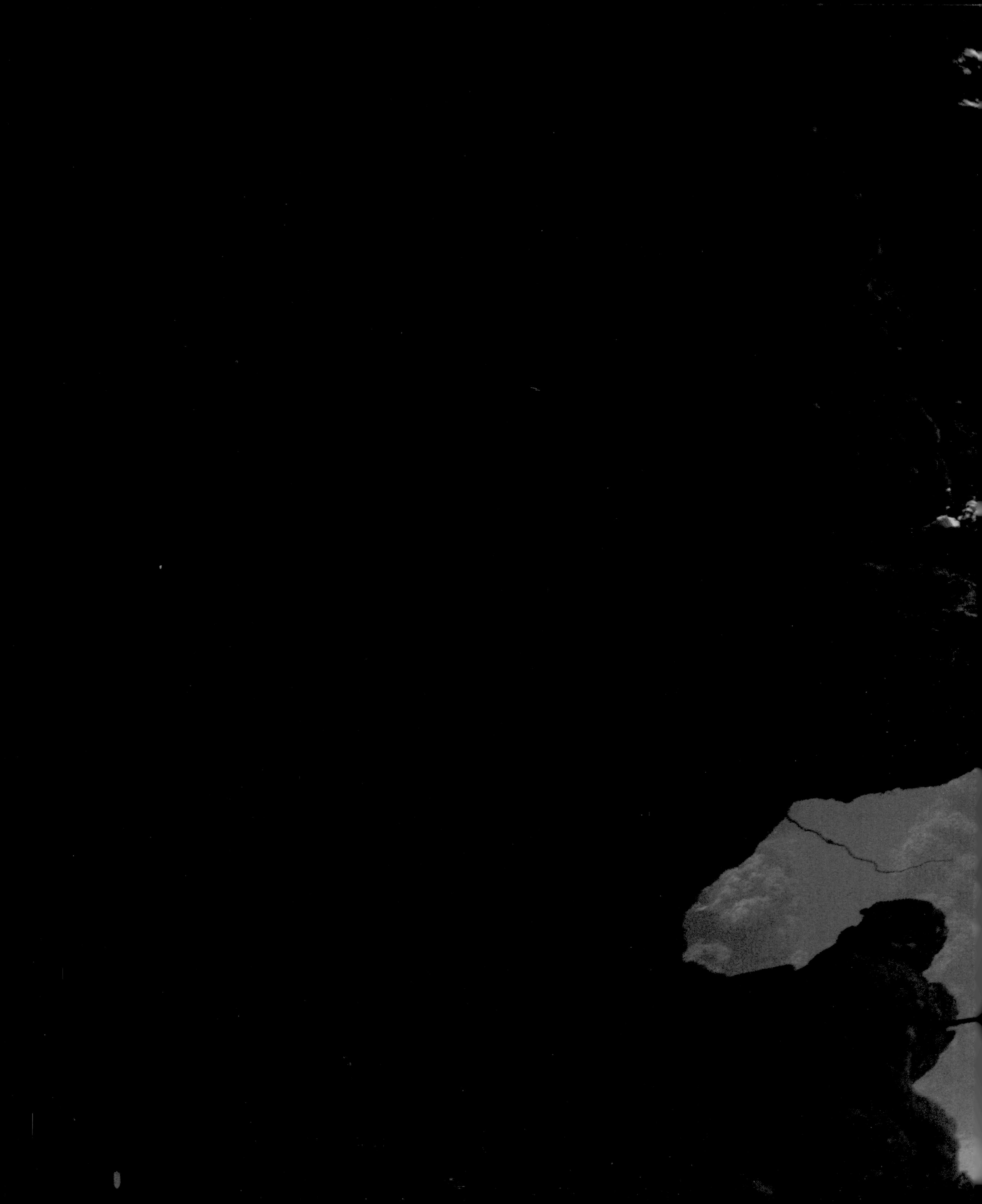

DIE TIEFEN

Diese wundervolle Unterwasserwelt

ZOOLOGICA
BATHYSPH
NATIO
GEOGRA
SOCI

»... der einzige Ort, der mit dieser wundervollen Unterwelt vergleichbar ist, kann sicherlich nur der leere Weltraum sein, weit jenseits der Atmosphäre zwischen den Sternen..., wo das Sonnenlicht keine Gewalt hat über den Staub und den Unrat in unserer Atemluft, wo die Dunkelheit des Raumes, die leuchtenden Planeten, Kometen, Sonnen und Sterne wirklich nah verwandt sein müssen mit der Lebenswelt, die sich dem Auge des ehrfürchtigen Betrachters auf hoher See eine halbe Meile unter der Meeresoberfläche offenbart.«

William Beebe, *Eine halbe Meile unter der Meeresoberfläche*

Über diesen Augenblick schrieb William Beebe am 6. Juni 1930, als er und Otis Barton in einer Tiefe von 180 Metern zum ersten Mal aus den Bullaugen ihrer Taucherkugel in die düstere Unterwasserwelt blickten: »Seit den Anfängen unserer Geschichte, als die Phönizier als Erste wagten, aufs offene Meer hinauszusegeln, haben Tausende und Abertausende von Menschen die Tiefe, in der wir nun schweben, erreicht und sind in noch größere Tiefen vorgedrungen. Aber alle waren sie Tote, Opfer von Kriegen, Stürmen und anderen Fügungen Gottes.«

Es war nicht überraschend, dass Beebe solche Gedanken durch den Kopf gingen, denn während der letzten 90 Meter ihres Abstiegs hatte er allen Grund zu befürchten, dass er und Barton den Genannten folgen würden.

Kurz nachdem sie ins Wasser gesenkt worden waren, bemerkte Barton, dass ihre zwei Tonnen schwere Stahlkugel ein Leck bekommen hatte. Beebe richtete seine Taschenlampe auf die Innenseite der 200 Kilogramm schweren Tür und sah, »dass an der Unterseite langsam Wasser durchsickerte. Am Boden hatte sich bereits ungefähr ein Liter angesammelt. Ich wischte das sich schlängelnde Rinnsal weg, aber es kam immer wieder. Ich wusste, dass die Tür fester schließen würde, je tiefer wir kamen, aber ich war nicht sicher, ob die Tür sich bei Nachlassen des Drucks während unseres Aufstiegs wieder richtig ›anpassen‹ würde.«

Die Taucherkugel war in den Gewässern nahe den Bermuda-Inseln an einem glatten Stahlkabel hinabgelassen worden, das an einer sieben Tonnen schweren, dampfgetriebenen Winde an Deck eines Oberflächenschiffs befestigt war. Die Stahlkugel enthielt bei einem Durchmesser von 1,43 Metern für die beiden Männer ausreichend Sauerstoff für neun Stunden, Kohlendioxidfilter, einen Scheinwerfer und ein Telefon, alles Dinge, die aber nun auch nicht mehr halfen, wenn die Tür nicht hielt.

Nach einer kurzen Pause in 180 Metern Tiefe tauchten die Männer weiter, bis, wie Beebe schrieb, »über Telefon 240 Meter gemeldet wurden und ich anhalten ließ. Schon einige Male in meinem Leben hatte ich ein mulmiges Gefühl, so intensiv, dass ich es nicht ignorieren konnte, und dieses war eines dieser Male. Ich war sage und schreibe 240 Meter tief und konnte nicht entkommen.«

Fünf Tage später wurden Beebe und Barton erneut in ihrer Taucherkugel hinabgelassen. Der Naturforscher Beebe schrieb:

> Quallen, große und kleine, trieben vorbei... 38 Zentimeter lange Blaufische flitzten in Dreiergruppen vorbei, und einmal verließ sogar ein vollgefressener Drückerfisch seinen Schlupfwinkel, um zu mir hereinzuspähen... Bei 120 Meter kamen die ersten echten Tiefseefische in Sicht... Tiefsee-Leuchtsardinen und bronzefarbene Aale ..., bleiche Garnelen zogen vorbei; sie waren so durchsichtig, dass man sie kaum sah... Bei 150 Meter sah ich zum ersten Mal seltsame, geister-

Vorangehende Seiten: Die zwiebelförmige, mit Bullaugen versehene Kuppel von Kapitän Jacques Cousteaus Zwei-Mann-Taucheruntertasse DS-2 war ein Teil von Conshelf II, einer Unterwassersiedlung aus vier vorgefertigten Stahlbauten mit Fischnetzen und mehreren Käfigen zum Schutz gegen Haie. Sie befand sich 1,8 Meter unter der Oberfläche auf einem Korallenriff im Roten Meer, 40 Kilometer nordöstlich von Port Sudan im Sudan. Ganz in der Nähe war das Seestern-Haus, in dem vier französische Unterseefahrer im Juni 1963 einen Monat lang lebten und arbeiteten, ohne an die Oberfläche zu kommen. Conshelf II war Teil des ausgedehnten Forschungsprogramms von Jacques Cousteau, bei dem die Möglichkeiten für den Bau und die Erhaltung einer Unterwassersiedlung getestet wurden. Die National Geographic Society unterstützte die Unterwasserstudien von Jacques Cousteau über zehn Jahre lang.

Gegenüber: Der Meeresforscher Dr. William Beebe zwängt sich durch die hervorstehenden Stahlbolzen, die die 200 Kilogramm schwere Tür der Taucherkugel verschließen, in der er und Otis Barton 1934 bei den Bermudas 908 Meter tief hinabtauchten. Diese Tauchfahrt, die von der New York Zoological Society und der National Geographic Society gefördert wurde, stellte einen Tiefenrekord auf, der 15 Jahre lang Bestand hatte.

haft dunkle Gestalten in der Ferne schweben – Schemen, die nie näher kamen, in größeren, dunkleren Tiefen aber wieder auftauchten... Bei 180 Meter ... sah ich meine ersten Garnelen mit winzigen, aber sehr deutlich ausgeprägten Lichtöffnungen. Wieder bewegte sich in der Ferne der große Schatten eines Körpers – diesmal bleich, viel heller als das Wasser...

Bei seiner Tauchfahrt im Juni 1930 schrieb Beebe in einer Tiefe von 435 Metern, dass dies »der absolut tiefste Punkt [war], den wir erreichten«:

> ... in diesem Augenblick ergriff mich eine ungeheure Welle von Gefühlen; die Erkenntnis des fast Übermenschlichen, Kosmischen der ganzen Situation war überwältigend; unser Lastschiff rollte hoch über uns langsam im Sonnenlicht wie eine Nussschale mitten auf dem Ozean, die lange Spinnwebe des Kabels führte durch das Spektrum hinab zu unserer einsamen Kugel, in der fest eingeschlossen zwei Menschen saßen und in die unergründliche Dunkelheit blickten; auf hoher See baumelten wir im Wasser, isoliert wie ein verlorener Planet im fernsten Winkel des Weltalls.

Vier Jahre später kehrten Beebe und Barton in die Meerestiefen der Bermudas zurück. Bei 630 Meter sah Beebe »... in allen Richtungen geisterhafte Dinge«. Bei 840 Meter: »Da ist ein glotzäugiger Fisch.« Bei 908 Meter: »Wieder lange, schnurförmige Dinge.« Beebe erzählte weiter:

> Als seitlicher Wellengang aufkam, fierte die Mannschaft an Deck das Kabel ein wenig, um die Spannung zu verringern. Wir hingen nun in 923 Metern Tiefe. Auf der Winde waren nur noch ein Dutzend Umdrehungen Kabel übrig, und die eine Hälfte der Trommel zeigte bereits den blanken Kabelkern. Würden wir heraufkommen?... Über Telefon erfuhren wir, dass wir momentan einem Druck von 1360 Pfund pro Quadratinch ausgesetzt waren. Jedes einzelne Fenster hielt 19 Tonnen Wasser zurück, während insgesamt 7016 Tonnen von allen Seiten auf die Kugel selbst einwirkten.

Die Tauchfahrt von Beebe und Barton bis in eine Tiefe von 923 Metern war ein Rekord, der 15 Jahre lang ungebrochen blieb. Heute, mehr als 50 Jahre später, hat der Mensch immer noch erst einen verschwindend kleinen Teil der unermesslichen Unterwasserwelt gesehen. In der NATIONAL GEOGRAPHIC-Sonderveröffentlichung *Die Welt unter der Meeresoberfläche* schrieb James Dugan:

> Die ungeheure Weite des Meeresbodens bedeckt sieben Zehntel der Erdoberfläche mit seiner höchst ungewöhnlichen Topographie. Aber es waren weniger die persönlichen Besichtigungsfahrten, sondern vielmehr Lotungen und die Wunder der Elektronik, die den Großteil der wenigen Tatsachen enthüllt haben, die wir über die Größe der Tiefen wissen...
>
> Diese Skizzen [die von einem Aufzeichnungssonar angefertigt wurden] sind lediglich Schatten der Realität. Die meisten der Unterwasserschluchten, Gräben, Täler, Berge und Ebenen bleiben ein Territorium, das noch nicht von Forschern überfallen worden ist. Und was für ein gewaltiges Gebiet! Die längste Gebirgskette der Erde, der Mittelozeanische Rücken, windet sich zwischen den kontinentalen Landmassen 56 300 Kilometer weit durch die Weltmeere. Mit einer Höhe von 1800 bis 3600 Metern über dem Meeresboden stoßen die Felsspitzen gelegentlich durch die Oberfläche und bilden Inseln, wie die Azoren und Ascension im Atlantischen Ozean. An Ausdehnung kommt der Rücken fast der Gesamtfläche aller Kontinente gleich. Obwohl der 8848 Meter hohe Mount Everest das Dach der Welt über Wasser ist, hat die auf der Erde bekannte, größte Höhe ihren Ursprung im Pazifik bei Peru. Dort erheben sich die Anden 7500 Meter hoch unter der Meeresoberfläche und ragen dann weitere 6900 Meter empor, haben also eine Gesamthöhe von 14 400 Metern.

Oben: »Silberne Hatchetfische treiben durch die unergründliche Dunkelheit« lautete im Juni 1931 die Bildunterschrift zu diesem Bild von Else Bostelmann. Diese winzigen, glotzäugigen Fische waren niemals lebend gesehen worden, bis Beebe einen von ihnen durch das Fenster der Taucherkugel während seiner Rekordfahrt im Juni 1930 erblickte. Vorher hatte Beebe den Moment beschrieben, als er und Barton 435 Meter erreichten, den tiefsten Punkt bei ihrer Tauchfahrt im Juni 1930. »... unser Lastschiff rollte hoch über uns langsam im Sonnenlicht wie eine Nussschale mitten auf dem Ozean, die lange Spinnwebe des Kabels führte durch das Spektrum hinab zu unserer einsamen Kugel, in der fest eingeschlossen zwei Menschen saßen und in die unergründliche Dunkelheit blickten ..., isoliert wie ein verlorener Planet im fernsten Winkel des Weltalls.«

Gegenüber: Else Bostelmanns Aquarell erschien im Dezember 1932 im GEOGRAPHIC mit der Bildunterschrift: »Die Riffe von Hawaii zeigen eine Explosion von Farben: In den seichten Gewässern des Pazifik erheben Monolithe ihre Häupter... Fächerkorallen erhöhen noch die Schönheit, die man durch ihre Purpurschleier erblickt; und anmutige Fische präsentieren ihre ausgefallenen und doch harmonischen Muster und Farben.«

Else
Bostelmann

> Am meisten erregen die tiefen Meeresgräben meine Bewunderung, denn sie sind auf dem trockenen Land ohne Konkurrenz...

Als Beebe seine Tauchfahrten unternahm, war über die tiefen Gräben nur wenig bekannt. Die Tauchtiefe seiner Kugel war auf die Länge des Kabels beschränkt, an dem sie hing, ihre Beweglichkeit war auf die Stelle beschränkt, an der sich das Lastschiff gerade befand, und ihre Manövriermöglichkeiten waren die eines Unterwasser-Jojos. Die nächste Erfindung nach der Taucherkugel war der Bathyskaph, der Anfang 1937 von Auguste Piccard konstruiert wurde.

Piccard befestigte eine Kugel, die ähnlich aussah wie eine Bathysphäre, an der Unterseite eines großen, gasgefüllten Tragkörpers, der Eisenschrotkugeln als Ballast enthielt. Ein Bathyskaph konnte wie ein Unterwasserballon sinken, indem man Gas entweichen ließ, und aufsteigen durch Abwerfen von Schrotkugeln. Von Kabeln befreit konnte der Bathyskaph, nur durch eine Telefonleitung mit der Außenwelt verbunden, die Meerestiefen erforschen. Am 23. Januar tauchte Auguste Piccards Sohn Jacques und ein junger, amerikanischer Marineleutnant, Don Walsh, in dem Bathyskaph Trieste hinab ins Challenger-Tief südlich des Marianengrabens zu der tiefsten Tauchfahrt des Menschen – 10 740 Meter. »Wie ein Freiballon an einem windstillen Tag, ungeachtet der fast 200 000 Tonnen Wasser, die auf die Kabine von allen Seiten pressten..., langsam und sicher, im Namen der Wissenschaft und der Menschheit ergriff die Trieste Besitz von dem Abgrund, dem letzten Extrem, das es auf unserer Erde noch zu erobern gab.«

Bathyskaphs und Taucherkugeln waren damals lediglich »Meeresfahrstühle«, und die modernen Unterseeboote der Marine waren noch nicht für große Tiefen bestimmt.

Im Juni 1963 verbrachten zwei von Jacques-Yves Cousteaus Tauchern, Albert Falco und Claude Wesly, sieben Tage in zehn Metern Wassertiefe in der Nähe von Marseille. Dabei führten sie in einer Unterwassersiedlung namens Conshelf I laut Jacques Cousteau »ein eher logistisches denn physiologisches Experiment« durch.

Es war Jacques Cousteau, der 1942 mit dem Ingenieur Emile Gagnan die Aqualunge erfand. 1952 berichtete Cousteau im GEOGRAPHIC:

> Die beste Art, Fische zu beobachten, ist, selbst ein Fisch zu werden. Und die beste Art, ein Fisch zu werden – oder eine annehmbare Kopie davon –, ist es, sich ein Unterwasser-Atemgerät, genannt Aqualunge, umzuschnallen. Die Aqualunge macht es möglich, ohne Hast und unbeschadet klaftertief unter Wasser zu gleiten. Sie befähigt den Menschen, mit dem Gesicht nach unten durch das Wasser zu treiben, sich herumzudrehen oder auszustrecken und sich durch Paddeln der Füße mit Schwimmflossen voranzutreiben... Im seichten wie auch im tiefen Wasser fühlt er sein Gewicht nicht stärker als die Fische, die scheu an ihm vorbeiflimmern.

Mit der Entwicklung und Vervollkommnung der Aqualunge begann eine neue, oft stürmische Ära der Meeresforschung. Cousteau schrieb später über seine ersten Tests: »Ich erreichte den Grund in einem Zustand der Euphorie... Innezuhalten und ohne Verbindung zur Oberfläche durch Leinen oder Luftschläuche frei zu schweben war ein Traum. Vorher hatte ich nachts oft Visionen gehabt, bei denen ich mit ausgebreiteten Armen wie mit Flügeln dahinflog. Nun flog ich ohne Flügel.«

Die umfangreichste Serie von Fotos über die Unterwasserwelt stammt von Luis Marden und wurde im Februar 1956 im NATIONAL GEOGRAPHIC veröffentlicht. Diese Aufnahme von Tauchern der Calypso, dem Forschungsschiff von Jacques Cousteau, trug die Bildunterschrift: »Aqua-Männer überqueren den Äquator, indem sie schwimmend darüber hinwegtauchen...«

Auf diesem Foto von David Doubilet untersuchen Echte Sandhaie eine Höhle in der Nähe der japanischen Bonin-Inseln. Es illustrierte im August 1981 Eugenie Clarks Artikel »Haie: Großartig und missverstanden«. Die Absichten des Hais waren jedoch absolut eindeutig, als Doubilet für einen Auftrag in einem Käfig beim Dangerous Reef in Südaustralien hinabgelassen wurde und er das erste Mal in seinem Leben mit einem großen weißen Hai allein war: »Ich sehe den Kopf des Hais aus der Dunkelheit auftauchen, eine schweinsköpfige Bestie mit einem hämischen Grinsen«, schrieb Doubilet in Bilder der Welt, *einem Buch der Gesellschaft aus dem Jahr 1981. »Das Licht fällt in Sprenkeln auf seinen Rücken. Langsam wendet er sich ab und zerstreut die wenigen kleinen Fische, die in der Nähe meines Käfigs schweben. Der Käfig hat an seinem oberen Ende und an allen vier Seiten zwischen den Stäben eine 61 Zentimeter breite Öffnung für die Kamera. Ich lehne mich hinaus, als der Hai sich nähert. Das 15-mm-Weitwinkelobjektiv erfasst insgesamt 4,8 Meter des weißen Riesen. Er wendet und zieht dann erneut am Käfig vorbei. Dann sehe ich das Auge in der Größe eines Silberdollars, schwarz und seelenlos. Es ist nicht das Auge eines Tieres, sondern die Öffnung einer Maschine. Der Hai stößt mit der Schwanzflosse gegen den Käfig. Durch die Erschütterung schlägt mein Sauerstofftank gegen die Metallstäbe. Der Hai ist verschwunden. Wohin? Plötzlich kommt er zurück, diesmal von oben, und scharrt mit seinen Zähnen an den gelben Schwimmern über dem Käfig entlang. Der Hai sinkt bis auf Augenhöhe. Er zeigt seine Zähne, öffnet seinen Kiefer. Ich blicke in den Schlund des Tieres. Nun will mich der Hai etwas genauer betrachten – will vielleicht eine Kostprobe. Er stößt mit dem Kopf in den Käfig hinein und in die Kameraöffnung, aber … er kann sein Maul nicht öffnen. Der Hai dreht sich zur Seite. Die spitze Nase stößt weiter hinein. Das Gehäuse meiner Kamera ist noch drei Zentimeter von seiner Schnauze entfernt. Zum ersten Mal wende ich den Blick von der Kamera. Ich bin wie gelähmt. Ich sehe nur das flache, schwarze Auge. Dann ist der Hai unerklärlicherweise verschwunden, ein mythisches Zaubertier, verschwunden in der dunklen See.«*

Seit seinem Erlebnis mit der Aqualunge hat Cousteau nicht mehr vom Fliegen geträumt; aber als Pionier, Idealist, Förderer und Poet fuhr er fort, von anderen Dingen zu träumen. Sein nächster Plan war, ein Fahrzeug zu entwickeln, das die Beweglichkeit des Aqualungen-Tauchers mit dem Schutz durch eine druckfeste Kabine verband. »Ein normales Unterseeboot oder ein Tiefsee-Bathyskaph wäre zu groß und zu schwerfällig für die genaue Erforschung von Riffen. Wir brauchten ein vollkommen neues Unterseeboot, etwas Kleines, Wendiges.«

Cousteaus Antwort war die ruderlose tauchende Untertasse, die 1960 um Riffe und an Felsklippen entlang bis in 300 Meter Tiefe gelangte. Unter den frühen Passagieren dieses seltsamen Tauchfahrzeugs war Harold Edgerton, von den Männern auf Cousteaus Forschungsschiff Calypso »Papa Flash« genannt. Der Name von Dr. Harold Edgerton, Ingenieur am Massachusetts Institute of Technology, Erfinder des Stroboskop-Lichtsystems und unzähliger, hochentwickelter Geräte für Unterwasserkameras, erscheint immer wieder in den Jahrbüchern der Unterwasserforschung. Edgertons Erfindungen sind in Tauchfahrzeugen mitgeführt, an Kabeln hinabgelassen und von Generationen von Tauchern getragen worden, um Fotografien von Objekten, Lebewesen und Naturereignissen aus solchen Tiefen und solcher Dunkelheit zu liefern, wie man sie sonst nie gesehen hätte. Edgerton trug folgende Eindrücke von seiner Jungfernfahrt in das Logbuch ein: »Wie in einem Flugzeug sanken wir hinab, dorthin, wo das Riff in tiefere Gewässer abfiel... Wir bekamen guten, sauberen Sauerstoff. In einer Untertasse zu fahren, war nicht anders als in einem Automobil, außer dass wir mehr Platz hatten und uns wie die Römer beim Bankett bequem auf unseren Schaumgummimatratzen räkeln konnten... Falco [der Fahrer] entdeckte ein Geschwader Tintenfische, das in perfekter Formation auf die Unterseite zuschwamm ..., ein Heer von Fischen in vielen Farben umkreiste uns...«

Die Untertasse, die von zwei batteriebetriebenen Wasserdüsen angetrieben wurde, konnte wie ein Unterwasserflugzeug manövrieren. James Dugan wurde von Falco gefahren, der (befreit von der Aufgabe, die Wissenschaftler vor- und zurücksetzen zu müssen) die tauchende Untertasse wie ein Kunstflieger dirigierte. Er ließ sie hinabschießen, emporsteigen, schweben, brachte sie in Schräglage, legte sie in Kurven, zog sie steil nach oben oder schwenkte sie zur Seite.

Am 10. April 1963 geriet Thresher, der Stolz der amerikanischen U-Boot-Flotte, bei einer Probefahrt unter Wasser außer Kontrolle – sein Rumpf wurde so stark beschädigt, dass das U-Boot mit 129 Mann Besatzung in 2547 Meter Tiefe, 418 Kilometer vor der felsigen Küste Neu-Englands, sank. Die Schwierigkeiten, die allein bei der Suche nach dem verschollenen U-Boot auftraten, machten die wissenschaftliche Kluft zwischen der Unterwassertechnologie und der Fähigkeit des Menschen, sich in diesem Gebiet frei zu bewegen, besonders deutlich. Die Rettung oder Bergung des Thresher und seiner Besatzung war schlicht unmöglich. Der Bathyskaph Trieste war das einzige Tauchfahrzeug der Marine, das die Tiefe erreichen konnte, in der das gesunkene Atom-U-Boot lag (und nur zwei andere Bathyskaphs, beide aus Frankreich, hatten jemals in dieser Tiefe operieren können). Die Tiefe zu erreichen, in der Thresher lag, war eine Sache; ihn zu finden eine andere. Vier Monate vergingen, bis die Trieste das Wrack des Thresher ausfindig machte. An Ort und Stelle konnte der Bathyskaph lediglich Aufnahmen von dem gesunkenen U-Boot machen und einige Teile bergen, mehr nicht. Drei Jahre nach dem Verlust des Thresher wurde die Notwendigkeit, Tauchfahrzeuge zu entwickeln, mit denen man große Gebiete absuchen

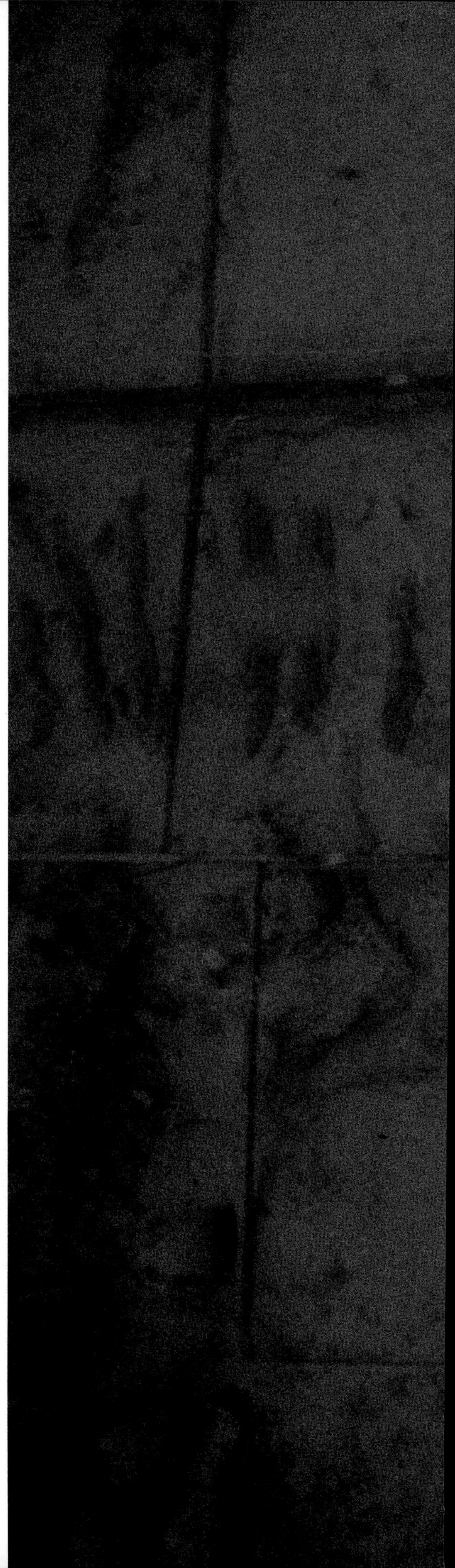

Ein Taucher schwimmt über ein eisernes Gitternetz, das von dem Unterwasserarchäologen George F. Bass und seinem Team konstruiert wurde, um die exakte Planzeichnung der Funde aus einem antiken Schiffswrack in der Ägäis zu erleichtern. Im Juni 1978 erschien der Artikel »Gläserne Schätze aus der Ägäis«.

Cressi-sub

konnte, erneut deutlich, als im Januar 1966 eine K-147 der U. S. Air Force beim Auftanken eines B-52-Bombers auf dem Flug über Palomares in Spanien plötzlich explodierte und in Flammen aufging. Der Bomber fing Feuer und stürzte ab. An Bord waren außer der Crew auch vier H-Bomben. Drei fielen auf Land, die vierte verschwand im Meer an der Küste Spaniens und sank 765 Meter tief auf den Meeresgrund. Obwohl die Bombe nicht scharf war, musste sie unbedingt geborgen werden. »Schließlich lieferten die U-Boote Alvin und Aluminaut den Schlüssel für den Erfolg der spannenden Suche«, schrieb James Dugan.

Das Tiefseeboot *Alvin*, das 1964 von der Marine in Dienst gestellt wurde, war das erste und bekannteste der neuen Tauchfahrzeuge. Mit einer Länge von 6,6 Metern konnte es drei Mann Besatzung aufnehmen, war ausgerüstet mit einem Greifarm und erreichte eine Höchstgeschwindigkeit von 1,5 Knoten. Die verbesserte Alvin war 7,5 Meter lang und mit einem zweiten Greifarm und einem neuen Druckkörper ausgestattet, durch den das kleine Fahrzeug in 3936 Metern Tiefe operieren konnte. Die *Alvin* hat inzwischen mehr als 1700 Tauchfahrten hinter sich gebracht. Als 1977 Wissenschaftler in der *Alvin* die Galapagos-Spalte im Rahmen ihres Studiums der Plattentektonik erforschten, entdeckten sie zu ihrer Überraschung Riesenmuscheln, bizarre weiße Fadenwürmer, löwenzahnförmige Lebewesen, die sie nie zuvor gesehen hatten, und lange Röhrenwürmer, die kaum zu beschreiben sind.

»Die Krebse waren unglaublich!« sagte der bekannte Unterwasserfotograf Al Giddings. »Wir beobachteten, wie sie an den Würmern entlangschlichen und sich Bissen abschnitten, ehe diese sich in ihre Röhren zurückziehen konnten! Am schönsten war der Rosengarten. Es gab dort Hunderte von roten Röhrenwürmern, einige so dick wie ein Handgelenk.« »Die Tiere, die Al beschrieb, gehören zu einem komplexen Ökosystem«, erklärte die Meeresbiologin Sylvia A. Earle. »Alle sind bislang unbekannt und die auffälligsten – die Riesenröhrenwürmer – sind so andersartig, dass man sie als gesonderte Untergruppe von Tieren einstuft.« Sylvia Earle, die viele Beiträge für das Magazin schrieb, fährt in der Sonderveröffentlichung der Gesellschaft *Die Erforschung der Tiefsee* fort:

> Eine wesentliche Entdeckung besteht darin, dass große Mengen von Hämoglobin – die Substanz, die den Sauerstoff im menschlichen Blut transportiert – in den Körpern der Galapagos-Röhrenwürmer zirkulieren und ihre rote Farbe verursachen. Die aufregendste Entdeckung bei diesem neu gefundenen Ökosystem ist die Art und Weise, wie es sich am Leben erhält. Auf dem Land gewinnen die Pflanzen ihre Energie von der Sonne durch die Fotosynthese. Aber hier, nahe bei den Öffnungen, beginnt die Nahrungskette statt dessen mit Schwefelbakterien, die ihre Energie durch eine chemische Reaktion gewinnen. Solche Systeme sind in der Tiefsee wahrscheinlich gar nicht so selten, wenn – wie man nun annehmen kann – dort weitere solcher Öffnungen existieren. Bei späteren Tauchfahrten in der *Alvin* 1979 an der Spitze der Baja California wurde noch ein System mit vielen Gruppen von Organismen entdeckt, die denen in der Galapagos-Spalte ähneln.
>
> Die Baja-Tauchfahrten sorgten für noch größere Aufregung, als Geologen Felsschornsteine entdeckten, die schwarze Mineralienwolken ausspien: Eisen, Kupfer, Zink und Silbersulfide. »Möglicherweise wurden die Mineralien, die wir heute auf dem trockenen Land finden, durch einen Prozess gebildet, wie wir ihn eben erlebt haben«, meinte [der Naturwissenschaftler] Robert Ballard. »Die Entdeckungen, die im kommenden Jahrzehnt in der Tiefsee gemacht werden, sollten uns helfen, mehr über den Ursprung der Erde zu erfahren – und könnten auch wertvolle neue Mineralienquellen erschließen.«

◄

»Eine Kriegswaffe? Ein Machtsymbol? überlegt ein Taucher im Jahre 1984 angesichts einer Stahlkugel aus einem Schiff, das ca. 1375 v. Chr. bei Ulu Burun in der Nähe der türkischen Stadt Kas sank.« Aus Abenteuer der Archäologie *(1985).*

Oben: 70 Zentimeter lange Metridium senile, Seeanemonen, in der Georgia-Straße, die die Insel Vancouver vom kanadischen Festland trennt. Diese primitiven Vielzeller, die von David Doubilet fotografiert wurden, gedeihen in Gebieten mit schneller Strömung.

Rechts: Dieser farbenprächtigen Qualle, Olindias formosa, begegnete Anne Levine Doubilet in 39 Meter Tiefe am Eingang einer Höhle im Izu-Meerespark in Japan. Der japanische Spitzname ist Hana gasakurage, »Kirschblüte«.

Oben: Diese nahezu 1,8 Meter hohe, baumähnliche Koralle, eine Alcyonarian, wächst in Izu in einer Tiefe von 50 Metern. Laubwerk und Stamm des »Baumes« bestehen in Wirklichkeit aus Millionen von Weichkorallentieren. Was nach Blättern aussieht, sind Schwärme von Polypen, die sich von vorbeitreibendem Plankton ernähren.

Die Muscheln und hellroten Würmer, die in 2,5 Meter langen Röhren in 2760 Meter Tiefe um die Öffnungen des Pazifikbodens leben, scheinen an den 984 Meter tieferen Löchern des Atlantik nicht zu existieren. Diese Öffnungen, die wie jene im Pazifik entstehen, wenn die ozeanischen Platten auseinanderdriften, sind der Lebensraum freischwimmender Tiere, wie der »blinden Garnelen«, eines aalähnlichen Fischs und eines seltsamen, sechseckigen Tiers, von dem die Forscher glauben, dass es mit einem urzeitlichen Lebewesen verwandt ist, das man nur von Ablagerungen aus der alpinen Eozän-Zeit her kennt. Aus diesen Öffnungen schießt mineralreiches Wasser mit Temperaturen von 300°C – heiß genug, um den Plastikschutzmantel um die Greifarme der *Alvin* zum Schmelzen zu bringen. In jüngerer Zeit haben Forscher in der *Alvin* an der Küste von Oregon Kolonien von Röhrenwürmern entdeckt, die nicht von Sulfiden, sondern von Methan leben. Für den Laien war die dramatischste Entdeckungsreise der *Alvin* jedoch nicht damals, als seltsame neue Lebensformen beobachtet wurden, sondern 1986, als die Wissenschaftler die gespenstischen Überreste einer legendären Katastrophe erblickten. Ein Jahr zuvor, am 1. September 1985, wurde im Nordatlantik die *Argo*, ein Suchfahrzeug mit Videokameras, Flächenecholot, Computerzeitmesser und einer Unmenge elektronischer Apparaturen hinter dem Forschungsschiff *Knorr* der U.S.-Marine ins Schlepptau genommen. Plötzlich erschienen auf den Videobildschirmen der *Knorr* die ersten gespenstischen Bilder eines ehemals majestätischen Schiffs. »Ich traute meinen Augen nicht«, berichtete Robert Ballard im GEOGRAPHIC vom Dezember 1985:

> In 4000 Meter Tiefe taucht mit gespenstischer Klarheit der Bug eines großen Schiffes auf. Ich habe das Schiff nie gesehen – noch sonst jemand in 73 Jahren, und doch kenne ich fast jede Einzelheit. Es ist die S. S. *Titanic*, der Luxusliner, der 1912 nach dem Zusammenstoß mit einem Eisberg unter Verlust von 1522 Menschenleben sank.
>
> Das Meer hat sie gut erhalten ..., die Umrisse der Teakholzplanken auf Deck sind unter einer dünnen »Schneedecke« sichtbar, die durch die Überreste von Meeresorganismen gebildet wurde. Andere Kennzeichen heben sich ab im Licht der Stroboskopscheinwerfer unseres Fahrzeugs. Doppelankerketten verlaufen um die Ankerwinden ..., darunter ein Durcheinander von Stahltrossen zu den Klüsen nahe des Buges. Ein Luftschacht öffnet sich zwischen den Ketten, Spillköpfe stehen auf beiden Seiten...

Auf verschiedenen Tauchfahrten durch das Trümmerfeld wurden Weinflaschen, Sprungfedern, Nachttöpfe, Teile der verbogenen Reling, Kesselkohle, eine metallene Servierplatte im Film sichtbar. Es verging jedoch ein Jahr, bis Ralph Hollis, Dudley Foster und Robert Ballard in der *Alvin* 3750 Meter hinabtauchten, um die *Titanic* selbst in Augenschein zu nehmen. »Mein erster Blick auf die *Titanic* dauerte weniger als zwei Minuten, aber die ganze Erscheinung ihres riesigen, schwarzen Rumpfes, der vom Meeresboden aufragte, wird mir immer im Gedächtnis bleiben«, schrieb Ballard 1986 und fügte hinzu:

> In gewisser Weise bin ich traurig, dass wir sie gefunden haben. Nachdem wir 33 Stunden ihren geborstenen Rumpf untersucht haben, kennen wir ihr Schicksal, und es ist kein schöner Anblick. Obwohl sie durch ihre Ausmaße immer noch beeindruckt, ist sie nicht mehr die anmutige Lady, die 1912, am fünften Tag ihrer Jungfernfahrt, sank ..., ihre Schönheit ist verblasst, ihre massiven Stahlplatten lösen sich auf in Strömen von Rost, und ihre verzierten Holz-

1983 untersuchte der Taucher Doug Osborne, der von einem »Unterseeboot zum Anziehen«, genannt WASP, umschlossen ist, die Breadalbane, *ein britisches Schiff, das vor 130 Jahren in der Arktis verschwand.*

CAN-DIVE

teile sind von einer Armee von Holzwürmern zerstört, deren hohle Kalziumröhren nun verstreut herumliegen. Nach Jahren der Völlerei sind diese Kreaturen verhungert, bei Tisch verendet. Ich empfinde keine Sympathie für sie; sie haben die *Titanic* ihrer letzten Spur von Eleganz beraubt.

Die Musikkapelle der *Titanic* hat längst aufgehört zu spielen. Sie ist verschwunden, hat schließlich ihren Heimathafen erreicht. Sie wird nie wieder zum Leben erwachen.

So überwältigend und romantisch das Abenteuer auch war, die *Titanic* mit eigenen Augen zu sehen, so erkennt Ballard auch die Grenzen, die dem Menschen gezogen sind:

> Bald wird der Tag kommen, an dem dieser Job schneller und besser ohne die physische Anwesenheit des Menschen im Meer getan werden kann... Bis vor kurzem hat es keine Möglichkeit gegeben, das feine Auge, den scharfen Verstand und die prägenden Hände des Menschen nachzumachen, um komplexe Probleme oder schwierige Aufgaben zu lösen.
>
> So hoch die Kosten und Risiken auch gewesen sein mögen, den Menschen in die Tiefe zu transportieren, es hat sich gelohnt.

In den vorangegangenen 13 Jahren hatte Ballard durchschnittlich vier Monate auf See gelebt und unzählige Stunden unter der Oberfläche geduckt in dem einen oder anderen Tauchfahrzeug verbracht. Viele seiner Tauchfahrten unternahm er in Zusammenarbeit mit der National Geographic Society – als er den Mittelatlantischen Rücken erforschte, 6000 Meter tief hinab in die Cayman-Rinne tauchte, das einzigartige Leben um die warmen Quellen in der Galapagos-Spalte studierte und auf der Ostpazifischen Schwelle »schwarze Raucher« entdeckte – hydrothermale Öffnungen, die Flüssigkeiten ausspien, heiß genug, um Blei zu schmelzen. »Sicherlich waren die Tauchfahrten aufregend«, sagte Ballard, »historische Leistungen jede einzelne von ihnen, aber«, fügte er hinzu,

> in 13 Jahren habe ich nur 64 Kilometer der Tiefseegebirgsketten erforschen können. In den Ozeanen der Welt gibt es über 64 000 Kilometer solcher Gebirgszüge. Wollte ich wirklich den Rest meines Lebens in der Hoffnung verbringen, weitere 130 oder bestenfalls 160 Kilometer zu erforschen?
>
> Wir stehen offenbar vor der Wahl: Wir könnten mit bemannten Tauchfahrzeugen endlos so weitermachen, Tauchgeräte, deren Aufenthaltsdauer unter Wasser durch die Ausdauer der Passagiere und die Energieversorgung begrenzt ist ..., oder wir könnten anfangen, über ferngesteuerte Tiefseefahrzeuge nachzudenken, hochentwickelte Roboter, die dem Menschen eine »Telepräsenz« im Meer ermöglichten, eine Erweiterung seines einzigartigen Verstandes und seiner Fähigkeiten in extremen Tiefen, ohne ihn physisch auch nur einen Meter unter die Oberfläche zu transportieren.
>
> Statt nur für Stunden könnte der Mensch durch solche Roboter wochenlang unter Wasser bleiben und zu den letzten, auf keiner Karte verzeichneten Gebieten vordringen. Über Live-Fernsehen könnten diese Maschinen die Wunder der Tiefsee Millionen von Zuschauern nahe bringen, nicht nur den wenigen Glücklichen, die in der Lage sind, in Tauchfahrzeugen zu fahren.

Wenn es soweit ist, werden diese Bilder sicherlich im GEOGRAPHIC erscheinen.

Oben: Das Unterwassergefährt Alvin *war eines der meistbenutzten Forschungsfahrzeuge, das je gebaut wurde. Es war mit Instrumenten und ferngesteuerten Sensoren ausgerüstet und ist, seit es 1964 in Dienst gestellt wurde, über 1700-mal im Einsatz gewesen.*

Gegenüber: 1977 entdeckte die Besatzung der Alvin *auf dem Meeresboden diese hellroten Würmer, die sich in weißen, bis zu 2,5 Meter langen Röhren um einen Warmwasserstrudel in der Galapagos-Spalte scharten. Daraufhin wurde 1979 mit wissenschaftlichen Studien dieser Lebensoasen begonnen. Die dramatischste Entdeckung mit der* Alvin *war für den Laien jedoch die Tauchfahrt zu den Überresten der gesunkenen Titanic. Dieses einst stolze Passagierschiff der White-Star-Linie sank 1912 nach einem Zusammenstoß mit einem Eisberg auf seiner Jungfernfahrt unter Verlust von 1522 Menschenleben.*

Folgende Seiten: Auf diesem Gemälde von Pierre Mion schwebt Alvin *über der* Titanic. *An Bord war Robert D. Ballard, der im GEOGRAPHIC vom Dezember 1986 schrieb: »Die ganze Erscheinung ihres riesigen, schwarzen Rumpfes, der vom Meeresboden aufragte, wird mir immer im Gedächtnis bleiben.«*

1940–1950

Eine vertraute Institution im Spektakel des Krieges

»Unter Ihrer Leitung ist das Magazin der Gesellschaft zu einer vertrauten Institution in den Familien Amerikas und der ganzen Welt geworden – kurz, überall dort, wo es ein Postsystem gibt und man geographisches Wissen schätzt.«

Aus einem Brief von Präsident Harry S. Truman an Gilbert H. Grosvenor, der am 19. Mai 1949 während einer Feier zu Grosvenors 50-jährigem Jubiläum als Herausgeber in der Constitution Hall den 4000 Gästen vorgelesen wurde.

Am 26. Juli 1942 erschien in der *New York Times* der folgende Leitartikel »Anmerkungen zur Geographie«:

Jahrelang haben die Amerikaner auf die angenehmste Weise geographische Kenntnisse erworben. Sie haben aus erster Hand und durch Straßenkarten etwas über ihr eigenes Land erfahren. Sie haben von den fernen Winkeln der Welt durch Zeitungsartikel über berühmte Flüge und durch die National Geographic Society erfahren, die offenbar ständig neue Expeditionen losschickt, um unbekannte Ecken des Planeten zu entdecken und darüber zu berichten.

Seit Beginn des Krieges haben wir noch mehr über die Geographie der Erde gelernt, jedoch auf weniger angenehme Weise. Lapidare militärische Meldungen haben oft in verschleierter Form von den Ereignissen an fernen Schlachtfronten berichtet. Korrespondenten sind den Armeen an Orte gefolgt, die selbst in Enzyklopädien nur entfernt auftauchen, und die Tageszeitungen haben sich mächtig angestrengt, um mit ihnen für ihre Leser Schritt zu halten.

Gezwungenermaßen mussten sich die Zeitungen auf viele Quellen stützen, um die kurzen und manchmal rätselhaften Depeschen und Meldungen der Militärs verständlich zu machen. Führend unter diesen Quellen ist die alte, verlässliche National Geographic Society. Sie hat nicht nur großzügig ihre Informationen weitergegeben und ihre imposante Bibliothek geöffnet; sie hat auch hervorragende Karten zu den Kriegsschauplätzen veröffentlicht, und sie bringt täglich Bulletins heraus, um die Zeitungen und Nachrichtendienste zu unterstützen.

Wenn Ortsnamen wie Staryi Oskol und Zivotin in den Meldungen auftauchen, ist es sehr beruhigend, jemand fragen zu können, der einem auch hier die richtige Antwort gibt. Die N. G. S. hat uns noch nie enttäuscht.

Die erste Kartenbeilage, die im NATIONAL GEOGRAPHIC erschien, war jene über die »Schauplätze militärischer Operationen auf Luzon« vom Juni 1899, die zugleich Gilbert H. Grosvenors erstmaliges Erscheinen als Assistant Editor markierte. Die Platten für die Karte waren von der Regierung ausgeliehen worden. Als jedoch die Mitgliederschaft und das Einkommen der Gesellschaft wuchs, brauchte der junge Redakteur nicht länger Kupferplatten zu borgen oder bei kommerziellen Kartografen zu bestellen. Grosvenor erinnerte sich, dass er schließlich »in der Lage [war], höchst kompetente Forscher und Kartographen in einer Abteilung zusammenzubringen, die Spezialkarten entwarfen und herstellten und durch Arbeit mit Originalen und Projektionen einen Beitrag zur Wissenschaft der Kartografie leisteten«.

1916 wurde Albert H. Bumstead, ein fähiger Mathematiker, zum ersten Chefkartografen der Gesellschaft ernannt. Unter seiner Leitung begann eine Gruppe von GEOGRAPHIC-Kartografen die bemerkenswerten Karten der Gesellschaft herzustellen – eine Produktion, die ihren Höhepunkt an weltweiter Anerkennung vielleicht im Zweiten Weltkrieg erreichte. Am 15. Januar 1945, als die U. S.-Streitkräfte

Vorangehende Seiten: Nach dem Überraschungsangriff japanischer Flugzeuge auf die U. S.-Flotte liegen die Kriegsschiffe West Virginia und Tennessee schwer getroffen und in Rauchwolken gehüllt in Pearl Harbour auf Hawaii vor Anker.

Dieses Foto, das 1942 in Präsident Franklin Roosevelts Amtszimmer im Weißen Haus während seines Treffens mit dem sowjetischen Außenminister Molotow aufgenommen wurde, zeigt im Hintergrund den Kartenschrank und begleitende Zusatzkarten, den Gilbert H. Grosvenor dem Präsidenten geschenkt hat. »Eines Morgens, gerade zwei Wochen nach Pearl Harbour, meldete sich ein Assistent Präsident Franklin D. Roosevelts bei mir in der Zentrale der Gesellschaft und bat mich um die Karte einer Stadt in der Nähe von Singapur, die damals von den Japanern angegriffen wurde ... wir hatten eine Karte, auf der die Lage genau eingezeichnet war, und ich gab sie dem Assistenten. An dem Nachmittag erlaubte ich mir, Präsident Roosevelt einen Schrank mit den auf Rollstäben aufgezogenen Karten der Gesellschaft zu schicken. Diese Rollstäbe waren so bequem angeordnet, dass der Präsident, während er am Schreibtisch saß, nach Belieben die Karte eines jeden Gebietes auf der Welt herunterziehen konnte.« Aus »Die National Geographic Society und ihr Magazin«, von Gilbert H. Grosvenor, 1957

sich vom »*Battle of the Bulge*« erholten, lobte die *New York Times* das NATIONAL GEOGRAPHIC erneut in einem Leitartikel, in dem sie diesmal dessen Landkartenproduktion als »das vielleicht ehrgeizigste kartografische Unternehmen« bezeichnete und hinzufügte:

> Die Karten findet man an der Front, in Flugzeugen, in unseren Botschaften und Konsulaten, in Firmen- und Zeitungsbüros, in Schulen. Insgesamt bilden sie den größten Atlas, das umfassendste geographische Lexikon, das jemals kompiliert worden ist – keine geringe Leistung in Zeiten wie diesen... Die Gesellschaft verdient unseren Dank dafür, dass sie freiwillig eine wichtige Bildungsaufgabe auf sich genommen hat. Ihre Karten ermöglichen nicht nur, den Fortgang des Krieges zu verfolgen, sondern machen uns wie nie zuvor deutlich, dass China, Australien und Europa unsere nächsten Nachbarn sind.

Die *Times* hätte noch erwähnen können, dass die Karten der Gesellschaft auch in zwei sehr hohe Amtsstellen Eingang fanden. »Eines Morgens, gerade zwei Wochen nach Pearl Harbour, meldete sich ein Assistent von Präsident Roosevelt bei mir in der Gesellschaft und bat um die Karte einer Stadt in der Nähe von Singapur, die damals von den Japanern angegriffen wurde«, schrieb Gilbert H. Grosvenor später.

> Der Assistent teilte mir vertraulich mit, er sei auf Bitten des Präsidenten gekommen, der auf der Karte die Orte in den Kriegsnachrichten nachsehen wolle. An jenem Morgen hatte der Präsident aber die kleine Stadt auf den im

Gegenüber: Gilbert H. Grosvenor beauftragte den Künstler Thornton Oakley, »die Glanzlichter von Amerikas gewaltigen Anstrengungen bei der Kriegsproduktion anschaulich darzustellen«. Als Ergebnis erschienen im NATIONAL GEOGRAPHIC vom Dezember 1942 16 seiner Gemälde in einem Beitrag mit dem Titel »Die amerikanische Industrie stellt sich auf den Krieg ein«. Begleitet wurden sie vom Text des Künstlers, der begann: »Der gigantischste Krieg in der Geschichte, die gewaltigste Katastrophe aller Zeiten erschüttert die Welt. In diesem ungeheuren Kampf bringt Amerika seinen Einsatz...«

Gegenüber, oben: »So weit das Auge reicht, nehmen ganze Geschwader großer Bomber Gestalt an«, lautete die Bildunterschrift zu diesem Gemälde. Oakleys Text ist voll patriotischen Eifers: »Hin und her strömen die Arbeiter ..., hier und dort fällt ein Lichtstrahl auf die weiß glänzenden Sterne auf leuchtend blauen Kreisen. Die Schiffe scheinen zu beben, als drängten sie zum Kampf, als warteten sie ungeduldig auf ihr schicksalsschweres Los.«

Gegenüber, links unten: »Eine riesige Presse formt Stahlplatten zu LKW-Teilen«, hieß die Bildunterschrift, in der Oakley weiter fragte: »War es die Hand eines Zauberers, die wie der Blitz die riesigen Automobilfabriken von zivilen Einrichtungen leer fegte und statt dessen Pressen für die Kriegsproduktion aufstellte? Nein, es war das Genie des Menschen, seine unerschütterliche Entschlossenheit...«

Gegenüber, rechts unten: »Wie wimmelnde Drachenbrut rollt Panzer auf Panzer unaufhörlich hinaus.« Der Text des Artikels unterstreicht die Bildunterschrift: »Panzer auf Panzer rollt durch die Montagehalle... Wo wird das Schicksal sie hinführen? Nach China? Nach Libyen? Zu den Ebenen der Sowjetunion? In das dunkle Herz der Hakenkreuznation? Ihre Geschützrohre stehen bedrohlich hervor...«

Weißen Haus verfügbaren Karten nicht finden können. Wir hatten jedoch eine Karte ..., und [ich] gab sie dem Assistenten.

Am Nachmittag erlaubte ich mir, Präsident Roosevelt einen Schrank mit auf Rollstäben aufgezogenen Karten der Gesellschaft zu schicken. Diese Rollstäbe waren so bequem angeordnet, dass der Präsident, während er am Schreibtisch saß, nach Belieben die Karte eines jeden Gebietes auf der Welt herunterziehen konnte.

Innerhalb einer Stunde nach Eintreffen des Schrankes im Weißen Haus hatte der Präsident ihn bereits hinter seinem Schreibtisch aufgestellt, so dass er ihn leicht erreichen konnte... Die Sammlung der NATIONAL GEOGRAPHIC-Karten zog die Aufmerksamkeit von mehr als einem berühmten Besucher auf sich. Premierminister Winston Churchill war so interessiert an ihr, dass Präsident Roosevelt mich anrief und fragte, ob ihm die Gesellschaft einen zweiten Schrank für Mr. Churchill anfertigen könne.

Präsident Roosevelt nahm dann den Kartenschrank mit der Inschrift »WSC von FDR, Weihnachten 1943« in seinem Flugzeug mit nach Kairo, wo er ihn Mr. Churchill als persönliches Weihnachtsgeschenk überreichte.

Die Karten der National Geographic Society, die an Reißzwecken in Küchen, Buden und in den Schlafzimmern der Jugendlichen hingen, ermöglichten einer ganzen Generation von Amerikanern, täglich die Entwicklung des Zweiten Weltkrieges zu verfolgen. Wenn sich die Kriegsschauplätze verlagerten, lieferte das GEOGRAPHIC des betreffenden Monats mit unheimlicher Voraussicht oft die passende Karte. Als die Deutschen im März 1938 in Österreich einmarschierten, gab die Gesellschaft im April die Karte »Europa und das Mittelmeer« heraus. Im Oktober 1939, einen Monat, nachdem die Nazis in Polen eingefallen waren und Danzig annektiert hatten und England und Frankreich Deutschland den Krieg erklärt hatten, erhielten die Mitglieder die Karte »Mitteleuropa und das Mittelmeer auf dem Stand vom 1. September 1939«. »Europa und der Nahe Osten« erschien im Mai 1940, als 900 Schiffe aller Arten und Größen fast 350 000 Mann starke britische und französische Truppen von den Stränden bei Dünkirchen abtransportierten. Im März 1941 gab die Gesellschaft die Karte »Indischer Ozean, einschließlich Australien, Neuseeland und Malaysia« heraus. Im Mai wurde das deutsche Schlachtschiff *Bismarck* versenkt. Im Juni fielen die Deutschen in Russland ein; zwei Monate später trafen sich Churchill und Roosevelt und unterzeichneten die Atlantikcharta. Die Karte »Atlantischer Ozean«, die im September veröffentlicht wurde, erfasste die Gebiete, in denen die deutschen U-Boot-»Wolfsrudel« operierten, und rechtzeitig zu Pearl Harbour, drei Monate später, erhielten die Mitglieder eine neue »Weltkarte«.

»Kriegsschauplatz Pazifischer Ozean« erreichte die Mitglieder mit der Februar-Nummer 1942. Im folgenden September verirrte sich Flottenadmiral Chester W. Nimitz in einem B-17 auf dem Weg zum Henderson Field auf Guadalcanal im strömenden Regen über der Korallensee. Dazu berichtete Gilbert H. Grosvenor später: »Mit Hilfe der Teilkarte der Solomon-Inseln auf der großen Karte vom Pazifischen Ozean konnten der damalige Oberbefehlshaber der Pazifikflotte und seine zehn amerikanischen und neuseeländischen Assistenten die Küstenlinie der Insel San Cristóbal bei den südöstlichen Solomon-Inseln unter ihnen identifizieren und damit das Flugzeug wieder zurück auf Kurs bringen.«

Der Karte vom Pazifischen Ozean folgte im Mai 1942 eine Karte »Nordamerika«, im Juli die Karten »Kriegsschauplätze in Europa, Afrika und Westasien«, »Südamerika« im Oktober und im Dezember 1942 »Asien und angrenzende Gebiete«.

Inzwischen hatten die 16 von Flugzeugträgern aus operierenden B-25 von Oberstleutnant Doolittle Tokio bombardiert, hatte der Todesmarsch von Bataan stattgefunden; Russen und Deutsche kämpften in den Ruinen von Stalingrad, und die Ermordung von Millionen Juden und politischen Gefangenen durch die Nazis hatte begonnen.

101

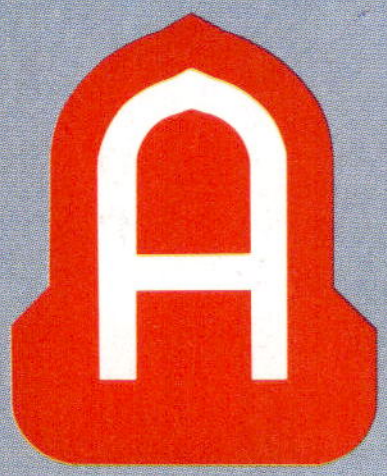

Die Vierzehnte Armee

Die U. S.-Militärpropaganda der 14. Armee, die dazu bestimmt war, den Feind irrezuführen, täuschte auch die Gesellschaft. Ihr Bändchen »Abzeichen und Orden der U. S. Streitkräfte« enthielt 21 Oberarmabzeichen von Armee-Einheiten, die gar nicht existierten. Unter den abgebildeten falschen Tuchabzeichen waren die des XXI. und XXXIII. Korps, der 6. und 9. Luftwaffendivisionen, der 11., 14., 17. und 22. Divisionen sowie der 18. und 21. Luftwaffendivisionen – alles Teile der vorgetäuschten 14. Armee mit ihren gleichfalls erfundenen zwei Korps und 19 Divisionen.

90 The National Geographic Magazine

XVI Corps
XVIII Corps
XIX Corps
XX Corps
XXI Corps
XXII Corps
XXIII Corps
XXXI Corps
XXXIII Corps
Antilles Department
Hawaiian Department
Panama Canal Department
Philippine Department
First Division
Second Division
Third Division
Fourth Division
Fifth Division
Sixth Division
AIRBORNE
Sixth Airborne Division
Seventh Division
Eighth Division
Ninth Division
AIRBORNE
Ninth Airborne Division

ARMY SHOULDER SLEEVE INSIGNIA
(Pages 89-96)

The National Geographic Magazine 91

Tenth Light Division

Eleventh Division

Eleventh Airborne Division

Thirteenth Airborne Division

Fourteenth Division

Seventeenth Division

Seventeenth Airborne Division

Eighteenth Airborne Division

Twenty-first Airborne Division

Twenty-second Division

Twenty-fourth Division

Twenty-sixth Division

Twenty-seventh Division

Twenty-eighth Division

Twenty-ninth Division

Thirtieth Division

Thirty-first Division

Thirty-second Division

Thirty-third Division

Thirty-fourth Division

Thirty-fifth Division

Thirty-sixth Division

Thirty-seventh Division

Thirty-eighth Division

Fortieth Division

Forty-first Division

Forty-second Division

Forty-third Division

Forty-fourth Division

ARMY SHOULDER SLEEVE INSIGNIA

(Pages 89-96)

»Ein GI teilt seine Ration mit zwei jungen Bewunderern. Die Oberarmabzeichen weisen ihn als Angehörigen der 5. Armee von Generalleutnant Mark W. Clark in Italien aus. Generalleutnant Lucian K. Truscott jr. folgte General Clark als Befehlshaber der 5. Armee«, war die Bildunterschrift, die mit diesem Foto im Magazin erschien.

1943 wurden die alliierten Streitkräfte in Nordafrika dem Befehl General Dwight D. Eisenhowers unterstellt; die Japaner wurden aus Guadalcanal vertrieben; U. S.-Streitkräfte landeten auf Neuguinea, und die Alliierten begannen ihre Invasion auf Sizilien, dann auf dem italienischen Festland. Die Gesellschaft publizierte die Karten »Afrika« im Februar, »Die nördliche und die südliche Hemisphäre« im April, »Europa und der Nahe Osten« im Juni und »Der Pazifische Ozean und der Golf von Bengalen« im September, in dem Monat, als Italien kapitulierte. Eine aktualisierte »Weltkarte« kam im Dezember heraus.

Im April 1944 veröffentlichte die Gesellschaft auf Vorschlag der U. S.-Armee die Karte »Japan und benachbarte Gebiete in Asien und im Pazifik«. Mittelpunkt der Karte war das Zentrum von Tokio.

»Diese Karte von Japan fand bei den Luftstreitkräften derart großen Anklang«, erinnerte sich Gilbert Grosvenor, »dass sie sich von der Gesellschaft sofort die Originalzeichnungen borgten und 5000 Vergrößerungen auf 127 x 165 Zentimeter großen Bögen machten, um sie für die Gesamtplanung ihrer Luftangriffe zu benutzen...«

Am 6. Juni 1944 begann die Invasion der Alliierten in Frankreich. 1000 Transportflugzeuge und Gleiter setzten am frühen Morgen Luftlandetruppen über der Normandie ab, während 1000 Bomber der Royal Air Force und 1400 U. S.-Bomber Bodenunterstützung gaben und Verteidigungsanlagen angriffen. Morgens um 6.30 Uhr wateten Sturmangriffstruppen – britische, amerikanische, französische und polnische Divisionen – entlang des 96 Kilometer langen Küstenstreifens zwischen Carentan und Caen an Land und kämpften sich ins Landesinnere vor.

In Italien wurden Monte Cassino und Rom von den Alliierten besetzt.

Im darauffolgenden Monat brachte die National Geographic Society die »Karte von Deutschland und seine[n] Vormarschrouten« heraus. Das Armeekorps der Pioniere fertigte für die Bodentruppen und Luftstreitkräfte in Europa von dieser Karte Vergrößerungen an und verschickte davon Kopien von den Straßenkreuzungen entlang der Route, auf der die Alliierten in das vom Krieg zerstörte Deutschland einmarschierten.

Generalleutnant Eugene Reybold, damals Chef der Pioniere in der U. S.-Armee, schrieb an Gilbert H. Grosvenor: »Unsere Abhängigkeit von der National-Geographic Society durch die Art von Karten, die sie herausbringt, hat uns in der Tat vor Augen geführt, dass die Gesellschaft zu einem ganz wesentlichen Teil zur Herstellung unseres militärischen Kartenmaterials beiträgt.«

Innerhalb eines einzigen Jahres mussten die Druckplatten des NATIONAL GEOGRAPHIC-Magazines neunmal für deren große Zehnfarben-Kartenbeilagen an die Druckerei zurückgegeben werden, um den Bedarf der Armee, der Kriegsmarine und anderer Regierungsstellen zu decken.

Im August 1944 befreiten alliierte Truppen Paris. Im Oktober, als die Mitglieder die Karte »Südostasien und pazifische Inseln von den Indies und den Philippinen bis zu den Solomon-Inseln« erhielten, kehrte General MacArthur zu den Philippinen zurück. Im selben Monat war die Schlacht im Golf von Leyte – die größte Seeschlacht, die je stattgefunden hat. Amerikanische und japanische Schiffe kämpften in drei getrennten Gebieten – in der Surigao-Straße, bei Samar und bei Kap Engano. Die Seemacht Japan erlitt eine verheerende Niederlage.

Im Februar 1945 wurde Manila zurückerobert, Corregidor wurde am 1. März wieder besetzt. Die Ausgabe dieses Monats enthielt eine neue Karte von den Philippinen.

Am 30. April 1945 beging Hitler Selbstmord. Deutsche Einheiten begannen am 4. Mai zu kapitulieren, und drei Tage später, am 7. Mai, wurde die bedingungslose Kapitulation unterzeichnet.

Am 6. Oktober 1945 warfen die Vereinigten Staaten die erste Atombombe auf Hiroshima, wo ungefähr 350 000 Japaner lebten. Am 9. August fiel eine zweite

Links: »Keine Zeit, um einen Blick auf das spiegelnde Heck eines Befreiers zu werfen«, kommentierte die taktlose Bildunterschrift dieses Foto. Weiter heißt es: »Ungefähr ein Drittel aller Flugzeugmechaniker des Landes sind Frauen. Viele machen ihre Arbeit ebenso gut wie die Männer, einige besser. Die Vernietung ist einer der Arbeitsgänge, die von Frauen erledigt werden.« Aus der August-Nummer von 1944

Links darunter: Die Rationierung von Benzin während der Kriegszeit wird in der heiteren Bildunterschrift zu diesem Foto nicht erwähnt: »Soldaten, Angehörige des weiblichen Hilfskorps und Regierungsangestellte auf einer Stadtrundfahrt – Washington wird zu einem Amsterdam am Potomac.« Aus dem September 1943

Unten: Dieses Foto von Jane Russell, die in einem Sarong im Stil von Dorothy Lamour vor mehreren Landkarten der National Geographic Society posiert, ist nie im Magazin erschienen.

Atombombe auf Nagasaki mit ca. 250 000 Einwohnern. Mehr als 150 000 Japaner kamen dabei ums Leben. Am 14. August kapitulierte Japan. Die offizielle Zeremonie fand am 2. September 1945 an Bord des amerikanischen Kriegsschiffes Missouri statt, das in der Bucht von Tokio vor Anker lag.

Im Lauf des Krieges »wurde die Kartensammlung der Gesellschaft, bestehend aus 53 000 Karten von der ganzen Welt, intensiv in Anspruch genommen«, schrieb Gilbert Grosvenor später, »viele von ihnen waren Karten in großem Maßstab, von strategisch wichtigen Städten, Häfen, Eisenbahnlinien, Flugrouten und Karawanenwegen. Ferner war da der riesige Stoß unveröffentlichter Manuskripte, die im Druck nicht verfügbare geographische Daten enthielten, sowie unsere Bibliothek mit 20 000 Reisebüchern. Viele Regierungsstellen zogen täglich die Forschungsabteilungen der Gesellschaft zu Rate, um schwer zugängliche geographische Informationen zu bekommen, die sie für die Kriegsplanung brauchten.«

Noch bevor die Japaner Pearl Harbour bombardierten, erhielten die Abwehrdienste der Armee und der Kriegsmarine Zugang zur gesamten Fotosammlung der Gesellschaft. Obwohl die Aufnahmen ursprünglich für »friedliche Bildungszwecke« gemacht worden waren, lieferten sie eine unbezahlbare Dokumentation von Häfen, Industrieanlagen, Eisenbahnüberführungen, Flugplätzen, Uferregionen, Rangierbahnhöfen und anderen potentiellen Angriffszielen. Plötzlich bekamen all diese Fotos aus den letzten zehn Jahren mit Ansichten von Europa »aus der Luft« oder »vom Flugzeug aus« im Vergleich zu Aufklärungsfotos unschätzbaren Wert, denn Tarnungen und Neubauten konnten mit ihrer Hilfe sofort erkannt werden. Bis Kriegsende waren über 35 000 Drucke der NATIONAL GEOGRAPHIC-Fotografen von der Regierung ausgewählt und an die entsprechenden Nachrichtendienste geliefert worden. Bei ihrer Versammlung vom 2. Juli 1949 bedachte die Air Force Association die National Geographic Society mit einer ehrenvollen Erwähnung:

> Zum ersten Mal in der Geschichte entstand mit dem Zweiten Weltkrieg ein globaler Konflikt. Damit entwickelte sich auch die Nachfrage nach kartografischen Informationen, um amerikanische Piloten und ihre Flugzeuge in ferne Ecken der Welt zu führen. Dass die militärischen Dienste diese Nachfrage nicht befriedigen konnten, war auf mangelnde nationale Vorbereitung zurückzuführen. Dass eine nicht-militärische Institution wie die National Geographic Society dazu beitragen konnte, diesem Notstand abzuhelfen, war dann unmittelbar auch ein Beleg für die Bedeutung dieser Organisation und ein sichtbares Zeichen für den Beitrag der Zivilisten, der den Sieg mit ermöglichte. Die Karten der Gesellschaft führten die Männer der Luftwaffe über den Atlantik und die Gletscher des fernen Nordens, über die Inseln der Karibik und die Urwälder Südamerikas; sie halfen beim Aufbau der Flugrouten über Afrika und begleiteten die Männer der Luftwaffe über den Himalaja von Indien nach China. Sie führten die Piloten entlang der langen, beschwerlichen Inselroute des Pazifik von einer Beinahe-Niederlage in Australien bis zum Sieg in Japan. Für ihre Fähigkeit, die dringlichen Bedürfnisse dieses Landes zu erfüllen und für ihre wertvolle Unterstützung der Luftwaffe bei ihrer globalen Mission wird die National Geographic Society in Anerkennung ihrer hervorragenden Dienste am Staat mit dieser ehrenvollen Erwähnung ausgezeichnet.

Trotz der Tatsache, dass viele Redakteure und Büroangestellte in die Armee eintraten, fuhr man beim GEOGRAPHIC fort, jene Art von Artikeln zu drucken, wie sie auch schon im Ersten Weltkrieg erschienen waren – aktuelle, informative, geschwätzige und oft erbarmungslos fröhliche Beiträge, wie »Lissabon – das Tor zu Europa im Krieg« (»Lissabon ist voll von Repräsentanten der Fremdmächte... Einige sind Spione, aber die meisten sind gewöhnliche Geschäftsleute«) und »Abgeben bringt doppelte Befriedigung« (mit einem Foto lächelnder englischer Schulkinder, die ihre Löffel über Schüsseln mit Gemüse heben oder mit dem Teller in der Hand in einer Reihe auf das Frühstück warten. Die Bildunterschrift lautete: »Wer würde

Oben: Utah Beach kurz nach dem 6. Juni 1944. Landungsboote der größten Invasionsflotte der Geschichte entlassen Panzer, Lastwagen und Versorgungsgüter an der Küste der Normandie in Frankreich. Im darauf folgenden Monat gab die Gesellschaft ihre »Karte von Deutschland und seine[n] Vormarschroute[n]« heraus, und das Pionierkorps verschickte davon per Post vergrößerte Kopien von den Straßenkreuzungen entlang der Route, auf der die Alliierten nach Deutschland einmarschierten.

Links: »Die Kartensammlung der Gesellschaft, bestehend aus 35 000 Karten von der ganzen Welt, wurde von den Streitkräften intensiv in Anspruch genommen«, schrieb Grosvenor in seiner Geschichte der Gesellschaft von 1957. Generalstabschef Dwight D. Eisenhower, hier in seinem Nachkriegsbüro im Pentagon, studiert die Deutschlandkarte der Gesellschaft, die er während der Offensive 1945 in seinem Gepäck hatte.

nicht gern sein Gemüse mit diesen kleinen Alliierten teilen, damit sie gesund und fröhlich bleiben!«). Wie in früheren Zeiten gab es auch Artikel, die auf den Kriegsdienst bezogen waren, wie zum Beispiel »QM, der kämpfende Ladenbesitzer«, »Dein Junge wird Soldat«, »Als GIs Joes London einnahmen«, und »Okinawa, Schwelle zu Japan«, mit Fotos des jungen Leutnant David Douglas Duncan vom U. S. Marine Corps, der später wegen seiner Kriegsfotos von Marinesoldaten in Korea und Vietnam im Time und Life Magazine berühmt wurde. (Die Fotos von Okinawa sind jedoch erst nach dem Krieg gemacht worden.)

In der Zwischenzeit schickte der Nachrichtendienst der Gesellschaft Tagesberichte an Hunderte von Zeitungen mit Informationen über die Schlachtfelder (ein typisches Bulletin erklärte das Terrain, die Flora und Fauna des Kampfgebiets und lieferte Anleitungen zur Aussprache schwieriger Ortsnamen), und das vertraute »Schulbulletin« leistete das gleiche für die Zehntausende von Lehrern und Schülern. Trotz des Arbeitskräftemangels in der Gesellschaft erwarteten die Mitglieder, dass die Mitarbeiter angesichts der Not nicht den Kopf hängen ließen. Ihrerseits erwartete die Gesellschaft dasselbe von den Familien der Mitglieder, und im Juli 1943 tat das GEOGRAPHIC »etwas, wovon ein anderes Organ nicht einmal zu träumen gewagt hätte«, berichtete Newsweek. »Einer Testgruppe von 100 000 Lesern schlug Grosvenor in aller Ruhe vor, die Beiträge für 1944 schon jetzt zu zahlen, um die Abrechnung am Jahresende zu erleichtern. Vier Tage später waren 2000 positive Antworten eingegangen. Der erfolgreiche Herausgeber lächelte zufrieden.«

Was für Leute waren das 1943, die 1 199 738 loyalen Mitglieder der Gesellschaft? In einem Bändchen von 1941 wurden unter der Überschrift »Wie die Familienoberhäupter der NATIONAL GEOGRAPHIC-Mitglieder ihr Geld verdienen« 529 verschiedene Kategorien aufgelistet, darunter waren: Zahnärzte (11 715), Geschäftsführer (13 710), Büroangestellte (32 589), Friseure (1557), Unternehmer (3000), Gastwirte (39), Politiker (288), Senatoren (159), Kongressabgeordnete (123), Collegevorsteherinnen (261), Collegedirektoren (456), Masseure (156), Dichter (15), Züchter von Tropenfischen (3), Geistliche (27 843), Bauern (36 816), Bankiers (15 084), Philanthropen (9), Ärzte und Chirurgen (53 514), Straßenbauer (207), Leuchtturmwärter (126), Hausfrauen (39 543) und Adlige (114).

Die Bemühungen des Herausgebers, den Mitgliedern das Gefühl der Zugehörigkeit zu einer glücklichen Familie zu geben, haben vielleicht auch bewirkt, dass das Magazin neben Tausenden von herzlichen Briefen auch kritische Schreiben erhielt:

»Hören Sie auf, uns durch Himalajagebirge oder über Gletscher zu führen.« Andere waren genauso unverblümt:

»Schlechte Bildunterschriften.«

»Schlechter Text.«

»Interessiere mich nicht für Artikel über Nord- oder Südpol.«

»Mache mir nichts aus prähistorischen Knochen, Schnitzereien oder Figuren.«

»Fand die Katzen langweilig.«

»Europa, Asien und Afrika interessieren uns nicht.«

»Die Autoren sind überhaupt nicht so, wie sie sein sollten.«

Eines muss den Chef sehr getroffen haben: »Weniger Vögel.«

Alle Briefe, lobende wie tadelnde, wurden beantwortet, obwohl einige, wie die Antwort an einen Jungen, der einfach schrieb »Ich studiere die Welt... Schicken Sie mir alles, was Sie haben«, wohl etwas Bedenkzeit erforderte.

Am 15. Februar 1942 berichtete der Washington Star in seiner Sonntagsbeilage über die Vorsichtsmaßnahmen der Gesellschaft gegen etwaige Luftangriffe. Die Überschrift lautete: »Angriffsübung: die Geographic Society räumt Gebäude in drei Minuten«, und die Unterzeile war: »226 Beschäftigte [sic] füllen den Luftschutzraum; Sandsäcke, Pumpen in Bereitschaft.« Weiter hieß es:

> Vielleicht ist kein Gebäude in Washington besser darauf vorbereitet, im Fall eines Luftangriffs seine Bewohner vor Tod oder Verletzungen zu schützen, als die

»›Onkel Sam ist ein guter Onkel‹, meinen englische Schulkinder zustimmend. Die Geschichte steht auf der Tafel im Hintergrund, während hungrige Jugendliche im September 1939 Speck und Eier zu den Bratpfannen bringen. Damals war ein Ei etwas Besonderes, und es war noch in der Schale. Anders heute: Entwässerung entfernt die Schale wie die Feuchtigkeit.« Aus der Juni-Nummer 1943

Oben: An Bord des U. S.-Kriegsschiffes Missouri, das in der Bucht von Tokio vor Anker lag, nimmt General Douglas MacArthur am 2. September 1945 die japanische Kapitulation entgegen. Für Japan unterzeichnet Generalmajor Yohijiro Umezo. Flottenadmiral Chester W. Nimitz, der ganz links neben den anderen rangälteren Offizieren der alliierten Mächte steht, schrieb später an Gilbert H. Grosvenor, dass die Gesellschaft »unerwartete, aber höchst willkommene Hilfe geleistet« habe, als sich der Oberbefehlshaber der Pazifikflotte an Bord eines B-17 während eines Fluges von Espíritu Santo in einem heftigen Regenschauer verirrte. Mit Hilfe der Karte »Kriegsschauplätze im Pazifik« der Gesellschaft (rechts) konnten Nimitz und seine Begleiter die Inseln unter ihnen erkennen und sicher auf dem Henderson Field von Guadalcanal landen.

Zentrale der Geographic Society. Die kontinuierlichen Übungen gehören zu einem gut geplanten Programm, das nach Meinung der Gesellschaft ausreichend Schutz für seine Angestellten bietet, falls Luftangriffe beginnen sollten.

Charles Althoff, ein Angestellter aus der Versandabteilung, drückte nur einen Knopf, und schon ertönte dreimal das langanhaltende Posaunen von Autohupen, die in strategisch günstigen Positionen platziert waren. Bevor die Serie der drei Alarmtöne wiederholt werden konnte, sammelten sich die ersten Angestellten im sichersten Raum des Gebäudes – der Cafeteria im Keller.

Während der Alarm erneut ertönte, erreichte Gilbert Grosvenor den Luftschutzraum... Dieser Luftschutzraum bot vor fast allem Schutz, außer vor einer Sprengbombe. Die für den Luftschutz zuständigen Hauptverantwortlichen der Gesellschaft halten die Cafeteria vor Bomben und Erschütterungen praktisch für sicher. Die Seitenfenster, die auf eine Gasse hinausgehen, sind von außen vermauert. Die Türen, die zur Cafeteria führen, sind mit dickem Stoff verhängt, und entlang der gesamten Vorderseite des Gebäudes ist eine 40 Zentimeter dicke Ziegelmauer einen halben Meter höher als die Kellerfenster gebaut worden, um zu verhindern, dass Bombenteile die Fenster einschlagen. Dutzende großer Sandsäcke liegen bereit, um notfalls sofort die drei Zugänge, die von der Cafeteria zur Küche führen, zu verbarrikadieren.

In einem anderen Teil des Kellers ist für die Abwehrarbeit ein spezieller Raum eingerichtet worden. Hier befinden sich der Mechanismus, der die Autowarnhupen auslöst, sowie alle Arten von Gerätschaften wie Schaufeln, Pickel, Hacken, Funkgerät, Flaschen mit destilliertem Wasser, Asbestschirme und Einstellspritzen zur Feuerbekämpfung, Taschenlampen, Unmengen an Schlauch und all die anderen notwendigen Ausrüstungsteile...

Jede Sekretärin, Stenografin, Schreibkraft und jeder Registrator hat eine kleine Leinentasche neben dem Schreibtisch. Wenn der Alarm ertönt, stopfen sie in Windeseile all ihre wichtigen Dokumente in die Tasche und lassen sie in einen der großen, galvanisierten Behälter fallen, die in jedem Raum stehen; die Behälter werden dann vom Aufsichtspersonal mit in den Keller genommen.

Der Artikel, der durch drei Fotos illustriert wurde (eine Angestellte, die auf einen Haufen Sandsäcke vor der Küchentür des Hauptgebäudes blickt, ferner Gilbert Grosvenor, der beobachtet, wie ein Angestellter vorgibt, mit den Flugzeugmeldern auf dem Dach des Hauptgebäudes zu telefonieren, und die Gebäudeaufsicht, die auf die 40 Zentimeter dicke Mauer zeigt), berichtete weiter, dass die unschätzbare Fotosammlung der Gesellschaft in feuersicheren Gewölben in einem oberen Stockwerk untergebracht sei, und dass die Exponate im Forschungsraum im ersten Stock für gesichert gelten. Wenn diese Luftschutzübungen nicht durchgeführt wurden, ging das Leben in der Washingtoner Hauptstelle offenbar ohne Störung weiter.

Im Herbst 1943 veröffentlichte der New Yorker »Entfesselte Geographie«, eine dreiteilige biographische Skizze über Gilbert H. Grosvenor von Geoffrey T. Hellman. Darin beschrieb Hellman den Herausgeber des GEOGRAPHIC als »einen freundlichen, sanftmütigen, zielstrebigen und beweglichen 67-jährigen mit einem Pokerface, begabt mit dem lebhaften Wesen eines neugierigen Grashüpfers, mit einer klaren, rosigen Gesichtsfarbe und einer Mischung aus Geschäftssinn, intellektueller Neugier, Traditionsbewusstsein und Toleranz gegenüber gemäßigten Neuerungen, so wie sie manchmal bei einem recht wohlhabenden Collegedirektor zu finden ist«. Weiter erzählte er, wie »gegen vier oder fünf Uhr nachmittags, kurz vor Feierabend, der Herausgeber des GEOGRAPHIC, der weder Alkohol oder Tabak anrührt, noch entsprechende Reklame in seiner Zeitschrift duldet, etwas Kakaopulver zuerst auf einen Schuhlöffel, dann in eine Tasse mit ... [warmer Milch] schüttet, das ganze mit einem Federhalter umrührt und mit zufriedener Miene austrinkt«.

Wohl nirgendwo wurde das Leben in der Gesellschaft während dieser Zeit besser eingefangen als in dieser Beschreibung von Hellman:

»Eine Familie vom Bikini-Atoll nimmt am Grab von einem ihrer Lieben Abschied«, lautete die Titelzeile zu einem Foto, das im Juli 1946 Carl Markwiths Artikel »Abschied von Bikini« illustrierte. Die Bewohner wurden damals von ihrem Atoll vertrieben, damit ihr Heimatland für Atomtests benutzt werden konnte.

Die 20 Redakteure [editors] des GEOGRAPHIC sind alle bemerkenswert höfliche Menschen, die sich stets voreinander durch die bronzefarbenen Türen ihrer Fahrstühle verbeugen. Sie bewegen sich in einem gemütlichen Durcheinander von dicken Teppichen, Bücherregalen mit britischen und amerikanischen Who's Whos, Enzyklopädien, gebundenen Bänden des GEOGRAPHIC und Geographiebüchern, die von der Gesellschaft herausgegeben wurden; Notizzetteln mit »Notiz von Dr. Grosvenor«, »Notiz von Dr. La Gorce« oder Ähnlichem darauf gedruckt; eingehenden Korrespondenzen, abgestempelt mit roter Tinte, »Lob«, »Kritik« oder »Vorschläge«; und Fotokopien anerkennender Briefe von Generälen, Admiralen und früheren Präsidenten, denen die Gesellschaft Karten geschenkt oder geographisches Forschungsmaterial – zumeist auf den Krieg bezogen – überlassen hatte. Die Redakteure des GEOGRAPHIC erfrischen sich in Räumen, wo die Handtücher unter einer Hierarchie von Namenskarten hängen; in einem Raum las man von links nach rechts die Namen »Dr. Grosvenor, Dr. La Gorce, Mr. Fisher, Mr. M. B. Grosvenor, Mr. Simpich, Mr. Hildebrand, Mr. Bumstead, Dr. Williams, Mr. Borah, Mr. Riddiford, Mr. Canova, Mr. Vosburgh, Mr. L. J. Canova, Gäste, Gäste, Mr. Nicholas«. Für Dienstfahrten in die Stadt, wie z. B. zur Firma Judd & Detweiler, haben die Redakteure einen Wagenpark von fünf Autos mit Chauffeur. Sie essen in drei privaten Speisezimmern zu Mittag, trinken Buttermilch, tauschen Witze aus und bestellen ausgezeichnete Gerichte à la Carte aus Speisekarten, auf denen die Preise diskret weggelassen sind. Eines dieser Speisezimmer ist für Dr. Grosvenor reserviert, und manchmal isst er dort allein, wie der Kapitän eines Schiffes. An diesen Raum grenzt ein Badezimmer mit zwei Marmorduschen, die bei schwülem Wetter gelegentlich nicht nur von Dr. Grosvenor, sondern auch von anderen leitenden Mitarbeitern frequentiert werden. Neben den privaten Speisezimmern befindet sich eine Cafeteria, wo die einfachen Angestellten gut und preiswert zu Mittag essen, allerdings mit einer weniger großen Auswahl an Gerichten, wie ihre Vorgesetzten sie sich leisten. Hier sind die Geschlechter getrennt. »Wir wollen sie lieber nicht zusammensetzen«, erklärte einmal ein Officer der Gesellschaft, »wir meinen, dass die Männer in ihrem eigenen Raum ungezwungener sind. Wenn sie sich schlüpfrige Anekdoten erzählen wollen, können sie dies tun.« Hin und wieder werden delikate Dinge aus den privaten Speisezimmern versehentlich auch in der Cafeteria enthüllt. Einmal deutete eine Stenografin auf ein Gericht, das sie gern haben wollte. »Um Himmels willen, nein«, sagte die Bedienung hinter der Theke. »Das ist die Vorstandsleber.«

In seiner Charakteristik im New Yorker erwähnte Hellman auch Gilbert Grosvenors Interesse an Vögeln:

Dieser Krieg hat ebenso wie der letzte den Herausgeber des GEOGRAPHIC dazu bewogen, etwas sparsamer über Vögel zu berichten. Die neuesten Ausgaben des GEOGRAPHIC waren zwar Sonderberichten gewidmet wie über die Nahrungsmittelproduktion in den Vereinigten Staaten, über den Alaska Highway, die Küstenwache, Armeehunde, Konvois, Flugzeugträger, Frauen in Uniform, Armee- und Marineabzeichen, aber er wusste, dass dies verglichen mit den Vögeln nur eine vorübergehende Sache war, und er hatte nicht die Absicht, bis zum Ende des Krieges zu warten, ehe er sich als Herausgeber wieder seinem Lieblingsthema zuwandte. »Der Chef hat uns die letzten drei Jahre dringend gebeten, eine Serie von Farbfotos über den Zaunkönig in Australien herauszubringen«, erzählte ein GEOGRAPHIC-Redakteur kürzlich einem Bekannten. »Alle haben sich verschworen, ihn daran zu hindern, diese verdammten Vögel zu bringen. Ständig versuchen wir, ihn davon abzuhalten, aber er schmuggelt sie jetzt jeden Monat hinein.«

Das tat er wirklich, allerdings nicht vor Erscheinen des Artikels »Die zauberhaften Zaunkönige Australiens« im Oktober 1945.

Der Erste, der mit der Grosvenor-Medaille ausgezeichnet wurde, war Gilbert H. Grosvenor selbst. Sie wurde ihm am 19. Mai 1949 für »hervorragende Dienste für die Geographie als Herausgeber des NATIONAL GEOGRAPHIC, 1899–1949« verliehen.

Diese Karikatur von Selz erschien in Geoffrey T. Hellmans Serie »Entfesselte Geographie«, eine dreiteilige biographische Skizze über Gilbert H. Grosvenor, die im Herbst 1943 im New Yorker veröffentlicht wurde. Hellman beschrieb Grosvenor als einen »freundlichen, sanftmütigen, zielstrebigen und beweglichen 67-jährigen mit Pokerface, begabt mit dem lebhaften Wesen eines neugierigen Grashüpfers«.

Die kartografische Abteilung war auch nach dem Krieg sehr beschäftigt, denn durch die Umwälzungen des Zweiten Weltkriegs hatten sich die Staaten verändert, waren nationale Grenzen neu festgelegt und Länder und Städte umbenannt worden. Fast der gesamte Globus musste kartografisch neu erfasst werden.

Das Atomzeitalter, das durch Hiroshima und Nagasaki eingeleitet worden war, wurde im Oktober 1945 durch »Die neue Welt von morgen« und im Juli durch Carl Markwiths »Abschied von Bikini« markiert, einen Artikel über die Umsiedlung der Bewohner des Bikini-Atolls in der Ralik Chain der Marshall-Inseln zu einer anderen Insel, damit ihre Heimat für Atomtests benutzt werden konnte. »Während wir voneinander Abschied nahmen, wünschte ich mir, ich könnte wieder wie früher sagen *kim naj drol ilju* – ›Wir kommen morgen zurück‹. Ich unterließ es«, schrieb Markwith, »denn für mich gab es keine Wiederkehr – und für sie wahrscheinlich auch nicht. Die Zivilisation und das Atomzeitalter waren über Bikini hereingebrochen, und sie waren im Weg.«

Im Januar 1947 veröffentlichte das Magazin Melville Bell Grosvenors Artikel *»Kuba – die amerikanische Zuckerschale«*, der von 42 seiner Farbfotos illustriert wurde, in einer einzigen Story ein absoluter Rekord an Abbildungen. Der damalige Redakteur des NATIONAL GEOGRAPHIC, Wilbur E. Garrett, schrieb dazu 1984: »Dieser sehr optimistische Artikel enthielt nur wenige Hinweise auf die entstehenden politischen Kräfte und Probleme in Kuba, die diesen anscheinend halbkolonialen Inselstaat bald für Jahrzehnte und sogar bis heute zum Mittelpunkt des Interesses und der Fehlschläge in der amerikanischen Lateinamerika-Politik machten. Kuba war nur ein Symptom für den Sturm von Veränderungen, der Nationen, Kolonien und Kontinente wie Stoffpuppen in den Händen zorniger Kinder umherschleudern würde. Radikale Veränderungen prägten die Karte von Afrika. Durch Eiserne, Bambus- und andere Vorhänge ohne Namen wurden Millionen von Menschen voneinander getrennt.«

Von solchen Veränderungen war beim GEOGRAPHIC nichts zu spüren. Wie früher erschienen Artikel wie »Die sorglosen Menschen Kameruns«, »Der Aga Khan, aufgewogen in Diamanten«, »›Flughörnchen‹, die Gleitflieger der Natur«, »Der Jemen – Südarabiens wundersames Gebirgsland«, »Die erste amerikanische Besteigung des Mount St. Elias«, »Rhode Island, der moderne Stadtstaat« und im April 1949 eine ganze Ausgabe über »Die britische Lebensart«.

Einen Monat später, am 18. Mai 1949, ehrten die Kuratoren (trustees) der Gesellschaft Gilbert H. Grosvenor zu seinem 50-jährigen Jubiläum als Herausgeber des NATIONAL GEOGRAPHIC MAGAZINE mit einem inoffiziellen Dinner im Chevy Chase Club am Rande von Washington in Chevy Chase, Maryland. Teilnehmer waren die Mitglieder, deren Namen an der Spitze des Magazins erschienen, sowie die Abteilungsleiter und einige persönliche Freunde. Am folgenden Abend, als in der Washingtoner Constitution Hall die Jubiläumsfeier stattfand, wurden 4000 Gäste Zeuge der ersten Verleihung einer neu entworfenen Goldmedaille, die im Flachrelief das Profil von Gilbert H. Grosvenor auf der einen und die Tierkreiszeichen und einen Globus auf der anderen Seite zeigte. Nur ein Außenstehender findet es vielleicht merkwürdig, dass der erste, der die neue Grosvenor-Medaille erhielt, Gilbert Grosvenor selbst war. Innerhalb der Gesellschaft war dies jedoch ebenso natürlich wie das gottgegebene Recht der Könige in einer Monarchie.

In »Gilbert H. Grosvenors 50-jähriges Jubiläum« schrieb Albert W. Atwood für die August-Ausgabe 1949: »Dieser großzügige, gütige und gebildete Herausgeber, der Lob und Anerkennung mit Bescheidenheit entgegennimmt, hat stets auch die Verdienste anderer gewürdigt. Anlässlich der Jubiläumsfeier sagte er in der Constitution Hall:

> Ich kann nicht zulassen, dass Sie meinen Anteil überbewerten. Wohl mehr als jeder andere bin ich mir bewusst, dass der Erfolg der National Geographic Society, den Sie so großzügig auf meine bescheidenen Bemühungen zurückfüh-

ren, erst durch die kluge Beratung und verlässliche Unterstützung zustande kam, die mir die hohen Herren des Board of Trustees zuteil werden ließen, und durch die treuen und hervorragenden Dienste der vielen, bemerkenswert fähigen Männer und der wunderbar geschickten Frauen, die den Mitarbeiterstab der Gesellschaft bilden...

Ohne vorheriges Wissen von Dr. Grosvenor hatten sich zwölf angesehene Expeditionsleiter der National Geographic Society auf dem Podium versammelt, um ihn zum Empfang der Medaille zu beglückwünschen. Unter diesen waren:

Konteradmiral Richard E. Byrd (der erste Mensch, der über Nord- und Südpol flog), der ehemalige U. S. Senator Hiram Bingham (Entdecker der vergessenen Inkastadt Machu Picchu), Dr. Dillon Ripley (Leiter der Nepal-Expedition, die er erst zwei Wochen vorher beendet hatte, und zukünftiger Schrift-Secretary des Smithsonian-Instituts), Dr. Robert F. Griggs (»Tal der 10 000 Rauchsäulen«), Generalmajor Orvil A. Anderson (Stratosphärenflüge im Ballon Explorer), Dr. Matthew W. Stirling (archäologische Funde in Panama und Mexiko), Dr. Maurice Ewing (Erforscher des Mittelatlantischen Rückens) und Dr. Arthur A. Allen (der das 163 Jahre alte Rätsel der Nistplätze des Großen Brachvogels gelöst hatte).

Es wurde ein Film über die Höhepunkte jeder Expedition mit kurzen Kommentaren ihrer Führer gezeigt, und dann verlas Dr. Robert V. Fleming, Kurator und Schatzmeister der Gesellschaft, einen Gratulationsbrief von Präsident Harry S. Truman, in dem es unter anderem hieß: »Unter Ihrer Leitung ist das Magazin der Gesellschaft zu einer vertrauten Institution in den Familien Amerikas und der ganzen Welt geworden – kurz, überall dort, wo es ein Postsystem gibt und man geographisches Wissen schätzt.«

Dann stellte Schatzmeister Fleming Dr. Charles F. Kettering vor, den früheren Forschungsleiter und Vice President von General Motors und Kuratoriumsmitglied der Gesellschaft, der dann die offizielle Verleihung der Grosvenor-Medaille vornahm, die vom Kuratorium speziell für die Jubiläumsfeier geschaffen worden war.

»Diese Medaille zu überreichen ist das größte Vergnügen, das mir das Leben beschert hat«, sagte Dr. Kettering. »Wenn es jemals ›eine Welt gibt‹, dann wird eine Kopie des NATIONAL GEOGRAPHIC in der Mitte des Tisches liegen!«

»Jeden Morgen, wenn ich in den Spiegel schaue«, sagte Grosvenor, »werde ich zu meinem Spiegel sagen: Du lügst. Dann werde ich diese schöne Medaille in die Hand nehmen, das idealisierte Gesicht von Grosvenor anschauen, das Mrs. [Laura Gardin] Fraser mit ihren genialen Händen modelliert hat, und in mich hineinlachen. Meine Nachfahren werden zum Glück nie den Unterschied zwischen Tatsache und Fiktion erkennen.«

Auf der Rednertribüne stand ein Korb mit 50 goldenen Rosen. Sie waren Grosvenor von seinen Kollegen vom NATIONAL GEOGRAPHIC überreicht worden. Die Inschrift »Für unseren geliebten Chef«, erzählte Grosvenor seinen Zuhörern, bedeutete ihm ebenso viel wie »diese herrliche Medaille«.

Die Auflage des GEOGRAPHIC betrug Ende 1949 1 831 588; seine Auflage stieg in den folgenden fünf Jahren, in denen Gilbert H. Grosvenor Herausgeber war. Das Ansehen der Zeitschrift begann jedoch abzunehmen.

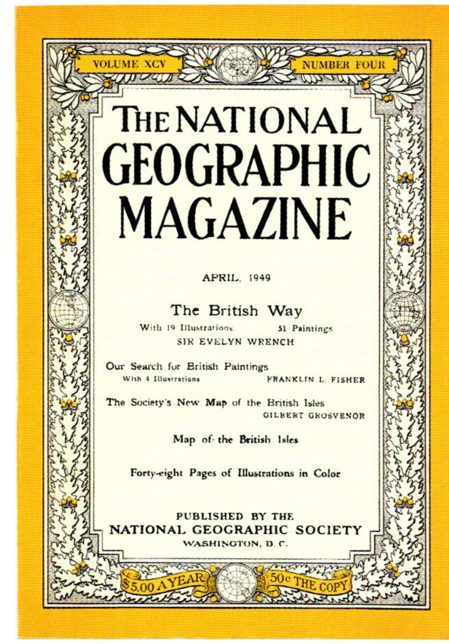

Ende 1949 hatte das Magazin eine Auflage von 1 831 588.

KRIEG UND KONFLIKT

Junge Männer, unter die Erde gebracht

Au mur vivant de
VERDUN

»All die Namen haben ihre eigene Kraft, ihr eigenes Leben. Selbst an den kältesten Tagen wärmt sie das Sonnenlicht. Junge Männer, die unter die Erde gebracht wurden und sich aus ihr wieder erheben. Man kann fühlen, wie ihr Blut wieder fließt.«

Über das Mahnmal der Vietnamveteranen aus Joel L. Swerdlows *»Die Heilung einer Nation«*, Mai 1985

Die Kriegsberichterstattung im NATIONAL GEOGRAPHIC war unter der Herausgeberschaft von Gilbert H. Grosvenor größtenteils davon bestimmt, wie freizügig sein Mitarbeiterstab sein fünftes und sechstes redaktionelles Leitprinzip auslegen konnte:

> Es wird nicht Partei ergriffen noch werden umstrittene Themen gedruckt. Über andere Länder und Völker wird nur freundlich geschrieben, jede unangenehme oder unpassende Kritik wird vermieden.

Die Anstrengungen der GEOGRAPHIC-Autoren, innerhalb der von Grosvenor gezogenen Grenzen verantwortungsvollen Journalismus zu produzieren, führte im Lauf der Jahre zu dem Vorwurf, das GEOGRAPHIC betrachte die Welt durch eine rosarote Brille. Das Beispiel, das immer wieder angeführt wurde, um diesen Vorwurf zu untermauern, war Douglas Chandlers Artikel »Berlin im Wandel« von 1937, den man im Nachhinein als erschreckend naiv erkennt:

> Zur Politik der gegenwärtigen Regierung gehört die körperliche und geistige Erziehung von Jungen und Mädchen, um dadurch eine starke Rasse auszubilden und Deutschland in der Zukunft zu verteidigen. Als Ersatz für die Pfadfinderausbildung treten deutsche Jugendliche nun einer Institution bei, die als Hitlerjugend bekannt ist. Ihr Symbol ist das Hakenkreuz, und ihre umfassenden Aktivitäten und ihr politisches Training sind bei allen Schichten sehr beliebt.

Seltsamerweise kamen die Verteidiger von Grosvenors Politik aus den journalistischen Lagern, in denen man sie am wenigsten vermutet hätte. So enthielt die *Detroit News* vom 21. Juni 1940 den folgenden Leitartikel:

> Bedenkt man, was zur Zeit in der Presse steht, dann ist es fast ein Wunder, wie das NATIONAL GEOGRAPHIC MAGAZINE Monat für Monat weitermacht, ohne auch nur gelegentlich auf den Krieg hinzuweisen. Heute irgendetwas für die Öffentlichkeit zu schreiben, das in keinster Weise mit einem Krieg verbunden ist, der die ganze Menschheit erschüttert, ist eine anstrengende Sache. Irgendetwas an Material zu sammeln, das nichts mit dem Krieg zu tun hat und das uns, wenn auch nur vorübergehend, von unseren Sorgen ablenkt, ist kein geringes Kunststück. Eine Monatszeitschrift mit dem Schwerpunkt Geographie zusammenzustellen und dieses Thema auszulassen, grenzt schon ans Übernatürliche.
>
> Für diese Politik des GEOGRAPHIC und seine Versuche und Erfolge sollten wir dankbar sein. Natürlich ist das richtig. Es gibt nicht viel, was ein Krieg an geographischen Gegebenheiten verändern kann. Die Alpen werden immer die Alpen bleiben, während die Cäsaren zu Staub zerfallen; die großen Meeresschildkröten werden weiterhin ans Ufer der Galapagos-Inseln watscheln; das

Oben: Frankreich, Erster Weltkrieg. »Ein amerikanischer Sanitätswagen fährt durch eine zerstörte Stadt in Frankreich.« Aus der Mai-Nummer 1917

Gegenüber: Frankreich, Erster Weltkrieg. Der Festungswall von Verdun, gezeichnet von dem bekannten französischen Künstler Lucien Jonas (1880-1947). »... An erster Stelle unter den Unsterblichen in der Geschichte stehen nun die Verteidiger von Verdun, die sagten: ›Sie werden nicht durchkommen.‹« Aus der April-Nummer 1918

Vorangehende Seiten: »All die Namen haben ihre eigene Kraft, ihr eigenes Leben«, schrieb Joel L. Swerdlow über das Vietnam-Mahnmal. »Selbst an den kältesten Tagen wärmt sie das Sonnenlicht. Junge Männer, die unter die Erde gebracht wurden ...« Aus »Heilung einer Nation« in der Ausgabe vom Mai 1985

Oben: London, Zweiter Weltkrieg. Premierminister Winston Churchill inspiziert 1941 das von Bomben zerstörte Unterhaus, ein Jahr nachdem er vor seinen Abgeordneten stand und sagte. »Ich habe nichts anzubieten als Blut, Mühsal, Tränen und Schweiß.« Aus der August-Nummer 1965

Gegenüber: »29. Dezember 1940: London brennt. Die Rauchwolken von 1500 Bränden verhüllen ihre Häuser, ihre Kirchen, ihre Toten. Aber mit ihrem goldenen Kreuz, das in den Flammen glänzt, steht die Kuppel von St. Paul's über dem Feuersturm. Wie die Stadt London wurde auch St. Paul's beschädigt, als sie zwei Monate zuvor von einer Bombe getroffen wurde. Wie ganz London würde auch die Kathedrale durchhalten.«

Mittelmeer wird genauso blau und die Sahara die gleiche ruhelose Sandwüste bleiben. Das Land wird sich ebenso wenig ändern wie die Menschen, die darauf in weiten Teilen der Erde leben. Sie werden das, was sie zum Leben brauchen, von ihrer natürlichen Umwelt bekommen. Die Rassen, die aus ihr hervorgehen, werden zum Guten oder Bösen durch die Notwendigkeiten geformt, die ihnen die Natur auferlegt.

In den Berichten über den Ersten Weltkrieg ergriff das Magazin stets die Partei der Alliierten. Das GEOGRAPHIC schätzte die Bestrebungen Deutschlands folgendermaßen ein: »Die Herrschaftsgebiete früherer Tyrannen, die versuchten, durch beispielloses Gemetzel die Weltherrschaft an sich zu reißen, erscheinen geradezu kümmerlich, verglichen mit dem wahnwitzigen Ehrgeiz der Hohenzollern, die Erde preußisch zu machen ...«

Zu den blutigen Schlachten des Ersten Weltkriegs wurde auf Distanz gegangen. »Einfache Geschichten aus den Schützengräben« spielen nicht in Verdun, sondern werden »erzählt am Teetisch in der ›Heimat‹ – einem Soldatenheim in Paris.«

Alle langen Tische sind für den Tee gedeckt. Die Tischtücher sind blau und weiß wie das Geschirr. Die Milchkrüge sind voll bis zum Rand wie die Marmeladenschalen, und die großen Platten mit frischem, süß duftendem Brot und Butter stehen genau dort, wo sie sein sollen. Und dann gibt es Kuchen – den guten, mit vielen Rosinen, Korinthen und Nüssen darin. Es gibt sogar jede Menge Zucker! Das alles sieht gar nicht nach Kriegszeit aus, sage ich mir, während ich mir meine lächerlich kleine Schürze umbinde.

Aber genau das ist es, im wahrsten Sinne des Wortes...

Die ersten drei, die an meinen Tisch kommen, sind ›Kängurus‹ – groß, aufrecht, frisch rasiert, in abgebürsteten, geplätteten Uniformen und in Stiefeln, die hinreißend glänzen ... ein vierter, der die Farben der gleichen Division auf dem Ärmel trägt, schließt sich unserer Gruppe an, indem er fröhlich ruft: »Hallo, Digger«, was nur eine andere Bezeichnung für ›Kamerad‹ ist, wissen Sie.

Dann: »Wo ist Barty? Ist er nicht mit dir zusammen gekommen?«

Der Neuankömmling schüttelt den Kopf, und als man ihn fragt: »Warum nicht?«, antwortet er schlicht: »Tot.« Auf die weitere Frage »Wann?«, erwidert er »Montag«. Und das einzige Requiem für Barty ist »Er war ein guter Kerl« aus drei heiseren Kehlen.

Die Autorin, Carol K. Corey, verlässt vorübergehend ihren Tisch im Teezimmer. Als sie zurückkehrt, sieht sie

einen hitzköpfigen Burschen, der aufgebracht ruft: »Jetzt redest du ja schon wieder vom Krieg. Es sollte ein Gesetz geben« –

»Das ist nun mal so«, unterbricht ihn sein Nachbar. »Über was sollen wir denn sonst nach drei Jahren reden? Nenn mir ein nettes, neues, interessantes Thema, und erzähl uns was. Warum trägst du uns nicht mal eine kleine Lektion zum Thema Schmutz vor? Das ist immer interessant für die Damen. Sie sagen ›armer Schatz‹ immer so süß, dass du vergisst, ihnen das einzig Gute daran zu erzählen, nämlich, dass er dich warm hält. Ich war niemals erkältet, bis ich hierher kam und den Dreck abwusch. Und schau, was für ein ›Beau‹ ich jetzt geworden bin. Ich sage Ihnen, Missus, Schmutz hat mir nie wehgetan und der Krieg auch nicht. Warum auch, ich hatte früher schlimmes Asthma, aber das ist jetzt ›passé‹. Wenn wir nach Hause kommen mit all unseren Armen und Beinen und Augen – oder gerade so, dass wir uns noch vorwärts bewegen können, dann wird das hier für viele von uns eine gute Sache gewesen sein.

Natürlich würde ich nicht sagen, dass es ein Vergnügen ist, weit gefehlt. Da sind die Übungsmärsche und das ewige Salutieren und das Büchsenfleisch und nachts die Löcher im Boden. Aber es hat auch sein Gutes. Nimm mich zum Beispiel. Ich habe drei Schwestern, die alle auf einmal Klavier spielen lernten, und alle drei haben zugleich geübt. Ja, es könnte schlimmer sein. Reich mir den Kuchen, Junge.«

»Es könnte schlimmer sein. Reich mir den Kuchen, Junge« erschien 1918 in der März Nummer. Im April 1918 stand im Magazin: »...es gibt eine neue Gelegenheit, durch persönlichen Verzicht zu helfen«, hieß es in dem Artikel, »...die Gelegenheit, sich und seine Familie zu verpflichten, weder Weißbrot oder Weizenflocken noch Gebäck aus Weizenmehl zu essen, bis die neue Ernte eingebracht ist.«

Gilbert Hovey Grosvenor blieb während des Zweiten Weltkriegs Herausgeber – und damit hatten auch seine redaktionellen Leitlinien unverändert Geltung. Der Artikel vom Januar 1944 »Unbeschwertheit in der Südsee« war typisch für die konventionellen Artikel zur moralischen Unterstützung an der Heimatfront. Der Artikel, der von Frederick Simpich jr., dem Sohn des langjährigen Assistant Editor Frederick Simpich, geschrieben wurde, schilderte, wie sich die Soldaten im Südpazifik zwischen den Schlachten bei Laune hielten. Sein Beitrag enthielt Fotos von Soldaten, die ohne Hemd um eine Kiste sitzen – »Sogar auf Guadalcanal wird beim Kartenspielen über die Schulter geschaut«; ihren Haustieren – »Auf Korallensand ist ›Kohlenfass‹ getarnt bis auf die Ohren«; einem Seemann, der auf seiner Pritsche im Scheunenhof döst – »›Angetreten und frisch ans Werk!‹ wiehert dieses Armeepferd, das einen schlafenden Seemann beschnuppert«; und von einem behelmten Soldaten, der in seinem Schützenloch mit dem Schild »Unter diesen Portalen finden sich die schnellsten Männer der Welt!« posiert. Das Foto trug die Bildunterschrift »Selbstironie erhält die Kampfmoral der Marinesoldaten auf der häufig bombardierten Insel Guadalcanal.«

Der Krieg war kaum mehr als eine Unannehmlichkeit:

»Eines Nachts, kurz bevor ich England im Januar 1941 verließ, erlebten wir einen besonders schweren Angriff«, schrieb Harvey Klemmer in »Alltagsleben im England des Krieges« für das GEOGRAPHIC vom April 1941:

> In einminütiger Folge hagelten heulend die Bomben herab. An einigen Stellen fing es an zu brennen, und ein beträchtlicher Teil der City – Londons Finanzviertel – war zerstört. Das Krachen der Bomben und das Leuchten der Brände vermittelten uns das Gefühl, eine Art mittelalterlichen Alptraum zu durchleben. Schlaf fanden nur wenige in dieser Nacht. Fast furchtsam zog ich am nächsten Morgen die Vorhänge auf. Aber es gab keinen Grund zur Angst. Hell schien die Sonne. Der Verkehr bewegte sich auf dem Berkeley Square wie immer. Ich bemerkte, dass ein alter Straßenkehrer, den ich kennengelernt hatte, bei der Arbeit war. Die Wächter aus den Mietshäusern standen in ihren prächtigen Uniformen auf dem Gehsteig, Mannequins und Näherinnen trippelten in den Damenbekleidungsladen oben in der Straße. In einem Reisebüro warben große Plakate für Kreuzfahrten nach Australien.
>
> In dem Gebäude, in dem ich wohnte, bereiteten die Bediensteten das Frühstück vor und falteten Tischdecken aus. Als ich durch die Eingangshalle ging, bemerkte ich, dass einer der Portiers sorgfältig das Messing am Haupteingang polierte. Der Unterschied zwischen diesem Morgen und den Erfahrungen der vergangenen Nacht symbolisiert für mich die zwei Arten von Leben, die heute in England existieren.

Sogar mitten im Krieg gab es noch Möglichkeiten, sich gut zu amüsieren. Als Annapolis-Absolvent Melville Bell Grosvenor zu einer Kreuzfahrt auf einem Flugzeugträger der U.S.-Marine eingeladen wurde, griff er zu. Festgeschnallt auf dem Rücksitz am Kugelgeschützturm eines TBF-Avenger-Torpedoflugzeugs wurde MBG von Deck katapultiert. Nach einem Torpedo-Scheinangriff auf dem Schiff schrieb er:

◄ *Kampf im Pazifik, Zweiter Weltkrieg. An Bord des U.S.-Flugzeugträgers Yorktown malte der Künstler William F. Draper im April 1944 in der Nähe von Truk den Überlebenskampf gegen japanische Sturzkampfbomber und Torpedoflugzeuge.*

Rasch folgten die vier Flugzeuge dem Landungskreis und schwenkten elegant um den Träger.

Als wir an die Reihe kamen, spürte ich den deutlichen Bremseffekt, als die Landeklappen und das Fahrgestell ausgefahren wurden. Unser Flugzeug schien die Fahrt auf Schrittgeschwindigkeit zu drosseln!

Ich wandte den Kopf, um unser Herannahen zu beobachten. Das vorher winzige Flugdeck wurde nun immer größer sichtbar.

Schließlich sah ich aus den Augenwinkeln, wie der Meldeoffizier das Zeichen gab, und wir senkten uns sanft auf das Deck. Das Flugzeug hielt abrupt an wie ein Automobil bei einer Vollbremsung. Wenn ich mich nicht gegen die Panzerplatte zurückgelehnt hätte, wären mein Kopf und die Schultern nach vorn geknallt.

Unser TBF wurde rasch mit dem Aufzug hinabgelassen, und ich kletterte hinaus in die Flugzeughalle. Freunde scharten sich um mich und fragten, wie es mir gefallen habe. »Das war der größte Nervenkitzel meines Lebens!« sagte ich... »Wir werden bald einen weiteren Einsatz haben«, meinte der Kapitän. »Ich wünschte, Sie könnten die ganze Kreuzfahrt mit uns machen.«

»Nichts täte ich lieber«, erwiderte ich. »Ich wünsche Ihnen viel Glück und Erfolg.«

»Wir werden unser Bestes tun!«

In den Kriegsberichten des GEOGRAPHIC wurden nur wenige Unglücksfälle erwähnt. Aus einer Entfernung von Tausenden von Meilen wurde der Tod zu etwas Abstraktem. Einer der lebendigsten Artikel während des Zweiten Weltkriegs war jener von Leutnant Benjamin C. McCartney über seine Besuche in Florenz. Nachdem er vor dem Krieg in dieser Stadt studiert hatte, kehrte er nun als Bombenschütze im Rumpf einer B-26 über dem Verschiebebahnhof von Florenz zurück:

Die Waggons und die Schienen waren jetzt ganz nah unter dem absolut schwarzen Fadenkreuz – alles Güterwaggons, das sah ich. Dann, während ich immer noch das Fadenkreuz beobachtete, das gleichmäßig und langsam über einem Güterwaggon schwebte, fühlte ich, wie der Rumpf hüpfte, und drückte auf den Mikrofonknopf. »Bomben abgeworfen! Bomben abgeworfen! Bombenschachttüren schließen sich...«

Weit vorn fallen die Bomben in trägen, widerstrebenden Ketten; überall schlossen sich die Bombenschachttüren unter den Bäuchen der Flugzeuge. Unter mir fielen nun die von mir abgeworfenen Bomben, fett und gelblich...

Alle Bomben schlingerten unter uns entlang, drehten sich leicht, hielten mit uns Schritt, richteten sich dann vertikal auf und stürzten rasch in die Tiefe, bis ich sie aus den Augen verlor... Auf dem Bahnhof sah man bereits auf halber Höhe braune Rauchschwaden, verursacht durch die Bomben, die die Flugzeuge der anderen Staffel abgeworfen hatten. Ich wartete, während wir über den Bahnhof flogen, und dann sah ich plötzlich das Auftreffen und schwarze Aufspritzen meiner eigenen Bomben zwischen den Eisenbahnwaggons. Heftig drückte ich den Mikrofonknopf. »Wir haben ihn getroffen! Wir haben ihn getroffen! Wir haben ihn mitten im Zentrum erwischt!«

Einen Tag nach Erhalt des Manuskripts meldete das GEOGRAPHIC, dass das Kriegsministerium den Tod von Leutnant McCartney bekannt gegeben hatte. Bei einem Folgeangriff war sein B-26-Bomber über einer italienischen Eisenbahnbrücke von feindlicher Flak getroffen worden. Plötzlich war der Tod dazwischengekommen.

◀ *Der Bau der Berliner Mauer wurde am 12. August 1961 von ostdeutschen Truppen und Volkspolizei begonnen, um »revanchistische Politiker und Agenten des westdeutschen Militarismus« auszusperren. Nun wurden die Ost-Berliner eingeschlossen und Millionen abgehalten, ihre Freiheit im Westen zu suchen.*

Gegenüber: Syrien 1972. »Schäfer und Soldat zugleich, bewacht ein Israeli seine Herde auf den besetzten Golan-Höhen, einen Gewehrschuss von syrischen Heckenschützen entfernt.« Aus »Israel – Der Siebte Tag« in der Ausgabe vom Dezember 1972

Am 24. Juni 1948 sperrten die Sowjets alle Land- und Wasserwege, die von Westen nach Berlin führen. Der Eiserne Vorhang war gefallen. Die Westmächte reagierten mit der Installierung der Berliner Luftbrücke. Zwischen dem 26. Juni 1948 und dem 30. September 1949 flogen amerikanische und britische Flugzeuge mit Versorgungsgütern über 20 000-mal in die belagerte Stadt. Über zwei Millionen Tonnen Ware wurde in dieser Zeit hineingebracht. Die Spannungen im Nachkriegs-Berlin spiegelten sich wider in Beiträgen wie »Was ich jenseits des Rheins erlebte« (Januar 1947), »Die Luftbrücke nach Berlin« (Mai 1949) und »Berlin, die Insel im sowjetischen Meer« (November 1951). Solche Artikel wurden aber offensichtlich im Geist politischer Entspannung geschrieben.

Gilbert H. Grosvenor und seine kartografische Abteilung erzielten einen glänzenden Erfolg, als der Artikel »Reisen in Korea südlich des Eisernen Vorhangs« – mit einer Karte der koreanischen Halbinsel – rechtzeitig im Juni 1950 erschien, dem Monat, in dem die nordkoreanischen Kommunisten ihren Angriff durch die entmilitarisierte Zone starteten, die die zwei Länder seit Ende des Zweiten Weltkriegs trennte. Die Berichterstattung über den Koreakrieg blieb der alten Schule treu: »Unsere Kriegsmarine im Fernen Osten« von Arthur W. Radford und »Der GI und die Kinder Koreas« von Robert H. Mosier.

Der Ungarnaufstand von 1956 wurde in »Flucht aus Ungarn in die Freiheit« mit Robert F. Sissons bewegenden Fotos von ungarischen Familien in österreichischen Flüchtlingslagern geschildert.

Am 12. August 1961 begannen ostdeutsche Truppen und Volkspolizei – mit der Begründung, dies würde »revanchistische Politiker und Agenten des westdeutschen Militarismus« von ihrem Territorium fernhalten –, das Denkmal kommunistischen Scheiterns, die Berliner Mauer, zu bauen. Es war an einem Samstagabend, erinnerte sich 1970 ein Berliner Freund des freien GEOGRAPHIC-Mitarbeiters Howard Sochurek:

> Dort drüben in Ost-Berlin gingen eine Million Menschen zu Bett, ohne zu ahnen, was ihnen bevorstand. Ich wette, dass viele von ihnen planten, aus dem kommunistischen Deutschland herauszukommen. Über drei Millionen Menschen waren bis dahin aus der Sowjetzone geflohen, und ihre Zahl stieg täglich um 2000. Man nahm einfach für zwanzig Pfennig den Zug zum Flüchtlingslager Marienfelde in West-Berlin, denn Bewegungsfreiheit war ja in den Protokollen der Alliierten und der UdSSR, die die Stadt beherrschten, garantiert worden.
>
> Am Sonntag rollten Panzer und Lastwagen mit ostdeutschen Truppen und Volkspolizei herein. Die Zugverbindungen nach dem Westen wurden unterbrochen, die Bahnhöfe versiegelt, und es begann der Bau der Mauer. Eine Million Menschen erwachten im Gefängnis...

Kurz darauf war Sochurek selbst im Gefängnis. Die Schilderung seiner Festnahme und die von Jürgen Toft, seines ostdeutschen Dolmetschers in Ost-Berlin, klingt auf erschreckende Weise vertraut:

> ... eines Abends, ungefähr um fünf Uhr, wurden Jürgen und ich verhaftet, als wir gerade auf der Elsen-Brücke standen – einer Brücke über die Spree.
>
> Ich hatte gerade den Sonnenuntergang auf dem Fluss und die Enten fotografiert, die wie wild paddelten, um einem vorbeifahrenden Kohlenkahn auszuweichen. Ich hatte gerade die Kameras eingepackt und wollte die Brücke verlassen, als ein Volkspolizist aus einem halb versteckten Wachposten unter der Brücke hervorkam und »Halt!« rief.
>
> Der uniformierte »Vopo« kam näher und sagte: »Geben Sie mir Ihre Ausweise!«
>
> Jürgen reichte ihm seinen Personalausweis, den jeder DDR-Bürger bei sich haben musste, und einen Brief des Reisebüros, in dem der Zweck meines Aufenthalts in Ost-Berlin erklärt wurde. Ich übergab ihm meinen amerikanischen

Pass mit allen ostdeutschen Visa und dem Stempel der polizeilichen Registrierung vom Tag meiner Ankunft.

»Sie haben gegen das Gesetz verstoßen«, sagte der Vopo. »Es ist verboten, diese Anlegestelle zu fotografieren. Es ist verboten, die Grenze zu fotografieren. Es ist verboten, den Bahnhof zu fotografieren.«

Auf der anderen Straßenseite tauchten in den Fenstern eines alten, sechsstöckigen Gebäudes nach und nach Gesichter auf. Sie starrten auf uns herunter – ungerührt und unpersönlich. Zwei Beamte in einem dunkelgrünen Wolga-Polizeiauto fuhren heran. Unser »Vopo« hatte sie offensichtlich herbefohlen, ehe er uns anhielt.

»Dieses Schreiben vom Reisebüro ist eine Fälschung«, sagte er kalt. Jürgen war sichtlich angespannt. Er wurde bleich. Er wandte sich zu mir um und sagte auf Englisch: »Jetzt wird es ernst.«

Einer der Polizisten griff sich unsere Ausweispapiere und nahm sie mit zu einer Telefonzelle. Wir warteten eine Stunde, bis ein Rückruf kam.

»Sie kommen mit.«

Jürgen und ich wurden angewiesen, im Fond des Polizeiautos Platz zu nehmen, und dann fuhr man mit uns fort.

Sochurek und sein Dolmetscher Toft wurden zu den Büros des Staatssicherheitsdienstes in einem Gebäude des ehemaligen SS-Hauptquartiers gebracht, dann ging es drei Treppenfluchten hinauf, unter riesigen Porträts des ehemaligen Staatsratsvorsitzenden Walter Ulbricht und Fahnen mit der Aufschrift »Fortschritt durch Arbeit für den Aufbau des Sozialismus«, bis zu einer Vorhalle, wo man sie mehrere Stunden festhielt. Schließlich wurden sie freigelassen mit der Entschuldigung, dass es etwas länger gedauert habe, mit den zuständigen Behörden Kontakt aufzunehmen, da die Verhaftung außerhalb der normalen Dienstzeit erfolgt sei.

Sochurek war für die Leser des Magazins kein Unbekannter; er hatte für das GEOGRAPHIC bereits einige der besten Storys über Vietnam geschrieben – darunter »Amerikanische Spezialeinheiten im Einsatz in Vietnam«, ein Beitrag über die Anfangsstadien einer Revolte von 3000 schwer bewaffneten Montagnard-Stammesangehörigen in fünf Lagern der Spezialeinheiten gegen die Republik Vietnam. Während er mit Captain Vernon Gillespie von den amerikanischen Spezialeinheiten in einen Krieg innerhalb des Krieges verwickelt war, schrieb Sochurek 1965:

> Ehrlich, wenn ich alles bedachte, raubte mir unsere Situation den letzten Nerv. Hier sind wir also, dachte ich, umzingelt von Vietcong, die nachts das Lager mit Granatwerfern und dem Feuer ihrer Heckenschützen unsicher machen. Doch damit nicht genug. Das Lager selbst kann gegen einen Großangriff nicht verteidigt werden. Es konnte jederzeit von einem ganzen Bataillon überrannt werden, ganz so, wie die Kommunisten es sich vorstellten – und wie sie es im Juli mit einem anderen Camp, das genauso war wie Gillespies, gemacht haben. Selbst das ist noch nicht alles. Das Lager wimmelt von bewaffneten Montagnards, die die Regierung von Süd-Vietnam und die vietnamesischen Offiziere an Ort und Stelle gleichermaßen ablehnen.
>
> Wie in einem Brennpunkt, dachte ich, sammelt sich in unserer Situation die ganze Komplexität des Problems, dem die Vereinigten Staaten in Vietnam gegenüberstehen.

Man vermutet nicht, dass im GEOGRAPHIC mit seiner langsamen, behäbigen, vorsichtigen und bewährten Art zu publizieren auch kontroverse Kriegsberichte auftauchen könnten. Doch wurden die ersten veröffentlichten Fotos von bewaffneten amerikanischen Soldaten, die in Vietnam kämpften, in Dick Chapelles Artikel »Hubschrauberkrieg in Süd-Vietnam« publiziert. Dieser Beitrag erschien im November 1962, in dem Jahr, als Präsident John F. Kennedy verkündete, dass U.S.-Berater schießen würden, wenn auf sie geschossen würde – im gleichen Jahr wurde Amerikas Aufmerksamkeit nicht auf Vietnam, sondern auf die Kubakrise gelenkt.

Gegenüber: Saudi-Arabien, 1980. »Die Mittagszeit versammelt Prinzen und Untertanen zum Gebet« begann die Bildunterschrift zu dieser Aufnahme von Wachen, die ihre Waffen niederlegen und mit Bittstellern zusammen niederknien neben Prinz Salman Ibn Abdulaziz, dem Gouverneur von Riad und Mitglied der Familie von Al Saud, die das Königreich Saudi-Arabien seit seiner Gründung im Jahr 1932 regiert. Aus »Saudi-Arabien: Das Königreich und seine Macht« in der September-Ausgabe 1980

Dennoch waren W. E. Garrett und Peter F. White sogar noch ein Jahr vor Dickey Chapelles Artikel nach Vietnam gegangen. Ihr Bericht »Süd-Vietnam bekämpft die Rote Flut«, der drei Jahre bevor der Kongress die Golf-von-Tonking-Resolution verabschiedete – die dem Präsidenten die Generalvollmacht für die Ausweitung des Krieges in Vietnam gab – und vier Jahre vor dem umfassenden Engagement amerikanischer Truppen erschien, warnte in grausiger Eindringlichkeit vor den bevorstehenden Entwicklungen. Während Garretts Fotos größtenteils die konventionelle Vielfalt eines Reiseberichts boten – Tet-Feste, Tempel, Hafenleben, Radfahrer –, war Whites Text von schonungsloser Offenheit. Er schrieb von der zunehmenden Stärke der Vietcong: »Ruhig und unbarmherzig – kaum dass die Welt es bemerkte – geriet das reiche Land im Süden immer tiefer in einen gewollt grausamen Bürgerkrieg…«

Whites vorausschauende Bewertung des Konflikts wurde in den abschließenden Passagen seines Artikels deutlich, in denen er auf Amerikas zunehmende Verstrickung und die Aussichtslosigkeit solcher Unternehmungen hinwies. »Sie haben ohne Zweifel die Vietcong getroffen«, sagt ein südvietnamesischer Freund zu White:

> »Sie kennen bestimmt einen Liftboy oder einen Ladenbesitzer oder einen Fahrer für die MAAG. Sie sind überall. Durch Überreden oder durch Drohungen kassieren sie ›Steuern‹, sogar in Saigon. Sie schreiben eine Quittung. Wenn die jemand zum Polizeirevier bringt, töten ihn die Vietcong. Wenn die Polizei ihn damit erwischt, landet er vielleicht in einem Umerziehungslager.«
>
> Ich fragte: »Was wird aus Vietnam werden?«
>
> »Ich hoffe auf ein Wunder, das uns rettet«, sagte er. »Andernfalls werden die Vietcong stärker werden. Werden die Amerikaner abziehen? Vielleicht werden sie ihre eigenen Soldaten kämpfen lassen. Aber wieso sollten sie es in den Sümpfen und Urwäldern besser machen als die Franzosen?« Und was ist mit meinen sechs Mädchen und den eifrigen Kadetten? [White fragte nach den sechs jungen Frauen, die er bei der Vietnamese-American Association kennengelernt hatte, und den Kadetten, mit denen er in einer südvietnamesischen Militärakademie gesprochen hatte.]
>
> »Einige werden sterben, einige entkommen. Aber die meisten werden bleiben und versuchen müssen zurechtzukommen. Eines Tages werden Sie diesen Jungs vielleicht an einem Konferenztisch begegnen. Oder auf dem Schlachtfeld. Wie unsere alten Lehrmeister schon sagten: Der Mensch wird gut geboren, aber das Leben macht ihn schlecht.«

Man schätzt, dass zwischen dem 4. August 1964 und dem 27. Januar 1973 annähernd 8 744 000 Amerikaner in Vietnam gekämpft haben. Trotzdem kapitulierte Süd-Vietnam am 30. April 1975 vor den Kommunisten.

Währenddessen gab es jedoch – und wird es auch weiter geben – andere Kriege: Kriege zwischen Israel und den arabischen Staaten, zwischen Indien und Pakistan, Iran und Irak, der Sowjetunion und Afghanistan. Gewalt gab es auch in Nordirland, Mittelamerika und im Fernen Osten, wo ängstliche Flüchtlinge in abgerissener Kleidung vor dem mörderischen Krieg in Kambodscha flohen, in dem schätzungsweise ein bis drei Millionen Menschen getötet wurden. Über die Schrecken in Kambodscha berichteten unter anderen auch Garretts Artikel »Thailand: Zuflucht vor dem Terror« vom Mai 1980 und Whites Beitrag »Kambodscha erwacht aus einem Alptraum« im Mai 1982. Im Lauf der Jahre wandten sich die Journalisten und Fotografen des GEOGRAPHIC immer wieder dem Nahen Osten zu. Joseph Judges Artikel »Israel – Der Siebte Tag« erschien im Dezember 1972 – und zitierte einen Gastwirt in Jerusalem, der sagte: »Ich bin nicht tief religiös. Während meiner Jugendzeit in Wien erzählte mir mein Vater an jedem Feiertag von den Juden, die gerade ermordet, vertrieben oder niedergemetzelt worden waren. An jedem Feiertag wurde eine Tragödie gefeiert. Ich sagte mir, ›diese Religion ist eine gefährliche Sache!‹« Einige Tage später spricht Judge mit einem jungen Drusenführer, der ihm erzählt: »An einem gewissen Punkt muss man sich sagen, dass man nicht ewig hassen kann.«

Gegenüber: Iran, 1984. »Der Ayatollah spricht… Und die Männer hören zu, gehen an die Front und sterben den Märtyrertod – oder kehren zurück, viele mit schrecklichen Verwundungen durch Minen oder Granatsplitter. Rehabilitationszentren sind mit Schienen und Beinprothesen gut ausgerüstet. Dieses Zentrum war einst der Wohnsitz eines der Generäle des Schah, dessen Gemälde aus den Rahmen gerissen und durch andere ersetzt wurden wie hier durch ein Bildnis Khomeinis und das Gedicht eines schiitischen Mystikers, der ein Leben für Allah propagierte. Aus »Iran unter dem Ayatollah« in der Juli-Nummer 1985

Links: Süd-Vietnam, 1968. Von Bord eines Sampans, der von einem amerikanischen Patrouillenboot abgefangen wurde (auf der Suche nach Vietcong und Konterbande im Delta, bevor um sieben Uhr morgens die Sperrstunde, die jeglichen Flussverkehr verbot, zu Ende ging), bittet eine vietnamesische Mutter über einen Dolmetscher um Hilfe für ihr krankes Baby. Die Männer halfen so gut sie konnten mit dem Verbandskasten des Bootes und fuhren dann weiter. Aus »Der Mekong, Fluss des Terrors und der Hoffnung« in der Ausgabe vom Dezember 1968. Einige der ersten veröffentlichten Fotos von bewaffneten amerikanischen Soldaten, die in Vietnam kämpften, erschienen in Dickey Chapelles Bericht »Hubschrauberkrieg in Süd-Vietnam« im November 1962 im GEOGRAPHIC – in dem Jahr, als Amerikas Aufmerksamkeit nicht auf Vietnam, sondern auf die Kubakrise gerichtet war. Chapelle kam 1965 in Vietnam ums Leben.

Folgende Seiten: Tag der Veteranen, 1984. Ein Veteran, der oberhalb des Mahnmals in Washington D. C. steht, bläst einen Salut für seine gefallenen Kameraden. In die polierte schwarze Granitwand sind die Namen der Männer und Frauen eingraviert, die im längsten Krieg Amerikas ihr Leben ließen. Aus »Das Mahnmal der Vietnamveteranen: Amerika erinnert sich« in der Mai-Nummer 1985

GREGORY M ASHFORD • BILLIE D DUART • CHARLES T GILLEY • WARREN D HOLEMAN • JOEL K KAMALOLO
BOBBY F LIMERICK • DANIEL A BRANCHEAU • GEORGE A CHAPMAN • KENNETH R GULLETT • RODNEY C HARSCH
JOHN P HOFFMAN • CURTIS C KASTLER • RODOLFO VALDEZ • ROBERT N VENNIK • ROBERT F GARTNER
ROBERT A BEAVERS • WILLARD J BOUCHARD Jr • FRANK L BROWNING • DENNIS BUCKLEW • STEPHEN L GARI
EUGENE GRIFFIN • CURTIS L NELSON • RONALD S SHEPHERD • ALLAN L HARRIS • OSCAR B WILLIAMS
TERRY M HAMMOND • HAROLD C HUNTER III • DONALD N PENSYL • SAMUEL O SMALL • ROBERT L WEISSER
FREDERIC C SAUNDERS Jr • EDWARD M GARCIA • LARRY J KLUEVER • JOHN P QUINN Jr • ARTHUR TOMASCHEK
HIGINIO RODRIGUEZ TORRES • GERALD A DAVIS • GORDON L KIMMEL • RICHARD RUSS Jr • MARION H STANLEY
WILLIAM K AUSTIN • JOHN F WEBB • JOSE ENRIQUE ZAYAS • JAMES A MARESH • BERNARD G J DILLENSEGER
ROBERT E WOODS • JOHN H BATTLE • MARTIN W GRONBORG Jr • EDWARD L HARRIS • JAMES P PETTIGREW
THOMAS E SWEINSBERGER • ALAN R HINZPETER • RONNIE S MARSHALL • BRUCE A CANNON • JIMMIE D HINTON
CLIFFORD L BYRD • CLAUDE L COX • ROBERT J ELLIOTT • WAYNE C ROCHOWICZ • JOHN A SERVICE
DONALD E SMITH • RAYMOND W CULVER • CHARLES C SNIDER Jr • LEROY J CORNWELL III • ANDREW IVAN Jr
JOE COOPER • MICHAEL J KILDUFF • ALEJANDRO MAKINTAYA • ALFRED J TUTTLE • WALTER C HARRISON Jr
ROBERT L GROOMS • ANTHONY L RYCKAERT • CHARLES D CASERIO • ROBERT G FORTIN • GEORGE R MORRISON
ROYSE W REHWALD • DON R GILBRETH • STANLEY R RHODES • HEINZ K ROESCH • DIETER J FISER
GEORGE A FLOYD • JOSEPH R YOUNG • GEORGE W BOULWARE • DONALD E LARUE Jr • JOHN W LAWRENCE Jr
PAUL J LUECKING • LYNN M MORGAN • JOHN SENECHEK • JAMES A WELLS • ELBERT A WELSH • GARY W BUTLER
MIGUEL A BYNOF • LARRY D EHLERS • HERSHEL D CUDE Jr • KENNETH E JONES • GERALD V VAN WINKLE
LYNN JONES • FREDRICK A THACKER • GERALD F VILAS • RUEBEN T ARAGON • ARNOLD W BARDEN Jr
IRA C BRANK • LAWRENCE L COVER • HAROLD E COWEN • DUANE G FORGETTE • LAWRENCE B FORRESTER

1959
IN HONOR OF THE MEN AND WOMEN OF THE ARMED FORCES OF THE UNITED STATES WHO SERVED IN THE VIETNAM WAR. THE NAMES OF THOSE WHO GAVE THEIR LIVES AND OF THOSE WHO REMAIN MISSING ARE INSCRIBED IN THE ORDER THEY WERE TAKEN FROM US.

Nicaragua, 1985. »Normalerweise stirbt im Guerillakrieg jeder für sich …« begann die Bildunterschrift zu diesem Foto im GEOGRAPHIC vom Dezember 1985. (»Nicaragua: Eine Nation im Konflikt«.) Weiter hieß es: »Im letzten Juli ging Fotograf Jim Nachtwey auf Patrouille mit einer von mehren Sonderbataillonen gegen die Sandinisten, die den kämpfenden Contras im Norden verpflichtet waren. Unweit von San José de Bocay überraschte seine Gruppe von 200 Mann ungefähr 300 Rebellen, schaffte Geschütze herbei und griff an … Als die Kugeln flogen, lag ein Soldat (rechts) im Sterben, das einzige Opfer der Sandinisten. Nachtwey, ein erfahrener Fotograf, der über Kämpfe von Nordirland bis El Salvador berichtet hatte, sagt über seine Arbeit: ›Es wird nie einfacher. Es wird immer nur schwieriger.‹«

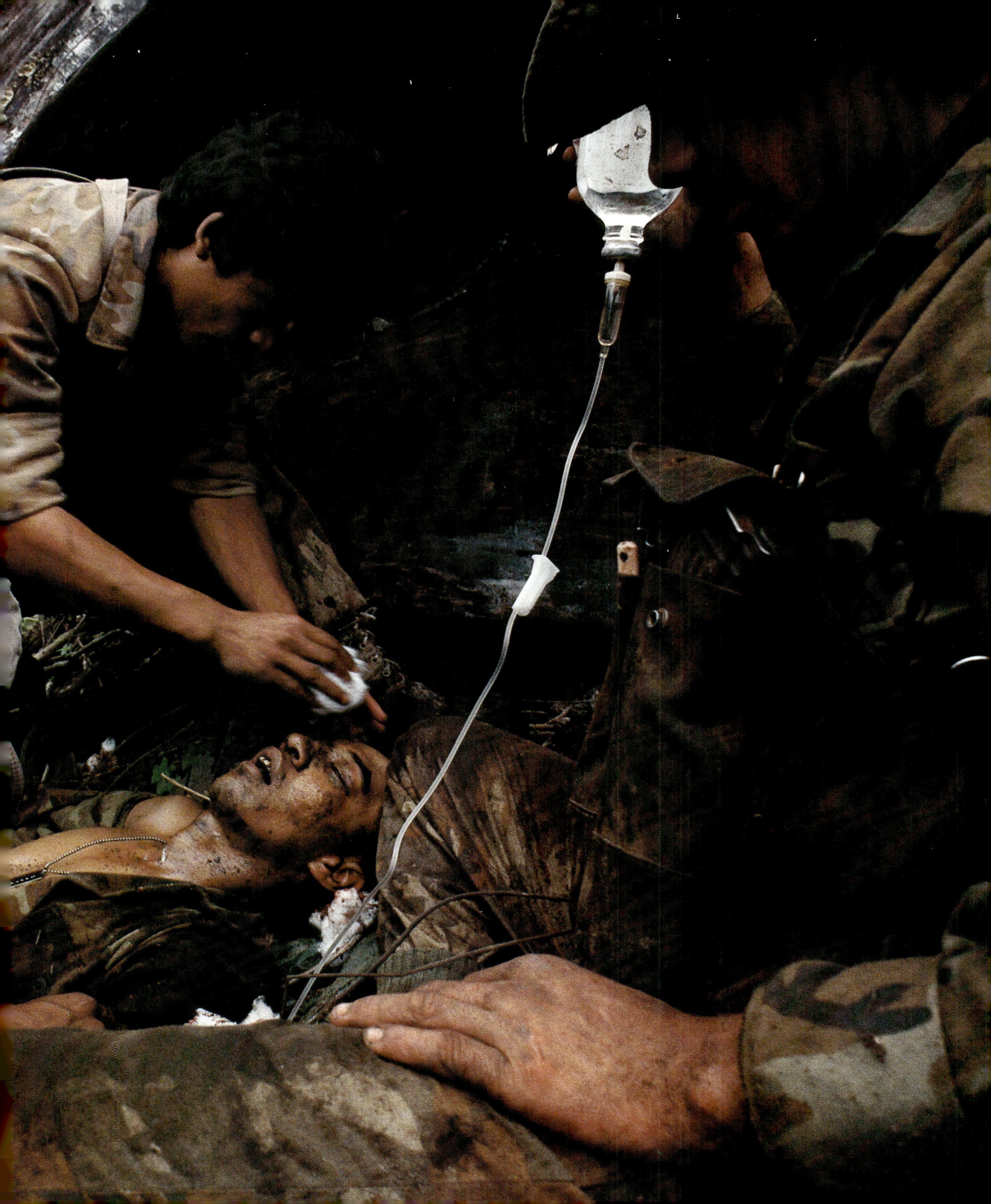

Oben: Afghanistan, 1985. »›Die Hubschrauber schwebten in der Luft und suchten sich ihre Ziele heraus‹, sagte Jalad Khan. Durch zahlreiche Salven hatten die sowjetischen Hubschrauber Khans Dorf Doubandi zerstört, das etwa 50 Kilometer von der Grenze zu Pakistan entfernt liegt. Die Grenzdörfer dienten den Freiheitskämpfern als Unterschlupf und wurden daher in zunehmendem Maße zum Ziel von Luftangriffen.« Aus »Entlang der vom Krieg erschütterten Grenze Afghanistans« in der Ausgabe vom Juni 1985

Gegenüber: Afghanistan, 1985. Die Schrecken des Kriegs spiegeln sich in dem gehetzten Blick dieses jungen Mädchens wider, das aus ihrem Heimatland geflohen ist, um in einem Flüchtlingslager in Pakistan Schutz zu suchen. Aus »Entlang der vom Krieg erschütterten Grenze Afghanistans« in der Ausgabe vom Juni 1985

Die Geschichte des Nahen Ostens ist voll von solchen Lehren, die nicht befolgt wurden. John J. Putman fragte im Oktober 1975 in seinem Artikel »Die arabische Welt G.m.b.H.«: »Wer sind diese Araber mit ihrem Ölreichtum, und was machen sie mit all ihrem Geld?« Die Antwort gab Robert Azzi in seinem Artikel vom September 1980 »Saudi-Arabien: Das Königreich und seine Macht« mit dem Untertitel »Der gewaltige Zustrom von Reichtum verursacht im Königreich der Saudis ... einen heftigen Zusammenstoß zwischen Tradition und Wandel«. Azzis Artikel begann mit der ergreifenden Selbstdarstellung eines saudischen Regierungsbeamten: »In Ihren Worten bin ich ein Erfolgsmensch«, erzählt er dem Autor:

> »Ein Symbol für alle Möglichkeiten Saudi-Arabiens – ein barfüßiger Beduine aus der kargen Wüste geht in die USA, um sein Glück und den Ph.D. zu machen.
>
> Sie irren sich.
>
> Manchmal denke ich, dass ich der größte Versager auf der Welt bin. Ich, Faisal ... Saffuk al-Bashir aus dem Al Sabaa-Stamm wurde dazu erzogen, der nächste Stammeshäuptling zu werden. Das haben sie von mir erwartet, und ich habe sie im Stich gelassen. Wissen Sie, dass ich elf Tage brauchte, um meine Familie zu finden, als ich zum ersten Mal wieder aus den USA zurückkam? Elf Tage verbrachte ich in einem kleinen Hotel und versuchte, einige tausend Beduinen irgendwo in der Wüste zu finden.
>
> Was bin ich jetzt? Ein Technokrat – der stellvertretende Minister für Planung, der versucht herauszufinden, wie er am besten ein Fünfjahrplan-Budget von 236 Milliarden Dollar ausgeben kann. Dollars, die lediglich das Verschwinden der Nomaden beschleunigen werden. Ich handle gegen die Kräfte, die mich geschaffen haben.«

Nicht alle Konflikte sind durch Waffen bedingt.

Die Probleme im Libanon bestehen weiter. William S. Ellis, der schüchterne Autor des GEOGRAPHIC, dessen Artikel von 1977 »Südafrikas einsames Martyrium« einen solchen Sturm entfachte, schrieb 1969 in Beirut »Der Libanon, das kleine biblische Land im Kreuzfeuer der Geschichte«.

»George Mobley war der Fotograf«, erinnerte sich Ellis. »Wir nahmen am Begräbnis eines Palästinensers teil [Ein arabisches Kommando hatte ihn vorher in einem Gefecht nahe der israelischen Grenze getötet], als sich plötzlich tausende zorniger Palästinenser, die um mich herum standen, George Mobley zuwandten und schrien: »Ergreift den Amerikaner! Ergreift den Amerikaner!« Mobley war auf einen Dachfirst gesprungen, um der rasenden Menge zu entkommen. Er sah auf mich herunter und schrie: »Tu doch was! Tu doch was!«

»Ich tat es«, sagte Ellis lächelnd. »Ich schrie: ›Ergreift den Amerikaner!‹«

Da Fotografen meist die falsche Art von Aufmerksamkeit auf sich lenkten, hielt sich Ellis von ihnen fern, wann immer es möglich war. Aber 13 Jahre nach seiner Story »Das kleine biblische Land im Kreuzfeuer der Geschichte« war Ellis wieder in Beirut, wo, wie er sagte, »etwas passierte, das mich umdenken ließ. Steve McCurry – ein freier Fotograf – und ich arbeiteten in Beirut zusammen, und wir fuhren in Richtung Süden aus der Stadt, als Steve sagte, er müsse mal telefonieren. Also hielten wir an und gingen in ein Hotel, um das dortige Telefon zu benutzen. Und dann ging dort, wo wir gewesen wären, wenn wir nicht angehalten hätten, um zu telefonieren, eine riesige Autobombe hoch. Zu dem Zeitpunkt wären wir genau an der betreffenden Stelle gewesen. Deshalb habe ich seitdem gegenüber Fotografen eine etwas andere Einstellung.«

Wenn man die Fotos in diesem Kapitel betrachtet, kann man nicht umhin, auch über die Fotografen des GEOGRAPHIC ein bisschen anders zu denken. Es gibt darunter keine »Lächeln-und-auf-den-Berg-zeigen«-Fotos, keine »Rothemden«, keine bemalten Eingeborenen, keine putzigen kleinen Tiere und sagenhaften Sonnenuntergänge. Es wird nur das Antlitz des Krieges gezeigt, sei es in den Gefühlen einer trauernden Mutter am Vietnam-Mahnmal, durch das Bild einer Bambushütte oder eines gehetzten, jungen afghanischen Flüchtlings.

1950–1957

Die Rothemd-Schule der Fotografie

»... dass sie auf diese Forschungsreisen gingen und alle in Khaki waren, weil das die Farbe der Felduniformen ist. Und dann kamen sie zurück mit den langweiligsten Fotos, die du je gesehen hast! Du konntest sie redaktionell nicht verwenden, weil sie keine Farbe hatten. Deshalb beschlossen wir, die Leute farbenfrohe Hemden tragen zu lassen ...«

Melville Bell Grosvenor über die Entstehung der »Rothemd-Schule in der Fotografie«

Die Fünfzigerjahre waren die Dekade der Atomschutzbunker, der sowjetischen Expansionspolitik, der Einlagerung von Atomwaffen und der Angst vor kommunistischen Umstürzen. Im August 1953, neun Monate nachdem die Vereinigten Staaten ihre erste Wasserstoffbombe gezündet und Enewetak auf den Marshall-Inseln im Südpazifik vernichtet hatten, brachte die Sowjetunion ihre erste H-Bombe in Sibirien zur Explosion. Inzwischen war Dwight D. Eisenhower Nachfolger von Präsident Harry S. Truman geworden. Es war die Zeit der Hearings von Senator Estes Kefauvers Sonderausschuss zur Untersuchung von Verbrechen; und im Fernsehen verfolgte eine faszinierte Nation die verkrampften Hände des Gangsters Frank Costello. Es war auch die Zeit der Übertragungen der Armee-McCarthy-Hearings, bei denen der Bostoner Rechtsanwalt Joseph Welch Joseph McCarthy gegenüberstand, dem Kommunistenjäger und republikanischen Senator aus Wisconsin. Was eine Publikation als »vierjährige Orgie der Hysterie und des Rufmordes« bezeichnete, ging zu Ende, als McCarthy versuchte, den Namen eines jungen Mannes in Welchs Kanzlei in den Schmutz zu ziehen, und Welch erwiderte: »Bis zu diesem Augenblick, Senator, glaube ich, dass ich mir über Ihre Grausamkeit und Ihre Rücksichtslosigkeit nie wirklich ein Urteil erlaubt habe ... Lassen Sie uns diesen Burschen nicht länger hinmorden, Senator. Sie haben genug angerichtet. Haben Sie denn am Ende kein Gefühl für Anstand, Sir? Haben Sie denn gar kein Gefühl für Anstand mehr?«

Es war das Jahrzehnt von Elvis Presley, des Rock 'n' Roll, von Peggy Lee, die »Fever« sang, von Rosemary Clooneys »Come On-a My House« und Dick Clarks »American Bandstand«. Es war das Jahrzehnt der Davy-Crockett-Hüte, der UFOs, des Hoolahoopreifens, der »paint-by-number kits« des »Letzten Abendmahls« und des Ausprobierens, wie viele Leute in Telefonzellen und Volkswagen gestopft werden konnten. Es war das Jahrzehnt, in dem die Eltern des Nachkriegsbabybooms in Scharen aus der City in die Vorstädte zogen (allein 1950 wurden 1 396 000 neue Häuser gebaut, und die ehemalige Kartoffelfarm auf Long Island wurde 1951 eine Gemeinde mit 17 447 Häusern, Levittown genannt). Es war das Jahrzehnt der Broadway-Erfolgsmusicals wie *Westside Story, My Fair Lady* und *The Music Man*, und der Bücher *Die Caine war ihr Schicksal, Verdammt in alle Ewigkeit, Die Leute von Peyton Place* und *Der Fänger im Roggen*. Es war die Zeit, als Hollywood im Kampf gegen den verheerenden Einfluss des Fernsehens verkündete: »Kinofilme sind besser denn je«, und dies mit Filmen wie *Zwölf Uhr mittags, African Queen* und *Der Mann mit dem goldenen Arm* bewies. Es war jedoch das »ausländische Kin-

Vorangehende Seiten: »Filme und Autos, zwei feste Bestandteile amerikanischen Lebens, die etwa um die gleiche Zeit geboren wurden und aufwuchsen, treffen sich schließlich im Autokino... Charlton Heston [in: »Die Zehn Gebote« (1956)] breitet als Moses die Arme aus vor dem Abendhimmel von Salt Lake City in Utah.«Aus Wir Amerikaner, *einer Buchveröffentlichung der National Geographic Society 1975* topp«, das die akademische Welt im Sturm eroberte – durch Filme wie *Sie küssten und sie schlugen ihn, La Strada, Das Siebte Siegel, Einmal Millionär sein, Rashomon, Die Ferien des Monsieur Hulot, Hiroshima Mon Amour, Außer Atem* und *Und ewig lockt das Weib* mit Brigitte Bardot.

1950 war Gilbert Hovey Grosvenor 30 Jahre Präsident der National Geographic Society und 51 Jahre zuerst Assistant Editor, dann Herausgeber ihres Magazins gewesen. Er war nun 75 Jahre alt. Seine rechte Hand, John Oliver La Gorce, für viele Jahre Associate Editor des Magazins und Vice President der Gesellschaft, war 71 Jahre alt. Franklin L. Fisher, der Chef der Bildredaktion, war 65. J. R. Hildebrand, der Rangdritte unter den Editors und Veteran der Gesellschaft seit 31 Jahren, war 62. Maynard Owen Williams, der Chef der Auslandsabteilung, war 61. Texte wie »Awopbopaloobop – alopbamboom! Tutti-Frutti! All rootie!« waren in den Korridoren der Gesellschaft nicht zu hören. Auch Bermudashorts waren in der Damenabteilung der Cafeteria nicht zu sehen, und jene Sorte von ehrgeizigen jungen Leuten, die man in einer Organisation von der Größe des GEOGRAPHIC vermuten könnte, mussten erst noch eingestellt werden. Dennoch spiegelte das Magazin immer noch einige der Kräfte wider, die in der Welt außerhalb der schweren Messingtüren der Gesellschaft am Werk waren. »Reisen in Südkorea südlich des Eisernen Vorhangs«, ein 32 Seiten langer Artikel von Enzo de Chetelat wurde im Juni 1950 veröffentlicht:

> Stellen Sie sich vor, die Vereinigten Staaten seien durch eine Grenze von Ost nach West ungefähr auf der geographischen Breite von San Francisco in Nord und Süd getrennt, mit einem kommunistischen Vorhang über dem Norden und Guerillaüberfällen im Süden. Dann haben Sie eine ungefähre Vorstellung von den Schwierigkeiten, denen sich Korea gegenübersieht.

Diese Ausgabe erhielten die Mitglieder der Gesellschaft, als am 25. Juni die Nordkoreaner in einer massiven Invasion den Süden angriffen und im nächsten Monat fast die gesamte koreanische Halbinsel besetzt hatten. Zum zweiten Mal innerhalb von fünf Jahren war Amerika in einen Krieg verwickelt.

Die Oktober-Nummer von 1950 brachte »Blick auf die Erde aus 128 Kilometern Höhe«, einen Artikel über die Tests mit erbeuteten deutschen V-2-Raketen in den White Sands (Neu-Mexiko), als noch nichts von den Erschütterungen zu spüren war, die die Gemeinde der Naturwissenschaftler sieben Jahre später erlebte, als die Sowjetunion ihren 92 kg schweren Sputnik abschossen. Die Ausgabe enthielt auch »Kämpfe in Indochina«, einen von 20 Artikeln, die in den nächsten drei Jahrzehnten über Vietnam erschienen. Der Koreakrieg wurde erneut in Robert H. Mosiers »Der GI und die Kinder Koreas« aufgegriffen, einem Artikel vom Mai 1953 mit dem Untertitel »Amerikas kämpfende Männer teilen Nahrung, Kleidung und Unterkunft mit den Kindern eines vom Krieg erschütterten Landes«. Er handelte hauptsächlich von der rührenden Beziehung zwischen einem Sergeanten des Marinecorps und seinem mutigen Hausboy Kim,

> dessen Vater getötet wurde, als sein Zuhause ausgebombt wurde. Auf der Suche nach Arbeit oder Essen oder beidem war er zur Front gewandert. Man hat ihn viel herumgestoßen, aber er zeigte immer ein Lächeln, das aussah, als sei es festgewachsen.

»Nevada lernt, mit dem Atom zu leben«, einer der aufregendsten Artikel in den Fünfzigerjahren, formulierte die Hauptsorge der Nation: Die Bedrohung durch den Atomkrieg. Trotz der im Titel anklingenden Resignation und dem Optimismus des Untertitels »Während Explosionen Zivilisten und Soldaten lehren, im Atomkrieg zu überleben, bewältigt der Bundesstaat mit seiner kargen Landschaft die spektakulären Tests ohne Schwierigkeiten« liefert der Text einen lebendigen Augenzeugenbericht über einen Atomtest mit ähnlich starker Sprengkraft wie die Bomben, die fast acht Jahre zuvor auf Hiroshima und Nagasaki abgeworfen worden waren.

Oben: Während der zahlreichen Übertragungen der McCarthy-Anhörungen, die im April 1954 begannen, wurde die Bedeutung des Fernsehens als neue soziale Kraft sichtbar. Damals teilten Millionen von Menschen die Abscheu des U.S.-Army-Anwalts Joseph Welch vor den schmutzigen Taktiken des republikanischen Senators Joseph R. McCarthy aus Wisconsin, der hier zwei Mikrofone abdeckt, als sein Assistent Roy Cohn ihm etwas zuflüstert.

Rechts: Am 9. März 1954 trug der kritische Bericht des CBS-Fernsehjournalisten Edward R. Murrow über McCarthys antikommunistische Taktiken dazu bei, den Sturz von McCarthy herbeizuführen. Der Senator aus Wisconsin bezeichnete Murrow später als »den schlauesten von diesem Pack von Helfershelfern«.

Samuel W. Matthews, der Autor des Artikels, war zwei Jahre vorher zur Gesellschaft gekommen und arbeitete im Nachrichtendienst, als F. Barrows Colton, der Wissenschaftsredakteur, der ursprünglich mit dem Artikel beauftragt war, krank wurde. Matthews bekam den Auftrag und ging als einer von 20 Medienvertretern in die Wüste, um 850 Soldaten und ca. 600 Offiziere und Beobachter in schmale, mit Sandsäcken gesäumte, 60 Zentimeter breite und 1,5 Meter tiefe Deckungsgräben zu begleiten, die mit Teerpappe, Hühnerdraht und Holzbalken verstärkt waren. Sie waren »doppelt so dicht an der bevorstehenden Explosion wie jemals Menschen zuvor«. Die »zitternden 20« Nachrichtenleute erhielten auch den Spitznamen »Männer der Vernichtung«.

»Guten Morgen, meine Herren«, dröhnte die Stimme des Armeesprechers aus den Lautsprechern in die Wüste von Nevada, als sich die zerklüfteten Berge im Osten gegen den ersten blassgrünen Streifen der Morgendämmerung abhoben. »Willkommen in Yucca Flat, dem Tal, wo die großen Pilze wachsen ...« Zwei Minuten vor der Explosion wurde ihnen befohlen: »Knien Sie sich in Ihrem Graben nieder. Sehen Sie nach unten und klammern Sie sich an die Frontwand«, schrieb Matthews. Dann

> glänzte drei Kilometer in der Ebene entfernt ein helles, weißes Licht an der Spitze des 90 Meter hohen Turms. Zu diesem Zeitpunkt war die 22. Atomexplosion innerhalb der Vereinigten Staaten nur noch 100 Sekunden entfernt.
>
> »Mir macht es nichts aus, es zuzugeben«, sagte plötzlich eine dunkle Gestalt neben mir in die Dunkelheit. »Ich habe Angst ...«
>
> Die Sirene heulte direkt hinter uns. Wir knieten mit gesenkten Köpfen im Staub, die Muskeln angespannt...
>
> »H-minus 20 Sekunden.« Ich holte tief Luft. Der Countdown in Sekunden begann.
>
> »Null minus zehn ... neun ... acht ... sieben ... sechs ... fünf ... vier ... drei ... zwei ... eins –«
>
> Die fast schwarze Nacht im Graben verwandelte sich plötzlich in blendenden, schneeweißen Mittag. Es war unmöglich, nicht zu blinzeln. Sandkörner wurden schlagartig ganz genau sichtbar und verschwanden dann in der Helligkeit, als sei ein riesiger Suchscheinwerfer genau an meinem Hinterkopf eingeschaltet worden.
>
> Durch die geschlossenen Lider wurde die Welt orangefarben und im Bruchteil einer Sekunde später blutrot. Es gab kein Geräusch, der Blitz kam und ging vollkommen lautlos. Ich öffnete die Augen und erblickte einen Sergeant, der, zu einer Kugel zusammengekrümmt, sein Gesicht in staunender Bewunderung erhoben hatte.
>
> Unter uns bebte die Erde. Es schien, als rüttele eine riesige Hand an den Gräben, werfe sie von einer Seite zur anderen, hebe sie an, schüttele sie – dann war alles wieder ruhig. Immer noch kein Laut. Wie lange noch?
>
> Wie ein Donnerschlag kam die Druckwelle direkt über uns. Augenblicklich, massiv wie ein physischer Schlag, fiel der Schall auf uns herab. Der Graben schien krampfartig zu zucken.
>
> Ein Schwall von Sand, Staub und Gestrüpp fegte über die Öffnung über uns und war verschwunden.
>
> »Sie können aufstehen und sich umsehen«, hörte ich durch das Dröhnen in meinen Ohren.
>
> Dicker brauner Staub bedeckte die Wüste wie aufwallender Nebel. Über uns stieg der atomare Feuerball in den Himmel, eine gigantische, schwarz-orangene Kugel mit züngelnden Flammen in wogendem Ruß.
>
> Hinter ihr erhob sich eine graue, leicht bräunlich getönte Säule. Dann wurde das Feuer schwächer, und irgendwo in der massigen Wolke wurde Farbe in Pastelltönen vergossen. Der sich ausbreitende Pilz wurde hellrosa. Purpur verfärbte sich zu Lavendelblau, Orange zu staubigem Rosa, und die Farbschattie-

Während der beliebten TV-Quizshow »What's My Line« scherzen die Teilnehmer Dorothy Kilgallen, Steve Allen, Arlene Francis und Bennet Cerf mit Moderator John Daly. Die Fotos auf diesen beiden Seiten sind dem Buch Wir Amerikaner *entnommen.*

Ganz rechts: GEOGRAPHIC-Mitarbeiter Samuel W. Matthews war gerade erst eineinhalb Jahre bei der Gesellschaft, als er bereits ausgewählt wurde, um als einer von 20 Medienvertretern am 17. Mai 1953 den 22. Atomtest in den Vereinigten Staaten zu beobachten. Gemeinsam mit annähernd 1500 Militärs und Beratern besetzten Matthews und die anderen Journalisten – die »zitternden 20«, wie sie spaßeshalber genannt wurden – enge, 60 Zentimeter breite und 1,5 Meter tiefe Deckungsgräben, »doppelt so dicht an der bevorstehenden Explosion wie jemals Menschen zuvor«, schrieb Matthews.

Rechts: »Atomares Licht (oben), Hitze (Mitte) und Explosion (unten) trafen ein 18 000 Dollar teures Testhaus, das 1050 Meter von der Explosionsstelle entfernt gebaut worden war«, erklärte die Bildunterschrift zu diesen Fotos, die in der Juni-Ausgabe 1953 erschienen. »In der ersten Dreiviertelsekunde entzündet strahlende Hitze, die sich mit Lichtgeschwindigkeit ausdehnt, das Haus und den Laternenpfahl, während der aufsteigende Feuerball einen immer kleiner werdenden Schatten wirft. Eine Sekunde später löscht die Druckwelle das Feuer, schlägt in die Frontseite und reißt das Dach ab. Die Seitenwände explodieren nach außen, aber der Laternenpfahl steht noch. «Auf einem Turm, 18 Meter vom Haus entfernt, wurde mit 24 Bildern pro Sekunde ein Film gedreht. Die automatische Filmkamera mit Bleigehäuse war von Harold E. Edgerton entwickelt worden. Die zwischen dem oberen und unteren Bild verstrichene Zeit betrug zweieindrittel Sekunden.

rungen entfalteten sich, überlappten sich in großen Wolkenwellen und -wülsten.

Höher und höher wallte die Wolke gegen das helle Blaugrün der Morgendämmerung. An ihrer Spitze bildeten sich Eiskristalle, die in Kaskaden über den Rand fielen, wie schneeweiße Brandung am Himmel.

Vor der aufragenden Säule sah man die Soldaten aus den Gräben in den dicken Staubnebel steigen. Brandgeruch erfüllte die Luft, beißend und scharf. Am Boden konnte man nur 30 Meter weit sehen.

Darüber erhob sich riesig und klar die Wolke des Atompilzes, die sich mit dem Wind von ihrem Stamm aus in einer schmutzig bräunlichen Wolke nach Osten schob, die nun dort, wo das Sonnenlicht 12 000 Meter über uns auf sie fiel, von Pink und Gold gekrönt wurde. Innerhalb von 24 Stunden wird diese Wolke mit ihren unsichtbaren radioaktiven Partikeln über Utah, Colorado, Kansas, Missouri und das südliche Ohio hinwegziehen. Boden- und Luftlandeteams werden ihre Spur und den »Fall-out«, das Herabsinken der »heißen« Partikel zur Erde, mit ihren empfindlichen Instrumenten verfolgen.

Matthews erwähnte zwar die Nervosität der Journalisten und einiger Truppenmitglieder, doch war die Grundstimmung nach Art des GEOGRAPHIC optimistisch: »Die Armee beweist uns, dass der Mensch Atomexplosionen aus ganz kurzer Entfernung überleben kann, wenn er gut eingegraben und geschützt ist«, schrieb er. »Solche Demonstrationen des Verteidigungsministeriums und der Bundesbehörde für zivile Verteidigung sind allerdings für den Hauptzweck der Atomenergiekommission sekundär. Ihr Ziel ist es, bessere Waffen zu liefern, um Amerikas Sicherheit gegen Angriffe zu gewährleisten.« Mehr in den Fotos als im Text wurde noch ein anderer Grund für die Tests deutlich: Die Berechnung der Folgen einer atomaren Explosion auf zivile Gebäude. Voll bekleidete Schaufensterpuppen wurden in die Wohnzimmer und Küchen zweier Testhäuser aus Holz gestellt, die in verschiedenen Entfernungen von der Explosionsstelle standen. Gipsbabys wurden in Kinderkrippen gelegt, Puppen ans Steuer von Autos gesetzt. Das Haus, das dem Explosionsort am nächsten stand, wurde »zu Kleinholz zersplittert, in der Wüste zermalmt. Was blieb, waren Trümmer, die an der Seite verkohlt waren, wo die Explosion ausgelöst worden war«.

Sechs Monate später veröffentlichte das GEOGRAPHIC »Der neue Diener des Menschen, das freundliche Atom«, eine Würdigung aller Vorteile des Atoms in Friedenszeiten, darunter Atomkraftwerke und Atom-U-Boote.

In den frühen Fünfzigerjahren brachte das Magazin immer noch Artikel wie z. B. »Unser Heimatplanet, die Erde«, »Harte Arbeit und Spielbegeisterung in Michigan«, »Das Golfspiel auf 3000 Plätzen in 14 Ländern« und »Grillen, die Meisterfiedler der Natur«. Wirklich erwähnenswert ist jedoch das, was beim GEOGRAPHIC selbst passierte, oder vielmehr das, was nicht passierte, besonders in der Bildredaktion, wo Franklin L. Fisher allmächtig blieb und entweder nicht bereit oder nicht in der Lage war, die Notwendigkeit von Veränderungen zu erkennen.

Die zunehmende Abkapselung des NATIONAL GEOGRAPHIC von den Hauptströmungen in der journalistischen und fotojournalistischen Arbeit dieses Jahrzehnts hatte mehrere Gründe. Einer davon war die Tatsache, dass die Fotografen des GEOGRAPHIC selten an landesweiten fotojournalistischen Wettbewerben teilnahmen und daher auch keine Anregungen durch die Arbeiten anderer, vielleicht modernerer Fotografen bekamen. Ein weiterer Grund war, dass das GEOGRAPHIC während eines so langen Zeitraums das führende Fotomagazin gewesen war. Die Belegschaft war selbstgefällig geworden, war überzeugt, dass unter ihnen die besten Leute waren und dass Außenseiter wegen ihrer technischen Unvollkommenheit nicht das gleiche Niveau wie die Mitarbeiter des GEOGRAPHIC besaßen. Hatte Gilbert H. Grosvenor nicht am 6. März 1951 den Golden Achievement Award der U. S. Camera für »seine führende Position in der redaktionellen Anwendung der Farbfotografie« bekommen? Und war diese Auszeichnung nicht als Anerkennung dafür

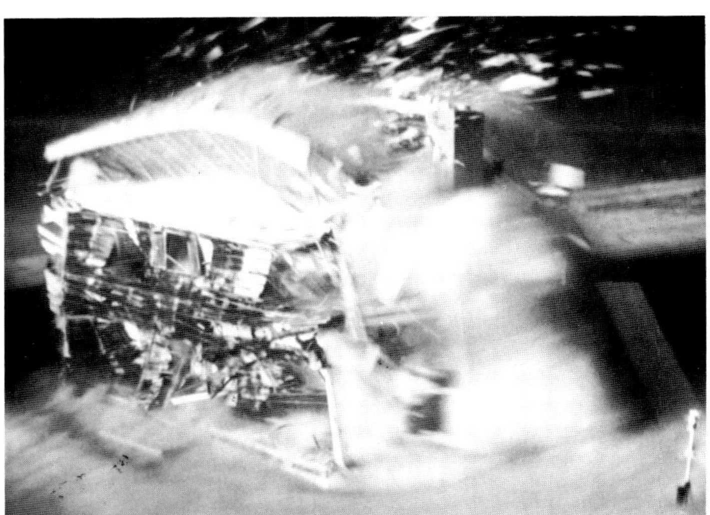

gedacht, dass das GEOGRAPHIC »ein wertvolles Kapitel in der Geschichte farbfotografischer Verfahren« geschrieben hatte?

Gefeiert wurde das GEOGRAPHIC auch durch Frank Luther Mott, den Historiker und emeritierten Dekan der Journalistenschule der Universität von Missouri. In seiner Geschichte der amerikanischen Zeitschriften schrieb Mott, was in Gilbert H. Grosvenors Geschichten über das NATIONAL GEOGRAPHIC immer wieder gern zitiert wird:

> Es gibt wirklich nichts Gleichartiges in der Welt. Ein halbes Jahrhundert hat das NATIONAL GEOGRAPHIC MAGAZINE keine einzige Ausgabe veröffentlicht, die nicht interessant, informativ und in gewisser Weise wertvoll gewesen ist. Auch wenn es für einige Kritiker zu sehr nach einem Bilderbuch aussieht, so mussten sogar diese zugeben, dass es darin im Einklang mit seiner Zeit steht und dass seine Illustrationen in hohem Maße lehrreich sind. Mitte des 20. Jahrhunderts hatte es in seiner Preissparte die größte Auflage der Welt erreicht und sich unabhängig vom Preis eine Position unter den zehn auflagenstärksten Monatszeitschriften gesichert. Das ist ein sagenhafter Erfolg, besonders deswegen, weil das Magazin mit einer redaktionellen Überzeugung gegründet wurde, die dem Verständnis des breiten Publikums ziemlich viel abverlangt. Das NATIONAL GEOGRAPHIC-MAGAZINE hat für lange Zeit eine Leistung in Management und Redaktion vollbracht, die in der Geschichte der Zeitschriften herausragend ist.

Die Auszeichnung durch die *U. S. Camera* und Motts positive Bewertung waren natürlich das Ergebnis der lobenswerten früheren Leistungen der Gesellschaft. Das Problem in der Gesellschaft während der Fünfzigerjahre war jedoch die Tatsache, dass sich die oberen Ränge im Vorstand alle hinter dem Renommee der Vergangenheit verschanzt hatten. Die Redakteure des GEOGRAPHIC glaubten immer noch, dass Farbfotos als technische Errungenschaft interessant waren, und dass die Fähigkeit, solche Fotos zu machen, bereits ein Endziel darstellte. Deshalb machten die Fotografen des GEOGRAPHIC immer noch Farbaufnahmen um der Farbe willen, die in Komposition und Licht nach Perfektion strebten, professionell herausfordernde Fotos – von häufig langweiligen Motiven.

Ed Hannigan schrieb 1962 über diese Periode in einem Artikel der *U.S. Camera*. »Abgesehen von seltenen Ausnahmen sind die idealisiert schönen Fotos im NATIONAL GEOGRAPHIC eher Ansichtskarten denn Fotojournalismus.« Die »Ära der Ansichtskarten« kulminierte in dem, was Kritiker außerhalb des GEOGRAPHIC die »Fotografie der Rothemden« nannten – eine Anspielung auf die roten Hemden, roten Mützen und roten Pullover, die die Fotografen häufig als Requisiten benutzten, um ihre Bilder lebhafter erscheinen zu lassen. (Diese Technik war nicht neu: Gervais Courtellement, dessen Autochrome-Aufnahmen im GEOGRAPHIC der Zwanzigerjahre erschienen waren, reiste durch Europa, Afrika und Asien mit farbenfrohen Schals, die er dann seinen Modellen umlegte oder an in der Nähe befindlichen Zäunen oder Wänden drapierte.) Die Betonung auf Farbe wurde den Fotografen jedoch von oben verordnet: Gilbert H. Grosvenor vertraute auf die Farbe, und deshalb forderten sie auch die Senior Editors. Und die Bildredakteure, die den Ansichten des Chefs folgten, sahen in der Farbe die Qualität, die sie von den weniger anspruchsvollen Magazinen unterschied. Die Farbigkeit, die mittlerweile leichter zu erzielen war, war jedoch auch leichter zu übertreiben.

Obwohl Kodachrome ohnehin schon unnatürlich farbintensiv war, verwendeten die Fotografen wegen der mangelhaften Methoden in der Farbreproduktion so kräftige Farben wie möglich, damit diese im Druck besser sichtbar wurden. Ein Ergebnis war, dass die Fotografen – die ständig zu farbenfrohen Orten geschickt wurden, um das angeblich unstillbare Verlangen der Leserschaft nach bunten Szenen zu befriedigen – sich oft gezwungen sahen, mehr Farbe ins Bild zu bringen, um die Vorteile des Farbfilms zu nutzen, und daher die Menschen in Kostümen posieren ließen. In einem GEOGRAPHIC-Artikel über den Süden des 20. Jahrhunderts wurde dann

z. B. ein Pärchen in Kolonialkleidung gesteckt oder die zierliche Säulenhalle eines Hauses von südlichen Schönheiten in Vorkriegstrachten bevölkert. Zusätzlich wurde die Wirkung dieser gekünstelten Fotos noch dadurch geschmälert, dass man sie im Magazin eng zusammengedrängt abbildete und nur durch haarfeine Linien in dem schwerfälligen, ungeschickten Layout voneinander trennte.

Der frühere Redakteur des NATIONAL GEOGRAPHIC-Bücherdiensts, Edwards Park, sagt dazu:

> Man erzählt sich die Geschichte des alten Muench, der den Südwesten fotografierte, der loszog und im Monument Valley ein Stativ aufstellte. Er machte zunächst eine Aufnahme mit einem Stück Treibholz im Vordergrund und diesen riesigen Monolithen im Hintergrund. Das Foto verkaufte er an Arizona Highways. Dann schnippte er mit den Fingern, worauf ein schönes Mädchen mit großem Busen und irgend etwas Rotem an im Vordergrund auf einem Pony ritt und »lächelnd auf den Berg zeigte«. Muench knipste ein zweites Foto und verkaufte es an das GEOGRAPHIC.

Berücksichtigt man jedoch den zeitgeschichtlichen Hintergrund, dann war die Entstehung der »Fotografie der Rothemden« keine Überraschung. Die Philosophie des GEOGRAPHIC hatte schon immer darin bestanden, geographisches Wissen zu erweitern und zu verbreiten, und zwar in möglichst positivem Licht. Das GEOGRAPHIC hatte nicht das Leid der Welt in der Wirtschaftskrise gezeigt, und nur selten waren in seinen Kriegsberichten irgendwelche Schlachtszenen erschienen. Die Fotografien, an die man sich aus dieser schrecklichen Zeit erinnert, waren nicht die Farbfotos des GEOGRAPHIC, denn es hatte nie seine Aufgabe darin gesehen, die zu liefern. Sehr wohl erinnern wir uns jedoch an die Dokumentarfotos in Schwarzweiß, die von freien Fotografen mit Zeitungserfahrung aufgenommen wurden, oder von den Mitarbeitern von Life. Diese Aufnahmen waren in Schwarzweiß, weil die praktischen Umstände das erzwangen.

Zum Nachteil des GEOGRAPHIC galten Schwarzweißaufnahmen in der Nachkriegszeit und danach zunehmend als künstlerischer und kreativer, Farbfotos dagegen als frivol und oberflächlich. Diese Auffassung trug ebenfalls zur Isolierung des GEOGRAPHIC vom journalistischen Trend bei. In der heutigen Zeit erscheint die »Fotografie der Rothemden« zwar etwas albern, bedenkt man aber, was für eine Zeitschrift das NATIONAL GEOGRAPHIC damals war und welche Inhalte seine Fotos illustrierten, dann waren die »Rothemden«, wie Melville Grosvenor erklärte, durchaus sinnvoll:

> Es passierte, dass sie auf diese Forschungsreisen gingen und alle in Khaki waren, weil das die Farbe der Felduniformen ist. Und dann kamen sie zurück mit den langweiligsten Fotos, die du je gesehen hast! Du konntest sie redaktionell nicht verwenden, weil sie keine Farbe hatten. Deshalb beschlossen wir, die Leute farbenfrohe Hemden tragen zu lassen. Aber einige von ihnen drehten durch und gerieten für eine Weile ins andere Extrem. Unsere Überlegung war folgende: Wenn du ein Hemd kaufen willst, um es im Freien zu tragen, warum besorgst du dir nicht ein Holzfällerhemd mit farbigen Karos oder etwas ähnliches? Die Bilder waren schlicht eintönig. Trägt man Khaki oder fades Grün, dann könnte man genauso gut schwarzweiß tragen. Es ist kein Schwung drin. Wenn aber jemand eine rote Mütze trägt – bloß eine rote Mütze –, dann bringt das ein bisschen Farbe ins Bild.

Gleichzeitig darf man nicht vergessen, dass das, woran sich die ältere Generation heute als die traditionelle GEOGRAPHIC-Fotografie erinnert – und mit »traditionell« sind wirklich die Fotos aus der Zeit direkt nach dem Krieg gemeint –, alles in allem gar nicht traditionell in diesem Sinn war. Sie war ganz einfach der Ausdruck eines unerbittlichen Alterungsprozesses seiner Redakteure, ihres wachsenden Konservatismus und ihrer Selbstzufriedenheit und besonders im Fall von Gilbert

Obwohl die Fotografen des GEOGRAPHIC in den Fünfzigerjahren die Vorteile des lichtstarken Kodachromefilms nutzten, um von den steifen Fotos mit posierenden Menschen wegzukommen, die bei den früheren, langen Belichtungszeiten unvermeidlich waren, erhielten sich fotografische Klischees. Eine besonders beliebte Variante wurde als »lächelnd-auf-den-Berg zeigen« bekannt.

Folgende Seite: Die »Ansichtskartenfotografie« des GEOGRAPHIC der Fünfzigerjahre erreichte ihren Höhepunkt durch das, was Kritiker außerhalb der Gesellschaft als »Fotografie der Rothemden« bezeichneten – eine Anspielung auf die roten Hemden, Mützen, Pullover oder Schals, die die Fotografen häufig als Requisiten benutzten, um ihre Bilder lebhafter erscheinen zu lassen.

Hovey Grosvenor zum ersten Mal die Unfähigkeit, die Veränderungen des Zeitgeschmacks zu erkennen und darauf zu reagieren. Das Magazin brauchte an der Spitze einen jüngeren Mann als Herausgeber. Aber es war vielleicht verständlich, dass der Mann, der vor allem verantwortlich für den erstaunlichen Erfolg des GEOGRAPHIC war, der, als er Herausgeber wurde, die Auflage von 1000 auf über 200 000 im Jahr 1952 steigerte, dass dieser Mann nicht bereit war, die Zügel aus der Hand zu geben.

Samstagabend, am 8. August 1953, war Bildchef Franklin L. Fisher in Los Angeles, um im Namen des NATIONAL GEOGRAPHIC den La-Belle-Preis der Fotografischen Gesellschaft Amerikas für jahrelange, hervorragende Beiträge zur Entwicklung der Farbfotografie in Zeitschriften entgegenzunehmen. Als Fisher am darauf folgenden Mittwoch nach Washington zurückkehren wollte, erlitt er einen Herzanfall und starb. Fisher, der von Gilbert Grosvenor 1915 eingestellt worden war, wäre zwei Wochen später 68 Jahre alt geworden. Sein Fehlen wurde jedoch mehr mit einem Gefühl der Erleichterung als mit Trauer aufgenommen. Einige Mitarbeiter meinten, Fisher sei zu sehr in der Hierarchie verankert gewesen, um selbst zu weichen, und zu eigensinnig, um die Notwendigkeit zur Modernisierung wahrzunehmen.

Im Jahr darauf wurde Walter (Toppy) Edwards sein Nachfolger als Bildchef. Toppy Edwards, der seit 20 Jahren beim GEOGRAPHIC war, wurde jedoch nie die gleiche Autorität oder Macht wie Fisher zugestanden.

Herbert S. Wilburn jr. wurde für Farbfotografie zuständig, und Kip Ross, der 1941 von der E. Leitz Company, dem Hersteller der Leitz-Kameras, gekommen war, wurde für Schwarzweiß verantwortlich. Die langjährige, ununterbrochene Alleinherrschaft in der Bildredaktion war vorbei.

Am 5. Mai 1954 trat Gilbert H. Grosvenor von seinem Posten als Herausgeber des Magazins und Präsident der Gesellschaft zurück.

Inzwischen waren vier Babys nach ihm benannt worden, außerdem ein Fisch, eine Muschel, eine Insel, ein Gletscher, ein Pfad, ein Gebirge, eine Straße, ein Berggipfel, ein See und eine Pflanze.

John Oliver La Gorce nahm seinen Platz ein.

Die offizielle Bekanntmachung erschien in der Ausgabe vom Juli 1954:

> Dr. Gilbert Grosvenor, 55 Jahre lang Herausgeber des NATIONAL GEOGRAPHIC MAGAZINE und seit 1920 Präsident der National Geographic Society, reichte bei einer Kuratoriumssitzung am 5. Mai 1954 schriftlich sein Rücktrittsgesuch ein unter der Bedingung, Vorsitzender des Kuratoriums zu werden. Auf diese Weise wird er weiterhin im Sinne seines lebenslangen Interesses an Geographie und an der National Geographic Society aktiv bleiben.
>
> Dr. John Oliver La Gorce, seit vielen Jahren Associate Editor des Magazins und Vice President der Gesellschaft, wurde von den Kuratoren zum Nachfolger von Dr. Grosvenor als Herausgeber und Präsident gewählt. Dr. Melville Bell Grosvenor, Senior Assistant Editor, wurde zum Vice President und Associate Editor gewählt.
>
> Dr. V. Fleming bleibt weiterhin Schatzmeister der Gesellschaft und Dr. Thomas W. McKnew Secretary.

In einer Rede sagte Dr. La Gorce: »Meine Herren, mit Ihrer weiteren Hilfe werde ich mein Bestes geben, um die hohen Maßstäbe in der allgemeinbildenden wissenschaftlichen Arbeit der National Geographic Society und ihres Magazins aufrechtzuerhalten.« Etwa ein Jahr später war La Gorce einer der fünf Journalisten und Redakteure der westlichen Hemisphäre, die von der Columbia-Universität einen Preis für die Förderung der Freundschaft zwischen den Völkern Nord- und Südamerikas erhielten.

La Gorce, der früher Pressefotograf und einer der ersten drei Angestellten der Gesellschaft gewesen war, hatte fast 50 Jahre lang im Schatten seines Mentors Gil-

---

Als Gilbert H. Grosvenor als Präsident der Gesellschaft zurücktrat, war er auch dadurch geehrt worden, dass mittlerweile viele Personen, Orte, Tiere und Pflanzen nach ihm benannt worden waren:

Gilbert Grosvenor II, ein Enkel; Gilbert Grosvenor La Gorce, der Sohn von John Oliver La Gorce; John Grosvenor Hutchison, der Sohn von George W. Hutchison, dem langjährigen Secretary der Gesellschaft; und Gilbert Grosvenor Edson, der Enkel von John Jay Edson, dem früheren Kurator und Schatzmeister der Gesellschaft.

Bryconamericus grosvenori eigenmann, ein blinder Fisch, der im Urubamba-Fluß in Süd-Peru entdeckt wurde.

Margarites grosvenori, eine perlweiße Muschel, die in den Gewässern westlich von Grönland ausgegraben wurde.

Die Grosvenor-Insel, an der Küste von Alaska.

Der Grosvenor-Gletscher in Peru, der von Hiram Bingham, dem Entdecker von Machu Picchu, gesichtet und benannt wurde.

Der Grosvenor-Pfad und das Grosvenor-Gebirge, beide in der Antarktis, benannt von Richard E. Byrd 1929. Die Grosvenor-Straße, an der sein Haus lag. Nach GHG benannt von seiner Frau Elsie May Bell Grosvenor.

Mount Grosvenor in China, nahe der Grenze zu Tibet, benannt von Joseph F. Rock.

Der Grosvenor-See in Alaska, benannt von Dr. Robert F. Griggs, dem Expeditionsleiter zum »Tal der 10 000 Rauchsäulen«.

Momordica grosvenori, eine Pflanze, die 1937 in der chinesischen Provinz Guangxi von dem Botaniker Walter T. Swingle entdeckt wurde. Bei den Chinesen gilt die Pflanze als Aphrodisiakum.

bert H. Grosvenor gearbeitet. »JOL«, wie er genannt wurde, war ein eleganter, 1,80 Meter großer 75jähriger mit militärisch aufrechter Haltung. Er war durch Stottern behindert, das jedoch wie durch ein Wunder verschwand, wenn er eine Ansprache hielt.

Obwohl er hauptsächlich für Werbung und Förderung zuständig war, schrieb er gelegentlich auch Artikel für das Magazin – Angeln und Meeresfauna waren seine Lieblingsthemen – und gab außerdem 1952 das *Buch der Fische* heraus.

Gilbert Grosvenor war nicht der einzige Officer der Gesellschaft, nach dem Landesteile benannt wurden. Ein Gebirge und ein Berg sowie eine meteorologische Station in der Antarktis tragen den Namen La Gorce. Außerdem gibt es den Mount La Gorce, den La-Gorce-See und einen La-Gorce-Gletscher in Alaska, eine Insel und einen Club und Golfplatz in Miami Beach, Florida, und einen La-Gorce-Bogen, eine Felsformation entlang des Escalante-Flusses in Utah.

Die Besucher, die in La Gorces kiefernholzgetäfeltes Büro im dritten Stock kamen, bemerkten sofort, wie düster es dort war und wie sehr der Raum von La Gorces Waffensammlung beherrscht wurde – u. a. mit einem Kreuzritterschwert aus dem 13. Jahrhundert, einer Steinzeitaxt und einem Militärdolch aus dem Zweiten Weltkrieg.

La Gorce war ein Mann schlichter Loyalitäten – und erschreckender Vorurteile.

Gilbert H. Grosvenor hielt stets treu zu den Mitgliedern der Gesellschaft. John Oliver La Gorces Korrespondenz zeigt – wie in diesem Telegramm, das er am 21. September 1921 an GHG schickte –, dass seine Loyalität in erster Linie Gilbert Grosvenor galt:

Die Versuche der GEOGRAPHIC-Redakteure, das – wie sie es nannten – unstillbare Verlangen der Mitglieder nach bunten Szenen zu befriedigen, führte dazu, dass die Fotografen losgeschickt wurden, um über Festivals, wie das in Jamestown, Virginia, zu berichten, das 1957 am 350. Jahrestag der Stadtgründung gefeiert wurde (oben).

> HEUTE VOR 16 JAHREN WAR DER GLÜCKLICHSTE WENDEPUNKT IN MEINEM LEBEN, ALS ICH MICH IHNEN ANSCHLOSS, DEM BESTEN FÜHRER UND FREUND, DEN EIN MANN HABEN KANN.
>
> JO La Gorce

In zweiter Linie galt seine Loyalität der Gesellschaft, der er fast 50 Jahre seines Lebens gewidmet hatte, und drittens den Mitgliedern (solange sie nicht versuchten, sich in »die gemeinnützige wissenschaftliche Bildungsarbeit der Institution« zur Erweiterung und Verbreitung geographischen Wissens einzumischen). Eine handgeschriebene Mitteilung von La Gorce an GHG aus dem Jahr 1920 gibt einen Einblick in JOLs Haltung gegenüber den Mitgliedern, die es wagten, die »Akt«-Fotos im Magazin zu kritisieren:

> GHG: Über den Briefen, die wir hin und wieder von Leuten erhalten, die glauben, es sei ihre Pflicht auf Erden, den Menschen vor sich selbst zu retten und dies auch gegen seinen Willen – z. B. beim Tabakkonsum –, lassen Sie uns nicht die vielen vergessen, in denen uns gesagt wird, das GEOGRAPHIC verderbe die Moral anständiger Leute durch seine zahlreichen Fotos von nackten Frauen. Natürlich hat jeder das Recht auf seine eigene Meinung, aber sollte die falsche Bescheidenheit von einem Tausendstel von einem Prozent der GEOGRAPHIC-Leser die Bildungsarbeit des Buches über den Haufen werfen? Falls nicht, warum sollte dann die gleiche Prozentzahl hoffnungsloser Esel die Macht erhalten, die Tabakwerbung aus unseren Reklameseiten zu verbannen. Ich weiß, wie großzügig Sie sind, aber hierbei möchte ich eine klare Richtlinie haben.
>
> JOL

In ihren Vorurteilen unterschieden sich La Gorce und Grosvenor ebenso wie in ihren Loyalitäten. Gilbert H. Grosvenor hegte, wie er einmal in einem Interview erzählte, »große Sympathie für jene, die Rassenvorurteile bekämpften…«

GHG sagte immer, was er dachte. John Oliver La Gorce war dagegen nicht so direkt. Nur durch Lektüre seiner Korrespondenz und seiner Notizen wird klar, dass

JOL Frauen, Farbige oder Juden, die aus der Reihe tanzten, nicht mochte – wenn auch nicht unbedingt in dieser Reihenfolge.

GHG hatte die Beiträge der Frauen zu Themen wie Kunst und Wissenschaft immer geschätzt. Schließlich hatte es prominente Vorgängerinnen gegeben. Eliza Scidmore hatte vor ihm an der Spitze des NATIONAL GEOGRAPHIC MAGAZINE gestanden, und Ida Tarbell war 1901 Mitherausgeberin gewesen.

»Wie Sie wissen, bin ich seit langem der Auffassung, dass wir uns bemühen sollten, mehr weibliche Autoren für das Magazin heranzuziehen«, schrieb Dr. Grosvenor 1949 an seinen Redaktionsassistenten J. R. Hildebrand. »Frauen sehen oft Dinge im Leben und Verhalten anderer Menschen, die Männer nicht sehen... Ich bin sicher, dass unter den gebildeten jungen Frauen, die Miss Strider [Personalchefin (Personnel Director)] in unseren Stab gebracht hat, noch verborgene Talente sind. Männer sind eifriger dabei, um Aufträge zu bitten und sich zu präsentieren, als Frauen. Vielleicht ist das der Grund, warum die Damen unter unseren Mitarbeitern nicht so viele Aufträge erhalten haben wie die Männer.« Außerdem hatte GHGs Frau Elsie, eine aktive Kämpferin für das Stimmrecht der Frauen, offenbar sehr großen Einfluss auf ihn. Deshalb scheint die Haltung von La Gorce gegenüber Frauen im Allgemeinen und seine mangelnde Beachtung der Frauen innerhalb der Belegschaft im Besonderen lediglich seine Ansichten widerzuspiegeln, mit Sicherheit jedoch nicht die seines Chefs, der angesichts von La Gorces Unnachgiebigkeit erfuhr, dass es gelegentlich einfacher war, wenn man diesen überging. Ein Beispiel dafür ist die in Klammern gesetzte Einschränkung in der folgenden Notiz, die GHG am 2. Dezember 1938 an seine Redaktion schickte:

> ES IST INTERESSANT FESTZUSTELLEN, DASS VON DEN SECHS FICTION-BESTSELLERN, DIE IN DER NEW YORK HERALD TRIBUNE VOM 27. NOVEMBER AUFGELISTET SIND, DAS ERSTE, ZWEITE, DRITTE, FÜNFTE UND SECHSTE BUCH VON FRAUEN STAMMT; UND VON DEN NON-FICTION-BESTSELLERN SIND DIE BEIDEN BELIEBTESTEN VON FRAUEN GESCHRIEBEN.
>
> GHG

(AN ALLE MITGLIEDER DES REDAKTIONSSTABS, AUSSER DR. LA GORCE)

Der vielleicht beste Beweis für die Einstellung von La Gorce gegenüber Frauen ist in einem Brief zu finden, den er anlässlich eines, wie er sich ausdrückte, Treuebruchs einer Mitarbeiterin schrieb.

Im Herbst 1919 war Jessie L. Burrall, ein Mitglied der Redaktion, die in diesem Jahr den Artikel »Sightseeing in der Schule: 20 Millionen Kinder auf einer Fotoweltreise«, geschrieben hatte, Leiterin der damals noch jungen »Abteilung für den Schuldienst« beim GEOGRAPHIC geworden. Im September hatte Miss Burrall La Gorces Zorn durch einen Brief erregt, in dem sie ihm geschrieben hatte, sie sei sehr an Arbeit im religiösen Bereich interessiert und dass sie auf ihren Reisen für die Gesellschaft das Dekanat an einem College angeboten bekommen habe, wo sie Religion unterrichten und zusätzlich zu ihrem Gehalt von 5000 Dollar Unterkunft, Verpflegung und einen Wagen bekommen würde.

In einem Eilbrief, den La Gorce an Gilbert Grosvenor nach Baddeck schickte, schrieb JOL: »Mir war sofort klar, weshalb ich ihr immer misstraut hatte und warum ich an ihre Qualitäten, auch wenn Sie sie ständig hervorheben, aufgrund meiner irgendwie unheimlichen Fähigkeit, Menschen zu erkennen und zu beurteilen, immer nur bedingt geglaubt habe...« JOL erklärte, dass Miss Burrall, hätte GHG sie nicht eingestellt, »immer noch als Geographielehrerin mit einem Jahresgehalt von 1500 oder 1800 Dollar im hinterwäldlerischen Mittelwesten arbeiten würde ...« und dass sie, die »sogar erwägt, ihre Arbeit hier aufzugeben ... in ihrer Treulosigkeit ein sehr selbstsüchtiges Verhalten an den Tag legt...« In La Gorces Brief heißt es weiter:

»Blüten, Holzpantinen und Windmühlen verkünden die Tulpenzeit in Holland, Michigan« lautete die Bildlegende zu diesem Foto aus dem GEOGRAPHIC vom März 1952. Nicht alle Mitglieder waren zufrieden. »Ihre Fotografen haben einen Kostümfimmel«, schrieb jemand. »Ich bin Nudist und kümmere mich nicht um das, was andere Leute tragen. Andererseits bin ich ein Feinschmecker und lese gern über die Essgewohnheiten anderer Menschen.«

John Oliver La Gorce, der 1905 eingestellt wurde, blieb für die nächsten 52 Jahre bei der Gesellschaft. Das Foto (oben), das die getäfelte Holzdecke aus Georgia-Kiefer im Büro von John Oliver La Gorce, des Mitherausgebers zeigt, wurde 1914 veröffentlicht. Nachdem sich 22 Jahre später ein Sammelsurium von Denkwürdigkeiten angehäuft hatte, wurde mit der gleichen Kameraposition noch einmal ein Foto aufgenommen: Das Foto (darunter), das 1936 erschien, erhielt die Bildunterschrift »In diesem Raum hat John Oliver La Gorce mit Liebe und unermüdlichem Fleiß gearbeitet.« »An den Wänden ... hängen viele seltsame Waffen und Trophäen, die auf den Reisen um die Welt gesammelt wurden«, erklärte der Bildtext. »Die Lampen alter Schiffe, die über seinem Schreibtisch hängen, vermitteln einen Anflug maritimer Atmosphäre, der Elefantenfuß rechts erinnert an die Trecks in Afrika...«

> Ich möchte nicht ins Detail gehen, füge aber doch an, dass sie, anstatt die Lehrerin von 400 Schülern zu sein, in ihrer gegenwärtigen Arbeit die Lehrerin von 200 000 Lehrern und 20 000 Kindern ist und eine Klasse in der Sonntagsschule hier in Washington hat, mit der sie sich unter einem religiösen Gesichtspunkt beschäftigen könnte. Ferner kann man die landesweite Bedeutung eines Leiters des Schuldienstes bei der National Geographic Society ebenso wenig mit dem Dekan eines Jerk-Water College vergleichen wie die Herrschaft im Weißen Haus mit dem Management des Washingtoner Baseballteams.

La Gorce erklärte, er habe Miss Burrall erzählt, dass GHG über ihre zusätzlichen Reisekosten Bescheid wisse und dass er vielleicht ihr Gehalt erhöhen würde, sie solle die Sache noch ein paar Tage überdenken. »Drei Tage später kam sie zu mir, sah mir in die Augen und sagte, sie habe ihre endgültige Entscheidung in der Überzeugung getroffen, dass ihr Arbeitsplatz hier sei, dass sie bleiben würde und nicht einen Moment lang irgendein anderes Angebot in Erwägung zöge«.

Miss Burrall wurde jedoch dann »von einer baptistischen Vereinigung in New York« eine Stelle angeboten, schrieb La Gorce, worauf sie trotz JOLs »Bitte und Forderung, Sie nicht in Ihrer Ruhezeit zu stören«, GHG nach Baddeck telegrafierte.

JOL drängte GHG, Miss Burrall zu entlassen, und versicherte ihm, es sei keine Schwierigkeit, Ersatz für sie zu finden. »Damit«, fügte er hinzu, »meine ich nicht, dass wir jemand finden werden, der all ihre Fähigkeiten als Arbeitstier, Schwätzerin, Streberin und Bildungsparasit besitzt, sondern dass wir einen erfahrenen Lehrer finden können...« La Gorces Brief endet:

> Ich weiß, dass Sie in Ihrer sanften Art und Ihrem Bestreben, die Gefühle anderer nicht zu verletzen und auch wegen Mrs. Grosvenors Interesse an der Dame vielleicht nicht wünschen, den drastischen Schritt zu tun, den ich vorschlage...

JOL hatte richtig vermutet. GHG ignorierte seine Bitte, und Miss Burrall blieb bis 1920 bei der Gesellschaft.

JOLs Meinung über Juden wird in einer Notiz deutlich, die er 1920 an GHG schrieb und die seine Antwort auf den Vorschlag enthält, die National Geographic Society solle ihren Namen für den Verleih von Filmen hergeben, an denen die Gesellschaft nicht irgendwie beteiligt gewesen war und die hauptsächlich aus kommerziellen Gründen gedreht worden waren.

> GHG: Keiner hat mehr Freude an Filmen oder mehr Verständnis für das, was Filme für die Menschheit getan haben, als ich, aber gleichzeitig ist auch bekannt, dass die Industrie sich praktisch in den Händen von einigen der skrupellosesten Männer und Verbände des Landes befindet – hauptsächlich Juden, von denen die kleinen Fische durch einen Prozess der Eliminierung und des Massenmords aus dem Weg geräumt worden sind und deren Geschäftsmethoden in den Nasen der Wirtschaft seit langem einen unangenehmen Geruch verbreiten...

Die Notiz, die La Gorce am 3. Mai 1926 an GHG schickte, war jedoch am aufschlussreichsten. Hier der folgende Auszug:

> GHG: Darf ich Ihnen einen Hinweis in Bezug auf die Anwerbung neuer Mitglieder in den Südstaaten geben?
>
> In den Südstaaten besteht natürlich die Gefahr, dass Neger vorgeschlagen werden, aber das ist schließlich nur eine Frage der Vorgehensweise. Zunächst wird das für jedes Mitglied etwas teurer sein, aber jede andere Organisation im Land ist ja mit der gleichen Sache konfrontiert und scheut sich nicht, den Kampf zu eröffnen, warum also wir? Ich würde vorschlagen, dass wir Boutwell die Aufgabe übertragen, vom Nationalen Erziehungsverband oder von der Erziehungsbehörde die Namen aller Negerschulen und Colleges in den Südstaaten zu besorgen (falls wir keine solchen Listen in unseren Akten haben) sowie eine Aufstellung des Lehrpersonals zu machen. Diese Namen sollten dann mit unseren Mitgliederlisten verglichen werden, so als handelte es sich um vorgeschlagene Mit-

glieder, und bei der Verschickung von Ernennungsbriefen könnten dann diese Namen ausgelassen werden, indem man einfach auf der Karte der Adressiermaschine einen Streifen anbringt, so dass sie wie im Falle von Außenständen durchläuft, ohne zu drucken.

Eine weitere Vorsichtsmaßnahme wäre, eine spezielle Liste von all den vorgeschlagenen Mitgliedern anzufertigen, die aus Städten kommen, wo es diese Schulen und Colleges gibt; man könnte dann, ohne die Namen der Vorschlagenden anzugeben, die Liste einigen Mitgliedern vorlegen, von denen wir wissen, dass sie weiß sind, und sie zu bitten, die beigefügte Liste durchzusehen und auf alle Namen hinzuweisen, von denen sie wissen, dass sie nicht der weißen Rasse angehören. Es wird nicht nötig sein, bei einem Südstaatler ins Detail zu gehen, da er oder sie wissen werden, warum wir diese Bitte äußern, und froh sein werden, mitarbeiten zu können. Es gibt nur verhältnismäßig wenige große Städte im Süden, und an Orten mit 30 bis 50 000 Einwohnern kennen sich die Leute oder wissen zumindest, wer der andere ist, denn das ist das Besondere am Süden…

La Gorce posiert am Fuße der Treppe unter seinem Porträt im Clubhaus des La Gorce Country Club von Miami Beach, das ihm zu Ehren seinen Namen trägt. La Gorces Amtszeit als Herausgeber – die mit Gilbert H. Grosvenors Rücktritt 1954 begann und mit seinem eigenen Ausscheiden 1957 endete – wurde vom Großteil der Belegschaft als Übergangsregierung zwischen den beiden Grosvenors aufgefasst.

Es gibt keinerlei Hinweise darauf, dass GHG JOLs Empfehlungen jemals gefolgt ist oder dass das ausgeklügelte Verfahren übernommen wurde. 16 Jahre später drängte La Gorce GHG, einen vorgeschlagenen Artikel über die schwarzen Mitglieder in den Streitkräften nicht zu veröffentlichen, denn:

> ich fürchte, dass er sofort nachdrückliche Forderungen jener Gruppe von gebildeten Negeraufrührern zur Folge haben wird, die mit politischen Absichten aus wohlbekannter Quelle ermutigt und unterstützt werden, um nun für soziale Gleichberechtigung in diesem Land loszuschlagen…
>
> Ich bestreite nicht die Bedeutung, die Negersoldaten angesichts des gegenwärtigen Personalmangels haben, doch schreiben die Berichte über den spanisch-amerikanischen und den Ersten Weltkrieg den Negersoldaten nicht die Sorte Mut zu, die notwendig ist, um eine Schlacht zu gewinnen.
>
> Ich persönlich habe immer freundliche Gefühle für diese Rasse gehegt, und ich komme auch mit ihren Menschen zurecht, weil ich sie verstehe. Wir könnten so weit gehen, hin und wieder Fotos von Negertruppen beim Exerzieren mit hineinzubringen, wenn wir dazu passende Artikel illustrieren müssen, aber ich würde einem Artikel, der sich ausschließlich mit ihnen beschäftigt, nicht zustimmen.

JOLs Vorurteile hatten offenbar wenig Auswirkung auf GHG und auch wenig Einfluss auf die Politik der Gesellschaft. Abgesehen von diesen persönlichen Abneigungen hatte JOL während seiner Amtszeit jedoch Bedeutendes für die Gesellschaft geleistet. Seine Werbekampagnen bewirkten, dass die Mitgliederzahl von 10 000 im Jahr 1905 bis zu dem Zeitpunkt, als er Herausgeber wurde, auf über zwei Millionen stieg. Unter seiner Führung blühte auch das Anzeigengeschäft im Magazin. In der Tat hat seitdem niemand mehr ein solches Rekordergebnis bei der Anzeigenaufnahme erreicht.

Bedenkt man, dass seine Stärke in erster Linie in der Werbung lag und dass er in der redaktionellen Arbeit nur begrenzte Erfahrung besaß, dann stellt sich die Frage, warum La Gorce Herausgeber des Magazins und Präsident der Gesellschaft wurde. Man nimmt an, dass vor allem das Gefühl, La Gorce habe diese Anerkennung als Belohnung für seine langjährigen Dienste einfach verdient, ein Hauptgrund war. Darüber hinaus betrachtete man seine Leitung als Übergangslösung, sah ihn als Bewahrer und Hüter der Flamme an. Unter der Regentschaft von GHG hatte die Gesellschaft großen Erfolg, und La Gorce war entschlossen, dafür zu sorgen, dass sich während seiner dreijährigen Amtszeit daran nichts änderte. Der dritte Grund war, dass die Vorurteile La Gorces in der damaligen Zeit nicht im geringsten überraschend waren. Wie GHG war auch er ultrakonservativ, ein Produkt der viktorianischen Ära; anders als GHG vertrat La Gorce jedoch die Vorurteile dieser früheren Zeit offensiv. Man sollte anmerken, dass La Gorces Notiz in der Kriegszeit geschrieben wurde, zwölf Jahre bevor der Oberste Gerichtshof im Verfahren Brown gegen die Erziehungsbehörde (Board of Education) von Topeka die Rassentrennung in öffentlichen Schulen einstimmig verbot. La Gorce trat am 8. Januar 1957 in den Ruhestand, nachdem er weniger als drei Jahre als Herausgeber und Präsident tätig gewesen war. Damals legte GHG dem Kuratorium eine Resolution vor, die die enge Verbindung und die gegenseitige Wertschätzung widerspiegelte, die seine Beziehung zu JOL ein halbes Jahrhundert lang ausgezeichnet hatten. Unter anderem sagte GHG: »Er hat stets mit allem, was die Gesellschaft unternommen hat, übereingestimmt. Viele unserer nützlichsten und erfolgreichsten Projekte gehen auf seine Initiative zurück. Er half, die Organisation aufzubauen und sie in die würdige Position zu bringen, die sie nun im Leben unseres Landes innehat.«

Ebenso wie bei der Fotografie stagnierte das GEOGRAPHIC in den Fünfzigerjahren auch bei den Textbeiträgen. Das Magazin brachte immer noch Storys wie jene von Jean und Franc Shor mit dem Titel »Vom Meer bis zur Sahara in Französisch-Marokko«:

> Marokko ist heute ein Nachbar mit Problemen im eigenen Haus. In jener Nacht, als wir in Casablanca landeten, veranstalteten Terroristen in einem französischen Café, nur einen Häuserblock von unserem Hotel entfernt, eine Schießerei, in deren Verlauf zwei Franzosen getötet und drei weitere verwundet wurden. Als wir in Marrakesch einer Parade zu Ehren des zurücktretenden dortigen Stadtkommandanten zusahen, vernichtete eine Bombe eine französische Armeeeinheit 45 Meter von der Stelle entfernt, wo wir standen. Drei Soldaten starben, 28 wurden verletzt. Und als wir von Meknes nach Rabat durch die Kornkammer Marokkos fuhren, war der Horizont schwarz von dem Rauch brennender Kornfelder, die von Brandstiftern angezündet worden waren.

Trotz des Eingeständnisses, dass es in Französisch-Marokko zivile Unruhen gab, wird die Darstellung dann rasch erfreulich und positiv. Ein Freund im amerikanischen Generalkonsulat in Casablanca erzählt den Shors, er glaube, dass ihre Reise von der Küste in die Sahara nicht gefährlicher sein werde als »eine gleich lange Fahrt im amerikanischen Straßenverkehr. Sie und Jean befassen sich ja nicht mit Politik«, meinte er, »Sie sind an Land und Leuten interessiert...«

Franc Shor, der 21 Jahre Mitarbeiter beim GEOGRAPHIC und zum Zeitpunkt seines Todes, 1974, einer der beiden Mitherausgeber war, galt in der Gesellschaft am Ende seines Lebens als Legende. William O. Douglas, Richter am Obersten Gerichtshof, bezeichnete Shor als den »weitgereistesten Mann, den ich je kennengelernt habe«. Shor war mindestens ein Dutzend Mal um die Welt gefahren, und es heißt, er sei in jedem Land der Welt gewesen, einschließlich derjenigen, die rein rechtlich gesehen gar nicht als Länder galten, als er sie besuchte. Typisch für diesen geistreichen, belesenen und charmanten Typ von Mann war, dass er während seines Aufenthalts in Athen für den GEOGRAPHIC-Artikel »Von Athen nach Istanbul« (Januar 1956) von Königin Frederike von Griechenland fotografiert wurde – die dann auf ihre Bitte hin einen Fotografenvermerk zu dem Bild erhielt, als es im Magazin veröffentlicht wurde. Einmal war Shor gezwungen, mit dem Fallschirm aus einem Flugzeug über China abzuspringen – und hatte nichts außer seiner Schreibmaschine dabei. Um nicht ohne Bargeld erwischt zu werden, trug er als Chinakenner stets Manschettenknöpfe, die aus den winzigen Goldbarren gefertigt waren, die die orientalischen Geldwechsler als Währung anerkannten, wo immer man damals in der Zeit vor der Ära Maos reiste.

Während eines Auftrags im damaligen Formosa fahren GEOGRAPHIC-Journalist Frederick G. Vosburgh und seine Begleiter mit einem Schubwagen über Brücken aus groben Holzpflöcken, die sich über die Bergschluchten spannten.

Obwohl der legendäre Mitherausgeber Franc Shor wirklich aus Dodge City in Kansas kam, Seiltricks wie Will Rogers beherrschte, ein ausgezeichneter Reiter war, und obwohl seine Mutter in der Tat Pferde für die U.S.-Kavallerie im Ersten Weltkrieg abrichtete, fanden viele Kollegen aus dem Stab des GEOGRAPHIC einige von Shors persönlichen Berichten kaum glaubhaft.

»Viele von Franc Shors Storys hielt man schlicht für Lügenmärchen«, erinnerte sich McDowell. »Franc sagte, ›natürlich spreche ich fließend Chinesisch‹ – eine von diesen beiläufigen Bemerkungen – und Garrett sagte, das glaube er nicht, Shor sei wohl getäuscht worden. Und dann gingen Shor und Garrett für die Quemoy-Matsu Story [»Das Leben unter Granatfeuer in Quemoy«, März 1959] nach China. In Hongkong begann dann der Taxifahrer auf der Straße wer weiß was mit Shor zu besprechen, und Shor antwortete in solch fließendem Chinesisch, dass der Fahrer sagte: ›O, Sie kommen aus Zhongqing!‹, und plötzlich stellte sich heraus, dass die verrückten Geschichten von Shor wahr waren!«

Einmal folgte Shor fünf Wochen lang, teilweise zu Fuß, den Pfaden des ersten Kreuzzugs von Frankreich nach Jerusalem. Ein anderes Mal zog er auf den Spuren Marco Polos durch die Wüste Gobi von Venedig nach China – »eine Reise, die ihn Fieber, Banditen, Wölfen und Sandstürmen aussetzte und die fast mit seinem Tod geendet hätte«, schrieb die *New York Times.*

»Franc Shor war eine große Persönlichkeit«, erinnert sich Luis Marden. »Ein großer Frauenheld, ein großer Weinkenner – er hatte seinen privaten Weinkeller im ›Ritz‹ in Paris –, ein kluger Kopf.« Es ist durchaus nicht unangemessen, wenn Marden von Shor mit der Sympathie spricht, die ein Clubmitglied für ein anderes empfindet, denn das NATIONAL GEOGRAPHIC wurde in den Fünfzigerjahren immer noch sehr nach Art eines privaten Männerclubs geführt – auch wenn Fotograf Dean Conger, der 1955 zum GEOGRAPHIC kam, die Gesellschaft in jenen Tagen mehr an eine Plantage im Süden erinnerte. Nicht ohne Grund!

Eine Frau, die ungefähr zu dieser Zeit von der Gesellschaft eingestellt wurde, sagte kürzlich: »Das Erste, was mir auffiel, als ich hierher kam, war, dass alle Chauffeure und das gesamte Liftpersonal Schwarze waren. Sie nannten jeden ›Mr. Sowieso‹, und alle sprachen sie mit ihren Vornamen an. Da war dieses ›noblesse oblige‹, eine Hierarchie, an die man sich hielt. Ich bin im Mittelwesten geboren und aufgewachsen und hatte keine Erfahrung mit solchen Leuten und Orten wie diesen hier. Eines Tages wachte ich auf, und plötzlich war mir klar, dass ich im Süden lebte.«

Es gab damals ziemlich viele Frauen beim GEOGRAPHIC, aber fast alle waren in den Sekretariaten beschäftigt. Anne Chamberlin schrieb 1963 im *Esquire-Magazin,* die Gesellschaft werde von vielen der besten Familien Washingtons »als guter, sicherer Platz für ihre Töchter betrachtet, wo diese sich ein paar Jahre vor der Heirat mit Sekretariatsarbeiten beschäftigen konnten«.

Nicht alle der jungen Frauen waren jedoch Berufsanfängerinnen. Die legendäre Redakteurin Carolyn Patterson, die 1986 nach fast 37 Jahren aus der Gesellschaft ausschied, kam 1947 zum GEOGRAPHIC, nachdem sie als erste Polizeireporterin beim *New Orleans State* gearbeitet hatte. Obwohl Miss Strider, die damals über 50-jährige, unverheiratete Personalchefin, Carolyn Patterson für überqualifiziert hielt, stellte sie sie als Registratorin ein, tadelte sie aber später für ihr wenig damenhaftes Benehmen – Patterson war zu schnell durch die Korridore gegangen.

»Es existierten sehr, sehr klare Vorstellungen über das, was eine Dame tat und was sie hier nicht tat«, erklärte Carolyn Patterson. »Damals hatten wir zwei Speiseräume, einen für die Männer und einen für die Frauen, und in dem für Damen aßen wir in großen Gruppen. In meiner Gruppe fragte ich einmal: ›Hat jemand schon mal daran gedacht, ein Foto auf die Titelseite des NATIONAL GEOGRAPHIC zu setzen?‹ Alle schauten fürchterlich schockiert, weil ich es überhaupt gewagt hatte, eine solche Frage zu stellen, und jemand berichtete es Miss Strider... Sie rief mich in ihr Büro und sagte zu mir: ›Das NATIONAL GEOGRAPHIC ist eine traditionsorientierte Organisation, Mrs. Patterson, und wenn Sie nicht begreifen, dass dies bedeutet, das Titelblatt des Magazins so zu lassen, wie es ist, dann gehören Sie vielleicht nicht hierher...‹« [Im Juli 1942 erschien zum ersten Mal die amerikanische Flagge auf der Titelseite des Magazins; Coverfotos wurden ab September 1959 regelmäßig verwendet.] Gerade weil die Gesellschaft in den Fünfzigerjahren zu einer so »traditionellen Organisation« geworden war, begann das Magazin jene schöpferische Energie zu verlieren, die seine Auflage von 2200 im Jahr 1900, als Gilbert H. Grosvenor Herausgeber wurde, auf 2 100 009 im Jahr 1954 steigen ließ, als er zurücktrat. Grosvenors Wagemut, der der Schaffung eines populären Magazins in den letzten 50 Jahren dienlich gewesen war, verschwand mit zunehmendem Alter, und es blieben nur seine viktorianischen Empfindungen übrig. Eben diese Einstellung, die nun von seinem Nachfolger La Gorce bewahrt – und wirklich als Tradition zelebriert wurde, verursachte die Stagnation des Magazins, eine Stagnation, die durch den schleppenden Anstieg der Auflage sichtbar wurde – während der

Amtszeit von La Gorce wurden es nur 53 201 Exemplare mehr, ein durchschnittlicher Zuwachs von nur 17 794 pro Jahr.

Ein langjähriger Mitarbeiter des GEOGRAPHIC beschrieb GHG in einem Vergleich mit La Gorce als jemanden, der für das Blatt mit seinen Fortschritten »das Rad erfand«, als einen Typ von Herausgeber, der »nach dem ersten Schwung der Begeisterung das Interesse verlor«. JOL dagegen war »der hemmende Ballast in der Operation, [der Mann, der] darauf achtete, dass die Dinge richtig buchstabiert wurden, dass es keine Druckfehler gab und der die Tugenden der gewissenhaften Durchführung und Gründlichkeit hochhielt … er hatte alles immer gut im Griff, war aber in keinster Weise ein Neuerer.«

»Armer alter JOL«, sagte der Mitarbeiter, »die ganzen Jahre stand er herum wie ein Anthony Eden, als Ersatz für GHGs Winston Churchill, als Kronprinz, bis er senil wurde; und als er schließlich wirklich zum [Herausgeber] wurde, war er nie in der Lage, etwas daraus zu machen.«

Sicher hätte La Gorce als Herausgeber etwas tun können, aber er tat es nicht, und nicht nur, weil er, wie bereits erwähnt, entschlossen war, nichts zu verändern, sondern auch, weil er noch konservativer war als sein Vorgänger.

Gilbert M. Grosvenor, der von La Gorce eingestellt worden war (und von JOL ermahnt wurde: »G-Gilbert? Ich k-kann Ihnen nur einen Rat g-geben: T-tauchen Sie Ihren F-federhalter nicht ganz in die F-firmentinte ein«), erinnert sich an einen aufschlussreichen Zwischenfall aus dieser Zeit: »GHG wusste, was er tat, wenn er Fotos von halbnackten Eingeborenen veröffentlichte. Er zeigte die Menschen, wie sie waren, aber er wusste auch, dass das eine Art ›Markenzeichen‹ war. JOL war besonders in den letzten Jahren ein bisschen prüde… Da gab es einen Fall, wo GHG eine Serie von Fotos gebilligt hatte, darunter auch das einer barbusigen Lady, [die] … offensichtlich sehr schön war… Dee Andella [damals Chef der Abteilung für die gedruckten Medien] hatte die Probeabzüge machen lassen. GHG sagte: ›Ja, die Andrucke sind gut‹, und überließ JOL alles weitere. JOL besah sich den Probeabzug und sagte ›Das ist ja fürchterlich!‹ und deckte ihn ab. Also musste Andella zurückgehen und ihre Brüste abschattieren oder so etwas ähnliches… GHG kam wieder, schaute sich das Ergebnis an und fragte: ›Was ist hier los? Sie haben das Foto ruiniert!‹… Es ging zurück. Sie machten die ganze Platte wieder vollkommen neu … und so lief das.«

Während des Interregnums von La Gorce trat das Magazin auf der Stelle; dass es nicht unterging, war La Gorces Mitherausgeber und gesetzmäßigem Thronerben Melville Bell Grosvenor zu verdanken. Als Junge war er hervorragend und einfallsreich von seinem enthusiastischen Großvater unterrichtet, als Erwachsener dann von seinem eher zurückhaltenden Vater streng beherrscht und unterdrückt worden. Und nun wartete er, mit jener Art von Begeisterungsfähigkeit und Weitblick begabt, wie man es sich von einem Mann, der emotional mehr ein Bell als ein Grosvenor war, vorstellen konnte, ungeduldig auf seine Chance.

VOLUME CXI
NUMBER THREE
THE NATIONAL GEOGRAPHIC MAGAZINE
MARCH, 1957
Ten-Color Supplement Map, The World
MATS: America's Long Arm of the Air 283
BEVERLEY M. BOWIE
ROBERT F. SISSON
Paris Flea Market: Bargain-hunter's Paradise 318
FRANC SHOR
ALEXANDER TAYLOR
Changing Formosa, Green Island of Refuge 327
FREDERICK SIMPICH, JR.
HORACE BRISTOL
Children's Art Around the World 365
NEWMAN BUMSTEAD
Stalking the Great Indian Rhino 389
LEE MERRIAM TALBOT
History Awakens at Harpers Ferry 399
VOLKMAR WENTZEL
The National Geographic Society's Newest Map 417
John Oliver La Gorce Vice-Chairman of Board
Melville Bell Grosvenor New President-Editor 418
Freedom Flight from Hungary 424
ROBERT F. SISSON
Seventy-two Pages of Illustrations in Color
PUBLISHED BY THE
NATIONAL GEOGRAPHIC SOCIETY
WASHINGTON, D. C.
$7.00 A YEAR
75¢ THE COPY

Unter der Ägide von La Gorce erlahmte das Interesse am GEOGRAPHIC. Zwischen Januar 1954 und seinem Ausscheiden im Januar 1957 traten nur 53 201 neue Mitglieder der Gesellschaft bei, so dass die Mitgliederzahl nun 2 144 704 betrug. Melville Bell Grosvenors lang erwarteter Amtsantritt als Herausgeber änderte diese Situation.

DIE GIPFEL

»Weil er da ist«

»Warum sollten Sie den Mount Everest besteigen?« Diese Frage wurde George Leigh Mallory gestellt, der 1921 und 1922 an beiden Expeditionen zum Gipfel des höchsten Bergs der Welt teilnahm und der nun in New York lebt. Er plant 1924 eine weitere Besteigung, und als Grund für seine wiederholten Versuche, den Gipfel zu erreichen, gab er an: ›Weil er da ist.‹«

New York Times, 18. März 1923

»Nun, wir haben den Kerl erledigt!«

Sir Edmund Hillary am 29. Mai 1953 zu George Lowe, einem Mitglied der Expedition, als er mit Tensing Norgay von ihrem erfolgreichen Kampf am 8848 Meter hohen Mount Everest zurückkehrte. Nach dem Bericht von Sir Edmund Hillarys NATIONAL GEOGRAPHIC-Artikel, Juli 1954, »Die Eroberung des Gipfels«

Für die April-Nummer des Magazins von 1891 schrieb der Geologe Israel C. Russell, ein Gründungsmitglied der Gesellschaft, in seinem Artikel »Zusammenfassender Bericht über die Mount-St.-Elias-Expedition«, dass die erste von der National Geographic Society [und dem U.S. Geological Survey] geförderte Expedition zum Ziel hatte, »die Umgebung des Mount St. Elias zu erkunden und zu kartografieren ... und wenn möglich, ihn zu besteigen«.

Auf dem Weg zum Mount St. Elias entdeckte Russell »ein wundervolles Panorama schneebedeckter Berge, Gletscher und Eisberge... weißgraue Berggipfel, jeder ein Herrscher, in Hermelin gekleidet, dem endlosen Krieg der Elemente trotzend«.

Russell überlebte »heftige Wolkenbrüche«, »dichte Schneestürme«, »donnernde Lawinen«, »riesige Grizzlybären«, »gähnende Abgründe«, »gefährliche Pässe« und war – trotz eines Anfalls von Schneeblindheit – der erste, der den 5857 Meter hohen Mount Logan, den zweithöchsten Berg des Kontinents, erblickte und benannte. Russell scheiterte jedoch bei seinem Versuch, den 5402 Meter hohen Gipfel des Mount St. Elias zu erreichen.

Seit Russells Bericht war das NATIONAL GEOGRAPHIC voll von Artikeln über die höchsten Berge der Welt, deren geglückte oder gescheiterte Besteigungen, über Triumphe der Kletterer oder tragische Todesfälle, Erfolge oder Fehlschläge der Expeditionen. Sieben Jahre nach Russells Versuch berichtete Eliza Ruhamah Scidmore über die erfolgreiche Besteigung des Mount St. Elias durch den italienischen Grafen von Abruzzi im Jahre 1897. 1913 beschrieb Walter Woodburn seine Gefühle, als er den 4807 Meter hohen Gipfel des Montblanc erreicht hatte:

> Reißt du bei diesem wunderbaren Anblick die Augen weit auf? Auf gar keinen Fall! Du schließt sie so fest du kannst und wirfst dich, geistig und körperlich total erschöpft, in den Schnee, ohne Rücksicht auf die unverschämten Führer, die dich drängen, dich umzuschauen.

1924, in dem Jahr nach seiner Vortragsreise durch Amerika, verschwand George Leigh Mallory mit seinem Begleiter Andrew Irvine bei seiner dritten Expedition am Nordostgrat des Mount Everest im Nebel. Vor seinem Verschwinden hatte Mallory ein Gefühl in Worte gefasst, das alle Bergsteiger verstehen: »Haben wir einen Feind besiegt? Nein, nur uns selbst.«

Gegenüber: 1890 überquerte ein Mitbegründer der Gesellschaft, Israel C. Russell, mit seiner Gruppe die Moränen des Malaspina-Gletschers in Alaska. Diese erste Expedition der Gesellschaft, die zusammen mit dem U. S. Geological Survey finanziert wurde, hatte das Ziel, »die Umgebung des Mount St. Elias zu erkunden und zu kartografieren«.

Vorangehende Seiten: Die erste Eroberung der höchsten Gipfel der Antarktis. Im Dezember 1966 und im Januar 1967 bezwangen die Teilnehmer einer amerikanischen Antarktis-Expedition die noch unbestiegene Senitel-Kette des Ellsworth-Gebirges. Hier kämpft sich Expeditionsleiter Nicholas B. Clinch zum Gipfel des Vinson-Massivs – mit 5058 Meter Höhe der höchste Berg der Antarktis.

»Ich erinnere mich, wie ich um und über den Gipfel flog... Ich saß auf einem Benzinkanister an der offenen Tür und knipste Fotos mit einer sperrigen Kamera – während ich mich mit einem Seil um die Taille weit, aber nicht zu weit hinauslehnen konnte«, schrieb Bradford Washington (oben), der mit einer 24 Kilogramm schweren Fliegerkamera posiert, mit der er 1936 Alaskas Mount McKinley auf seinen von der Gesellschaft geförderten Flügen fotografierte. Das Ergebnis dieser Flüge war »der erste vollständige Fotobericht über Nordamerikas eisbedeckten, höchsten Gipfel«. Aus Große Abenteuer mit NATIONAL GEOGRAPHIC

Gegenüber: Nach seiner Landung auf den Flanken des Mount McKinley bei 3000 Meter, höher als je ein Flugzeug zuvor, rollt Terris Moore mit Post und Vorräten hinauf zu Bradford Washingtons Expeditionsbasislager von 1951.

1929 war G. H. H. Tate betroffen von der Stille auf dem 2727 Meter hohen Gipfel des südamerikanischen Mount Roraima. »Man fühlt sich bedrückt und klein«, bemerkte er, »... fast wie ein Eindringling«.

Im gleichen Jahr hielt sich der Forscher und Biologe Joseph F. Rock in China auf. Er wollte versuchen, einen Aussichtspunkt zu erreichen, von dem er den Minya Konka sehen konnte, »einen der höchsten Gipfel Westchinas«. In »Die Pracht des Minya Konka« schrieb Rock für die Oktober-Ausgabe von 1930:

> Unser Abstieg [vom Chirpin-Pass] war sehr schwierig. Männer, Tiere und Traglasten wurden viele Male...bis zum Hals in Schneeverwehungen geschleudert...
>
> Da der Sturm anhielt, war es unmöglich, am nächsten Tag weiterzuziehen. [Meine Männer] waren schneeblind und litten entsetzlich. Zum Glück hatte ich Kokain bei mir, mit dem ich eine Lösung herstellte und dann in ihre Augen träufelte, um die Schmerzen zu lindern... Im Norden schien es, als beträte man eine andere Welt. Kein Baum war zu sehen, die ganze Landschaft war eine trostlose Einöde...
>
> Als wir 4500 Meter erreichten, lag tiefer Schnee...aber zum Glück war er gefroren, und da er unser Gewicht hielt, gingen wir vorsichtig weiter...
>
> Und dann erblickten wir plötzlich den lang verborgenen Minya Konka, der wie ein weißes Wolkengebirge 7590 Meter in majestätischer Erhabenheit aufragte.
>
> Ich konnte mich nicht bremsen, ich musste vor Freude schreien. Ich bestaunte die Landschaft, die ich als erster Weißer die Ehre hatte zu sehen.

1933, neun Jahre nachdem Mallory im Himalaja verschwunden war, starteten zwei speziell entwickelte und mit Kameras ausgerüstete britische Doppeldecker von einem Landeplatz in der Nähe von Purnea in Bihar, Indien, zu einem Flug über 248 Kilometer nach Norden zum Mount Everest in Nepal. In seinem Bericht im NATIONAL GEOGRAPHIC, betitelt »Die Eroberung des Everest aus der Luft: Der Flug über den höchsten Berg der Welt bringt die Realisierung des Ziels vieler heroischer Forscher«, schrieb Oberstleutnant L. V. S. Blacker über die Überwindung des beeindruckend vollkommenen Kamms des Everest: »Ich blickte durch den offenen Boden nach unten und sah, was noch keiner vor mir gesehen hatte. Der Anblick war so überwältigend, dass er mit Worten nicht zu beschreiben ist...«

Ein Jahr später veröffentlichte das GEOGRAPHIC Miriam O'Brien Underhills »Bergsteigen in den Alpen ohne Männer: Die erste Frau, die den Grépon, das Matterhorn und andere berühmte Gipfel ohne männliche Hilfe bestieg, schildert ihre Abenteuer«.

»Nicht-Bergsteiger fragen mich oft, wie eine Frau die Kraft für Anstrengungen aufbringen kann, die selbst einen ›athletischen jungen Mann‹ sehr fordern würden«, schrieb sie. Sie antwortete: »Ein gewisses Maß an Muskelkraft ist natürlich unbedingt notwendig ... aber die Technik, zu wissen, wie man seine Kraft am besten einsetzt, ist wichtiger. Je mehr man mit Technik arbeitet, desto weniger Kraft braucht man« – eine Antwort, die heutzutage für jeden Bergsteiger, ob Mann oder Frau, Gültigkeit besitzt. 1948 berichtete Maynard M. Miller über die erste amerikanische Besteigung des Mount St. Elias im Jahr 1946. Bradford Washburns Artikel über die Erstbesteigung der 6096 Meter hohen Westschulter des Mount McKinley unter der Überschrift »Die Eroberung des Mount McKinley auf einer neuen Route« erschien im August 1953. (Der Mitarbeiter der Gesellschaft, Barry C. Bishop, damals Collegestudent, war ebenfalls dabei.) »Neue Herausforderung am Mount McKinley – die Umrundung des höchsten Gipfels auf dem Kontinent« war der Titel von Ned Gillettes Story über die Umrundung des Mount McKinley in der Juli-Nummer 1979.

Asiens Minya Konka (7590 Meter hoch), Muztagata (7427), K2 (8611), Annapurna (8091), Anyemaqen (6183), Ama Dablam (6748) sind alle von Amerikanern bezwungen worden – aber nicht ohne Verlust von Menschenleben. Obwohl es eine

N1088A

Gegenüber: Allan Bard überwindet das letzte Hindernis, eine Eisklippe in der Nähe der Ruth-Spalte auf seiner 19-tägigen Umrundung des Mount McKinley im April 1978. Ned Gillette berichtete darüber in seinem Artikel »Die Umrundung des höchsten Gipfels auf dem Kontinent« im GEOGRAPHIC vom Juli 1979

Folgende Seiten: Obwohl der 5840 Meter hohe Nordgipfel (links) und der 6096 Meter hohe Südgipfel des Mount McKinley unterhalb des Polarkreises liegen, sind sie hoch genug, um am Tag der Sommersonnenwende fast 24 Stunden lang im goldenen Schein der Sonne zu baden.

Jahreszeit mit den schlimmsten Lawinen war und obwohl zwei Teilnehmerinnen der American Women's Himalayan Expedition, Vera Watson und Alison Chadwick-Onyszkiewicz, beide vorsichtige und erfahrene Bergsteigerinnen, zusammen angeseilt in den Tod stürzten, erreichten Amerikanerinnen 1978 den Gipfel des Annapurna – als die ersten Amerikaner und als die ersten Frauen. Blieb noch immer der Mount Everest.

Zwischen 1921 und 1953 hatten sieben Hauptexpeditionen versucht, den Everest zu erobern – und scheiterten mit schrecklichen Verlusten an Menschenleben. Und dann brach am 10. März 1953 eine britische Gruppe unter Führung von Brigadier Sir John Hunt zu einem weiteren Versuch auf. »Was für ein Berg ist das, der so lange Jahre alle Angriffe mit Leichtigkeit abgewehrt und mindestens 16 Menschenleben gefordert hat«, fragte Hunt im GEOGRAPHIC vom Juli 1954. Seine Erklärung lautet weiter:

> Andere Gipfel verlangen mehr an eigentlicher Kletterei. Alaskas Mount McKinley z. B. misst 5700 Meter von seiner Flachlandbasis, während sich der Everest nur 3600 Meter über dem 5100 Meter hohen Tibetischen Hochplateau erhebt. Auf dem Himalaja blasen heftige Winde, aber auf dem schottischen Hochland, das von nordatlantischen Orkanen heimgesucht wird, erlebt man ebensolch schreckliche Stürme. Die Felsspitzen und Gletscherspalten des Everest stellen jeden Bergsteiger auf die Probe, aber einige Alpengipfel bereiten größere Probleme. Mit Sommertemperaturen bis deutlich unter 0° Celsius kann man zwar bis auf die Knochen durchgefroren werden, doch auf den Gletschern Grönlands und auch anderswo haben Forscher Temperaturen überlebt, die noch erheblich niedriger lagen.
>
> Was den Mount Everest so mörderisch macht, ist die Tatsache, dass Kälte, Wind und Aufstiegsprobleme sich für den Bergsteiger in Höhenlagen summieren, die für ihn lebensbedrohend sind. Bei 8400 Meter enthält die Luft nur ein Drittel so viel Sauerstoff wie auf Höhe des Meeresspiegels... Über 7500 Meter scheinen die schwergewordenen Beine des Kletterers wie festgenagelt auf dem Boden, sein Puls rast, alles verschwimmt ihm vor den Augen, und der Eispickel in seiner Hand wird schwer wie ein Brecheisen. Schnee zum Schmelzen in eine Pfanne zu schaufeln wird zum gewaltigen Unternehmen. In den Worten des Himalajaveteranen Frank Smythe: »Auf dem Everest kostet es Kraft zu sprechen, zu denken, und es ist fast zu anstrengend zu leben.«

Die erste Gruppe von Tom Bourdillon und Charles Evans erreichte zwar den 8765 Meter hohen Südgipfel, ein Bergsteigerrekord, war aber gezwungen abzusteigen, als Evans' Sauerstoffgerät versagte und sie weder genügend Zeit und Sauerstoff noch die Kraft hatten, den letzten Grat in Angriff zu nehmen. »Nun setzten die Expeditionsteilnehmer alle Hoffnungen auf Hillary und Tensing«, schrieb Expeditionsleiter Hunt.

Hillary und Tensing Norgay erreichten den Gipfel am 23. Mai 1953. Fast genau zehn Jahre später gelang der amerikanischen Mount-Everest-Expedition, gefördert von der National Geographic Society und mit deren Mitarbeiter Barry C. Bishop, ihren zweifachen Gipfelsturm vom Südsattel und vom Westgrat erfolgreich abzuschließen, wobei jedoch der Kletterer Jake Breitenbach vorher auf dem Berg starb. Bei ihrem Abstieg mussten Bishop, Lute Jerstad, Tom Hornbein und Willi Unsoeld die Nacht auf 8400 Meter ohne Sauerstoffgeräte, Zelte und Schlafsäcke verbringen. Bishop und Unsoeld erlitten schwere Erfrierungen.

Unter allen Bergsteigern gibt es jedoch keinen, dessen Leistungen, auch seinen Kollegen, so imponieren wie Reinhold Messner, der mit seinem Begleiter Peter Habeler als erster den Gipfel des Everest – ohne Sauerstoffgerät, aber mit Hilfe von Sherpaträgern – mit der österreichischen Expedition bezwang.

Zwei Jahre später versuchte Messner eine erneute Besteigung des Everest im Alleingang, ohne Träger, ohne begleitende Kletterer, ohne Sauerstoffgerät, Funkgerät, Aluminiumleiter und Seil.

Seine Ausrüstung bestand lediglich aus Skistöcken, einem Eispickel, einer Eisschraube und einem Kletterhaken, »der mein Zelt oder sogar mich selbst am Boden festhalten sollte, wenn ein schwerer Sturm aufkam«. In »An meiner Grenze«, seinem Artikel im GEOGRAPHIC vom Oktober 1981, schrieb Messner: »Ich stellte mich der für mich größten Herausforderung – der Besteigung des höchsten Bergs der Erde im Alleingang.«

Am 18. August 1980 brach Messner vor Sonnenaufgang von seinem Basislager in 6500 Meter Höhe auf und überquerte Minuten später eine Schneebrücke über einer Gletscherspalte. Plötzlich gab die Brücke nach, zerfiel zu Pulver und Eisbrocken.

> Ich fiel – fiel in die Tiefe. Ich erlebte den Sturz zeitlupenartig, wie eine Ewigkeit, als ich mal mit der Brust, mal mit dem Rücken gegen die Wände der Gletscherspalte schlug. Im nächsten Moment hatte ich wieder Halt unter den Füßen, oder waren es Minuten gewesen?... Dunkelheit umfing mich. »Mein Gott! Vielleicht werde ich hier unten sterben!«
>
> Ich fingerte an meiner Stirnlampe herum. Als sie aufleuchtete, schimmerten die Eiswände in einem dunklen Blaugrün. Sie waren zwei Meter von meinem Standort entfernt, stießen oben aber fast aneinander. Die Schneeplattform, die meinen Sturz aufgehalten hatte, war nur einen Quadratmeter groß... Mir wurde schlagartig klar, dass ich in den Abgrund stürzte, wenn die Plattform unter meinem Gewicht einbrach...

Mit dem Eispickel in der einen und einem Skistock in der anderen Hand, schlug Messner vorsichtig Stufen ins Eis, so dass er sich schließlich retten und seinen Aufstieg fortsetzen konnte. Um sieben Uhr morgens erreichte er bei 6990 Meter den Sattel des Nordgipfels. Zwei Stunden später war er auf 7360 Meter Höhe:

> »Du musst die Zeit einhalten«, dachte ich, als ich über Rollen und Ausbuchtungen kletterte, die den unteren Teil des Nordgrats bilden... Schnee wirbelte mir um den Kopf. Windböen begannen an meinen Kräften zu zehren.
>
> Bei 7500 Meter merkte ich, dass ich erheblich langsamer wurde. Ich darf nicht ermüden, sagte ich zu mir. Die nächsten zwei Tage würden viel anstrengender werden.

Angesichts eines Stücks Seil, das bei einem früheren japanischen Aufstieg zurückgelassen worden war, verglich Messner die großen Expeditionen, die mit mehreren Kletterern und Sherpa-Höhenträgern arbeiteten, mit seinem eigenen Versuch:

> Meine Methode...war vollkommen anders. Der Bergsteiger, der auf einem Himalajariesen allein gegen die Elemente kämpft, ist wie eine Schnecke. Er trägt sein Haus auf dem Rücken und bewegt sich langsam, aber stetig nach oben. Keine Ablösungen, kein Nachschubtransport nach oben. Keine Lager, die in immer größeren Höhen aufgeschlagen werden. Kein Team von ausgeruhten Gipfelstürmern für den Endspurt.
>
> Alles, was ich brauchte – Zelt, Schlafsack, Kocher, Brennstoff, Proviant, Kletterausrüstung – musste auf meinen Rücken gehen. Ich stellte zum Schlafen mein Zelt auf und packte es am nächsten Tag zusammen und nahm es mit. Es gab niemanden, der ein zweites Zelt trug, und ich benutzte kein Sauerstoffgerät, das mir mehr Kraft gegeben hätte. Das Gerät ist zu schwer für einen Aufstieg im alpinen Stil, einem einzigen Vorstoß zum Gipfel. Also erlaubten meine Theorien dessen Gebrauch nicht. Ich will den Berg erleben, wie er ist, und wirklich erfahren, wie ich körperlich und psychisch auf seine natürlichen Kräfte reagiere. Mit künstlicher Sauerstoffzufuhr hätte ich nicht mehr das Gefühl, den Berg zu besteigen, der über mir aufragt. Ich würde damit einfach seinen Gipfel zu mir herunterholen.

Messner kampierte die erste Nacht bei 7800 Meter. Obwohl seine Muttersprache Deutsch ist, bemerkte er, dass er sich auf Italienisch selbst zum Essen zwang.

James W. Whittaker war der erste Amerikaner, der den Gipfel des 8848 Meter hohen Mount Everest mit dem Sherpa Nawang Gombu am 1. Mai 1963 erreichte. Vier andere Mitglieder der ersten amerikanischen Everest-Expedition kamen ebenfalls zum Gipfel: Thomas F. Hornbein, William F. Unsoeld, Luther G. Jerstad und Barry C. Bishop von der Society (oben), der am Gipfel gegen Windgeschwindigkeiten von 112 Stundenkilometern ankämpft, während er die Fahne der Gesellschaft festhält, die er immer bei sich trug. »Wenn du auf Händen und Füßen kriechst, wirst du es schaffen«, hatte er zu sich selbst gesagt.

Gegenüber: 1963 nähern sich die Bergsteiger der ersten amerikanischen Everest-Expedition dem schneebedeckten Südgipfel des Everest vom Steilhang des Lhotse aus.

Folgende Seiten: Mit seiner Rückseite in Tibet schließt sich der 8848 Meter hohe Mount Everest (links) mit dem 8367 Meter hohen Lhotse (Mitte) und dem 7755 Meter hohen Nuptse (rechts) zu einer Rinne für den Khumbu-Gletscher zusammen, die traditionelle Südroute zum Gipfel des Everest.

»Ich stopfte mir Trockenfleisch, Käse und Brot in den Mund. Selbst diese kleinen Bewegungen waren anstrengend. ›Ich muss mit dem Kochen anfangen‹, sagte ich mir. Ich brauchte täglich vier Liter Wasser; Flüssigkeitsentzug könnte fatal werden. Das Zelt flatterte wild im Wind.« Messner schaufelte Schnee in seinen Kochtopf, brachte ihn zum schmelzen und mischte ihn mit Tomatensuppenpulver. Er trank es und anschließend zwei Töpfe mit tibetischem Kräutersalztee. Vollständig bekleidet fiel er in Schlaf. Als er aufwachte, wusste er nicht, »ob es Abend oder Morgen war. Ich wollte nicht auf die Uhr sehen«, schrieb Messner später. »Tief in meinem Innersten hatte ich Angst. Nicht nur vor der gegenwärtigen Situation. Meine Angst umfasste die ganzen 30 Jahre meines Bergsteigerlebens: die Erschöpfung und Verzweiflung und die donnernden Lawinen. Diese Gefühle stürmten auf mich ein und verstärkten meine Angst.«

Am Morgen des 19. August erleichterte er seine Traglast, so weit er es riskieren konnte, und brach wieder auf. Eine Stunde watete er durch knietiefen Schnee, als er sich der Nordwand näherte, die sich zum Nordostgrat 455 Meter unter dem Gipfel erhebt.

> Weil ich überzeugt war, dass ich meinen Versuch aufgeben musste, wenn ich im tiefen Schnee klettern musste, suchte ich nach einer anderen Route. Das riesige Schneegebiet der Nordwand erstreckte sich zu meiner Rechten. Mehrere Schneebretter waren an seiner Seite abgegangen. Da der frische Schnee dort weggefegt worden war, würde die Oberfläche vielleicht hart sein. Es war meine einzige Chance. Schritt für Schritt, allmählich aufsteigend, begann ich die lange Querung zum Großen Couloir... Weil ich mich auf jeden Schritt konzentrierte, merkte ich nicht, dass das Wetter sich verschlechterte.

Um drei Uhr nachmittags hatte Messner 8220 Meter erreicht, und er war erschöpft und enttäuscht, weil er nur langsam vorangekommen war.

> Ich suchte verzweifelt nach einem Lagerplatz, konnte aber keinen entdecken.
>
> Eine Stunde später schaffte ich, mein Zelt auf einem schneebedeckten Felsvorsprung aufzuschlagen. Ich wollte mich dort fotografieren. Aber ich hatte nicht die Kraft, die Kamera an den Eispickel zu schrauben, sie auf Automatik zu stellen, zehn Schritte zurückzugehen und auf das Klicken zu warten. Es war viel wichtiger, etwas zu trinken vorzubereiten... Ich fühlte meinen Puls, während ich den Schnee schmolz; er raste – viel schneller als 100 Schläge pro Minute.
>
> Was war, wenn der Nebel bis zum Morgen nicht nach oben stieg? Sollte ich warten? Nein, das war sinnlos. Auf dieser Höhe gab es keine Erholung. Am übernächsten Tag würde ich so geschwächt sein, dass es zu einem Gipfelsturm nicht mehr reichte. Morgen musste ich entweder auf- oder absteigen. Es gab keine andere Möglichkeit.
>
> Der Morgen des 20. August war klar, aber Wolken waren im Anzug. Ich schnallte mir die Steigeisen an die Stiefel, nahm meine Kamera über die Schulter und meinen Eispickel in eine Hand. Alles andere ließ ich im Zelt zurück.

Bei diesem Aufstieg über 8000 Meter litt Messner unter Sauerstoffmangel, und Halluzinationen: »Nach kurzer Zeit vermisste ich meinen Rucksack. Er war mein Freund, mein Partner«, schrieb er. »Ich habe mich mit ihm unterhalten. Er hat mich schwer gedrückt, wenn ich erschöpft war. Ohne ihn war es jedoch leichter – viel leichter sogar. Außerdem hatte ich ja noch meinen zweiten Begleiter, den Eispickel, bei mir.«

◄

Die Bergsteigerin Vera Komarkova spiegelt sich in Sherpa Mingmas Sonnenbrillengläsern, als sie ihn, Sherpa Chewang (links) und Irene Miller auf dem 8091 Meter hohen Gipfel des Annapurna fotografiert. Über diese erste Besteigung des zehnthöchsten Berges der Erde von Amerikanern und Frauen wurde im März 1979 berichtet.

Gegenüber: Die Stellung des K 2 als zweithöchster Berg der Erde nach dem Everest wird heute zwar angezweifelt, doch an Heimtücke ist er sicher unübertroffen. Unter der Führung von Jim Whittaker erreichten die Teilnehmer der ersten erfolgreichen K2-Expedition im September 1978 den 8611 Meter hohen Gipfel des »Wilden Berges«. Auf diesem Foto aus Whittakers Bericht »Die größte Herausforderung« vom Mai 1979 halten sich die Kletterer an dem messerscharfen Kamm des Nordostgrats fest, um das Risiko, von herabfallendem Schnee und Eis mitgerissen zu werden, auf ein Minimum zu reduzieren, während sie Vorräte zwischen den Lagern transportieren. Fünf frühere Versuche von Amerikanern, den K 2 zu besteigen, waren gescheitert, fünf Kletterer hatten dabei den Tod gefunden.

Messners Vertrautheit mit den Berichten früherer britischer Expeditionen half ihm, die beste Route in und auf das Große Couloir zu finden, eine »physisch anstrengende, aber technisch nicht zu schwierige« Kletterei, bis er »zu einer Schneerinne kam, die zu einer Steilstufe mit verstreuten Felssteinen führte. Nach einer Weile«, schrieb er, »bremste weicher Schnee meine Schritte.

> Ich kletterte auf Händen und Knien, wie ein Vierbeiner, träge und apathisch. Eine dunkle Felswand versperrte den Weg. Irgend etwas in mir zog mich nach links. In einer kleinen Schleife umging ich das Hindernis.
>
> Nun stand ich genau unterhalb des Gipfels. Der Nebel war dicht, und ich konnte mich kaum orientieren. Die nächsten drei Stunden schienen unbemerkt zu verstreichen. Ich kletterte instinktiv, nicht bewusst. Die Wolken teilten sich für kurze Augenblicke und gaben flüchtig den Blick auf den Gipfel gegen den blauen Himmel frei.
>
> Plötzlich sah ich das Aluminiumstativ! Da war es – Segen des Beweises, Fluch der Entweihung auf diesem höchsten Ort der Einsamkeit. Es ragte kaum aus dem Schnee und hatte um die Spitze ein Stück gefrorenen Stoffs gewickelt. Die Chinesen hatten es 1975 am höchsten Punkt verankert, um genaue Messungen durchzuführen.
>
> Ich saß da wie ein Stein. Ich hatte all meine Kräfte aufgeboten, um dorthin zu gelangen. Ich fühlte mich leer. Ich musste mehrere Fotos machen. Jedes einzelne erforderte gewaltige Anstrengungen. Flecken blauen Himmels beehrten mich kurz, dann schlossen sich die Wolken wieder und wirbelten umher, als pulsierte die ganze Erde. Zum zweiten Mal hatte ich den höchsten Punkt der Erde erreicht, und wieder konnte ich nichts sehen. Diesmal war das nicht von Bedeutung.
>
> Ich weiß immer noch nicht, wie ich es schaffte, den Gipfel zu erreichen. Ich weiß nur, dass ich nicht mehr lang hätte weitergehen können. Langsam stand ich auf und begann den Abstieg.

In Reinhold Messners GEOGRAPHIC-Artikel zeigt ihn ein letztes Foto erschöpft und ausgedörrt in seinem Basislager. Es trug die Bildunterschrift: »Zuerst kamen Tränen, dann die Story über die Strapazen, erzählt in einer Flut aus Erinnerungen.« Messners Story führt zu der Erkenntnis, dass er sich selbst so weit getrieben hatte, um das zu erfahren, was der britische Dichter C. Day Lewis beschrieb:

Dieser Himalaja des Geistes
Ist nicht so einfach zu besitzen:
Es gibt mehr als Klippen und Stürme
Zwischen dir und deinem Everest.

Im Oktober 1986, sechs Jahre nach seiner triumphalen Eroberung des Mount Everest, erreichte Reinhold Messner den Gipfel des benachbarten Lhotse, des vierthöchsten Bergs der Welt. Damit war er der einzige Mensch in der Geschichte, der die Gipfel aller 14 Berge erreicht hat, die über 8000 Meter hoch sind. Diese »Achttausender«, wie man sie unter Kletterern nennt, befinden sich alle im Himalaja. Messner hat den »Grand Slam« des Bergsteigens innerhalb von 16 Jahren erreicht. Er hat den Lhotse und den Everest – und die anderen zwölf höchsten Gipfel der Welt – ohne Sauerstoffgerät bestiegen.

»Haben wir einen Feind besiegt?« hatte Mallory gefragt. Seine Antwort: »Nein, nur uns selbst,« hat Messner sehr klar verstanden.

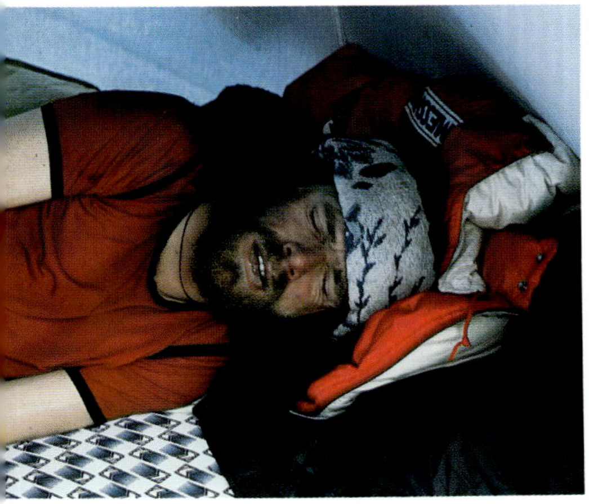

Oben: Reinhold Messner, der sich hier von den Strapazen ausruht, brach am 18. August 1980 von seinem Basislager in 6397 Meter Höhe auf und erreichte zweieinhalb Tage später den Gipfel des Mount Everest. »Ich stellte mich der für mich größten Herausforderung – die Besteigung des höchsten Bergs der Erde im Alleingang«, schrieb er für das GEOGRAPHIC vom Oktober 1981. Seinen Aufstieg, den er ohne Träger und begleitende Kletterer und ohne Funk- und Sauerstoffgerät durchführte, wurde als bergsteigerische Höchstleistung bejubelt.

Rechts: Messner hatte »all seine Kräfte« aufgeboten, um den Gipfel zu erreichen. Aber nun baute er mit dem Aluminiumstativ – »Segen des Beweises, Fluch der Entweihung« –, das die Chinesen 1975 am höchsten Punkt des Everest zurückgelassen hatten, in einer »gewaltigen Anstrengung« seine Kamera mit Selbstauslöser auf und stolperte schwindlig vor Erschöpfung zum Gipfel.

Folgende Seiten: »Blick zurück auf Cerro Torre. Ein Foto von Fitz Roy, knapp unterhalb des Gipfels, nachdem er auf dem Schneefeld ohne Schlafsack, die meiste Zeit stehend, die Nacht verbracht hatte. Vor Sonnenaufgang starteten wir für die letzte halbe Stunde zum wahren Gipfel. Als wir uns ihm näherten, fielen die ersten Strahlen des ›Alpenglühens‹ auf die Spitze... Cerro Torre, die als schwierigste Felsspitze der Welt gilt, ist der höchste Punkt links im Vordergrund... Dahinter liegt das patagonische Gletschergebiet, 320 Kilometer geschlossene Eisdecke an der Grenze zwischen Chile und Argentinien...« Notizen des Fotografen Galen Rowell zur Beschreibung dieses bislang unveröffentlichten Fotos.

PACIFIC
OCEAN
NATIONAL GEOGRAPHIC GLOBE

1957–1967

»Wie ein Feuerwerk in stiller Nacht«

»Wandel und Beharren, eins befruchtet das andere. Aber in den Tagen von Jack La Gorce wurde nicht das Geringste geändert. Seine ganze Redaktionspolitik bestand darin: Wer langsam geht, kommt auch zum Ziel. Und ich hielt mich daran, weil er es so wünschte. Aber ich habe meine Ideen im Hinterkopf behalten – für den Tag, an dem ich Chef sein würde.«

Melville Bell Grosvenor, zitiert nach Priit Vesilind in seiner Doktorarbeit *NATIONAL GEOGRAPHIC and Color Photography*, Dezember 1977

Vorangehende Seiten: Melville Bell Grosvenors Dekade (1957–1967) als Chefredakteur des Magazins und Präsident der Society war durch Enthusiasmus und Innovation gekennzeichnet. Zu den Neuentwicklungen zählten die durchgehend farbigen Magazine, Fotografien auf dem Umschlag, erweiterte Förderung von Forschung und Entdeckungen, der Vorstoß in das Medium Fernsehen und steigende Buchveröffentlichungen, ein 300seitiger Atlas der Welt sowie die freibeweglichen Globen, wie sie hier am Fließband schwebend in der Chicagoer Fabrik Replogle Globes, Inc. gezeigt werden, kritisch begutachtet von Melville und Luther I. Replogle. Innerhalb des ersten Jahres wurden mehr als 120 000 Exemplare an die Mitglieder der National Geographic Society in 100 Ländern ausgeliefert.

Während des Interregnums von 1954 bis 1957 gab es niemals den geringsten Zweifel, wer Nachfolger von La Gorce werden würde. Melville Bell Grosvenor hatte in jenen Jahren die Zeitschrift de facto bereits gemacht. Als MBG, der unter dem Konservatismus von La Gorce gelitten hatte, schließlich 1957 zum Chefredakteur ernannt wurde, hat ein GEOGRAPHIC-Mitarbeiter Melvilles Start mit einem »Feuerwerk in einer stillen Nacht« verglichen. Das Feuerwerk war verständlich; in der einen oder anderen Weise hatte Melville Grosvenor sich seit 1902 auf die Übernahme des GEOGRAPHIC vorbereitet. Er war gerade fünf Monate alt, als er, von der Hand des Vaters geleitet, ein zittriges »X« auf die Zueignungsurkunde gesetzt hatte, die versiegelt im Grundstein der Hubbard Memorial Hall deponiert wurde, dem neuen ständigen Hauptquartier der Gesellschaft. Dann trug der kleine Melville, die winzige Faust in der Pranke des Großvaters Alexander Graham Bell, mit der Kelle Mörtel auf, um den Eckstein an seinen Platz zu setzen.

Zu seinem Großvater Bell hatte Melville eine besondere Beziehung. In seiner Kindheit verbrachte Melville die Sommerferien bei Bell in Baddeck, Neuschottland, wo er sich in der Liebe des Großvaters sonnte. »Es waren wundervolle Jahre«, sagte er später, »vom Großvater lernte ich mehr als von irgend jemandem sonst... Ich war sein erster Enkel, und da seine beiden Söhne schon in jungen Jahren gestorben waren, setzte er seinen ganzen Ehrgeiz ein, aus mir seinen Sohn zu machen...«

Alexander Graham Bell starb 1922. Melville war damals 21 Jahre alt und Oberfähnrich an der United States Naval Academy. Melville absolvierte Annapolis 1923, diente ein Jahr als Leutnant zur See auf den Schlachtschiffen *Delaware* und *West Virginia*, reichte 1924 seinen Abschied ein und begann seine Arbeit beim NATIONAL GEOGRAPHIC.

In den nächsten 18 Jahren, von 1924 bis 1942, machte Melville Bildunterschriften; in den folgenden acht Jahren war er Bildredakteur und von 1950 bis 1957 Stellvertretender Chefredakteur und später Mitherausgeber der Zeitschrift. Als er schließlich Chefredakteur wurde, war er 55 Jahre alt und voller Ideen, die er größtenteils schon seinem Vater und La Gorce vorgetragen hatte, die aber nicht realisiert worden waren. In den drei Jahren, die dem Rückzug seines Vaters 1954 folgten, hatte sich Melville bereits den Weg zu seinem Posten geebnet, indem er junge Leute engagierte, die ebenso voller Ideen waren wie er selbst, darunter Wilbur E. Garrett, Robert L. Breeden, Thomas J. Abercrombie und Thomas R. Smith.

Nahezu unmittelbar nach Übernahme der Leitung des GEOGRAPHIC musste Melville mit einer »Palastrevolte« in der Bildredaktion fertig werden. Walter Meayers (Toppy) Edwards – er hatte beim GEOGRAPHIC als Sekretär von Franklin Fisher begonnen – hatte einfach bei Fishers Tod 1953 den Posten des Bildchefs usurpiert; er unterstand Melville direkt. Herbert S. Wilburn jr. war Stellvertretender Bildchef, zuständig für Farbfotos, und Kip Ross Stellvertretender Bildchef, zuständig für Schwarzweißfotos. Wilburn und Ross unterstanden die Bildredakteure, einschließlich Garrett und Breeden.

Obwohl nominell ihr Chef, hatte Edwards bei der Auswahl seiner Mitarbeiter nichts zu sagen. »Eingestellt wurden wir alle damals ausschließlich von Melville«, erklärte Garrett, »und dann Toppy unterstellt, ob er wollte oder nicht.«

Edwards war ein Bildmensch. Obwohl er vereinzelt für das Magazin schrieb, traf er doch vor allem ungefähr 15 Jahre lang die Farbfotoauswahl im GEOGRAPHIC. Kip Ross hatte bei der Associated Press gelernt. Er verstand etwas von Journalismus, hatte ein Buch über Fotografie gemacht und umging seinen Bildchef ständig, weil er unter Edwards nicht gerne arbeitete.

Bob Breeden und Bill Garrett arbeiteten mit Schwarzweißillustrationen unter Kip Ross und drangen auf eine Modernisierung des fotografischen Layouts und Stils. Weil Ross ihren Vorschlägen zugänglich war, enthielten die Schwarzweißseiten des Magazins allmählich mehr Fotos mit natürlichem Licht und größerer Nutzung des weißen Fonds, um eine bessere Gestaltung zu erzielen. Die Farbseiten jedoch blieben überladen mit hart nebeneinandergestellten Fotos und dünnen weißen Trennlinien dazwischen sowie sorgfältig gestellten Bildern. Und so entstand, wie Garrett sagt, »in der Bildabteilung ein Schisma«, und

> was das Ganze unerträglich machte, war die Tatsache, dass es keine Layout-Abteilung gab. Der Bildchef war der Layouter, obwohl er keinerlei Talent dafür besaß. Es war für jedermann eine völlig unhaltbare Situation, weil zwischen den Farb- und den Schwarzweißfotoredakteuren eine Konkurrenz entstand. Die Farbbildredakteure stellten sozusagen ihr Dummy in Farbe fertig, und wo dann noch einige Löcher übrig waren, konnten wir beim Zusammenstellen der Seiten ein paar Schwarzweißfotos einschieben. Und obwohl Toppy Leiter der Abteilung war, gingen die Schwarzweißlayouts direkt an Melville, weil Kip das nicht so eng sah. Melville nutzte die Schwarzweißabteilung gewissermaßen als sein Experimentierfeld für Gestaltung und Layout. Es war wunderbar, weil wir dadurch freie Hand hatten. Das hatten die Jungs von der anderen Abteilung nicht... Toppy stellte sich auf die Hinterbeine. Er gab sogar den Befehl aus, keinen Beitrag in das Magazin aufzunehmen, bei dem zwischen den Fotos mehr als 1,6 Millimeter Zwischenraum bliebe.

Bis zu dem Buch über die Indianer waren die Bücher der Society lediglich Zusammenstellungen von Magazin-Texten und -Bildtafeln gewesen. Aber als Howard Paine als Grafiker bei Severy begann, bekamen die Bücher ein anderes Aussehen. Offenes Layout mit reichlich weißem Raum, was die jüngeren Mitarbeiter der Bildredaktion des Magazins immer gewollt, aber nicht gedurft hatten. Das Ergebnis: Verstimmung.

Severy erklärt: »Das Magazin konnte mit dem Zeug, das wir im Bücherdienst produzierten, nichts anfangen. Beim Magazin durfte man sich nicht einmischen. Psychologisch gesehen waren die Bücher aber kein geheiligter Boden. Bei den Büchern war uns einiges erlaubt, weil uns niemand ernst nahm – außer Melville.«

Zum offenen Konflikt kam es, als Merle Severy auf einer Flugreise zu einer Zusammenkunft in Chicago Toppy Edwards sein neuestes Buch zeigte und Edwards vorschlug, dass Howard Paine beim Layout des Magazins behilflich sein könnte.

Nach der Ankunft in Chicago rief Edwards Garrett in Washington an und sagte ihm, er solle das Dummy, an dem er gerade arbeitete, Howard Paine geben, damit er es neu, und zwar mit weißen Zwischenräumen gestalten könne. Garrett war aber schon fertig mit seiner Arbeit.

»Ist das ein Befehl?« fragte Garrett. »Ja«, antwortete Edwards.

Garrett sagte »Okay«, und ging hinunter zur Personalabteilung, um zu kündigen. Edwards' Telefonanruf hatte auch die übrigen Mitglieder der Bildabteilung

Melville Grosvenors Leica war immer schussbereit, wie hier auf einem Foto aus dem Jahr 1959 in Kambodscha im großen Khmer-Tempel von Angkor Wat. Sein Interesse an der Fotografie wurde sowohl von seinem Vater Gilbert Hovey Grosvenor gefördert, der Melville schon mit elf oder zwölf Jahren Bilder machen ließ, als auch von seinem Großvater Alexander Graham Bell, der Melville im Alter von 13 Jahren zum »offiziellen Fotografen« bei seinen Experimenten machte.

DER BÜCHERDIENST

Seit 1957, als die Bücherdienstabteilung von MBG geschaffen wurde, sind fast 50 Titel an Millionen von Käufern verschickt worden. Es ist schwierig, den möglichen Einfluss dieser Bücher abzuschätzen, aber Vize-Direktor Ross S. Bennett vom Bücherdienst erzählt folgende Geschichte: 1962 las der Student Ronald M. Nowak von der Tulane-Universität in New Orleans in einem vom Bücherdienst herausgegebenen Band mit dem Titel *Die wilden Tiere Nordamerikas,* dass der Rote Wolf, in den Sumpfgebieten von Louisiana und Texas heimisch, vom Aussterben bedroht sei; in anderen Büchern hatte er bisher keinen Hinweis darauf gefunden. Also

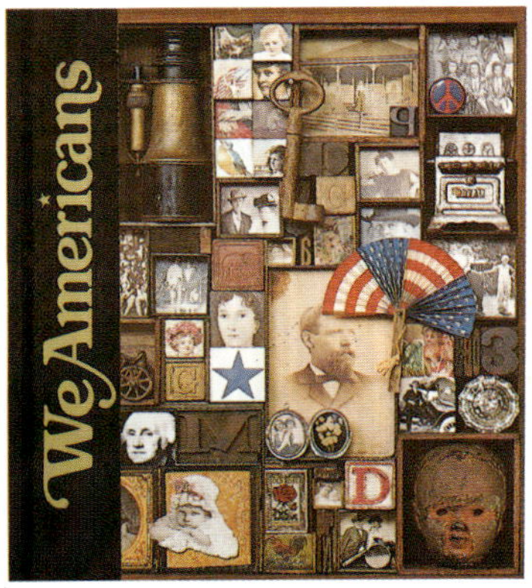

entschloss sich Nowak, dem nachzugehen. Er begann, Briefe zu schreiben und um Informationen über die Wolfspopulation zu bitten. Danach nahm er mit dem United States Fish and Wildlife Service Kontakt auf. Als seine eigenen Forschungen das Verschwinden des Roten Wolfes bestätigten, half er bei der Organisierung einer landesweiten Kampagne, die Maßnahmen zur Rettung des Tieres durch die Bundesregierung zur Folge hatte. Nowak wurde Biologe.

»Jahre später, als die Herausgeber des Bücherdienstes beschlossen, eine Neuausgabe der *Wilden Tiere* zu machen und einen Chefberater suchten«, berichtet Bennett, »fanden sie ihren Experten auf dem eigenen Terrain – Ron Nowak, Säugetierkundler und Mitarbeiter im Fish and Wildlife Office für bedrohte Arten.«

Männer, Schiffe und das Meer war derjenige Band des Bücherdienstes, der Melville Grosvenor am stärksten am Herzen lag. Melville wollte das Buch von jemandem schreiben lassen, der »mit der See gelebt hatte« und mit Leidenschaft dabei war. Er konnte Alan Villiers gewinnen, Autor vieler beliebter Seefahrerartikel im GEOGRAPHIC.

Männer, Schiffe und das Meer war nicht nur einer der ersten Bände des Bücherdienstes, die nicht ausschließlich Material aus dem Magazin enthielten, sondern es war auch ein Band in übergroßem Format, und das, so erinnert sich Charles O. Hyman, Direktor des Bücherdienstes, »führte zu einer Menge Misslichkeiten... Melville war wütend, weil das Buch nicht in sein Bücherregal passte, das er genau nach der Höhe des Magazins hatte entwerfen lassen. Merle Severy (der erste Direktor des Bücherdienstes) musste sich heimlich mit Schreinern in Melvilles Büro schleichen, während MBG auf Reisen war, um das Bücherbord höher machen zu lassen, damit der Band hineinpasste.«

Seit 1962 haben die Objekte des Bücherdienstes »das ganze Spektrum menschlichen Interesses abgedeckt, von Indianern bis zu Insekten, von Nationalparks bis zu historischen Heiligtümern, von Vögeln bis zu Hunden«, sagte Vize-Direktor Bennett. »Die Leser konnten sich über die Verhaltensweisen der Tiere wundern, unseren Planeten erforschen, Britannien und Irland entdecken, durch China reisen, den menschlichen Körper in Diagrammen bestaunen und den Abenteuern der Archäologie folgen. Sie konnten in Büchern über das Alltagsleben beobachten, wie das Entstehen der westlichen Zivilisationen, wie Geschichte lebendig wird...

Sie haben Proben geistiger Toleranz in *Die großen Religionen der Welt* geboten bekommen und haben sich selbst in *Wir Amerikaner* wiederentdeckt.«

wütend gemacht. Sie alle hatten versucht, die Gestaltung des Magazins zu erneuern, das Layout offener zu machen, weißen Raum einzusetzen, aber Edwards hatte es nicht zugelassen. »Plötzlich«, erinnert sich Garrett, »kam da ein Außenseiter mit Namen Howard Paine, dem das erlaubt sein sollte!«

Als Edwards zurückkehrte, zitierte er die gesamte Bildabteilung zu einem Treffen mit Merle Severy, Howard Paine und einem Filztisch in sein Büro. Paine zeigte den Bildredakteuren, wie man die Magazinseiten layouten könnte.

»Toppy war ziemlich klein und saß hinter seinem riesigen Schreibtisch«, erinnert sich Garrett, »und da war Howard Paine, der netteste Kerl der Welt, der mit einem Filztisch herangekarrt worden war, um uns zu zeigen, wie man Bilder layoutet. Die Luft war zum Schneiden.«

Paine, noch ganz frisch beim GEOGRAPHIC und ohne jede Ahnung von den Konflikten in der Bildredaktion, versuchte nur zu tun, was man ihm gesagt hatte. Redaktionsmitglieder wie Breeden, die Layouts machten und genau das vorgeschlagen hatten, was Paine erzählte, kamen sich düpiert vor und sagten das auch.

Garrett erinnert sich:

> Breeden wurde ganz angespannt und verkniffen, und dann fragte er mit zusammengebissenen Zähnen: »Wollen Sie mir etwa erzählen, wie man ein Bild anschneidet?«
>
> Ich sagte keinen Ton. Ich hielt den Mund, weil ich für meine Person damit fertig war. Ich hatte gekündigt. Aber die anderen machten sich Luft, wie Brooks Honeycutt, ein früherer Navypilot, der das nicht schlucken wollte...
>
> Schließlich, als er genug Gemurre und Unmut gehört hatte, sprang Toppy auf, schlug mit der Faust auf den Tisch und sagte: »Ihr führt euch alle auf wie eine Horde von...«, und dann, nach einem Wort suchend, ich denke, er wollte sagen »Anarchisten«, aber was er am Ende sagte, war: »wie eine Horde von Kommunisten!« Und Andy Poggenpohl, ein sehr friedlicher, gutaussehender, etwas behäbiger älterer Typ, explodierte.
>
> Poggenpohls Vater war Admiral in der Marine des Zaren gewesen, und ich vermute, er war von den Kommunisten umgebracht worden. Ich habe ihn niemals zuvor so wütend gesehen. Er sprang auf, sagte: »Das brauche ich mir von Ihnen nicht sagen zu lassen!« und stampfte zur Tür hinaus.

Die übrigen Redakteure folgten ihm bald und ließen Toppy Edwards, Howard Paine, Merle Severy und den Filztisch allein. Das Meeting war vorbei.

Ironischerweise waren 20 Jahre später Howard Paine Art-Director und Merle Severy Mitherausgeber des Magazins. Im Rückblick auf diesen Zwischenfall – der in der Bildredaktion immer noch als »Schwarzer Freitag« erinnert wird – sagt Paine, er sei von seiner Arbeit so begeistert gewesen, dass er gar nicht gemerkt habe, was er machte. »Ich war so jung«, meinte er, »und war noch nicht erfahren genug, um zu bemerken, dass ich den Leuten heftig auf die Zehen trat.«

Ganz kurz darauf veränderte sich das Aussehen des Magazins und spiegelte damit die neuen Ideen über Grafik und Layout der jungen Leute wider.

Seine Bildredaktion ein einziges Chaos, seine Autorität dahin und seine Selbstachtung zerronnen – Toppy Edwards wurde krank. Melville schickte ihn kurz danach auf eine für ihn kostenlose Kreuzfahrt in die Karibik. Und am 28. Januar 1958, Edwards war immer noch in Erholung, ließ Melville ihn wissen, dass Herb Wilburn ihn als Bildchef ablösen würde. Im selben Jahr erlitt Kip Ross einen Herzanfall und gab seinen Posten als Chef der Schwarzweißfotoabteilung auf.

Toppy Edwards' Weggang beseitigte die letzten Überreste der alten »Rothemd-Fotografenschule« und machte die Bahn frei für die neue Generation. Melville versetzte Edwards in die Auslandsredaktion; dort arbeitete er bis 1973 und schied dann nach einer 40 Jahre langen Laufbahn aus. Herb Wilburn, der letzte Überlebende des Bild-Triumvirats, wie es bei MBGs Machtantritt bestanden hatte, wollte seine Position konsolidieren, indem er die Schwarzweiß- und die Farbfotoabteilung zu-

Gegenüber: Ein von Melville Grosvenor korrigiertes und bearbeitetes Manuskript. Während einer Ehrung des Cosmos-Clubs für Melville Grosvenor erinnerte sich der altgediente Mitarbeiter Luis Marden: »Wenn ich (MBG) Manuskripte ... unterbreitete, wurden Ungenauigkeiten oder unpassende Ausdrücke am Rande immer mit einem gekritzelten ›Wasndat?‹ versehen oder, wenn er ganz anderer Ansicht war, mit einem ›Unsinn!‹. Dann war es auch immer Unsinn. Die roten Striche des Chefs führten zu einem Manuskript, das, wie Fowler über die Korrekturen seines Bruders sagte, ›... von Weitschweifigkeiten befreit war, dessen Schwächen behoben, dessen Schrullen eliminiert waren und dessen Wahrheiten vervielfacht wurden‹.« Der stellvertretende Chefredakteur Bart McDowell hielt Melville für den »wichtigsten Leser, für unser Lackmuspapier. Er hatte ein perfektes Gespür dafür, was der Leser wünschte. Oft dachte ich, wir müssten die Geschichte nur dort beenden, wo Melville das Interesse verlor und zu lesen aufhörte – selbst wenn es in der Mitte eines Satzes gewesen wäre...«

sammenlegte. Obwohl Melville in gewisser Weise abseits gestanden hatte und das Durcheinander in der Bildredaktion sich selbst ordnen lassen wollte, gab es dennoch niemals einen Zweifel, wer das GEOGRAPHIC leitete: Melville Bell Grosvenor, und zwar mit einem Enthusiasmus, den sein Vater in diesem Ausmaß nie gezeigt hatte.

Die älteren Mitarbeiter sprechen immer wieder von Melvilles kindlicher Begeisterung. »MBGs gleichbleibende Jungenhaftigkeit machte es angenehm, mit ihm zu arbeiten«, sagte Severy, »er war aufgeschlossen, neuen Ideen zugänglich. Er war warmherzig, großzügig, und man konnte mit ihm diskutieren. Er wachte mit einem Strahlen in den Augen auf und hielt die Welt für einen wundervollen, aufregenden Ort.«

Severy wollte einmal ein Projekt verwirklichen und rechnete mit MBGs Widerstand. Er überlegte sich zehn Gründe, warum es notwendig sei. Nach dem zweiten Argument sagte Melville ja. Aber Severy zählte weiter seine Gründe auf, bis Melville ihn unterbrach: »Merle, Sie müssen lernen, ja als eine Antwort zu nehmen.«

Der Fotograf Luis Marden erinnert sich an MBG als einen »Chef mit Intuition. Ziemlich oft konnte er nicht erklären, warum er etwas verwirklichen wollte, aber er wusste verdammt gut, wie es gemacht werden musste oder dass es sich lohnte. Und er wusste intuitiv, was bei den Lesern des Magazins gut ankommen würde... MBG verlor niemals die Fähigkeit zu staunen... Wenn man zu ihm mit einer Idee kam, die etwas taugte, einer guten Idee also, dann fing er gleich Feuer. Er stand von seinem Stuhl auf und begann hin und her zu gehen. Er sagte: ›Fantastisch! Und Sie meinen, wir könnten das machen?‹ Man selbst rannte neben ihm her. ›Ja, das ist toll!‹ sagte er. ›Los! Fangen wir an!‹«

Als Melville Grosvenor beim GEOGRAPHIC begann, betrug die Mitgliederzahl 905 700; als er 1957 Chefredakteur wurde, gab es 2 175 000 Mitglieder. Als er zehn Jahre später in den Ruhestand ging, waren es 5,5 Millionen. Das Jahrzehnt, in dem Melville Grosvenor Präsident der National Geographic Society und Chefredakteur des Magazins war, wird laut Luis Marden »von den alten Mitarbeitern als das goldene Zeitalter bezeichnet«. Welche Neuerungen führte Melville ein?

Melville begann damit, die Themen des Hefts auf die Rückseite des Umschlags zu drucken und änderte den Namen des Magazins: Im Dezember 1959 wurde aus The NATIONAL GEOGRAPHIC MAGAZINE The NATIONAL GEOGRAPHIC, und drei Monate später verkürzte er den Titel nochmals auf NATIONAL GEOGRAPHIC.

Er veränderte das Gesicht des Magazins, ließ den gelben Rand schmaler gestalten und das Eichenlaub nach und nach beschneiden, bis auch das letzte Blatt gefallen war, kurz nachdem MBG sein Amt als Chefredakteur niedergelegt hatte.

Da viele Leser sich einfach nur die Bilder anschauten und die Artikel überblätterten, ließ MBG den Bildteil derart aufbauen, dass jedes Bild von einem Textextrakt begleitet wurde. Betont wurde Lebendigkeit, das Hilfsverb »sein« war nicht erlaubt. »Damals«, erinnert sich ein Redakteur, »gehörte es zum guten Stil, niemals das Wort ›sagte‹ zu benutzen. Niemand ›sagte‹ jemals etwas. Wenn man zitierte, dann lächelte er leise oder verzog das Gesicht, murmelte oder brummte und dergleichen. Beim Schreiben musste man einen hohen Grad von Begeisterung vermitteln. Jedes Verb musste ein aktives Verb sein, jeder Satz aktiv...«

Als Melville Chefredakteur wurde, gab es für das GEOGRAPHIC kaum noch unentdeckte Südseeinseln und unerforschte Gebirgszüge. Mit Unterstützung der damaligen Kuratoren Melvin Payne und Walter Myers stockte Melville die Zuwendungen der Society für wissenschaftliche Forschung auf und lenkte ihre Energien und Gelder in die Erforschung der beiden verbliebenen großen Unbekannten: das Weltall und das Meer.

»Er steckte voller Ideen«, weiß Melvilles Redakteurskollege Nat Kenney zu berichten. »Verrückte Ideen, um eine Cousteau-Expedition zu unterstützen; herauszufinden, wie die NASA die Schwerelosigkeit im All simulierte, oder um mit dieser

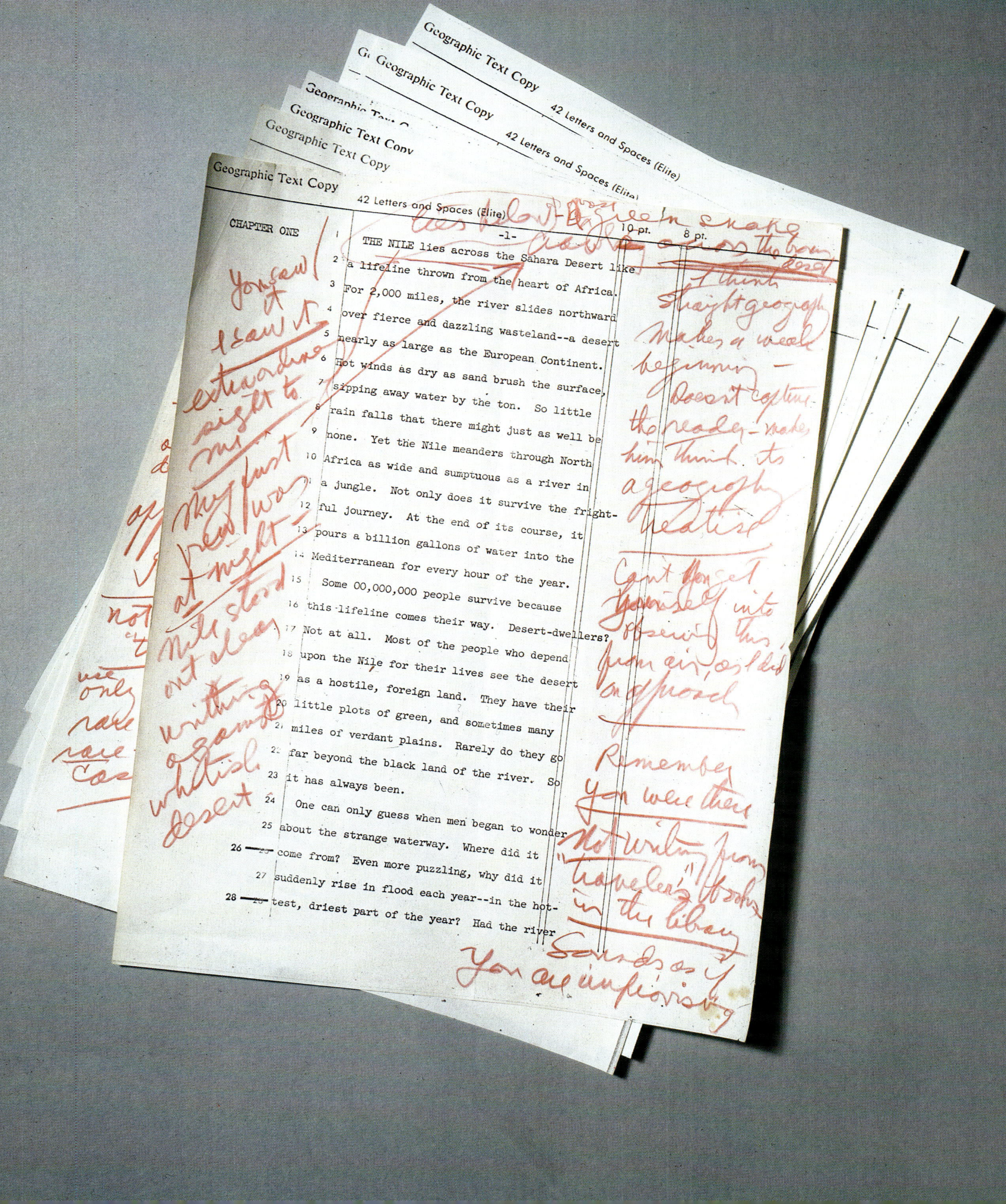
Geographic Text Copy

42 Letters and Spaces (Elite) 10 pt. 8 pt.

CHAPTER ONE

-1-

THE NILE lies across the Sahara Desert like a lifeline thrown from the heart of Africa. For 2,000 miles, the river slides northward over fierce and dazzling wasteland--a desert nearly as large as the European Continent. Hot winds as dry as sand brush the surface, sipping away water by the ton. So little rain falls that there might just as well be none. Yet the Nile meanders through North Africa as wide and sumptuous as a river in a jungle. Not only does it survive the frightful journey. At the end of its course, it pours a billion gallons of water into the Mediterranean for every hour of the year.

Some 00,000,000 people survive because this lifeline comes their way. Desert-dwellers? Not at all. Most of the people who depend upon the Nile for their lives see the desert as a hostile, foreign land. They have their little plots of green, and sometimes many miles of verdant plains. Rarely do they go far beyond the black land of the river. So it has always been.

One can only guess when men began to wonder about the strange waterway. Where did it come from? Even more puzzling, why did it suddenly rise in flood each year--in the hottest, driest part of the year? Had the river

↑ A Nickel Fetches an Egg and a Cackle from a Coin Machine of Grandpa's Day

In their nonprofit museum at Shelburne, Vermont, Mr. and Mrs. J. Watson Webb have assembled Americana ranging from this 19th-century vending hen to gems of New England architecture.

↓ These windup toys fascinated children of another generation. Santa Claus and black-robed lawyer can wave their arms. A monkey never quite escapes the chef's saucepan.

© National Geographic Society 754

755 © Kodachromes by National Geographic Photographer B. Anthony Stewart

Country Store at Shelburne Museum Stocks Memories of a Vanishing Way of Life

Shelves display spices, extracts, and teas in brands few modern housewives would recognize. A horse collar and oil lamp hang from the rafters. Behind the pot-bellied stove are a post office and barber shop.

Beispiele für die Art von überladenem Farbfoto-Layout, die zur »Palastrevolte« in der Bildredaktion des Magazins in den ersten Monaten nach Melvilles Amtsantritt führte. Zu den harten Auseinandersetzungen kam es, weil es den jungen Bildredakteuren nicht erlaubt war, das Layout zu modernisieren.

98

Life Teems on the Forest Floor . . .

Upper left: Bright spore capsules wave atop a green moss plant. Winds will scatter the reproductive cells as they sift from the pods. (Enlarged 3 times.)

Middle: *Nidula*, a common fungus, cradles spore masses like a clutch of eggs in a miniature nest. Empty pouches have already given up their spores; closed ones have not yet matured. (Enlarged 3 times.)

Lower left: Snails abound in the dark, damp corners of the forest. With eyes mounted on long stalks, *Ariolimax columbianus* can see over obstructions blocking its path. It lacks the usual coiled shell.

© National Geographic Society

99

. . . A New World Opens for Eda

Upper right: Scarlet-crested *Cladonia*, a corallike lichen, carpets sunlit earth and rocks. Brilliant red tips cast spores to the wind. (Enlarged 3 times.)

Middle: *Stemonitis*, a slime mold on the border line between plants and animals, slides like jelly over rotting logs. Here slender spore cases suggest dancing matchsticks. (Enlarged 3 times.)

Lower right: Feeding on vegetation, a millepede drags its segmented body across tufts of orange cup fungus. If disturbed, the inoffensive but strong-odored creature rolls up like a ball. (Enlarged 2 times.)

© Kodachromes by Paul A. Zahl

Frau Goodall mit ihren Schimpansen zu sprechen. Na ja, und mindestens in vier von fünf Fällen waren die Leser genau auf das wild, auf das MBG auch wild war.«

Unter Melvilles Leitung veröffentlichte das Magazin zahllose Artikel von Cousteau. Die Leser erfuhren von Barry Bishop, »Wie wir den Everest bestiegen« und verfolgten, wie das Raumfahrtprogramm der USA in Gang kam und sie den Mond erreichten.

Die Leser erlebten mit Harald Schultz »Die großlippigen Indianer Brasiliens« und L. S. B. Leakeys Entdeckung der ersten Hominiden, Zinjanthropus. Sie nahmen an dem Abenteuer eines jungen Mannes teil in »Ein Teenager segelt allein um die Welt« und überlebten Katastrophen in »Lawinen!«, »Erdbeben!« und »Florenz erhebt sich aus den Fluten«. Mit Luis Marden gingen sie in Yucatán 1000 Jahre zurück und brachten Geräte der Maya mit in »Gehoben aus dem Brunnen der Zeit«. Und in »Mysterium des Chrysippusfalters« entdeckten sie mit dem Naturwissenschaftler Dr. Paul A. Zahl, wo diese hübschen, zarten Geschöpfe auf Wanderung gingen.

Einen großen Atlas zu publizieren, war lange Zeit Melvilles Traum. Da die geographischen Veränderungen, die der Zweite Weltkrieg und die Zeit danach mit sich gebracht hatten, eine vollständige Neu-Kartierung der Welt erforderten, hielt MBG die Zeit für reif, um seinen Traum zu verwirklichen. Der Kartografen-Stab wurde verdoppelt, und neue Techniken zum Zeichnen der Karten auf Filme wurden entwickelt. Sobald eine neue Karte erstellt war, wurde sie als Beilage im Magazin veröffentlicht.

Bart McDowell, heute stellvertretender Chefredakteur, wurde als »sehr, sehr junger Mann Mitglied des Stabs«, um am ersten Atlas mitzuwirken. Er erinnert sich:

> Diese Karten im Format eines Atlasses lagen lose im Magazin, und die Idee war, dass wir den Mitgliedern eine Art Mappe mit Kartons und Klebepapier verkaufen würden, damit sie die einzelnen Karten sammeln konnten. Es musste eine Ankündigung gemacht werden, dass dieser »Atlasband« erhältlich wäre, aber was sollte man schreiben? Er bestand ja nur aus Karton und Klebeband.
>
> Ins Blaue hinein dachte ich, das Ganze müsste als Kartenkunde verkauft werden! Die Erregung, die Leute erleben, die mit Karten arbeiten: Christoph Kolumbus, der Mann in Antwerpen, der den ersten Atlas zusammenstellte, Robert Louis Stevenson und die Schatzinsel. Welch schöne Entspannung ist es, Karten zu lesen, die verschiedenen Breitengrade zu betrachten, über die Leute zu sinnieren, die dort wohnen...
>
> Melville sah, was ich geschrieben hatte, und war begeistert. »Das ist gewiss eine Überlegung wert«, meinte er. Er dachte weiter nach, wurde noch enthusiastischer und sagte schließlich: »Ich glaube, wir werden dem ganz einfach meine Überlegung schenken.«

Das war das höchste Lob.

Der 300 Seiten starke Atlas der Welt der National Geographic Society wurde 1963 publiziert. Melville nannte ihn »den größten, handlichsten und ehrgeizigsten Beitrag der Society zum geographischen Wissen«. Er enthielt einen Index mit 125 000 Ortsnamen, eine Beschreibung jeder Nation, ihrer Flagge und Informationen, die von »Große Ereignisse in der Geographie« bis zu den »Temperaturen rund um die Welt« reichten. Dem Atlas folgte ein freibeweglicher Globus, eine Idee, die entstand, als der damalige stellvertretende Chefredakteur Frederick G. Vosburgh MBG erzählte, dass er von der US-Marine eingeladen worden sei, die Antarktis zu besuchen, die erstmals von den großen C-130-Flugzeugen von Neuseeland aus angeflogen werden sollte.

Melville hatte geantwortet: »Großartig! Wie weit ist die Antarktis von Neuseeland entfernt?«

»Etwa 2500 Kilometer, denke ich«, antwortete Vosburgh, »wir können die Entfernung ja auf dem Globus nachmessen.«

»Zuerst waren wir alle gegen ihn«, erinnert sich Gilbert M. Grosvenor an die Reaktionen seiner Redaktion auf Melvilles Vorschläge von 1959, regelmäßig Farbfotos auf die Titelseite des NATIONAL GEOGRAPHIC *zu setzen. Das Cover vom Juli 1959 (oben) zeigte das damals neue Banner der USA mit 49 Sternen. Weitere Titelfotos folgten ab der September-Ausgabe 1959 regelmäßig. Ein Mitglied witzelte: »Wenn Gott gewollt hätte, dass das GEOGRAPHIC Fotos auf dem Titel tragen sollte, hätte er dort von Anfang an eins hingesetzt!« Unter Melvilles Leitung wurde der Eichenblattrand des Magazins beschnitten, der gelbe Rand schmaler, und selbst der Name wurde geändert. Fünf Monate nach dem Titel mit dem Sternenbanner wurde aus The NATIONAL GEOGRAPHIC* MAGAZINE *einfach The NATIONAL GEOGRAPHIC und drei Monate später, im März 1960, schlicht* NATIONAL GEOGRAPHIC.

Oben: Peinlich genau fügt ein Künstler einen Ortsnamen in die Reinzeichnung mit den geographischen Namen für den Atlas der Welt von 1963 ein. Darunter: Eine Kartografin beugt sich über einen durchsichtigen Plastikbogen, um mit Tinte das Labyrinth der nordamerikanischen Flüsse und Küstenlinien auf einer der acht verschiedenen Bildvorlagen einzuzeichnen, aus denen beim Druck eine Karte entsteht.

Der Globus in Melvilles Büro stand auf dem Fußboden und drehte sich um eine feste Achse. Um die Entfernung am unteren Ende der Welt zu messen, mussten Melville und Vosburgh auf allen vieren kriechen.

Was danach geschah, schilderte Melville in einer bereinigten Fassung, »Ich schimpfte und sagte, dass man einen Globus haben sollte, den man beliebig herumdrehen könnte. Mr. Vosburgh war meiner Meinung. Wir riefen den Chefkartografen (James J. Darley) und seinen Assistenten Wellman Chamberlin an, und unser Globusprogramm war geboren...«

Chamberlin war es, der ein zusätzliches Gerät vorschlug, eine Plastikkapsel, um das Messen von Entfernungen und Flächen zu erleichtern. Folgerichtig wurde der Globus bekannt als »Globus mit der denkenden Kappe«.

Melville drängte auf Perfektion und Innovation bei der Fotografie und war auch bereit, dafür zu bezahlen. Das Fotobudget wurde verdreifacht. Auf Melvilles Anweisung ließ Bildchefredakteur Wilburn die Maße der im Magazin gedruckten Fotos vergrößern. Auch führte er die Praxis ein, dass jeder Artikel mit einer Bilddoppelseite begann. Und jede Ausgabe enthielt so viele Bilder wie möglich.

Je dramatischer die Veränderungen im Innern des Heftes waren, um so dringender wurde eine Änderung im Äußeren. Melville war es satt, immer auf dasselbe konservative Titelblatt des Magazins zu starren. Eines Tages bat er einige seiner Mitherausgeber – unter ihnen seinen Sohn Gilbert M. Grosvenor – in sein Büro. Auf Melvilles Schreibtisch lag ein großer Stapel verschiedener Ausgaben des GEOGRAPHIC. Sobald die Tür geschlossen war, nahm er die Hefte und warf sie auf den Boden, mit den Titeln nach oben. »Einen Moment dachten wir, was ist nur in ihn gefahren«, erinnert sich Ted Vosburgh.

»Dann rief er uns zu: ›Schaut euch die Magazine an und sagt mir, welches die neueste Ausgabe ist.‹ Das konnte niemand.«

»Da seht ihr!« erklärte Melville triumphierend. »Sie sehen alle gleich aus.«

Dann legte er uns ein Dutzend Magazine vor, die mit leuchtenden Farbfotos ausgestattet waren. »Nun schaut euch diese Hefte an«, sagte er und hielt eines mit dem Foto einer Geisha auf dem Titelblatt hoch. »Wenn ihr dies Heft auf dem Tisch bei einem Freund sähet, würdet ihr denken, o ja, das ist das GEOGRAPHIC vom letzten Monat mit einer Geschichte über Japan. Oder ihr würdet denken, das habe ich noch nicht gesehen, das muss das neue Heft sein.«

»Von jetzt an«, erklärte er fast streitsüchtig, »wird auf der Titelseite immer ein Farbfoto sein.«

Ein Foto von der neuen amerikanischen Flagge mit 49 Sternen prangte auf der Titelseite im Juli 1959. Im August gab es kein Foto, aber im September tauchte ein kleines Düsenflugzeug der Marine auf. Und seither gab es regelmäßig Farbfotos auf dem Cover des GEOGRAPHIC.

Als Nächstes erneuerte die Society die Druckmaschinen und -verfahren. Als Melville das Magazin »übernahm«, »standen wir an einem Scheideweg«, so schrieb er. »Bei einer ständig steigenden Mitgliederzahl von 2 175 000 mussten wir der Tatsache ins Auge sehen, dass bei zweieinhalb Millionen die äußerste Grenze einer Auflage erreicht wäre, die wir mit den herkömmlichen Methoden drucken könnten. Mit Pressen, bei denen eine Seite bedruckt und dann beiseite gelegt wurde, um zu trocknen, damit die Rückseite bedruckt werden konnte, damit konnten wir die Bedürfnisse der Mitglieder nicht mehr zufrieden stellen.«

Thomas W. McKnew, damals Executive Vice President der Society und Sekretär eines speziellen »Druckverfahren-Komitees«, diskutierte mit den übrigen Mitgliedern des Ausschusses, ob der Druck in Washington fortgeführt oder die Methode geändert und woanders weitergemacht werden solle. Man beschloss, dass der Weggang von Washington die einzige Lösung sei. McKnew überwachte den Umzug von Washington, wo bisher gedruckt worden war (außer einer kurzen Periode im Jahre 1901 in New York) nach Chicago auf die Hochgeschwindigkeitsfarbpressen

»EINE ROMANFIGUR: LUIS MARDEN VON DER SOCIETY«

In einem Leitartikel zu Ehren von Luis Marden im April 1978, geschrieben vom Enkel jenes Mannes, der ihn eingestellt hatte, nannte Gilbert M. Grosvenor die 41 Jahre währende Karriere von Luis Marden als verantwortlicher Redakteur »so bemerkenswert, dass er manchmal wie eine Romanfigur wirkt«. Er fuhr fort: »Er kennt Tahiti, die Fidschis und Tonga genauso gut wie sein heimatliches Boston, und er spricht fließend fünf Sprachen. In jeder kann er Anekdoten mit der Meisterschaft eines vollendeten Schauspielers erzählen.«

Sieben Jahre später beschrieb der Redakteur James Conaway von der *Washington Post* Marden als »einen der letzten Abenteurer vom alten Schlag, als Inbegriff eines Phänomens, das früher als ›GEOGRAPHIC-Mann‹ bekannt war. Er reist erster Klasse und führt Buch über die Reisekosten, unter denen ein Posten ›Geschenke an die Eingeborenen‹ figurierte.«

An anderer Stelle in diesem Buch wurde bereits erwähnt, wie Marden voraussah, welche Rolle der Kodachromefilm und die 35-mm-Kamera für das GEOGRAPHIC spielen würden; ebenso wurde über seine Pionierarbeit bei der Unterwasserfotografie mit Jacques-Yves Cousteau berichtet. Aber die außerordentliche Bandbreite seiner Tätigkeit verdient ebenfalls Erwähnung.

1936, bei seinem ersten Auslandsauftrag, fotografierte Marden (oben, links) die Mayastadt Chichén Itzá – und sich selbst. Es war auch Luis Marden, der 1957 in den Gewässern vor der Pitcairn-Insel die Überreste von Captain Blighs *Bounty* fand und fotografierte, die von den Meuterern vor mehr als eineinhalb Jahrhunderten versenkt worden war. In Brasilien fand Marden eine neue Orchideenart, die später nach ihm Epistephium mardeni benannt wurde, ebenso wie die neuen Spezies von Sandflöhen, Dolobrotus mardeni, die er in den Tiefen des Atlantiks entdeckt hatte.

Als er für einen Artikel nach Yucatán reiste, der im Januar 1959 unter dem Titel »Dzibilchaltun. Aus dem Brunnen der Zeit« erschien, tauchte er in einen Naturbrunnen der Maya und fotografierte bzw. barg aus dem dunklen Schlamm 24 Meter unter der Erdoberfläche Jahrhunderte alte Gegenstände – darunter den 1000 Jahre alten vollständig erhaltenen Tonkrug.

Luis Mardens jüngstes Abenteuer war die Segelreise mit seiner Frau Ethel, einer Mathematikerin, von den Kanarischen Inseln zu den Bahamas, um die tatsächliche Route herauszufinden, der Kolumbus in die Neue Welt gefolgt war. Mit Hilfe täglicher Planzeichnungen, der Trigonometrie und kleiner Navigationscomputer führte die Reise die Mardens in die Samana Bay. Daraus entstanden seine epochemachenden Artikel vom November 1986 (»Der erste Landgang des Kolumbus«) und Joseph Judge (»Wo Kolumbus die Neue Welt fand«).

Selbst als das neue Hauptquartier (1964) eröffnet wurde«, erinnert sich Melville Grosvenor, »platzte unser 40 Jahre altes Gebäude für die Mitgliederkarteien in einem anderen Viertel Washingtons immer noch aus allen Nähten.« 1965 erlaubte das Kuratorium den Erwerb eines 40 Hektar großen Geländes in Gaithersburg, Maryland, zum Bau einer neuen Mitgliederzentrale.

Wenige Tage vor Beginn der Erdarbeiten fuhr Melville mit Boris V. Timchenko, dem Landschaftsarchitekten, zu dem Grundstück hinaus. Er war unzufrieden mit der geplanten Lage für das Gebäude in seiner Relation zu dem 4,5 Hektar großen Teich, der von einer Fontäne gespeist wurde, und dem restlichen Gelände und fragte Timchenko: »Wird der See wirklich optimal genutzt?«

»So, wie das Gebäude jetzt steht, nicht«, antwortete der Landschaftsarchitekt.

»Dann wird das Gebäude eben verschoben«, sagte Melville.

Timchenko setzte neue Maße fest und drehte das 128 Meter lange Gebäude buchstäblich 25 Grad um seine Achse. Die Architekten arbeiteten auf Hochtouren, um die revidierten Pläne fertig zu stellen, bevor die gigantischen Maschinen für die Erdarbeiten anrückten.

MCB, wie die neue Mitgliederzentrale zwangsläufig abgekürzt wurde, wurde 1968 eröffnet. 1100 Angestellte arbeiten dort mit Hilfe zweier riesiger Computer, um die nahezu elf Millionen Mitglieder in nahezu allen Staaten der Welt griffbereit und auf dem laufenden zu halten.

Das MCB steht unter der Leitung des Geschäftsführers und Vizepräsidenten der Society Owen R. Anderson, dessen straffe Kontrolle dem Gaithersburg-Zentrum durch Spaßvögel in der Redaktion den Beinamen »Andersonville« einbrachte.

»Durch den Versand an die Mitglieder sind wir ganz schön in unseren Freiräumen eingeschränkt – im Gegensatz zu den Redakteuren«, gibt Anderson lachend zu.

Im MCB werden alle Mitgliederdaten gespeichert, Mitgliedschaften erneuert, die Rechnungen verschickt und sämtliche Überweisungen verbucht. »Und da die Karteien bei uns liegen, sind wir auch verantwortlich für die Versendung aller Werbemittel, sämtlicher Rechnungen etc., für alle Magazine und Bücher«, sagt Anderson.

Allein 1986 gingen bei MCB 21 595 224 Postsendungen ein, ein Durchschnitt von 85 695 Stück pro Tag! Auch wenn eine weitgehend computergesteuerte Automation viele Fragen der Mitglieder beantworten kann, ziehen es viele Leute vor zu telefonieren, so dass zusätzlich zu der großen Menge Post täglich noch 1209 Anrufe eingehen.

Anderson äußert die Vermutung, dass »möglicherweise die hohe Rate der Abonnementserneuerungen (erstaunliche 86 Prozent im Jahr 1986) auf das Konto der vom MCB gebotenen Dienstleistungen geht«.

An »Spitzentagen« sind schon mehr als eine halbe Million Postsendungen bei MCB angekommen. Die Tage mit der meisten Post sind gewöhnlich Folge des Rechnungsversands im Sommer. »Wir machen sechs Monate im Voraus eine Kampagne, die wir ›Freiwillige Rechnungsbegleichung im Sommer‹ nennen«, erläutert Anderson. »Die Mitgliedschaft erlischt im Dezember, und wir bitten die Mitglieder, sechs Monate im Voraus zu bezahlen, damit wir die Abonnementserneuerungskosten niedrig halten können. Im Endergebnis erneuern dann 50 Prozent der Mitglieder ihr Abo zu dieser Zeit. Wenn diese Menge Post also im Juni hinausgeht, dann werden wir Ende Juni oder Anfang Juli von Post geradezu erschlagen.« An einem Tag im Juli 1986 gingen 582 614 Briefe ein.

der Firma R. R. Donnelley & Sons. MBG notierte: »Anstelle des langsamen Hineinschiebens der Bögen gab es dort ein Endlospapier auf einer Rolle, das mit einer Geschwindigkeit von 370 Meter in der Minute durch die Presse lief. Die Farbe wurde ›heiß‹ gedruckt (d. h. sofort getrocknet), wobei das Papierband über eine heiße Trommel abrollte...

Obwohl der Umzug unserer Druckerei nach Chicago äußerst kompliziert war, ging er reibungslos vonstatten und war Mitte der Sechzigerjahre abgeschlossen. Wir brauchten unsere Farbillustrationen nicht länger auf 4,8 oder 16 Seiten zu beschränken. Jetzt konnten wir durchgehend farbige Ausgaben drucken – Farbfotografien auf jeder Seite – und hatten Druckkapazitäten zur Verfügung, die allen vorhersehbaren Ansprüchen genügten.«

1965 initiierte Melville den Spezialpublikationsdienst mit Robert L. Breeden als Chef. 20 Jahre später hatte Breeden, wie der Journalist William Hoffer in einer Titelgeschichte über NATIONAL GEOGRAPHIC im Regardies-Magazin schrieb, »nach einem zufälligen Zusammentreffen mit Jacqueline Kennedy 1961 innerhalb der National Geographic Society ein einigermaßen unabhängiges Imperium aufgebaut, das 40 Prozent des Verkaufs einbringt«.

»Ich habe vielen Leuten gesagt«, meinte Bob Breeden später, »dass ich nicht im Büchergeschäft wäre, wäre John F. Kennedy nicht Präsident geworden. Dann säße ich immer noch in der Redaktion des Magazins.«

Als Jacqueline Kennedy ins Weiße Haus kam, gab es als einzigen Führer für die Tausende von Touristen, die täglich die historischen Räume besuchten, nur ein schäbiges hektografiertes Blatt, herausgegeben vom National Park Service.

Die First Lady hatte elf Monate nach Übersiedlung in das Weiße Haus die White House Historical Association gegründet, »um das Verständnis, die Würdigung und das Vergnügen am Gebäude der Exekutive zu vertiefen«. Und sie ließ durchblicken, dass es mit einem hektografierten Blatt nicht getan wäre. Ein Mitglied dieses Vereins kontaktierte Melville und fragte an, ob die Society einen entsprechenden, nicht zu teuren und farbigen Führer herstellen könne. Melville gab sein Einverständnis, falls der Vorstand einwillige, der First Lady den Apparat des GEOGRAPHIC zur Verfügung zu stellen, um Fotos zu machen und ein Buch nach ihren Wünschen zu produzieren. Er rief dann eine Gruppe von Redakteuren in sein Büro, unter ihnen Bob Breeden, und sagte, dass die Society dieses Buch als eine Art »öffentliche Dienstleistung« machen werde und das Layout innerhalb von drei Wochen zu stehen habe. Der stellvertretende Chefredakteur Franc Shor sollte das Projekt überwachen.

Breeden und Donald J. Crump, ebenfalls Bildredakteur, vollendeten, oft in Tag- und Nachtarbeit, das Layout in der vorgesehenen Frist. Als MBG, Shor und Breeden das Layout Jacqueline Kennedy vorlegten, gefiel es ihr überhaupt nicht. Das Buch enthielt für ihren Geschmack, ganz im GEOGRAPHIC-Stil, zu viele menschlich teilnahmsvolle Bilder. Breeden und Crump gingen also wieder an die Arbeit. Mit dem Wissenschaftler Pat Rosenborg und zwei Fotografen der Redaktion, Bates Littlehales und George Mobley, produzierten sie eine Art Katalog der Räume und vorhandenen Gegenstände des Weißen Hauses. Ein Kurator des Weißen Hauses schrieb den Text, und die Society finanzierte die restliche redaktionelle Arbeit, den Druck und die Gestaltung. Das Buch *Das Weiße Haus: Ein Führer durch seine Geschichte* kam am 4. Juli 1962 auf den Ladentisch. Die gesamte Auflage von 250 000 Exemplaren war in weniger als 90 Tagen ausverkauft.

»Das Buch war sofort ein Erfolg«, erklärte Crump, zur Zeit Direktor für Sonderveröffentlichungen und die Schulbuchabteilung. »Wir mussten es immer wieder nachdrucken. Und es zog weitere Bücher nach sich.«

Breeden und Crump gingen damals noch ihrer regulären Arbeit im Magazin nach. »Don Crump und ich machten unsere Scherze«, erinnert sich Breeden. »Wenn dies hier fertig ist, müssen wir doch wieder unseren normalen Job machen!«, oder wir sagten: »Nein, als nächstes werden wir ein Buch über das Kapitol machen.«

Oben: Die Trieste *taucht aus den Wellen auf, nachdem sie am 23. Januar 1960 den Tauchrekord von etwa elf Kilometer im Marianengraben aufgestellt hatte. Jacques Piccard berichtete über die Tauchfahrt, die er und Leutnant Don Walsh im August 1960 in eine Tiefe von 10 912 Meter unternommen hatten, im Artikel »Die tiefste Tauchfahrt des Menschen«.*

Rechts: Sieben Monate später, am 16. August 1960, verharrte der Kommandant der US-Luftwaffe, Joseph W. Kittinger, in der Tür einer offenen Gondel in einer Höhe von mehr als 30 000 Meter zum Gebet: »Gott, behüte mich jetzt!« Dann trat er ins All. Kittingers Bericht »Der lange, einsame Sprung« in der Dezember-Ausgabe 1960 schildert seinen freien Fall von 16 Kilometer in viereinhalb Minuten, bevor sich sein Fallschirm öffnete und er sicher landete.

Zwei Wochen nach der Veröffentlichung des Weißen-Haus-Führers fragte die neu gebildete U.S. Capitol Historical Society an, ob das GEOGRAPHIC ein Buch über das Kapitol machen würde. Und während daran gearbeitet wurde, wollte die Federal Bar Association (Bundesgerichtshof-Gesellschaft), dass die Society ein Buch über das Höchste Gericht produziere. Und dann meinte Melville, dass das Washington-Denkmal ein Buch verdienen würde...

Breeden und Crump mühten sich in zahllosen Überstunden, in Nächten, an Wochenenden und Feiertagen, einerseits diese Bücher herzustellen und andererseits ihren Bildchef zufrieden zu stellen. Neben ihrer normalen Redaktionsarbeit für das Magazin stellten Breeden und seine Mitarbeiter außer dem Buch über das Weiße Haus noch das Buch über das Kapitol *Wir, das Volk* her, dann *Gleiches Recht vor dem Gesetz* über das Höchste Gericht, *G. Washington, der Mensch und das Denkmal* und ein Buch über die Präsidenten. Alle diese Bücher wurden von der Gesellschaft quasi als Dienst an der Öffentlichkeit (außerdem ein recht teurer) betrachtet. Am Ende wurde das zu viel. Breeden schrieb ein vertrauliches Memo an Melville Grosvenor und schlug vor, dass die National Geographic Society diese Büchlein »nicht einfach für andere« produzieren solle, sondern in eigener Regie und dass dafür eine Abteilung für Sonderveröffentlichungen geschaffen werden solle. Breedens Memo führte weiter aus:

> Mit einer Handvoll Leute könnte ich sicher in einem Jahr mindestens drei solcher Bücher produzieren. Ich schätze, dass die Society einen Reingewinn von 250 000 Dollar mit diesen Büchern erzielen könnte und das Vielfache davon mit diesen populären, billigen Büchern auf dem freien Markt.
> Dies würde natürlich neben unserem Bücherdienst laufen, der bereits ein umfangreiches Programm hat.

Breeden hob in seinem Memo hervor, dass für eine solche Abteilung »kein zusätzliches Personal eingestellt werden müsste«, und schloss:

> Letztendlich ist eine Abteilung für Spezialpublikationen und ein kleines Buchprogramm für die Gesellschaft nichts absolut Neues. Wir machen es bereits, seit zwei Jahren!

Melville rief Breeden in sein Büro und fragte: »Aber Bob, du willst uns doch nicht etwa verlassen?«

»Eigentlich nicht«, antwortete Breeden, »aber ich möchte nicht mehr so viele Überstunden machen und etwas mehr Zeit mit der Familie verbringen.«

Melville wollte es sich überlegen. Melvin Payne, Präsident der Society, setzte eine Kommission ein, um eine Studie über die Realisierbarkeit einer Serie von billigen Büchern zu erstellen. Das Urteil der Kommission war positiv. Die Society könnte jährlich vier Farbbände mit einem Umfang von je 200 Seiten von hoher Qualität herausgeben. Bei relativ geringen Werbekosten könnten die Mitglieder sie zu einem vernünftigen Preis erhalten. Ein Test hatte darüber hinaus ergeben, dass die Mitglieder sie auch kaufen würden.

1965 wurde die Abteilung für Sonderveröffentlichungen gebildet. (20 Jahre später, nachdem neue Produkte vorlagen, war Breedens ursprünglicher Stab aus einer »Handvoll Leuten« so angewachsen, dass er praktisch ein eigenes Gebäude benötigte.)

Bis dahin hatte Melville die Society auch schon mit ins Fernsehgeschäft gebracht, ein Medium, das sein Vater gemieden hatte. Dies war aber ein zwangsläufiges Ergebnis der ungeheuer populären Vortragsabende der Society. Ein Vortrag der National Geographic Society war für den Abend des 22. November 1963 vorgesehen. Am Nachmittag jenes Tages wurde John F. Kennedy in Dallas, Texas, erschossen. Mehrere Redaktionsmitglieder des GEOGRAPHIC wurden zur Constitution Hall geschickt, um jene Mitglieder zu informieren, die möglicherweise noch nichts

Berühmt als tapfere Krieger, verformen die verheirateten Männer der Suyá ihre Unterlippen mit Holztafeln und ihre Ohrläppchen mit Stöpseln aus gedrehten Palmblättern. Es gab nur noch 65 Überlebende des Stammes, als einige von ihnen in fünf Booten den Xingufluss hinunterpaddelten, einen Nebenfluss des Amazonas, auf der Suche nach Dysenterie-Behandlung und anderen Errungenschaften der Zivilisation. Der Anthropologe Harald Schultz kehrte mit ihnen zurück und berichtete über ihr Leben im Dschungel im Januar-Heft 1962 unter dem Titel »Die großlippigen Indianer Brasiliens«.

»Ein wundervolles Buch«, war der Kommentar von Präsident John F. Kennedy, als ihm MBG ein Exemplar von Das Weiße Haus: Ein Führer durch seine Geschichte *überreichte, das von der Society auf Anregung der First Lady produziert worden war. Das Buch über das Weiße Haus war das erste in einer Serie von preiswerten und populären Büchern, die über Themen wie das Kapitol, den Obersten Gerichtshof, das Washington-Denkmal und die Präsidenten publiziert wurden. Jüngst hat das Buch Freiheit mehr als vier Millionen Dollar für die »Stiftung Freiheitsstatue« eingebracht.*

davon wussten. Einem älteren Ehepaar, das sie unterwegs trafen, wurde gesagt, dass die Lesung ausfiele, weil der Präsident ermordet worden sei. Schockiert fragten sie: »Unser Dr. Grosvenor?« Diese Vorträge zogen seit 1888 die Mitglieder der Society in ihren Bann, zuerst mit Lichtbildern und später mit Farbfilmen. 1970 schrieb Melville:

> Viele Mitglieder erlebten die Begegnung zwischen Nord- und Südpol, als im Jahr 1913 Robert E. Peary Roald Amundsen vorstellte und die beiden ihre Entdeckungen schilderten.
>
> Viele hörten fasziniert Wilbur Wright zu, der von der Geburt der Motorluftfahrt berichtete. Später begleitete das Publikum Richard E. Byrd auf seinen Pionierflügen über die Pole, stieg mit den Ballonfahrern in die Stratosphäre auf und erlebte William Beebe auf seiner ersten erfolgreichen Tauchfahrt mit seiner Tiefseetaucherkugel.
>
> In den Fünfziger- und Sechzigerjahren stellten wir andere sensationelle Filmvorträge moderner Pioniere vor, die oft ihr Leben aufs Spiel setzten, um neues geographisches Wissen zu erringen: Sir Edmund Hillary, der zusammen mit dem Sherpa-Führer Tensing Norgay als erster den Gipfel des Mount Everest erklomm; Fregattenkapitän (James F.) Calvert, der mit seinem Atom-U-Boot *Skate* am Nordpol auftauchte; Kapitän Cousteau und Dr. Leakey...
>
> Die Beliebtheit unserer Vorträge vermittelte uns das sichere Gefühl, dass sich ein noch weitaus größeres Publikum für die Farbfilme interessieren würde, die von der Society mit ihrer Erfahrung und ihren Möglichkeiten produziert werden könnten.

Vielleicht noch ermutigender als die Vorträge war der Auftritt, den Melville zusammen mit Luis Marden im Januar 1958 im NBC-Fernsehprogramm »Omnibus« absolvierte. Marden hatte im Jahr zuvor beim Tauchen vor der Pitcairn-Insel im Südpazifik die Überreste von Kapitän William Blighs Schiff H. M. S. *Bounty* gefunden, das 167 Jahre zuvor von den Meuterern angezündet und versenkt worden war. Mardens Entdeckung hatte in der ganzen Welt Schlagzeilen gemacht, und der Film *Die Überreste der Bounty*, der auf der Veranstaltung der Society gezeigt wurde, war derart erfolgreich, dass Melville allmählich davon überzeugt wurde, dass die Society eigene Fernsehprogramme produzieren sollte.

1961 wurde von dem ersten Fernsehdirektor der Society, Robert C. Doyle, eine Dokumentarfilmabteilung aufgebaut. Er war verantwortlich für die Produktion von vier Fernseh-Dokumentarfilmen im Jahr und für die finanzielle Unterstützung.

1963 standen die Mittel bereit, um die Besteigung des Mount Everest durch ein amerikanisches Dreierteam zu filmen, dem Barry C. Bishop angehörte, Chefgeograph der Gesellschaft. Diese Expedition, die zum Teil von der Society getragen wurde, war die erste, bei der ein Film vom Gipfel gedreht wurde, und es war auch die erste Besteigung von der Westseite:

Warum drucken Sie diese Artikel nicht als separates Buch? Mein Sohn hat sie für seine Hausarbeit benutzt und eine Eins bekommen.« Solche Briefe von Mitgliedern spielten bei Melvilles Entscheidung eine Rolle, 1965 eine Abteilung für Sonderveröffentlichungen unter Leitung von Robert L. Breeden zu starten.

»Als Weiterführung der Bücher im Interesse der Öffentlichkeit über das Weiße Haus, das Kapitol, das höchste Gericht sollten kleine Bücher von der Größe der Zeitschrift in einem besonderen Bücherdienst erscheinen«, verdeutlicht Breeden, »und nicht die großformatigen Bücher, wie sie der Bücherdienst machte.

Melville hatte große Achtung vor Merle Severy, der damals Chef des Bücherdienstes war. Eines Tages bat Melville mich zu sich und sagte. ›Bob, du wirst diese Bücher wohl machen. Aber meinst du nicht, dass sie sich mit dem Bücherdienst überschneiden werden?‹

Ich sagte ihm, dass ich da keinerlei Probleme sähe und fragte ihn: ›Möchtest du, dass ich mit Merle darüber spreche?‹

Er grinste, offensichtlich erleichtert, und fragte: ›Würdest du das tun?‹

Ich suchte also Merle auf, und er war sich natürlich ganz sicher, dass diese kleinen Bücher den großen nichts tun würden. Er sah darin kein Problem, obwohl, das muss ich sagen, sich mit der Zeit eine sehr starke Konkurrenz zwischen den beiden Bücherdiensten entwickelte.«

Sonderveröffentlichungen und Schulbuchdienst, heute unter der Leitung von Donald J. Crump, brachten Bücher heraus, die im Allgemeinen ein enger begrenztes, genauer definiertes Thema haben als die großformatigen, mehr »enzyklopädischen« Titel des Bücherdienstes.

Die Abteilung für Spezialpublikationen machte sich sehr schnell an die Veröffentlichung von Büchern mit einer Vielzahl von populären Themen wie US-Geschichte, wilde Tiere, Erdgeschichte, Tiefsee- und Raumfahrtentwicklungen, Archäologie der Neuen Welt, von denen einige so umfassend waren, dass die ohnehin schon undeutlichen Unterschiede zwischen dem Bücherdienst und den Sonderveröffentlichungen noch mehr verwischt wurden.

Einen Unterschied jedoch gibt es, auf den jeder Verleger neidisch sein könnte. Die Leserzahl hat sich von den ursprünglich 28 000 auf über 200 000 erhöht, und die Leser kaufen jeden Band aus der Reihe mit Sonderveröffentlichungen, ohne die jährlich erscheinenden vier neuen Titel überhaupt zu kennen. Diese treuen Leser trugen mit dazu bei, die Verkäufe der 87 Titel der Spezialpublikationen Ende 1986 auf über 34 Millionen Exemplare anzuheben.

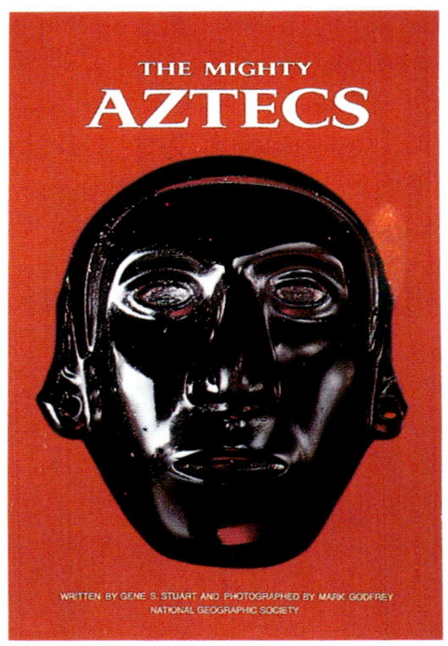

»Der Wind peitschte und zerrte an uns, als wir schwankend den höchsten Punkt der Welt besetzten«, schrieb ein Expeditionsmitglied über die Bedingungen, unter denen er und sein Kollege Luther (Lute) Jerstad den Film machten. »Die amerikanische Flagge knatterte im Sturmwind... Lute rammte seinen Eispickel in den harten Schnee, befestigte die Filmkamera auf seinem Kopf ..., der Pickel schwankte im Sturm. Lutes Finger in den Seidenhandschuhen begannen klamm zu werden, als er die Metallkurbel der Kamera drehte...«

Der Farbfilm wurde gekürzt und geschnitten; das Drehbuch schrieb Expeditionsmitglied James Ramsey Ullman. Die *Encyclopedia Britannica* und die *Aetna Casualty Insurance* versprachen finanzielle Förderung, und David L. Wolper produzierte den Film. Am Abend des 10. Dezember 1965 brachte das Fernsehen *Die Amerikaner auf dem Everest*, den Text sprach Orson Welles.

Das waren keine langweiligen, aneinandergereihten Sequenzen von Fotos, die schwarze Punkte – die Bergsteiger – zeigten, die in der Wand des höchsten Berges der Welt hingen. Das war großartige Farbfilmfotografie mit Nahaufnahmen vom quälenden Kampf der Expeditionsmitglieder gegen 20 Minusgrade, einer Eiseskälte, die durch Mark und Bein ging, bei Windgeschwindigkeiten von 100 Stundenkilometern, vom Kampf gegen einstürzende Eiswände und trügerische Schneewechten, gegen betäubende Müdigkeit und Sauerstoffmangel. Es ging um Mut und Entschlossenheit, Risiko und Leistung, und Millionen von Zuschauern wurden von Barry Bishop (der sich geschworen hatte: »Und wenn du auf Händen und Füßen kriechst, du gehst hinauf«) auf den Gipfel des 8848 Meter hohen Everest mitgerissen.

Am Tag nach der Sendung von *Die Amerikaner auf dem Everest* berichtete die CBS der Society begeistert, dass der Film die höchsten Einschaltquoten gehabt habe, die jemals irgendein Dokumentarfilm erzielt hatte. Man hatte »das noch weitaus größere Publikum« erreicht, an das Melville Grosvenor gedacht hatte. Und eine großartige Ära wachsenden und sich stetig ausbreitenden geographischen Wissens war angebrochen. In Melville Grosvenors Jahrzehnt produzierte die Society einen aufsehenerregenden Dokumentarfilm nach dem anderen. Auf *Amerikaner auf dem Everest* folgte *Miss Goodall und die wilden Schimpansen, Dr. Leakey und der Morgen der Menschheit* sowie *Die Welt des Jacques-Yves Cousteau.* Die »Stars« des Magazins wurden zu Fernsehstars. Und 1968 machte der vom GEOGRAPHIC produzierte Film *Amazonas* mit seinen üppigen Fluss- und Dschungelszenen Fernsehgeschichte. Er wurde von 35 Millionen Menschen gesehen. Es war der erste Fernsehdokumentarfilm, der zwei Wochen lang an der Spitze der Einschaltquoten aller Sendungen stand.

Unter Melvilles Führung wurden etliche neue Gebäude zur Unterbringung der Society errichtet. Melville nahm einen der bekanntesten Architekten Amerikas unter Vertrag, um ein neues Hauptquartier zu schaffen, das mit dem alten durch einen Tunnel unter einem magnolienbestandenen Parkplatz verbunden werden sollte, und er bezahlte in bar. »Der solide Schlussstein von Grosvenors Leistungen«, schrieb die *Washington Post* am 13. September 1974, »wird von dem neuen Hauptquartier aus weißem Marmor gebildet, das an der Ecke der 17. und M-Street steht und von Edward Durell Stone entworfen wurde. Es ist der Beweis, dass moderne Architektur graziös und schön sein kann.«

Das neue Hauptquartier war das erste von Stone entworfene Gebäude in Washington. Am 18. Januar 1964 weihte Präsident Lyndon B. Johnson das schimmernde, marmorverkleidete zehnstöckige Gebäude mit den Worten ein: »Lasst uns heute in diesem Haus der Forschung zur Erforschung aller Nationen einladen, für alle Nationen.« Präsident Johnson war die für die Einweihung des Gebäudes geeignete Person. Er hatte Melville einmal erzählt: »Meine Mutter hat mich mit der Bibel in der rechten und mit dem GEOGRAPHIC in der linken Hand erzogen.«

Mit Farbfotos auf der Titelseite, lebendig gestalteten, durchgehend farbigen Magazinen, neuen Druckmethoden, erweiterten Mitteln für Forschung und Ent-

LEAKEY UND SEINE

Unter den »Stars« der Zeitschrift, die auch Fernsehberühmtheit erlangten, gab es einige, die finanzielle Hilfe vom societyeigenen Committee for Research and Exploration erhielten, etwa die Leakeys (»Das Vermächtnis von L. S. B. Leakey«, 1978 gesendet), Jane Goodall (»Miss Goodall und die wilden Schimpansen«, 1965), Dian Fossey (»Gorillas«, 1981) und Dr. Bitruté M. F. Galdikas (gemeinsam mit Dian Fossey in »Die Suche nach den Menschenaffen«, 1976). Seit 1959, als Dr. Louis S. B. Leakey und seine Frau den 1,75 Millionen Jahre alten Schädel eines menschenähnlichen Wesens fanden, das sie Zinjanthropus nannten, hat die Society ihre Arbeit in Ostafrika unterstützt. In den fünf Jahrzehnten, in denen der inzwischen verstorbene Paläanthropologe Louis Leakey Knochen von Hominiden und anderen Tieren in der Olduvai-Schlucht in Tansania ausgrub, hat er unsere Kenntnisse über den frühen Menschen stark erweitert. Auf dem Bild oben links studieren Louis und sein Sohn Richard den fossilen Schädel eines menschen- und affenähnlichen Wesens.

Leakey glaubte, dass man durch das Studium der Menschenaffen Einsichten in das Verhalten des frühen Menschen gewinnen könne. Ein Ergebnis war die direkte Verbindung zwischen Leakeys Arbeit und jener von Jane Goodall (links unten), Dian Fossey (rechts oben) und Biruté Galdikas (rechts unten), die alle von Leakey gefördert wurden.

Seit Juli 1960, als Jane Goodall (hier zusammen mit den Mitgliedern des Research and Exploration Committee Leonard Carmichael, Melvin Payne und T. Dale Stewart) unter den Schimpansen im Gombefluss-Nationalpark in Tansania zu leben begann, wurde sie durch Gelder der Society dabei unterstützt, das Verhalten der Tiere in der Wildnis zu studieren.

Sie entdeckte, dass die gewöhnlich sehr geselligen Schimpansen gelegentlich töten und sogar zu Kannibalen werden können. Sie bewies, dass sie Instrumente herstellen und benutzen, eine für die wissenschaftliche Welt enorm wich-

tige Beobachtung. »Die Benutzung von Werkzeugen wurde immer als Vorrecht der menschlichen Spezies angesehen«, sagte Jane Goodall später.

Im Dezember 1986 wurden die Society und die Welt durch den brutalen Mord an Dian Fossey in den Regenwäldern von Ruanda aufgeschreckt. Sie war dort seit 1967 zu Hause, als sie mit ihren Langzeitstudien der Berggorillas begann. Ihre jahrelangen minutiösen Beobachtungen der größten Menschenaffen trugen dazu bei, unsere Auffassung von dieser bedrohten Art zu ändern: Von einem furchtbaren Dschungelriesen wurde er zum friedfertigen Lebewesen, mit dem wir zusammenleben können. Die Anthropologin Biruté Galdikas, die junge Orang-Utans in ihrem Lager im Tanjung-Puting-Reservat im Regenwald von Borneo großzog, hat ebenfalls viele Jahre in die Aufgabe investiert, eine bedrohte Primatenart vor dem Aussterben zu retten.

Das Kinderbuchprogramm der Society begann 1972 mit der Veröffentlichung einer ersten Reihe von »Büchern für junge Forscher«. Diese Serie war für Kinder zwischen vier und fünf Jahren gedacht.

Die treibende Kraft hinter dieser Serie war dann Gilbert M. Grosvenor. Er suchte Sachbücher, haltbar und mit guten Farbfotos ausgestattet, die sowohl für den kindlichen Hörer als auch für den laut vorlesenden Erwachsenen interessant waren. Die Bücher für junge Forscher wurden von der Abteilung für Sonderveröffentlichungen unter Leitung von Robert L. Breeden und seinen Mitarbeitern Donald J. Crump und Philip B. Silcott entwickelt. Ihr Ziel war es, in kleinen Kindern die Liebe zum Lesen zu wecken, indem man Bücher produzierte, die Kinder selbst lesen konnten, die aber auch ihr Interesse als Hörer wach hielten. Die ersten Veröffentlichungen dieser Serie von 32seitigen Büchern entstanden in Zusammenarbeit mit Erziehern, Wissenschaftlern, Bibliothekaren und Kinderbuchautoren: *Die Dinosaurier; Hunde, die für Menschen arbeiten; Löwenjunge: Kinderstube in der Wildnis* und *Schätze im Meer*. In einem Viererpack werden die »Bücher für junge Forscher« den Mitgliedern der Society jedes Jahr zu Weihnachten angeboten.

Bei der Auswahl der Titel wurden die Meinungen von vier- bis achtjährigen Kindern in Schulen und Elternhäusern eingeholt. Unter Anleitung eines Vortragskünstlers wurden die Texte mit Kindern getestet, um eine angemessene Lesbarkeit zu erzielen. Den Kindern wurden auch die Foto-Layouts vorgelegt, um herauszufinden, ob sie beim »Lesen« der Bilder Schwierigkeiten hatten.

1978 jedoch wurden die Bücher für junge Forscher »zeitweise auf Eis gelegt«, weil der demografische Trend der niedrigen Geburtenraten eine geringere Nachfrage unter den Mitgliedern erwarten ließ. Drei Jahre später, 1981, wurde das Programm fortgesetzt. In jenem Jahr liefen 200 000 Viererpackungen durch die Druckerpressen. 1986, mit der Veröffentlichung der 13. Packung von vier Titeln, stießen die Pressen 400 000 Stück aus. Im Frühjahr 1987 waren bereits mehr als 21 Millionen Einzelexemplare fertiggestellt worden.

Ende der Siebzigerjahre richtete die Society ihre Aufmerksamkeit auf etwas ältere Leser. Diejenigen Kinder, die begeistert die »Bücher für junge Forscher« gelesen hatten, wurden älter, und es wurde beschlossen, dass das Buchprogramm mit ihnen wachsen sollte. Das Ergebnis war die Serie Bücher für die Entdecker der Welt für Kinder im Alter von acht bis 13. Sie sollten erzieherisch wirken und Spaß machen. Das erste Buch, *Geheimnisse der Vergangenheit*, verließ die Druckerei im Oktober 1979, und seither folgte alle drei Monate ein neues Buch von 104 Seiten, etwa: *Erstaunliche Tiere Australiens* und *Die Computer: Diese erstaunlichen Maschinen.*

Das jüngste Wagnis der Kinderbuchabteilung war das Action-Buch. Diese »pop-up-Bücher« enthalten zwölf Seiten mit beweglichen, sich entfaltenden Teilen. Eine geniale Papierbehandlung macht es möglich, dass ein Schmetterling in dem einen Buch seine Flügel entfaltet, während in einem anderen die Affen in dreidimensionalen Bäumen schaukeln. Das 1985 eingeführte Programm war sofort ein Erfolg.

deckungen, dem Vorstoß in das Medium Fernsehen und das Buchgeschäft hatte Melville Grosvenor ein »kleines stagnierendes Königreich« – wie es von vielen älteren Herren der Society gesehen wurde – in eine Dekade aufregender, explosiver Expansion geführt.

»Jedoch«, wie die *New York Times* anmerkte, »hat Dr. Grosvenor die traditionell vornehme Zurückhaltung des Magazins gegenüber dem hässlichen Zank und Elend dieser Welt nicht dramatisch geändert.«

Zeitungsleute außerhalb der Society spotteten immer wieder über die Einstellung des Magazins, nur Positives zu berichten. Ein Artikel im *Time Magazine* vom 15. Juni 1959 nannte die National Geographic Society »die am wenigsten exklusive, am weitesten verbreitete und die unwahrscheinlichste gemeinnützige Verlagsgesellschaft der Welt« und charakterisierte Gilbert M. Grosvenors Haltung, »niemals andere Leute kritisieren zu wollen«, als eigentliche Ursache für den »unrealistischen Ton in der rosafarbenen GEOGRAPHIC-Welt«.

Das NATIONAL GEOGRAPHIC »prosperiert mit seiner Strategie unverwüstlicher Heiterkeit und einem ›Liebe-Tante-Gertrud-Stil‹, wie er von Redaktionsmitgliedern genannt wird«, schrieb die *Newsweek* in ihrer Ausgabe vom 11. November 1963 zum 75. Geburtstag der Society. »Die Welt des NATIONAL GEOGRAPHIC ist fast immer eine sonnendurchflutete Kodachrome-Welt altruistischer menschlicher Leistungen auf dem Hintergrund herrlicher Natur, eine Welt ohne kommerziellen Makel und ohne politische Unruhen, ja, so scheint es manchmal, sogar ohne Krankheiten und Sünde.«

Melville Grosvenor widersprach solcher Kritik nicht, gab aber einmal einem Reporter zu bedenken: »Wir haben immer versucht, den Finger nicht auf Wunden zu legen. Zum Teufel auch, es gibt so viele wundervolle Dinge auf der Welt, weshalb sollte man sich zu sehr mit dem Schmutz einlassen? Ich meine, dass das nicht unsere Aufgabe ist.«

Mit Bezug auf seine Haltung hat das *New York Times Magazine* drei Jahre nach Melville Grosvenors Abschied zur Übernahme der Redaktion durch Gilbert M. Grosvenor einen Artikel überschrieben: »Mit dem NATIONAL GEOGRAPHIC auf die endlose, wolkenlose Reise.« In »Ein zweifaches Hoch auf das GEOGRAPHIC« schrieb Anne Chamberlin für den *Esquire,* »das Magazin habe das Kunststück vollbracht, zuzugeben, dass es schlechte Gerüche gebe, auf diese aber nicht näher einzugehen«.

Selbst das *Mad-Magazin* nahm das GEOGRAPHIC 1958 in einer Parodie unter dem Titel *The National Osographic Magazine* aufs Korn. Das Parodie-Heft enthielt Artikel wie »Warum die Pygmäen schlecht riechen« oder »Erzähl mir nichts von Peruanern« und einen Text mit dem Titel »Afrika den Vögeln«, in dem es hieß:

> In weiter Ferne konnte ich die Gestalt eines großen königlichen Buktuktu ausmachen, dessen K'kkkaty im Sonnenschein glitzerte. Offenbar hatten die Jdu-Jdu-Trommeln unsere Ankunft gemeldet, und er war das königliche Empfangskomitee.
>
> Er kam uns mit einem Lächeln entgegen, das die scharf geschliffenen Zähne der Gwam'mbmba-Aristokratie enthüllte. Er machte eine tiefe Verbeugung, wobei er sein wumbt'tu sehen ließ, und ich versuchte, so gut es ging, Evelyn vor diesem Anblick zu schützen.

Anne Chamberlin nahm im *Esquire* das GEOGRAPHIC jedoch in Schutz, indem sie einen treuen Leser zitierte: »Über das NATIONAL GEOGRAPHIC zu lachen ist genauso wie über Harvard zu lachen. Egal wie herzhaft und berechtigt das Gelächter sein mag, das Blatt ist eine große Institution.«

Wäre es nicht so, hätte die Society nicht so mühelos das Chaos in ihrer Bildredaktion überwunden und das, was Melvilles Sohn Gilbert M. Grosvenor einmal als »die verschlungenen Wege der Kommunikation« und als Entscheidungen

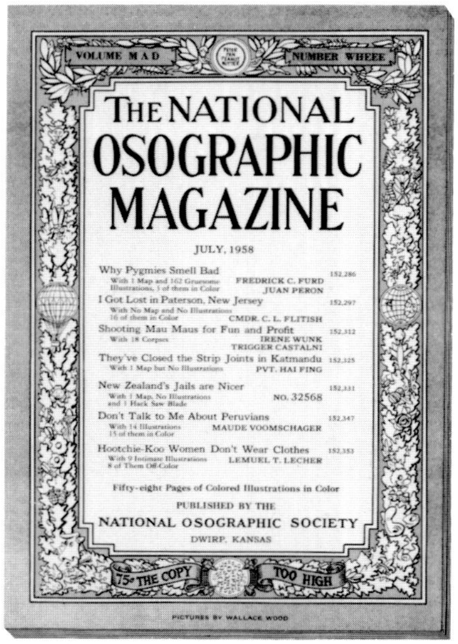

Nochmals hinschauen! Auf den ersten Blick gleicht das National Osographic Magazine *der Zeitschrift* Mad *aus dem Jahr 1958 dem* NATIONAL GEOGRAPHIC *aufs Haar.* Mads *parodistischer Leitartikel »Warum Pygmäen schlecht riechen« nahm unbeabsichtigt die Story des GEOGRAPHIC vom September 1986 vorweg. »Der intime Geruchssinn« mit dem merkwürdigen Foto von Frauen in Laboranzügen, die an den Achselhöhlen von Männern mit nackten Oberkörpern schnuppern.*

bezeichnete, »die davon abhängig waren, wer die letzte Person war, die MBG und seinen Enthusiasmus zu fassen kriegte«. Und wie die Society das Chaos im Innern überstanden hatte, so auch das äußere: die unruhigen Sechzigerjahre, dieses Jahrzehnt brutaler und erschütternder politischer Morde und Verhaftungen, eskalierender Überfälle »protektiver Reaktion« auf südostasiatische Dorfbewohner, dieses Jahrzehnt rassischer und generationsbedingter Polarisierungen, die so schmählich in sinnlosem Töten auf dem Campus und in geistverwirrenden und zum Teil tödlichen Experimenten mit Drogen kulminierten, dieses Jahrzehnt der Gleichgültigkeit der monolithischen Multis gegenüber Umweltverwüstungen, die sie hervorgerufen haben, dieses Jahrzehnt der Rechtsverdrehungen durch Präsidenten und den Kongress, dieses Jahrzehnt alarmierender und verwirrender geistiger und ökonomischer Krisen...

Das GEOGRAPHIC trotzte den Stürmen vor allem dank der Führung durch Melville Bell Grosvenor: den rechten Mann am rechten Ort zur rechten Zeit.

Am 4. Februar 1966 legte sich Gilbert Hovey Grosvenor, 90 Jahre alt, zu einem Nachmittagsschläfchen in seinem Sommerhaus in Baddeck hin. Er hatte das erste Weihnachten ohne seine geliebte Frau und Gefährtin vieler Jahre verlebt. Elsie May Bell Grosvenor, First Lady des GEOGRAPHIC, war am Tag nach Weihnachten 1964 gestorben. Dr. Grosvenor war seit Neujahr 1966 zunehmend gebrechlich geworden, und da er sein Ende nahen fühlte, hatte sich die Familie um ihn versammelt, um Abschied zu nehmen. Beim Rückblick auf sein »langes und glückliches« Amt als Herausgeber des Magazins und Präsident der Society hatte er geschrieben: »Jene goldenen Jahre meiner Herausgeberschaft lassen mich an einen Vers aus Tennysons Gedicht »Odysseus« denken

Stets wandernd mit hungrigem Herzen
Hab' viel ich gesehn – Städte der Menschen
Sitten, Witterungen, Räte und Herrscher.

Gilbert Hovey Grosvenor erwachte nicht mehr aus seinem Schlaf.

An jenem Abend sprachen Präsident Lyndon B. Johnson und Frau Johnson telefonisch ihr Beileid aus, und am nächsten Tag schickten sie folgendes Telegramm an Melville:

> Wie die Nation um den Verlust Ihres Vaters trauert, so trauern forschende Geister um den Verlust eines Leitsterns. Durch Wort und Bild und durch seine eigene unbeirrte Hingabe hat Gilbert Grosvenor drei Generationen von Amerikanern die Wunder der Welt, in der wir leben, zugänglich gemacht. Kein Berg war zu hoch, kein Meer zu tief, kein Klima zu abschreckend für die Teams der National Geographic Society.
>
> Wenn eine große Macht die Verpflichtung hat, das Wesen der Welt um sich herum zu verstehen, dann kann mit Recht gesagt werden, dass Gilbert Grosvenor eine bedeutende Rolle beim Mündigwerden Amerikas spielte.

Viele Beileidsbekundungen trafen von früheren Präsidenten und ehemaligen Staatschefs ein, aber am rührendsten war die Erinnerung eines Redakteurs, der als »schüchterner Tollpatsch aus Neuengland« eingeladen worden war, das Wochenende mit der Grosvenor-Familie und ihren Gästen in ihrem Winterdomizil in Florida zu verbringen. Inzwischen Vizepräsident und Mitherausgeber, schrieb Frederick G. Vosburgh in seinem Nachruf auf Gilbert Hovey Grosvenor vom Oktober 1966:

> Damals waren weiße Leinenanzüge Mode, und auf den Rat eines Freundes hatte er einen mitgebracht. Aber von weißen Schuhen hatte man nichts gesagt. Als er nun zum Essen hinunterging, sah er zu seinem Entsetzen, dass von allen anwesenden Herren er allein schwarze Schuhe trug. Andere hatte er nicht dabei. In seiner Verwirrung konnte er nichts anderes tun, als zu versuchen, zwischen den Gästen unterzutauchen.

Nach einigen Minuten entschuldigte sich Dr. Grosvenor still und leise, verschwand nach oben. Kurz darauf kam er zurück. Er trug schwarze Schuhe.

1967, ein Jahr nach dem Tod seines Vaters, erfüllte Melville Bell Grosvenor mit 65 Jahren sein Gelübde, seinen Nachfolgern nicht die Gelegenheit zur Führung zu versagen, wie es ihm selbst ergangen war. Er gab den Posten des aktiven Herausgebers auf. Frederick G. Vosburgh wurde an seiner Stelle zum Herausgeber ernannt – eine Position, die, genau wie die Herausgeberschaft von Oliver La Gorce, als Interregnum zwischen den Grosvenors gedacht war. Gilbert M. Grosvenor löste Vosburgh 1971 ab.

Melville Grosvenors aufregendes Jahrzehnt war von unbestreitbarem Erfolg gekrönt gewesen. Während große Massenzeitschriften wie *Life, Saturday Evening Post* und *Colliers* um ihn herum Bankrott machten, hat der hochgeehrte Kapitän des GEOGRAPHIC die Society in das 20. Jahrhundert gesteuert – und keinen Augenblick zu früh.

1967, am Ende von Melville Grosvenors Dekade als Chefredakteur, hatte sich die Mitgliederzahl mehr als verdoppelt, von 2 178 040 Ende 1957 auf 5 607 457 Mitglieder.

SOCIETY

> *»Es gibt keinen Weg zurück in die Vergangenheit: Für uns bleibt nur die Wahl, wie [H. G.] Wells einmal sagte, zwischen dem Universum – und dem Nichts. Obwohl die Menschen und Zivilisationen sich nach Ruhe sehnen mögen, nach dem elysischen Traum der Lotos-Esser, so verschwindet dieser Wunsch unmerklich. Die endlosen Räume zwischen den Welten bedeuten eine ungeheure Herausforderung, und wenn wir uns ihr nicht stellen, dann wird die Geschichte unserer Rasse dem Ende zugehen. Wenn die Menschheit den unbetretenen Pfaden den Rücken zukehrt, dann wird sie den langen Hang, der sich über Tausende von Millionen von Jahren bis zur Küste des Urmeeres erstreckt, wieder hinuntersteigen.«*
>
> Arthur C. Clarke, *Interplanetare Flüge: Eine Einführung in die Astronautik,* zitiert nach Carl Sagan in seinem Artikel »Der Mars: Eine neue Welt zu entdecken«, erschienen im Magazin der Dezember-Ausgabe, 1967.

Oben: Der erste Explorer-Ballon zerrt kurz vor dem verhängnisvollen Aufstieg am 28. Juli 1934 an seinen Leinen.

Gegenüber: Der 11. November 1935. Mit Fußballhelmen, die sie von einer Hochschulmannschaft geliehen hatten, stehen Kapitän Orvil A. Anderson (links) und Kapitän Albert W. Stevens (rechts) vor der Gondel ihres Stratosphären-Ballons Explorer II (der von der Society und dem Luftkorps der US-Armee entwickelt wurde) vor ihrem Aufstieg. Sie erreichten eine Höhe von 22 Kilometer – ein Rekord, der 21 Jahre lang bestehen blieb.

Vorangehende Doppelseite: Gedacht als technisches Bindeglied zwischen dem bemannten Flug in der Erdatmosphäre und dem bemannten Flug ins All, trägt das X-15-Raketenflugzeug am 30. April 1962 mit fünffacher Schallgeschwindigkeit den Testpiloten Joseph A. Walker auf eine Rekordhöhe von mehr als 75 Kilometer, wobei er 99,996 Prozent der Erdatmosphäre durchmaß.

Seit ihren Anfängen stand die National Geographic Society an der Spitze derjenigen, die die Luftfahrt und die Erforschung des Weltraums unterstützt haben. 1911, als das Interesse der Amerikaner an der Luftfahrt zu schwinden schien, ergriff Wilbur Wright als Redner auf einem Bankett der Society die Gelegenheit, die Mitglieder und Präsident Taft als Gast der Society davor zu warnen, dass »die führenden Nationen der Erde sich dieser Sache annehmen. Unser Land sollte dabei das erste sein. Aber unglücklicherweise scheint es im Moment zu zögern«.

1914 sagte Alexander Graham Bell, der schon 1893 ein Raketenflugzeug entworfen hatte, voraus, »... dass Maschinen, schwerer als Luft ... von völlig anderer Bauweise als alles, was bisher konzipiert wurde, mit enormer Geschwindigkeit über die Erde dahinjagen werden, mit Hunderten von Stundenkilometern, durch neue Antriebsmethoden... Man denke an die enorme Energie, die in den Explosivstoffen steckt! Wenn wir diese Energie kontrollieren und sie für irgendeine Form eines Flugprojektiles nutzen könnten!«

Die Luftfahrtpioniere Hugo Eckener, Amelia Earhart und Charles Lindbergh, sie alle hielten Vorträge vor der Society. Desgleichen der Stratosphären-Ballonfahrer Auguste Piccard und Albert W. Stevens, der damals den Höhenrekord hielt.

Im März-Heft 1933 des GEOGRAPHIC war Piccards Bericht abgedruckt: »Ballonfahrt in die Stratosphäre: Zwei Ballons steigen in Höhen von 16 Kilometer auf und kündigen eine neue Technik der Luftfahrt an.« Darin berichtete er von den alle Rekorde brechenden Aufstiegen in seinen wasserstoffgefüllten Ballons auf Höhen von 15 500 Meter am 27. Mai 1931 und 15 950 Meter am 18. August 1932. »Die Stratosphäre ist die Superschnellstraße des zukünftigen interkontinentalen Transportwesens«, rief Piccard aus.

Im Oktober 1934 enthielt das GEOGRAPHIC den Bericht über den Stratosphärenflug von Kapitän Albert W. Stevens: »Erforschung der Stratosphäre« im gemeinsam von der National Geographic Society und der US-Armee entwickelten Ballon *Explorer,* der bis zu diesem Moment größte je konstruierte Ballon.

»Dann ging alles sehr schnell. Anderson verschwand. Der Ballon explodierte. Die Gondel fiel wie ein Stein...« schrieb Kapitän Albert W. Stevens im NATIONAL GEOGRAPHIC vom Oktober 1934.
Bei einer Fallgeschwindigkeit von 1,6 Kilometern pro Minute und nur 300 Meter über der Erde sah Major William E. Kepner auf dem Dach der Gondel, wie Stevens mit seinem Fallschirmpaket in der Lukenöffnung stecken blieb. Verzweifelt stieß er ihn mit dem Fuß frei. Kapitän Orvil A. Anderson war vom Sog des Windes aus der Luke gerissen worden und geht in der Ferne sicher mit seinem Fallschirm nieder. Kepner springt bei 100 Meter ab, und dann »schlägt die Gondel mit wahnsinnigem Knall auf die Erde«.
Gemälde von Tom Lovell, 1963

NATIONAL G
U.S. AR

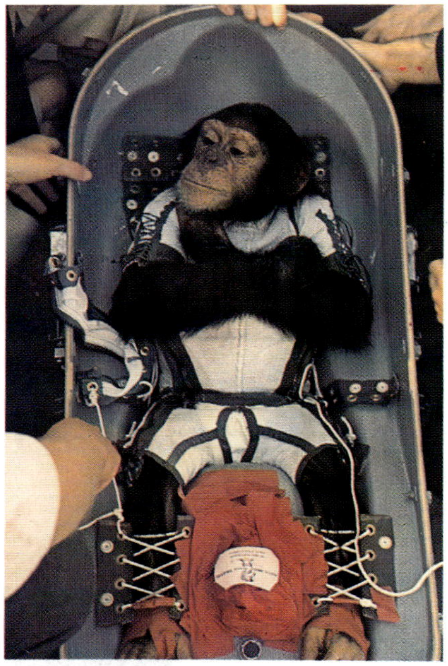

Oben: »Ham begrüßt seine Retter mit Gleichmut. Keck die Arme verschränkt, jeder Leberfleck deutlich sichtbar, wartet der Schimpanse auf die Befreiung von seiner Couch auf dem Bergungsschiff LSD Donner. *Die vielen Trainingsstunden hatten sich bezahlt gemacht. Ham erholte sich schnell von seiner Acht-Stunden-Prüfung. Der Lohn: ein großer roter Apfel.« Aus »Countdown fürs All« in der Mai-Ausgabe 1961*

Gegenüber: 5. Mai 1961. Zuschauer an der Cocoa-Bucht jubeln, als Amerikas erster Astronaut Alan B. Shephard jr. in der Freedom 7 *mit einer 25 Meter hohen und 33 Tonnen schweren Redstone-Rakete vom Cap Canaveral zu einem 15-minütigen suborbitalen Flug aufsteigt. Drei Wochen zuvor hatte Juri Gagarin den ersten bemannten Raumflug unternommen, eine Erdumkreisung an Bord des sowjetischen Raumschiffes* Wostok.

Stevens erzählte: »Am 28. Juli 1934, einem ruhigen, windstillen Tag kurz vor Sonnenaufgang, stiegen Kapitän [Orvil A.] Anderson und ich in die Gondel und Major [William E.] Kepner auf ihr von Seilen umgebenes Dach, um den Start besser dirigieren zu können.« Um 5.45 Uhr wurde das Seil gelöst. Der Boden sank weg, als der Explorer mit seinen drei Mann Besatzung und über vier Tonnen wissenschaftlicher Instrumente an dem klaren Morgen rasch an Höhe gewann.

In 5000 Meter Höhe wurden die luftdichten Einstiegsluken geschlossen. Bei 13 300 Metern wurde der Aufstieg für beinahe zwei Stunden gestoppt, um die wissenschaftlichen Instrumente zu testen, und dann ließ man den Ballon bis ein Uhr nachmittags weiter steigen. In einer Höhe von fast 19 000 Metern wurde Gas abgelassen, und der Ballonflug verlangsamte sich.

In dieser Höhe kam es zum Unglück: Stevens schrieb:

> Plötzlich hörten wir ein klapperndes Geräusch ..., das von einem Stück Seil verursacht wurde ..., das auf das Dach der Gondel gefallen war.
>
> Weshalb war das Seil gerissen? Als wir nach oben schauten, erschraken wir über einen großen Riss im unteren Teil der Ballonoberfläche... Durch die Glasluke über uns beobachteten wir, wie der Riss im Stoff immer größer und größer wurde. Langsam vergingen die Minuten...
>
> Wir sprachen wenig, denn wir strengten unser Gehör an, um auf die warnenden Geräusche von oben zu horchen. Von Zeit zu Zeit kamen durch das Dach der Gondel leicht pfeifende Töne. Jeder dieser Laute bedeutete einen neuen Riss oder die Vergrößerung eines bereits vorhandenen Loches...

Außerhalb der Gondel betrug die Temperatur fast minus 70 Grad C. In der Gondel hatte sich unterhalb der Decke ein schmaler Eisrand gebildet. Eine Dreiviertelstunde später war der Explorer auf 13 300 Meter gesunken, und seine Geschwindigkeit nahm zu. Wieder eine halbe Stunde danach war er schon auf 7000 Meter.

> Major Kepner und Kapitän Anderson öffneten jeder gewaltsam einen Lukendeckel, und zum ersten Mal fühlten wir uns frei...
>
> Wir kletterten alle auf die Gondel und schauten uns den Ballon genau an. Er sah böse zerfetzt aus. Viele neue Risse und Löcher waren entstanden. Die Frage war, wie lange das noch halten würde.
>
> Plötzlich fiel der ganze Boden des Ballons heraus... Ich kletterte zurück in die Gondel und begann, Ballast abzuwerfen...
>
> In 3300 Meter Höhe hätten wir wirklich die Gondel verlassen sollen, aber wir wollten die wissenschaftlichen Apparate nicht aufgeben. Also blieben wir. Bei 2000 Metern entschlossen wir uns ... auszusteigen. Die letzte Höhenmessung, die ich machte, war bei 1000 Metern über der Erde...
>
> Inzwischen hatte Kapitän Anderson auf dem Dach der Gondel Schwierigkeiten mit seinem Fallschirm. Die Reißleine war irgendwo hängen geblieben, und die Fallschirmpackung hatte sich geöffnet...

Anderson klemmte sich den Fallschirm unter den Arm und kletterte in die Luke, wobei er Stevens den Weg versperrte, der gerade von dort springen wollte. Stevens schrie Anderson zu, dass er aus dem Weg gehen solle.

> Dann ging alles sehr schnell.
>
> [Anderson] ... verschwand, und ich wusste, dass er gesprungen war. Als er sprang, explodierte der Ballon...
>
> Die Gondel fiel wie ein Stein...

Anderson war von dem Windsog hinausgerissen worden. Die Gondel fiel jetzt mit einer Geschwindigkeit von 1,6 Kilometern pro Minute. Kepner, der immer noch auf dem Dach der Gondel saß, sah, dass Stevens mit seinem Fallschirmpaket auf dem Rücken in der engen Luke stecken geblieben war und sich verzweifelt bemühte herauszukommen. Mit aller Kraft stieß Kepner Stevens mit dem Fuß ins Freie, wäh-

rend nur noch 800 Meter blieben, bevor die dahinrasende Gondel auf der Erde aufschlagen würde. Und in nur 300 Meter Höhe sprang Kepner selbst.

Stevens riss an der Leine, und der Fallschirm entfaltete sich:

> Die Falten der weißen Seide öffneten sich zu einem weißen Kreis – und dann fiel ein Teil des Ballonstoffs auf meinen Fallschirm... Glücklicherweise glitt der Fallschirm darunter weg und befreite sich selbst.
>
> Was war mit Kepner und Anderson? Ich drehte mich um, sah die beiden an ihren Fallschirmen und wusste, dass sie in Sicherheit waren. Direkt unter mir hörte ich die Gondel mit einem wahnsinnigen Knall aufschlagen und sah eine große Wolke Staub aufsteigen. 40 Sekunden später schlug ich auf, glücklicherweise nicht mit einem so lauten Knall...

Stevens, Kepner und Anderson rollten ihre Fallschirme zusammen und rannten zu dem Maisfeld in der Nähe von Holdrege, Nebraska, wo die Gondel aufgeschlagen war.

> [Wir] fanden ... unsere wunderschöne, weiße Gondel zerschmettert wie eine Eierschale... Die Instrumente im Innern waren ein heilloses Durcheinander...
>
> [Aber] die beiden versiegelten Barographen, die außerhalb der Gondel hingen, ... hatten kaum Schaden genommen, und [sie zeigten an], dass wir eine Höhe von 18 475 Metern über dem Meeresspiegel erreicht hatten ..., nur gut zweimal unsere Ballonabmessungen weniger als der offizielle Weltrekord von 18 665 Metern, den Kommandant T. G. Settle und Major Chester Fordney [im Jahr zuvor] aufgestellt hatten.

Stevens, Anderson und Kepner waren zuversichtlich, dass ein neuer Ballon konstruiert werden könnte, der den Rekord mit Leichtigkeit brechen würde.

Annähernd 16 Monate später, am 11. November 1935, hoben Anderson und Stevens im Explorer II um 7.01 Uhr von ihrem Startplatz nahe Rapid City, Süddakota, ab und stiegen um 11.40 Uhr zu ihrer maximalen Höhe von 22 065 Metern auf, am Rande des Weltalls, ein Rekord, der für die nächsten 21 Jahre bestehen blieb.

Gut 22 Kilometer über Meereshöhe schrieb Stevens:

> Die Erde ... war eine weite braune Fläche, scheinbar flach, die sich endlos ausdehnte ..., eine fremde und leblose Welt... Der Horizont war ein Band weißen Dunstes. Der Himmel darüber war von hellem Blau und ... darüber, so weit wir sehen konnten, von dunklem Schwarz, mit einem Schimmer von sehr dunklem Blau.

Stevens und Anderson blieben anderthalb Stunden dort oben, um Experimente durchzuführen. Dann begannen Stevens und Anderson mit ihrem *Explorer II* den Abstieg, wobei Millionen Hörer direkt über Kurzwelle aus der Gondel ihre Stimmen empfangen konnten, sogar in Europa und Südamerika.

> Als ich zufällig ... 20 Kilometer über der Erde die Instruktionen über Kurzwelle mithörte, die ein Ansager im Osten seinen Kollegen gab, musste ich schmunzeln.
>
> »Hört mit dem Rekord-Geschrei auf, Jungens, bevor wir nicht sicher sind, dass sie heil gelandet sind«, schlug er vor. »Es gibt noch genug Möglichkeiten für eine Havarie. Sie müssen aber lebend herunterkommen, damit es ein Rekord ist...«

Mit einem Seil gesichert bewegt sich Major Edward H. White II 160 Kilometer über der Erde im freien Raum. Obwohl er die Erde mit 28 000 Stundenkilometern umkreiste, fühlte er die Geschwindigkeit kaum; er hatte nicht den Eindruck zu fallen, sondern verspürte nur »Erfüllung«. Aus »Amerikas 9600-Kilometer-Spaziergang im All« in der September-Ausgabe 1965.

Im Jahr 1949 startete die National Geographic Society zusammen mit dem California Institute of Technology das ehrgeizigste Projekt, das bis dahin je unternommen worden war: ein monumentaler Himmelsatlas, woran im Palomar-Observatorium bis zu seiner Vollendung sieben Jahre gearbeitet wurde. Die 1758 Fototafeln der National Geographic Society und des Palomar-Observatoriums deckten ein Volumen des Weltalls ab, das 25-mal größer war als das jeder früheren Himmelskarte. Sie kartografierten den Himmel bis zu einer Tiefe von einer Milliarde Lichtjahren und enthüllten Millionen von Galaxien mit Milliarden Sternen und veränderten unsere gesamte Sichtweise des Universums.

Im Mai 1959 veröffentlichte das Magazin die »ersten Farbporträts des Himmels«, die den Nebel des Krebs-Sternbildes zeigten, der »wie geäderter Marmor« leuchtete, oder »das blau wirbelnde Feuerrad« des Andromeda-Nebels oder einen kosmischen »rotgoldenen Rauchring«. Aber Fotografien haben nur einen begrenzten Aussagewert, selbst über unseren nächsten Gefährten, den Mond.

Niemand wusste wirklich, was geschehen würde, wenn jemand den Fuß auf den Mond setzte – bevor *Surveyor I* im Juni 1966 in einem grauen, flachen Krater im »Meer der Stürme« landete und die ersten der insgesamt 11 000 Fotos zur Erde zu funken begann. In der Ausgabe vom Oktober 1966 berichtete Homer E. Newell, damals stellvertretender Leiter der NASA, dass die Fotos des *Surveyor*

> uns ein bemerkenswert klares und detailliertes Bild von der Mondoberfläche geben. Sie sind so scharf, dass wir Partikel von der Größe eines 20-stel Millimeters messen und zählen können. Sie liefern uns sogar einen kleinen Blick unter seine Oberfläche.
>
> Zum ersten Mal sind die Verantwortlichen des *Apollo*-Projekts dank *Surveyor* gewiss, dass ein Astronaut den Fuß sicher auf den Mond setzen kann, dass ihn die Mondoberfläche tragen wird, dass er nicht in einem Staubmeer versinken wird.

Drei Jahre später schrieb Kenneth F. Weaver, im Februar 1969, für das GEOGRAPHIC in seinem Artikel »Dieses runde Mädchen … der Mond«:

> Göttin der Nacht wurde er genannt: Selene, Artemis, Cynthia, Luna. Die Menschen verehrten und fürchteten ihn und glaubten, dass seine mystischen Kräfte das Leben auf Erden beeinflussten. Sie zeichneten sein unbeständiges Gesicht genauestens auf, berechneten die Zeit nach seinem Zu- und Abnehmen. Sie besangen seine Herrlichkeit, nannten ihn »Strahlender Wanderer«, »Schöne Regentin des Himmels«, »Mutter Mond«.
>
> Einst war er unerreichbar fern – das Land der Poeten, der Hirten und Nomaden, einsamer Astrologen und nicht so einsamer Liebender.
>
> Heute, im zwölften Jahr des Weltraumzeitalters, ist der Satellit der Erde zur Angelegenheit für jedermann geworden und Gegenstand der intensivsten wissenschaftlichen und technologischen Anstrengungen der Geschichte. Hunderttausende Menschen und Tausende von Industrieunternehmen haben ihre Energien auf die Verwirklichung eines Zieles gesetzt: den Menschen zum Mond zu bringen.
>
> Der Mensch hat den Mond bereits mit 45 Raumfahrzeugen erforscht, die Namen wie *Luna, Ranger, Surveyor, Zond* und *Orbiter* trugen. Von weitem haben wir bereits seine Oberfläche angekratzt, seine Chemie untersucht, seine Temperatur gemessen. Wir haben ihn mit Radiowellen getestet, mit dem Rückstoß von Raketen und mit Magneten. Wir haben bereits die kleinsten Fältchen in seinem gequälten Gesicht fotografiert und diese Nahaufnahmen ausgewertet.

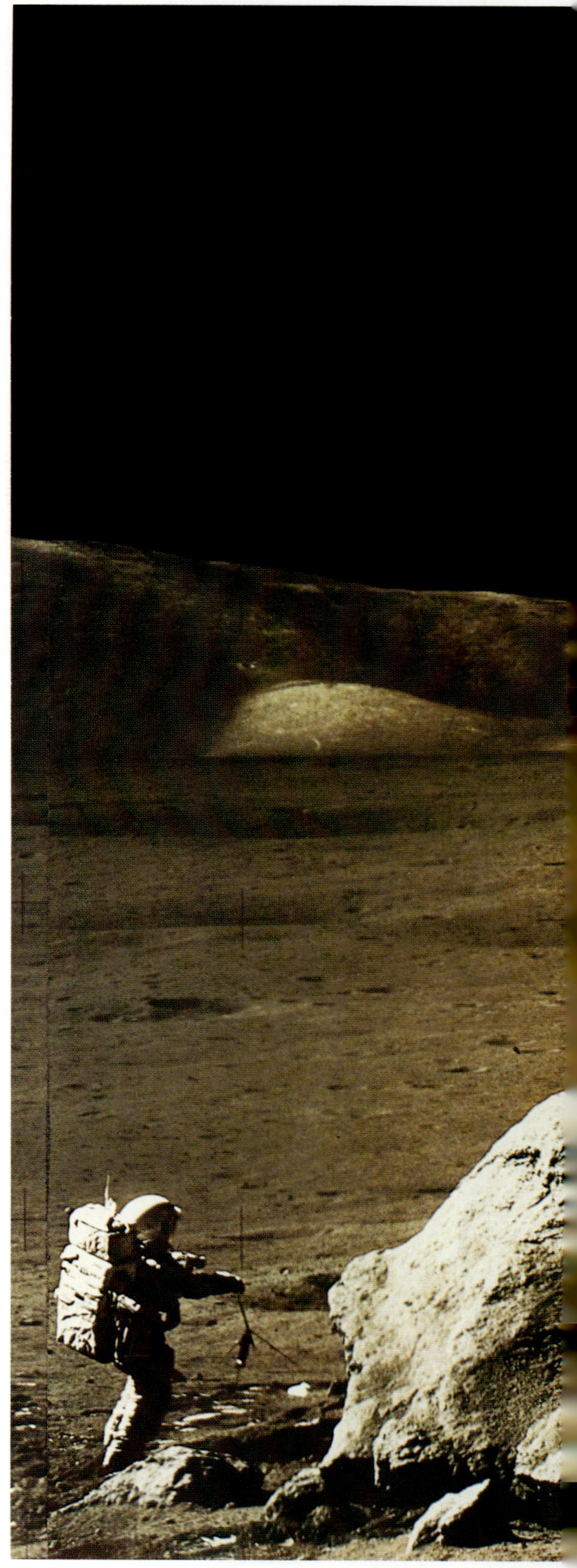

Der Astronaut Harrison Schmitt von der Apollo 17 *untersucht einen 15 Meter großen Findling im Taurus-Littrow-Tal auf dem Mond.*

Und jetzt, während dies geschrieben wird, trainieren einige wenige ausgewählte Astronauten mit höchstem Eifer für den fantastischen Versuch, der die Erzählungen von Jules Verne und H. G. Wells wahrmachen soll.

Die Liste der GEOGRAPHIC-Artikel über den bemannten Raumflug ist in Kurzform die Geschichte des Raumfahrtprogramms der USA auf dem Marsch zum Mond. Der erste bemannte *Mercury*-Flug mit einer *Redstone*-Rakete wurde von Carmault B. Jackson jr. in »Der Flug mit der *Freedom 7*« und »Die Story des Piloten: Astronaut Shepards eigener Bericht von seinem Flug« beschrieben, vier Monate nachdem Alan B. Shepard als erster Amerikaner eine Rakete ins All gesteuert hatte. Nachdem sich nun die *Mercury*-Kapsel als sicher erwiesen hatte, war als nächster Schritt in der bemannten Raumfahrt der Flug mit der stärksten *Atlas*-Trägerrakete vorgesehen, um das Verhalten der Piloten bei längerer Schwerelosigkeit zu testen. Der Bericht von Robert B. Voas »John Glenns drei Erdumkreisungen in der *Friendship 7*: Eine minutiöse Aufzeichnung von Amerikas erstem Orbital-Raumflug« behandelte diese Phase. Voas war der Schulungsoffizier des *Mercury*-Projekts. Sein Artikel erschien im Juni 1962, vier Monate nach Glenns Flug, und ruft jene Zeit in Erinnerung, als der Mensch den Mond zwar noch nicht erreicht hatte, aber jeder Flug neue Erkenntnisse brachte. Er erinnert uns auch daran, dass diese Flüge gefährlich waren, was durch die Explosion der *Challenger* im Januar 1986 auf tragische Weise bestätigt wurde.

Liest man Voas Artikel heute, so sieht man, dass es schon bei Glenns Flug Anzeichen dafür gab, dass die NASA den Piloten manche Dinge lieber verschwieg. Am Ende von Glenns erster Erdumkreisung, so schrieb Voas, »deutete ein Funksignal des Raumfahrzeugs an, dass das *landing bag*, das beim Aufschlagen der Kapsel auf das Wasser wie ein Kissen funktionierte, sich vorzeitig entfaltet hatte. Wenn dieses Signal stimmte, würde es bedeuten, dass der Hitzeschild, der an der ›Landetasche‹ sitzt, ebenfalls freilag und das Raumschiff nicht vor der Hitze beim Wiedereintauchen in die Atmosphäre schützen konnte«. Mit anderen Worten, der Hitzeschild der Kapsel würde beim Wiedereintritt abgerissen, und die *Friendship 7* würde zusammen mit Glenn innerhalb von Sekunden verglühen.

> Das erste Anzeichen für Glenn, dass es ein Problem gab, kam nach 02:26:36 Flugzeit (Zwei Stunden, 26 Minuten und 36 Sekunden), als der Verbindungsmann zur Kapsel, Gordon Cooper in Muchea, Australien, Glenn fragte: »*Friendship 7*, bestätigen Sie bitte, ob der Landetaschenschalter in der ›Aus‹-Position steht.«
>
> »Ja«, antwortete Glenn. »Landetaschenschalter steht in der zentralen ›Aus‹-Position«. Cooper fragt: »Sie haben keine knallenden Geräusche oder etwas in der Art gehört?«
>
> »Nein.«

Nach beinahe vier Stunden Flugzeit gibt es Probleme mit dem automatischen Steuersystem, und Glenn übernimmt die Führung des Raumschiffes selbst. Nach 04:38:25 Flugzeit meldet sich der Verbindungsmann in Corpus Christi, Texas, und sagt zu Glenn:

> »Wir empfehlen Ihnen, die Bremsrakete während des gesamten Wiedereintritts eingeschaltet zu lassen...«
>
> »Hier ist *Friendship 7*. Was ist der Grund dafür? Haben Sie irgendwelche Gründe?«
>
> »Noch nicht. Dies ist eine Empfehlung der Zentrale.«

Glenn ist immer noch nicht davon unterrichtet worden, dass die NASA befürchtet, sein Hitzeschild könnte herabgerutscht sein. Glenn ist damit beschäf- ▶

Rechts: Das 100 Tonnen schwere Skylab *hat unterwegs ein Solarsegel verloren und umkreist lautlos in 430 Kilometer Höhe die wolkenbedeckte Erde.*

Nächste Seiten: Die Raumfähre Challenger, *in Rückenlage hoch über einem Teil Kaliforniens, bringt 1984 einen Satelliten mit Testmaterial in die Umlaufbahn.*

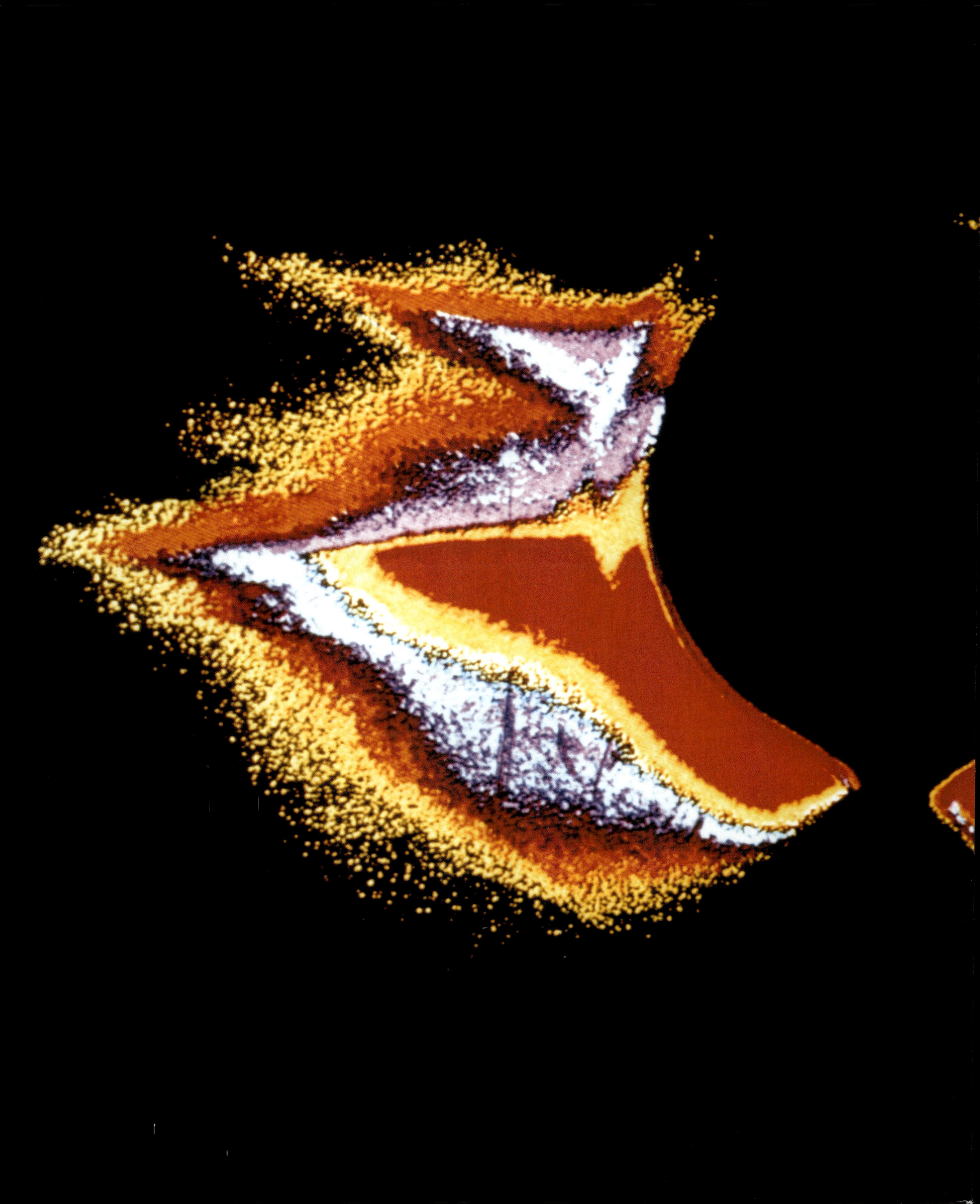

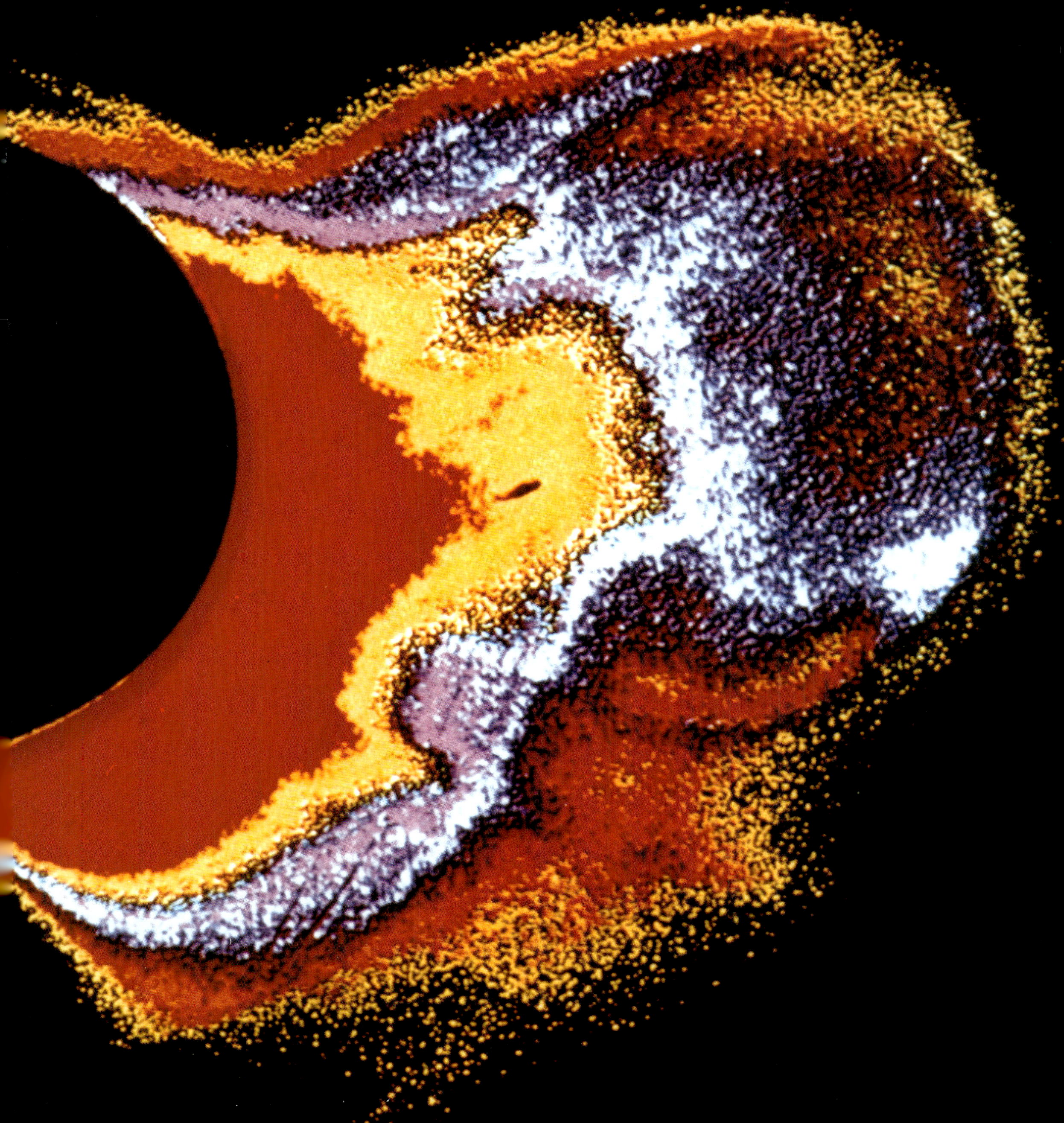

Oben: Das Landefahrzeug der Viking 2 *geht 1976 in der Utopia-Ebene des Mars nieder. Seine Kameras und Sensoren beginnen mit dem Sammeln von Daten über Wetter, Atmosphäre, chemische und biologische Vorgänge des Roten Planeten.*

Gegenüber: Ein bispektrales Mosaik, aus Marsbildern des Viking Orbiter I *zusammengesetzt, zeigt beinahe eine ganze Hemisphäre dieses Planeten.*

Vorangehende Seiten: Die Feuer-Corona der Sonne auf einem farbkodierten Foto, das von der Skylab-*Raumstation aufgenommen wurde.*

tigt, die Nase seiner *Mercury*-Kapsel aufzurichten, bis seine Instrumente anzeigen, dass er gerade und waagerecht zur Erde fliegt, zum Wiedereintritt in die Atmospähre bereit. Robert B. Voas Bericht fährt fort:

> 04:40:23. »*Friendship 7*, hier ist das Cap [Canaveral]...
> Empfehlen Ihnen ... das Periskop von Hand einzuziehen.«
> »Verstanden. Periskop von Hand einziehen.«
> »Das ist besser so [signalisiert das Cap an Glenn], weil wir nicht sicher sind, ob Ihre Landetasche ausgefahren ist. Wir meinen, dass die Rückkehr mit eingeschalteter Retro-Package möglich ist. Wir sehen gegenwärtig kein Problem für diese Art Wiedereintritt.«
> Beim Wiedereintritt schützt der Hitzeschild den Piloten, wie der Name sagt, vor der Reibungshitze der Luft, die gegen die Kapsel mit einer Kraft von acht G (achtfache Fallgeschwindigkeit) prallt. Die Schockwelle erhitzt sich, knapp einen Meter von der Rückseite der Kapsel entfernt, auf das Fünffache der Sonnenoberfläche.
> »04:42:52. *Friendship 7*, hier ist das Cap... Wir empfehlen...«
> Shepards Stimme wird durch eine Störung in der Funkverbindung immer schwächer. Glenn fragt sich, was wohl gemeint war.
> Von Hand steuert er die Kapsel. Während des Wiedereintritts muss sich die Kapsel wie eine Gewehrkugel langsam um die eigene Achse drehen, um das Zielgebiet mit maximaler Genauigkeit zu treffen.
> Plötzlich hört er einen Knall: eins der rostfreien Stahlbänder der Bremsanlage hängt direkt vor seinem Fenster.
> »Hier ist *Friendship 7*. Ich glaube, die package hat sich gelöst.«
> Seine Botschaft wurde nicht gehört.
> Die Nadeln an den Instrumenten beginnen leicht vor- und rückwärts auszuschlagen. Glenn gleicht mit dem Kontrollhebel aus, um ein zu starkes Schlingern der Kapsel zu verhindern.
> Vor dem Fenster sieht er ein orangefarbenes Glühen, dessen Leuchten zunimmt.
> Jetzt wird das Orange noch intensiver. Plötzlich fliegen große brennende Metallstücke am Fenster vorbei. Was kann das sein? Er glaubte, die »Brems-Package« sei nicht mehr da. Einen Augenblick dachte er daran, die Kapsel selbst brenne und drohe aufzuplatzen. Die Geschwindigkeitsreduzierung hält ihn in seinen Sitz gepresst, sonst würde er sich unwillkürlich aufgerichtet und jeden Augenblick erwartet haben, dass die ersten Hitzestrahlen bis zu ihm durchdringen. Aber das geschieht nicht.
> Er bedient weiter den Kontrollhebel, um das Schlingern zu dämpfen. Er versucht, aus dem Zentrum des Feuerballs etwas durchs Fenster zu erkennen. Alles um ihn herum leuchtet in hellem Orange. Dahinter, sichtbar durch das Zentrum des Fensters, sieht er einen hellen gelben Kreis. Er bemerkt, dass es der lange Schweif geschmolzenen Materials von dem Hitzeschild ist, den die Kapsel hinter sich herzieht.
> 04:43:39.« Hier ist *Friendship 7*. Ein richtiger Feuerball draußen.«
> 04:47:22. Der Feuerball wird schwächer. Leicht gestört hört er das Cap fragen: »Wie geht es Ihnen?« Er antwortet: »Oh, recht gut.«

Glenns Kapsel schlägt nach 04:55:24 Flugzeit auf dem Wasser auf. Nach knapp zehn Minuten ist der US-Zerstörer *Noa* zur Stelle und hievt Glenn mit seiner Kapsel an Bord. Das *Mercury*-Programm wurde durch das *Gemini*-Programm abgelöst. Die größere Zwei-Mann-Kapsel bewies durch ihre Flüge unter anderem, dass der Mensch lange genug im Weltall bleiben konnte, um die Hin- und Rückreise zum Mond zu machen, dass ein Mensch außerhalb einer Raumkapsel effektive Arbeit leisten konnte und dass die für eine Mondlandung erforderlichen Rendezvous- und Ankoppelungstechniken durchführbar waren.

Als der Erfolg des *Gemini*-Programms den Weg für die *Apollo*-Rakete und die Mondlandung geebnet hatte, war das NATIONAL GEOGRAPHIC mit einer aus-

führlichen Berichterstattung zur Stelle. Im Mai 1969 erschienen »Eine fantastische Reise: Die Story vom *Apollo-8*-Rendezvous mit dem Mond« von Generalleutnant Sam C. Phillips sowie »Und jetzt das verbotene Antlitz des Mondes berühren« von Ken Weaver.

Die ersten Schritte des Menschen auf dem Mond wurden im 62-Seiten-Artikel »Die ersten Forscher auf dem Mond: Die unglaubliche Geschichte von *Apollo 11*« im Dezember 1969 dokumentiert. Diese Ausgabe enthielt auch eine Schallplatte mit Geräuschen aus dem All, ergänzt durch Frank Bormans Reportage.

Verständlicherweise stellten die Berichte vom historischen ersten Mondspaziergang die vorangegangenen Raketenstarts in den Schatten, Doch man denke nur an den Start von *Apollo 8*, der am 21. Dezember 1968 in Cape Kennedy durchgeführt wurde, sieben Monate bevor Armstrong und Aldrin *Apollo 11* verließen und den Mond betraten, und das Risiko, das ihre Mission beinhaltete.

Die *Apollo*-Kapsel mit den Astronauten Frank Borman, James A. Lovell jr. und William A. Anders an Bord wurde mit einer gigantischen 11 Meter hohen, 2,8 Millionen kg schweren *Saturn-V*-Rakete abgeschossen, die noch nie für einen bemannten Flug benutzt worden war. Die Navigation musste extrem genau sein, damit *Apollo 8* nach 370 000 Kilometer Flugstrecke genau 128 Kilometer entfernt am Mond vorbeiflog. Die Kapsel mit Borman, Lovell und Anders sollte dann den Mond zehnmal umrunden, bevor sie zur Erde zurückkehren würde.

Und obwohl die Reise von *Apollo 8*, wie der NASA-Sicherheitschef Jerry Lederer hervorhob, mit weniger Unbekannten kalkulieren musste als Christoph Kolumbus, würde die Mission dennoch »Risiken von großem Ausmaß bergen und wahrscheinlich Risiken, die nicht vorherzusehen sind. *Apollo 8* besteht aus 5 600 000 Teilen und aus anderthalb Millionen Systemen, Subsystemen und Apparaturen. Selbst wenn alle mit 99,9-prozentiger Zuverlässigkeit funktionierten, wären immer noch 5600 Defekte denkbar.«

Der Pilot der Steuerkapsel von *Apollo 11* und NATIONAL GEOGRAPHIC-Kurator Michael Collins schrieb in seinem Buch »Ritt auf dem Feuer«, dass das, was die *Apollo 8* eigentlich von allen vorangegangenen Raumflügen unterscheiden würde, die Tatsache sei, dass der Mensch zum ersten Mal

> ... sich selbst über die Fluchtgeschwindigkeit hinausbewegt, um das Gravitationsfeld der Erde zu durchbrechen und in das Weltall hinauszutreiben, wie noch nie ein Mensch zuvor. Nach dem Vorstoß in den Raum jenseits des Mondes würden sich drei Menschen im Sonnensystem befinden, die neben all den Milliarden Sternen gesondert gezählt werden müssen, drei Menschen, die sich an einem anderen Ort befänden, deren Bewegung anderen Gesetzen gehorchen würde und deren Aufenthaltsort als separater Planet angesehen werden müsste. Diese drei können die Erde betrachten, und die Erde kann sie betrachten, und jeder würde zum ersten Mal den anderen sehen. Dies wussten auch die Leute in der Bodenkontrollstation.
>
> Aber all dies war nicht in unvergänglichen Worten in eine Wand gemeißelt, sondern da gab es nur eine dünne, grüne Linie, die *Apollo 8* darstellte, wie sie aufstieg, an Geschwindigkeit gewann und verschwand und uns auf unserem Planeten zurückließ, voller Ehrfurcht, dass wir Irdischen am Ende doch die Wahl gehabt hatten, zu bleiben oder zu fliegen – aber das Fliegen gewählt haben.

Das *Apollo*-Programm endete im Dezember 1972 mit der Rückkehr der *Apollo 17* und des letzten der zwölf amerikanischen Astronauten, die auf dem Mond gewe-

◄ *Der große rote Fleck des Jupiter (rechts oben auf diesem Foto von der stark reflektierenden Wolkendecke dieses Planeten), eine ständige Erscheinung seiner Atmosphäre, ist ein Anti-Zyklon, groß genug, um die Erde zweimal zu schlucken.*

sen waren und 382 Kilogramm Steine mitgebracht hatten. Während das *Apollo*-Programm noch lief, waren unbemannte Raumfahrzeuge zur Erforschung anderer Planeten ausgesandt worden. *Mariner 9* war im Mai 1971 als erste Raumsonde gestartet, die den Planeten Mars von einer Umlaufbahn aus fotografierte. Es wurde eine Mars-Landschaft sichtbar, die von einem über 6000 Meter tiefen, 240 Kilometer breiten Riss am Äquator durchschnitten wurde, der sich fast über ein Fünftel des Umfangs des Roten Planeten hinzog. Und es zeigten sich gewaltige Vulkane, darunter der beinahe 24 Kilometer hohe Olympus Mons, der den Mount Everest um 15 Kilometer überragt. Im März 1972 wurde *Pioneer 10* abgeschossen, die erste Sonde zur Erforschung der äußeren Planeten. Im Januar 1977 zeigte das Titelblatt des Magazins ein Foto, das ein *Viking*-Landefahrzeug vom Mars gemacht hatte! Die Flüge von *Mariner 10* zum Merkur und zur Venus wurden im Juni 1975 dokumentiert. Viereinhalb Jahre später enthielt das Magazin vom Januar 1980 die detaillierten Fotos der *Voyager* über »Jupiters schreckliches Reich«. Die Ausgabe vom Juli 1981 enthielt Fotos vom Saturn, und in der August-Ausgabe 1986 fand sich der Artikel: »Der Uranus: *Voyager* besucht einen dunklen Planeten«.

In dem Maß, wie bemannte und unbemannte Raumfahrzeuge immer weiter ins All vordringen, wird das Wissen der Menschheit immer umfassender. Aber es wird immer Leute geben, die der Meinung sind, dass die verlorenen Menschenleben und die in die Forschung investierten Gelder hätten besser genutzt werden können. Die Antwort des Journalisten und Forschers Walter Wellman an jene, die die Anstrengungen des vergangenen Jahrhunderts zur Erreichung eines damals ebenfalls heiß umstrittenen Zieles infrage stellten, ist heute für den bemannten Raumflug zum Mars ebenso relevant wie vordem für »den begehrtesten aller geographischen Preise«. Im Dezember 1899 schrieb Wellmann im NATIONAL GEOGRAPHIC MAGAZINE:

> Wir mögen verschiedener Auffassung über den Wert der Erreichung des Pols sein. Wenn wir rein nach der Zweckmäßigkeit fragen, gilt es nicht viel. Das Gleiche lässt sich von einem Gedicht sagen. Und was ist eine Polar-Expedition anderes als ein Epos der Ausdauer, bei dem alles Hässliche zurückbleibt, bei dem ein Mann im Bewusstsein der Risiken und eines möglichen Misslingens sein Leben und alles aufs Spiel setzt, in einem Kampf gegen die Kräfte der Ignoranz. Denn ich halte es für unter der Würde des Menschen, nachdem er einmal aufgebrochen ist, jenen mathematischen Punkt zu erreichen, der das nördliche Ende der Erdachse markiert – und als Symbol seiner Unfähigkeit gilt, jene Millionen Quadratkilometer unbekannten Territoriums zu beherrschen –, jetzt aufzugeben, nur weil die Nacht dunkel und der Weg lang ist. Er wird nicht aufgeben. Der Polarforscher ist der Typ jenes vorwärts stürmenden Geistes der Menschheit, der den erobernden Menschen von jenem Wissensdurst nach allem Unbekannten erfüllt, über alle Meere und durch alle Länder geführt hat, in die Tiefen des Ozeans, auf die Gipfel der Berge, und ihn dazu gebracht hat, in düsteren, feuchten Höhlen zu graben, die Lichtstrahlen aus fernen Welten zu analysieren, nach geologischen Zeugnissen vergangener Zeiten zu forschen. Dieser Geist wird ihn auch zum Nordpol bringen, und das in nicht allzu ferner Zukunft. Jeder, der etwas anderes vom Menschen annimmt, der kennt ihn schlecht. Seine Kenntnis der menschlichen Natur – der Natur der abenteuerlichen Rassen unserer Zonen – ist begrenzt.

Und jeder, der annimmt, dass die National Geographic Society nicht weiterhin von der Erforschung des Weltalls durch den Menschen mit derselben Aufmerksamkeit berichten wird, die sie in den vergangenen 100 Jahren der Erforschung unserer Erde gewidmet hat, der kennt diese Gesellschaft nicht.

Das Gemälde von James Hervat zu dem Artikel vom Januar 1985 »Die Planeten: Zwischen Feuer und Eis« zeigt das jetzt eingestellte Programm mit der Galileo-*Sonde, die 1988 den Jupiter umkreisen und wissenschaftliche Instrumente abwerfen sollte, um zur Erforschung der Atmosphäre dieses Planeten beizutragen.*

NATIONAL GEOGRA
FOU

1967–1977

Die Fackel hochhalten, sie nicht missbrauchen

»Das Wesen des GEOGRAPHIC ist es, die Fackel hochzuhalten, sie nicht zu missbrauchen.«

Frederick G. Vosburgh, Chefredakteur des NATIONAL GEOGRAPHIC von 1967 bis 1970

»Er ist einer der großen Chefredakteure unserer Zeit. Keine Zeitschrift hat jemals einen standfesteren, verlässlicheren Steuermann als Ted Vosburgh gehabt. Dieses Schiff wird seine Hand am Steuer vermissen, obwohl ich weiß, dass die von ihm geschaffene Mannschaft eine großartige Arbeit leisten wird.«

Melville Bell Grosvenor, anlässlich Ted Vosburghs Pensionierung 1970.

Vorangehende Seite: »Das Siegel der Society soll … aus der westlichen Hemisphäre von 0 Grad bis 180 Grad westlich von Greenwich bestehen, versehen mit dem Schriftzug ›National Geographic Society‹ oben und ›Eingetragen A. D. 1888‹ unten, wie auf der beigelegten Zeichnung.«
Aus dem Artikel IX der Statuten der National Geographic Society, die am 17. April 1896 angenommen wurden. Das hier abgebildete Bronzesiegel hat ungefähr zwei Meter Durchmesser und leuchtet in der »Halle der Entdecker« auf dem Marmorfußboden. Dieses Siegel und ein Abguss wurden bei Fertigstellung des von Edward Durell Stone entworfenen Hauptquartiers 1964 in den Haupteingängen angebracht.

Am 1. August 1967, zehn Jahre nachdem er Chefredakteur des Magazins und Präsident der Society geworden war, zog sich Melville Bell Grosvenor von beiden Posten zurück, um Vorsitzender des Kuratoriums zu werden, und er nahm die Ernennung zum Ersten Herausgeber, einem neu geschaffenen Posten, an.

Trotz MBGs Widerspruch wurden die Ämter des Chefredakteurs und des Präsidenten, die 1920 auf Gilbert H. Grosvenors Verlangen vereinigt worden waren, wieder getrennt. Diesmal auf Drängen des Kuratoriums, das der Meinung war, die Organisation sei zu groß geworden, um von einer Person allein geleitet zu werden. Durch Trennung der beiden Ämter, so meinte man, würde der Chefredakteur sich besser auf die Leitung des Magazins konzentrieren können und der Präsident auf die Geschäfte der Society. Dr. Melvin M. Payne wurde zum Präsidenten der Society gewählt. Er hatte 35 Jahre zuvor als Sekretär des damaligen Stellvertretenden Sekretärs der Society, Thomas McKnew, begonnen und sich im Lauf der Jahre hochgearbeitet.

Frederick G. [Ted] Vosburgh, Vizepräsident und stellvertretender Chefredakteur, die Nummer zwei nach MBG im Magazin, wurde zum Chefredakteur bestimmt. Er war erst der achte seit Gründung der Society und der vierte in diesem Jahrhundert.

Robert E. Doyle, Vizepräsident und stellvertretender Sekretär, wurde Sekretär, und Gilbert Melville Grosvenor wurde, nachdem er bereits Vizepräsident und Senior Assistant Editor des Magazins war, zusammen mit Franc Shor zu einem der beiden stellvertretenden Chefredakteure des Magazins ernannt.

Bei einer Sitzung vor der förmlichen Ernennung erklärte Melville Grosvenor, dass die Trennung der Ämter von Präsident und Chefredakteur »jedermann auf allen Ebenen die Chance geben wird, zu reifen und sich zu entwickeln, und dies dazu beitragen wird, dass die Society lebendig und kraftvoll bleibt, in den Händen junger, fantasievoller Leute, wie es sein soll«.

Doch Ted Vosburgh, der nun das Magazin übernommen hatte, war selbst nur gerade drei Jahre jünger als Melville.

Vosburgh war 1933 zum GEOGRAPHIC gestoßen, gehörte 18 Jahre lang zum Mitarbeiterstab, bevor er stellvertretender Chefredakteur wurde, und weitere fünf Jahre später, 1956, wurde er Senior Assistant Editor. Im darauf folgenden Jahr, als Melville Chefredakteur wurde, war seine erste Amtshandlung, Vosburgh zu seinem Stellvertreter zu machen.

»Vizepräsident und stellvertretender Chefredakteur Gilbert M. Grosvenor markiert Abgabetermine und informiert den Executive Editorial Council im Kontrollzentrum über den Stand der nächsten Nummern.« Aus der Oktober-Ausgabe 1967 des NATIONAL GEOGRAPHIC »Storys wurden dauernd geplant und wieder abgesetzt, und niemand wusste, wer dafür verantwortlich war«, erinnert sich Gilbert M. Grosvenor. »Artikel wurden Monate zu spät in den Satz gegeben, die Monate vorher geplant worden waren... Ich hatte das starke Gefühl, dass im NATIONAL GEOGRAPHIC ein Chaos herrsche. Das Kontrollzentrum war meine Idee. Ich baute es in meinem Stockwerk auf und hielt es in Gang.« Als Gil Grosvenor erst einmal die Billigung von Chefredakteur Vosburgh und Editor Emeritus Melville Grosvenor hatte, wurde das Kontrollzentrum – am Anfang sehr unbeliebt in der Redaktion – »zu einem Fait accompli«.

Als Vosburgh zehn Jahre später, 1967, selbst Chefredakteur wurde, war er bereits 63 Jahre alt. Er galt unter der Belegschaft eher als unflexibel und konservativ und nicht als fantasievoll.

Melville war der Mann mit Vorstellungskraft, mit den großen Ideen, den Geistesblitzen. Vosburgh war dafür verantwortlich, MBG von allzu gewagten Experimenten abzuhalten. »MBG war der erste, der immer gesagt hat, dass er das Magazin nicht ohne Vosburgh hätte machen können«, betonte Melvilles Sohn Gil. »Ted war seine rechte Hand. Wenn MBG sich einmal für ein paar Monate frei nahm, dann war es FGV, der zu Hause blieb, der die einzelnen Teile einsammelte und das Magazin zusammenstellte und wie der Teufel hinterher war, dass das Magazin sorgfältig und faktenreich gemacht wurde und auf jeden Fall herauskam – wenn vielleicht auch nicht rechtzeitig.«

Vosburgh war »der Pedant in puncto Sorgfältigkeit«, derjenige, der Nacht für Nacht aufblieb und über den Probeabzügen saß. Bei einer Gelegenheit ließ Vosburgh den Druck der Ausgabe vom Juli 1964 stoppen, als er entdeckte, dass die Setzer ein einschränkendes Komma aus einem Satz von Peter T. Whites Artikel »Die Welt in New York City« eliminiert hatten. Für den Preis von 30 000 Dollar ließ Vosburgh das Komma wieder herstellen und somit auch den Ruf des GEOGRAPHIC für seine Sorgfalt. (Der Satz lautete: »Allein die beiden Bezirke auf Long Island, Brooklyn und Queens, beherbergen 4 660 000 Menschen mehr als Chicago oder Los Angeles.« Das 30 000-Dollar-Komma war nach »Menschen« eingefügt worden.)

Vosburghs Vorsicht als stellvertretender Chefredakteur war nicht unbedingt von Vorteil für Vosburgh, den Chef. Obwohl der jetzige Senior Associate Editor Joseph Judge feststellte, dass unter Vosburgh Worte wie »bedroht«, »verschmutzt« und »gefährdet« regelmäßig in den Überschriften des Magazins aufzutauchen begannen, musste Vosburgh überredet werden, solche Geschichten auch tatsächlich zu drucken. »An sich war er jemand, der diese Art Themen sorgfältig vermieden hätte«, erklärte Edwards Park, »weil er meinte, dass es nicht unsere Aufgabe sei, die negativen Seiten der Dinge zu zeigen. Unser Job sei es, die positiven Seiten zu präsentieren.«

Ted Park, der von einer Tageszeitung zum GEOGRAPHIC gekommen war und ihn wieder verließ, um Chefredakteur des *Smithsonian-Magazins* zu werden, erinnert sich gerne an Vosburgh: »Ich machte die Sonntagsbeilage … für die alte Bostoner Zeitung, den *Globe*, und Vosburgh gefiel etwas, was ich für das GEOGRAPHIC geschrieben hatte. Er hat es nicht genommen, aber mein Stil sagte ihm zu. Er hatte etwas sehr Altmodisches an sich, wenn er etwa sagte: ›Das ist eine atemberaubend gute Geschichte!‹ Er benutzte wundervolle Worte direkt aus den Zwanzigerjahren – ja, alles, was Ted machte, kam irgendwie aus den Zwanzigerjahren.

Vosburgh war auch ein Vogelnarr, wie schon der alte Gilbert Grosvenor«, fährt Park fort. »Wir hatten Alexander Wetmore vom *Smithsonian* als Hauptautor für unser Vogelbuch gewonnen, und Wetmore war in unser Büro gekommen, um sich ein paar Layouts anzuschauen, die Merle Severy für ihn gemacht hatte. Merle zeigte ihm dieses wundervolle und perfekte Bild von dem Vollmond mit der Silhouette eines Vogels davor – ein wahnsinniges Bild. Wetmore warf einen Blick darauf, auf diesen kleinen Fleck vor dem Mond und sagte: ›Das ist eine Wildgans.‹

Es war mucksmäuschenstill, und wir schauten Wetmore alle ganz verblüfft an. Da fragte Vosburgh ironisch: ›Männchen oder Weibchen?‹«

Als Ted Vosburgh 1970 nach beinahe 37 Jahren beim GEOGRAPHIC, einschließlich dreier Jahre als Chefredakteur, in den Ruhestand ging, würdigte ihn der Präsident der Society, Melvine Payne, indem er sagte: »Das NATIONAL GEOGRAPHIC muss zukünftig auf die Dienste eines Mannes verzichten, dessen Talente für seine Bedürfnisse wie geschaffen waren, dessen Stimme gehört und verlangt wurde bei jeder größeren redaktionellen Entscheidung in den vergangenen 20 Jahren. Das GEOGRAPHIC kam in den Jahren mit Vosburgh einer nahezu perfekten Genauigkeit näher als irgendeine andere mir bekannte Publikation. Und ich denke, dass die Zunahme der Mitgliederzahl der Society in dieser Periode von 900 000 auf 6,9 Millionen zu einem beträchtlichen Teil der Tatsache zu verdanken ist, dass Ted dazu beitrug, diesen Mitgliedern ein Magazin zu liefern, das sie nicht nur genießen, sondern dem sie auch vertrauen konnten.«

Ted Vosburgh war der erste Chefredakteur des GEOGRAPHIC, der nicht – wie einer der Mitarbeiter all seine Vorgänger beschrieb – »ein charmanter, wunderbarer Amateur« war. Vosburgh war Redakteur, und zwar von Berufs wegen. In die Fotografie des Magazins mischte er sich nicht ein. Stattdessen konzentrierte er sich auf die redaktionelle Arbeit und überließ es Herb Wilburn, dem Bildchef, Robert Gilka, dem Artdirector und Gilbert M. Grosvenor, dem Stellvertretenden Chefredakteur, Inhalte und Stil der Fotografie zu bestimmen.

Das Ergebnis war, dass das Magazin zumindest in seinen Bildern einige Realitäten der Welt darzustellen begann: unter Vosburghs Leitung z. B. die zunehmenden nationalen und internationalen Proteste gegen Amerikas Fortsetzung eines unpopulären Kriegs in Vietnam oder auch die Ermordung von Robert F. Kennedy und Martin Luther King jr., den Sechs-Tage-Krieg zwischen Israel und den arabischen Nationen, die Invasion der Sowjetunion in die Tschechoslowakei, das Aufbringen des amerikanischen Spionageschiffs *Pueblo* durch die Nordkoreaner, die Schrecken der Hungersnot in Biafra, den Prozess gegen Leutnant William Calley wegen des My-Lai-Massakers und die Wiederwahl Richard M. Nixons zum Präsidenten der Vereinigten Staaten.

Auch wenn das Magazin immer noch behutsam kontroverse Themen umschiffte, so hatte es zumindest damit begonnen anzuerkennen, dass es solche gab. Eins dieser Themen war die Umweltzerstörung. Der GEOGRAPHIC-Bericht »Unsere ökologische Krise« in der Dezember-Ausgabe 1970 bedeutete für das konservative Magazin wie auch für seinen konservativen Chefredakteur einen Wendepunkt.

Die Veröffentlichung dieses Artikels markierte die Rückkehr des Magazins zum engagierten Journalismus. Die Praxis war nach 1916 aufgegeben worden, als die National Geographic Society unter Leitung von Gilbert H. Grosvenor auf den Auf-

Der Artikel »Unsere ökologische Krise« vom Dezember 1970 bezeichnete die Rückkehr des GEOGRAPHIC zum engagierten Journalismus. Das obige Foto erschien als dreiseitiger Ausklapper in jener Nummer mit der Erklärung: »Einer der verseuchtesten Flüsse des Landes, der Cuyahoga in Ohio, war so stark mit Öl und Abfällen bedeckt, dass sich der Fluss im Juli 1969 selbst entzündete, wodurch zwei Eisenbahnbrücken beschädigt wurden.«

Gilbert M. Grosvenor interviewt Marschall Tito (mit der Dolmetscherin Maté Mestrovic) für den Artikel vom Februar 1962: »Jugoslawiens Fenster zur Adria«.
»Ich hatte drei Wochen auf eine Audienz bei Marschall Tito gewartet. Weil ich wusste, dass er ein passionierter Fotoamateur war, hatte ich eine weit größere Fotoausrüstung mitgenommen, als ich brauchte. Mein Plan war, den kommunistischen Führer mit Geplauder über Fotografie wohlwollend zu stimmen und dann mit gezielten Fragen zur jugoslawischen Ökonomie nachzustoßen.

Wir trafen uns auf seinem Inseldomizil, wo er mich freundlich empfing, aber meinen Fragen auswich. Ich entschloss mich zu meinem Fotomanöver.

Ich öffnete meinen Amera-Aluminiumkoffer, und mein dreibeiniges Stativ fiel heraus. Stämmige Sicherheitsbeamte umringten mich schlagartig. Einer sprang vor Tito, um ihn zu schützen. Tito, als er die Ursache der Panik sah, lachte dröhnend: ›Beinahe wäre es Ihnen übel ergangen‹, sagte er.« Aus Gilbert M. Grosvenors Vorwort zu »Bilder der Welt«.

Mehr als 25 Jahre später erinnert sich Gil Grosvenor noch deutlich an den Zwischenfall mit Titos Sicherheitsbeamten. »Als das Stativ herunterfiel ..., kamen sie zwischen den Büschen hervor und schlugen mich nieder. Ich lag flach!«

ruf des Kongresses nach zusätzlichen Geldmitteln mit einem bedeutenden Geldbetrag reagiert hatte, um das Überleben von Kaliforniens majestätischen Mammutbaumwäldern im Giant Forest des Sequoia-Nationalparks zu sichern.

Vosburghs Philosophie, die in dem Satz zum Ausdruck kam: »Das Wesen des GEOGRAPHIC ist es, die Fackel hochzuhalten, sie nicht zu missbrauchen«, bedeutete, die Fakten eines Problems darzustellen und die Entscheidung, was, wenn überhaupt, geändert werden sollte, der Regierung zu überlassen. In seinem Artikel »Die bedrohten Schönheiten des Everglades-Nationalparks« vom Oktober 1967 hatte Vosburgh kommentarlos darauf hingewiesen, dass die Umleitung des Wassers aus dem Okeechobee-See, das vorher auf dem Weg zum Meer südwärts durch die Everglades floss, eine Bedrohung des Ökosystems der Everglades darstellte. Nirgends in dem Artikel schlug Vosburgh eine Lösung vor. Durch die Art, in der Vosburgh die Fakten präsentierte, brauchte er das auch nicht.

1970 ging Frederick G. Vosburgh in den Ruhestand. Ihm folgte der 39-jährige Gilbert Melville Grosvenor.

Wie die Ernennung von John Oliver La Gorce war auch Ted Vosburghs Amtszeit nur als Interregnum zwischen den Grosvenors gedacht gewesen. Aber ungeachtet der Tatsache, dass Gil Grosvenors Vater, Melville Bell Grosvenor, sein Großvater Gilbert Hovey Grosvenor, sein Urgroßvater Alexander Graham Bell und sein Ururgroßvater Gardiner Greene Hubbard die Society vor ihm geleitet hatten, gibt es in der Satzung der Society keinen Paragrafen, der bestimmt, dass ein Grosvenor das NATIONAL GEOGRAPHIC leiten – oder auch nur bei ihm angestellt werden soll.

Gil Grosvenors Einstieg war keineswegs, wie man denken möchte, eine abgemachte Sache. Ein älteres Redaktionsmitglied drückte es so aus: »Als Melville in den Ruhestand ging, hatte er Ted Vosburgh zum Herausgeber und Mel Payne zum Präsidenten gemacht mit dem Hintergedanken, wie ich glaube, dass Ted drei oder vier Jahre bleiben würde und dann Gil Herausgeber würde. So sollte es wohl laufen. Aber es gab einigen Widerstand dagegen.«

Gilbert M. Grosvenor hatte nie beabsichtigt, zum GEOGRAPHIC zu kommen. Seine Pläne galten seinem Medizinstudium an der Yale-Universität, bis er in einem Sommer als Mitglied einer internationalen Arbeitsgruppe nach Holland fuhr, um an der Wiederherstellung der von einer Flutkatastrophe im Frühjahr beschädigten Deiche mitzuwirken. »Ich nahm eine Kamera mit«, hat er erzählt, »und ich glaube, da hat es mich erwischt.«

1954 hatte Gil Grosvenor sein Studium in Yale abgeschlossen und wurde von John Oliver La Gorce eingestellt. Mit Ausnahme zweier Jahre, in denen er in der Abteilung für Psychologische Kriegsführung bei der Armee diente, hat Gil Grosvenor seither ständig für das GEOGRAPHIC gearbeitet.

In den folgenden 15 Jahren schrieb oder fotografierte GMG – wie er genannt wurde – Artikel über Bali, Ceylon, die italienische Riviera, Kopenhagen, Monaco, »Jugoslawiens Fenster zur Adria«, den Flug des *Silver Dart*, eines Nachbaus des ersten kanadischen Flugzeugs (das Original war von seinem Urgroßvater Alexander Graham Bell und den anderen Mitgliedern des Vereins für experimentelle Luftfahrt gebaut worden) und Präsident Dwight D. Eisenhowers Besuch in Asien 1960, wofür er den ersten Preis beim 19. Jahreswettbewerb für Pressefotos gewann.

Bald nachdem GMG zum GEOGRAPHIC gekommen war, begann er mit einer zweijährigen Lehre in der Verwaltung. Er arbeitete im Sekretariat, der Kassenverwaltung, der Mitgliederzentrale und im Korrespondenz-Büro. Dann kehrte er zur redaktionellen Arbeit des Magazins zurück »mit einer tiefen Kenntnis davon, wie das Magazin den Kontakt zu seinen Lesern pflegt«, wie sich der damalige Präsident der Society, Melvin Payne, ausdrückte. Für Mel Payne bedeutete jedoch der bloße Besitz dieses Wissens noch lange nicht, dass Gil Grosvenor notwendigerweise für den Posten des Chefredakteurs qualifiziert war. Der 20 Jahre ältere Payne »arbeitete für das GEOGRAPHIC, machte verantwortliche Arbeit«, wie er selbst sagte, »während Gil noch in die Lehre ging«. »Payne hielt Gil für einen Senkrechtstarter...« meinte ein älterer Mitarbeiter. »Ich glaube, er nahm es Gil übel, dass ihm alle Wege geebnet worden waren, er den ›silbernen Löffel‹ hatte, ihm alle Türen offen standen und er nur hineinzumarschieren brauchte.« Für Melvine Payne hatten sich die Türen nicht von alleine geöffnet. Er war als Sohn eines Lokomotivführers am 23. Mai 1911 geboren worden und wuchs in einem Armenviertel von Washington D. C. auf. Mit zehn Jahren wurde er Waise. Ein Onkel und eine Tante nahmen sich seiner an, und er trug zum Unterhalt bei, indem er Zeitungen verkaufte und später Beiträge für die New Yorker *Sun* schrieb. Später besuchte er abends, während er tagsüber arbeitete, die National University Law School (juristische Fakultät, jetzt Teil der Universität von Washington). 1932, kurz nachdem er für Thomas McKnew zu arbeiten begonnen hatte, wechselte er zur Southeastern University, und dort schloss er sein Jurastudium ab. 1958 war Payne zum Vizepräsidenten gewählt worden und fungierte als stellvertretender Sekretär im Verwaltungsbereich. Noch im selben Jahr wurde er ins Kuratorium gewählt. Von diesem Punkt an gestaltete sich Paynes Aufstieg in der Hierarchie unproblematisch. Und als Melville sich 1967 zurückzog, war Payne der neu gewählte Präsident der Society. Er hatte einen schwierigen Weg gehen müssen und war sehr stolz darauf.

Als der Vorstand die Ernennung von Grosvenor zum neuen Chefredakteur des Magazins bekannt gab, rief Mel Payne Gil in sein Büro. »Er sagte zu mir, dass er nicht dafür gewesen sei«, sagt Gil, »aber das sei nun einmal Sache des Vorstands, und er würde mich unterstützen. Er war geradeheraus und sehr ehrlich.«

Wie groß anfangs der Widerstand gegen die Ernennung von Gil Grosvenor auch immer gewesen sein mag, er verschwand schnell. Die Redakteure fühlten sich befreit von der »sehr festen, sorgfältig angelegten Zwangsjacke«, die ihnen Ted Vosburgh verpasst hatte. Sie stellten fest, dass Gils Stärke darauf beruhte, fähige Leute einzustellen und jene Leute, die er übernommen hatte, nach ihren Fähigkeiten einzusetzen.

FERNSEHPREISE

Aufgrund des Erfolgs des Films *Die Überreste der Bounty*, der ursprünglich für einen Vortrag der Society produziert worden war und dann im Januar 1958 im NBC-Fernsehprogramm *Omnibus* gesendet wurde, gelangte Melville Grosvenor zu der Überzeugung, dass die Society eigene Fernsehprogramme machen sollte. 1961 wurde eine Dokumentarfilmabteilung unter Robert C. Doyle eingerichtet – »Fernseh-Doyle«, wie er genannt wurde, um ihn von dem Vizepräsidenten und stellvertretenden Sekretär der Society, Robert E. Doyle, zu unterscheiden.

Doyle wurde die Verantwortung für die Produktion von vier Dokumentarfilmen im Jahr übertragen. Ohne durch Verträge mit irgendwelchen Fernsehstationen abgesichert zu sein, stürzte sich die Society in das Abenteuer, im Vertrauen darauf, dass es für Dokumentarfilme, die mit den hohen Standards des GEOGRAPHIC produziert würden, einen Markt gäbe. Aber erst, als sich die Society Mitte der Sechzigerjahre mit David Wolper zusammentat, wurden die Fernsehproduktionen auch gesendet.

Der erste Dokumentarfilm der Society, *Die Amerikaner auf dem Everest*, war bereits in der Produktion. Er machte Fernsehgeschichte, als er am 10. September 1965 von der CBS gesendet wurde. Kommentiert von Orson Welles und finanziell unterstützt von der *Encyclopaedia Britannica* und der Aetna Casualty Insurance, erzielte dieser Film über die Besteigung des Mt. Everest durch ein amerikanisches Dreierteam – zu dem das Redaktionsmitglied des NATIONAL GEOGRAPHIC Barry C. Bishop gehörte – die höchsten Einschaltquoten, die jemals ein Dokumentarfilm erreicht hatte. Obwohl Wolper mit der Herstellung dieses Films nichts zu tun hatte, erntete er den ganzen Ruhm.

Dem Film *Die Amerikaner auf dem Everest* folgte *Miss Goodall und die wilden Schimpansen*, später dann *Dr. Leakey und der Morgen der Menschheit* und *Die Welt des Jacques-Yves Cousteau*. Und 1968 machte die Society abermals Filmgeschichte, als ihr Film *Amazonas* von über 35 Millionen Menschen gesehen wurde und zum ersten Dokumentarfilm wurde, der alle anderen Programme zwei Wochen lang in der Zuschauergunst übertraf. 1975 war die NATIONAL GEOGRAPHIC-Filmabteilung eine Partnerschaft mit WQED/Pittsburgh eingegangen, unterstützt durch ein Darlehen der Gulf Oil Corporation, um Dokumentarfilme für das öffentlich-rechtliche Fernsehen zu produzieren. Ihren Erfolg belegt die Statistik: 1986 waren neun der 13 meist gesehenen PBS-Programme Specials des NATIONAL GEOGRAPHIC (darunter *Haie, Land des Tigers, Die unglaubliche Maschine* und *Große Augenblicke mit dem NATIONAL GEOGRAPHIC* auf Platz eins, zwei, drei und vier).

Gegenüber: Oberste Reihe, links: Amerikaner auf dem Everest; rechts: Die Welt des Jacques-Yves Cousteau; mittlere Reihe, links: Regenwald; rechts: Reise bis zum Äußersten; untere Reihe, links: Die unglaubliche Maschine; rechts: Haie; links: Das unmögliche Filmen; unten: Kanufahrt im Himalaya.

LEHRFILME

In den frühen Siebzigerjahren stellte man sich die Frage: »Wie erreichen wir eine Generation von Kindern, die mit Filmen und Fernsehen aufgewachsen sind?« Die Antwort: »Mit Filmen und Videos.« Und 1972 war die Lehrfilmabteilung geboren.

Die ersten acht Lehrfilme waren anfangs gekürzte Filmstreifen der preisgekrönten Spezialfernsehfilme der Society. Trotz günstiger Kritiken verliefen die Verkäufe dieser Filme recht schleppend, vielleicht deshalb, weil dieses neue Produkt von einer Organisation angeboten wurde, die in erster Linie mit Zeitschriften und Büchern identifiziert wurde. Ende der Siebzigerjahre bestanden die meisten Filme jedoch aus selbstständigen Produktionen, die von einer eigenen Mannschaft entwickelt und hergestellt wurden. Dann war auch ihre Qualität voll anerkannt, und die Verkäufe stiegen.

Mit der Zeit erweiterte sich auch das Themenspektrum der Erziehungsfilme. Ehrgeizige Filmserien über die amerikanische Revolution und Shakespeare wurden produziert. Es gab eindrucksvolle Filme über die Wissenschaften von der Erde und vom Leben. In jüngster Zeit sind Filme über ökonomische und politische Themen wie Kapitalismus, Sozialismus, Kommunismus und die Börse gemacht worden.

Heute umfasst die Liste der Erziehungsfilme bereits mehr als 200 Stück.

»Mit Gil als Chefredakteur«, sagte der Senior Assistant Editor William Graves, »entstand ein Klima der Wärme, der Toleranz und Ermutigung ... Gil regierte mit sehr viel leichterer, einfühlsamerer Hand als irgendjemand zuvor. Er war umgänglich.«

Gilbert M. Grosvenor war nicht der Typ eines vom Instinkt geleiteten Chefredakteurs, der sein Vater gewesen war. Schüchtern, manchmal für fremde Leute irritierend, geschäftsorientiert, detailversessen, abhängig von statistischer Analyse, war GMG als Chefredakteur in vieler Hinsicht seinem Großvater Gilbert Hovey Grosvenor, dem er sehr nahe gestanden hatte, viel ähnlicher als seinem Vater. Er musste es sein. Nach Melvilles turbulentem Jahrzehnt sah man in Gil Grosvenor die Ruhe nach dem Sturm. Gil Grosvenor führte das GEOGRAPHIC von 1970 bis 1980 durch eine Periode der Konsolidierung, organisatorischer Stabilität und sorgfältiger Untersuchungen des Lesergeschmacks – eine Management-Methode, die viele Redaktionsmitglieder schaudern ließ.

»Ich glaube, es ist eine wunderbare Einstellung, sich über Tests und Untersuchungen erhaben zu fühlen«, sagte Gil, »aber ich will Ihnen sagen, wenn es darauf ankommt und man sich die Berichte genau anschaut – und der springende Punkt der Berichte ist die Abo-Erneuerungsrate –, dann kommt es halt doch auf die Statistiken an.«

Das NATIONAL GEOGRAPHIC ist verständlicherweise eng an die Mitglieder-Erneuerungsrate gebunden. Sie ist die Triebkraft des Magazins. Wollte sie heute den Verlust von einem Prozent bei der Erneuerungsrate ersetzen, so müsste die Society annähernd 1,5 Millionen Dollar aufwenden.

Die Abonnenten bezahlen im Voraus. Sie kaufen im Vertrauen auf den Ruf des Magazins und seine beständige Fähigkeit, ihr Interesse zu wecken. Aber trotz der Vorsicht des Chefredakteurs, wie manche Leute in der Society es nannten, oder vielmehr trotz seines Unwillens, ohne statistische Absicherung zu handeln, bewegte sich das Magazin unter Gil Grosvenor weg von einem tantenhaften Reiseberichtstil in Richtung auf solche Artikel, die in Texten und Bildern die Realitäten der Ära »nach Vietnam« widerspiegelten.

Ein Wechsel in der Society geschieht niemals abrupt. Senior Officers zitieren die Maxime »Evolution statt Revolution«. Wenn also Gil als Chefredakteur beabsichtigte, eine Story über ein Thema zu veröffentlichen, das er für äußerst wichtig hielt, das aber für die Leser nur von marginalem Interesse war, dann sorgte er dafür, dass in derselben Nummer mindestens zwei oder drei Artikel über eindeutig populäre Themen auftauchten. Er konnte es sich nicht leisten, Leser zu verlieren. Dauerbrenner des GEOGRAPHIC wie »Ich lebe mit den Eskimos« und »Kopfjäger im dunkelsten Neuguinea« erschienen auch weiterhin, ebenso wie Artikel über »Die Wespe, die den Cupido für eine Feige spielt« und »Der Tintenfisch, das schlaue Monster«. Aber über diese konventionellen Themen hinaus wurden unter Leitung von Gil Grosvenor auch Artikel publiziert, wie sie seit Ende des Zweiten Weltkrieges nur noch selten erschienen waren, etwa »Ostdeutschland: Das Streben nach Erfolg«, wo versucht wurde, Länder, deren politisches System zu dem der Vereinigten Staaten im Widerspruch steht, objektiv zu betrachten. Oder auch Artikel wie »Kann die Welt ihre Bewohner ernähren?« mit Steven L. Raymers Fotos sterbender Menschen in Bangladesh, den der neue Chefredakteur als Ausdruck seines sozialen Gewissens für wichtig hielt.

1977 verkörperte sich das zunehmende soziale Bewusstsein des Magazins in Artikeln über Kuba, Harlem, Quebec und Südafrika. Diese Beiträge führten zu einer direkten Konfrontation zwischen NATIONAL GEOGRAPHIC-Chefredakteur Gil Grosvenor und den konservativen Mitgliedern des Kuratoriums, angeführt von Melvin M. Payne, dem früheren Präsidenten der Society, der 1976 zum neuen Vorsitzenden des Kuratoriums berufen wurde.

»Erwärmt von der Sonne kommt der Chrysippus-Falter in Schwärmen zu einem feuchten Bodenstreifen [in der Sierra Madre Mexikos] hinab, wo er Wasser aufnimmt, ein Zeichen, dass er für die Reise nach Norden bereit ist. Dort werden Blütennektar und Wasser seine Nahrung sein. Die Chrysippus-Falter, noch ganz steif [von Temperaturen nahe null Grad], lassen sich überall nieder, am Mantel, auf dem Hut und dem Gesicht unseres Führers Juan Sánchez.
Wenn die Tage länger werden, beginnen die Schmetterlinge mit der Paarung. Danach fliegen sie fort. Sie fliegen einzeln mit Geschwindigkeiten zwischen 16 und 49 Stundenkilometern.«
Aus »Endlich entdeckt: Das Winterquartier des Chrysippus-Falters« in der August-Nummer 1976

Oben: Erstklässler in der Janney-Grundschule in Washington D. C. reagieren begeistert auf eine Idee aus dem World-*Magazin, die ihnen von Barbara Steinwurzel vorgeführt wird. Die Reaktionen der Schüler bei den Tests sind für die Gestaltung des Magazins nützlich; von zehn den Kindern vorgelegten Ideen bestehen nur zwei vor ihrem kritischen Urteil. 1985 feierte die* World *ihr zehnjähriges Bestehen und ihre überragende Bedeutung auf dem Gebiet der Kindermagazine.*

EINE WELT AUS SPASS UND LERNEN

Im Jahre 1974 hatte Gilbert M. Grosvenor selbst zwei Kinder im Vorschulalter. Ihn beunruhigten Berichte, wonach junge Menschen sich anstelle des Lesens und des interaktiven Lernens, das durch Lesen bewirkt wird, dem passiven Fernsehen zuwandten. Er wollte, dass die Society etwas produzierte, was dieser starken Entwicklung entgegenwirken könnte.

»Das *World*-Magazin habe ich mir in Baddeck ausgedacht«, sagte Gil. »Ich sah, wie die Kinder von Geographie keine Ahnung hatten und von dem Mist im Fernsehen angezogen wurden. Damals gab es nicht viele gute Kinderbücher auf dem Markt, das meiste waren Comics.«

Als er nach Washington zurückkehrte, wurden schon bald Prototypen dieses Magazins entwickelt. Redakteure, Erzieher und Kinderpsychologen wurden konsultiert. Hunderte Ideen für Geschichten, Projekte und Spiele wurden mit Kindern getestet. Nach anderthalb Jahren intensiver Untersuchungen und nachdem Gil die Zustimmung des Kuratoriums eingeholt hatte, wurde das erste Magazin von der Abteilung für Sonderveröffentlichungen produziert. Der Chef war Ralph Gray, langjähriger Chefredakteur des *School Bulletin,* eines Vorläufers des *World*-Magazins, in dem er die Kolumne »Der alte Forscher« geschrieben hatte.

Die erste Ausgabe von *World* ging im September 1975 an 536 000 Abonnenten. Der Name sollte zum Ausdruck bringen, dass die Welt für Kinder von acht Jahren an aufwärts voll interessanter Informationen steckt.

Die erste Nummer enthielt Geschichten über Abenteuer im Hochgebirge, über Archäologen, die die Ruinen von Pompei freilegten, über Schlangenbeschwörer und Feuerspringer. Die Leser blickten in die Augen seltsamer Tiere und sahen Schimpansen in der Kinderstube eines Zoos. Zusätzlich zu Texten und Fotos gab es auch Anregungen für Aktivitäten: Tipps zum Rucksackwandern, ein Labyrinth, bei dem jede Abzweigung eine Entscheidung erforderte, die auf soliden Kenntnissen des Lebens in der Natur basierte, und eine übergroße Faltseite zum Aufhängen, die seither eines der beliebtesten »Extras« von *World* geworden ist.

Das *World*-Magazin hat über die Jahre stets dem wechselvollen Geschmack seiner jungen Leser Rechnung getragen. Um die Kreativität der Kinder anzuspornen, lässt sich *World* ständig neue Ideen, Wettbewerbe und Spiele einfallen. Aber die beliebtesten Geschichten in *World* sind nach wie vor die über Abenteuer und Spaß in der Wildnis, über Tiere und ihre Erhaltung, fremde Länder und Gesichter sowie über Wissenschaft und Technik.

Heute hat *World*, das meistgelesene Magazin in dieser Altersgruppe, mit seinen breit gestreuten Themen und seiner besonderen Art, Bildung mit Spaß zu verbinden, mehr als eine Million Leser.

Der Schriftsteller und Fotograf vom *Black Star*, Fred Ward, schrieb den Artikel »Kuba heute« für die Januar-Ausgabe 1977. Nach den Maßstäben jedes anderen Magazins wäre dieser Artikel als eine objektive Bestandsaufnahme der Situation Kubas unter Castros kommunistischem Regime betrachtet worden. Aber das Kuratoriumsmitglied Crawford H. Greenewalt, Vorstandsvorsitzender von E. I. Du Pont de Nemours & Co. war darüber verärgert, weil eine von Du Ponts Chemiefabriken von Castro verstaatlicht worden war.

Einen Monat nach Erscheinen von Wards Artikel publizierte das Magazin »Leben in Harlem«, von zwei schwarzen freien Mitarbeitern gestaltet, dem Schriftsteller Frank Hercules aus Trinidad und dem Fotografen Leroy Woodson. Der Harlem-Artikel war wiederum ein Meilenstein am Beginn einer neuen Ära: eine verständnisvolle, einfühlsame Berichterstattung über die Situation der Schwarzen in den USA, die es in der Vergangenheit im Magazin einfach nicht gegeben hatte.

Nicht ein Artikel über irgendeinen der Südstaaten aus den vergangenen 70 Jahren hatte die Rassentrennung, die Lynchjustiz, den Ku-Klux-Klan, die Sit-ins, die »Freiheitssternfahrten« oder schwarze Armut und Arbeitslosigkeit angesprochen. In der Regionalübersicht von 1949 »Der Süden treibt die Räder der Industrie« waren die Schwarzen nicht einmal erwähnt und tauchten auch auf Fotos nicht auf. Sie waren offenbar kein Thema.

»Leben in Harlem« war eine aufrüttelnde Story, die aber auch betonte, wie »bewohnbar« Harlem war. Hercules hatte Politiker, Kirchenleute, Persönlichkeiten und Musiker aus diesem Viertel interviewt, aber er hatte z. B. auch mit einer jungen weiblichen Heroinsüchtigen gesprochen.

Die in New York ansässige Anzeigenabteilung des GEOGRAPHIC startete eine Werbekampagne für das Magazin, die in dem Slogan gipfelte: »The NATIONAL GEOGRAPHIC. It's Time You Look Another Look.« [Die Doppelbedeutung im Englischen »Es ist an der Zeit, dass es, das GEOGRAPHIC, seinen Blickwinkel ändert« lässt sich im Deutschen nicht wiedergeben. A. d. Ü.] Der Harlem-Artikel wurde in Zeitungsanzeigen in aller Welt mit der Schlagzeile präsentiert: »Die Geographie von Harlem: Armut, Drogen, Verbrechen und Leute, die nicht für eine Million Dollar weggehen würden.« Um die Veröffentlichung des Artikels zu feiern, mietete man einen Bus, um Redaktionsmitglieder, Mitarbeiter der Anzeigenabteilung und Gäste auf eine Party nach Harlem zu fahren.

Gil Grosvenor hatte als Chefredakteur nichts mit der Anzeigenabteilung zu tun. Formal lag diese Abteilung im Verantwortungsbereich des damaligen Präsidenten der Society Robert E. Doyle. Aber als Gil die Party in Harlem besuchte, wurde er von Payne kritisiert, weil er damit kein Augenmaß bewiesen habe.

»Die Harlem-Geschichte habe ich strikt abgelehnt«, sagte Payne später. »Sie brachten am Bus ein großes Schild an ›Das GEOGRAPHIC geht nach Harlem‹, als würde eine Kirchengemeinde einen Tag am Strand Picknick feiern. Das passte einfach nicht zum GEOGRAPHIC und seiner ganzen Tradition. Es war schlicht und einfach schlechter Geschmack.«

Am 8. März 1977 wurde der NATIONAL GEOGRAPHIC-Film *Die Wolga* im Fernsehen gezeigt. Er gewann später sowohl den Preis des Television Critics Circle (Fernsehkritikerkreis) als auch den Goldenen Adler von CINE (International Non-Theatrical). Er erregte auch die Aufmerksamkeit der AIM [Accuracy in Media = Sorgfalt in den Medien], die in ihrem Rundbrief noch im selben Monat den Artikel »Das Zerrbild des GEOGRAPHIC« veröffentlichte, in dem sowohl der Kuba-Artikel als auch der Wolga-Film angegriffen wurde:

> Die National Geographic Society ist berühmt für ihre genauen Karten und wunderbaren Fotos. Sie scheint jetzt jedoch Gefahr zu laufen, sich einen neuen Ruf zu erwerben, nämlich Lieferant von ungenauen und verzerrten Informationen über kommunistische Länder wie Kuba und die UdSSR zu sein ...

Die Veröffentlichung eines NATIONAL GEOGRAPHIC SCHOOL BULLETIN begann 1919. Jahrelang wurde diese Wochenzeitschrift mit Hintergrundinformationen über Menschen, Länder, Naturgeschichte und wissenschaftliche Entwicklungen von Ralph Gray herausgegeben. Es war bebildert mit Karten und Fotos und speziell für den Gebrauch in Klassenzimmern und für die Hausarbeiten konzipiert. Das Schulbulletin mit seinen kleinen Seiten, einem Namen, der an das Klassenzimmer erinnerte, und einem Erscheinungsrhythmus, der an das akademische Jahr angelehnt war, hatte nicht die »Wettbewerbsfähigkeit«, die GMG für erforderlich hielt. 1974 wurde die Idee zu World *– einem neuen Magazin – geboren.*

»Die USA sollten den ersten Schritt zur Freundschaft tun«, sagte Fidel Castro (oben) zu Fred Ward, dem Autor des so kontrovers aufgenommenen Artikels »Kuba heute« vom Januar 1977. »Wir sind ganz gewiss daran interessiert, die Beziehungen zu verbessern. Da die USA den Kalten Krieg nur gegenüber wenigen kleinen Ländern praktizieren ..., scheint die damit verbundene Moral zu besagen, dass dies alles ein Problem der Größe ist.« Die Veröffentlichung von Wards Artikel verärgerte viele konservative Kuratoren und Mitglieder.

AIM erhob Einwände gegen den Wolga-Film, weil der Schauspieler und Sprecher des Films E. G. Marshall betont hatte, dass der Film in keiner Weise von Behörden der UdSSR zensiert worden sei. AIM klagte: »Es gab keinen Grund dafür. Genau wie Wards Kuba-Bilder war alles äußerst schmeichelhaft.«

Der Artikel von AIM zitierte dann Auszüge aus dem sechsseitigen Brief, den der AIM-Vorsitzende Reed Irvine an Gil Grosvenor geschickt hatte; er »benannte zahlreiche Irrtümer und Unterlassungen im Ward-Artikel« und erklärte, dass Irvine »gebeten [habe], dass THE NATIONAL GEOGRAPHIC eine angemessene Berichtigung bringen möge«. Eine Berichtigung erfolgte nicht, wohl aber die Konfrontation mit den konservativen Vorstandsmitgliedern der Society.

Auf der Sitzung des Kuratoriums am 19. März 1977 tat sich erstmals im Vorstand ein tiefer Graben auf. Der Konflikt war so groß, dass Berichte über die geheim gehaltenen Beratungen im Vorstandszimmer nach außen sickerten und auf den Titelseiten der Zeitungen im ganzen Land erschienen.

Auf dem Treffen des Kuratoriums schlug der Vorstandsvorsitzende Melvin M. Payne angesichts der Kontroverse vor, einen Ausschuss einzusetzen, um herauszufinden, ob sich die Redaktionspolitik des Magazins prinzipiell geändert habe.

Gil Grosvenor verstand Paynes Vorschlag als eine Forderung nach einem »Überwachungskomitee zur Knebelung des Chefredakteurs«, ein Instrument, durch das der Vorsitzende die Kontrolle über die Redaktion erhielte. Gil blieb vor dem versammelten Vorstand bei seiner festen Überzeugung, dass die Redaktionspolitik »von ihrer 89-jährigen Tradition faktischer Sorgfalt, Zeitlosigkeit und Objektivität« nicht abgewichen sei. »Nicht das Magazin ändert sich, die Welt ändert sich«, sagte er und fügte hinzu, dass sowohl MBG als auch Ted Vosburgh schon erkannt hätten, dass das Magazin zum Untergang verurteilt sei, wenn es nicht den neuen Zeiten Rechnung trage. Deshalb seien auch unter ihrer Leitung manchmal kontroverse und kritische Artikel erschienen, z. B. über die Berliner Mauer, die Berliner Luftbrücke, den Aufstand in Ungarn, die Sowjetunion, Vietnam und Südafrika – Themen, die unter seinem Großvater, wie Gil sagte, unbedingt vermieden worden wären.

»Niemals ist ein großes Magazin von einem kleinen Komitee gemacht oder geleitet worden«, betonte Gil und fügte hinzu, dass er sehr wohl offen und bereit sei, sich auch auf »die kollektive Führung und Weisheit des Vorstandes« zu stützen, dass er aber »furchtbar enttäuscht« sein würde, wenn einige Leute vom Vorstand diese Verantwortung jemand anderem, beispielsweise einer Art »Aufsichtsausschuss«, übertragen wollten.

Der frühere Chefredakteur Ted Vosburgh war so empört über den Vorschlag, ein Aufsichtskomitee für die Redaktion einzurichten, dass er, um seine Unterstützung für Gil Grosvenor zu demonstrieren, den Antrag einbrachte, »dass der Vorstand dem Chefredakteur sein Vertrauen ausspreche und ihm ausdrücklich danke«.

Man stimmte über diesen Antrag ab und nahm ihn einstimmig an.

Die Idee eines »Überwachungskomitees« hatte man zunächst fallen gelassen.

Die April-Ausgabe des Magazins im folgenden Monat enthielt Peter T. Whites »Ein Kanada – oder zwei?«, eine Untersuchung der separatistischen Bewegung in Quebec. Der Artikel hatte prompt einen Brief an Mel Payne von David Lank zur Folge, dem Sohn des ehemaligen Präsidenten der Du Pont Company of Canada, einem alten Freund des Kuratoriumsmitgliedes Crawford H. Greenewalt. David Lank, kanadischer Bürger und Mitglied der Society, schrieb, dass der Artikel empörend sei, dass es in Quebec die dargestellten Probleme nicht gäbe und dass die Leute unnötig aufgeregt würden.

Am 18. April schrieb Greenewalt, der schon über den Castro-Kuba-Artikel entrüstet gewesen war, an Mel Payne:

> ... Es scheint recht viele gegenteilige Auffassungen zu den jüngsten Artikeln im GEOGRAPHIC zu geben, insbesondere bezüglich Kuba, der Wolga und der Quebec-Separatisten-Frage ... Ich frage mich ..., ob es nicht an der Zeit wäre, Artikel dieser Art besser als eine Frage der Politik anzusehen ...

Ich neige zu der Ansicht, dass eine ausführliche Diskussion auf Vorstandsebene nützlich wäre, und vielleicht könnte sie auf einer schriftlichen Darstellung von Gil Grosvenor basieren oder wen immer Sie sonst als geeignet ansehen würden…

Greenewalts Brief lieferte Payne den erforderlichen Vorwand, auf dem Treffen des Exekutivkomitees am 12. Mai die Frage des »Redaktionsaufsichtskomitees« abermals auf den Tisch zu bringen. Infolge verschiedentlicher Klagen, so konstatierte Payne, halte er es für angebracht, kurzfristig ein Komitee einzusetzen, um die Kontroverse zu untersuchen, die bei der Society eingegangene Leserpost zu sichten, das Problem bezüglich des Hintergrundmaterials mit altgedienten Mitarbeitern zu diskutieren und einen Report für den Vorstand vorzubereiten.

Als dann im Gefolge der Kuba-, Harlem- und Quebec-Artikel die Juni-Ausgabe des Magazins einen Artikel unter der Überschrift »Südafrikas Zerreißprobe« enthielt, der nicht nur die südafrikanische Regierung verärgerte, sondern auch konservative Leser und einige der älteren Kuratoriumsmitglieder, schien dies für Mel Payne so etwas wie der rettende Strohhalm zu sein. »Südafrikas Zerreißprobe« enthielt einen Text des Senior Editorial Staff Writer William S. Ellis, der sich besonders den Auswirkungen der Apartheid auf die Schwarzen widmete James P. Blair hatte die gänzlich unsentimentalen Begleitfotos gemacht.

Das südafrikanische Informationsbüro ließ große Anzeigen drucken unter der Überschrift »Hier sind einige der Fakten, die das NATIONAL GEOGRAPHIC MAGAZINE bei seiner Jungfernfahrt in das Reich des engagierten Journalismus unterdrückte« und beschuldigte das GEOGRAPHIC des »anti-weißen Rassismus« und einer folgenschweren Auslassung von Fakten.

Auf der Kuratoriumsversammlung am 9. Juni lenkte Mel Payne die Aufmerksamkeit des Vorstandes auf die Annonce, fasste die von der AIM inszenierte Kritikkampagne zusammen, die »eine ungewöhnlich große Menge kritischer Post im Gefolge hatte« und »bei verschiedenen Kuratoriumsmitgliedern ungute Gefühle« hervorgerufen hatte, und zog den Schluss, dass es aus diesen und anderen Gründen »angebracht scheine, auf Vorstandsebene aktiv zu werden, um herauszufinden, ob die Vorwürfe gerechtfertigt seien«. Deshalb habe er auf der Exekutivkomitee-Sitzung kurzfristig ein Komitee gebildet, »um die Situation zu durchleuchten«.

Mel Payne erbat die Billigung des Vorstandes für diesen Ausschuss, und Thomas McKnew stellte folgenden Antrag: »Die Maßnahme des Vorsitzenden, ein ›Adhoc-Komitee‹ zur Aufarbeitung der Kritik, die gegen die Veröffentlichung unserer Artikel über Kuba und Südafrika (sowie unseren Film über die Wolga) laut geworden ist, zu ernennen, wird bestätigt.« Über diesen Antrag wurde abgestimmt, und er wurde von einer Mehrheit gebilligt. Melville Grosvenor, Gil und Ted Vosburgh waren selbstverständlich nicht erfreut.

»Wir wussten, dass wir wegen des Südafrika-Artikels Ärger bekommen würden«, erklärte Melville ungeduldig. »Aber wir sollten nicht jedes Mal zum Vorstand rennen müssen, wenn ein Artikel wie dieser vorliegt. Das gehört in die Verantwortung des Chefredakteurs«, sagte er ärgerlich und pochte auf den Tisch. »Wenn der Chefredakteur seine Arbeit nicht vernünftig macht, dann kann der Vorstand ihn feuern. Ich glaube nicht, dass ich als Chefredakteur mit einem Komitee, das mir über die Schultern schaut, arbeiten wollte …«

»Das Magazin wird weiterhin schön und interessant und informativ sein«, sagte Mel Payne, »aber die durch all diesen Wirbel aufgeworfene Frage ist doch, ob sich nicht thematische Elemente in das Magazin einschleichen, die nicht Teil der Mission der National Geographic Society sind.«

Das erste Treffen des Aufsichtskomitees war für den 27. Juni um zehn Uhr morgens festgelegt, etwas über zwei Wochen später. In der Zwischenzeit herrschte im Magazin eine schlechte Moral. Es wurden keine Entscheidungen getroffen, die

Arbeit ging nicht voran. Ein Senior Editor klagte, dass Gil alles aufschob, »um aus der Schusslinie zu kommen«.

Aber wenn auch das Magazin in Aufruhr war, die Society arbeitete ganz normal weiter. Ihre Handbibliothek mit 78 000 Bänden blieb für das Publikum geöffnet. Die Vorträge und Filme wurden nach wie vor gut besucht. Die Abteilung für pädagogische Medien unter Leitung von Robert Breeden schickte weiter ihre Filme, ihre Multimedia-Mappen, Poster und Spiele in die Schulen. Das *World*-Magazin, Gils modernisiertes *School Bulletin*, wurde auch weiter eifrig von den Kindern gelesen.

Der Bücherdienst, nun unter Leitung von Jules B. Billard, arbeitete an dem Werk *Das alte Ägypten* und an Neuauflagen von *Alltagsleben in biblischen Zeiten* sowie *Besuch in unserer Vergangenheit: Historische Orte in Amerika*. Robert Breedens Abteilung für Sonderveröffentlichungen brachte Bücher heraus mit Themen wie *Die geheimnisvollen Maya* und *Heilende Kräfte der Natur*.

Die Fernsehabteilung war mit dem Film *Das Erbe des L. S. B. Leakey* beschäftigt. Zwei Jahre zuvor war man von den kommerziellen Fernsehanstalten zum staatlichen Fernsehen übergewechselt. Die PBS-Premiere des Films *Die unglaubliche Maschine* hatte die höchsten Einschaltquoten in der Geschichte des öffentlich-rechtlichen Fernsehens erzielt, und es war die erste Show im Fernsehen, die höhere Raten als das kommerzielle TV auf den größten Märkten erreicht hatte.

Der Nachrichtendienst der Gesellschaft lieferte seine Storys, die sich auf spezifische Artikel im Magazin und Entdeckungen der Forschungsstipendiaten der Society bezogen, an gut 1000 Zeitungen und Zeitschriften.

Doch trotz der Tatsache, dass der Sturm, der sich innerhalb des Magazins wegen des Komitees zusammenbraute, wenig Einfluss auf die tägliche Arbeit der Society insgesamt hatte, war er doch aus mehreren Gründen wichtig.

Zuallererst ist das Magazin das Flaggschiff der Society. Für die Mitglieder ist die Society das vertraute, gelb gerandete Magazin. Wie Melvin Payne vor dem Kuratorium sagte: »Wir sind in der ganzen Welt durch unser Magazin bekannt, und was das Magazin sagt, ist das, was die Society sagt.«

Zweitens, genau wie der »Schwarze Freitag« 20 Jahre zuvor eine Revolution in der Bildredaktion bedeutet hatte, die die Fotografen und Bildredakteure von bestimmten Beschränkungen befreite, so diente der Kampf um die redaktionelle Unabhängigkeit, der durch das vom Vorstandsvorsitzenden ernannte Komitee in Gang gebracht worden war, der Sicherung der Unabhängigkeit des Magazins vor Einmischung von außen.

Drittens ermöglichten die Vorgänge um das Komitee einen der seltenen Einblicke nicht nur in die Arbeitsmethoden der Gesellschaft und die Beziehung zwischen der Society und ihrem Kuratorium, sondern auch in das Selbstverständnis der Society.

Am 27. Juni 1977 um 10 Uhr morgens trat das Komitee zusammen. Die Gruppe bestand aus ihrem Vorsitzenden Lloyd H. Ellioth und Melvin M. Payne, Robert E. Doyle, Gilbert M. Grosvenor, Crawford H. Greenewalt, James E. Webb, Louis B. Wright sowie den Geographic Associate Secretaries Leonard J. Grant und Edwin W. Snider.

Elliott eröffnete die Sitzung und erklärte: »Aufgabe unseres Komitees ist es, die Frage zu untersuchen, ob es eine schwerwiegende Änderung in der Redaktionspolitik des offiziellen Organs der Society gegeben hat, und falls es so ist, ob ein solcher Wechsel die Billigung des Vorstandes gefunden hat.«

Payne wiederholte, dass er es wegen der AIM-Briefe, wegen des angedrohten Rücktritts von Mitgliedern, wegen der »unaufhörlichen« Bemühungen der südafrikanischen Botschaft, die Society in Misskredit zu bringen, »für notwendig erachtet habe, dass der Vorstand sich genauer mit dieser Kritik beschäftige«.

Gil Grosvenor antwortete mit dem Hinweis, dass der AIM-Direktor ein Rechtsaußen sei, dessen finanzielle Unterstützung von einer Industrie komme, die »uns niemals vergeben hat, dass wir nicht öffentlich unsere Erklärung über das

Tim Menees Comic »Wortschmied« vom 3. Juni 1976 machte sich über eine fiktive Harlem-Story im NATIONAL GEOGRAPHIC lustig und griff damit dem acht Monate später in der Februar-Nummer 1977 erscheinenden Artikel von Frank Hercules »Leben in Harlem« vor, der unmittelbar auf den Kuba-Artikel folgte. Das obige Foto war unterschrieben: »Außenstehende mögen es ein Ghetto nennen, doch für eine halbe Million Harlemer ist es eine Heimat, die bekannteste schwarze Gemeinde in der westlichen Welt. Im Herzen von New York spielen Kinder in der 138. Straße West, die wegen eines Straßenfestes für den Verkehr gesperrt wurde.«
Auch der Harlem-Artikel erboste viele Konservative.

DDT und seine Wirkungen auf Vogeleier zurückgenommen haben« (in dem Artikel vom März 1974 »Kann der Rundschwanzsperber überleben?«).

Gil spielte auch die Bedeutung der Briefe und der Anzeigen der südafrikanischen Regierung herunter und sagte: »Man kann doch keine herzige Geschichte über Südafrika machen, wenn wir täglich die Fernsehnachrichten aus Soweto sehen.« Payne bemerkte, dass der Kuba-Artikel 105 Briefe provoziert habe, während eine durchschnittliche Geschichte wie die über den Mars nur 30 bringe. »Der Punkt ist also«, sagte Gil, »dass wir über die Bedeutung der Zahl kritischer Stimmen reden, woher sie kommen und wie sie motiviert sind.«

»Zeichen der Zeit: Von Franko-Kanadiern mit Farbe übersprühtes englisches Wort auf einem Verkehrsschild vor der Kirche in Sainte-Anne-de-la-Pérade.
Zweisprachige Schilder, die zum Abbau des Sprachenstreits gedacht waren, befriedigen weder die englisch noch die französisch sprechenden Kanadier. Beide wollen ausschließlich ihre eigene Sprache. Die französische Kultur, die sich früher um die katholische Kirche und das Landleben ordnete, hat die heutige Verstädterung und das Abnehmen des religiösen Einflusses überlebt. Rufe nach Unabhängigkeit werden immer lauter.«
Aus Peter T. Whites Artikel »Ein Kanada – oder zwei?« in der April-Ausgabe 1977. Auch dies wurde als Thema, das in den Bereich der Politik gehörte, angesehen.

Elliott unterbrach: »Der Punkt, der zur Diskussion steht, ist, ob es einen Wechsel bei den redaktionellen Themen, der Politik oder den Inhalten gegeben hat ... Der Punkt ist, ob die Kritik auf einen solchen Wechsel reagiert.«

»Wir haben nicht behauptet, dass wir uns geändert haben«, sagte Gil, »die Anzeigenabteilung sagte in einer ihrer Annoncen, dass wir uns geändert hätten.«

»In Ihrer Erklärung, die Sie dem Vorstand unterbreitet haben, sagten Sie, dass sich das Magazin ändern müsse«, sagte Elliott.

Gil betonte, dass er von einem »evolutionären« Prozess, z. B. im Layout usw., gesprochen habe. »Nicht vom Wechsel im Inhalt.«

Der frühere NASA-Verwaltungsmann James Webb fragte nach der Entstehungsgeschichte des Südafrika-Artikels.

»Wir hatten jahrelang nichts darüber veröffentlicht«, sagte Gil. »Wir waren der Meinung, es sei an der Zeit, eine ›Länderkunde‹ über Südafrika zu machen ..., dass es für unsere Mitglieder wichtig sei, einen Artikel über Südafrika zu sehen zu bekommen. Wir hatten nicht die Absicht, mit unserer Story Südafrika den Fehdehandschuh hinzuwerfen, sondern wir wollten eine ausgewogene Geschichte machen. Wenn wir gefehlt haben, haben wir gefehlt. Wenn das die Politik des Vorstands ist, dann können wir ja über die politischen Fragen in einem Land den Mantel des Schweigens breiten.«

»Mein Einwand«, sagte Louis Wright, »war, dass [der Autor des Südafrika-Artikels] nicht einen historisch orientierten Standpunkt gewählt hat, sondern den gegenwärtigen amerikanischen. Es ist der ›missionarische‹ Eifer, den Amerikaner so schwer beiseite lassen können ... Mit einem Wort, für das GEOGRAPHIC wäre es wünschenswert, das zu tun, was es am besten kann: genau beschreiben, was die gegenwärtige Situation ist, aber nicht Position zu beziehen, auch nicht unbedingt beide Seiten zu zitieren... Die traditionelle Position des GEOGRAPHIC ist der historische Hintergrundbericht, die geographische Diskussion, die wissenschaftliche Analyse von Entdeckungen ...«

James Webb fragte, ob jemand ein Überwachungskomitee für erforderlich halte.

»Der Chefredakteur muss in der Lage sein, das Magazin in der Hand zu haben«, sagte Gil entschlossen. »Ein Komitee kann nicht über den redaktionellen Inhalt entscheiden. Entweder gefällt Ihnen die Art und Weise, wie wir es gemacht haben, oder nicht; wenn nicht, können Sie sagen, es müsse geändert werden. Wenn das nicht geschieht, dann besorgen Sie sich einen neuen Chefredakteur.«

»Wir sind von verschiedenen Organisationen angeschossen worden, die uns besteuert sehen möchten«, riet Wright zur Vorsicht. »Das ist das Problem, wenn man politisch wird.«

»Ich will nicht politisch werden«, sagte Gil. »Weder ich noch sonst jemand in der Redaktion will politisch werden.«

»Ich stimme Gil zu, dass man nicht ein Redaktionskomitee einrichten kann, das einem Chefredakteur im Nacken sitzt«, sagte Wright. »Das ist nicht die Absicht dieses Komitees oder sonst eines Komitees. Andererseits hat das Kuratorium die Pflicht, darauf zu achten, dass die Redaktionspolitik nicht unabsichtlich geändert wird. Ich glaube, dass es hier im Grunde um die Angst geht, dass es im Stillen eine Änderung in der Redaktionspolitik gibt, über die das Kuratorium sich zu Recht Sorgen macht und über die es beratschlagen muss.«

Plötzlich sagte zu Gils Überraschung Crawford Greenewalt: »Es geht nicht an, dass der Vorstand ein Komitee einrichtet, mit dem er eine ständige Kontrolle über den Inhalt des Magazins ausüben will. Man erwartet vom Chefredakteur, dass er das Ding schaukelt, und wenn es eine besondere Situation gibt, in der der Vorstand einen Rat geben kann, sollte er es tun. Mein Gefühl ist ..., dass das GEOGRAPHIC sich [jener Dinge, die emotional so stark belastet sind], dass eine objektive Berichterstattung nicht möglich ist, enthalten sollte ... Ich denke, dass Gil nicht allzu viel gegen eine solche Verbesserung der gegenwärtigen Magazinpolitik haben wird. Soll er es aufschreiben und zu uns kommen, und wir gehen die Sache gemeinsam durch, und dann wirds mit dem Vorstand keine Probleme geben.«

Elliott stimmte zu: »Geben Sie uns eine derartige Erklärung eine Woche vor der nächsten Sitzung, damit wir darüber nachdenken und ein paar Vorschläge machen können, und dann verfassen wir am runden Tisch ein gemeinsames Papier.«

Das zweite Treffen des Komitees war für Donnerstag, den 11. August um 14 Uhr festgelegt worden, nach der Sitzung des Exekutivkomitees und dem Essen.

Einen Monat später gelangten Berichte über die internen Auseinandersetzungen an die Öffentlichkeit. »Wechsel beim GEOGRAPHIC« lautete die Überschrift auf der ersten Seite der *Washington Post* vom 17. Juli. Der Untertitel: »Das neue Gesicht des Magazins erzeugt Streit«. Die Story wurde für so wichtig gehalten, dass ihr im Innern eine halbe Seite gewidmet wurde, unter der Überschrift »Das GEOGRAPHIC hat Probleme mit der Darstellung der harten Wirklichkeit«. Die Redakteurin der *Post,* Kathy Sawyer schrieb:

> Die Diskussion dreht sich um die grundlegende Frage, wie beherzt sich die Society mit ihrer Tradition viktorianischer Zurückhaltung ihren Weg durch eine Welt bahnen soll, in der einen die harte Wirklichkeit oft genug »frontal anspringt«, wie ein Redakteur es ausdrückte.

Gil Grosvenor sah das Kathy Sawyer zufolge anders:

> In seinem mit Büchern überfüllten Büro sprach Grosvenor vergangene Woche mit der Haltung eines Mannes, der in einem zarten Spinngewebe gefangen und nicht geneigt ist, es zu zerreißen. Der sogenannten »öffentlichen Reaktion« maß er kaum Bedeutung zu. Er merkte an, dass die »40 bis 50 Briefe, die wir über kontroverse Themen erhalten haben«, verglichen mit der gesamten Leserschaft des Magazins, in einem Verhältnis zueinander stünden, wie wenn man einmal um das Hauptquartier der GEOGRAPHIC in der 17. Straße gehen würde und dann zum Mond flöge«.

Mit einer hübschen Pointe fügte die Reporterin hinzu: »Mit der für das GEOGRAPHIC typischen Liebe zum Detail ließ [Grosvenor] das Forschungsbüro der Society dies nachrechnen und verbesserte es später in ›zweimal um das Hauptquartier‹.«

Im darauf folgenden Monat, am 5. August, veröffentlichte die *Los Angeles Times* einen langen Artikel unter der Überschrift »Das GEOGRAPHIC: Vom fröhlichen Optimismus zum Realismus«; der Beitrag enthielt den Satz: »Noch erschreckender [als die neue Offenheit in den Artikeln des GEOGRAPHIC] ist der unschöne Streit innerhalb des vornehmen GEOGRAPHIC selbst ...«

Die zweite Zusammenkunft des »Untersuchungsausschusses« fand knapp eine Woche nach dem *Times*-Artikel statt.

Gil Grosvenor ließ den Entwurf einer Erklärung zur Redaktionspolitik herumgehen, wie es das Komitee auf der letzten Sitzung verlangt hatte.

Das Komitee beratschlagte und diskutierte ein wenig über die Formulierungen. Dann zog sich Gil zurück, um die Vorschläge einzubauen. Gemeinsam mit Senior Assistant Editor Joe Judge zimmerte Gil in 15 Minuten eine neue Fassung zusammen, kehrte zurück und verlas die Erklärung mit dem etwas umständlichen Titel »Bestätigung der Redaktionspolitik in der National Geographic Society«.

> Die Aufgabe des Magazins ist es, geographisches Wissen zu vermehren und publik zu machen. Geographie wird im weitesten Sinne aufgefasst: Beschreibung des Landes, der Meere, des Universums; die Wechselbeziehung des Menschen mit Flora und Fauna der Erde; und die historischen, kulturellen, wissenschaftlichen, verfassungsmäßigen und sozialen Hintergründe der Menschen.
>
> Das Magazin ist bestrebt, zeitgemäßes, genaues, faktenreiches, objektives Material in unparteiischer Form zu liefern.

Genau wie die Zeiten und der Geschmack sich ändern, ändert auch das Magazin langsam seinen Stil, das Format und den Inhalt, um diese Veränderungen widerzuspiegeln, ohne die oben genannte grundlegende Politik zu ändern.

Ausgezeichnete Präsentation – Genauigkeit, technische Überlegenheit bei Druck und Foto-Reproduktion und Klarheit der Aussage – bleiben das traditionelle Ziel, an dem jeder einzelne Artikel gemessen wird.

Mel Payne wandte ein, die Erklärung sei zu kurz, um der gestellten Aufgabe angemessen gerecht zu werden.

William McChesney Martin war nicht dieser Meinung, sondern glaubte, der Vorteil eines solchen Statements läge darin, dass es dem Chefredakteur mehr Spielraum lasse.

Nach einer kurzen Diskussion kam das Komitee überein, dass das Statement im Magazin veröffentlicht werden sollte.

Ein Antrag, die »Bestätigung der Redaktionspolitik« vorläufig in der von Gil verfassten Form anzunehmen, wurde ohne Gegenstimmen akzeptiert. Sie sollte jedoch zur endgültigen Abstimmung auf dem dritten und letzten Zusammentreffen des Ausschusses am 8. September um elf Uhr morgens vorgelegt werden, noch vor der Sitzung des Kuratoriumsvorstandes. »Nach meinem Verständnis«, sagte der Vorsitzende des Komitees, Lloyd Elliott, »löst sich das Komitee mit der Vorlage seines Reports zugleich auf«. Die Sitzung wurde auf den Nachmittag vertagt.

Vorausexemplare der *Newsweek*-Ausgabe vom 12. September 1977 waren schon am Tag vor der letzten Sitzung des Komitees an den Kiosken. Sie enthielten einen Artikel unter der Überschrift »Das GEOGRAPHIC stellt sich dem Leben« mit Fotos von Gil Grosvenor und der umstrittenen Annonce zu dem Harlem-Artikel.

»In jedem anderen Magazin«, schrieb die *Newsweek*, »wären die Artikel über die Apartheid in Südafrika, über Kuba unter Castro und das Leben in Harlem als zahme – wenn nicht überholte – Versuche angesehen worden, über die Lage der Dinge zu berichten ... Aber in einem Blatt, das auf das Prinzip gegründet ist, Themen ›kontroverser und parteilicher‹ Art zu meiden, haben diese Stories zu einem beispiellosen Disput über die redaktionelle Richtung des GEOGRAPHIC zwischen dem ernsthaften, sozial verantwortungsbewussten Chefredakteur und dem erzkonservativen Vorstandsvorsitzenden geführt.«

Am 8. September 1977, elf Uhr morgens, wurde die letzte Sitzung des Ausschusses eröffnet.

Gil Grosvenor verteilte die überarbeitete Erklärung zusammen mit dem Vorschlag eines Editorials, das als Kommentar zur Redaktionspolitik gedacht war. Er gab der Hoffnung Ausdruck, dass die Mitglieder dies verstehen würden und die Presse nicht darüber herziehen würde.

Mel Payne erklärte, dass der ganze Wirbel in den Zeitungen »das so genannte Schisma« überbetont und verfälscht hätte. Um zu demonstrieren, dass es einen Bruch gar nicht gebe, dass in der Organisation Einigkeit herrsche, bestand er darauf, dass »die Erklärung vom Vorstand, vom Präsidenten und dem Chefredakteur unterzeichnet werden sollte. Ich hoffe, dass dadurch das Problem aus der Welt geschafft wird.«

Gil schlug vor, die Kolumne »Botschaft des Präsidenten« wieder einzuführen. »Sie könnte die Bestätigung der Politik sowie einige andere Dinge, die wir machen, enthalten, und wir könnten das Ganze in der Dezember-Ausgabe bringen.«

Greenewalt meinte, dass es ein Fehler wäre, diese Aussage in der »Botschaft des Präsidenten« zu verstecken. »Um jeden Verdacht einer Uneinigkeit aus dem Weg zu räumen, muss man«, so sagte er, »die Erklärung vom Vorstandsvorsitzenden für den Vorstand unterschreiben lassen, und zwar gemeinsam mit dem Präsidenten und dem Chefredakteur ...«

Martin stimmte zu. »Ich würde Mr. Grosvenors Erklärung nehmen und im Editorial unterbringen«, sagte er, »und eine separate Bestätigung der Redaktionspolitik vom Vorsitzenden, dem Präsidenten und dem Chefredakteur unterzeichnen lassen.«

Dem stimmte auch Louis Wright zu und betonte noch, dass eine separate Erklärung »den Kritikern den Wind aus den Segeln nehmen wird. Die Übereinstimmung wäre so im Magazin schriftlich fixiert«.

Crawford Greenewalt brachte den Antrag ein, dass Gil Grosvenor »die Erklärung zur Bestätigung der Politik in einem Kasten auf der Editorial-Seite, vom Vorsitzenden, dem Präsidenten und dem Chefredakteur unterschrieben, einrückt«. Dem Antrag wurde einhellig entsprochen. Gil Grosvenor hatte die erste Runde gewonnen. Die zweite Runde begann mit der Frage Lloyd Elliotts: »Wünscht das Komitee, dass dem Chefredakteur in irgendeiner Weise bedeutet wird, dass wir gewisse Artikel als nicht mit der Redaktionspolitik des Magazins übereinstimmend empfunden hätten, oder sollen wir dem Chefredakteur erklären, dass das Komitee keinen Grund für die dem Magazin zuteil gewordene Publizität sehen könne, oder sollen wir ›die heiße Kartoffel‹ einfach fallen lassen?«

»Es wäre doch völlig widersinnig, wenn wir mehr machen würden als diese Erklärung oder Bestätigung abzugeben«, sagte Greenewalt. »Ich meine nicht, dass wir mehr sagen müssen … als einfach: Hier ist unsere Politik, und die werden wir, so gut wir können, befolgen …«

Da es offenbar keine Differenzen gebe, sagte Elliott, »lautet also unser Bericht, dass wir keinen Beleg für eine beabsichtigte Änderung der Politik finden und wir diese Politik bestätigen und uns verpflichten, sie zu befolgen«.

Das Komitee war einverstanden, und die Sitzung wurde bis 12.15 Uhr vertagt.

Knapp zwei Stunden später versammelte sich dasselbe siebenköpfige Gremium

»Millionen schwarzer Frauen führen ein isoliertes Leben, wie diese in einem Dorf von Transkei. Der einzige Mann im Haus ist der pensionierte Vater, links; ihre Ehemänner leben weit weg im Bergwerk. Die Männer schicken magere zwölf Dollar im Monat nach Hause. Wenn sie zur Familie heimkommen – einmal im Jahr –, finden sie zwar Wärme, aber auch Trauer …«
Auf die Artikel über Kuba, Harlem und Quebec folgte der Artikel »Südafrikas Zerreißprobe« von William S. Ellis im Juni 1977, der das oben abgebildete Foto mit Bildzeile enthielt. Er brachte für jene konservativen Kuratoriumsmitglieder das Fass zum Überlaufen, die über die vom Magazin unter der Leitung von Gilbert M. Grosvenor eingeschlagene Richtung verärgert waren.

»Bildergeschichten von einer Handvoll üppiger tropischer Inseln, bevölkert von hübschen und gastfreundlichen Eingeborenen und beherrscht von einer weisen und schönen Königin«, so beginnt der Text »Miss Piggys Fantasiekalender«, eine Parodie auf das GEOGRAPHIC von 1981. »Sicher werdet ihr protestieren und sagen, dass so etwas nur im Märchen existiert! Und dennoch, Besucher der grünen Pazifikinseln Boara-Boara, Porku-Porku und Rana-Kermi bestätigen, dass es diese magischen Orte gibt. Ebenso wie die Königin Wahinipikki I. eine liebenswerte und erfahrene Frau, die ihren Doktor an der Sorbonne und der Londoner School of Economics gemacht hat. Nach der Legende auf den Inseln stammt sie von der Sonne und dem Mond ab, und die Sterne sind ihre Cousinen …«

noch einmal, um der Sitzung des Kuratoriumsvorstands der National Geographic Society beizuwohnen. Nachdem alle Berichte entgegengenommen und sonstige Angelegenheiten erledigt worden waren, gab Lloyd Elliott als Vorsitzender des »Ad-hoc-Komitees für Redaktionspolitik« seinen Bericht ab. Es wurden Kopien der »Bestätigung der Redaktionspolitik des NATIONAL GEOGRAPHIC MAGAZINE« verteilt mit der Erläuterung, dass das Komitee empfehle, die Erklärung in einem Kasten auf der Editorial-Seite zu drucken, vom Vorsitzenden, dem Präsidenten und dem Chefredakteur unterzeichnet, und dass der Chefredakteur in seiner eigenen Kolumne darauf Bezug nehmen könne, wenn er wolle.

Der »Bestätigung« folgte eine Diskussion, und kurze Zeit später wurde darüber abgestimmt. Die Erklärung wurde einhellig angenommen. Vosburgh, Melville und Gil Grosvenor sahen sich befriedigt an.

Das Kuratorium beschloss, das Komitee und insbesondere seinen Vorsitzenden Elliott für die geleistete Arbeit zu loben, und dann erklärte der Kuratoriumsvorsitzende Melvin Payne: »Das Ad-hoc-Komitee ist hiermit aufgelöst.«

Vosburgh beugte sich vor und fragte: »Herr Vorsitzender, bedeutet dies, dass die Idee jedweder Art eines internen Redaktionsüberwachungskomitees aufgegeben wurde?«

Mel Payne bejahte die Frage.

Das Kuratorium wandte sich anderen Themen zu: Gil Grosvenor berichtete über künftige Pläne: dass die Dezember-Ausgabe eine zusätzliche Karte und Artikel über die Geschichte der Neuen Welt enthalten würde, über die Reise St. Brendans, das Wetter von 1977, Japans Inlandsmeer und … Laubenvögel. Die National Geographic Society war zur normalen – oder beinahe normalen – Tagesordnung zurückgekehrt.

Im Endergebnis bedeutete die Kontroverse eine Bestätigung der Arbeit der GEOGRAPHIC-Redakteure und der weiteren Entwicklung des Magazins.

»Eines der Probleme, das wir meiner Meinung nach beim GEOGRAPHIC haben – vielleicht«, sagte Gil Grosvenor, »ist es aber auch ein Segen –, ist doch, dass wir eine sehr konservative Organisation sind. Wir ändern uns langsam. Es gibt einige Leute, die überhaupt keine Änderung wünschen. Glücklicherweise haben sie nicht viele Anhänger. Im Grunde mögen einige Leute die Art nicht, wie sich die Welt ändert, und sie möchten, dass wenigstens etwas so bleibt, wie es ist. Sie wollen, dass wir dieselben bleiben sollen. Aber wir können nicht stillstehen. Ich bin überzeugt, dass man Probleme bekommt, wenn man eine Publikation nicht beständig weiterentwickelt. Ich glaube aber auch, dass man Probleme bekommt, wenn man revolutionäre Änderungen einführt – oder man tut es, weil man bereits Ärger hat. Das GEOGRAPHIC hat mit seiner Führung Glück gehabt, weil die Leute, die dazustießen, rechtzeitig genug gekommen sind, um Änderungen durchzuführen.«

Auf der Seite des Chefredakteurs in der Januar-Ausgabe 1978 erschien das folgende Statement mit der Unterschrift Gil M. Grosvenors:

> … Als Journalisten, die objektiver, unparteiischer Berichterstattung über das, was wir sehen, verpflichtet sind, ergreifen wir die Gelegenheit, unsere Zeit widerzuspiegeln, im Bewusstsein, dass nur die Geschichte die abschließende Wahrheit erzählen kann.
>
> Wir stehen häufig unter Druck, diese Politik zu ändern, und zwar unter dem Druck jener Leute, für die Journalismus eine Botschaft vermitteln soll – ihre Botschaft. Für einige Leute heißt nicht anklagen stillschweigend zustimmen und objektive Darstellung der Fakten deren Verteidigung – wenn die Fakten nicht zufällig mit den Vorurteilen übereinstimmen.
>
> Aber diese Stimmen von weit rechts und weit links helfen uns nur dabei, uns daran zu erinnern, einen Kurs zu steuern, der derlei schiefe und gefährliche extreme Meinungen vermeidet. Die Rekordzunahme bei der Mitgliederzahl im

vergangenen Jahr, verbunden mit einer hohen Abo-Erneuerungsrate, scheinen ein hinreichender Beweis für die Richtigkeit unseres Kurses.

Wir werden weiterhin die Welt unbeschwert von Ideologie durchstreifen, einen jungen Mann auf seiner Wanderung quer durch Amerika begleiten, einen Blick in den Loch Ness werfen, zum Mars reisen und darüber hinaus. Die Welt geht ihren Gang, und darüber werden wir berichten, sorgfältig und verständlich. Dieses Jubiläumsjahr ist der geeignete Zeitpunkt für uns, die Prinzipien, mit denen die Society gut gefahren ist, zu bekräftigen.

Die »Erklärung zur Bestätigung der Redaktionspolitik«, die vom »Ad-hoc-Komitee« gebilligt worden war, erschien direkt darunter, gezeichnet von:

Melvin M. Payne	Robert E. Doyle	Gilbert M. Grosvenor
Vorstandsvorsitzender	Präsident	Chefredakteur

Die Gerüchte verstummten, die Krise war überwunden. Drei Jahre später gab Chefredakteur Gilbert M. Grosvenor widerwillig »den besten Job der Welt« auf, wie er es nannte, um Robert E. Doyle zu ersetzen, der als Präsident der Society zurücktrat.

Während Gils Jahrzehnt als Chefredakteur war die Mitgliedschaft von 6 402 674 auf 10 771 886 gestiegen, trotz einer fast 27-prozentigen Beitragserhöhung.

Und als zu Beginn der Achtzigerjahre der Chefredakteurssessel frei wurde, gab es zum ersten Mal in diesem Jahrhundert keinen Grosvenor, der ihn hätte besetzen können.

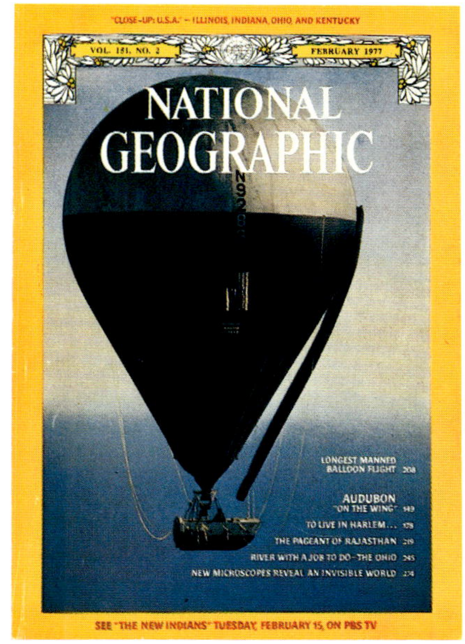

Ed Yosts »Der längste bemannte Ballonflug« [im Silver-Fox] war die Titelgeschichte für die Februar-Ausgabe 1977 des GEOGRAPHIC. Am Ende des Jahres 1977 hatte die Auflage des Magazins 9 756 312 Exemplare erreicht.

UMWELTSCHUTZ

»Gemeinsam die Erde bewohnen«

»Die Erde sehen, wie sie wirklich ist, klein und blau in dieser ewigen Stille, die sie umgibt, heißt uns selbst sehen als Bewohner einer gemeinsamen Erde, als Brüder auf diesem leuchtenden, reizvollen Etwas in der ewigen Kälte – als Brüder, die jetzt wissen, dass sie wirklich Brüder sind.«

Archibald McLeish in der *New York Times* vom 25. Dezember 1968: teilweise zitiert in der Anmerkung des Chefredakteurs zu dem Artikel von Gordon Young »Die Umweltverschmutzung, eine Bedrohung für die einzige Heimat des Menschen« in der Dezember-Ausgabe des NATIONAL GEOGRAPHIC von 1970.

Das Foto, das dieses Kapitel einleitet, ein Seetaucher, von einer todbringenden Ölschicht bedeckt, erschien auf dem Titelblatt der Dezember-Ausgabe des NATIONAL GEOGRAPHIC von 1970. Es war die letzte von Frederick G. Vosburgh verantwortete Nummer vor seiner Pensionierung. Er konnte stolz darauf sein.

Unter dem Seetaucher auf dem Titel stand das angekündigte Thema »Unsere ökologische Krise« mit den Untertiteln »Die Umweltverschmutzung, eine Bedrohung für die einzige Heimat des Menschen«, »Die Welt – und wie wir sie missbrauchen« und »Die zerbrechliche Schönheit um uns herum«.

Der zentrale Artikel enthielt die bösen, unromantischen Bilder des Fotografen James P. Blair von Dreck ausstoßenden Schornsteinen, vollgemüllten New Yorker Gassen und Ohios schwarzem Cuyahoga-Fluss, »der derart mit Öl und Abfällen bedeckt war, dass er im Juli 1969 hier im Bereich der Cleveland-Fabrik Feuer fing und zwei Eisenbahnbrücken beschädigte«.

Gordon Youngs nüchterner Begleittext zu den Fotos von Blair begann:

> Wir sind Astronauten – wir alle. Wir sind unterwegs auf einem Raumschiff, Erde genannt, auf seiner endlosen Reise um die Sonne. Dieses Schiff ist mit so ausgeklügelten lebenserhaltenden Systemen in so großer Zahl gesegnet, dass sie die Bedürfnisse von Milliarden Menschen befriedigen können.
>
> Aber jahrhundertelang haben wir sie als selbstverständlich hingenommen, haben ihre Kapazität für unerschöpflich gehalten. Am Ende haben wir diese Systeme untersucht, und die Ergebnisse sind zutiefst erschreckend.
>
> Wissenschaftler und Regierungsbeamte der Vereinigten Staaten und anderer Länder sind sich einig, dass wir bedroht sind. Wenn wir nicht aufhören, unsere lebenserhaltenden Systeme zu missbrauchen, dann werden wir gestraft. Die Strafe ist der Tod.

Gordon Young besuchte das smogverseuchte Los Angeles (mit seinem »Hexengebräu aus Abgasen, hauptsächlich durch Autos verursacht«), Tokio (wo Verkehrspolizisten »regelmäßig Pause machen, um Sauerstoff zu atmen«, und »Fußgänger sich dieselbe Erleichterung an Automaten verschaffen«), Essen in der Bundesrepublik (wo ein ehemals glänzender Stahlquader durch den Smog an der Ruhr »innerhalb von nur zwei Monaten schokoladenbraun wurde und stark korrodierte«). Er erholte sich etwas in London, wo man den Killer-Nebel besiegt hatte, »der am bedrohlichsten am 5. Dezember 1952 herrschte. An vier aufeinander folgenden Tagen erhöhte sich die normale Sterblichkeitsrate von 300 Toten am Tag um das Dreifache. Insgesamt gab es deswegen in jenem Winter 4000 zusätzliche Tote.«

Gegenüber: Brigadegeneral William Mitchell (links) posiert mit dem von ihm erlegten Tiger weniger als drei Kilometer entfernt vom Palast des Maharadschas von Surgia (rechts), seines Gastgebers. »Es war ein wundervolles Geschöpf, etwa 14 Jahre alt, von 3,10 Metern Kopfrumpflänge«, schrieb General Billy Mitchell in »Tigerjagd in Indien« für das GEOGRAPHIC vom November 1924. »Seine Tatzen, die mit einem Schlag den stärksten Büffel hätten umhauen können, waren so groß wie der größte Suppenteller ... Es war der größte Tiger, den ich je gesehen hatte.«

Vorangehende Seiten: Durch den Ausstoß einer Offshore-Ölquelle in der Nähe von Santa Barbara, Kalifornien, entstand Anfang 1969 Ölschlamm, durch den dieser zum Tod verurteilte Seetaucher schwamm.
Foto auf der Titelseite der Dezember-Ausgabe 1970

Dieser Sieg war nach Verabschiedung des Clean Air Act (Gesetz für saubere Luft) durch das Parlament im Jahr 1956 erzielt worden, das den Übergang von stark schwefelhaltiger Weichkohle zu saubereren Brennstoffen forderte. Bei einem Besuch 13 Jahre nach Verabschiedung dieses Gesetzes sah Young im St. James Park »zahllose Liegestühle ..., auf denen die Londoner sich bräunten«.

Doch der Schwerpunkt seines Artikels enthielt die Warnung, dass Luft, Wasser und Boden auf der Erde in Gefahr seien und dass unbedingt etwas getan werden müsse – und zwar sofort.

Dem NATIONAL GEOGRAPHIC-Leser von heute mag es sonderbar erscheinen, dass das Magazin 1970 noch nicht Stellung gegen die Umweltverschmutzung bezogen hatte. Schließlich bestand das Problem lange genug. Hatte doch der Autor des Artikels »Die Verschmutzung des Potomac« im GEOGRAPHIC schon 1897 geschrieben: »Bevor es nicht staatliche oder Landesgesetze zur Regulierung dieser Dinge geben wird, wird der Potomac ... als eine Art Kanalisation funktionieren, in welche die Stadt und die Industriebetriebe ihre Abwässer entleeren ...« Aber 1970 war immer noch der Geist der redaktionellen Grundprinzipien Gilbert Hovey Grosvenors spürbar. Die Umweltverschmutzung war »kontroverser Natur«. Die Industrie veröffentlichte im GEOGRAPHIC Anzeigen, ein Direktor von Du Pont saß im Kuratoriumsvorstand, und deshalb schreckte das Magazin immer noch vor solchen viel diskutierten Themen zurück. Selbst wenn man den Eindruck haben muss, als ob das GEOGRAPHIC etwas verspätet in die Schlacht zur Rettung des Menschen vor sich selbst eingegriffen habe, so hat es zumindest seit langem an der Seite anderer Lebewesen gestanden.

Der Sorge um die »Redwood-Wälder an der Pazifikküste« wurde schon im Mai 1899 Ausdruck gegeben. Gifford Pinchots »Eine amerikanische Fabel« (Erhaltung natürlicher Ressourcen) erschien im Mai 1908, »Unsere Nationalparks«. Als 1912 die gigantischen, 1000-jährigen Sequoias im Herzen des Sequoia National Park durch Verwertung in der Holzindustrie verloren zu gehen drohten, stiftete die National Geographic Society 20 000 Dollar, um die notwendigen Gelder des Kongresses zu ihrer Rettung aufzustocken. Unter den Bäumen war auch der »General Sherman«, eine 83,8 Meter hohe Sequoia mit einem Umfang von 31,4 Metern.

Den Wäldern gilt auch weiterhin die Sorge der Society. Der Artikel »Saurer Regen: Wie groß ist die Bedrohung?« wurde im November 1981 veröffentlicht. Im September 1982 beschäftigte sich »Unsere staatlichen Wälder: Probleme im Paradies« mit dem Kampf, sie von Erzbergwerken freizuhalten. Eine Darstellung des politischen und ökonomischen Drucks, durch den »Die Regenwälder: Schwindende Schätze der Natur« bedroht wurden, erschien im Januar 1983. Die Society erkannte, dass hinter diesen Problemen die Habgier der Menschen stand – wie immer schon.

GEOGRAPHIC-Autor John L. Eliot erinnerte 1982 daran, dass Theodore Roosevelt – dessen Text »Wälder, lebenswichtig für unser Wohlergehen« (ein Auszug aus einer Rede) in der November-Ausgabe des Magazins von 1905 erschienen war –, bevor er 1909 das Weiße Haus verließ,

> einer neugeborenen Idee, Umweltschutz genannt, folgend, die Staatswälder um 93 Millionen Hektar ausgeweitet hatte, ... die bestehenden Waldreserven vervierfacht und mehr als 50 der ersten Tierschutzgebiete auf Bundesebene geschaffen hatte. Die Zahl der Nationalparks verdoppelte sich; die ersten 18 Naturdenkmäler wurden eingerichtet. Die amerikanische Landgewinnungsbehörde wurde geschaffen, um etwa 1,2 Millionen Hektar im trockenen Westen zu

◄

»Mit drohendem Fauchen warnt diese 180 Kilogramm schwere Tigerin die Autoren, die in einem fünf Meter entfernten offenen Jeep sitzen, davor, näher heranzukommen ...«

Aus dem Artikel »Tiger! König des indischen Dschungels« von Redakteur Stanley Breeden mit Fotos von Belinda Wright in der Dezember-Ausgabe von 1984

Oben: Mit einem zahmen Mungo auf der Schulter benutzt Dr. Iain Douglas-Hamilton Fotos, um Elefantenherden und -familien im Lake Manyara National Park von Tansania zu identifizieren. Douglas-Hamilton hat mehr als 20 Jahre für das Überleben der Elefanten gekämpft. Das verbogene Steuerrad seines Landrovers zeugt von der Attacke einer ihm nicht eben wohlgesinnten alten Elefantendame.
Aus »Afrikas Elefanten: Können sie überleben?« in der November-Ausgabe des Jahres 1980

Rechts: Bei der Erstellung eines Berichts über Elefantenbestände mit Hilfe von Luftüberwachungstechniken fotografierten Oria und Iain Douglas-Hamilton diese Ansammlung von Elefanten auf einer buschbestandenen Savanne in Zaire, wo Wilderer nachgewiesenermaßen ganze Tierfamilien durch vergiftete Früchte ausgerottet haben.

Oben: »Big Bruno, 360 Kilogramm Muskeln und Klauen, liegt von einer Spritze betäubt hilflos da, während das Team ihm eine Blutprobe entnimmt. In dem roten Halsband steckt ein Funkgerät, das es den Craigheads ermöglichte, Nr. 14 durch die fast undurchdringlichen und zerklüfteten Gebiete des Yellowstone Park zu folgen. ›Wir folgten diesem Grizzly Tag und Nacht‹, berichtete Frank, ›und schliefen dort, wo uns die Dunkelheit überraschte.‹« Seit August 1966, als dieses Foto von den Craigheads in dem Artikel »Mit einem Sender auf den Spuren der Grizzlies im Yellowstone« erschien, hat die Society durch ihr Committee for Research and Exploration neun Stipendien für ein siebenjähriges Grizzly-Forschungsprojekt vergeben, das von den Craighead-Brüdern durchgeführt wurde. Danach haben die Gebrüder noch weitere 19 Stipendien von der Society zur Erforschung der Grizzlybären erhalten.

Gegenüber: Wie eine ängstliche Mutter erhebt sich ein Grizzly-Weibchen in Alaska auf die Hinterbeine, um seine herumtollenden Kinder besser sehen zu können.
Aus »›Grizz‹ – von Menschen und dem Großen Bären« in der Februar-Ausgabe von 1986

> bewässern, und Dutzende Millionen Hektar erzreichen Bodens fielen ebenfalls unter Roosevelts Schutzbestimmungen.
>
> »Ich hasse einen Menschen, der das Land plündert«, ärgerte er sich. Er schimpfte auf die Vereinigung der »Holzdiebe« und erklärte: »Ein lebender Hirsch im Wald ... bringt zehnmal mehr Geld ein als man mit einem toten erzielen könnte.« Immer wieder predigte er: »Die Erhaltung unserer natürlichen Ressourcen ist für die Menschen der Vereinigten Staaten jetzt die wichtigste Frage.«

Es mag schwierig sein, diesen Umweltschützer Roosevelt mit jenem T. R. in Einklang zu bringen, der kurz nach Niederlegung seines Amtes auf eine Jagdtour ging, über die im Magazin so gründlich berichtet wurde, dass zwischen März 1909 und November 1910 vier Artikel darüber erschienen. Aber seinem Freund John Burroughs, einem begeisterten Naturkundler, der neben anderen Roosevelt zur Einrichtung von Tierschutzgebieten bewegte, bereiteten die Jagdausflüge des Präsidenten keine Probleme. »Ein Jäger wie Roosevelt«, so schrieb er, »ist von den Tierschlächtern so grundverschieden wie der Tag von der Nacht.«

Jagd schien mit Liebe zur Natur nicht unvereinbar zu sein. Eliza Ruhamah Scidmore schrieb »Die größte Jagd der Welt« für die Dezember-Ausgabe von 1906, die Trophäen von Carl E. Akeley, die im Artikel »Elefantenjagd in Äquatorialafrika mit Gewehr und Kamera« vom August 1912 beschrieben werden, sind immer noch einige der größten Ausstellungsobjekte des Amerikanischen Museums für Naturgeschichte. Brigadegeneral William Mitchell ging auf »Tigerjagd in Indien« für die November-Ausgabe des GEOGRAPHIC von 1924 und brachte zahlreiche Fotos mit. Aber 60 Jahre später, als das umweltbewusster gewordene NATIONAL GEOGRAPHIC wieder auf Tigerjagd ging, in »Der Tiger! König des indischen Dschungels« von Stanley Breeden mit Fotos von Belinda Wright, klang zwar der Beginn der Geschichte vertraut, aber die Stoßrichtung war eine andere:

> Wir brachen bei Sonnenaufgang an diesem Wintermorgen in Zentralindien auf, wieder einmal mit Pawan Mala, einem alten, ehrwürdigen Elefanten. Auf den Wiesen brüllten die Baraschinga-Hirsche. Ein Tiger brüllt in der Ferne, ein gutes Zeichen.
>
> Mahavir, der Elefantentreiber, lenkt den Elefanten in Richtung des Tigergebrülls. Bald finden wir frische Tigerspuren entlang einer sandigen Senke – die breiten Fußspuren eines Männchens. Sie führen uns in dichten Wald.
>
> Wir sind auf der richtigen Spur. Wir können riechen, wo der Tiger einen Busch bespritzt hat, um sein Revier zu markieren. Belinda, meine Frau, sieht den Tiger zuerst, das furchteinflößende Bild in feurigem Orange und schwarzen Streifen, wie es durch das Netzwerk von grünem Bambus gleitet. Unbekümmert um uns, läuft er immer weiter. Wir sind jetzt auf gleicher Höhe, etwa zehn Meter entfernt. Ein- oder zweimal schaut er zu uns und faucht, und seine blassen gelbgrünen Augen blitzen auf.
>
> Plötzlich bleibt der Tiger unvermittelt stehen ...

Die Breedens schossen; das Ergebnis – Tausende Meter Film und die Produktion der National Geographic Society *Land der Tiger* im Januar 1985. Sie erlangte im Abendprogramm die dritthöchste Einschaltquote aller jemals im nicht-kommerziellen Fernsehen gezeigten Filme.

»Zehn Jahre lang haben wir uns mit dem Tiger beschäftigt«, schrieb Stanley Breeden, »eine Leidenschaft, die uns wieder und wieder in den indischen Dschungel lockte.« Die Breedens hatten schon neun Jahre zuvor die Fotografien für den Artikel »Indien kämpft um den Fortbestand seiner wilden Tiere« im September 1976 für das GEOGRAPHIC gemacht, der von Redakteur John J. Putman verfasst worden war. Er schrieb:

> Auch an Indien sind die Zeiten nicht spurlos vorübergegangen, im Gegenteil, sie haben es verwüstet. Die großen Wälder sind unter Axt und Pflug

zusammengeschrumpft; die riesigen Rudel von Zehntausenden Tigern sind eins nach dem anderen auf kleine Gruppen reduziert worden; der Jäger ist selbst zum Gejagten geworden. Der indische Gepard ist mittlerweile ausgerottet, der Tiger stark bedroht, selbst die Vögel sind ihrer Zahl und dem Bestand der Arten nach vom Aussterben bedroht.

Das Abschlachten der Tiere war so weit verbreitet, der Ablauf der Zerstörung ihres Lebensraumes hatte sich so verfestigt, dass viele Leute glaubten, Indiens wilde Tiere seien ein für allemal zum Untergang verurteilt.

Um die Jahrhundertwende streifen noch etwa 40 000 Tiger durch Indien. Die Großwildjagd und die Zerstörung ihrer natürlichen Umwelt haben ihre Zahl bis zum Jahr 1972 auf 2000 reduziert; dann begann Indien mit dem World Wildlife Fund beim »Projekt Tiger« zusammenzuarbeiten. Bis Ende 1984 war ihre Zahl wieder auf 3000 Exemplare gestiegen, 1000 davon in den 15 eingerichteten Tigerreservaten.

Der afrikanische Elefant ist aufgrund seines Elfenbeins in einer weniger guten Lage. Ein Artikel von Oria Douglas-Hamilton im November 1980 konstatierte, dass mehr Elefanten getötet würden als jemals zuvor. Vergiftete Pfeile werden in Kenia benutzt, Feuer im Sudan, in Kamerun verwenden die Pygmäen Speerfallen, die Reiter im Tschad Speere, und in Zaire waren Fallgruben üblich, bis die Einheimischen dort lernten, dass das Töten von Elefanten einfacher ist, wenn man mit Batteriesäure oder Insektiziden vergiftete Früchte entlang ihrer Wechsel oder an ihre Wasserlöcher legt.

Alle zwei Jahre werden Zehntausende Elefanten getötet, und das Gemetzel geht aus Habgier weiter: Das aus dem Verkauf von Elfenbein gewonnene Geld landet in den Taschen höchster Regierungsbeamter.

Dr. Iain Douglas-Hamilton, der mehr als 20 Jahre seines Lebens dem Kampf für die Elefanten gewidmet hat, benutzte zwischen 1976 und 1979 Luftüberwachung und wissenschaftliche Informanten in 35 Ländern, um einen Überblick über die Population der afrikanischen Elefanten zu erstellen. Er kam zu dem Ergebnis, dass damals etwa 1,3 Millionen Elefanten auf 7,8 Millionen Quadratkilometern in Kontinentalafrika existierten. 1966 hatte er noch 8000 in Ugandas Kabalega Falls National Park gezählt. Zehn Jahre später hatten Wilderer diese Zahl auf weniger als 1700 reduziert. Beim Sturz von Idi Amin 1979 im Uganda-Tansania-Krieg haben seine Truppen auf dem Rückzug zusammen mit Wilderern mit automatischen Waffen so viele Elefanten im Nationalpark abgeschlachtet, dass nur noch 1360 übrig geblieben waren, als Iain Douglas-Hamilton 1980 nach Kabalega zurückkehrte. Und die Zahl der Elefanten in der südlichen Region »bestand nur noch aus 160 Tieren, die beinahe alle in einer einzigen verschüchterten Herde zusammengedrängt waren, Tag und Nacht unterwegs, ohne Schutz finden zu können. Auf ihrem Weg ließen sie Tierkadaver wie trockene Blätter zurück.«

In Tansanias Selous Game Reserve wird Oria Douglas-Hamilton Zeugin eines ergreifenden Todeskampfes, den sie in dem Artikel »Afrikas Elefanten: Können sie überleben?« vom November 1980 beschrieb:

In der ungeheuren Stille der Dämmerung, bevor die Sonne aufging und den Himmel entflammte, beobachtete ich durch unsere Zelttür die morgendliche Schönheit der unberührten Natur und träumte von unserem Glück, hier in einem Gebiet Afrikas zu sein, das am dichtesten von Elefanten besiedelt war.

Rechts: Ein Buckelwal springt mit einem Rückwärtssalto aus der eisigen Glacier Bay in Alaska. Aus »Die Buckelwale. Die liebenswürdigen Wale« in der Januar-Ausgabe von 1970

Folgende Seiten: Ein Adler schreit im Wind und lässt sich von den Luftströmen treiben. Aus »Unsere stolzen Adler: Das Symbol der Freiheit überlebt« vom Februar 1978

Da hallte zwischen den Hügeln des Reservats ein Schuss wider und zerstörte alle Träume. Eine furchtbare Stille folgte; dann knallten zwei, drei, vier Schüsse und ließen mein Herz schneller schlagen. Ich konnte einen Elefanten sehen, der von einer Reihe von Zelten weghinkte. Menschen rannten.

Ich warf mir etwas über und lief den grünen Abhang hinunter. Der Elefant hinkte sehr stark, seine ganze rechte Seite war dunkelrot. Ich stieß auf einige halb bekleidete Wildhüter. Einer, ein Handtuch um die Hüften, hielt ein leergeschossenes Gewehr. Er ging zum Zelt zurück, um mehr Patronen zu holen.

Der Elefant entfernte sich weiter, und wir, 15 Leute, folgten ihm. Er hatte so einen traurigen Blick – nicht zornig und auch nicht gewalttätig. Seinen Kopf schwenkte er von einer Seite auf die andere, um uns im Auge zu behalten. Mit dem Rüssel testete er das Gelände vor sich. Der Wildhüter kam wieder, feuerte und verfehlte. Er feuerte nochmals und traf das Tier in die Schulter – das Blut rann über die faltige Haut.

Mein Mann Iain nahm das Gewehr des Wildhüters. Er wollte den Elefanten nicht schießen, er hasste es, Elefanten zu schießen, aber es gab keine andere Wahl. Iain zielte und feuerte.

Der Elefant schrie auf und peitschte die Büsche mit seinem Rüssel, taumelte auf drei Beinen weiter. Die Kugel hatte ihn nicht getötet. »Es gibt keine Patronen mehr«, sagte der Wildhüter. »Es gibt nur noch ein kleines Gewehr in der Lodge.« Er rannte los, um es zu holen. Wir warteten in dem feuchten Gestrüpp, und der Elefant bewegte sich offenbar unter großen Schmerzen in Richtung eines kleinen Flusses.

Er stand dort, schaute in das Wasser und wartete mit uns auf den Tod, als das Gewehr endlich eintraf. Iain ging zu ihm hin, hob das Gewehr, zielte auf sein Herz, sagte »Tut mir Leid, alter Junge« und zog ab. Schlagartig knickten die Beine des Tieres ein, und es stürzte. Niemand bewegte sich, die Vögel schwiegen, es gab nur das Geräusch des fließenden Wassers. Es war der traurigste Anblick, der mir je begegnet ist.

Der Wildhüter stand daneben. »Warum hast du geschossen?« flüsterte ich.

»Weil er die Seile meines Zeltes berührt hatte«, antwortete er.

Ein Artikel im GEOGRAPHIC vom August 1960 begann mit einer ganz anderen Art von Schuss:

> Der Verschluss des großkalibrigen Gewehrs rastete mit einem Klicken ein. Im Licht eines starken Blitzes zielte ich auf den Nacken eines Grizzly-Jungen und zog ab. Das Junge wirbelte herum. Seine Mutter sprang an seine Seite. Aber das Junge fiel nicht um und wankte nicht einmal. Es rieb sich nur an den Vorderbeinen der Mutter, blieb kurz unter dem sicheren Schutz ihres gewaltigen Nackens stehen und lief weiter. Hatte ich danebengeschossen? Kaum, denn ich hörte John beruhigend sagen: »Schöner Schuss.« Und jetzt blieb der Lichtstrahl von Maurice Hornocker auf dem Pfeil im Nacken des Jungen hängen. Ich hatte ihm gerade eine kräftige Spritze verpasst. Wir schossen – nicht um die Tiere zu töten, sondern um sie einzufangen.

Die Zwillingsbrüder Frank und John Craighead waren im Yellowstone-Nationalpark mit einem Stipendium der Society unterwegs, um eine langfristige Untersuchung der Gewohnheiten und Verhaltensweisen der Grizzlybären vorzunehmen, »um den Tierschützern das notwendige Wissen zu geben, damit diese riesigen Bären vor der endgültigen Ausrottung bewahrt werden können«. [Über die Jahre sind Dutzende Artikel von den Craigheads erschienen, einschließlich Artikel von den Kindern der Brüder.] Das Etikettieren, Messen und Markieren der betäubten Bären durch die Craigheads »glich der Arbeit an einer Bombe mit Zeitzünder«, gestand Frank, besonders, wenn die Dosis der dem Pfeilgift Curare ähnlichen Droge nicht stark genug war und ein Bär brummend wieder zu Bewusstsein kam, während sie noch über ihn gebeugt waren.

Oben: Dieses Foto aus Kenneth F. Weavers Artikel vom April 1979 »Hoffnung und Risiken der Kernenergie« trug die Bildunterschrift: »Das Abfallproblem: Wie soll man den atomaren Müll lagern, der für Tausende von Jahren radioaktiv bleibt? Bis 1970 haben die USA gering strahlenden Festabfall in Fässern – wie diesem vor der Küste von Maryland – im Atlantik und Pazifik versenkt. Jetzt läuft aus einigen Fässern radioaktives Material aus.«

Gegenüber: Eine vom Menschen gemachte Sonne ging am 1. März 1954 über dem Bikini-Atoll auf, aufgenommen aus 120 Kilometer Entfernung. Die Zündung der 15-Megatonnen-Wasserstoffbombe mit dem Namen »Bravo« gilt als der größte US-Test, tausendfach stärker als die 1945 über Hiroshima abgeworfene Bombe.
Aus »Bikini – ein verlorener Way of Life« in der Juni-Ausgabe von 1986. Sich drehende Winde verstreuten radioaktives Material über eine Fläche von 230 000 Quadratkilometern.

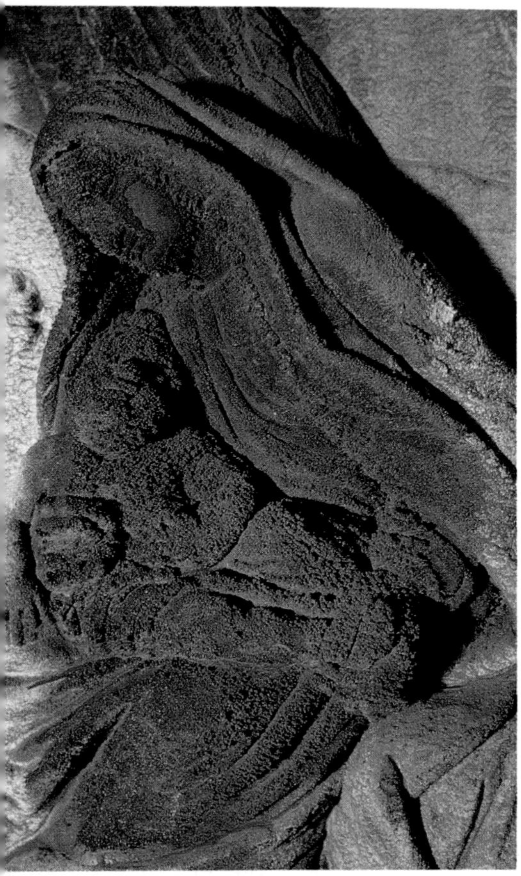

Oben: »Steinkrebs breitet sich über eine um 1650 entstandene Marmor-Madonna unter einem Strebepfeiler der Kathedrale von Mailand aus. Hier, im Zentrum von Italiens Industrie, erzeugt die Verbrennung von stark schwefelhaltiger Kohle und Öl Schwefeloxide. Sie lagern sich auf Steinen ab, verbinden sich mit Regenwasser und bilden Schwefelsäure. Sie ist hochreaktiv und bringt im Stein eine chemische Veränderung hervor, durch die er über längere Zeit hin aufgelöst wird. Die Säure hat auf die helleren Flächen noch nicht genug eingewirkt, um sie ernstlich zu beschädigen. Solche Zerstörungen bedrohen viele der schönsten Schöpfungen des Menschen, von den Wasserspeiern der Notre Dame in Paris bis zum Lincoln-Denkmal.« Aus »Die Umweltverschmutzung, eine Bedrohung der einzigen Heimat des Menschen« aus der Dezember-Ausgabe von 1970
Gegenüber: Der Mensch hat die Schmutzwolken über St. Louis verschuldet und ist zugleich ihr Opfer. Aus »Saurer Regen: Wie groß ist die Bedrohung?« vom November 1981

In diesem Artikel mit dem Titel »K.o. für Grizzlybären – zu ihrem eigenen Besten« fragte Frank Craighead:

> Aber wozu ist ein Grizzly gut? Warum werden so viel Zeit und Forschungsgelder investiert, um ein Tier zu retten? ... Johns zwölf Jahre alte Tochter [antwortete]: »Wir wollen den Grizzly retten, denn wenn er weg ist, dann ist er für immer weg, und wir können keinen neuen machen.«
>
> Dies ist die einfache Antwort.
>
> Wir kennen keine Tierart außer dem Menschen, die jemals eine andere Art ausgerottet hat. Aber die Schuldliste der Menschen ist lang. Aber haben wir das Recht, ein mit uns lebendes Geschöpf auszurotten?

Diese Frage hat die Society in ihren Anfangsjahren nicht sehr beunruhigt. Zwischen September 1907 und April 1909 erschienen nicht weniger als fünf Artikel über Bärenjagden. In derselben Periode zeigte eine Remington-Anzeige für automatische Gewehre mit dem Titel »Vorfahrt« einen überraschten Jäger und einen knurrenden und blutrünstigen Grizzly, die einander auf einem schmalen Gebirgspfad begegnen. Die Wahrheit ist, dass »seit 1900 nur 14 Leute in den 48 Staaten der USA von Grizzlys getötet wurden« und diese Todesfälle in erster Linie durch hungrige Bären verursacht wurden, die durch Abfälle in Zeltlager gelockt wurden. Seit dem Aufkommen des Repetiergewehres jedoch haben die Bären keine Chance mehr. In dem Artikel vom Februar 1986 »›Grizz‹ – Von Menschen und großen Bären« schrieb Douglas H. Chadwick, dass »Zehntausende großer Bären noch bis 1850 südlich von Kanada [lebten]. Jetzt gibt es nur noch 600 bis 900 Stück ... Würde man sie Schulter an Schulter aufstellen, würde die Grizzly-Herde der 48 amerikanischen Staaten kaum zwei Ar bedecken.«

In den vergangenen zwei Jahrzehnten hat die Society ihre Aufmerksamkeit besonders den Walen geschenkt. Es sind Artikel erschienen über Pottwale, Blauwale, Buckelwale, Schwertwale, Kleinschwertwale, Narwale, Grauwale, Grönlandwale, Belugawale. 10,1 Millionen Exemplare der Schallplatte *Gesänge des Buckelwals* wurden der Januar-Ausgabe von 1979 beigelegt. Zwei Kinderbücher über Wale sind produziert worden. Und der Fernsehdokumentarfilm von 1978 *Die großen Wale* hat einen Emmy-Preis für herausragende internationale Programme erhalten.

Gilbert M. Grosvenor schrieb im Editorial des GEOGRAPHIC vom Dezember 1976 anlässlich der weltweiten Auseinandersetzungen über die Bemühungen zur Rettung der Wale und machte den Vorschlag, durch eine internationale Walfangkommission eine Quotenregelung aufstellen zu lassen:

> Auf der einen Seite scheinen alle einer Meinung zu sein. Den natürlichen Legionen von Walen ist in dem vergangenen Jahrhundert ein verheerender Schlag durch Kanonenharpunen und die schnellen Fangboote versetzt worden. Der Blauwal ist genau wie der amerikanische Büffel fast ausgerottet. Niemand kann sagen, ob die verbliebenen Exemplare ihre Zahl regenerieren können, ... niemand ... kann sich der Schlussfolgerung verschließen, dass der Wal zum Symbol einer bestimmten Denkweise in Bezug auf unseren Planeten und seine Geschöpfe geworden ist, und zumindest liegt darin eine Hoffnung auf bessere Tage sowohl für die Wale als auch für den Menschen.

»Bessere Tage« sind für die 161 Mitglieder der elf Familien gewiss nicht gekommen, die auf dem Bikini-Atoll gelebt hatten, so geduldig sie auch darauf gewartet haben. Redakteur William S. Ellis berichtete im Juni 1986:

> Fast 40 Jahre sind seit jenem Sonntag im Jahr 1946 vergangen, als Kapitän Ben Wyatt von der amerikanischen Marine sich mit ihnen nach dem Kirchgang traf, um ihnen zu sagen, dass ihre Insel für ein Projekt gebraucht würde, das der Menschheit dienen würde. Er machte deutlich, dass eine Autorität, größer als irgendeine auf Erden, sehr glücklich wäre, wenn sie sich zur Kooperation entschließen würden.

> Da es sowohl gläubige als auch gutmütige Leute waren (und nicht ohne Ehrfurcht vor der militärischen Macht Amerikas), gaben sie durch ihren Häuptling Juda ihre Entscheidung bekannt: »Wenn die Regierung der Vereinigten Staaten und die Wissenschaftler der Welt unsere Insel und das Atoll für Fortschritt und Entwicklung zu benutzen wünschen, was mit Gottes Segen zu Wohltaten führen und allen Menschen zugute kommen wird, dann wird mein Volk mit Vergnügen an einen anderen Ort gehen.«

Keine sechs Monate, nachdem die Bewohner des Bikini-Atolls auf das Rongerik-Atoll umgesiedelt worden waren, warfen die Vereinigten Staaten ihre erste Atombombe auf die Lagune. In den nächsten zwölf Jahren wurden 23 Tests im Bikini-Atoll durchgeführt. Und in den zehn Jahren zwischen 1948 und 1958 wurden 43 weitere Bomben im Enewetak-Atoll 320 Kilometer weiter westlich zur Explosion gebracht. In der Zwischenzeit waren die Bikini-Bewohner von Rongerik nach Kwajalein gebracht worden und schließlich nach Kili – »eine kleine, isolierte Insel, 800 Kilometer [von Bikini] entfernt, eine Insel ohne Lagune, ein Landfetzen von 93 Hektar, kahl und nackt mitten im Ozean«. 1954 wurde auf dem Bikini-Atoll dann auch »Bravo« getestet, »die erste transportable Wasserstoffbombe«. Es war »die stärkste jemals von unserem Land zur Detonation gebrachte Bombe«, schrieb Ellis, tausendmal stärker als die über Hiroshima abgeworfene. »Die Zerstörungskraft aller Feuerwaffen in der ganzen Geschichte zusammengenommen würde nicht die von ›Bravo‹ erreichen, die über dem 626 Quadratkilometer großen Bikini-Atoll abgeworfen wurde ... Ein Güterzug, der eine der Sprengkraft von ›Bravo‹ vergleichbare Menge an Dynamit transportierte, würde sich quer über den nordamerikanischen Kontinent erstrecken.«

Unglücklicherweise drehte sich der Wind zur Zeit der »Bravo«-Explosion aus der nördlichen in die östliche Richtung und

> ließ radioaktiven pulverisierten Korallenstaub und anderes Material ... über einer Fläche von vielleicht 230 000 Quadratkilometern niederregnen. Die von dem Fall-out betroffenen Menschen waren 250 Bewohner der Inseln Rongelap und Utirik der Marshallgruppe, 28 Leute auf der Wetterstation in Rongerik und 23 Besatzungsmitglieder eines japanischen Fischerboots, der *Daigo Fukuryu Maru* (Glücklicher Drache Nr. 5), von denen einer an den Wirkungen der Radioaktivität starb.

Weniger als 160 Kilometer vom Explosionsort in Windrichtung entfernt spielten unschuldige Einheimische vom Rongelap-Atoll in dem seltsamen »Bikini-Schnee«, der vom Himmel gefallen war. Manche probierten ihn sogar, andere schaufelten ihn zusammen und wurden verstrahlt. Eine Bildunterschrift erklärt, dass drei von vier Rongelap-Kindern unter zehn Jahren später Schilddrüsenkrebs bekamen.

Die radioaktive Erde des Bikini-Atolls strahlt noch immer Caesium 137 ab. Es verseucht die Böden, das Grundwasser und viele Nahrungspflanzen. Es wird noch 80 bis 90 Jahre dauern, bis das Caesium-Niveau akzeptabel sein wird. Wissenschaftler und Regierungsbeamte bedauern das. Während die früheren Bewohner unverändert auf dem unwirtlichen Kili ausharren, versuchen Wissenschaftler immer noch, eine Methode zu finden, wie das Bikini-Atoll »gesäubert« werden könnte.

Ein »hautnaheres« Reinigungsproblem veranlasste den Redakteur Allen A. Boraiko und den Fotografen Fred Ward, die Chemiedeponien in Lagunen, Tanklagern und Erdgruben der Vereinigten Staaten zu untersuchen. Daraus entstand der Artikel

◀

Redwoods und Rhododendron in einem leichten Küstennebel im Redwood National Park in Kalifornien. Es ist ein 42 000 Hektar großes Naturschutzgebiet mit den größten Bäumen der Welt, darunter einem 112 Meter hohen Redwood-Baum, der 1963 von dem Naturkundler des NATIONAL GEOGRAPHIC Paul A. Zahl entdeckt wurde.

Oben: Die Unmenschlichkeit des Menschen gegenüber der Natur: »Schluchten der Verwüstung zerschneiden die Landschaft im Muhlenberg County, Kentucky. Der gigantische Schaufelradbagger, 76 Meter hoch, legt Kohlenflöze frei, das wichtigste Feuerungsmaterial für die elektrischen Kraftwerke des Landes. Die durch den Tagebau verursachten Verwüstungen haben 1966 ein Landesgesetz zur Folge gehabt: Abbaugebiete müssen hinterher eingeebnet und neu bepflanzt werden. Erste Schritte zur Einebnung sind oberhalb der Schaufel zu sehen. Ältere, nicht eingeebnete verwaiste Flächen in der Ferne sind eine Schande für das Auge.«
Aus »Die Umweltverschmutzung, eine Bedrohung für die einzige Heimat des Menschen« vom Dezember 1970

Gegenüber: Etwa 3300 Motorradfahrer nehmen an dem San-Gabriel-Hund-und-Hase-Rennen in Barstow, Kalifornien, teil. Sie rasen quer durch die Wüste nach Las Vegas, das mehr als 240 Kilometer entfernt ist. »Die Fahrer lieben die Herausforderung über alles, aber Umweltschützer bedauern die Zerstörung einer sehr empfindlichen Ökologie.«
Aus »Dieses unser Land – wie nutzen wir es?« in der Juli-Ausgabe von 1976

»Lagerprobleme ... gefährlicher Müll« vom März 1985. Zuweilen in Plastiksicherheitsanzüge gekleidet, ausgerüstet mit Masken und Sauerstoffflaschen, untersuchten die beiden eigenhändig, wie die USA mit den annähernd sechs Milliarden Tonnen Giftmüll fertig zu werden versuchten, die seit 1950 »in oder auf dem Land gelagert wurden«.

Fünf Jahre zuvor hatten Boraiko und Ward über »Das Dilemma mit den Pestiziden« berichtet. Genauso sorglos und wahllos, wie wir mit den Abfällen umgegangen sind, war es beim Besprühen zugegangen. Nach einem Jahr Recherchen und Vorbereitung stellt der Artikel fest:

> Von 2000 schädlichen Insekten, Unkräutern und Pflanzenkrankheiten heimgesucht, geben die amerikanischen Farmer und Forstleute jährlich mehr als 2,5 Milliarden Dollar für deren Bekämpfung aus. Die Befürworter argumentieren, dass diese Seuchen jährlich ein Drittel unserer Ernten schädigen – im Wert von neun Milliarden Dollar – und außerdem tödliche Krankheiten hervorrufen können. Aber die düsteren Gegenargumente lauten: durch Pestizide hervorgerufene Krankheiten, Tod und schreckliche ökologische Konsequenzen.

»Indem wir also den Seuchen mit Gift zu Leibe rücken, die jährlich Ernten im Wert von Milliarden Dollar vernichten, vergiften wir uns selbst unabsichtlich gleich mit?« fragte der Chefredakteur.

Es hat allerdings Fortschritte gegeben.

Regierungs- und Landesbehörden, von einer großen Zahl von Bürgerinitiativen und privaten Organisationen unter Druck gesetzt, führen einen täglichen Kleinkrieg zur Reinhaltung von Luft, Wasser und Erde. Organisationen auf weltweiter, staatlicher, bundesstaatlicher und lokaler Ebene haben sich zu dem Versuch zusammengeschlossen, gefährdete Arten und die Lebensräume wilder Tiere zu erhalten und zu verteidigen. Umwelt- und Tierschutzorganisationen werden von engagierten Leuten ausgerüstet und unterstützt. Und es hat ein paar erstaunliche Erfolge gegeben.

Einer dieser Erfolge ist das Wiederauftauchen des Trompeterschwans, dessen Verschwinden innerhalb »weniger Jahre« der Ornithologe Edward Howe Forbush vorausgesagt hatte.

1932 gab es nur noch 31 dieser wunderschönen weißen Schwäne im Yellowstone-Nationalpark, 26 in den Red Rock Lakes von Montana und ungefähr ein Dutzend über den Rest des Landes verteilt. 1935 wurden die Red Rock Lakes zum nationalen Tierschutzgebiet erklärt, wodurch der Trompeterschwan eine erste Atempause erhielt. Aber in dem Artikel vom Juni 1937 »Mit dem Mikrofon auf der Jagd nach den Stimmen aussterbender Vögel« hatte der Ornithologe Professor Arthur A. Allen von der Cornell-Universität vor dem Aussterben des Riesenalks, der Labradorente, der Wandertaube und des Präriehuhns gewarnt – »innerhalb eines Zeitraums einer Generation«. Und er war besorgt, dass der »Karolinasittich ihnen bald folgen wird«, und warnte, »dass in den ganzen Vereinigten Staaten nur noch 75 [Trompeterschwäne] vermutet werden, obwohl er einmal ein keineswegs seltener Vogel im gesamten Westen gewesen ist«.

30 Jahre später waren aus den 26 Trompeterschwänen im Red-Rock-Lakes-Reservat 423 Exemplare geworden. Durch eine ähnliche Zunahme in anderen Kolonien und die Entdeckung bisher unbekannter Brutstätten im südlichen Alaska schätzt man heute, dass es in Nordamerika wieder 12 000 Trompeterschwäne gibt.

Wenn wir den Trompeterschwan wieder heimisch machen, den Tiger retten, für Elefanten und Wale kämpfen können, dann ist die Hoffnung vielleicht nicht unberechtigt, dass wir uns auch um uns selbst kümmern können. Falls nicht, »falls wir alles falsch machen«, wie Dr. Lewis Thomas im Vorwort zu dem Buch *Die unglaubliche Maschine* schrieb, das der Bücherdienst 1986 veröffentlichte, »dann könnte von uns selbst nur eine sehr dünne Schicht von Fossilien zurückbleiben, die obendrein noch radioaktiv verstrahlt wäre«.

RESTRICTED

Oben: Im US Government Patuxent Wildlife Research Center (Forschungszentrum für Wildtiere) in Maryland wurden Stockenten mit DDE gefüttert, einem Zerfallsprodukt von DDT, in Konzentrationen, wie sie in der freien Wildbahn vorkommen. Das Ergebnis: »Im Durchschnitt werden in einem Gelege von zwölf Eiern drei von der Mutter zertreten oder bekommen Risse. Acht Eier haben sich nicht entwickelt; statt der üblichen neun bis elf ist nur ein Küken geschlüpft.«
Aus »Die Umweltverschmutzung, eine Bedrohung für die einzige Heimat des Menschen« vom Dezember 1970

Links: Ein Flugzeug besprüht über einem Baumwollfeld in Texas Insekten mit Gift. Milliarden Liter an Pestiziden werden jährlich auf amerikanischen Feldern, Weide- und Waldflächen versprüht. Gilbert M. Grosvenors Anmerkung zu dem Artikel von Allen A. Boraiko »Das Dilemma mit den Pestiziden«, zu dem dieses Foto gehört, enthielt die Frage, ob wir uns damit nicht auch selbst vergiften.

Nächste Seite: Nun die guten Nachrichten: Einst eine bedrohte Art, zählt der majestätische Trompeterschwan aufgrund weitsichtiger Maßnahmen und einer Reihe von Schutzgesetzen jetzt wieder 12 000 Exemplare in Nordamerika.

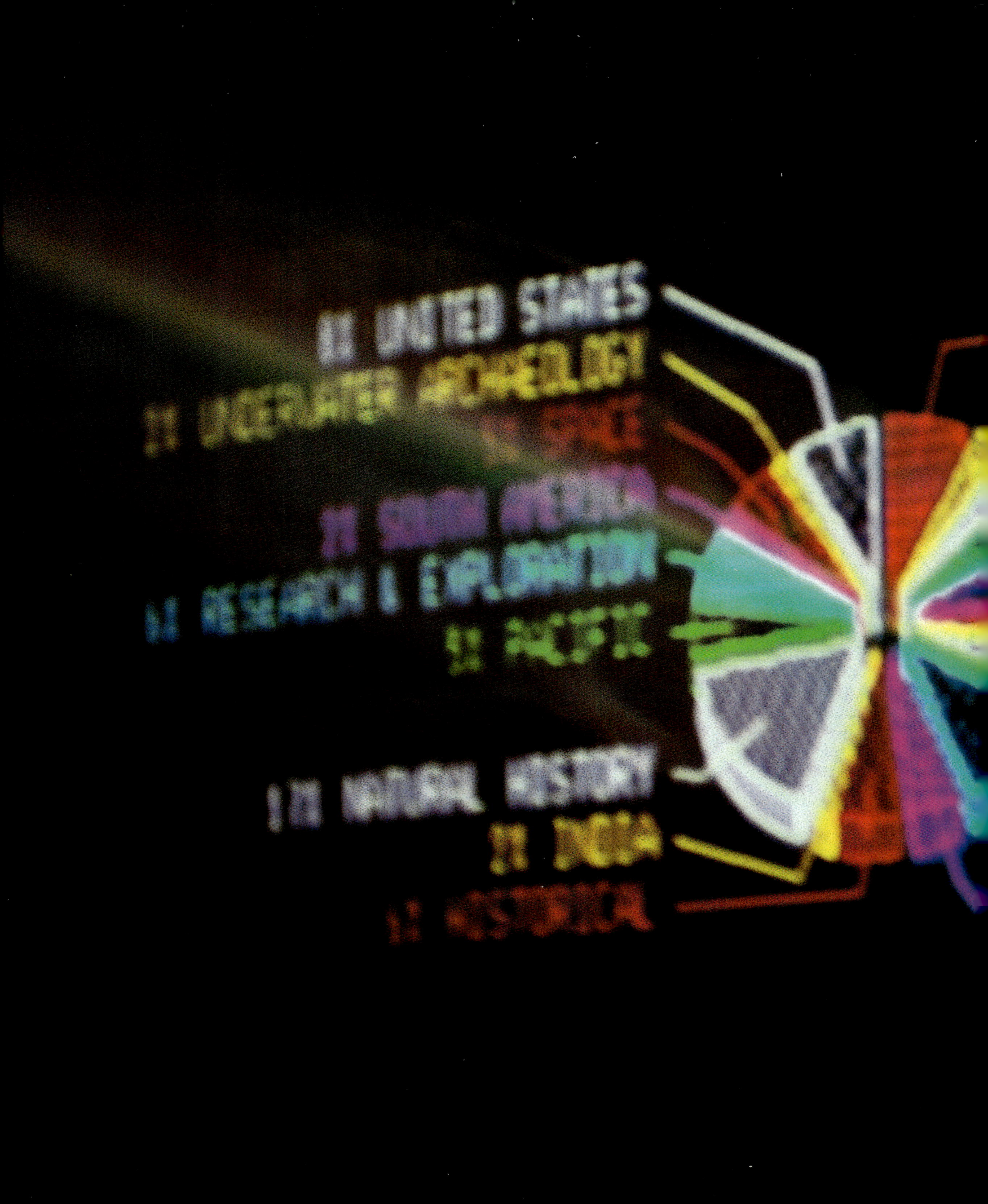
UNITED STATES
UNDERWATER ARCHAEOLOGY
RESEARCH & EXPLORATION
PACIFIC
NATURAL HISTORY
INDIA
HISTORICAL

1977 – 1988

»Den Horizont erweitern«

»Es wird absolut keine radikalen oder sichtbaren Änderungen im Magazin geben. Es ist genauso, als ob man die geheiligten Werte einer Verfassung schützen müsste: Da kann man auch nicht leichtsinnig sein.«

Wilbur E. Garrett bei seiner Ernennung zum siebten Chefredakteur des NATIONAL GEOGRAPHIC am 10. Juli 1980

»Ich würde mir wünschen, dass jemand bei unserem 200. Jubiläum Rückschau halten und sagen würde: ›He, schaut mal, die Leute zwischen dem ersten und zweiten Jahrhundert haben wirklich den Horizont der National Geographic Society erweitert!‹«

Gilbert M. Grosvenor

Vorangehende Seiten: Vom Computerbildschirm direkt übertragenes und vergrößertes Bild im neuen »Kontrollzentrum« der Society: es zeigt die Auflistung des Inhalts des Magazins von 1986, nach Themen und Weltgegenden geordnet. Aus denselben Daten kann eine schier endlose Anzahl an Darstellungen, Berichten und selbst Grafiken gewonnen werden. Dieses Zentrum nahm im Frühjahr 1987 seine Arbeit auf und ersetzte dasjenige, das Gilbert M. Grosvenor vor 20 Jahren »in seinem Stockwerk« aufgebaut hatte.

Als Dr. Melvin M. Payne am 27. Juni 1977 auf der Sitzung des Aufsichtskomitees seinen Kuratoriumskollegen gesagt hatte: »Wir sind in der ganzen Welt durch unser Magazin bekannt, und was das Magazin sagt, das ist das, was die National Geographic Society sagt«, da traf seine Bemerkung schon damals nur teilweise zu, denn die Society äußerte sich auch mit anderen Stimmen.

Vor 25 Jahren war die Society vielleicht für einen Außenstehenden einfach das vertraute, gelb gerandete NATIONAL GEOGRAPHIC-Heft, das an die damals 3,5 Millionen Mitglieder mit der Post verschickt wurde. Für heutige Außenstehende jedoch, für die 10,6 Millionen Mitglieder, für die schätzungsweise 30 bis 50 Millionen Leser des Magazins, für die Millionen und Abermillionen Zuschauer der Fernsehfilme ist die National Geographic Society weit mehr. Und am Anfang dieser Expansion stand die Entscheidung von Gilbert M. Grosvenor, der 1980 den Posten des Chefredakteurs aufgeben musste, sich zum Präsidenten der Society wählen zu lassen, weil der kränkelnde Vorgänger Robert E. Doyle in den Ruhestand ging.

Gerade zwei Jahre zuvor hatten Gil und Bob Doyle den zweiten großen Umzug des Magazins in eine neue Druckerei mit einem völlig neuen Druckverfahren geleitet. Nach 18 Jahren Arbeit mit dem Hochdruckverfahren in Chicago wurde die Herstellung des Magazins in eine neue Fabrik nach Corinth, Mississippi, überführt, wo im Tiefdruck produziert wurde. Gil Grosvenor informierte im Editorial der November-Ausgabe von 1977 die Mitglieder, dass dies »die größte technische Veränderung in der Geschichte Ihres Magazins ist«.

Als Gil Grosvenor als Chefredakteur zurücktrat, galten als Hauptfavoriten für diesen Posten Wilbur E. Garrett, Joseph Judge und Robert L. Breeden. Sowohl Bill Garrett als auch Joe Judge waren stellvertretende Chefredakteure des Magazins. Garrett war für den Bild-, Judge für den Textteil verantwortlich.

Obwohl Bob Breeden den Titel eines Senior Assistant Editor führte, war sein Gebiet der Pädagogikbereich der Society – die Sonderveröffentlichungen und der Schuldienst. Breeden hatte also eigentlich nicht mehr am Magazin mitgearbeitet, seit Melville Grosvenor ihn 18 Jahre zuvor gebeten hatte, Bildredaktion und Layout für das Buch über das Weiße Haus zu machen.

Da Breeden in seinem Bereich überaus erfolgreich war und die Society sich ungern dort einmischte, wo etwas offensichtlich gut funktionierte, beschränkte sich die Wahl eines Chefredakteurs auf Garrett und Judge.

Garrett hatte 1954 in der Redaktion als Bildredakteur angefangen. Vom stellvertretenden Bildchef war er zum Senior Assistant Editor (eine Art Abteilungsleiter) aufgestiegen und unter Gil Grosvenor dann zum stellvertretenden Chefredakteur. Garrett hatte immer fotografiert und manchmal geschrieben, beinahe zwei Dutzend Artikel, von denen viele sein anhaltendes Interesse an Südostasien und an der Erhaltung von Altertümern und seine grundsätzliche Risikofreude widerspiegelten.

1961 hielt sich Garrett mit einer Spezialeinheit der US-Armee und ihrem Hauptmann Walter Moon in Laos auf. Unbemerkt wurden sie von einer Gruppe des Pathet Lao umzingelt. »Es war während der Monsunregenperiode, und wir konnten die Verwundeten nicht herausbekommen und keinen Nachschub herein, weil es in Strömen regnete«, erinnert sich Garrett:

> Ich wohnte zusammen mit Moon und einigen seiner Leute in einer dieser kleinen Hütten auf Pfählen. Endlich kamen die großen Helikopter an einem regnerischen Tag durch die Wolken, und ich sagte Moon: »Ich bin bereit, hier rauszufliegen.«
>
> »Nimm die Kiste dort«, sagte er.
>
> Ich lief hinüber, warf meinen Rucksack hinein und wollte einsteigen, als der Pilot brüllte: »Raus hier, zum Teufel! Ich bin bereits überladen.« Also stieg ich wieder aus und kehrte an den Rand des sumpfigen Feldes zurück. Moon fragte: »Was machst du denn hier wieder?«

Der Supertanker Amoco Cadiz *sank im März 1978 vor der bretonischen Küste; das Schiff brach auseinander – 261 Millionen Liter Rohöl ergossen sich ins Meer. Das Schiff wurde von Martin Rogers für den Artikel »Das Superleck: Schwarzer Tag für die Bretagne« von Redakteur Noel Grove im Juli 1978 fotografiert. Rogers saß in der offenen Tür eines französischen Militärhelikopters, an der sich auch andere Fotografen drängten. »Es war unmöglich, aufzustehen«, schrieb Rogers später. »Ich habe einfach drauflosgeschossen und wurde fast hinausgestoßen. Aber es gab genügend Zeit, mit der Situation fertig zu werden. Ich benutzte mindestens drei Kameras.«*

»Wenn man eine neue Sprache lernen will, dann beginnt man mit Worten und einer Grammatik ... Wenn man Geographie unterrichten möchte, muss man dem Schüler eine Karte geben«, schrieb Gilbert M. Grosvenor auf der Herausgeberseite in der September-Ausgabe von 1986.
1986 hat die Society in Kooperation mit anderen Organisationen, die zusammen das Geographic Educational National Implementation Project (GENIP = Projekt zur nationalen Durchsetzung des Geographieunterrichts) bilden, den Schülern aller Sekundarschulen des Landes ein kostenloses, doppelseitiges Poster übersandt, 60 mal 90 Zentimeter groß, das als GENIP-Karte bekannt wurde. Im Zentrum befand sich eine sehr detaillierte Reliefkarte, auf der eine Übersicht über die Vereinigten Staaten zu sehen war. Textblocks erklärten die zentralen Themen der Geographie, und Farbfotos verbanden diese mit der Karte. Die Society hatte Bestellungen in Höhe von einer halben Million Exemplare erwartet und war erstaunt, dass dann 6,5 Millionen Exemplare angefordert wurden.

Gegenüber: Teil einer Zeittabelle, die von dem stellvertretenden Art-Director des Magazins, Allan Carroll, gezeichnet und von dem langjährigen GEOGRAPHIC-Grafiker Ned Seidler für den Artikel »Unser rastloser Planet« im August 1985 illustriert wurde. Der Auszug zeigt die Entstehung der Kontinente und das Aussterben mancher Arten. Das GEOGRAPHIC ist für seinen ständigen Stab an festen Mitarbeitern und freien Illustratoren bekannt, die solch komplexe Ideen verständlich darstellen können.

> Ich sagte ihm, dass der Pilot meinte, der Helikopter sei überladen. Moon sagte: »So ein Satan!« Und er ging mit mir zurück zu der Kiste und brüllte zu dem Piloten hinauf: »Ich will diesen Burschen jetzt hier heraushaben! Haben Sie verstanden?«
> »Steig ein«, sagte der Pilot. Innerhalb der nächsten Stunde wurde Moon vom Pathet Lao keine vier Meter von der Stelle, wo ich ihm Auf Wiedersehen gesagt hatte, angeschossen. Er landete in einem Gefängnis im nördlichen Laos, wo er wahrscheinlich an schlechter Behandlung gestorben ist.

Im Jahre 1980 arbeitete Garrett bereits 26 Jahre in der Redaktion des Magazins und hatte zahlreiche Auszeichnungen erhalten, darunter 1963 die Newhouse Citation für seinen »bedeutenden Beitrag auf dem Gebiet der visuellen Kommunikation«.

Joseph Judge hatte auch etliche Abenteuer hinter sich. Eines ereignete sich, als

> wir vom Lake Minchumina in Alaska abflogen und der Funk ausfiel und wir keine Navigationskarten hatten. [Fotograf] Bruce Dale und ich saßen in einer kleinen Cessna 185 mit einem Pelztierjäger und dem Piloten. Bruce hatte sich wie ein Schlangenmensch auf seinem Sitz herumgewunden – wie er es schaffte, werde ich nie begreifen! – und versuchte mit einer kleinen Taschenlampe im Mund das Funkgerät hinter der Schalttafel wieder in Ordnung zu bringen. In der Zwischenzeit waren alle Fenster zugefroren, und der Pelztierjäger kratzte das Eis von den Scheiben. Endlich hatte er ein Fenster eisfrei, schaute hinunter, erkannte ein Blockhaus und sagte: »He, den Ort kenne ich! Ich kenne den Ort!«
> »Gott sei Dank!« sagte der Pilot. »Und wo fliegen wir hin?«
> Und der Trapper sagte: »Genau in eine Felswand des Mount McKinley.«

Joe Judge kam 1965 zum GEOGRAPHIC, nachdem er als Reporter beim *Life*-Magazin gearbeitet hatte, als Produktionsdirektor einer Fernsehstation in Washington D. C. und als Privatassistent des amerikanischen Arbeitsministers. Judge ist ein »Wortmensch« mit der Seele eines irischen Poeten – der er ist – und Autor von mehr als einem elegant geschriebenen Bericht für das Magazin. Er beschäftigte sich mit Alaska, John Wesley Powells Reise den Grand Canyon hinunter, Herculaneum, New Orleans und den Zulus. Im November 1986 schrieb er den historisch wichtigen Artikel »Unsere Suche nach dem wirklichen Landungsort von Kolumbus« mit diesen schönen Einleitungssätzen:

> Christoph Kolumbus begegnete der Neuen Welt zuerst auf der niedrigen, von einem Riff geschützten grünen Insel Samana Cay, einem kleinen, weit ins Meer vorgeschobenen Landstück, das in gespenstischer Isolation am östlichen Ende der Bahama-Inseln liegt, unter 23 Grad 5 Minuten nördlicher Breite und 73 Grad 45 Minuten westlicher Länge. Ich habe fünf Jahre gebraucht, um diesen Satz schreiben zu können.

Obwohl beide, Bill Garrett wie auch Joe Judge, für den Posten des Chefredakteurs außerordentlich qualifiziert waren, entschied sich das Kuratorium für Garrett. Es war keineswegs eine zwangsläufige Wahl – zumal Gil Grosvenor, der zehn Jahre lang, wie er es nannte, »den besten Job der Welt« gehabt hatte, statt in den Ruhestand zu gehen, lieber Präsident und Chefredakteur zugleich geworden wäre.

»Ich wollte sowohl Chefredakteur als auch Präsident werden«, sagte Gil, »weil ich immer noch glaube, dass es zu unvermeidlichen Konflikten kommt, wenn man im Grunde zwei Leute hat, die eine Organisation leiten. Im Endeffekt hat man jetzt eine Organisation mit zwei Chefs: da drüben die eine Person, die ein Magazin an 10,5 Millionen Leute verschickt – 30 Millionen Leser –, womit der Präsident nichts zu tun hat. Und hier hat man einen Präsidenten, der hauptsächlich damit beschäftigt ist, die Society zu leiten, der verantwortlich für die Bücher ist, für die pädagogischen Produkte, aber keinerlei Verantwortung für das Magazin hat. Ich finde das sehr misslich, muss aber damit leben. Es ist nun einmal so.«

DIVERSIFICATION OF ANIMALS
EARLY VERTEBRATES
VERTEBRATES INVADE THE LAND
DAL SWAMP FORESTS
DINOSAURS
FLOWERING PLANTS
EMERGENCE OF MAN
650 MILLION YEARS AGO
MASS EXTINCTION
560
500
420
360
300
230
MASS EXTINCTION
180
120
65
MASS EXTINCTION
TODAY
MAN-INDUCED EXTINCTIONS?
60 MILLION YEARS FROM NOW

REISEN MIT DER SOCIETY

»Reisen ist ein außerordentlich wichtiger Teil der eigenen geographischen Bildung«, sagte Gil Grosvenor 1986. »Es gibt keinen Ersatz dafür, selbst an einem Ort zu sein, selbst den Blick, die Geräusche, die Gefühle und die Sprache mitzubekommen ...«

100 Jahre lang entdeckten die Leser des NATIONAL GEOGRAPHIC die Welt auf den Seiten des Magazins. Aber im vergangenen Jahrzehnt, als das NATIONAL GEOGRAPHIC sich ständig weiterentwickelte, hat sich die redaktionelle Ausrichtung von den traditionellen Reiseberichten sehr weit entfernt. Die Leser des Magazins bekamen jedoch, wenn sie sich die auf den Seiten beschriebenen fernen Länder anschauten, häufig genug Appetit, Informationen über Orte anzufordern, die sie selbst besuchen könnten – ohne Schlittenhunde, Sherpas oder mithilfe eines zur Hälfte kettengetriebenen Citroën-ähnlichen Fahrzeugs. Die Antwort der Society auf diese Wünsche war 1984 das Journal TRAVELER (Der Reisende), ihr erstes neues Magazin für Erwachsene, seit das NATIONAL GEOGRAPHIC 1888 zu erscheinen begonnen hatte.

TRAVELER, mit gegenwärtig beinahe einer Million Abonnenten, unterscheidet sich in mehrfacher Weise deutlich von ähnlichen Publikationen. Es hat Zeitschriftenformat und richtet sein besonderes Augenmerk in erster Linie auf die leichter zugänglichen Orte, die amerikanische Reisende gerne besuchen. 70 Prozent der Berichte betreffen Ziele in den Vereinigten Staaten und Kanada; die restlichen beschäftigen sich mit beliebten Orten in Europa, dem Pazifik und der Karibik. Die Artikel beschreiben vor allem, welche Reize ein bestimmter Ort wirklich hat, wie man dorthin kommt und was ein Besucher dort voraussichtlich vorfindet.

TRAVELER bringt Berichte über Nationalparks, historische Orte, Fachmuseen, das regionale Handwerk und die Küche, Urlaubsorte und ruhige Wochenendziele.

Die Fotos des Magazins liegen in der Tradition des NATIONAL GEOGRAPHIC: farbenfroh, spektakulär, und Preise haben sie auch schon gewonnen. Da TRAVELER viel Wert auf einen guten Schreibstil legt, zählen zu seinen freien Autoren u.a. der Biograph Edmund Morris, die Romanciers Edward Abbey und Christopher Buckley sowie Reiseschriftsteller wie Kate Simon und William Least Heat-Moon.

TRAVELER hat seinen Lesern immer Aufstellungen mitgeliefert, aus denen sie ersehen konnten, wie sie an bestimmte Orte kommen, was dort sehenswert ist, wo man gut essen und bequem wohnen kann. Kürzlich sind die umfangreichen Dienstleistungsinformationen des Magazins noch um die Empfehlung der American Automobile Association (AAA) erweitert worden.

Die Abonnenten haben begeistert reagiert. »Unser Ziel ist niemals ein Ort, sondern eine neue Art und Weise, Dinge zu sehen«, sagte Henry Miller einmal. TRAVELER hilft seinen Lesern, dieses neue Sehen zu lernen.

Die Ernennung des neuen Chefredakteurs wurde am 10. Juli 1980 bekanntgegeben. »Es wird absolut keine radikalen oder sichtbaren Änderungen in dem Magazin geben«, zitierte die *Washington Post* Bill Garrett. »Es ist genauso, als ob man die geheiligten Werte einer Verfassung schützen müsste: da kann man auch nicht leichtsinnig sein.«

Das darauf folgende Jahr 1981 war das Jahr, in dem die 52 in der amerikanischen Botschaft in Iran festgehaltenen Geiseln freigelassen wurden, in dem Ronald Reagan zum 40. Präsidenten der Vereinigten Staaten vereidigt wurde und einem Attentat entging, bei dem er, sein Pressesekretär und zwei andere Personen verwundet wurden. Es war das Jahr, in dem die Raumfähre *Columbia* erstmals erfolgreich getestet wurde, in dem Papst Johannes Paul II. auf dem Platz vor dem Petersdom von einem Schützen verwundet wurde, in dem Prinz Charles und Lady Diana Spencer heirateten und Präsident Anwar Sadat von Ägypten ermordet wurde. Ende 1981 nutzte Gil Grosvenor seine neue Position als Präsident der Society, um im Magazin seinen »Bericht an die Mitglieder: Es war ein Jahr der Fahnen!« zu veröffentlichen. In diesem Artikel artikulierte er entschieden sein größer gewordenes Interessenspektrum – und damit auch das der Society.

Anlass für den »Report« war der Beginn der Bauarbeiten für das neue Hauptquartier, ein Multi-Millionen-Dollar-Projekt, das von dem Architekten David Childs vom Büro Skidmore, Owings & Merrill entworfen worden war und auf dem Parkplatz zwischen den älteren Gebäuden der Society an der 16-ten Straße N. W. und der 17-ten Straße errichtet werden sollte.

»Als ich mit dem bedeutsamen Spaten dastand, gingen mir viele Erinnerungen und Hoffnungen durch den Kopf«, schrieb Gil Grosvenor, »… nachdem ich nach zehn Jahren die Leitung des Magazins als Chefredakteur vor 16 Monaten für den Posten des Präsidenten aufgegeben habe, sehe ich jetzt unsere Aufgabe mit etwas anderen Augen, da ich auch das weite Feld unserer zahlreichen pädagogischen Aktivitäten in den Blick bekommen habe. Und was ich sehe, das begeistert mich, und ich wünsche, dass Sie mit mir und dem NATIONAL GEOGRAPHIC einige Höhepunkte dieses Jahres teilen.«

Gil verwies auf das Wachstum der Society: »10 850 000 Mitglieder in mehr als 170 Ländern …, ein Drittel mehr als vor zehn Jahren«; auf die zunehmende Zahl der Mitarbeiter, die ein neues Gebäude erforderlich machten; und den Erfolg der Fernsehdokumentarfilme, »die von neun der zehn PBS-Stationen gesendet werden. Diese Filme stellen fast die Hälfte der 25 Fernsehsendungen mit den höchsten Einschaltquoten. Die Filme des vergangenen Jahres gewannen nicht nur vier ›Emmys‹, die höchste Auszeichnung für TV-Produktionen, sondern auch den George-Foster-Peabody-Preis für ›herausragende Leistungen auf dem Dokumentarfilmsektor‹.«

»…Um eine unserer am meisten gepriesenen Publikationen auf den neuesten Stand zu bringen«, fuhr Grosvenor fort, »haben wir eine vollständig revidierte und erweiterte fünfte Auflage des NATIONAL GEOGRAPHIC-WELTATLAS herausgebracht. Der neue Atlas ordnet die Erde in die Milchstraße ein. Er besitzt Tafeln mit dem Sonnensystem, den sichtbaren Sternen, Karten vom Meeresboden und dem Mond sowie Abbildungen der Atmosphäre, des Magnetfeldes der Erde, der Geotektonik und des Klimas…«

Die fünfte Auflage des Atlas war nicht so populär wie die vorausgegangenen Auflagen, weil alle Maße in metrischen Zahlen angegeben waren, was erneut den altbekannten Aufschrei seitens der Leserschaft zur Folge hatte, der regelmäßig ertönt, seit vor 75 Jahren Alexander Graham Bell seine Argumente für die Übernahme des metrischen Systems in einem Heft vorgelegt hatte. Die sechste Auflage des Atlas, gegenwärtig in der Produktion, wird das metrische System beibehalten, wird aber gleichzeitig Umrechnungstabellen für die amerikanischen Maße enthalten.

Die kartografische Abteilung, die für alle Globen, Atlanten, Karten und speziellen Beilagen der Society verantwortlich ist, wird von John B. Garver, einem frü-

Mit dem internationalen Publikationsprogramm wurde erstmals Mitte der Siebzigerjahre experimentiert, voll entwickelt wurde es aber erst Anfang bis Mitte der Achtzigerjahre unter Leitung des Senior Vice President Robert L. Breeden und koordiniert von William R. Gray. In diesem Programm kaufen Verleger anderer Länder die Rechte für die Produktion mancher Bücher und Magazine der Society in anderen Sprachen. Auch auf diese Weise erfüllt die Society ihre selbstgestellte Aufgabe. Beispielsweise wird das großformatige Buch Die unglaubliche Maschine *auf Französisch, Deutsch, Italienisch, Japanisch, Schwedisch, Finnisch und Holländisch erscheinen. Die »Pop-up-Bücher« der Society sind in fünf Sprachen erschienen. Und im Juni 1987 ist die italienische Version von* TRAVELER *vom Touring Club in Mailand herausgebracht worden.*

heren Professor an Westpoint [berühmteste Militärakademie der USA. A. d. Ü.] geleitet. Garver wird im Impressum des Magazins als Senior Assistent Editor geführt, da die kartografische Abteilung in der komplexen Organisation der Society direkt Wilbur E. Garrett als Chefredakteur des Magazins untersteht.

Grosvenors Bericht erwähnte auch, dass »unsere Abteilung für Spezialpublikationen und die Schuldienstabteilung 15 neue Bücher produziert haben, zehn davon für Kinder. Insgesamt haben die Mitglieder der Society fast 4,5 Millionen Exemplare dieser Veröffentlichungen erhalten...«

Tatsache ist, dass die Society-Bücher in so riesigen Mengen verkauft werden, dass selbst der Verfasser der Bestsellerliste der *New York Times Book Review* grün vor Neid werden könnte. Der Titel *Wir Amerikaner* der Bücherdienst-Abteilung zum Beispiel, ein reich illustrierter, großformatiger 456-Seiten-Band, der rechtzeitig zur 200-Jahr-Feier Amerikas erschien, wurde in mehr als einer Million Exemplaren verkauft. *50 Staaten*, *Unsere Welt* und *Unser Universum*, ein dreibändiger Set von Kinder-Atlanten, wurde mit nahezu zwei Millionen Exemplaren verkauft. Die Society ist durch die bemerkenswerten Verkaufserfolge ihrer Publikationen inzwischen so festgelegt, dass Bücher, die nach ersten Tests weniger als 150 000 Exemplare Auflage erbringen würden, in aller Regel nicht gemacht werden.

»Unsere Kosten für die Produktion eines Buches liegen zwischen vier und fünf Millionen Dollar«, erklärt der Chef des Bücherdienstes, Charles O. Hyman. »Und um dieses Geld hereinzubekommen, müssen wir eine Menge Bücher verkaufen. Die Kostendeckung liegt bei 150 000 bis 200 000 Exemplaren... Unsere Themen sind ziemlich breit gestreut«, sagte Hyman. »Wir machen nicht einfach ›Die Flüsse der Vereinigten Staaten‹, sondern ›Die Flüsse der Welt‹. Wir versuchen auch, mit unserem Programm noch enzyklopädischer, noch umfassender zu werden, damit die Bücher zu einer Art Nachschlagewerk werden.«

Deshalb veröffentlicht der Bücherdienst solche Titel wie *Reise nach China; Untergegangene Reiche; Überlebende Stämme; Bilder der Welt; Das Abenteuer der Archäologie; Alltagsleben in biblischen Zeiten.* Bücherdienstdirektor Chuck Hyman untersteht direkt Bob Breeden.

Die Abteilung für Sonderveröffentlichungen und der Schuldienst unter ihrem Direktor Donald J. Crump machen Bücher, die sich im Allgemeinen auf ein spezielleres und enger definiertes Thema als die »Enzyklopädien« des Bücherdienstes beziehen. Die Abteilung für Sonderveröffentlichungen war 1965 als eine Weiterentwicklung der »Bücher im öffentlichen Interesse« entstanden; sie hat über die Jahre hinweg ihr Arbeitsfeld stark erweitert und produziert jetzt auch Bücher, die auf spezifische Altersgruppen und -kategorien zugeschnitten sind. Zum Beispiel ist die 1972 begonnene Serie »Bücher für junge Forscher« mit Titeln wie *Vogeljunge und wie sie wachsen; Wunder in der Welt der Wüste; Tiere, die im Meer leben* usw. für Kinder zwischen vier und acht Jahren gemacht. »Junge Forscher« führte 1977 zu »Bücher für die Entdecker der Welt«, einer Serie mit Titeln wie *Dein wundervoller Körper!; Erstaunliche Wunder der Welt; Exzentrische Fakten,* die für Kinder zwischen acht und zwölf Jahren gedacht sind.

Kinder, die der Reihe »Entdecker der Welt« entwachsen, sind dann im richtigen Alter für die normalen Bücher des Spezialveröffentlichungsdienstes, die diese Abteilung seit Mitte der Sechzigerjahre für die erwachsenen Mitglieder macht. Diese Serien enthalten solch populäre Renner wie *Amerikas wundervolle Berge, Amerikas majestätische Canyons, Amerikas fantastische Küsten.*

JOURNAL FÜR FORSCHUNG

Im Jahr 1890 vergab die National Geographic Society ihr erstes Stipendium an einen Wissenschaftler zur Unterstützung eines Feldforschungsprojekts. Der Empfänger war der Geologe und Mitbegründer der Society, Israel C. Russell vom amerikanischen Geological Survey, dem die Gelder bewilligt wurden, um das Gebiet des St. Elias-Bergs in Alaska zu erforschen. Seitdem hat die Society mehr als 3000 Forschungsprojekte unterstützt, im Jahr 1986 allein 239.

Die Anträge auf Stipendien werden einer sorgfältigen Prüfung unterzogen und anschließend von dem angesehenen Committee for Research and Exploration der Society diskutiert. Von Stipendiaten wird erwartet, dass sie vorläufige und abschließende Berichte über ihre Forschungsergebnisse vorlegen. Die Abschlussberichte – mit dem ersten beginnend – wurden ab 1968 in 21 Ganzleinen-Bänden mit dem Titel *National Geographic Society Research Reports* veröffentlicht. 1985 wurde diese Serie durch ein neues vierteljährlich erscheinendes wissenschaftliches Journal, NATIONAL GEOGRAPHIC RESEARCH, ersetzt. Es wird von Harm J. Blij, Professor für Geographie an der Universität Miami, Mitglied des schon erwähnten Komitees und Autor von mehr als 25 Büchern, herausgegeben.

Am 12. April 1981, 7 Uhr morgens, hob die Raumfähre Columbia *zu ihrem Jungfernflug von Cape Canaveral ab und brachte nach einer sechsjährigen Unterbrechung wieder Amerikaner ins Weltall. Dieses Foto begleitete den Artikel »Die Geschichte der Columbia-Astronauten, von ihnen selbst erzählt« vom Oktober 1981.*

In »Die Tempel von Angkor: Werden sie überleben?«, der Einleitung zur Titelgeschichte des Mai-Heftes von 1982 über Kambodschas imposante Tempelanlage aus dem 12. Jahrhundert, hat der Chefredakteur des GEOGRAPHIC, Wilbur E. Garrett, über seine Rückkehr in das ehemalige Kambodscha geschrieben: »Es war mein erster Besuch seit 1968, als Prinz Sihanouks Regierung einen Status bedrohter Neutralität im vom Krieg heimgesuchten Südostasien aufrechterhielt. In jenem Jahr gab es einen Überschuss bei der Reisernte... In Angkor Wat tanzte eine Ballett-Truppe mit der Grazie und Eleganz von lebendigen Apsaras [nymphenartige Göttinnen der indischen Mythologie. A. d. Ü] zur Freude Tausender Touristen. Die Landschaft war von sattem Grün.
Was ich nun sah, das waren Massengräber, brachliegende Felder und ein Volk, das versuchte, aus der Hölle wieder auf die Erde zu kommen. Nur Kinder – und auch nur wenige – tanzten.«
Garretts Fotos zeigten auch, dass nicht alle Opfer des Krieges aus Fleisch und Blut gewesen sind, sondern selbst Tempelskulpturen verwundet wurden.

Der Direktor der Abteilung, Don Crump, ist direkt Bob Breeden verantwortlich, jenem Mann, mit dem er seit der Produktion des historischen Führers über das Weiße Haus 1962 zusammengearbeitet hat.

Man rechnet bei Kindern, die ein Abo für NATIONAL GEOGRAPHIC WORLD, das Magazin der Society für Kinder zwischen acht und zwölf besitzen, damit, dass sie zur gegebenen Zeit ein Mitgliedsabonnement des NATIONAL GEOGRAPHIC erhalten.

Gil Grosvenor fährt in seinem Bericht »Es war ein Jahr der Fahnen« fort: »...Zahllose Schulkinder sind bereits mit dem Schulmaterial des NATIONAL GEOGRAPHIC vertraut, das bisher in Gestalt von zwei Millionen Lehrfilmen verteilt wurde. Oder vielleicht haben sie etwas über das Leben in Teichen, über Solarenergie oder die Jäger der Eiszeit aus Multimedia-Mappen erfahren, die von unserer Abteilung für pädagogische Medien gemacht werden, oder sie haben Filme über die Dinosaurier oder das Leben eines Weizenfarmers gesehen...«

Der Bericht an die Mitglieder hielt ferner fest, dass die Society in jenem Jahr 2,5 Millionen Dollar an Stipendien ausgegeben hatte, »um dazu beizutragen, dass der grundlegende Forschungsdialog nicht abreißt«. Das größte Stipendium erhielt das Projekt einer neuen Untersuchung des Himmels der nördlichen Hemisphäre, »die doppelt so weit ins All ausgreifen würde wie die erste von 1950«. Weitere Gelder gingen an archäologische Grabungen in Aphrodisias, eine Studie über Verhaltensweisen und Ökologie afrikanischer Elefanten und in den Versuch, im Himalaja mit moderner Funktechnik »dem scheuen Schneeleoparden auf die Spur zu kommen, über den bisher so wenig bekannt ist.« Abschließend schrieb Gil in Anlehnung an die Worte von Ishbel Ross, dass die Mitgliedschaft in der Society es »dem Hausmeister, dem Klempner und dem einsamsten Leuchtturmwärter [ermöglicht], mit Königen und Wissenschaftlern die Freude zu teilen, eine Expedition nach Peru oder einen Entdecker an den Südpol zu schicken«:

> Diese umfangreichen Projekte sind das direkte Ergebnis Ihrer Mitgliedschaft und Ihrer Ermutigung anderer mitzumachen. Jeden Monat empfehlen Tausende von Ihnen Freunde, indem Sie die Mitgliedsvordrucke vorne im Heft benutzen. Mit derselben Kraft und Hingabe, die neun Jahrzehnte lang die Society zu einer so einzigartigen Organisation gemacht haben, werden die Mitarbeiter der GEOGRAPHIC und die von ihr unterstützten Wissenschaftler weiterhin die Grenzen des menschlichen Wissens über Himmel, Meer und Erde erweitern. Sie haben allen Grund, sich als Beteiligte an diesen Bemühungen stolz zu fühlen.

In der August-Ausgabe 1982 stand dann zu lesen, dass Melville Bell Grosvenor am 22. April 1982 gestorben war. Bart McDowell schrieb für das GEOGRAPHIC einen Nachruf voller Mitgefühl und Erinnerungen:

> Einmal wollte der Käptn für eine White Mist-Story (MBGs Yacht) mehr Platz im Heft haben. »Wir brauchen wenigstens 55 Seiten«, sagte er zu seinem Freund Ted Vosburgh, der sein Nachfolger als Chefredakteur geworden war.
>
> Ted war dagegen. Er wusste, dass Mel, wie die meisten Fotografen, von seinen eigenen Fotos zu begeistert war. »Das wäre mehr Platz, als wir dem gesamten Bericht über das Sonnensystem einräumen.«
>
> »Mag sein«, sagte MBG, »aber da draußen gibt es keine Leute.« Das Sonnensystem wurde auf eine nächste Nummer verschoben.
>
> Ich arbeite mit dem Käptn bei seinen eigenen Texten eng zusammen... Er liebte Kursivschrift und Ausrufungszeichen (»Schwarz! Schwarze Insel!«). Ich empfahl ihm die Tugend des Understatements und konnte ihn schließlich dazu bewegen, nur 15 Ausrufungszeichen in einem Artikel zu benutzen. Aber bei nächstbester Gelegenheit hat er mich brüllend an die Wand gedrückt und wenigstens 40 benutzt...
>
> Gemeinsam mit seiner Frau Anna war er ein eingefleischter Wanderer, kletterte über archäologische Grabungsfelder, durchwatete Flüsse im Wald und

füllte seine Taschen mit Notizen... Als Präsident Lyndon B. Johnson ihn bat, der Krönung des Königs von Tonga beizuwohnen, trug Gil Grosvenor gestreifte Hosen, einen Cutaway – und eine Leica, versteckt in seinem Seidenhut. Auf diese Weise hat er die einzige überlieferte Aufnahme von dem Moment der Krönung gemacht...

Er war, das bestätigen viele Freunde, ein Gentleman der alten Schule. Und sein Tod am 22. April im Alter von 80 Jahren war genauso sanft, wie er als Mensch gewesen ist. Er ging einfach schlafen. Sein Grab unter den rosa Blättern eines Hartriegelstrauchs wurde von einem warmen Aprilregen benetzt. Frühlingswetter.

Bill Garrett sprach im Namen all jener, die »diesen großen, liebenswerten Mann [kannten]: Sein Einfluss wird so lange spürbar sein, so lange es ein GEOGRAPHIC gibt«.

Wir wünschen unserem Freund eine frische Brise für seine Reise zu fernen Horizonten!

Viele Leute in der Redaktion des GEOGRAPHIC sind der Meinung, dass Garrett von Melville Grosvenor die Fähigkeit erlernt hatte, den Finger am Puls des Lesers zu haben. »Garrett stand Melville sehr nahe«, sagte McDowell. »Er besaß die gleiche instinktive Reaktion auf Bilder wie Melville. Er und Melville verstanden sich auf geheimnisvolle Weise ohne viele Worte.«

Ein alter Mitarbeiter ergänzte: »Melville wollte unbedingt immer die einzige Person im Raum mit einer Meinung sein, der einzigen, die auch zählte. Das fand er überhaupt nicht ungewöhnlich. Ich halte Gil den Ideen anderer Leute gegenüber für rücksichtsvoller und feinfühliger, und manchmal versteckt er sich hinter einem Zahlendickicht, um bereits feststehende Meinungen zu verfechten.«

Derselbe Mitarbeiter meint, dass Gil seinem Vater bemerkenswert ähnlich sei: »Eine Art ›heimlicher Romantiker‹. An der Oberfläche vermutete man das bei Gil nicht. Er drückt es nicht in derselben Weise wie sein Vater aus. Melville brüllte, und alle seine Emotionen lagen offen zu Tage. Gil hält sich mit Ausbrüchen zurück, aber die Gefühle sind da, Gil ist ein echter Romantiker.«

Am 19. Juni 1984 weihte Präsident Ronald Reagan das gerade fertig gestellte Hauptquartier an der M-Street mit den Worten ein: »In einer Welt, die manchmal mit Wissen übersättigt zu sein scheint, macht ihr weiter Entdeckungen. Ihr rüstet Expeditionen aus, unterstützt Forscher und ermutigt unmögliche Träume – und dann teilt ihr all die Ergebnisse mit allen Mitgliedern der Society.«

Als der Präsident der Vereinigten Staaten zuvor einen Rundgang durch das neue Gebäude machte, hatte er gescherzt: »Ich denke, Sie werden auch noch Probleme haben, die alten GEOGRAPHICs zu lagern.«

In dem Artikel des Magazins »Unsere Gesellschaft geht neue Wege« aus Anlass der Eröffnung des neuen Gebäudes antwortete Gil Grosvenor: »Herr Präsident, statt Platz, um unsere Vergangenheit zu lagern, brauchten wir Platz, um unsere Zukunft unterzubringen.«

Nachdem er hervorgehoben hatte, dass »bis zum Jahr 2000 nur 16 Jahre bleiben und ganze vier Jahre zum 100-jährigen Jubiläum der Society«, fuhr Gil fort:

Es ist unsere Hoffnung, dass das Studium und die Wissenschaft der Geographie in den kommenden Jahrzehnten Fortschritte machen werden. Diesem Ziel sind wir sehr verpflichtet...

Das neueste Gebäude an der 1600 M-Street N. W. wird uns in die Lage versetzen, Lehrprogramme auszuprobieren und zu entwickeln, die die Laserplatte, Radiodirektsendungen und Kabelvernetzung nutzen werden sowie Technologien, die noch nicht entwickelt sind. Wir werden in der Lage sein, mit gedrucktem und gesendetem Material direkt in die Wohnzimmer der Mitglieder und in die Klassenzimmer der ganzen Welt zu gelangen... Das sind aufregende Aussichten, besonders im Licht so vieler Herausforderungen, die hauptsächlich geogra-

Die sechs Schafe dieses peruanischen Hirtenjungen, die er für seine Familie hütete, sind gerade von einem Taxifahrer angefahren und getötet worden, als der Fotograf William Albert Allard zufällig vorbeikam und diese Aufnahme machte. Allards Foto mit dem bekümmerten, ja verzweifelten Gesicht des jungen Hirten erschien in der März-Ausgabe von 1982 zusammen mit Harvey Ardens Artikel »Die zwei Seelen von Peru«.
Fünf Monate später berichtete Bill Garrett in seinem Editorial, dass Mitglieder »spontan mehr als 4000 Dollar gespendet hatten, um die Schafe zu ersetzen [und dass] durch CARE in Peru der Junge mit Namen Eduardo Condor Ramos ausfindig gemacht wurde und der stellvertretende Direktor Ronald Burkard ihm sechs neue Schafe überbracht hat... Eduardo, ungläubig, brach erneut in Tränen aus und sagte: ›Gott wird es euch lohnen‹«.

phischer Natur sind und denen wir uns gegenübersehen: Wie bekommen wir wieder einen klaren Himmel und saubere Gewässer? Wie schützen wir Natur und Wälder in sicheren genetischen Pools? Und wie machen wir gleichzeitig Fortschritte bei der Erhöhung des Lebensstandards für eine rasch, an manchen Orten der Welt alarmierend wachsende Bevölkerung?

Mit der kleinen, aber eleganten Hubbard Memorial Hall an der Ecke unseres Komplexes in Washington hat die Society einmal begonnen, und sie ist über die Jahre hinweg kontinuierlich parallel mit der sich ändernden Welt gewachsen. Jetzt ist unser Hauptsitz komplett, die Segel sind gesetzt und unser Kurs ist voller Zuversicht festgelegt.

Und als Beispiel dieser Zuversicht hatte Gil Grosvenor bereits TRAVELER vorbereitet, das erste neue Magazin für Erwachsene seit der Gründung der Society im Jahr 1888.

Die ständige Weiterentwicklung des NATIONAL GEOGRAPHIC hatte das Magazin nach dem Gefühl von Gil von der traditionellen geographischen Reiseberichterstattung entfernt – deshalb wurde TRAVELER konzipiert, um diese Lücke zu schließen. »Wir wissen, dass unsere Mitglieder sich sehr mit Reisen und Geographie beschäftigen«, sagte Gil, »und da das Reisen ein wichtiger Bestandteil der geographischen Bildung einer Persönlichkeit ist, denke ich, dass wir in dieser Hinsicht den Mitgliedern gegenüber eine große Verpflichtung haben. TRAVELER ist noch jung und hat daher die gleichen Wachstumsprobleme, wie sie das Muttermagazin einst hatte. Wir experimentieren noch, um die Bedürfnisse der Leser voll befriedigen zu können.«

Trotz ihres kurzen Bestehens hat TRAVELER unter seiner Leiterin Joan Tapper bereits so hervorragende Berichte veröffentlicht wie Edward Abbeys »Big Bend: Unerbittliche Wüste«, Ken Browers »Gaspé: Quebecs wilde Halbinsel«, Steve Halls »Baseball-Bilderbuch: Cooperstowns Museum und Ehrenhalle« und Rob Schultheis »Yellowstone: Wunderland bei Null Grad«. Die oberste Leitung von TRAVELER liegt in der vielfach bewährten Hand von Bob Breeden.

In Washington – dem Geburtsort der Society und ihre Heimat seit 100 Jahren – ist im Verlauf von 85 Jahren ein Gebäudekomplex in der Größe eines ganzen Blocks entstanden. Die Hubbard Memorial Hall, der erste ständige Sitz der Society (ganz links), entstand 1903 an der Ecke der 16. und der M-Street N. W. Ein Verbindungsgebäude an der 16. Straße wurde 1913 vollendet, mit Anbauten 1932 und 1949.
Der gegenwärtige Hauptsitz (rechts) an der 17. und M-Street N. W. wurde 1964 von Präsident Lyndon B. Johnson eingeweiht. Dieser von dem renommierten Architekten Edward Durell Stone entworfene, zehnstöckige weiße Marmorbau ist inzwischen unter dem Namen Melville-Bell-Grosvenor-Gebäude bekannt. Im ersten Stock befindet sich die »Halle der Entdecker«. Am 19. Juni 1984 kam Ronald Reagan, um den neuen »Maya-Tempel« einzuweihen, wie dieses Gebäude an der M-Street (Bildmitte) von der Presse bevorzugt genannt wird. Damit ist der Komplex im Herzen der Hauptstadt des Landes, nur einige Blocks vom Weißen Haus entfernt, vervollständigt worden. Drinnen scherzte der Präsident: »Ich fürchte, Sie werden auch Probleme haben, die alten Jahrgänge des NATIONAL GEOGRAPHIC unterzubringen.«

LEHRMEDIEN: DEN KINDERN BEIM LERNEN HELFEN

Im Jahr 1972 wurden im ersten Katalog des Lehrfilmbereichs der Abteilung für Sonderveröffentlichungen 34 Filme für die acht Grundschulklassen angeboten. 1987 hatte die Society bereits mehr als zwei Millionen Kopien von 450 Lehrfilmen hergestellt und ausgeliefert, die heute von Millionen Schulkindern jährlich gesehen werden.

Obwohl Lehrfilme immer noch der Eckpfeiler der Anstrengungen seitens der Society sind, den Bedürfnissen der Grundschullehrer im audiovisuellen Bereich gerecht zu werden, hat sich Ende der Siebzigerjahre das Erziehungsprogramm der Society sowohl in Hinsicht auf die Formen als auch auf die Inhalte erheblich ausgeweitet. Lehrfilme mit Untertiteln für Hörgeschädigte wurden in den Siebzigerjahren entwickelt. Ebenso die Mappen »Wunder des Lernens« – eine Serie von multimedialen Leseprogrammen mit dem Zweck, Begriffe aus Natur- und Sozialwissenschaften zu lehren und zugleich Lese- und Hörgewohnheiten zu verbessern. Und ein neues Lehrmedium, die »Mitmachfilme« »Schau, höre, forsche«, wurde für Zweitklässler entwickelt.

Nach gründlichen Tests mit Lehrern und Schülern wurden 1984 neue Multi-Media-Mappen konzipiert, die außer Lehrfilmen, Broschüren mit Farbillustrationen und Aktionsbögen auch Computer-Software enthielten. Im darauf folgenden Jahr begann dann die Society mit der regulären Produktion ihrer ersten Software, die zur Fortentwicklung von Kenntnissen in Geographie und bei verwandten Themen dienen sollte. Im Jahre 1985 musste durch die dramatische Zunahme der Zahl und Vielfalt des produzierten Materials diese Abteilung neu strukturiert werden. Es entstand die Abteilung für Lehrmedien mit George A. Peterson als Direktor.

Jetzt sind Interaktion fördernde Video-Kassetten für Schulen in der Entwicklung. (Das erste Projekt dieser Abteilung über Wale schnitt bei Meinungsumfragen so gut ab, dass es bereits auf den Markt gebracht wurde.) Die Lehrmedienabteilung entwickelt auch eine »interaktive« Videokassette und ein Computerprojekt für den Geographieunterricht. Diese Technologie wird Lehrer und Schüler in die Lage versetzen, ihre eigenen Stunden zu programmieren und Zugang zu einer Fülle von Informationen buchstäblich in Reichweite zu haben.

Ein aufregendes Programm, NATIONAL GEOGRAPHIC KIDS NETWORK genannt, ist von dieser Abteilung in Zusammenarbeit mit den Technical Education Research Centers of Cambridge, Massachusetts, (Forschungszentren für technische Erziehung) entwickelt worden. Schüler im ganzen Land werden mithilfe der Aktionsmappen und der von der Society entwickelten Computersoftware via Telekommunikation Daten gemeinsam nutzen und den Ablauf gemeinsamer geographischer Experimente miteinander vergleichen können.

1985 stieg die Society in ein größeres Programm zur Verbesserung des Geographieunterrichts ein. An der Education Media Division der Alice Deal Junior High School in Los Angeles, Kalifornien, wurden Pilotprojekte gestartet, bei denen Lehrer für Sozialwissenschaften mit einer Reihe von Methoden experimentieren, um die Unterrichtsmethoden und -materialien für Geographie zu verbessern.

1988 lautete eines der von der Society aufgestellten Ziele, »den erzieherischen Aspekten in geographischen Dingen Priorität zu geben«. Die Lehrmedienabteilung arbeitet an der Erfüllung dieses Zieles.

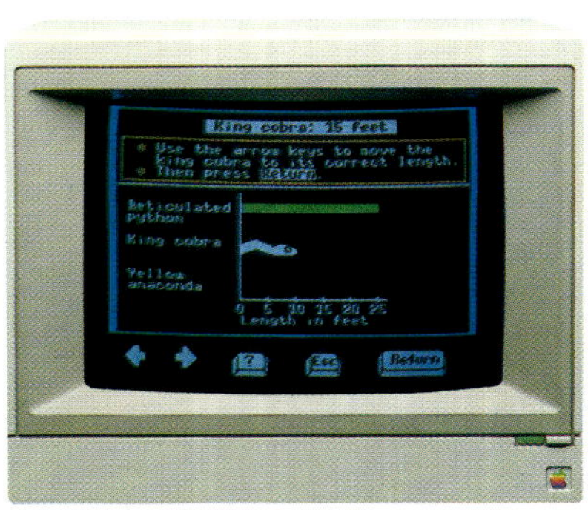

Im Jahr 1984 kündigte Gil auch das Erscheinen eines weiteren Magazins an: NATIONAL GEOGRAPHIC RESEARCH. Dieses Wissenschaftsjournal war in erster Linie als Publikationsforum für die Ergebnisse der von der Society finanzierten Forschungen gedacht.

Ironischerweise hatte der Kuratoriumsvorstand der Gesellschaft schon vor 76 Jahren eine Resolution verabschiedet, in der die Society aufgerufen wurde, »ein vom NATIONAL GEOGRAPHIC MAGAZINE getrenntes, technisches Journal herauszubringen«. Aber diese Direktive ging in der Society unter, als man sich unter Leitung von Gilbert Hovey Grosvenor auf die populäre Geographie konzentrierte.

Vor der Einführung des NATIONAL GEOGRAPHIC RESEARCH erschienen Zusammenfassungen der Arbeiten der Stipendiaten in einem jährlichen Research Report der Society, »einer dicken Schwarte, voll mit steifen, trockenen Abhandlungen, ohne Karten und Fotos«, wie Leonard Krishtalka schrieb, stellvertretender Kurator des Carnegie Museums in der Abteilung für Wirbeltierfossilien.

»Nicht so das NATIONAL GEOGRAPHIC RESEARCH«, wie Krishtalka in seiner begeisterten Rezension (in *Nature* vom 25. September 1986) über das neueste Magazin der Society fortfuhr:

> [Es ist] das schönste, eleganteste professionelle Wissenschaftsjournal, das ich kenne ..., und schließlich straft es Darwins Axiom Lügen, dass, was schön ist, Kunst sei; wenn es Wissenschaft ist, dann ist's langweilig...

NATIONAL GEOGRAPHIC RESEARCH hat bereits Artikel über Archäologie, Biogeographie, Botanik, Ökologie, Entomologie, Ethologie, historische Geographie, Palynologie, Paläontologie der Wirbeltiere, urbane Anthropologie und Zoologie veröffentlicht. Ein »ungewöhnlich klarer« Aufsatz über Zoologie war Wesley W. Weathers Beitrag »Die thermische Bedeutung beim Balzflug des Blauschwarzen Grasfinken (*Volantinia jacarina*)«, der folgende tief schürfende wissenschaftliche Beobachtung enthielt:

> Einer der gewöhnlichsten aus einem Dutzend Spezies der kleinen, neotropischen Tiefland-Saatfresser, der Blauschwarze Grasfink, ist wegen ... des eigenartigen Balzflugs des Männchens bemerkenswert. Balzende Männchen schwingen sich 0,4 Meter in die Luft, stoßen einen explosiven summenden Dzee-we-Ruf aus und kehren dann zu ihrem Platz zurück. Dieses Verhalten ist wegen seiner Häufigkeit (bis zu 20 Aufflüge pro Minute) bemerkenswert und weil es an exponierter Stelle, oft im direkten Sonnenlicht, stattfindet. Beim Balzen im direkten Sonnenlicht setzen sich die männlichen Grasfinken einem substantiellen Hitzestress aus. Tatsächlich keuchen sie beim Balzen oft mit offenem Schnabel.

Weathers Aufsatz verlangt geradezu nach der Art ironischer Replik, die George B. Schallers Artikel »Pandas in der Wildnis« im GEOGRAPHIC vom Dezember 1981 zur Folge hatte.

Beim Schreiben über das Fressen von frischen Bambussprösslingen und die Paarungsgewohnheiten der Pandas hatte Schaller notiert: »Ich beobachtete [einen männlichen Panda], wie er sie 48-mal in drei Stunden bestieg.« Diese Beobachtung ließ einen erstaunten Leser schreiben: »Pandas – 48-mal in drei Stunden? 180 dividiert durch 48 macht 3,75 Minuten pro Runde. Kein Wunder, dass sie schwarze Augen haben! P.S.: Wo kriege ich frische Bambussprösslinge?«

Das NATIONAL GEOGRAPHIC RESEARCH untersteht der Leitung von Bob Breeden.

Die Fernsehabteilung wurde in den Achtzigerjahren ebenfalls erweitert. *Die unglaubliche Maschine*, der Film aus dem Jahr 1975, der die höchsten Einschaltquoten in der Geschichte des öffentlichen Fernsehens erzielt hatte, wurde 1982 von *Die Haie* übertroffen und 1985 nochmals von *Land des Tigers*. Bis 1986 waren neun

Die Pressekonferenz von Senior Associate Editor Joseph Judge auf Samana Cay, dem wirklichen Landungsort von Kolumbus in der Neuen Welt, war die erfolgreichste in der Geschichte der Society: Insgesamt 1016 Zeitungen und Zeitschriften mit einer Gesamtauflage von 88 088 437 Exemplaren brachten die Story. In 177 Zeitungen stand sie auf der ersten Seite, und in allen Nachrichtensendungen der größeren Fernsehanstalten tauchte sie auf. Die Pressekonferenz wurde von der ältesten Abteilung der Society organisiert, dem News-Service – der »öffentlichen Stimme« der Society. Sie erreicht Millionen von Lesern über 1500 Zeitungen und Zeitschriften, deren Redakteure kostenlos ein Bulletin erhalten, sowie Millionen Hörer über die 250 Radiostationen, die regelmäßig »Horizon« über das Associated Press Network ausstrahlen. Direktor des News Service ist Paul Sampson.

der 13 am meisten gesehenen Fernsehsendungen in den öffentlichen Sendeanstalten Filme der National Geographic Society gewesen.

Heute, unter Leitung von Dennis Kane, dem Direktor des GEOGRAPHIC-Fernsehens, werden jährlich nach wie vor vier Spezialfilme für das Fernsehen produziert; diese Filme werden zusätzlich in einer Syndication gezeigt. Inzwischen kann auch eine neue wöchentliche preisgekrönte Explorer-Kabel-TV-Serie empfangen werden, die aus NATIONAL GEOGRAPHIC-Filmen zusammengestellt wird. Dennis Kane untersteht direkt Grosvenor.

Das Fernsehen ist mittlerweile so wichtig für die Society geworden, dass ein Mitarbeiter, der sagt, er arbeite für GEOGRAPHIC, und der dann früher vielleicht zu hören bekam: »Ach ja, ich habe ihren Bericht über Spinnen gelesen«, oder »Die unglaubliche Kartoffel« oder »Die Besteigung von Torre Eggers eisigem Gipfel«, heutzutage viel eher gesagt bekommen wird: »O ja, ich habe gerade den Spezialfilm über die Pandas gesehen« – oder über Eisbären oder wilde Schimpansen oder die großen Wale.

Das soll nicht heißen, dass das Magazin nicht gelesen oder wenigstens angeschaut wird. In den Achtzigerahren hat das NATIONAL GEOGRAPHIC eine solche Entwicklung genommen, dass es tatsächlich gelesen wird – gelesen werden sollte.

»Leute, die Ihnen sagen, dass das GEOGRAPHIC ein Bildmagazin ist, haben Recht«, gibt Charles McCarry zu, den Garrett 1983 als Senior Assistant Editor eingestellt hat, der sich mehr um die freien Autoren kümmern soll. »Es gibt eine Menge Leute hier, die etwas von guten Bildern verstehen, wenn sie sie sehen; blickt man zurück, gab es nur wenige Leute, die etwas von guten Worten verstehen, wenn sie sie sehen«, sagt McCarry. »In der Vergangenheit gab es die Praxis: Wenn du Platz in einer Story brauchst, kürze den Text. Heutzutage muss fast jeder zugeben, dass der Text nicht nur ein grauer Rand ist, damit die Kodachrome besser strahlen.«

»Von seiner Geschichte und seiner Art her«, fährt McCarry fort, »ist das NATIONAL GEOGRAPHIC als Bildmagazin gedacht, aber das ist kein Grund, weshalb wir nicht einen wirklich starken Textteil haben sollten.« In den vergangenen zwölf Jahren ist der Text tatsächlich so gut geworden, dass das Magazin heute einige der besten beschreibenden Texte weit und breit veröffentlicht. Man kann zum Beispiel nirgends so schwierige wissenschaftliche Themen so verständlich dargestellt finden; und in keinem anderen populären Magazin solche Tiefe und Breite der Forschung auf jeder Textseite.

Unter Garretts Leitung hat das Magazin auch weiterhin so bewährte Dauerbrenner veröffentlicht wie Fotos aus dem All (»Was Voyager sah: Jupiters schreckliches Reich«, Januar 1980; »Voyager I beim Saturn: Die Rätsel der Ringe«, Juli 1981; »Die Planeten: Zwischen Feuer und Eis«, Januar 1985); Tierleben (Dian Fossey »Der bedrohte Berggorilla«, April 1981); Abenteuer (»Kitty Hawk schwebt quer über Amerika«, der erste Ballon, der Amerika überquert, August 1980; »Als erster über den Pazifik: Der Flug des Double Eagle V«, April 1982); Bergsteigen (Reinhold Messner »An meiner Grenze: Ich bestieg den Everest allein«, Oktober 1981); Naturkatastrophen (Vulkanausbruch: »Mount St. Helens« und »Mount St. Helens danach«, Januar 1981, Dezember 1981); Kriege und Konflikte (»An der vom Krieg zerstörten Grenze Afghanistans«, Juni 1985; »Nicaragua: Eine Nation im Konflikt«, Dezember 1985); und »Esoterisches« (»Die unbezähmbare Küchenschabe«, Januar 1981; »Die faszinierende Welt des Abfalls«, April 1983).

Einer der aufregendsten Artikel aus dieser Zeit stammte von Garrett selbst und stand in der August-Nummer 1984. Der Chefredakteur flog an Bord eines guatemaltekischen Helikopters zur dramatischen Öffnung eines alten Maya-Grabes. Er schrieb: »Alles, was zu einer Kindheitsfantasie gehört, war dabei: eine alte Stadt, die unter dem grünen Baldachin eines fernen Dschungels begraben liegt, Weinreben und Wurzeln, die sich über Tempel und Pyramiden schlängeln. Und unter all dem ein ungeöffnetes Grab, das die Kunstwerke einer verschwundenen Zivilisation enthielt

Gegenüber: »In der Mitte einer Maya-Pyramide dringen die Ausgräber zu den Wurzeln der großartigsten alten Zivilisationen in der Neuen Welt vor. Die Maya-Kultur hatte ihre Blütezeit im ersten Jahrtausend n. Chr. Sie schuf eine großartige Kunst, Architektur und ein hochentwickeltes Schriftsystem. Jetzt haben Funde in Cuello, einem zeremoniellen Zentrum, das im nördlichen Belice entdeckt wurde, die ersten Anzeichen für eine Tiefland-Maya-Kultur um das Jahr 2400 v. Chr. erbracht.
Diese Stätte belegt die frühe hohe Entwicklung von Architektur, Handwerk, Landwirtschaft und Handel – sowie überraschenderweise sehr frühe Anzeichen von Menschenopfern. Diese Entdeckungen eröffnen ein neues Kapitel in der komplizierten Geschichte der Mayas, die jetzt nachweislich zu den ersten sesshaften Völkern in der neuen Welt gezählt werden können.«
Bildlegende aus »Freilegung der ältesten bekannten Maya-Kultur« *in der Juli-Ausgabe von 1982*

Gegenüber: »Das Servieren des Frühstücks zwischen Peshawar und Lahore ist für die Kellner ein Schwindel erregendes Abenteuer, wenn sie das Tablett zwischen dem Speisewagen und der Ersten Klasse weiterbefördern, weil die Türen aus Sicherheitsgründen von innen geschlossen sind.«
Aus Paul Theroux Artikel »Mit der Bahn quer durch den indischen Subkontinent« in der Juni-Ausgabe 1984

und die Skelettüberreste eines längst verstorbenen Edelmannes, dessen Ruhe nie gestört worden war.«

Unterwegs ging dem verwirrten einheimischen Hubschrauberpiloten – der bereits viermal in Mexiko und Belice gelandet war, um nach der Richtung zu fragen – über dem Dschungel das Benzin aus. Auf seinem Weg nach unten kappte der Helikopter die Spitzen von fünf Bäumen. Garrett und die übrigen Begleiter verbrachten eine ungemütliche Nacht im Dschungel, auf Guerillas horchend, bevor sie von einem zweiten Helikopter geortet und mit Motorsägen versorgt wurden, damit sie einen Landeplatz roden und ausgeflogen werden konnten.

Schließlich erreichte Garrett den Ort mit dem Maya-Grab – »seit 20 Jahren das erste in Guatemala offiziell protokollierte« – und erzählte für das GEOGRAPHIC, wie das Grab in der Rio-Azul-Region im nördlichen Guatemala gefunden wurde, das, seit es »vor 1500 Jahren von den Mayas versiegelt wurde«, unberührt geblieben war:

> Seit dem Fall Roms ist das Grab unberührt gewesen. Selbst Nahrung und Getränke für den Verstorbenen blieben erhalten, allerdings als pulverförmige Reste in den Keramiktöpfen und -tellern.
>
> Aus bisher unbekannten Gründen sind diese Stadt und die Maya-Kultur im zehnten Jahrhundert untergegangen. Unter einer Dschungeldecke lag die Stadt – jetzt als Rio Azul bekannt – 1000 Jahre lang wie ein riesiges Mausoleum versteckt, das die Artefakte der einst so geschäftigen Gesellschaft bewahrte. Paläste, Häuser und Pyramiden aus der frühen klassischen Periode (250–600 n. Chr.) sanken unter der unbarmherzigen Gewalt tropischen Regens und dem schleichenden Stoßen und Schieben der Baumwurzeln zu Trümmerbergen zusammen. Als der grüne Baldachin über Feldern, Kanälen und Plätzen immer dichter wurde, zerriss das Gewirr von Weinranken und Zweigen allenfalls gelegentlich ein Indio-Gummisammler, dem nur eine Machete zur Verfügung stand...

Aber unter Garrett hat sich das Magazin auch auf Felder des engagierten Journalismus begeben, der den Gefühlen der Mitglieder des »Aufsichtskomitees« von 1977 strikt zuwidergelaufen wäre. Unter den bemerkenswerten Berichten waren: »Verbotene Fracht: Das Geschäft mit dem Schmuggel wilder Tiere« (März 1981), »Saurer Regen: Wie groß ist die Bedrohung?« (November 1981), »Die Tempel von Angkor« (Mai 1982), mit Fotos von Wilbur E. Garrett. [Garrets »Visum« für Kambodscha bestand aus einem handgeschriebenen Zettel, der aus einem Spiralblock gerissen worden war. Er war einer der ersten ausländischen Journalisten, der Phnom Penh nach dem dortigen Holocaust besuchte und bei der Öffnung eines Massengrabes anwesend war, das mehr als 6000 Körper enthielt, manche noch mit Binden vor den Augen und mit durch Draht zusammengebundenen Armen.] »Tropische Regenwälder: Die schwindenden Schätze der Natur« (Januar 1983) und »Flucht aus der Sklaverei: Die Untergrundpfade« (Juli 1984) mit dem bewegenden Text von Charles L. Blockson:

> »Mein Vater – dein Urgroßvater James Blockson – war ein Sklave drüben in Delaware«, sagte Großvater, »aber als junger Bursche ging er in den Untergrund und entkam nach Kanada.« Großvater wusste nicht viel mehr als dies über die Flucht seines Vaters in die Freiheit, denn James Blockson, wie Zehntausende anderer Sklaven auch, die sich auf den unsichtbaren Pfaden nach Norden in Sicherheit brachten und sich in den Jahren vor dem Bürgerkrieg an geheimen Orten aufhielten, bewahrte die Geheimnisse dieser Untergrundpfade bis in den Tod in seinem Herzen ...

Unter Garrett veröffentlichte das Magazin auch »The Poppy« (Februar 1985), »Probleme auftürmen... Gefährlicher Müll« (März 1985) und »Vietnam-Denkmal«, das im Mai 1985 erschien.

Als Teil der Titelgeschichte »Das Denkmal der Vietnam-Veteranen« erschien Joel L. Swerdlows »Eine Nation heilen«, eine der ergreifendsten Geschichten, die je

DIE GEOGRAPHIE WIEDER IN AMERIKAS KLASSENZIMMER BRINGEN

Die wichtigste Sache, die man tun kann, besteht in einer Aufwertung der Lehrer«, sagte Dr. Floretta McKenzie, Superintendentin für die öffentlichen Schulen im Distrikt Columbia und Kuratoriumsmitglied der Society, zu Gilbert M. Grosvenor auf einer Sitzung, auf der über Verbesserungen des Geographieunterrichts diskutiert wurde. »Man muss ihnen sagen, dass sie wichtig sind und dass Geographie wichtig ist.« So begann das Geographieunterrichtsprogramm, die Kampagne der Society, um das Studium dessen wiederzubeleben, was viele »als Mutter aller Disziplinen« betrachten, und wovon Gils Großvater Gilbert Hovey Grosvenor überzeugt war, dass es die Öffentlichkeit »als langweiligsten aller Stoffe ansehe, der nur Schulkindern zugemutet würde und um den man im späteren Leben einen Bogen mache«.

Und selbst wenn man in jüngerer Zeit den Schuljungen und –mädchen Geographie als Fach auferlegt hat, dann hat das offensichtlich keine Wirkung gezeigt! Man muss nur einen Blick in die Statistiken einer kürzlichen CBS-Umfrage werfen: 25 Prozent der älteren Mittelschüler in Dallas, Texas, konnten das Land, das im Süden an die Vereinigten Staaten grenzt, nicht benennen, und 63 Prozent ihrer Altersgenossen in Minneapolis-St. Paul, Minnesota, kannten nicht einmal die Namen der sieben Kontinente. Und eine Statistik empfindet Gil Grosvenor als besonders verheerend: 95 Prozent der Schulanfänger eines Gymnasiums in Indiana konnten nicht einmal Vietnam auf einer Karte ausfindig machen!

Ziel des Geographieunterrichtsprogramms ist es, »den Status und die Effektivität des Geographieunterrichts zu verbessern«, indem man dazu beitragen will, die Geographielehrmethoden und -materialien zu erweitern, ein landesweites Netzwerk zur Unterstützung der Lehrer aufzubauen und eine öffentliche Kampagne durchzuführen, um die Aufmerksamkeit auf die Geographie zu lenken und so in der Öffentlichkeit, Vereinen und Stiftungen Bundesgenossen zu finden.

Die Society hat ein Netzwerk von regionalen Geographie-Vereinigungen geschaffen, bestehend aus Gruppen von Lehrern, Beamten und Geographielehrern höherer Schulen, die sich zum Austausch und zur Entwicklung von Lehrstrategien und -materialien treffen und Möglichkeiten diskutieren, das Fach Geographie aufzuwerten. 1988 gibt es schon 22 solcher Vereinigungen.

Gouverneur Gerald Baliles von Virginia hat sich über die Notwendigkeit eines verbesserten Geographieunterrichts so geäußert: »Wir leisten beim Geographieunterricht keine gute Arbeit, wenn überhaupt Geographie unterrichtet wird.« Er verlieh seinen Worten durch die Zusage einer 50 000-Dollar-Spende für die Aktivitäten der Geographievereinigung in seinem Bundesstaat Nachdruck. Einige weitere Gouverneure haben den von den Vereinigungen geleiteten Seminaren, den Curriculum-Konferenzen und sonstigen professionellen Aktivitäten staatliche Mittel zur Verfügung gestellt.

Die Society hat zum ersten Mal in ihrer 100-jährigen Geschichte auch damit begonnen, Stiftungen und Vereine als Co-Sponsoren zu gewinnen, um Gelder und andere Formen der Unterstützung für verbesserten Geographieunterricht zu spenden.

im Magazin publiziert worden ist. Sie enthält folgende Passage über den Eindruck, den die strengen, mit Namen der Gefallenen beschrifteten, schwarz glänzenden Granitplatten auf die Betrachter haben, die sie zum ersten Mal sehen:

> ... in einem endlosen Ablauf von Monaten und Jahren sind Millionen Amerikaner hierher gekommen und haben diesen Augenblick des Erstarrens erfahren.
>
> Die Namen haben eine Kraft und ein eigenes Leben. Selbst an sehr kalten Tagen wärmt sie das Sonnenlicht, damit man sie anfasse. Junge Männer, unter die Erde gebracht, stehen aus der Erde auf. Man kann ihr Blut wieder fließen spüren.
>
> Jeder, auch diejenigen, die niemanden kannten, der in Vietnam diente, fasst den Stein an. Lippen formen immer wieder und wieder einen Namen, Menschen beugen sich vor, um den Stein zu küssen. Fingerspitzen zeichnen die Buchstaben nach.
>
> Vielleicht erneuern die Menschen durch die Berührung ihren Glauben an die Liebe und das Leben; oder vielleicht verstehen sie Opfer und Sorge besser.
>
> »Wir sind mit euch«, sagen sie, »wir werden niemals vergessen.«

Drei Monate später leitete Garrett sein Editorial mit den Worten ein:

> »Ich weinte...« »Mein Mann heulte...« »Die Seiten waren feucht von meinen Tränen...« »Ich weinte und wusste nicht, warum...« »Es war das erste Mal, dass ich über diesen Krieg weinte, und ich fühlte mich gut.«
>
> So schrieben fünf Mitglieder unserer Gesellschaft. Sie stehen für die Hunderte, die sich gedrängt fühlten, auf die Artikel über das Vietnam-Veteranen-Denkmal in der Mai-Ausgabe zu antworten. Die Resonanz der Leser ist vielleicht die umfangreichste in der Geschichte des Magazins gewesen; ohne Zweifel war sie die allerpersönlichste.

Unter denen, die schrieben, war die Witwe von Walter H. Moon, des Kommandanten der amerikanischen Spezialeinheit, den Garrett zuletzt lebend in Laos 1961 gesehen hatte, als er einem widerstrebenden Hubschrauberpiloten befahl, Garrett »jetzt von hier« wegzubringen.

»Mein Sohn ... war begeistert von Ihrer Kolumne, in der Sie schreiben, dass Sie nach dem Namen seines Vaters suchten. Er war acht und meine Tochter vier, als Walt wegging. Obwohl sie sich nicht so gut an ihn erinnern, wie sie gerne möchten, lieben sie ihn und sind stolz auf ihn«, schrieb sie.

Das November-Heft von 1985 mit seinem erstaunlichen Hologramm eines ein oder zwei Millionen Jahre alten Taung-Kindes auf der Titelseite enthielt »Die Suche nach unseren Vorfahren«, einen verständlich geschriebenen Artikel über fossile Entdeckungen prähistorischer Menschen in der ganzen Welt. Die Veröffentlichung dieses Artikels führte, wie erwartet, zu einem Aufschrei der Anhänger der Schöpfungslehre. Ein Mann aus Lubbock, Texas, schrieb:

> Die Theorie von der Evolution ist wahrscheinlich der größte Schwindel, der intelligenten Menschen je angedreht wurde. Obwohl es eine weithin akzeptierte Theorie ist, wird sie meistens von jenen vertreten, die den Glauben an Gott bereits aufgegeben haben. Ich kündige mein Abonnement.

Und ein Mann aus Angleton, Texas, schrieb:

> Ich bin beunruhigt über die Versuche der Society, jedermann ihr Konzept über den Ursprung der Erde aufdrängen zu wollen. Ich habe die Auffassung satt, dass die Evolution eine anerkannte Realität des Lebens sei und nicht eine kontroverse Theorie, die sie nun einmal ist. Ich würde es gerne sehen, dass Forschungen über andere Theorien angestellt würden.

Dem Schreiben aus Angleton antwortete das GEOGRAPHIC:

> Diese Artikel des NATIONAL GEOGRAPHIC fußen auf einer unübersehbaren Anzahl von Untersuchungen fossiler Überreste, von Erdschichten und

Anfang 1981 gab die National Geographic Society eine 115-seitige Sonderbeilage des Magazins heraus, in der ein Ausblick auf die Energiereserven und -technologien gegeben wurde. Sie wurde noch unter der Leitung von Gil Grosvenor vorbereitet. Beauftragt mit diesem Projekt unter dem Titel »Spezialreport über Energie« war der Wissenschaftsredakteur des GEOGRAPHIC, Kenneth Weaver.
In einer Vorankündigung der Sonderbeilage sagte der kurz zuvor neu gewählte Chefredakteur Wilbur Garrett: »In dieser Ausgabe wird es keine Anzeigen geben. Alle Kosten werden von der Society als Dienst an Ihnen, den Mitgliedern, getragen.« Jedenfalls war der Arbeitsaufwand für die Mitarbeiter so immens, dass unter ihnen ein T-Shirt mit der Aufschrift »Wir überlebten die Energie-Nummer« populär wurde.

Von links nach rechts: Executive Vice President der Society Owen R. Anderson, Senior Vice President Robert L. Breeden sowie Vorstandsvorsitzender und Präsident Gilbert M. Grosvenor hören in der ersten Reihe dem Chefredakteur des NATIONAL GEOGRAPHIC zu, der ihnen die neuesten Videoprojektions-Möglichkeiten im neuen »Kontrollzentrum« der Society mit 40 Plätzen für Mitarbeiter und Kuratoriumsmitglieder erklärt. Auf einem 280-Zentimeter-Bildschirm können sowohl Standard-Video-Signale von VCRs und Videokassetten als auch Signale mit hoher Auflösung dargestellt werden; dadurch gibt es im Kontrollzentrum die Möglichkeit, sehr schnell grafische Darstellungen oder Listen ausgewählter Daten in jeder beliebigen Abfolge abzurufen. Auch wenn diese Systeme neue Möglichkeiten bieten, sind sie durchaus mit erprobten Traditionen und wirtschaftlicher Planung vereinbar.

radiometrischen Altersbestimmungen, Erkenntnissen der Molekularbiologie, Wissen über embryonale Entwicklung und vergleichende Anatomie. Diese beachtliche Menge an Fakten demonstriert, dass frühere Lebensformen den späteren vorausgingen. Einige frühe Formen sind so erfolgreich gewesen, dass sie sich unterschiedlichen Lebensbedingungen anpassen konnten, die bis in die Gegenwart überlebt haben, während andere ausgestorben sind. Wissenschaftler entwickeln Theorien, wie sich Arten aus einer elterlichen Abstammung entwickeln können, und diskutieren dabei die Bedeutung von zufälligen Veränderungen, Mutationen und Isolation – doch sehr wenige bestreiten die Evolution als solche.

Weitere Artikel aus der jüngeren Vergangenheit, die Wirbel verursacht haben, waren die Berichte im Dezember 1985 und Dezember 1986 über die Funde und Fotos von dem Luxusdampfer *S. S. Titanic*, der im Nordatlantik sank, als er 1912 mit einem Eisberg zusammenstieß, wobei 1522 Menschen ihr Leben verloren; Peter Jarets Artikel vom Juni 1986 »*Unser Immunsystem: Die Kriege im Inneren*«, der sich nur beiläufig mit AIDS beschäftigte (woraufhin prompt ein Brief aus Quilcene, Washington kam, in dem ein Mitglied schrieb: »Ich möchte Ihnen raten, Ihre Bemühungen auf das Gebiet der Geographie und nicht der Biologie zu richten. Kümmern Sie sich erst einmal um unseren Planeten Erde«); und »Nordwärts zum Pol«, die Geschichte im September-Heft 1986, verfasst von Will Steger, einem der Leiter der ersten erfolgreichen Hundeschlitten-Expedition ohne Nachschub zum Nordpol seit Peary 1909.

Aber Stegers Polarabenteuer ging beinahe in der großen Resonanz seitens der Fernsehstationen und Zeitschriften unter, die einen anderen Artikel in derselben Nummer kommentierten und diskutierten: Boyd Gibbons äußerst feinfühligen Text »Der intime Geruchssinn« mit den einleitenden Zeilen von Baudelaire

Ihr so geschmeidiges und schweres Haar,
Das wie ein Duftgefäß den Raum belebte,
Ein wilder, raubtierhafter Hauch umschwebte;
Der Musselin und Samt der Kleider war
So von dem Duft der reinen Jugend voll,
Dass ein Geruch von Pelzwerk ihm entquoll.

und seinen irritierenden Fotos von Frauen mittleren Alters in Laboruniform, die an den Achselhöhlen von Männern schnupperten: »Die Achselhöhlen produzieren den stärksten Körperduft ...«, so begann die Bildunterschrift. Dieses Foto erschien auf der Frontseite der *New York Daily News* vom 20. August, veranlasste die *Washington Post* zu einer Geschichte mit dem Titel »Die Neigung des GEOGRAPHIC zum Duft« und brachte den Chefredakteur Garrett in die Fernsehshow *Good Morning America*, zusammen mit einer der Frauen aus dem Laboratorium. [Die Reaktion der Mitglieder auf den Geruchsfragebogen, der jener Ausgabe beigelegt war, war erstaunlich: mehr als 1,5 Millionen Antworten – 21 Tonnen Papier.]

Das Magazin spiegelt deutlich Wilbur Garretts Enthusiasmus für Erziehung und Lernen wider, seine ständige Sorge um Menschen und die Erhaltung der wilden, freilebenden Tiere und eine unveränderte Faszination durch das Abenteuer. Aber ein Maßstab dafür, wie gut Garrett als Chefredakteur ist, ist darin zu sehen, dass das NATIONAL GEOGRAPHIC 1984 den Magazine Award for General Excellence (Magazin-Preis für vorzügliche Leistungen) erhielt, der als Pulitzer-Preis im Zeitschriftenbereich gilt.

Natürlich konnte Garrett es nicht jedem recht machen. Im April 1986 schrieb ein Mann aus Monticello in Mississippi an die Society:

> Sehr geehrte Herren,
>
> wegen des Inhalts des NATIONAL GEOGRAPHIC über all die vielen, vielen, vielen Jahre, ein Inhalt, der größtenteils für ein besseres Amerika wenig dienlich ist, und wegen der großartigen Unverschämtheit des letzten Titelblattes empfehle ich die Einstellung der Veröffentlichung des NATIONAL GEOGRAPHIC.

Zum Schrecken dieses Mississippi-Bürgers wird das Magazin auf Jahre und Jahre und Jahre und Jahre weiterbestehen, aber da nun das 110-jährige Jubiläum gefeiert wurde, ist die Frage angebracht, wohin die Society gehen wird.

Zu Recht liegt gegenwärtig die Betonung auf der Rückkehr zu den Anfängen: das Besinnen auf die Ankündigung, die auf der ersten Seite in jenem ersten, etwas steif und abschreckend aussehenden terrakottafarbenen NATIONAL GEOGRAPHIC vom Oktober 1888 zu lesen war, in der die Ziele der Society deutlich ausgesprochen waren:

> Die »National Geographic Society« ist gegründet worden, »um das geographische Wissen zu vermehren und zu verbreiten«, und es wurde als ein Mittel zur Erreichung dieser Absichten die Veröffentlichung eines Magazins beschlossen...
>
> In dem Masse, wie wir hoffen, das Wissen verbreiten und vermehren zu können, sollen entsprechende Aufmerksamkeit auch dem erzieherischen Aspekt in geographischen Dingen gewidmet und Anstrengungen unternommen werden, um das Interesse an originalen Informationsquellen zu fördern...

Gewiss ist das Magazin jetzt nur »eines der Mittel«, mit dem die Society Wissen verbreitet und vermehrt, aber bis vor kurzem wurde »dem erzieherischen Aspekt in geographischen Dingen« wenig Aufmerksamkeit gewidmet – außer in der Abteilung für Lehrmedien.

All dies wird geändert.

Die Eröffnungssalve wurde von Gil M. Grosvenor in seiner Kolumne im Juni 1985 abgefeuert, die in einer Mischung aus Stolz und Erstaunen anlässlich der Entgegennahme eines Preises verfasst wurde: Eine angesehene Gesellschaft von Lehrern erkannte der National Geographic Society den Preis »Erzieher des Jahres« zu für ihre Rolle als »treibende Kraft bei der fortwährenden Erziehung der Menschheit«.

Grosvenor zitierte die erschreckenden Ergebnisse eines Geographie-Fragebogens, der an 2200 Gymnasiasten in North Carolina verteilt worden war (nur 27 Prozent konnten die Länder nennen, durch die der Amazonas hauptsächlich fließt, und in welchem Land die Stadt Manila liegt; nur sieben Prozent konnten drei der 30 Län-

»Psst! Wollen Sie ein paar NATIONAL GEOGRAPHIC-Folder kaufen?«

der benennen, die zwischen der Sahara und Südafrika liegen, und 69 Prozent konnten nicht einmal eins nennen!), und schrieb:

> Wie diese kommende Generation sich eine vernünftige Vorstellung von einer Welt machen soll, die in zunehmendem Masse durch Kommunikation, Transport, Handel und internationale Beziehungen verknüpft ist, kann ich mir nicht vorstellen…
>
> Als ich den Preis für unsere Society als »Erzieher des Jahres« akzeptierte, sagte ich, es wäre besser gewesen, ihn angesichts des niedrigen Standes der Geographie in unseren Schulen für »Nichterziehung« zu verleihen. Ich bekräftigte erneut meine persönliche Verpflichtung und die der Society mitzuhelfen, die Erziehung unserer Bürger in Geographie zu verbessern.
>
> Ich gebe kein leeres Versprechen ab: Wir verstärken unsere Anstrengungen bei der Entwicklung von Lehrmaterial für die Schulen, und wir werden zusammen mit anderen im privaten Sektor gemeinsame Anstrengungen machen. Sie werden über Geographieerziehung noch mehr von mir hören, und ich hoffe, ich werde mehr von Ihnen darüber hören. Ich bin verärgert, ich bin verwirrt, und ich bin entschlossen zu handeln.

15 Monate nach Erscheinen der Kolumne des Präsidenten brachte *Newsweek* einen Report, dass, »nachdem im Geographieunterricht ein Tiefstpunkt an Wissen erreicht worden ist, es jetzt Anzeichen dafür gibt, dass es wieder mühsam bergauf geht«. *Newsweek* vom 1. September 1986 fuhr fort:

> Ein großes Verdienst gebührt der National Geographic Society (NGS), die vier Millionen Dollar veranschlagt hat, um den Geographieunterricht zu verbessern. Auf dem kürzlich von der NGS durchgeführten Sommer-Geographie-Seminar waren 50 Mittelschullehrer aus dem ganzen Land in Washington D. C. versammelt, um zu lernen, wie dieses Fach am effektivsten gelehrt wird. Zu diesem Programm gehört die Bereitschaft der Teilnehmer, mindestens drei Workshops über Geographielehrmethoden für die Kollegen zu Hause durchzuführen. Die Society ist auch an der Finanzierung von Pilotprogrammen beteiligt, die während eines Schuljahres in Los Angeles und Washington durchgeführt werden. Einige wenige Bundesstaaten, darunter South Dakota und Kalifornien, schreiben Geographiekenntnisse für den Schulabschluss vor. Geographie findet als Fach ganz eindeutig wieder zurück in den Stundenplan. Jetzt liegt es an den Lehrern, es den Schülern verständlich zu machen.

»Geographie lässt sich aufregend gestalten«, sagt Gil Grosvenor:

> Ich bin von diesem Programm sehr begeistert. Ich habe teuflisch viel Zeit darauf verwandt. Ich denke, es ist wichtig, dass wir unserem Land und der Society einen Dienst erweisen können und dass wir materiell die Erziehung und das geographische Bewusstsein des durchschnittlichen Amerikaners beeinflussen können, insbesondere, wenn er oder sie unser Schulsystem durchläuft.
>
> »Geographie« bedeutet mehr als nur das Wissen über einen Ort, eine Landschaft oder die Beziehungen zwischen Flora und Fauna auf unserem Planeten. In einem sehr weiten Sinn schließt Geographie auch die Situation des Menschen und die Umweltproblematik, ihre Entwicklung, ihre regionalen Einflüsse ein. Man hat es mit Klima zu tun, mit Landwirtschaft, mit solchen Dingen wie Verseuchung des Bodens, saurem Regen… Ohne Geographie hat man im besten Falle eine zweidimensionale Auffassung vom Leben. Geographie durchdringt jeden Aspekt des Lebens. Man nehme nur eine Zeitung zur Hand, und an jedem einzelnen Tag kann man sehen, welch dominierende Rolle die Geographie spielt, dem Leben eine weitere, eine dritte Dimension zu geben.
>
> Die Geographie ist der treibende Faktor der Geschichte. Bevor man nicht an den Thermopylen gewesen ist, kann man sich überhaupt nicht vorstellen, was

dort geschehen ist: Die geographische Situation hat die Schlacht entschieden. Selbst heute bestimmt die Geographie die Geschichte. Man schaue Afghanistan an: Die Russen sind der Geographie wegen in Afghanistan; sie wollen einen Weg zum Meer, einen Weg hinunter durch den Himalaja, einen Zugang zum Öl. Sie sind in Afghanistan nicht, um einfach ihr Territorium auszudehnen: geopolitische Überlegungen, das bewegt sie! Das trieb uns auch nach Vietnam, und ich behaupte, dass wir dort niemals in einen Krieg verwickelt worden wären, wenn unsere Führer wirklich über die Geographie Südostasiens Bescheid gewusst hätten.

Was mich beunruhigt, das ist die Tatsache, dass 95 Prozent der Schulanfänger in einem recht guten Gymnasium in Indiana nicht Vietnam auf einer Karte lokalisieren konnten! Das sagt mir, dass die nächste Generation keinen Deut aus dem Desaster gelernt hat, an dem diese Regierung in Südostasien beteiligt gewesen ist. Nicht einen Deut. Und das ist erschreckend. Und ich denke, dass es für einen Bürger in den vor uns liegenden Jahren noch schwieriger wird, ein ausgewogenes Bild von unserer Erde zu erhalten. Das klingt plausibel. Mich erschreckt vor allem die Frage, warum wir so lange geschlafen haben? Warum haben wir zugeschaut, wie die Erziehung in Geographie den Bach hinunterging, ohne uns dessen bewusst zu werden? Das ist eine wichtige Frage.

Was wird aus der Zukunft?

Ich möchte hoffen, dass das durchschnittliche Mitglied im weiteren Verlauf uns als eine Gesellschaft begreift, die nicht nur aus einem Magazin besteht, dass es uns als eine Society sieht, die sich der Verbreitung und Vermehrung geographischen Wissens auf allen Altersstufen widmet und dabei so viele Kommunikationsmedien wie möglich nutzt: das gedruckte Medium, die elektronische Kommunikation – und ich denke, dass die elektronischen Kommunikationsmittel sich dramatisch ausbreiten werden.

Es kann der Tag kommen, 30 oder 40 Jahre weiter, wo es unerschwinglich teuer werden wird, das Magazin zu drucken. Es kann der Tag kommen, an dem der Chefredakteur einen 30-seitigen Führer produzieren wird über das, was es in dem betreffenden Monat als »Menü« geben wird, und der Leser wird Laser-Video-Kassetten mit 56 000 Bildern bekommen, und vielleicht wird dieser Führer den »Leser« motivieren, sich das »Menü« des Monats vorzunehmen. Ich glaube nicht, dass wir unser Magazin »verkleinern« werden, aber ich glaube, dass wir darauf zusteuern, das Magazin zu ergänzen, Extras hinzuzufügen und es nützlicher und vergnüglicher zu machen.

»Ich möchte auch hoffen, dass am Tag des 200-jährigen Bestehens«, sagte der Urenkel von Alexander Graham Bell, »irgendjemand zurückblickt und sagt ›He, schau mal, die Leute zwischen dem ersten und zweiten Jahrhundert haben wirklich den Horizont der National Geographic Society erweitert! Sie wurde eine noch wichtigere internationale erzieherische Institution zur Verbreitung und Vermehrung geographischen Wissens.‹« Gegenwärtig gibt es beinahe elf Millionen Mitglieder über den ganzen Planeten verstreut – in Süd- und Nordamerika, von Argentinien bis Venezuela; in Afrika von Algerien bis Zimbabwe, in Asien von Afghanistan bis zu den beiden Jemen, in Australasien von Australien bis Neuseeland, im Atlantik von der Insel Ascension bis Saint Pierre und Miquelon, in Europa von Andorra bis Jugoslawien, im Mittelmeer von Korsika bis Malta, im Pazifik von den Fidschis bis West-Samoa, im Indischen Ozean von Mauritius bis zu den Seychellen, auf den Britischen Inseln von den Kanalinseln bis Wales – beinahe elf Millionen Mitglieder, die keinerlei Zweifel haben, dass es die National Geographic Society im Jahr 2088 immer noch geben wird.«

In der März-Ausgabe 1984 erschien auf dem Titel das erste Hologramm – eines Adlers. Das Porträt vom Schädel des »Taung-Kindes« aus Afrika trug das Heft vom November 1985.
Am Ende des 98. Jahres der Society betrug die Auflage 10 764 998 Exemplare, in 170 der 174 Länder der Welt hatte die Gesellschaft Mitglieder.

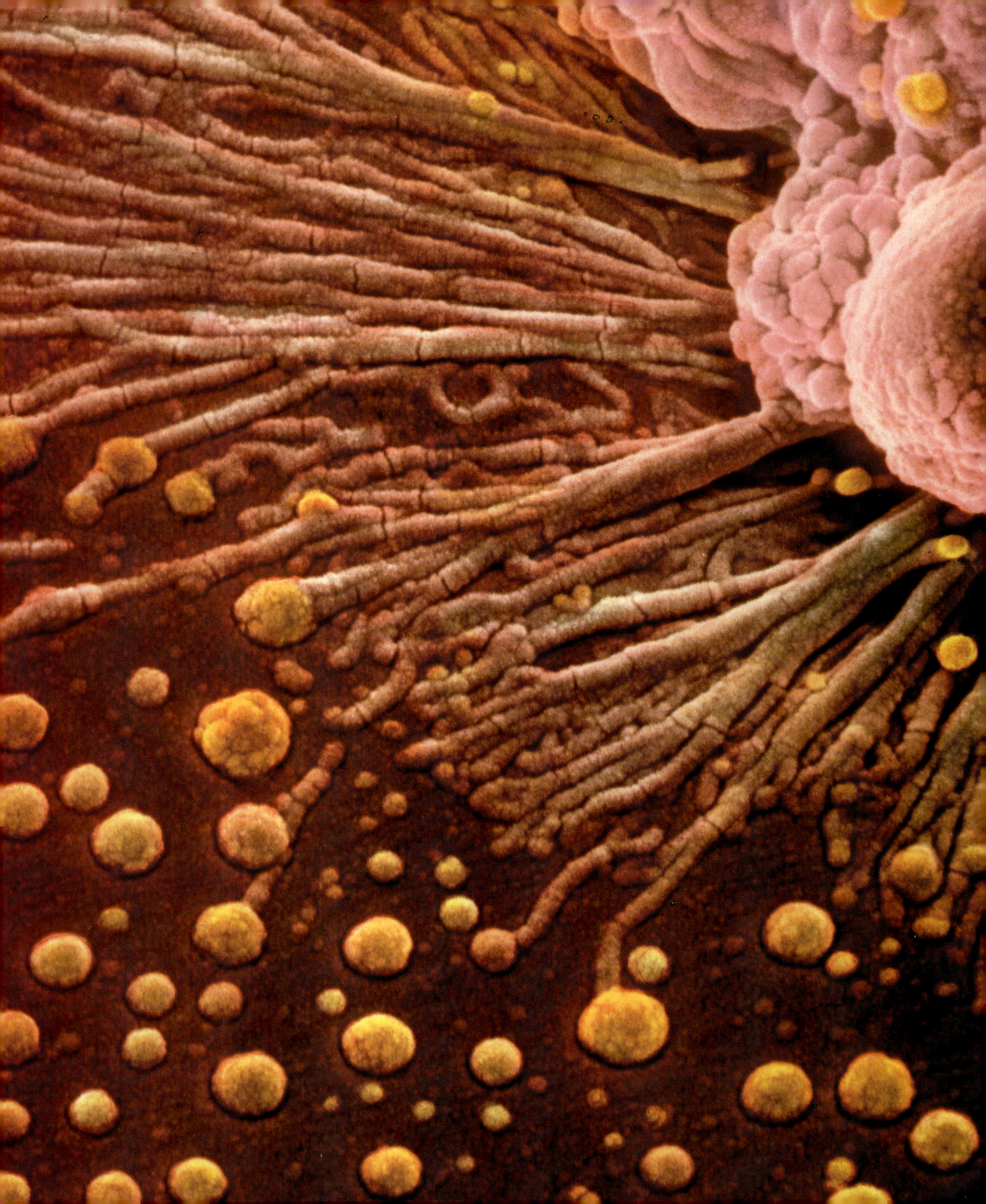

IM INNERN DES ALLS

»Die Sterne werden lebendig«

»Wo das Teleskop endet, da beginnt das Mikroskop. Welche Sicht ist wichtiger?«

Victor Hugo, *Les Misérables*

Genauso wie Wissenschaftler mit Geräten – optischen und sonstigen – versuchen, immer tiefer und tiefer in das äußere Weltall einzudringen, genauso versuchen andere Wissenschaftler, mit optischen und sonstigen Geräten tiefer und tiefer in den inneren Kosmos vorzustoßen. Paradoxerweise, wie Susan Schiefelbein in dem bemerkenswerten Buch *Die unglaubliche Maschine* der National Geographic Society schreibt, finden die Wissenschaftler, dass

> unseren Körper die gleichen Elemente durcheilen, die in den Sternen leuchten. Ob die Geschichte des Lebens von einem Theologen erzählt wird, der glaubt, dass die Schöpfung ein Akt Gottes war, oder von einem Wissenschaftler, der die Theorie vertritt, dass es die Folge chemischer oder physikalischer Prozesse war – das Ergebnis ist dasselbe: Die Sterne sind lebendig geworden. Unbeseelte Chemikalien haben sich in lebendige Dinge verwandelt, die schlucken, atmen, knospen, blühen, denken, träumen.

Wie ist das geschehen? Was verursachte den »Ur-Knall?« Woher kamen die ungeheuren wirbelnden Wolken aus Wasserstoff und Helium und drängten sich zu riesigen Klumpen zusammen? Warum wurden sie von nuklearen Explosionen zerrissen, wobei Atom auf Atom schoss, bis alles, sternenhell leuchtend, wieder auseinander flog, um noch mehr und unterschiedliche Kombinationen von Atomen ins All zu schleudern? Und wie konnte sich aus all den Atomtrümmern der heiße Gasball, den wir heute Sonne nennen, formen und mit genau der richtigen Temperatur brennen, so dass Stücke und Brocken von Materie sich sammeln und unsere jungfräuliche Erde bilden konnten, die blubberte und kochte, abkühlte und hart wurde, sich faltete und brach und die Wunden heilte, bis sich die Ur-Ozeane bildeten?

Und wie haben sich über die Milliarden Jahre hinweg in diesem ozeanischen, chemischen Kessel Moleküle zu Ketten verbunden, die sich zu so einer erstaunlichen und unendlichen Vielfalt mischten und verschmolzen, dass plötzlich irgendwie – aufgrund der ultravioletten Strahlung, der Hitze, der Blitze? – eine dieser Ketten anders als die anderen wurde? Und der wirkliche Unterschied zu den anderen war, dass sie lebendig war!

Wie das geschah, so schreibt der National-Book-Preisträger Dr. Lewis Thomas in seinem Vorwort zu *Die unglaubliche Maschine*, bleibt

> ... das größte aller Rätsel, ja in gewisser Hinsicht das verwirrendste. In der einen oder anderen Weise kann alles um uns herum – alle Tiere, wir selbst, alle Pflanzen, alles Lebendige – seinen Stammbaum zurückverfolgen bis zur ersten Manifestation des Lebens, in etwa vor 3,5 Milliarden Jahren. Jene erste Form des Lebens war, wenn wir die paläontologischen Zeugnisse richtig verstehen, eine einzelne Bakterienzelle, unser Urahn, deren Nachkommenschaft am Beginn all dessen stand, was wir heute die Welt der Natur nennen. Der genetische Code dieser ersten Zelle wiederholte sich in allen Zellen, die die Erde in den nächsten zwei Milliarden Jahren bevölkerten, und dann wurde der Code an Zellkerne weitergegeben, als sie sich entwickelten, dann an die ersten vielzelligen Formen,

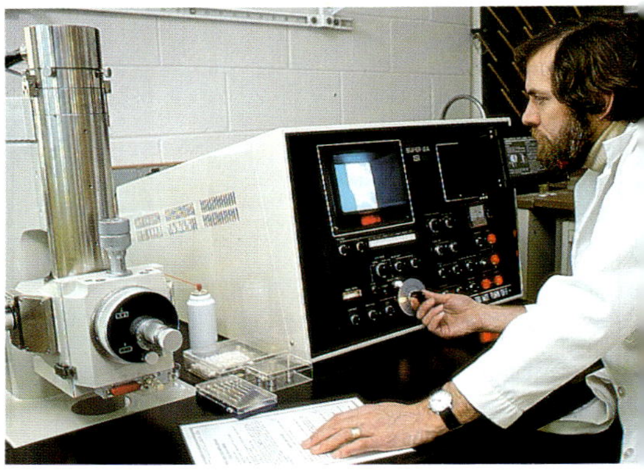

So wie die Society die Erforschung des äußeren Alls dokumentiert hat, so hat sie auch die des inneren Kosmos genau verfolgt, wobei sie die besten Bilder ausgewählt hat, die die Technik über diese größtenteils unsichtbare Welt liefert.

Oben: Ein Techniker justiert ein Raster-Elektronenmikroskop, das tausendfache Vergrößerungen liefern kann. Ein menschliches Haar lässt es wie einen Baumstamm erscheinen.

Gegenüber: David Fairchild und seine Frau präparieren »Long Tom«, eine 2,65 Meter lange Kamera, mit der er 1913 seine »Monster«-Bilder fotografierte – gewöhnliche Insekten, etwa 20fach vergrößert –, die 1914 von der Society im Buch der Monster *veröffentlicht wurden. Um das Bild eines Insektes auf einer 5 x 7 großen fotografischen Platte einzufangen, brauchte man eine Belichtungszeit von einer Minute, was mühsam war, aber doch leicht im Vergleich zu dem Problem, das Tier zum Stillhalten zu bewegen.*

Vorangehende Seiten: Das Raster-Elektronenmikroskop zeigt eine Makrophage, eine menschliche Verteidigungszelle, beim Verschlucken von Öltröpfchen. 18 000-fache Vergrößerung.

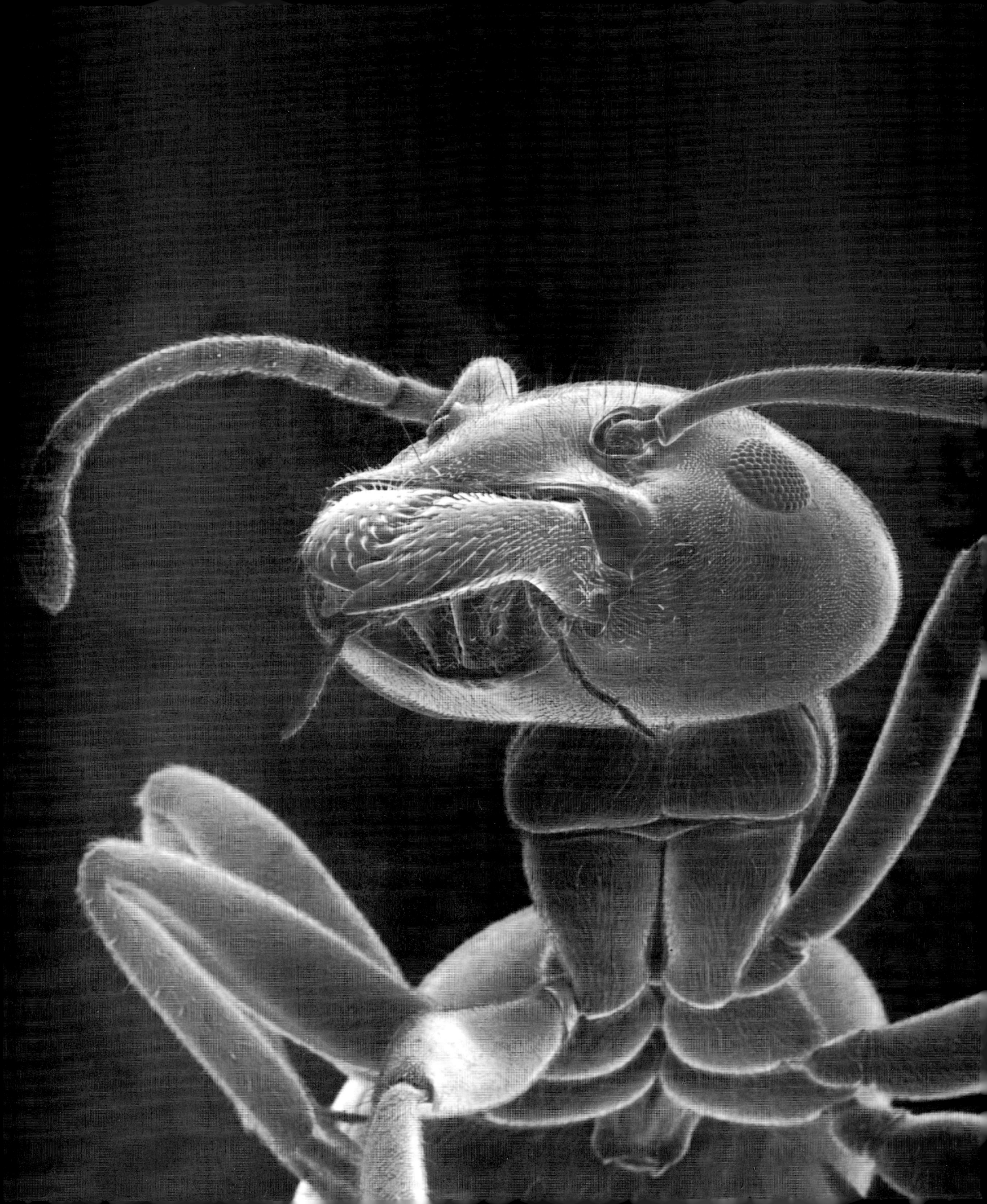

dann an die Wirbeltiere vor ungefähr 600 Millionen Jahren und dann an unsere menschlichen Vorfahren. All diese Ereignisse, die das Leben auf seinem Weg von einer einzelnen mikrobischen Zelle bis zu den Windungen des menschlichen Gehirns und den menschlichen Geist zum Bewusstsein seiner selbst vorangebracht haben, könnten uns vor Erstaunen aus der Fassung bringen.

Als der Botaniker David Fairchild vom Landwirtschaftsministerium 1913 mit seinen Weitlinsenwinkel-Kameras zu experimentieren begann, um Nahaufnahmen von Insekten zu machen, waren seine ersten Bilder für jene Zeit so erstaunlich, dass sie im Mai 1913 in einem Artikel des GEOGRAPHIC mit dem Titel »Die Monster in unseren Hinterhöfen« veröffentlicht wurden und später in einem der ersten Bücher der Society, dem *Buch der Monster.* Fairchild (Gilbert Hovey Grosvenors Schwager) war in erster Linie Wissenschaftler und dann erst Fotograf. Aber Wissenschaft und Fotografie sind seit Louis Daguerres Entdeckung von 1830, dass ein reales Bild fixiert werden konnte, miteinander verknüpft gewesen. So verblüffend Fairchilds Bilder auch gewesen sein mögen, so waren es doch nur Nahaufnahmen – Nahaufnahmen vom Äußeren lebendiger Formen, die bereits mit dem bloßen Auge wahrgenommen werden konnten.

Zweieinhalb Jahrhunderte vor Fairchilds Experimenten war Anton van Leeuwenhoek, ein holländischer Amateur-Wissenschaftler, sogar mit seinen simplen Instrumenten in der Lage gewesen, Bakterien und Urtiere zu sehen und zu zeichnen. Aber selbst heute sind die besten optischen Mikroskope auf Objekte begrenzt, die im Bereich der Wellenlänge des Lichts liegen, so wie es Fairchilds Kamera und van Leeuwenhoeks primitives Mikroskop waren. Sie können nur 2000-fach vergrößern. Das heißt, sie können sich nur auf Objekte scharf einstellen, die nicht kleiner als 2000 Angström sind [= 200 Nanometer; 1 nm = 10^{-9} m; A. d. Ü.].

Aber mit Hilfe des Elektronenmikroskops, so schrieb Senior Assistant Editor Kenneth Weaver in »Elektronische Reise durch eine unsichtbare Welt« für die Februar-Ausgabe des GEOGRAPHIC von 1977, »haben Wissenschaftler uns ein ganz neues Reich von Atomen und Molekülen eröffnet, eine Welt, die niemals zuvor ein Mensch gesehen hat. So wie uns die größten Teleskope von heute in ein bizarres Universum von Quasaren und Schwarzen Löchern führen, so lässt uns das Elektronenmikroskop in eine Alice-im-Wunderland-Welt des inneren Kosmos eindringen. Was wir dort sehen, das ist manchmal fantastisch schön, manchmal hässlich und meistens von außerordentlicher Bedeutung.«

Weaver legt dar, dass das derzeit beste Elektronenmikroskop

> unglaubliche 20 Millionen Mal vergrößern kann, mit einer Auflösung von zwei Angström (0,2 Nanometer). Und selbst das einzelne Atom, das einen Durchmesser von etwa einem Angström (0,1 nm oder der zehnmilliardste Teil eines Meters) hat, kann nur in der Weise fotografiert werden, wie man ein unsichtbares Staubkörnchen aufgrund der Lichtstreuung »sehen« kann, die entsteht, wenn das Korn durch einen hellen Sonnenstrahl fliegt. Diese Angström-großen Atome sind so klein, dass man beinahe eine Million von ihnen Seite an Seite aufreihen müsste, um die Dicke dieses Papiers zu erreichen.

Das Wort »Atom« aus dem altgriechischen meint wörtlich »untrennbar«. In seinem wundervoll klar geschriebenen Magazin-Artikel von 1985, »Welten im Atom«, erklärte der Autor John Boslough die Herkunft des Wortes und versuchte auch, wie Weaver, uns zu helfen, dessen winzige Größe zu begreifen:

◄

64 Jahre nach Fairchilds Weitlinsen-Experiment fängt 1977 ein Raster-Elektronenmikroskop eine sechs Millimeter lange Bienenameise beim Baden ein. Das 80-fach vergrößerte Insekt ist gerade dabei, sich den Fühler mit einem Bein zu reinigen.

Vor 2300 Jahren meinten die griechischen Philosophen Demokrit und Leukipp, wenn man ein Objekt wie ein Blatt oder Brot in zwei Hälften schneide und dann wieder in zwei Hälften und wieder, bis es nicht mehr ginge, dadurch zum letzten Baustein zu kommen. Ihn nannten sie Atom. Das Atom ist unendlich klein. Jeder Atemzug enthält eine Billion Billionen Atome. Und weil Atome in der Alltagswelt, in der wir leben, praktisch unzerstörbar sind, kann die Luft, die Sie in ihre Lungen einatmen, ein oder zwei Atome enthalten, die Demokrit auf seinem Sterbelager ausgehaucht hat.

Um den Maßstab eines Atoms und seiner Innenwelt zu begreifen, schaue man sich einen »i«-Buchstaben auf dieser Seite an. Man vergrößere seinen Punkt mit einem Elektronenmikroskop um eine Million, und man wird eine Aneinanderreihung von einer Million Tintenmolekülen sehen. Das ist das Gebiet des Chemikers. Man schaue ein Tintenmolekül genauer an, und man wird ein verwischtes Bild des größten Atoms vor Augen haben, aus denen es sich zusammensetzt.

Weder mit dem bloßen Auge noch mit der Kamera oder einem Mikroskop hat jemals irgendjemand die innere Struktur eines Atoms gesehen. So winzig Atome sind, so bestehen sie aus noch viel winzigeren subatomaren Partikeln. Protonen, die positiv elektrisch geladen sind, und Neutronen, elektrisch neutrale Partikel, hängen im Zentrum des Atoms eng zusammen, im Nukleus mit dem hunderttausendsten Teil des Durchmessers eines Atoms. Atomphysiker arbeiten mit solchen Größenverhältnissen.

Und die Atomphysiker arbeiten auch daran, »das Untrennbare zu trennen«. Sie zerschlagen das Atom. Ironischerweise, wie Boslough darlegt, »erfordert die Entdeckung der kleinsten Dinge im Universum die größten Maschinen der Erde«: Maschinen wie der 3,2 Kilometer lange Linearbeschleuniger der Stanford-Universität in Palo Alto, Kalifornien, der negativ geladene Elektronen auf Atomkerne schießt, und der mehr als 6,5 Kilometer lange Beschleuniger des Europäischen Zentrums für Kernphysik (CERN) bei Genf, wo mit den schweren Protonen geschossen wird, um mehr Kollisionen zu erzielen. (Ein GEOGRAPHIC-Mitarbeiter hat es so ausgedrückt: »Den Kern eines Atoms mit einem geladenen Teilchen zu treffen, ist dasselbe, wie Poolbillard auf einem Tisch von der Größe Texas' zu spielen.«)

Mitte der Achtzigerjahre bestanden bereits zehn große Beschleunigerzentren in den Vereinigten Staaten, Japan, Europa und Russland. Aber sie alle sollten zu Zwergen werden, als 1990 der 83 Kilometer lange Beschleuniger in den USA fertig gestellt wurde. In »Welten im Atom« interviewte Autor John Boslough Direktor Dr. Leon Lederman vom Fermi-Laboratorium und schrieb:

> Indem der CERN-Beschleuniger wie ein ungeheures Mikroskop verwendet wird, untersuchen die Physiker die Struktur des Atoms, einen inneren Kosmos von subatomaren Teilchen, die unserer täglichen Erfahrung so fern sind wie die entferntesten Bereiche des Weltalls. Dennoch kann diese Struktur eine Erklärung dafür liefern, wie das Universum geboren wurde.
>
> In den vergangenen 50 Jahren haben Wissenschaftler, die das Innere des Atoms erforschen, viele jahrtausendealte Geheimnisse der Materie und Energie gelöst. Dieses neue Wissen hat uns den Laser beschert, den Computer, die Transistoren, die Raumfahrt und die Atomkraft für Waffen und Energie. »Aber unser eigentliches Ziel ist ein neues Bild der Realität«, sagt Leon Lederman.
>
> »... Wir suchen nach etwas, das jener Revolution im Denken gleichen wird, die der Erklärung von Kopernikus folgte, dass die Erde sich um die Sonne dreht.«

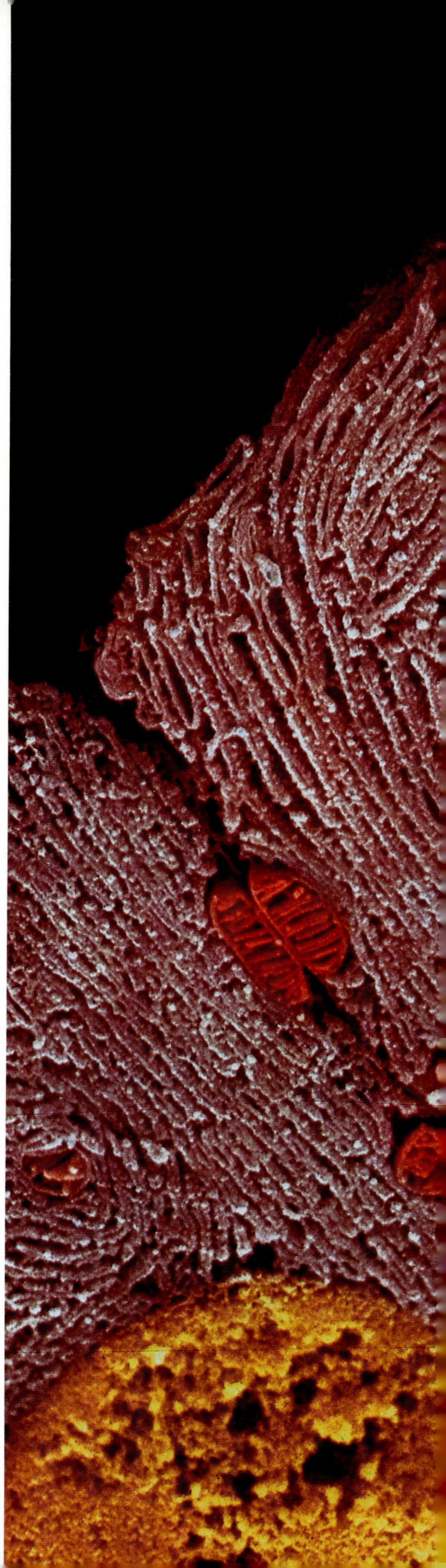

10 000-fach vergrößert und für die Innenansicht aufgeschnitten zeigen die menschlichen Zellen ihre Kerne als große gelbe Kreise, die Mitochondrien tiefrot und Ribosomen als helle Flecken. Drumherum das seilähnliche Labyrinth, endoplasmatisches Reticulum genannt.
Aus Die unglaubliche Maschine

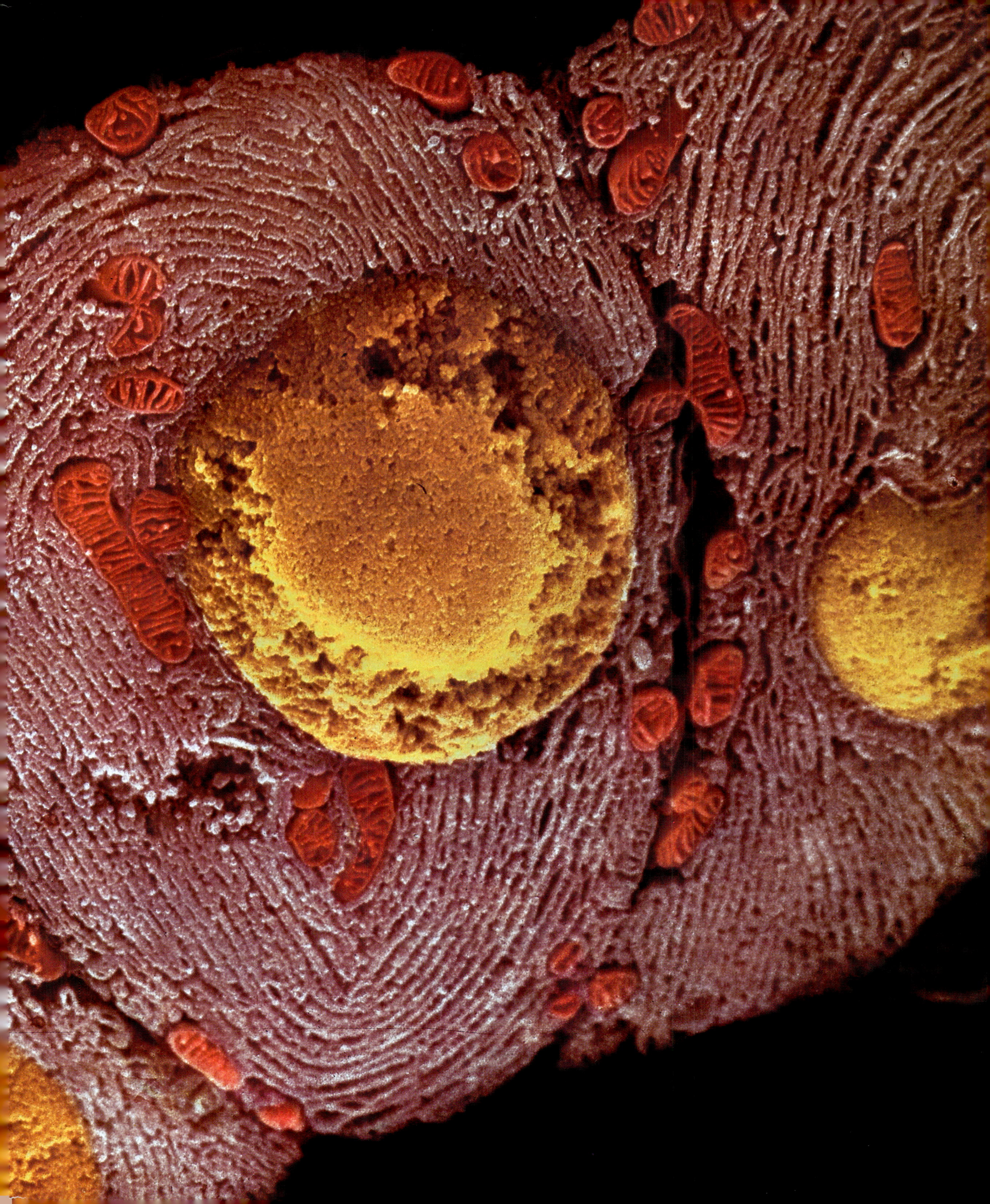

Gegenüber: Die technologische Fremdartigkeit dem Laien verständlich zu machen, ist immer die Stärke des GEOGRAPHIC gewesen. In dem Band des Bücherdienstes von 1986 Die unglaubliche Maschine *greift die Society in Wort und Bild das größte Geheimnis von allen auf: den Anfang des Lebens selbst.*
»In ein Nest von Membranen gekuschelt, erreicht der Embryo (7-fach vergrößert) mit acht Wochen einen Meilenstein. Obwohl nur von der Größe einer Walnuss, hat er bereits alle seine wichtigen Organe und Systeme. Jetzt beginnt der Embryo seine Muskeln zu testen, die täglich wachsen. Sein Herz schlägt bereits seit einem Monat, und der Embryo nimmt sein vertrautes, babyähnliches Aussehen an. Sein Kopf, beinahe die Hälfte der Gesamtgröße, weist auf die stattfindende rasche Entwicklung des Gehirns hin. Von der neunten Woche an bis zur Geburt wird es als Fötus bezeichnet. Durch die Nabelschnur mit der lebenserhaltenden Plazenta verbunden, tritt der Fötus jetzt in eine Phase dramatischen Wachstums ein: Während der restlichen sieben Monate des pränatalen Daseins vervielfacht sich sein Gewicht um das 3600-fache, und seine Strukturen werden ausgefeilt.«

> Lederman und andere Physiker suchen nach den allerletzten Bausteinen, aus denen alle Dinge, die Sterne, die Erde, du und ich und das Atom gemacht sind. Da alles im Kosmos seit dem anfänglichen Urknall aus diesen Teilchen zusammengesetzt worden ist, hoffen die Wissenschaftler, den Ursprung des Universums zu erfahren, ein Ziel, vor dem selbst Albert Einstein zurückgeschreckt ist. Heute glauben seine Nachfolger im CERN und sonstwo ... dass sie das Problem lösen werden.

Wie die Physiker den Ursprung des Universums zu entdecken hoffen, so hoffen die Biologen den Ursprung des Lebens zu finden.

Der Mitarbeiter des NATIONAL GEOGRAPHIC, Rick Gore, beschrieb sich selbst in dem Artikel »Die ehrfurchtgebietenden Welten im Inneren der Zelle« vom September 1976 als »einen reisenden Journalisten in Sachen der ›neuen Biologie‹, der sich über die Wissensexplosion Notizen macht, die in jüngster Zeit die Wissenschaft vom Leben transformiert hat«. In einem Laboratorium an dem California Institute of Technology hielt Gore am Ende einer Pipette reine destillierte Desoxyribonukleinsäure in der Hand. DNS, »die gefeiertste Chemikalie unserer Zeit«, wie Gore sie nannte, »ist die Meisterchoreografin der lebenden Zellen und Trägerin des genetischen Codes«.

»Wenn irgendein Vorgang verdeutlicht, was in der Biologie passiert ist«, schrieb Gore, »dann ist es diese grundlegend neue Fähigkeit, den eigentlichen Stoff des Lebens der Zelle zu entnehmen, ihn in einem Teströhrchen zu isolieren, ihn zu analysieren und in die tiefen Geheimnisse einzudringen, die in seinen Teilen verborgen sind.«

Schon 1665 sah und benannte der englische Mikrobiologe Robert Hooke Zellen, deren tote Reste er in Korkscheiben fand, aber der Holländer van Leeuwenhoek war der Erste, der lebende Zellen beschrieb. »Keinen schöneren Anblick haben meine Augen jemals gesehen, als diese vielen tausend lebenden Zellen in einem kleinen Tropfen Wasser«, schrieb er 1676. Es sollten noch anderthalb Jahrhunderte vergehen, bevor Matthias Schleiden und Theodor Schwann, zwei deutsche Wissenschaftler, den Schluss ziehen würden, dass jedes lebende Wesen aus Zellen aufgebaut ist. Mit der Zeit entdeckten die Wissenschaftler, dass Zellen sich teilen und vermehren und Chemikalien produzieren, aber noch bis gut zur Mitte dieses Jahrhunderts war wenig über das Leben in der Zelle bekannt. Dies hat sich, wie Gore schrieb, auf Grund der neuen Technologie in starkem Masse geändert:

> Heute haben Biologen mithilfe hochwirksamer Elektronenmikroskope und sinnreicher, aus der Physik und Chemie übernommener Techniken bei der Zelle die Barriere der Unsichtbarkeit durchbrochen und ihr Inneres vermessen. Sie haben eine außerordentlich kleine und dennoch enorm komplexe Welt gefunden, deren Großartigkeit, wie die des Kosmos, erstaunlich und verwirrend zugleich ist.
>
> Jede Zelle ist eine Welt, die bis zum Rand mit bis zu 200 Billionen winziger Gruppen von Atomen, Moleküle genannt, gefüllt ist. Selbst die größten Moleküle wie DNS werden ... in Angström gemessen – dem zehnmilliardsten Teil eines Meters (0,1 Nanometer)... Die Zelle hat sich als ein Mikro-Universum erwiesen, so sagt uns die Wissenschaft, das voll kleiner Teilchen des Lebens ist, von denen jedes mit hervorragender Präzision funktioniert, oft im Tausendstel einer Sekunde, ein biochemischer Tanz, den ihre Vorgänger vor zahllosen Generationen im Ur-Ozean aufzuführen begannen.

Max Delbruck vom California Institute of Technology formulierte es in Gores Artikel so: »Jede einzelne Zelle, die sozusagen das Gedächtnis von einer Milliarde Jahren der Evolution verkörpert, stellt in stärkerem Maße ein historisches denn ein physikalisches Ereignis dar. Man kann nicht erwarten, dass man so einen alten, weisen Vogel mit ein paar Worten erklären kann.«

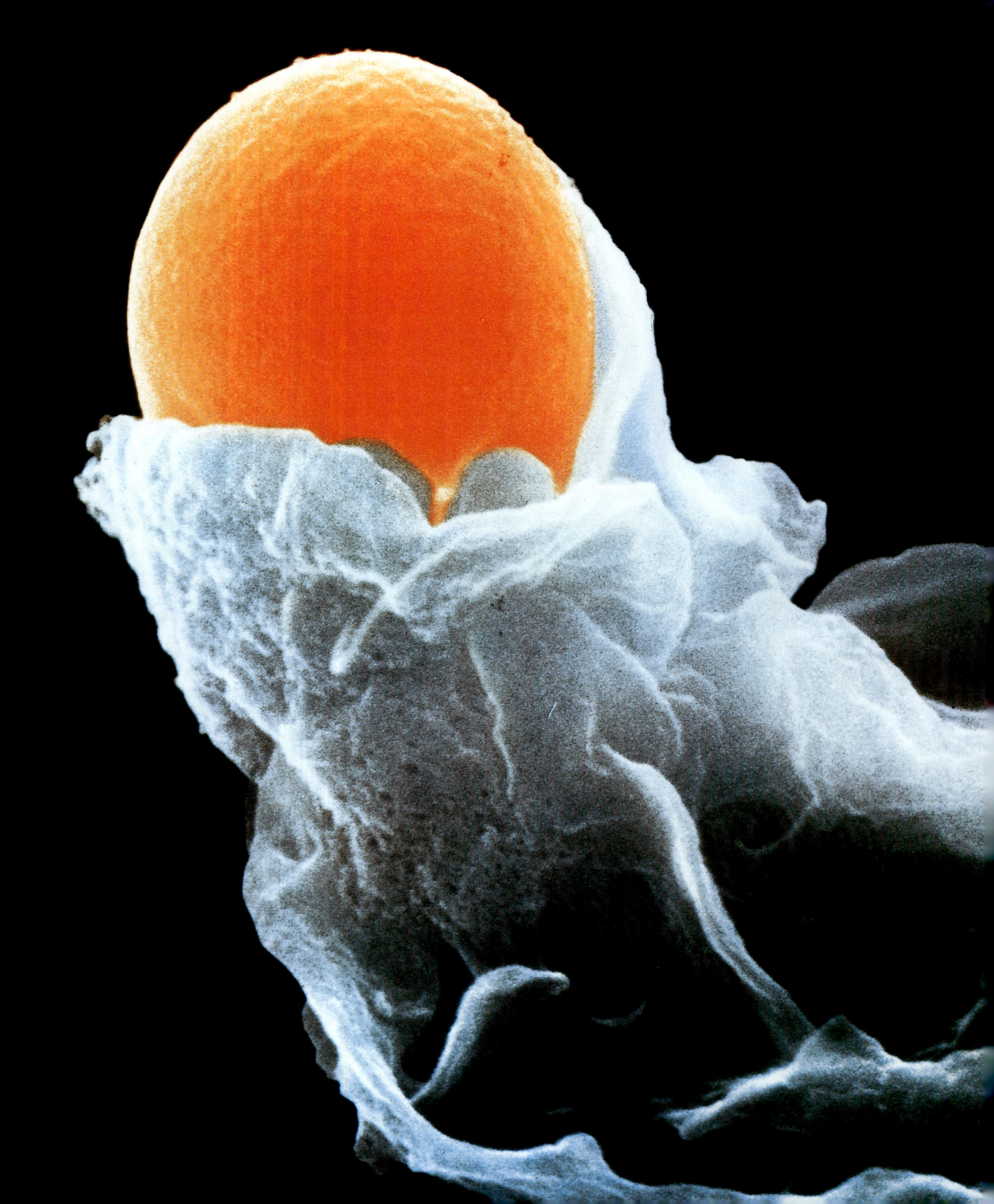

»Der grundlegende Prozess, durch den Merkmale der Eltern an die Nachkommenschaft weitergegeben werden«, schrieb der Biologe William Bateson 1902, »... ist für uns genauso mysteriös wie der Blitz für einen Wilden.«

Und dennoch haben schon im Jahr 1881 Forscher, die die Eier des Seesterns und des Seeigels untersuchten, das Nuklein entdeckt, das drahtförmige Erbmaterial, das mit verschmolz, wenn Ei und Sperma (»DNS mit einem Schwanz« nannte es Gore) zusammengebracht wurden. Diese Forscher hatten ungewollt auch die Art und Weise entdeckt, wie die menschliche Reproduktion vor sich geht, und dass das Leben für uns nicht, wie man jahrhundertelang glaubte, mit dem Hineinstecken eines mikroskopisch kleinen menschlichen Wesens in ein winziges Ei beginnt, sondern, wie Susan Schiefelbein in *Die unglaubliche Maschine* schrieb, als ein »fragiler Faden, der aus chemischem Gedächtnis gesponnen wird«.

Wir haben seit 1881 eine Menge gelernt, sagt sie und erklärt:

> Wir kennen den Code, mit dem diese leichten Fäden ihre Botschaft senden. Die Erbmasse ist auf einem chemischen Band eingraviert, das wie eine Wendeltreppe aussieht, deren Stufen aus vier chemischen Basen gebildet sind, die an Zucker- und Phosphatketten befestigt sind, der DNS... Tausende dieser Stufen bilden ein einziges Gen. Zehntausende Gene, nach Strukturen geordnet, die wir Chromosomen nennen, übermitteln die Befehle für die Existenz, bestimmen die Augenfarbe, das Haar, die Anfälligkeit gegenüber Krankheiten, vielleicht sogar das Stottern und das Verantwortungsgefühl.
>
> Etwa sechs Milliarden DNS-Stufen in einer einzigen Zelle bewahren den Bauplan des Lebens auf. Dieser DNS-Plan für ein einziges menschliches Leben kann auf 1,8 Meter gestreckt werden, ist aber in einem Lager von einem Zehntel Millimeter Durchmesser aufgerollt, dem Nukleus der Zelle.

An anderer Stelle in *Die unglaubliche Maschine* schreibt sie:

> Das DNS-Molekül ist ein Wunder an Organisation, aufgebaut wie eine verdrehte Leiter... Die Struktur ist nicht nur kunstvoll, sondern auch beweglich. Jedes »Standfoto« dieses Moleküls vermittelt nur einen Teil seiner Natur, der Rest befindet sich in Bewegung. Die DNS biegt und dreht sich einige Milliarden Male in der Sekunde, wobei die Seiten der Leiter ein- und aus»atmen«. Dieser Tanz entsteht wahrscheinlich bei der Ausübung der beiden Schlüsselaufgaben der DNS: die Bildung von Protein zu regulieren und sich selbst zu verdoppeln.

Die Bildung von Protein ist für die Zelle und uns lebenswichtig. Auch wenn wir bei Eiweiß an einen bestimmten Gehalt denken, den wir in gewissen Nahrungsmitteln suchen, ist Protein eigentlich der Name für eine endlose Vielfalt an chemischen Verbindungen, die, wenn sie aufgebrochen sind, unsere Zellen mit Nährstoffen versehen, die diese für die Produktion von weiterem Protein benötigen. Hormone wie das Insulin, das den Energiebedarf regelt, sind Proteine; Kollagen, das die Haut aufbaut, ist ein Protein; Hämoglobin, das Sauerstoff liefert, ist ebenfalls ein Protein; ein paar Dutzend verschiedener Enzyme sind Proteine; und auch die verschiedenen organischen Komponenten, aus denen die Zellen aufgebaut sind.

Wenn Zellen sich teilen, dann stammen die dafür notwendigen Instruktionen für die Verdopplung ihrer eigenen Proteine aus der DNS in ihren Genen. Darüber hinaus, so schrieb Rick Gore:

> haben [Wissenschaftler] herausgefunden, dass praktisch alle Zellen das Gesamtrepertoire an Genen für eine bestimmte Pflanze oder ein Tier enthalten. Eine Zelle in meinem Zeh, sagen wir, hat alle Daten in ihrer DNS, um einen Menschen herzustellen, der mit mir identisch ist. Diese vielen Befehle, würden sie niedergeschrieben werden, würden 1000 Bücher mit je 600 Seiten füllen. Die einzigartigen Erfahrungen unseres Lebens machen aus uns natürlich mehr als nur das Produkt unserer Gene. Dennoch ist es die DNS, die die grundlegenden physikalischen Grenzen dessen bestimmt, was wir können oder nicht können.

Gegenüber: Die Autoren des NATIONAL GEOGRAPHIC haben immer Gefallen an Formulierungen wie »eine-Million-Tinten-Moleküle-sind-in-dem-Punkt-auf-diesem-i-enthalten« gefunden, was zweifellos zur Visualisierung beiträgt. Rick Gore macht da keine Ausnahme. In seinem Artikel vom September 1976 »Die wunderbare Welt der Zelle« schrieb Gore: »Unser Blut enthält 20 Billionen rote Blutkörperchen: 30 000 davon würden in dieses Q hineinpassen.«
Beim Beginn des Lebens tief im Knochenmark teilt sich ein rotes Blutkörperchen und füllt sich mit Hämoglobin. Innerhalb von sechs Tagen betritt es die Blutbahn. Nach etwa 120 Tagen stirbt es ab. »Eine Theorie«, so heißt es in Die unglaubliche Maschine, *»behauptet, dass die Zelle ohne einen Nukleus, um alte Teile zu erneuern, ihre inneren Ressourcen verbraucht. Ihre äußere Membrane verbraucht sich ebenfalls durch die tausendfachen Reisen durch den Blutkreislauf, genauso wie sich die Lauffläche eines Autoreifens abnutzt. Eine Makrophage, die weiße, für die Säuberung zuständige Blutzelle, spürt, dass die Zeit gekommen ist. Sie umfasst die alternde Zelle, saugt sie auf und verdaut sie.« (10 000-fache Vergrößerung)*

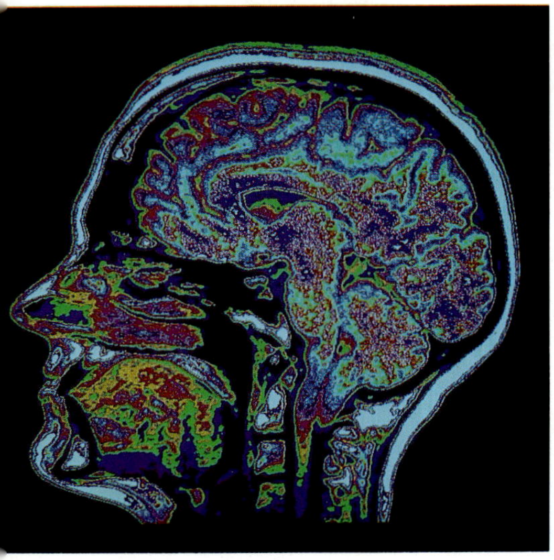

Oben: »Ein mittels Kernspin-Tomographie (MRI) farbverstärktes Profil zeigt einen kleinen Gewebeeinbruch, der auf die Gehirnbasis gerutscht ist. MRI-Apparaturen werden häufig zur Abbildung von weichen Geweben wie dem Gehirn benötigt; sie benutzen nicht X-Strahlen, um in den Körper einzudringen, sondern verwenden eine Kombination von Radiowellen und einem starken Magnetfeld.«
Aus »Die neue Sicht der Medizin«, Januar 1987

Gegenüber: »Ein normales Gesicht im Dunkeln wirkt geisterhaft und außerirdisch, wenn es mit einem MRI-Raster betrachtet wird. Die unheimliche Stirn, die Augenbrauen, die Nase und Lippen erscheinen am hellsten, weil in ihnen die Wasserdichte höher als in anderen Gewebeteilen ist. MRI reflektiert das Wasser, weil es sich das Verhalten der Wasserstoffatome in Wassermolekülen zu Nutze macht... Zähne und Knochen erscheinen bei MRI überhaupt nicht...«
Aus »Die neue Sicht der Medizin«, Januar 1987

Es bleibt die Tatsache, dass wir alle verschieden sind – selbst identische Zwillinge haben zahlreiche Unterschiede in den Linien ihrer Handflächen, ihrer Finger und den Merkmalen ihrer Iris –, aber gemeinsam ist uns der Eintritt in diese Welt; und das Mysterium und das Wunder beginnen am Anfang. Im Kapitel »Der Beginn der Reise« in *Die unglaubliche Maschine* schrieb Susan Schiefelbein:

> Das neugeborene Baby verkörpert die Unschuld und verbirgt doch ein Rätsel, das allen Bemühungen hohnspricht: die Entstehung des menschlichen Lebens. Die Geschichte beginnt mit dem Sperma und einem Ei, die sich verbinden und eine einzige Zelle bilden. Geschützt im Schoß der Mutter, vermehrt sich die Zelle. Bald gibt es Hunderte verschiedener Zellen, die in der Lage sind, etwa 50 000 verschiedene Proteine herzustellen, um die Arbeit all unserer Zellen zu kontrollieren...
>
> Es dauert nicht lange, bis sich Gruppen von Zellen zu Schichten verdichten, dann zu Plättchen und Röhrchen, die zur rechten Zeit an den rechten Ort gleiten, ein Auge genau dort bilden, wo ein Auge hingehört, die Bauchspeicheldrüse dort, wo sie hingehört. Die Abfolge ihrer Herausbildung ist genau festgelegt; die Strukturen der Venen und Nerven erscheinen genau rechtzeitig, um genau die Organe zu unterstützen, die sie demnächst unbedingt brauchen werden. Innerhalb von vier Wochen hat die Nachkommenschaft der ersten Zelle ein winziges schlagendes Herz geschaffen; in nur drei Monaten können sie Reflexantworten aus dem entstehenden Gehirn abrufen.
>
> Lediglich Spuren von Chemikalien regen diese werdenden Zellen zur Teilung an. Nach genau neun Monaten werden dann etwa 25 Billionen lebender Zellen gemeinsam aus dem Mutterschoß entlassen; zusammen werden sie hüpfen und rennen und tanzen, singen, weinen, Fantasie entwickeln und träumen.

Und sind wir erst einmal geboren, müssen unsere Körper gegen zahllose Feinde Schlachten schlagen, die unseren Körper jeden Augenblick, beim Schlafen und Wachen, unser Leben lang von außen und innen attackieren.

»Die Kämpfer sind zu winzig, um sie sehen zu können«, schrieb Peter Jaret in »Unser Immunsystem: Kriege im Innern« für die Juni-Ausgabe 1986. »Einige, wie das bösartige Virus, der AIDS verursacht, sind so klein, dass 230 Millionen in den Punkt am Ende dieses Satzes passen würden.«

Die Instrumente, die die Beobachtung dieser Kriege in uns möglich machen, waren noch vor 25 Jahren nicht vorhanden. Das Gebiet der Immunologie, das Studium des Immunsystems, war stärker von der Wissenschaft der Deduktion geprägt als von der Medizin. Aber mit dem Aufkommen des Elektronenmikroskops und verfeinerter Labortechniken konnten die Mutmaßungen der Forschung weichen und der Entdeckung von Strategien und Gegenstrategien, die die Verteidiger unseres Körpers, aber auch seine Feinde anwenden. Innerhalb der vergangenen Dekade ist die Immunologie aus dem Fahrwasser der Medizin heraus ins Rampenlicht getreten, zumal Krankheiten wie AIDS Krisen geschaffen haben, gegen die die Medizin gerade mobil macht.

»Einige Bakterien, wie die bekannten Streptokokken und Straphylokokken, schwärmen in Legionen ständig über unsere Haut und Schleimhäute, um Zugang zu finden, was dann zu heiseren Kehlen oder Geschwüren führen kann«, schrieb Jaret. »Oder man denke an das Bakterium *Clostridium botulinum*, das Botulismus hervorrufen kann. Eine einzige Zelle kann ein Gift erzeugen, das so stark ist, dass der 14-tausendste Teil eines Gramms ausreichen würde, um eine Million Meerschweinchen im Labor zu töten.«

Von allen Feinden des Körpers jedoch, betont Jaret, ist das Virus sowohl »der gewöhnlichste als auch der verschlagenste«:

> Ein Virus ist ein Bündel von Genen, die von Protein umgeben sind und Instruktionen erhalten, identische Kopien von sich selbst zu produzieren. Reine

CP
E
T
L
F
NEXT
W4

Information. Da ihm die grundlegende Maschinerie für seine Reproduktion fehlt, ist das Virus genaugenommen nicht einmal lebendig.

Aber wenn ein Virus in eine unserer Zellen gelangt, dann arbeitet dieses Bündel genetischer Information genau wie die DNS unserer Zellen und gibt seine eigenen Instruktionen heraus. Die Zelle wird zu einer Virus-Fabrik, die ihre eigenen identischen Virus-Zellen erzeugt. Unter Umständen können sie die Zelle zerbrechen und töten. Viren-Klone schwärmen aus, um die Nachbarzellen zu überfallen.

»Man muß bedenken, dass ein Virus Tausende Kopien seiner Selbst in einer einzigen befallenen Zelle produzieren kann«, sagte der Immunologe Steven B. Mizel von der Bowman Gray School der Wake Forest University zu Jaret. »Eindringende Bakterien können ihre Zahl alle 20 Minuten verdoppeln. Zu Anfang ist der Vorteil immer auf Seiten des Aggressors.«

Jaret benutzte seine eigene Erkältungskrankheit als Aufhänger für seine Geschichte. Zu seiner Beruhigung »war von den 100 Billionen Zellen, aus denen mein Körper besteht, jede hundertste bereit, mich zu verteidigen«, erklärte Jaret, und zwar die weißen Blutzellen, »die im Knochenmark entstehen. Wenn sie auftauchen, dann bilden sie drei verschiedene Regimenter von Kriegern: die Phagozyten und zwei Arten von Lymphozyten, die T-Zellen und die B-Zellen. Hätte AIDS 20 Jahre früher zugeschlagen, dann wären wir tatsächlich total hilflos gewesen.«

Unter all den medizinischen Fortschritten, die in den Publikationen und Filmen der Society beschrieben wurden, ist vielleicht keiner erstaunlicher gewesen als der in der diagnostischen Medizin. Obwohl der deutsche Physiker Wilhelm Konrad Röntgen die erste X-Strahlenaufnahme 1895 machte und die Ärzte schnell ihren Wert bei der Untersuchung von Knochenbrüchen entdeckten, betont der altgediente Mitarbeiter des GEOGRAPHIC, Howard Sochurek, dass die »jüngsten Fortschritte bildgebender Verfahren bzw. von *machine-vision*, [die] den Arzt befähigen, in den Körper ohne invasive Verfahren hineinzuschauen, in den vergangenen 15 Jahren in der diagnostischen Medizin einen größeren Durchbruch gebracht haben als die Erkenntnisse in der gesamten vorhergegangenen Geschichte der Medizin«.

Unter den neuen Maschinen und Techniken, die Howard Sochurek in »Die neue Sicht der Medizin« im Januar-Heft des GEOGRAPHIC von 1987 vorstellte, war auch die Kernspin-Tomographie (MRI), die nicht X-Strahlen benutzt, sondern vielmehr eine Kombination von Radiowellen und einem sehr starken Magnetfeld, um Bilder von weichem Gewebe, wie dem des Gehirns, sichtbar zu machen.

Sochurek nannte MRI »ein aufregendes Gebiet und in explosivem Wachstum befindlich. Diese sehende Apparatur könnte sich als ein ebenso fantastisches Werkzeug der modernen Medizin erweisen wie es das Röntgengerät ist...

Die Kernspin-Tomographie beruht auf dem Prinzip, dass Wasserstoffatome, wenn sie einem Magnetfeld ausgesetzt werden, sich wie Soldaten aufstellen. Wenn eine Radiofrequenz auf diese Atome gerichtet wird, dann verändert sich die Abfolge der Kerne. Schaltet man die Radiowellen ab, dann stellen sich die Kerne wieder in die richtige Reihenfolge, wobei sie ein schwaches elektrisches Signal abgeben. Und da der Körper hauptsächlich aus Wasserstoffatomen zusammengesetzt ist, kann aus den wiederkehrenden Stromimpulsen ein Bild geformt werden, das Gewebe und Knochenmark zeigt, wie es nie zuvor möglich war.«

Die Digitale Substraktions-Angiographie (DSA) wiederum macht sich zwei Röntgenbilder zu Nutze. »Viele der größten Erfindungen des Menschen haben auch die Möglichkeiten der menschlichen Sinne erweitert«, schrieb Sochurek. »Der Computer hat die Sehfähigkeit des Menschen vergrößert, indem er das Unsichtbare sichtbar machte. Dies neue Sehen liegt dem ... DSA zu Grunde, ein bildgebendes Verfahren, das saubere, klare Bilder vom Blutfluss macht oder auch von Stockungen in zu engen Gefäßen.

Gegenüber: »Die Pyrotechnik der Teilchen-Bahnen auf dem Schirm eines Teilchendetektors in einer Blasenkammer im CERN (Europäisches Zentrum für Kernphysik in der Nähe von Genf). Trümmer von subatomaren Kollisionen hinterlassen unterschiedliche Blasenspuren. Elektronen und Positronen zum Beispiel bewegen sich in engen Spiralen in entgegengesetzter Richtung. Jetzt arbeiten sich Computer durch derlei Spurendschungel hindurch und halten signifikante Ergebnisse für die Forscher fest.«

Aus »Welten im Atom«, Mai 1985

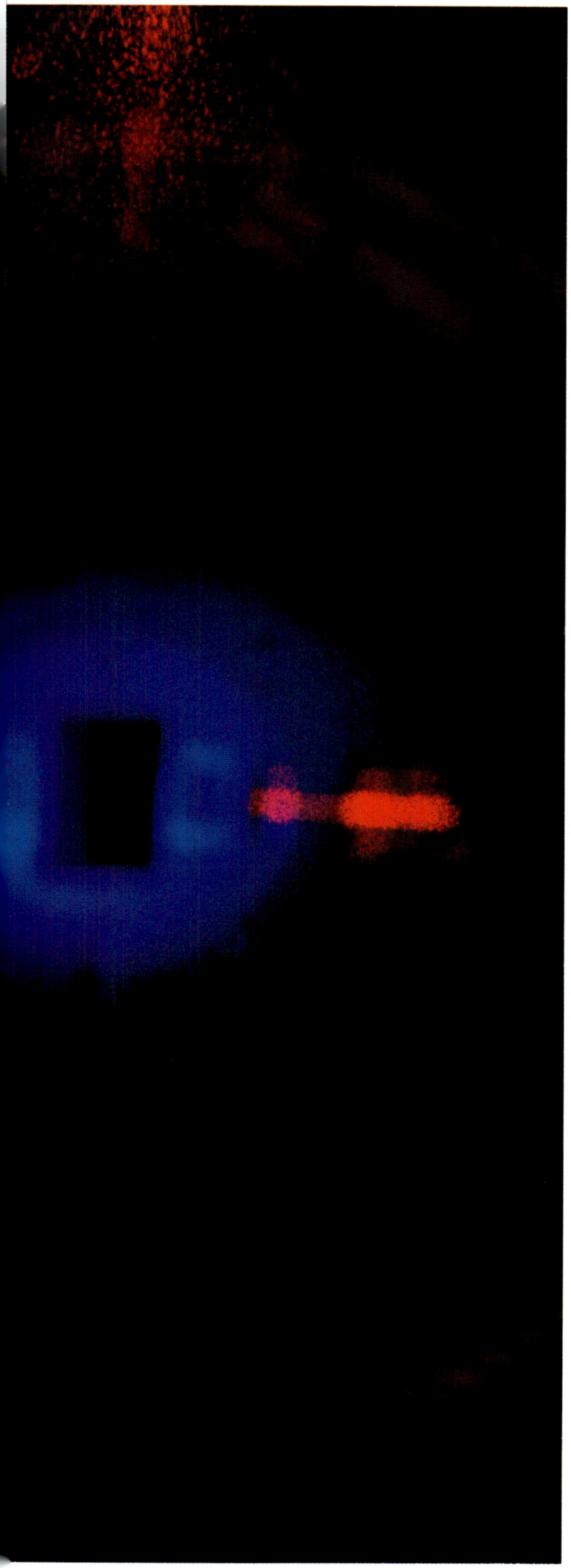

DSA verwendet eine Injektion eines Kontrastmittels in die Adern, das Jod enthält und für X-Strahlen undurchlässig ist. Durch diese Undurchdringlichkeit werden Schatten geworfen, die es dem Arzt ermöglichen, das Blut fließen zu sehen... Vor dem Einspritzen des Kontrastmittels wird ein Röntgenbild gemacht und im Computer gespeichert. Nach der Injektion wird ein zweites gemacht, wodurch auf das fließende Blut, das durch die Kontrastsubstanz gekennzeichnet ist, ein starkes Licht geworfen wird. Der Computer subtrahiert dann Bild eins von Bild zwei, und es bleibt ein scharfes Bild von den Blutgefäßen zurück, wie z. B. von den Herzkranzarterien.«

Die Positron Emission Tomographie (PET) und die Single Photon Emission Computed Tomographie (SPECT) zeigen den Blutfluss, indem sie die Spuren von Radioisotopen abbilden, aber PET macht es mit größerer Genauigkeit und misst auch den Metabolismus bzw. wie gut der Körper arbeitet.

Wenn man ein Röntgengerät um den Patienten herumführt, kann der computergestützte Tomographie (CT)-Scanner mittels feiner, fächerförmiger X-Strahlenbündel in den Körper eindringen, um »Scheiben« vom Körper zu produzieren bzw. Querschnittabbildungen des inneren Gewebes.

Die einzige Körperbilddarstellung, die sich bei schwangeren Frauen empfiehlt, ist die Sonographie. Sie arbeitet mit dem Sonarprinzip, wobei der Körper in kurzen Abständen Hochfrequenzschallwellen ausgesetzt wird, die dann zurückgeworfen und von einem Computer gelesen werden, der die »Echos« in ein Bild des Fötus übersetzt.

Als Sochurek Ärzte befragte, welche Richtung ihrer Meinung nach die Entdeckungen in der Diagnostik nehmen würden, war ihre Antwort

> ... dass sie in der Vergangenheit oft darauf warten mussten, bis sich eine Krankheit zeigte wie z. B. ein Tumor oder Herzschaden.
>
> Aber Krankheiten manifestieren sich gewöhnlich in chemischen Reaktionen, lange bevor es anatomische Veränderungen gibt. In der Zukunft könnte MRI in der Lage sein, solche chemischen Veränderungen aufzuzeigen, indem man Bilder macht mit Elementen wie Phosphor oder Natrium oder auch mit Wasserstoff... Künftige Forschung könnte Methoden perfektionieren, geklonte Antikörper mit einem magnetisch nachweisbaren Element zu kennzeichnen, um sie als Pfadfinder in den Körper auf die Suche nach Krebsgeschwüren zu schicken...

Obwohl die verblüffenden Fortschritte, die in den Bereichen der Physik, Chemie, Biologie und Medizin gemacht worden sind, die Qualität unseres Lebens in einer Weise verbessert haben, die wir schon als selbstverständlich ansehen, gibt es auch noch einen zusätzlichen Vorteil. Er ist philosophischer Art mit sowohl wissenschaftlichen als auch theologischen Implikationen: Wenn diese neuen wissenschaftlichen Geräte, Techniken und das neue Verständnis des Lebens uns auch nicht retten können, dann kann schon eine gewisse Beruhigung aus der Gewissheit gewonnen werden, dass es nicht »Asche zu Asche«, sondern »Stern zu Stern« heißen muss.

◀

Links: »Feinste Mikro-Chirurgie ist der Beschuss von Krebszellen mit subatomaren Teilchen.«
Aus der Mai-Ausgabe von 1985

Folgende Seiten: »Streifen interstellaren Staubs durchziehen die rötliche Glut des Trifid-Nebels.«
Aus Erstaunliches Universum

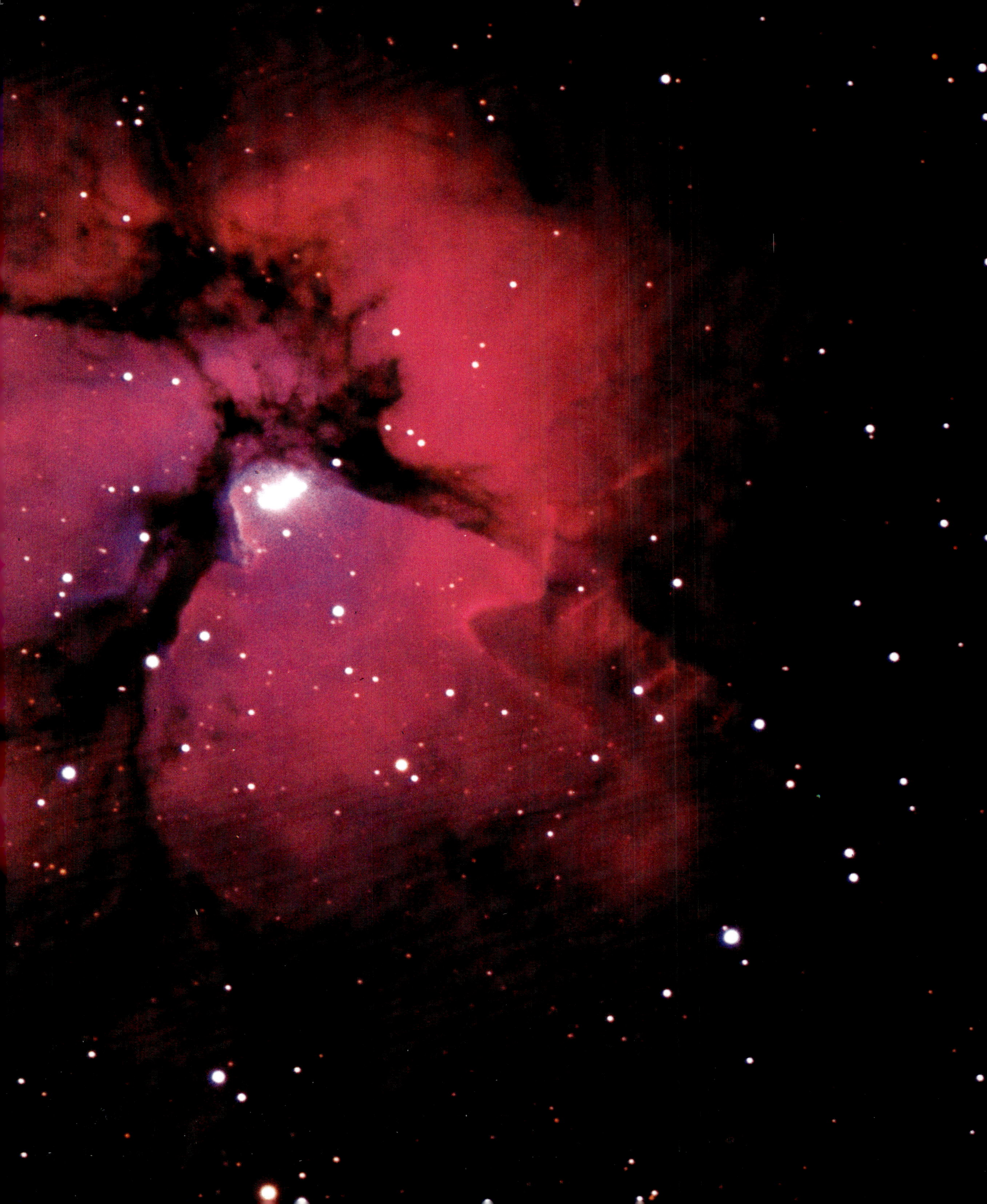

Location: http://www.nationalgeographic.com/main.html
What's New!
What's Cool!
Handbook
Net
NATIONAL GEOGRAPHIC SOCIETY
GEAR
© 1996 NATIONAL GEOGRAPHIC SOCIETY
Thursday January 23, 1997
TALK
CONTENTS
TRAVEL
DIVERSIONS
MAIN MENU
INSIDE THE WHITE HOUSE

1988–1998

Gewaltige Fortschritte

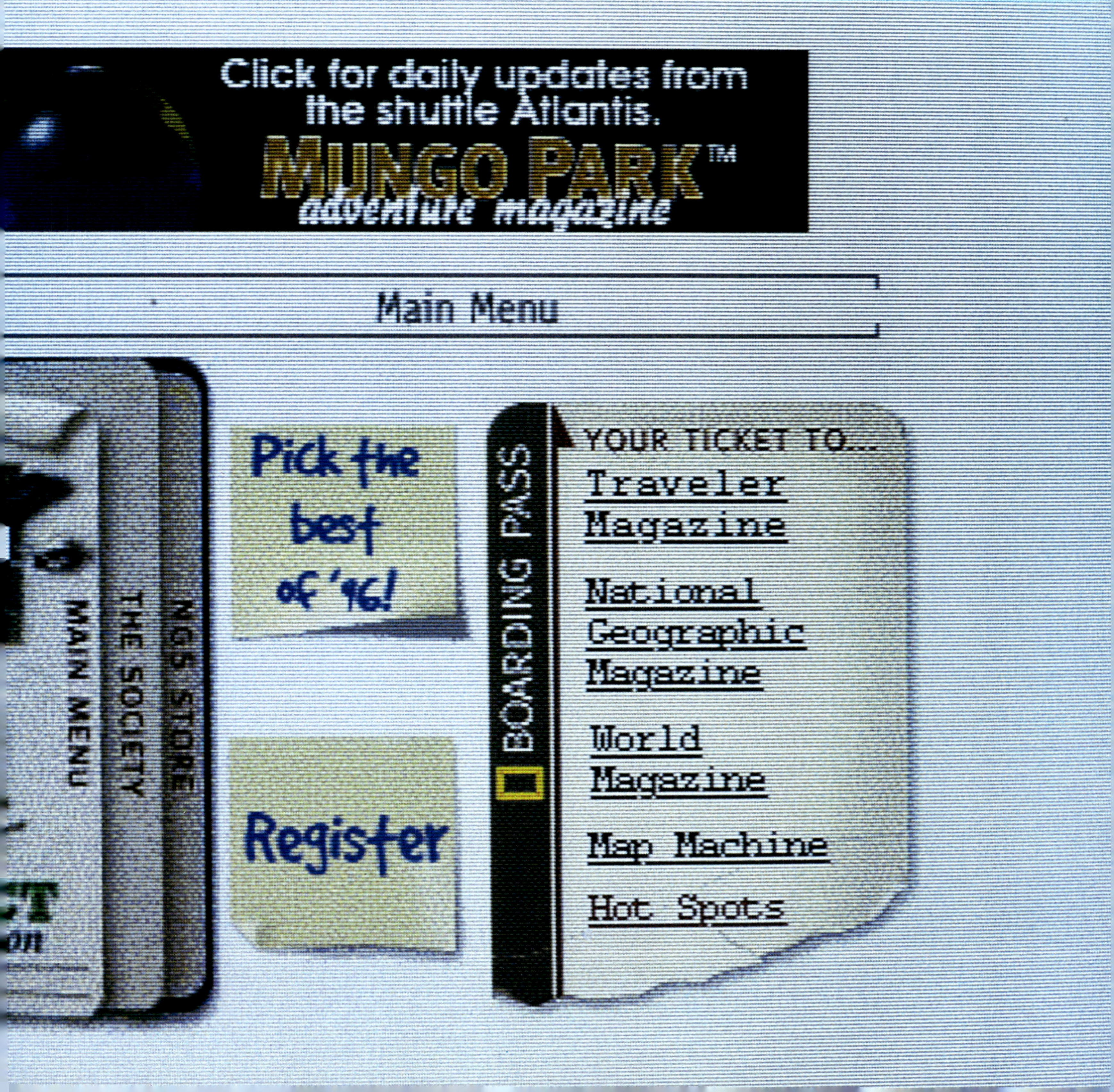

»Wir können mit gewaltigen Fortschritten aufwarten ... Wenn ich das Amt des Präsidenten niederlege, dann tue ich das mit derselben Zuversicht für die weitere Entwicklung der Society, mit der ich 1954 meine Laufbahn begann ... Die Society – und Sie alle mit ihr – wird blühen und gedeihen.«

Gilbert M. Grosvenor, Vorstandsvorsitzender der National Geographic Society

Am Abend des 17. November 1988, einem Donnerstag, krönte die National Geographic Society ihre ein Jahr lang währenden Feierlichkeiten zum 100. Geburtstag mit einem Galadiner im Ballsaal des Sheraton Washington Hotels. Geladen waren 1400 Gäste: Mitglieder, Mitarbeiter und Freunde der Society sowie Kongress- und Kabinettsmitglieder, ehemalige Regierungsbeamte und Vertreter des Diplomatischen Korps. 15 »Entdeckerpioniere« der Gesellschaft wurden mit einem Centennial Award ausgezeichnet – einer gläsernen Erdkugel auf geschliffenem Kristallsockel. Am frühen Abend war zudem der damalige designierte Präsident der Vereinigten Staaten, George Bush, anwesend, dem der Präsident und Vorstandsvorsitzende der Gesellschaft, Gilbert M. Grosvenor, eine lebenslange Mitgliedschaft zusicherte (– damit er künftig nicht mehr die Ausgaben seiner Gattin »stibitzen müsse«). Er fügte hinzu: »Und keine Sorge, Sir. Ich werde persönlich veranlassen, dass das Magazin auch an Ihre neue Adresse geschickt wird.« Bush revanchierte sich mit der Erwähnung einer Kleinanzeige, auf die er in der Denver Post gestoßen war: »Sheila, bitte gib mir meine NATIONAL GEOGRAPHIC-Sammlung zurück; den Verlobungsring kannst du behalten.«

So scherzhaft die einführenden Worte des Präsidenten der National Geographic Society und des künftigen Präsidenten der Vereinigten Staaten auch waren, so hatten beide, wie es am folgenden Tag in der *Washington Post* verlautete, doch auch »viel Ernsthaftes über die Verwundbarkeit unseres Planeten zu sagen. Es ist notwendig, die Menschheit darüber aufzuklären – so wie es das GEOGRAPHIC seit 100 Jahren tut.«

Eine Glaskugel ähnlich der, die die Preisträger überreicht bekommen hatten, erschien auf der hologrammgeschmückten Dezember-Ausgabe des Magazins, wo der dreidimensionale Erdball über der Frage »Kann der Mensch die bedrohte Erde retten?« zu zerspringen scheint.

»Von einem Projektil getroffen, zerbirst auf unserem Umschlaghologramm eine gläserne Erde«, erläuterte GEOGRAPHIC-Chefredakteur Wilbur E. (Bill) Garrett und äußerte die Warnung: »Gewiss, die Zerstörung des Planeten durch den Menschen erfolgt nicht mit der Geschwindigkeit eines Geschosses, doch wenn wir nicht zum Umdenken bereit sind, wird das Ergebnis gleichermaßen vernichtend ausfallen.«

Vorangehende Seiten: Am 20. Juni 1996 stellte die National Geographic Society ihre erste Website ins Netz. Die Web-Adresse der Society lautet: www.nationalgeographic.com. Mit der Einführung der deutschen Ausgabe von NATIONAL GEOGRAPHIC ging im Oktober 1999 der deutsche Web-Auftritt einher: www.nationalgeographic.de.

Wie das Kapitel »Gemeinsam die Erde bewohnen« dieses Buchs deutlich zum Ausdruck bringt, war die Gefahr einer Umweltapokalypse kein neues Thema. Neu aber war die Eindringlichkeit, mit der Gilbert M. Grosvenor die Mitglieder der Gesellschaft darauf aufmerksam machte. »In ihrem ersten Jahrhundert hat sich die National Geographic Society nachdrücklich für ein besseres Verständnis unserer Welt eingesetzt«, schrieb Grosvenor in dieser Dezember-Nummer. »Unser zweites haben wir mit derselben Entschlossenheit begonnen, jedoch mit dem zusätzlichen Appell, den Planeten auch besser zu verwalten ...«

»Die Verantwortung liegt allein bei uns«, bemerkte Grosvenor, und schloss mit der Frage: »Werden künftige Generationen unsere Vorausschau loben oder zornig und bestürzt auf das zurückblicken, was wir besaßen und verloren und was für alle Zeiten unwiederbringlich dahin ist?«

1988 hatte die National Geographic Society 10,5 Millionen Mitglieder, darunter den damaligen US-Präsidenten Ronald Reagan, Generalsekretär Michail Gorbatschow, Königin Sirikit von Thailand, König Hussein von Jordanien, Lech Walesa aus Polen und Woody Allen aus New York. Die überwiegende Mehrheit der Mitglieder – 92 Prozent – lebte freilich in englischsprachigen Ländern; rund 80 Prozent in den Vereinigten Staaten und weitere zwölf Prozent in Kanada, Großbritannien, Australien und Neuseeland.

Viele der Briefe, die die Society im Jahr ihrer 100-Jahr-Feier erreichten, enthielten Glückwünsche zu dem runden Geburtstag. Im Regelfall berichteten die Schreiber von ihrer langen Verbundenheit mit der Gesellschaft und der Bedeutung, die das Magazin für sie und ihre Familie besaß. Und nicht unerwartet kündigten 113 vormals treue Leser ihre Mitgliedschaft als Reaktion auf Bill Garretts Beitrag »Woher kommen wir?«. In dem Essay, der im Oktober-Heft 1988 erschienen war, hatte er Gottes Erschaffung »erst des Mannes und dann der Frau im Garten Eden« als

Bei der Feier zum 100. Geburtstag der Society im Sheraton Washington Hotel wurden der Mount-Everest-Bezwinger Sir Edmund Hillary, der Meeresforscher Jacques-Yves Cousteau, die Primatologin Jane Goodall, die Anthropologen Mary und Richard Leakey, die Bioökologen John und Frank Craighead, der frühere Astronaut und US-Senator John Glenn, der Fotopionier Harold »Doc« Edgerton, der Unterwasserarchäologe George Bass, die Gebirgskartografen Bradford und Barbara Washburn, der Archäologe Kenan T. Erim, der Tiefseeforscher Robert Ballard und der Berichterstatter Thayer Soule mit einem Centennial Award ausgezeichnet. Als Gäste während einer Pause versuchten, das Podium zu erklimmen, um Autogramme der Heroen zu ergattern, wäre die Feier fast außer Kontrolle geraten.

Oben: Für den Artikel »Begegnung mit dem Grauen Riffhai«, der im Januar-Heft 1995 erschien, schlüpfte der freie Fotograf Bill Curtsinger in einen Tauchanzug aus Edelstahl-Gittergewebe und machte sich dann in einem »Hai-Scooter« daran, die scharfzähnigen Gesellen im Bikini-Atoll zu knipsen. Wie nah die Begegnung tatsächlich verlief, wurde erst klar, als diese Aufnahme seines Tauchbegleiters Eric Hiner aus der Dunkelkammer kam. »Das wirklich Unheimliche daran ist«, schrieb Curtsinger, der 1973 den Angriff eines Hais nur knapp überlebt hatte, »dass ich keine Ahnung hatte, dass sich mir ein Grauer Riffhai von unten genähert hatte, bis ich dieses Bild sah.«

Links: Curtsingers Bericht über Graue Riffhaie konzentrierte sich auf die Gewässer des Bikini-Atolls im Pazifik, wo die USA ab 1946 Atombombenversuche unternahmen. Mehrere Aufnahmen entstanden mit Hilfe einer speziellen Unterwasserkamera mit Fernauslöser, die hier die Aufmerksamkeit der gefährlichen Knorpelfische auf sich zog.

jüdisch-christlichen »Schöpfungsmythos« bezeichnet. Dennoch liegt es sicher nicht allein an der evolutionsbiologischen Grundhaltung des Magazins, dass zwischen 1988 und 1997 über anderthalb Millionen Mitglieder abwanderten. Für einen derartigen Mitgliederschwund sind immer mehrere Faktoren verantwortlich: Die Erhöhung des Mitgliedsbeitrags dürfte hier ebenso eine Rolle gespielt haben wie natürlich die Tatsache, dass die Menschen immer weniger Zeit zum Lesen haben. Zudem fiel die Flaute mit einem schon länger schwelenden Zwist im Mitarbeiterstab zusammen. Einer der Hauptgründe dieser internen Querelen war gewiss der Konflikt zwischen dem Präsidenten der Society, Gilbert M. Grosvenor, und dem Chefredakteur des Magazins, Wilbur E. Garrett.

Der Grundstein zu dieser Auseinandersetzung wurde möglicherweise schon früh gelegt: Von seiner Ernennung zum Assistant Editor am 1. April 1899 an sah Gilbert Hovey Grosvenor (Gils Großvater) volle 21 Jahre lang seine Selbstständigkeit von den verschiedenen Präsidenten der Gesellschaft bedroht, die ihre eigenen Ansichten darüber hatten, was ein Chefredakteur veröffentlichen dürfe und was nicht. Zu einer Lösung des Zwiespalts kam es erst, als auf GHGs Betreiben hin 1920 der Posten des Chefredakteurs mit dem des Präsidenten zusammengelegt wurde. Die folgenden 47 Jahre hielt jeweils eine Person beide Ämter in Personalunion. Als Melville Bell Grosvenor 1967 von beiden Posten zurücktrat, um Vorstandsvorsitzender zu werden, bestand das Gremium dann jedoch darauf, die zwei Bereiche erneut zu trennen – damit sich der Chefredakteur voll auf die Leitung des Magazins und der Präsident auf die Führung der Geschäfte der Society konzentrieren könne. Frederick G. (Ted) Vosburgh wurde Chefredakteur, Melvin M. Payne Präsident. Drei Jahre später, im Oktober 1970, trat Vosburgh zurück, und Gilbert M. Grosvenor übernahm das Magazin, das unter seiner Leitung stand, bis er im Juli 1980 zum Präsidenten gewählt wurde. Da der Vorstand auf der festgelegten Ämtertrennung bestand, gab Gil folglich für den Präsidentenposten auf, was er selbst als »den besten Job der Welt« bezeichnete. Neuer Chefredakteur wurde Bill Garrett.

Garrett und Grosvenor, beide seit 1954 für das Magazin tätig, waren seit Jahren eng befreundet und hatten sogar gemeinsame Urlaube verbracht. Doch ihre Freundschaft schien, so Garrett, an dem Tag beendet, an dem er die Leitung des Magazins übernahm. Als Grosvenor Bill Garrett neun Jahre und acht Monate später, am 16. April 1990, in sein Büro beorderte, um ihm mitzuteilen, dass er gefeuert sei, war im Grunde niemand überrascht – ausgenommen vielleicht Garrett selber. »Gerade eilte er noch durch die Vorstandsetage der National Geographic Society zum Büro des Präsidenten zu einem vermeintlichen Routinemeeting«, berichtete Charles Trueheart in der *Washington Post,* »und keine halbe Stunde später verließ Garrett den Hauptverwaltungssitz in der 17th Street zum letzten Mal.«

Zum neuen Chefredakteur ernannte Grosvenor William Graves, was viele im Redaktionsstab erstaunte. Als bisheriger Senior Assistant Editor hatte Graves den größten Teil seiner langjährigen Tätigkeit beim Magazin mit dem Umschreiben und Redigieren von Texten verbracht und dabei ungezählte Abenteuerberichte wenig wortgewandter Expeditionsleiter in lesbare Prosa verwandelt.

Die Meldung von Garretts Weggang und Graves' Berufung zu seinem Nachfolger erschien in allen größeren US-amerikanischen Zeitungen und Zeitschriften und auch in ausländischen Presseorganen. Als Gründe für Garretts Entlassung wurden »firmenpolitische Differenzen« und »eine unterschiedliche Redaktionsphilosophie« genannt. Sie sei »die unausweichliche Folge langjähriger Auseinandersetzungen bezüglich des Finanzgebarens und anderer Meinungsverschiedenheiten«. Außerdem hätten »die beharrlichen Bestrebungen des Chefredakteurs, das 102-jährige Magazin für einen neuen, jüngeren Leserkreis attraktiver zu gestalten«, zu Konfrontationen geführt. Hinzu kämen »widersprüchliche Denkweisen« – und das leicht untertriebene Statement: »Präsident Gilbert Grosvenor und Garrett hätten sich auseinander entwickelt«.

Bill Graves hielt sich vier Jahre und acht Monate im Sessel des Chefredakteurs, eine Zeit, die den Redaktionsstab des GEOGRAPHIC an die Grenzen der nervlichen Belastbarkeit trieb. Ein altgedienter Mitarbeiter nannte Graves »völlig unberechenbar, man wusste nie, wann und wo er das nächste Mal explodieren würde. Graves verletzte Menschen. Ich will nicht unterstellen, dass er es absichtlich tat, aber er konnte einen wirklich fertig machen.«

Trotzdem: Unter Graves erhielt das Magazin glänzende Kritiken – selbst von Charles Trueheart von der *Washington Post*, dessen im wahrsten Sinne des Wortes peinlich genaue Berichterstattung über Garretts fristlose Entlassung echte Bestürzung ausgelöst hatte. »Viele fürchteten, dass das NATIONAL GEOGRAPHIC an Realitätsnähe verlieren könnte, nachdem der scharfzüngige Wilbur Garrett vor 18 Monaten durch den milden William Graves ersetzt worden war«, schrieb Trueheart und fuhr fort: »Aber Graves und seine Leute bringen brisantere Themen als je zuvor ... Im August-Heft erschien – für NATIONAL GEOGRAPHIC-Verhältnisse in regelrechter Lichtgeschwindigkeit – ein Portfolio, das die Zerstörung am Persischen Golf, einer schwarze Narbe auf unserem Planeten, dokumentiert. Für dieselbe Ausgabe gestalteten die Genies aus der Kartografie eine grandiose Karte von Pierre L'Enfants Washington D. C. Im Juli brachte das Magazin ein Porträt der Familie Wyeth und eine Retrospektive der deutschen Luftangriffe auf britische Städte im Jahr 1940. Das ist nicht mehr die betuliche, konfliktscheue Art von einst.«

Der GEOGRAPHIC veröffentlichte weiterhin packende Geschichten. Doch die künstlerische Atmosphäre beizubehalten, die erstklassige journalistische Berichterstattung und Fotografie nun einmal erfordern, war nicht immer leicht. »Die Stimmung war oft angstgeschwängert«, erinnert sich ein leitender Angestellter.

Trotzdem hat Graves viele Fürsprecher. Und derselbe Mitarbeiter weiß zu berichten, dass »rund um Graves immer ein Energiefeld spürbar [war], eine Vitalität und Begeisterung, die sicher aus einem tiefen Gefühl für die Einrichtung herrührten«. Und auch Charles McCarry warnt vor einer vorschnellen Verurteilung des früheren Chefredakteurs: »Graves war hochintelligent, der neben Garrett scharfsinnigste Mann beim Magazin, und obendrein unglaublich gebildet. Aber das alles wusste er geschickt zu verbergen. Er machte Leute zur Schnecke, denen schon viel früher jemand hätte die Meinung sagen sollen.« An Graves blieb die undankbare Aufgabe des Ballastabwerfens hängen, da seinen Vorgänger – schon allein der Umstände seiner Entlassung wegen – nunmehr die Aura eines Märtyrers umgab.

Bill Graves ging im Dezember 1994 in den Ruhestand, und in der Januar-Ausgabe von 1995 erschien William L. Allens Name als neuer Chefredakteur.

»Bill Allen ist im Augenblick der ideale Mann für den Posten«, bestätigt Elizabeth A. Moize, die länger als jeder andere Mitarbeiter für das Magazin tätig ist: 37 Jahre, ein Drittel der bisherigen Lebenszeit der Society. Sie trat unter Melville Grosvenor als Chefredakteur ein, arbeitete für Ted Vosburgh, Gil Grosvenor, Bill Garrett und Bill Graves und zählt jetzt gemeinsam mit Robert M. Poole zum leitenden Redaktionsstab direkt unter Allen. »Er ist allem Neuen gegenüber aufgeschlossen«, sagt sie. »Er hat einige Änderungen im Magazin eingeführt, die es, so finde ich, lebendiger gestalten, ohne mit seiner Tradition zu brechen, und unsere Leser haben deutliche Zustimmung bekundet.«

»Seit einiger Zeit bekommen wir immer wieder Rückmeldungen von Leuten, die beispielsweise die gestiegene Zahl von Mantelbeiträgen im Magazin loben«, erzählt Bill Allen. »Fakt ist, dass der Mantelteil vom Umfang her absolut gleich geblieben ist. Wir bieten jedoch mehr Artikel pro Ausgabe, weil eine größere Themenvielfalt die Wahrscheinlichkeit erhöht, dass für jeden Leser etwas dabei ist, was ihn nicht nur peripher interessiert.« Allens Ehrgeiz geht dahin, jedes Mitglied in jedem Heft mindestens einen Beitrag entdecken zu lassen, der es direkt anspricht. Nur dann nämlich sei ein Leser wirklich befriedigt. »Und wenn wir sieben Artikel

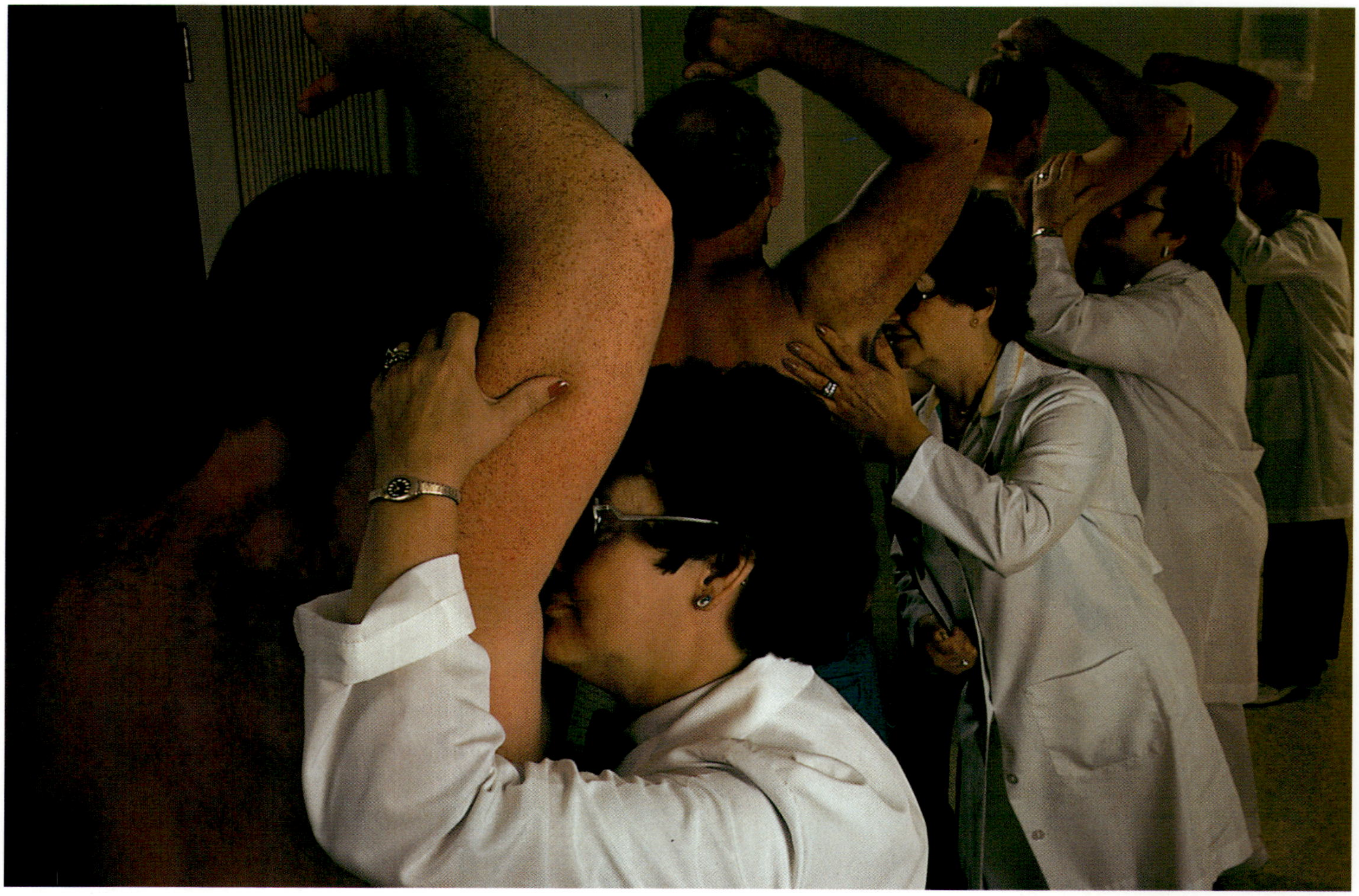

Diese Aufnahme, auf der Geruchstester die Wirksamkeit eines Deodorants beurteilen, erschien im September 1986 als Teil von Boyd Gibbons faszinierendem Artikel »Der intime Geruchssinn«. Dem Heft lag ein Testbogen bei, mit dem Mitglieder ihren eigenen Geruchssinn prüfen sollten. Der Rücklauf war unbeschreiblich. »Wir bekamen die umfangreichste Sammlung wissenschaftlicher Daten zum menschlichen Geruchssinn zusammen«, erinnert sich der damalige Chefredakteur Bill Garrett. Bei der Umfrage, deren Ergebnisse im darauf folgenden Jahr veröffentlicht wurden, kam unter anderem heraus, dass rund zwei Drittel aller Einsender irgendwann in ihrem Leben unter Geruchsverlust gelitten hatten und dass ein Prozent überhaupt nichts riechen konnte.

pro Heft bringen anstelle von fünf, dann erhöht das die Chancen, ein spezielles Interessensgebiet der Leute anzusprechen, um 40 Prozent!«

Graves Vorliebe galt Expeditionen – Abenteuern und Entdeckungen. Zu Allens Hauptinteressen gehören wissenschaftliche Themen, die im GEOGRAPHIC stets mit einer Allgemeinverständlichkeit präsentiert werden, die ihresgleichen sucht. »Dies möchte ich in Zukunft noch weiter ausbauen«, sagt Allen. »Ich fühle mich verpflichtet, wissenschaftliche Methoden und Prozesse zu verdeutlichen und dem Leser soviel Hintergrundwissen zu vermitteln, dass er in der Lage ist, zwischen Pseudowissenschaft und Wissenschaft zu unterscheiden.«

Garrett und Graves verließen sich bei redaktionellen Entscheidungen gerne auf ihr Gefühl. Wenn jemand mit einem Vorschlag für eine Story kam, sagten sie spontan: »Ja, das machen wir« oder lehnten ebenso spontan ab. Bill Allen geht hier bedächtiger vor, systematischer. »Außerdem kann er großartig delegieren«, meint Moize. »Und er holt viele verschiedene Meinungen ein.«

So tief die Wunden auch waren, die Garretts Entlassung und Graves' Wutausbrüche gerissen haben, sie beginnen allmählich zu heilen. Und so bleibt als großes Trauma des letzten Jahrzehnts des 20. Jahrhunderts wahrscheinlich vor allem die Reduzierung der Belegschaft, mit der die Organisation Geld sparen will. Hatte die Society 1990 noch annähernd 2800 Mitarbeiter, war ihre Zahl schon 1995 auf 1600 gesunken.

»Aus den Blättern eines südamerikanischen Strauchs wird ein Stoff gewonnen, der die Sinnesfreuden steigern, Reichtümer anhäufen – und manchmal auch tödlich wirken kann.« So lautete eine Bildunterschrift in »Koka: Ein altindianisches Kraut mit todbringender Kraft«. Der im Januar-Heft 1989 erschienene Artikel von Peter T. White informierte auf fesselnde Weise über die zwielichtige Welt der Produzenten, Dealer und Konsumenten der illegalen Droge.

Zwischen April 1990, als Garrett das Magazin verließ, und Dezember 1991 kündigten viele langjähriger Mitarbeiter aus eigenem Antrieb, gingen in den Ruhestand, oder man legte ihnen den Abschied nahe. Nach generationenlanger, strenger Hierarchie waren damit plötzlich neue Stellen offen, die jedoch – vor allem im Verwaltungssektor – mit Leuten von außerhalb der Society besetzt wurden, was früher kaum vorstellbar gewesen wäre. Im September 1990 wurden die Abteilungen Special Publications und Book Service zusammengelegt, TRAVELER und WORLD unter einem Dach vereint – und über 200 Mitarbeiter dieser Bereiche mit großzügigen Abfindungen abgeschoben. »Viele Mitarbeiter der Society«, so Howard Means in einem Artikel, der im Dezember 1990 im *Washingtonian* erschien, »gewannen den Eindruck, die Säuberung in den obersten Etagen des GEOGRAPHIC erreiche nun auch die niedereren Ränge.«

Die Gesellschaft ist nicht immun gegen äußere Einflüsse. Die Mitgliederzahlen bröckelten merklich ab, Bücherverkauf und Mailings gingen spürbar zurück. Directmailing war traditionell das wirtschaftliche Standbein der Society – mit einer Mitgliedertreue von über 80 Prozent der Neid der gesamten Verlagsbranche –, doch der unaufhaltsame Abstieg von 10,8 Millionen im Jahr 1989 auf heute nur mehr knapp über neun Millionen wirkt sich natürlich auch schmerzlich auf die Einnahmen aus. Am deutlichsten fiel der Rückgang 1990 aus – als Resultat einer Erhöhung des Mitgliederbeitrags von 18 auf 21 US-Dollar.

Gegenüber, oben: Steve Raymer, damals festangestellter Fotograf und News Service Director, reiste auf eigene Faust nach Russland, um für Turner Publishing ein Buch über St. Petersburg zu machen. Nach seiner Rückkehr meinte Bill Allen, Raymer habe »eine Reihe von Bildern mitgebracht, die einen guten Eindruck von den Herrlichkeiten und der Stimmung in St. Petersburg vermitteln. Ich denke, wir sollten das bringen.« Diese Aufnahme des Schlossplatzes erschien in der Dezember-Nummer von 1993.

Gegenüber, unten: Im Rahmen einer Auftragsarbeit gelang dem Fotografen George Steinmetz diese eigenwillig komponierte »Blade-Runner«-Aufnahme einer überlebensgroßen Armani-Werbung, die den im Dezember 1992 gedruckten Artikel »Mailand: Wo Italien ins Geschäft kommt« einleitete.

Michela English kam für den in Pension gehenden Bob Breeden zur Society. Sie war für Marketing, Promotion und Produktentwicklung verantwortlich und ab dem 1. April 1991 als Senior Vice President zudem für den Bereich Publications and Educational Media zuständig, wozu natürlich auch Bücher gehörten. Ihre Berichte gingen direkt an Gil Grosvenor. Seit 1992 gehörte sie dem Vorstand der Society an, und man hatte ihr die Verantwortung für die Mitgliederzentrale in Gaithersburg (MCB) übertragen. Zu dieser Zeit hing das Damoklesschwert des Personalabbaus auch über MCB. Neue Datenverarbeitungssysteme sollten eine Reduzierung der Mitarbeiterzahl um 50 Prozent ermöglichen.

Michela English wurde – neben Tim Kelly, dem Präsidenten der Television Division, und Reg Murphy, dem brandneuen Executive Vice President der Society – sogar als potentielle Nachfolgerin für Gil Grosvenor, d.h. für das Präsidentenamt der Gesellschaft gehandelt. Daß Gil für 1996, wenn er 65 würde, seinen Rücktritt plante, war kein Geheimnis, und English – clever, geschäftstüchtig, allgemein beliebt und überzeugte Humanistin – bemühte sich nach Kräften, ihre Chancen als Kandidatin für den Posten nicht zu verspielen. Tim Kelly, ein wenig als Enfant terrible mit eigenem Kopf verpönt, galt als weniger aussichtsreich.

Jüngster Kandidat war Reg Murphy, vormals Verleger und Geschäftsführer der *Baltimore Sun*, der im Mai 1993 in die Society eingetreten war – »aus den richtigen Gründen«, wie Gil Grosvenor in einem Memo vom April desselben Jahres vermerkte. »Er glaubt an unsere Mission und will zu ihrer Verbreitung beitragen. Reg betrachtet sich als Mentor, ein Gewinn für viele unserer Mitarbeiter, die nunmehr Gelegenheit haben, von ihm zu lernen. Er ist sympathisch, hat Sinn für Humor, und«, so Gil weiter, »ich habe ihn als guten und einfühlsamen Zuhörer kennengelernt. Wir dürfen uns glücklich schätzen, einen Menschen von Regs Erfahrung gewonnen zu haben, und ich freue mich darauf, ihn in unseren Reihen willkommen zu heißen.«

Wie Michela English gehörte Murphy jenem neuen Schlag von »Außenseitern« an, die direkt in die obersten Ränge der Society Einzug hielten. Und nur einen Monat nach seiner Berufung bezeichnete der *Washingtonian* Murphy bereits als »ersten ernst zu nehmenden Kandidaten für die Leitung der 105 Jahre alten Gesellschaft, der nicht der Familie Grosvenor entstammt«.

Im März 1995, einen Monat vor der ersten regulären japanischen Ausgabe des NATIONAL GEOGRAPHIC, einem von English betreuten Projekt, ließ Gil ein Memorandum zum laufenden Personalabbau der Society verteilen. »Phase eins unserer Restrukturierungs- und Einsparungsmaßnahmen fand vorwiegend 1993 im MCB statt«, schrieb Gil. »Phase zwei erstreckte sich 1994 auf das Hauptquartier..., doch wir müssen noch weiter denken.«

Gil ließ verlautbaren, dass er Reg Murphy um einen umfassenden Geschäftsbericht gebeten hatte, und er fügte in unheilverkündendem Ton hinzu: »Fairerweise muss ich Sie darauf aufmerksam machen, dass neuerliche Entlassungen möglich sind.« In einem ersten Schritt werde der Fahrtkostenzuschuss für öffentliche Verkehrsmittel gestrichen und eine Gebühr für die gesellschaftseigene Parkgarage erhoben; vermutlich würden zudem demnächst weitere Vergünstigungen entfallen.

Reg Murphy machte sich ohne Umschweife an die Arbeit. Nur eine Woche nach Gils Memo gab er eine Reihe von Einsparungen bekannt, die vorwiegend auf Kosten der Mitarbeiter gingen. »Diese Maßnahmen sind nicht schön«, schloss er, »aber es ist unvermeidlich, unnötige Kostenfaktoren zu eliminieren, wenn wir unbelastet in die Zukunft schauen wollen.« Mit diesen Kürzungen hoffte Murphy, der Society jährlich über eine Million Dollar einzusparen.

Ende Juli verkündete Gil, NGT Inc. (NATIONAL GEOGRAPHIC-TELEVISION) werde mit Wirkung vom 13. August eine steuerpflichtige Tochtergesellschaft der Society. »Ich betrachte die neue Gesellschaft als aufregende Entwicklung in der Geschichte der Society«, stand in Gils Memo zu lesen. »NGT bietet uns Gelegen-

Während der Dreharbeiten zum NATIONAL GEOGRAPHIC-Feature »Baka: Menschen des Waldes« *schlüpft Ali, der vierjährige »Hauptdarsteller« des Films, in die Rolle des Kameramanns und imitiert die Stellung des Produzenten Phil Agland. Alis Volk, die kamerunischen Baka-Pygmäen, die in den üppigen Regenwaldgebieten zu Hause sind und deren Überleben von der genauen Kenntnis des Dschungels abhängt, stand im Mittelpunkt dieser engagierten Dokumentation.*

heit, neue Technologien, Vertriebswege und Jointventures zu nutzen und gleichzeitig sicherzustellen, dass sich die TV-Aktivitäten nicht nachteilig auf den Status der Society als steuerbefreite Nonprofit-Organisation auswirken.«

Am 18. Januar 1996 gab der Vorstand bekannt, dass Reg Murphy Gil Grosvenor nach dessen Rücktritt am 1. Mai als Präsident und Geschäftsführer nachfolgen würde. Im Februar verließ English die Society, um die Leitung einer neu ins Leben gerufenen Abteilung des Discovery Channel zu übernehmen. Gil blieb Vorstandsvorsitzender der National Geographic Society, zog sich jedoch zum 1. Mai 1996 aus dem Tagesgeschäft der Organisation zurück, um dem neuen Präsidenten mehr Handlungsspielraum zu gewähren.

Wie schon sein Vater vor ihm, hatte Gil die Society auf Neuland geführt. Er begleitete sie ins Informationszeitalter, er gründete die Education Foundation, er teilte Television als steuerpflichtiges Tochterunternehmen ab, und er schuf NATIONAL GEOGRAPHIC-Ventures, so dass die Society weitere 100-prozentige Tochtergesellschaften aufbauen konnte, die einen Teil der Risiken übernehmen und den Nonprofit-Status der Society gewährleisten.

Auch gegen die US-amerikanische Bildungsmisere geht die Gesellschaft seit einer Weile verstärkt vor. Robert E. Dulli, Assistant Vice President der Society und Direktor der Geography Education Division, leitet seit sieben Jahren Gils Geography-Education-Programm. »Wir erleben aufregende Zeiten. Wir verändern die amerikanische Ausbildung! Man darf nicht vergessen, dass noch vor zehn Jahren in kaum einer Schule Geographie unterrichtet wurde ... Wir sprechen hier von einem Fach, das fast verschwunden war, und wir bringen es zurück in die Schulen. Wir haben Einfluss darauf, was in diesem Land geschieht. Das ist eine der bemerkenswertesten Errungenschaften der Society seit ihrer Gründung.«

Die Geography-Education-Kampagne, mittlerweile in ihrem zweiten Jahrzehnt, hat bislang 85 Millionen US-Dollar investiert, und ihr Erfolg ist spürbar. Bei einem 1994 durchgeführten Test, an dem 19 000 US-amerikanische Viert-, Acht- und Zwölftklässler teilnahmen, zeigte sich, dass 70 Prozent dieser Schüler zumindest über grundlegende Kenntnisse in Erdkunde verfügten. Etwa ein Viertel schnitt »befriedigend« oder besser ab, und zwei bis vier Prozent erreichten sogar »sehr gut«.

Die letzte größere Untersuchung zur Beurteilung des geographischen Wissens erwachsener US-Amerikaner war 1988 und 1989 vom Gallup-Institut durchgeführt worden. Im Zuge der von der National Geographic Society in Auftrag gegebenen Umfrage sollten 12 000 Erwachsene in Kanada, Frankreich, Italien, Japan, Mexiko, der ehemaligen Sowjetunion, Schweden, Großbritannien, den USA und Westdeutschland auf einer unbeschrifteten Weltkarte Mittelamerika, den Pazifik, den Persischen Golf und 13 ausgewählte Länder lokalisieren. Jeder siebte Amerikaner war nicht fähig, die Vereinigten Staaten aufzuzeigen! Und jeder vierte Amerikaner platzierte den Pazifik falsch! Noch schlechter als US-Amerikaner schnitten lediglich Italiener und Mexikaner ab, und in der Altersgruppe der 18- bis 24-jährigen bildeten Amerikaner mit Abstand das traurige Schlusslicht.

Zu der langfristig angelegten Kampagne der Society zur Förderung der geographischen Kenntnisse gehört auch die Gründung der National Geographic Society Education Foundation aus Anlass des 100. Geburtstags der Gesellschaft. Sie begann 1988 mit 20 Millionen US-Dollar Startkapital. Heute verfügt die Stiftung über mehr als 70 Millionen US-Dollar und finanziert mit jährlich drei Millionen u. a. das Geographic Alliance Network, das sich aus Geographen, Beamten der Bildungsministerien und Zehntausenden Lehrern aus sämtlichen US-amerikanischen Bundesstaaten sowie Puerto Rico und Kanada zusammensetzt. Darüber hinaus unterstützt die Society berufliche Fortbildungsmaßnahmen für Lehrer sowie Produktion und Verteilung anschaulicher Lehrmittel.

1997 hatten 1400 Lehrer ein Sommer-Geographieprogramm der Society absolviert, mehr als 10 000 Lehrer hatten an ähnlichen Fortbildungen teilgenommen.

Oben: GEOGRAPHIC-Fotografen bei der Arbeit. Im Uhrzeigersinn von links oben: Clint Eastwood als Robert Kincaid, Steve McCurry mit Assistent und David Alan Harvey. Das getürkte Titelbild der Mai-Ausgabe 1996 entwarf das GEOGRAPHIC-Team für die Verfilmung des Buches.

Die Brücken am Fluss (Originaltitel: *The Bridges of Madison County)*, Robert James Wallers Bestseller-Roman über die Liebe zwischen der Farmerfrau Francesca Johnson und einem NATIONAL GEOGRAPHIC-Fotografen namens Robert Kincaid, erschien 1992. Der gleichnamige Film, mit Clint Eastwood und Meryl Streep in den Hauptrollen, kam 1995 in die Kinos. In den dazwischen liegenden drei Jahren hatte die Society Hunderte Briefe und Anrufe von Lesern des Buches erhalten, die mit dem fiktiven Robert Kincaid sprechen oder eine Ausgabe des Heftes bestellen wollten, in dem Kincaids Bilder der besagten Brücken erschienen waren. Chefredakteur Bill Allen wurde von einer erbosten Kinobesucherin zur Rede gestellt, die NATIONAL GEOGRAPHIC bezichtigte, Kincaids Existenz konspirativ zu vertuschen. Eine derartige Flut von Anfragen zu Kincaid ging ein, dass sich die Society schließlich gezwungen sah, einen Formbrief als Antwortschreiben zu verschicken.

Das Magazin reagierte auf seine Weise. »Dichtung oder Wahrheit«, begann Cathy Newmans schnurriger Artikel vom August 1995. »Da haben wir also diesen Kerl, Robert Kincaid, Fotograf. Fährt einen Pick-up. Spielt Gitarre. Isst kein Fleisch, aber raucht Camels. Fährt nach Iowa, um für NATIONAL GEOGRAPHIC die überdachten Brücken des Madison County abzulichten. Umwirbt eine Farmerfrau. Liebt sie. Verlässt sie ... Ist es das, was unsere Fotografen bei der Arbeit erleben?« fragt Newman, und gibt gleich darauf die Antwort: »Wohl kaum.«

Im Buch klettert Kincaid auf einen Baum und verletzt sich dabei am Arm, aber Newman zufolge kam er dabei viel zu glimpflich weg. »Erzählen Sie das Steve McCurry, der mit einem Kleinflugzeug in einen jugoslawischen Gebirgssee stürzte«, schrieb sie.

Der Pilot schwamm unverletzt ans Ufer und ließ McCurry mit dem Kopf nach unten im eiskalten Wasser zurück. Irgendwie schaffte McCurry es, sich aus dem Sicherheitsgurt zu befreien und dem Tode zu entrinnen. Doch er holte sich eine Netzhautablösung.

Da war Joe Scherschel, der am Nil mit nichts als einem Paddel angreifende Nilpferde abwehren musste, Loren McIntyre, der in Venezuela im Gefängnis schmachtete, und Dean Conger, den man in Damaskus zu Hausarrest verurteilte. Jodi Cobb wurde in Jordanien fast von einem Beduinenhäuptling entführt (ihr Kollege Tom Abercrombie konnte sie gerade noch für eine Handvoll Dinare auslösen). Ein Gorilla stieß Michael »Nick« Nichols in Ruanda einen Steilhang hinunter. (»Ich spürte da diese riesige Hand auf meiner Schulter ...«)

Chris Johns wurde in Zaire von einem Lavastrom überrascht, Sam Abell in Dublin von Straßenräubern überfallen. George Steinmetz holte sich in Zentralafrika eine Augenentzündung und wäre um ein Haar erblindet, ...David Doubilet wurde von einem Weißen Hai gejagt, Bill Curtsinger von einem Grauen Riffhai böse zugerichtet, George Mobley von einem Pinguin gebissen.

Und während Kincaid, wie Newman klarstellte, mit drei Kameras, etwas Fotozubehör und 200 Filmen auskam, »belief sich die Ausrüstung von Unterwasserfotograf Emory Kristof für einen 1992 gedruckten Artikel über den Baikalsee auf volle 15 Tonnen. Zu der 171 Kisten umfassenden Ladung gehörten eine Satellitenschüssel (›Wir hatten unseren eigenen Ländercode‹, erinnert er sich), ein komplettes Farbfotolabor, ein Schlauchboot, zwei ferngesteuerte Apparate zum Aufnehmen von Tiefseeschloten und ein dieselbetriebener Stromgenerator.« Sichtbares Resultat der eine Million Dollar teuren Ausrüstung waren sechs veröffentlichte Bilder.

Sechs von wie vielen? Wie Leah Bendavid-Val in NATIONAL GEOGRAPHIC: *Die Fotografien* schreibt: »Je nach Art ihres Auftrags können Fotografen mit 600 bis 800 Filmen heimkommen – das ergibt 20 000 bis 30 000 Rähmchen. Doch die Bilder zeigen dann keineswegs 20 000 verschiedene Motive. Die Fotografen denken im Voraus an den Prozess der Bildauswahl, der die Bilderzahl schließlich auf ein einziges Magazin reduziert – auf 80 Dias. Viele Fotografen sagen, dass sie gezielt für ihr Diamagazin ›schießen‹. Sie wollen ein so perfektes Magazin zusammenstellen, dass es dem Bildredakteur fast unmöglich ist, die 80 Stück auf die zur Publikation vorgesehenen 30 zu reduzieren.«

Der Sieger des nationalen Geographie-Wettbewerbs, der Siebtklässler Seyi Fayanju, zwölf, aus Verona, New Jersey, mit Alex Trebek, dem Moderator der beliebten Fernsehquizshow Jeopardy. *Auf die Frage: »Wie heißt das europäische Fürstentum, dessen Staatsoberhäupter der Bischof von Urgel und der französische Staatspräsident sind?«, wusste Seyi die richtige Antwort: »Andorra«. Sein Gewinn waren ein College-Stipendium im Wert von 50 000 US-Dollar und eine zehntägige Traumreise für sich und seine Familie.*

Oben, rechts: Um die einzelnen Abteilungen der Society optimal koordinieren zu können, kam das Executive Management Council an jedem Werktag gleich morgens zu einer Besprechung in Reg Murphys Büro zusammen. Die Mitglieder (von links): Dale Petroskey, Senior Vice President (V.P.), Public Service; John Fahey, Executive V.P. und Chief Operating Officer; Bill Allen, Chefredakteur des NATIONAL GEOGRAPHIC; Sandra Gill, Senior V.P., Administration; Reg Murphy, Präsident und Geschäftsführer der Society; Chris Liedel, V.P., Strategic Planning; Tim Kelly, Präsident von NGT Inc. (NATIONAL GEOGRAPHIC-TELEVISION); Gene Ferrone, Senior V.P., Member Services; Nina Hoffman, Senior V.P., Publications; Suzanne Dupré, V.P., Corporate Counsel und Sekretariat, Bob Sims, Senior V.P., Magazine Publishing und Communications.

»Was wirklich zählt, ist, dass heute fast 12 000 Lehrer an einem Geographie-Netzwerk mitarbeiten«, erklärt Robert Dulli. »Wir verfügen also über ein starkes Korps von Lehrkräften, die wissen, was Geographie ist und welchen Stellenwert sie im Unterricht genießen sollte ... Und sie sind mit Begeisterung bei der Sache! Wir nennen sie nur noch unsere ›Geo-Evangelisten‹«.

Das Geographie-Unterrichtsprogramm ist einmalig in der Geschichte des amerikanischen Bildungssystems. Die Mitarbeiter setzen sich für eine alle Ebenen des Schulsystems umfassende Lehrplanreform ein, kreieren Lehrmittel zum Erdkundeunterricht und bieten Fortbildungskurse für Lehrer an. Seit 1986 konnten sie mehr als 15 Millionen Dollar öffentliche Fördermittel und fast fünf Millionen von privaten Sponsoren lockermachen. In keinem anderen Unterrichtsfach gibt es etwas Vergleichbares! Die Zahl der Mitwirkenden ist von 30 000 im Jahr 1989 auf heute landesweit 150 000 gestiegen. Von ihnen sind 85 bis 90 Prozent als Lehrer tätig. Dies bedeutet, dass sich in jedem amerikanischen Bundesstaat Leute aktiv für eine Unterrichtsreform im Bereich Erdkunde einsetzen.

Der derzeitige Trend setzt hohe Maßstäbe. Unter dem Namen »Geographie für's Leben« wurden 1994 die National Geography Standards festgelegt – ein Gemeinschaftsprojekt der Society, des Amerikanischen Geographenverbandes, des National Council for Geographic Education und der American Geographic Society. Sie stießen landesweit auf hohe Akzeptanz und dienen mittlerweile als Vorbild für staatliche wie regionale geographische Standards.

»Vor kurzem hat das College Board einem neuen Geographie-Einstufungstest zugestimmt«, fährt Dulli fort. »Und das ist nur darauf zurückzuführen, dass Gil Grosvenor das Gremium anrief und sagte: ›Können wir uns nicht einmal zusammensetzen und über Geographie reden?‹. Das Treffen lief dann letztlich darauf hinaus, dass sie sagten: ›Okay, wir haben nur einfach selber noch nicht soweit gedacht.‹ Verstehen Sie mich jetzt bitte nicht falsch, es hat drei Jahre und eine Menge harte Arbeit gekostet, das Konzept so weit auszuarbeiten, dass es vom College Board akzeptiert wurde. Aber angefangen hat alles mit diesem Telefonat. In nur zehn Jahren haben wir ein Unterrichtsfach, das aus dem Lehrplan so gut wie verschwunden war, wieder zum Leben erweckt. Und ich bin überzeugt, dass wir in weiteren zehn Jahren soweit sind, dass Geographie auch hier in Amerika ganz selbstverständlich

zur Allgemeinbildung gehört. Das war früher einmal so, und wir werden dafür sorgen, dass es wieder so wird.

Seit acht Jahren sponsert die Society einen nationalen Geographie-Wettbewerb für Viert- bis Achtklässler. Gil Grosvenor zufolge nahmen 1996 fünf Millionen Schüler daran teil. »Aus diesem Grund«, sagte er bei der Begrüßung der Schlussrunde, die im Fernsehen übertragen wurde, »steht jeder dieser zehn jungen Leute hier für 500 000 Jugendliche, die mitgemacht haben.« Und dann, in der bildhaften Sprache, für die das GEOGRAPHIC so berühmt ist, fügte er hinzu: »Das sind fünf bis auf den letzten Platz ausverkaufte Rose-Bowl-Stadien.«

So vielversprechend die diversen Fortbildungsprogramme der Society für den Geographie-Unterricht sind – das Informationszeitalter verheißt noch weit mehr. Larry Lux, seit 1995 bei der Gesellschaft, ist Vizepräsident von NATIONAL GEOGRAPHIC-INTERACTIVE, einer neuen Abteilung, die CD-ROMs für Privatleute und Schulen herstellt, die Website der Society, ihr interaktives TV-Programm und, wie er sich ausdrückt, »einfach alles betreut, was es so in Richtung Medien gibt«. Lux hat in die Zukunft geschaut, und obwohl der Redaktionsstab des Magazins befürchtet, dass diese möglicherweise nicht im Bereich Printmedien liegt, sieht Lux hier keinen Interessenskonflikt. »Ein paar Leute glauben, dass NATIONAL GEOGRAPHIC-INTERACTIVE eine Bedrohung für den Abonnentenstamm des Magazins darstellt, aber ich denke, dass genau das Gegenteil der Fall ist. Es ist ein Weg, eine völlig neue Bevölkerungsgruppe dafür zu interessieren, was das Magazin macht und welchen Gewinn sie aus dem Magazin ziehen kann. Und es ist ein Weg, die Zahl der Fernsehzuschauer zu erhöhen. Deshalb stehen die Leute, die das neue Medium richtig verstehen, voll und ganz dahinter.«

In spätestens zehn Jahren, so Lux, wird seine Abteilung in den Augen der meisten Menschen die National Geographic Society verkörpern. »Natürlich werden die Leute immer Zeitschriften lesen«, sagt er, »aber schauen Sie: Das Durchschnittsalter unserer Mitglieder liegt heute bei 45 Jahren, Tendenz steigend. Das möchten wir ändern. Und wir sind überzeugt, dass uns das gelingt, wenn wir die jüngere Generation der Web-Nutzer ansprechen. Die neue Generation kann im Internet surfen, bevor sie ein Buch lesen kann. Und das bringt natürlich fundamentale Änderungen im Lernverhalten mit sich.«

Oben, links: Im Juli 1994 vereinbarte die Society mit Nikkei Business Publications, eine japanische Ausgabe des Magazins herauszubringen, die erste eigenständige NATIONAL GEOGRAPHIC-Publikation außerhalb des englischen Sprachraums. Nikkei, der einzige japanische Zeitschriftenverlag mit Abonnements, machte es möglich, dass das Magazin seiner von Mitgliedern getragenen Tradition treu bleiben konnte.

Oben: Im Rahmen der Arbeit für den Artikel »Tokio: eine Erfolgsstory«, der im November-Heft des Jahres 1986 erschien, unternehmen der damalige Senior Assistant Editor William Graves und Gil Grosvenor, der hier ein Paar Stiefel anprobiert, einen Bummel über einen japanischen Straßenbazar.

Im September 1990 wurden die Abteilungen Special Publications und Book Service zur Book Division zusammengelegt, die Vice President William R. Gray unterstand. Besonders bekannt sind natürlich die großformatigen, prächtig illustrierten Bildbände, doch zum ständig wachsenden Buchprogramm der Society zählen seit 1955 eine breite Palette von Erwachsenen- und Kinderbüchern, Brettspielen, Activity-Sets und Kalendern. 1993 unterzeichnete die Society einen Vertrag mit Random House, um ihre Publikationen erstmals auch über den Buchhandel zu vertreiben, und 1995 begann der Book-of-the-Month-Club, seinen Mitgliedern Veröffentlichungen der Society anzubieten. The Company We Keep: America's Endangered Species *(ganz oben), der erste speziell für den Buchhandel konzipierte Titel, zeigt den Lebensraum von über 950 bedrohten Tier- und Pflanzenarten auf.* Crossing America: NATIONAL GEOGRAPHIC's Guide to the Interstates *(unten), ebenfalls im Buchhandel erhältlich, macht auf Sehenswürdigkeiten entlang 30 bekannter und vielbefahrener Highways aufmerksam. Der handliche, 352 Seiten umfassende Führer wurde 325 000-mal verkauft!*

Das Magazin hat schon immer eher die ältere Generation angesprochen. Die Mitglieder der Society sind, wie Gil Grosvenor zugibt, »mit den Jahren ergraut«, und die Leser, so Reg Murphy, »werden auch immer eher älter sein«. Er sieht das Magazin als eine Publikation für die Generation, deren Kinder bereits aus dem Haus sind.

Was Murphy Sorgen bereitet, ist, »dass wir etwas für die sechs- bis 14-jährigen Kids haben, und dann wieder etwas für die Leute über 45 Jahre. Das heißt, wir müssen die Lücke zwischen 14 – wenn die Jugendlichen im Regelfall mit WORLD durch sind – und dem Zeitpunkt schließen, in dem die eigenen Kinder mit der Schule fertig sind und sie wieder Zeit für sich selber und die eigenen Interessen haben. Wahrscheinlich würde diese Altersgruppe gerne reisen, aber viele können das nicht, und deshalb wollen sie wenigstens etwas mehr über unsere Welt wissen. Wie also füllt man die Lücke? Man setzt auf Interaktives«, fährt Murphy fort, »auf Fernsehsendungen. Wir haben gerade einen Vertrag zum Drehen einiger Filme abgeschlossen. Wir behalten den TRAVELER bei und bauen ihn sogar aus. Man kann diese Lücke als gähnende Schlucht ansehen, aber auch als Riesenchance. Ich halte sie für eine wunderbare Herausforderung. Und wenn es uns gelingt, hier das Angebot zu komplet-tieren, werden wir eine Kontinuität in der Mitgliedschaft haben, die meinen Nachfolgern das Leben leichter macht.«

Reg Murphy, der erste Präsident der Society, der nicht von der Pike auf dort gedient hatte, nicht von ihrer Geschichte und Überlieferungen geprägt war, sah sein »Quereinsteigerturm« stets als Vorzug an: »Ich bin froh, anderswo Erfahrungen gesammelt zu haben«, meint er, »weil die Art und Weise, wie sich die Kommunikationsbranche wandelt, hier dieselbe Art von Veränderung erfordert wie anderenorts. Wenn wir weiterhin neue Mitglieder gewinnen und halten wollen, müssen wir flexibel sein.«

»Wegen ihres schulischen Hintergrunds«, so Murphy weiter, »hat sich diese Organisation gerne als eine Ansammlung von Colleges betrachtet, mit jeweils eigenem Dekan. Und in der Tat waren es Orte intellektuellen Wissens, wo die Menschen Wert legten auf Qualität – und darauf, ihre eigene Machtposition zu sichern.« Jetzt kamen die Leiter der großen Abteilungen jeden Wochentag pünktlich um neun Uhr in Reg Murphys Büro zusammen, um, wie er es formuliert, »über alles Anstehende zu sprechen und sich auszutauschen, damit jeder über die Pläne der anderen Gruppen Bescheid weiß. Und falls irgendeine Möglichkeit besteht, Aufgaben zusammenzulegen, dann tun wir das in aller Regel auch.«

Angesichts der verstärkten Gewichtung der neuen Medien fürchten die Mitarbeiter des Magazins um dessen Status als Flaggschiff der Society; tatsächlich wird die Zeitschrift inzwischen von vielen als ein geldbringendes Produkt unter anderen angesehen. Ganz ohne Frage ist die absolute Machtposition des Chefredakteurs geschwunden. Aber das Magazin bleibt nach wie vor die Haupteinnahmequelle der Gesellschaft und darüber hinaus eine echte Institution. Es ist etwas Besonderes. Und doch herrscht in der ganzen Organisation irgendwie das Gefühl, dass der Wandel noch nicht abgeschlossen ist, dass noch weitere Schlüsselpositionen mit »Außenseitern« besetzt werden könnten und eine Verschiebung der Schwerpunkte nicht ausbleiben wird.

Eine der leitenden Angestellten, die Reg Murphy ins Boot holte, ist Nina Hoffman. Sie kam von einem New Yorker Verlag und ist heute als Senior Vice President für die Buchveröffentlichungen der Society verantwortlich. Darüber hinaus gilt ihr Engagement aber auch der Förderung und Entwicklung von Lehrmitteln. »In jedem Umweltreport«, so Hoffman, »rangiert Lehrmaterial von NATIONAL GEOGRAPHIC ganz oben. Es ist nach wie vor so, dass allein der Name der National Geographic Society, egal ob auf einem Buch, einer Karte oder einem anderen Stück, für Qualität bürgt. Und ich glaube nicht, dass wir das Potential bereits voll ausgeschöpft haben. Es sollte Lehrbücher von NATIONAL GEOGRAPHIC geben. Und ergänzende Medien von NATIONAL GEOGRAPHIC. Eine ganze Reihe von Gebieten könnte weit besser abgedeckt werden. NATIONAL GEOGRAPHIC sollte die Nummer eins bei Reiseführern sein, auch wenn gerade erst damit begonnen wurde. Vieles, was man automatisch mit NATIONAL GEOGRAPHIC in Verbindung bringt, ist in Wahrheit noch gar nicht ausgereift, sondern genau genommen bis zum heutigen Tag in erster Linie Mythos – geschaffen vom Magazin!«

Am 15. April 1996 erschien in der *Washington Post* ein Artikel über die zu erwartenden Änderungen des neuen Managements, in dem John M. Fahey, der neue Executive Vice President und Chief Operating Officer der National Geographic Society und ehemalige Vorsitzende, Präsident und Geschäftsführer von Time Life Inc. zitiert wird. Zu seiner Rekrutierung und der Nina Hoffmans durch Reg Murphy meinte er: »Reg suchte nach Leuten, deren Horizont über den der Society hinausreicht. Hier gibt es eine Gruppe, die wünscht, alles wäre noch genauso wie vor 20 Jahren. Aber die Ansprüche der Leser haben sich geändert, und die Konkurrenz schläft nicht. Wir sind an einem Punkt angelangt, der mehr Aggressivität verlangt.«

Anzunehmen, dass GHG dieselbe Meinung vertreten hätte.

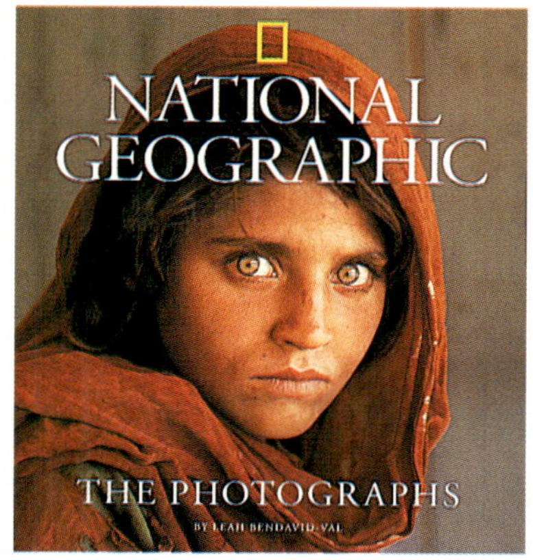

NATIONAL GEOGRAPHIC: The Photographs *(ganz oben) erschien in der englischsprachigen Ausgabe erstmals 1994 und hat sich seitdem über 300 000-mal verkauft. In deutscher Übersetzung (NATIONAL GEOGRAPHIC:* Die Fotografien*) gelangte der Titel, flankiert von Ausstellungen in verschiedenen Großstädten, 1999 auf den Markt und stieß ebenfalls auf breites Interesse. Insider nennen die junge Frau aus Afghanistan, die den Schutzumschlag ziert, die »Mona Lisa der Society«. Solar Energy (unten) ist Teil des NATIONAL GEOGRAPHIC KIDS NETWORK, eines Lehrprogramms zur Förderung der nationalen Standards für Geographie, Naturwissenschaften und Mathematik. Via Internet sammeln Schüler Daten, tauschen ihre Ergebnisse mit anderen Schülern weltweit aus und analysieren die Resultate. Unterstützt von unabhängigen Wissenschaftlern, kommen die jungen Leute so mit Themen von globaler Bedeutung in Berührung.*

ABENTEURER UND ENTDECKER

Die neue Generation

Nun, da die Society am Beginn ihrer zweiten hundert Jahre steht, lag es nahe, ihren Vizepräsidenten und Vorsitzenden des Research-and-Exploration-Komitees, George E. Stuart, zu fragen, wer unter der neuen Generation von Abenteurern und Entdeckern im nächsten Jahrhundert wohl in die Ruhmeshalle der Society aufsteigen wird.
»Das ist das Beste daran«, antwortete Stuart. »Wir haben keine Ahnung.«

Jeder Mensch fragt sich unweigerlich, was die Zukunft wohl bringen wird«, sagte George E. Stuart, Vorsitzender des Research-and-Exploration-Komitees der Society. »Aber wenn man die Zeitspanne, in die Jane Goodall, George Bass, die Leakeys und all die anderen fallen, genauer unter die Lupe nimmt, merkt man, dass das, was gemeinhin unter die Bezeichnung Heroen fällt, ausgesprochen selten ist. Außerdem ist naturgemäß nicht im Voraus abzusehen, welche Unternehmungen einen echten Durchbruch bringen. Große Entdeckungen sind nämlich nur selten das Ergebnis sorgfältig geplanter Expeditionen; viel häufiger passiert es, dass jemand aus purem Zufall darüber stolpert – wie zum Beispiel Johan Reinhard bei seiner Entdeckung der peruanischen Eismumie.«

»Das Inkamädchen hatte langes schwarzes Haar, einen schlanken Hals und gut bemuskelte Arme«, begann Reinhards Artikel über die aufregende Entdeckung im Juni-Heft von 1996.

> Und sie trug farbenprächtige Kleidung aus feinster Alpakawolle, als sie ihr junges Leben dem Berggott des Nevado Ampato schenkte. Sie starb vor fünfhundert Jahren am Gipfel des Ampato, eines über 6000 Meter hohen Vulkans in den peruanischen Anden, im Rahmen eines Rituals, das eine kleine Gruppe von Inkapriestern zelebrierte.
>
> Das Mädchen zeigt keinerlei Spuren eines gewaltsamen Todes ... wie dies bei Menschenopfern der Inka manchmal der Fall ist. Vielleicht war sie bereits tot (erfroren?), als man sie in kostbare Textilien hüllte und in einem Erdgrab beisetzte. Und während die Priester Opfergaben um den Leichnam gruppierten – Miniaturstatuen, Kokablätter und Getreide –, dürften sie zu den Göttern der Erde, des Himmels und der Unterwelt gebetet haben. Diese Praxis war bei den alten Inkas weit verbreitet.
>
> Der Ampato war den Inkas heilig, ein Gott, der lebensspendendes Wasser und gute Ernten bringt und als solcher den höchsten Tribut fordert: ein Opfer aus ihren eigenen Reihen.
>
> Miguel Zárate, mein peruanischer Begleiter, und ich hatten davon nicht die geringste Ahnung, als wir über aschebedeckte Hänge dem Gipfel des Ampato zustrebten. Es war der 8. September 1995, und der nahe gelegene Vulkan Nevado Sabancaya hatte erst vor kurzem gewaltige Mengen Asche gespuckt, die auch auf den Ampato herabgeregnet waren.

Am 11. September 1995 saß George Stuart in seinem Büro in der M-Street, als das Telefon klingelte. »Es war kurz nach drei, und es war Johan Reinhard«, erinnert

Vorangehende Seiten: Johan Reinhard, der zweite Explorer-in-Residence der Society, beim Aufstieg auf den über 6000 Meter hohen untätigen Vulkan Nevado Ampato; im Hintergrund stößt der erst kürzlich wieder ausgebrochene Nevado Sabancaya finster drohende Wolken aus. »Flugasche hat den Schnee schwarz gefärbt«, lautet die Bildunterschrift zu dieser Aufnahme, die im Juni-Heft 1996 in Reinhards Artikel »Perus Eismädchen geben ihr Geheimnis preis« erschien. »Ascheablagerungen hatten die Sonnenwärme absorbiert, wodurch die Eisdecke zu schmelzen begann ... und die Überreste sakraler Zeremonien freigelegt wurden.« Darunter die fast unversehrt erhaltene Eismumie eines jungen Mädchens, das von den Inka ungefähr zur selben Zeit geopfert wurde, als Christoph Kolumbus den amerikanischen Kontinent erreichte.

Gegenüber: Reinhards peruanischer Begleiter Miguel Zárate hebt das Eismädchen von dem gefrorenen Sockel, auf dem sie nach einem Lawinenabgang gelandet war. Extreme Erwärmung hatte einen Eisrutsch ausgelöst, ihr Grab aufgerissen und dessen Inhalt über einen Steilhang des Ampato verteilt.

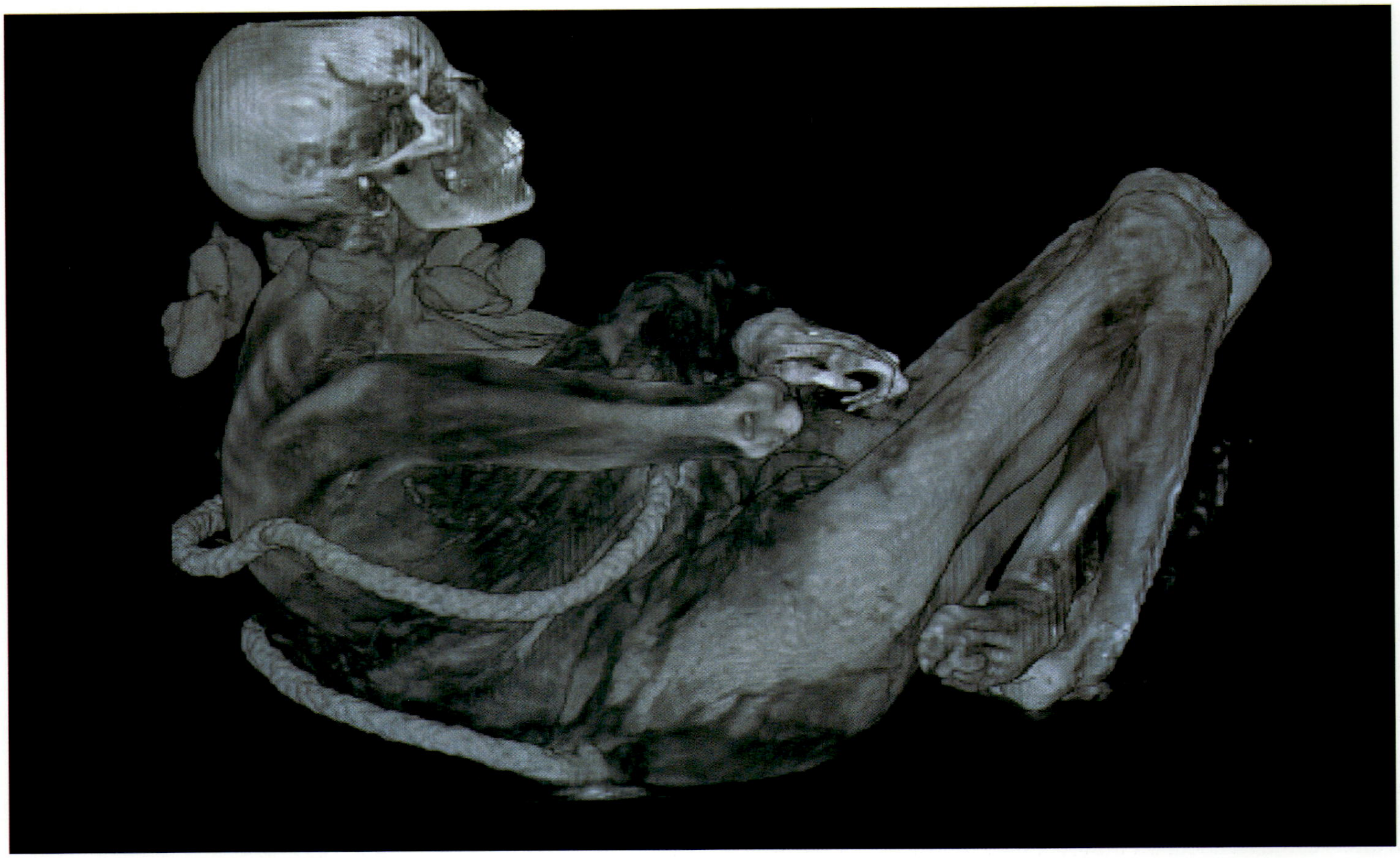

Der Computertomograf des Johns Hopkins Hospitals lieferte spektakuläre dreidimensionale Bilder vom Körper des Eismädchens. Auf ihnen sieht man, dass es sich um ein normales, völlig gesundes Mädchen handelte, das durch einen Schlag gegen die rechte Schläfe ums Leben kam. Aus »Der Blick der Wissenschaft dringt in peruanische Mumien vor« in der Januar-Nummer von 1997

sich Stuart. »Joe sagte: ›Wir kommen eben vom Berg zurück, und es ist einfach unglaublich. Wir haben die gefrorene Leiche eines jungen Mädchens entdeckt, wahrscheinlich aus der Inkazeit, vielleicht 500 Jahre alt. Wir brauchen dringend ein Kühlgerät dafür und müssen dann wieder rauf.‹ Sie waren ins Tal geeilt, um die Eismumie zu bergen, mussten aber umgehend zurück auf den Berg und die Fundstelle genauer untersuchen und die Grabstätte und eventuelle weitere Überreste sichern, bevor Plünderer von der Nachricht Wind bekamen.«

»Jedenfalls brauchte Joe Geld für sich und seine peruanischen Mitarbeiter«, fährt Stuart fort, »und sie brauchten das Geld noch an diesem Nachmittag! Nun, wir wussten alle, dass er vertrauenswürdig war, und obendrein war sein Fund spektakulär – eine Entdeckung, die unser Wissen enorm erweitern konnte. Deshalb überwiesen wir sofort telegrafisch genug Geld auf das Konto eines peruanischen Archäologen in Arequipa, um eine Expedition auszurüsten und umgehend alle erforderlichen Untersuchungen am Fundort vorzunehmen.«

Noch zwei Jahre zuvor war der Gipfelgrat des Ampato mit einer zehn Meter durchmessenden Eisschicht bedeckt gewesen; als Johan Reinhard und Miguel Zárate jetzt den Berg erstiegen, war sie kaum mehr einen Meter breit. Dichte Ascheablagerungen auf dem Gipfel hatten die Sonnenwärme absorbiert und Schnee und Eis schmelzen lassen, was wiederum den Grat zum Einsturz brachte. Reinhard hatte gerade angehalten, um einige Notizen zu machen, während Zárate weiterging. Plötzlich hörte Reinhard, so sein Bericht,

> einen Pfiff und sah, dass er [Zárate] seinen Eispickel hoch hielt. Kaum war ich bei ihm angelangt, deutete er auf ein winziges Büschel rötlicher Federn, das in einiger Entfernung aus dem Boden ragte. Ohne ein Wort zu wechseln, wussten

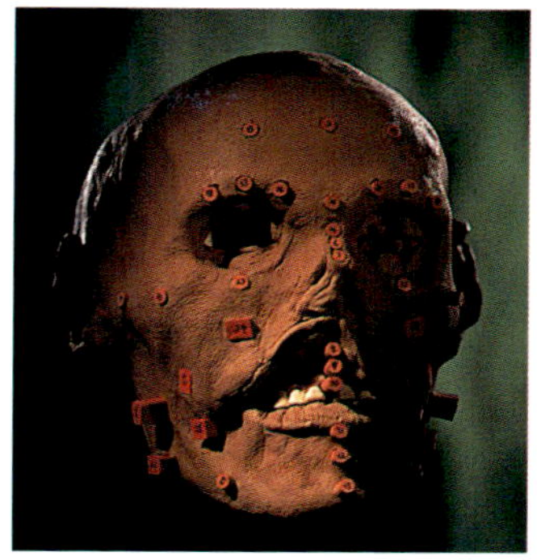
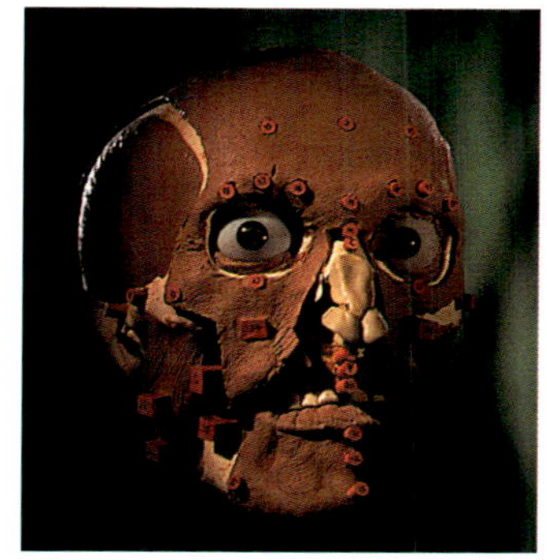
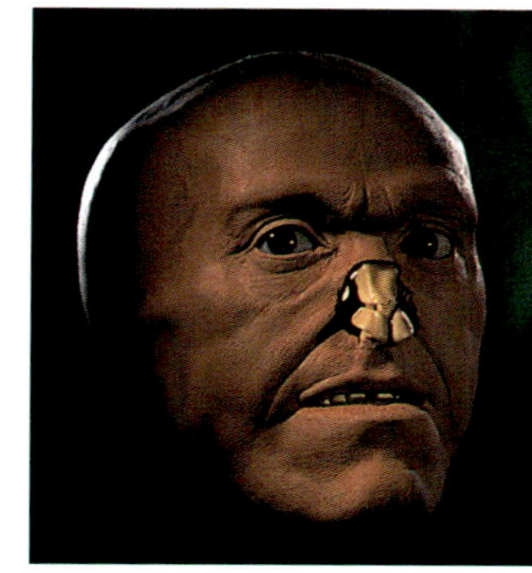

wir beide, dass sie Teil eines Kopfschmuckes sein mussten, wie man ihn bei Inkastatuetten gefunden hatte.

Reinhard sicherte Zárate mit einem Seil, und der Peruaner ließ sich langsam den Steilhang hinab, bis er die Federn erreichte. Sie waren in fast unversehrtem Zustand, was darauf hinwies, dass sie den Elementen nur kurze Zeit ausgesetzt gewesen waren. Insgesamt fanden sie drei typische Inkafigurinen mit Stoffen und Federkopfschmuck. Eine war aus Gold, eine aus Silber und die dritte aus einer seltenen rötlich weißen Muschel, die bei den Inkas denselben Stellenwert genoss wie Gold. Die Figurinen waren mit dem Gesicht zum Gipfel des Vulkans begraben worden. Reinhard schaute sich um und entdeckte am oberen Ende einer kleinen Schlucht ein paar Steine, die möglicherweise die Ecke eines Inkaaltars bildeten. Unterhalb der Ecksteine fiel die Schlucht gute 80 Meter tief zu einem Meer von Eiszinnen ab. Um den Rest des Altars freizulegen und weitere Objekte, die vielleicht schon zuvor abgestürzt waren, zu lokalisieren, wickelte Reinhard zwei Steinbrocken in gelbes Plastik und warf sie in die Schlucht, wo sie außer Sichtweite verschwanden. Reinhard und Zárate, die ihnen nachkletterten, erblickten bald einen der markierten Steine – und gar nicht weit davon entfernt auf einem Vorsprung etwas, das auf den ersten Blick wie ein altes Stoffbündel aussah – oder eben wie eine Mumie.

Reinhard hatte im Laufe der letzten 15 Jahre mehr als 100 Andengipfel bezwungen und dabei verschiedentlich archäologische Ausgrabungen vorgenommen, aber nie eine Mumie auf einem Berg gefunden. Sie befand sich »auf einem Stück Eis, das wie ein Sockel wirkte«, erzählte er später. Der Körper hatte das darunter befindliche Eis vor der Sonne geschützt, und es war fast wie ein Wunder: Ringsum war das Eis weggeschmolzen, und da lag sie nun wie auf dem Präsentierteller.« Vorsichtig mit dem Eispickel hantierend, damit der Stoff, in den der Körper gehüllt war, nicht beschädigt wurde, löste Zárate die Mumie von ihrem Eissockel und drehte sie, um sie besser fassen zu können, auf die Seite. Und in diesem Moment blickten sie in das verschrumpelte Gesicht eines Inkamädchens, das zu der Zeit geopfert worden war, als Kolumbus Amerika »entdeckte«.

Aus dem Zustand ihres Gesichts schloss Reinhard, dass der Körper gleichmäßig ausgetrocknet sein musste, und war deshalb überrascht, wie schwer sie war. »Das Gewicht verhieß, dass ihr Körper gefroren war, und sobald mir das klar wurde, lief es mir heiß und kalt den Rücken hinunter, denn es bedeutete, dass wir die erste gefrorene Inkafrau überhaupt entdeckt hatten! Und wahrscheinlich handelte es sich, was den Zustand der inneren Organe anging, um eine der besterhaltenen präkolumbischen Mumien.«

Reinhard wagte nicht, die Mumie auf dem Ampato zurückzulassen, wo Sonne und vulkanische Asche sie weiter beschädigen konnten, aber er musste sie, um nicht die Aufmerksamkeit von Plünderern und Grabräubern zu erregen, ohne jegliches Aufsehen hinunterbefördern. Außerdem drohten angekündigte Schneefälle die

5000 Jahre lang lag der Körper eines etwa 40-jährigen, 155 Zentimeter großen Mannes aus der Kupferzeit in seinem eisigen Grab, bis ihn ein deutsches Bergsteigerehepaar in der Nähe der österreichisch-italienischen Grenze entdeckte. Der archäologisch geschulte Spezialist John Gurche rekonstruierte den Gletschermann für das NATIONAL GEOGRAPHIC-Heft vom Juni 1993. Seine Gesichtszüge basieren auf gerichtsmedizinischen Daten, die Hinweise darauf geben, wie »Ötzi« zu Lebzeiten ausgesehen haben könnte.

»Mit vielen Tonnen Erdreich befrachtet und in zahlreiche Arme gespalten, bahnt sich der madagassische Betsiboka-Fluss seinen Weg zu den blauen Wassern des Indischen Ozeans«. So beginnt die Bildunterschrift zu dieser Freihandaufnahme, die 1984 vom Space Shuttle Discovery *aus aufgenommen wurde. Das Foto erschien 1996 im November-Heft des Magazins und ist, neben vielen anderen, in dem großformatigen Bildband* Orbit – Die Erde in spektakulären Fotografien der NASA-Astronauten *zu sehen.*

LEICA
Kodak

Erkundungen zu erschweren. Oberste Priorität war also, die Mumie ins Tal zu bringen, an zweiter Stelle stand die Sorge, sie nicht antauen zu lassen.

Reinhard wickelte die kostbare Last in Plastikfolie, steckte ihre Beine in die unterste Tasche seines Rucksacks, zurrte den restlichen Körper mit Schnur fest und begann den Abstieg über die eisigen Berghänge. Obwohl Zárate den gefahrlosesten Weg suchte, rutschte Reinhard wiederholt aus und stürzte, schaffte es aber immer, so zu fallen, dass der Inkamumie nichts passierte. In regelmäßigen Abständen ersuchte Zárate ihn, das »Paket« doch zurückzulassen – weniger aus Sorge um Reinhards Sicherheit als vielmehr, wie er später erklärte: »Weil ich Angst hatte, dass wir, wenn du mit diesem schweren Pack auf mich gefallen wärst, unweigerlich beide abgestürzt wären.«

Nach Einbruch der Dunkelheit – die Stirnlampen lieferten nur unzulänglich Licht – stimmte Reinhard endlich zu, den wertvollen Fund zwischen zwei Eiszinnen abzulegen. Und zwei Stunden später erreichten die Forscher ein auf etwa 5700 Meter gelegenes Lager, wo sie erschöpft in ihre Schlafsäcke krochen.

Am nächsten Morgen schickte Reinhard Zárate mitsamt allem Gepäck in das 1000 Meter tiefer gelegene Basislager, wo er den Weitertransport sicherstellen sollte. Er selber holte die Mumie. Bis er mit seiner Last wieder im oberen Lager angekommen war, hatte sich Zárate mit dem Besitzer eines Eselskarrens kurzgeschlossen und war wieder aufgestiegen. In dieser Nacht kampierten sie auf 4600 Meter, um im ersten Morgengrauen die Mumie auf den Karren zu laden und sich auf den Weg ins Dorf Cabanaconde zu machen. Abends dann schoben sie ein schweres Paket in das offene Gepäcknetz des 23-Uhr-Busses nach Arequipa. Reinhard schrieb später:

> Wir beschlossen, uns zu trennen. Bei Überlandbussen ist Diebstahl nicht auszuschließen, und wir waren beide viel zu erschöpft, um wach zu bleiben. Miguel, der in Arequipa zu Hause ist, fuhr mit der Mumie voraus.
>
> Um neun Uhr morgens – 64 Stunden, nachdem wir unseren Abstieg vom Gipfel des Ampato begonnen hatten – befand sich die Mumie in einem Gefrierraum. Als ich am Abend desselben Tages nach Arequipa kam, fragte ich als erstes José Antonio Chávez, Dekan der archäologischen Fakultät der Katholischen Universität, wie stark unser Fund angetaut gewesen war. »An den äußeren Textilien war noch Eis, als wir sie in den Gefrierschrank legten«, antwortete José, und ich spürte, wie die Anspannung von mir abfiel.

Als gemeinsame Leiter des High-Altitudes-Sanctuaries-of-the-Southern-Andes-Projekts rüsteten Chávez und Reinhard sofort zu einer groß angelegten archäologischen Expedition zum Ampato. »Dank einer raschen Sondergenehmigung des peruanischen Kulturministeriums und Zuschüssen der National Geographic Society« waren sie binnen eines Monats wieder auf dem Berg, begleitet von einem Fotografen des Magazins und der NATIONAL GEOGRAPHIC-TELEVISION-Produzentin Amy Wray, der vermutlich ersten Frau, die den Vulkan bestieg (und die die Tour überlebte), und ihrem Team. Sie konnten die Entdeckung von zwei weiteren, allerdings vom Blitz versengten Inkakindern filmen, die in 5700 Meter Höhe an nur etwa sechs Meter voneinander entfernten Sakralstätten geopfert worden waren. Schlagzeilen machte jedoch die Bergung der Überreste des Mädchens, auf das sie einen Monat zuvor gestoßen waren. Im Laufe der Jahre wurden wiederholt Überreste anderer Inka-Menschenopfer gefunden, 1991 entdeckte man in den Südtiroler Alpen den gefriergetrockneten Leichnam eines 5000 Jahre alten Mannes. Seine Geschichte ist nachzulesen in David Roberts Artikel vom Juni 1993: »*Der Gletschermann. Einsamer Reisender aus der Kupferzeit.*« Doch keiner dieser Körper scheint auch nur annähernd so gut erhalten wie Reinhards und Zárates Inkamädchen.

»Ein gefrorenes Stück Geschichte«, erzählt der Moderator der TV-Serie EXPLORER. »Ein Schatz aus der Vergangenheit. Eine Mumie. Ein Mädchen ... bekannt als ›Ampato-Maid‹. Sie ist auf einem entlegenen Berggipfel gestorben. Als Opfer für die Götter.«

Gegenüber: »Das Hinablassen am Seil erforderte Zen-Konzentration«, berichtete Eric Valli, der hier einen gefahrvollen Abstieg beginnt, um den nepalesischen Honigsammler Mani Lal bei der Arbeit zu fotografieren. »Da waren so viele Bienen, dass ich bald verrückt geworden wäre. Aber mir war klar, dass ich mich zusammenreißen musste, wenn ich nicht abstürzen wollte. Also atmete ich tief durch und versuchte zu entspannen. Gestochen zu werden war allemal besser als tot am Fuße der Felswand zu liegen.« Valli arbeitete in Nepal mit Diane Summers zusammen. Das Ergebnis ihrer gemeinsamen Abenteuer, der Artikel »Honigjäger in Nepal«, wurde im November-Heft 1988 abgedruckt. Die Bilder errangen einen ersten Preis der WORLD Press Photo Foundation.

»Jedes Jahr werden in Amerika 135 000 Hüftgelenke, 110 000 Knie und Zehntausende andere Körperteile im Wert von schätzungsweise zwei Milliarden Dollar ersetzt«, erklärt die Bildunterschrift zu dieser im Dezember 1989 erschienenen Illustration. Sie zeigt die zahlreichen Prothesen, die heutzutage implantiert werden oder unserem »feuchten, warmen, salzigen und ständig in Bewegung befindlichen Körper« anderweitig Hilfe leisten.

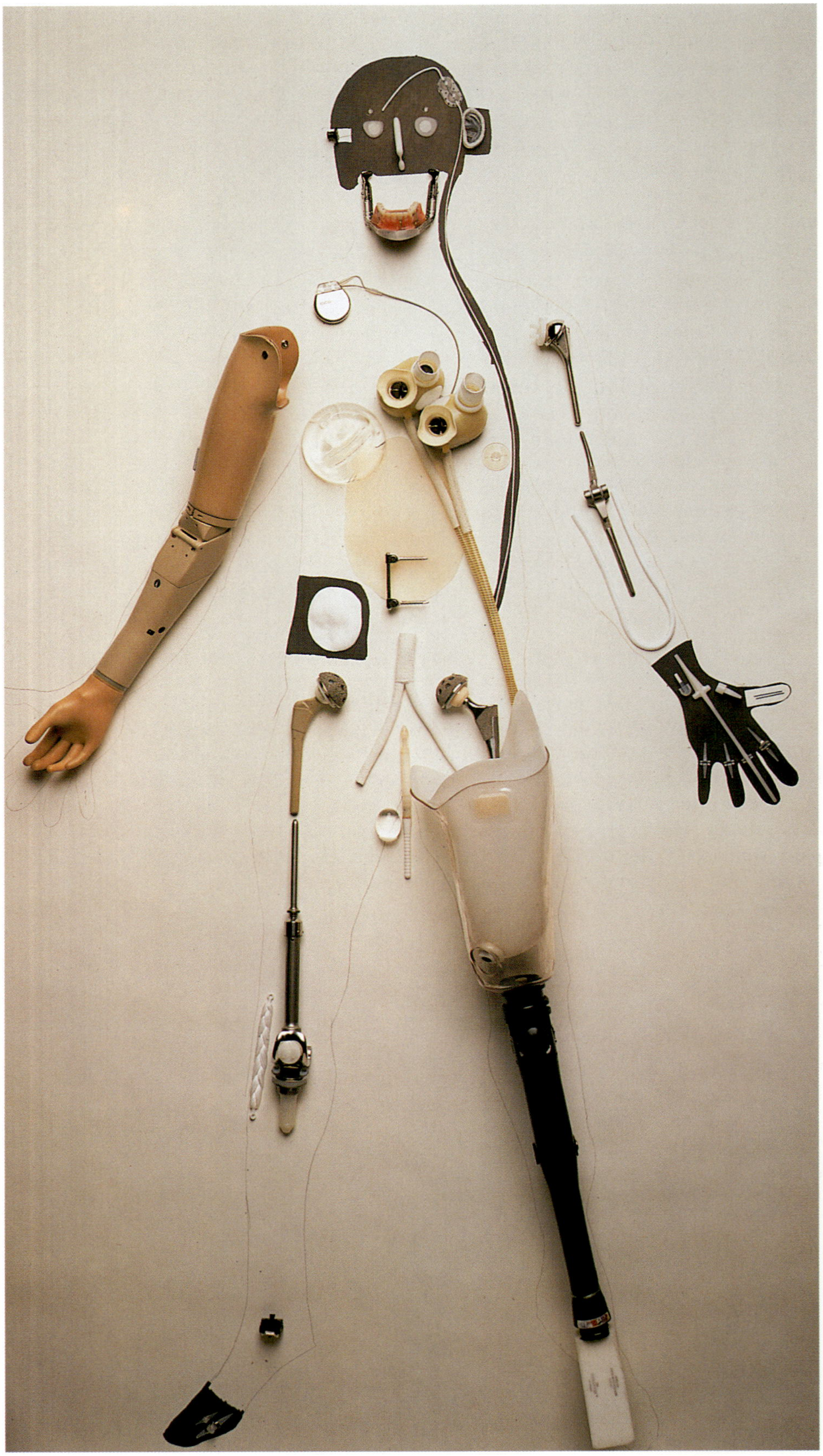

Der Film war nur eine von vielen Anstrengungen der Society, der Entdeckung zu der ihr gebührenden Bekanntheit zu verhelfen – wenngleich das im Grunde überflüssig war, denn die Medien liefen regelrecht Sturm, als sie von der Bergung der Mumie erfuhren. Fotografen und Filmteams aus aller Herren Länder drängten sich in der »Halle der Entdecker« im Hauptsitz der Society, als die »Ampato-Maid« am 21. Mai 1996 in einem speziell zu diesem Zweck entworfenen, durchsichtigen Gefrierbehälter öffentlich gezeigt wurde. Zusammen mit der amerikanischen First Lady Hillary Rodham Clinton, die ein Geleitwort sprach, eröffnete der peruanische Präsident Alberto Fujimori die Ausstellung unmittelbar im Anschluss an eine Pressekonferenz im Grosvenor-Auditorium, wo die Ergebnisse der CT-Aufnahmen und Nadelbiopsien der Mumie bekannt gegeben worden waren. Diese im Johns Hopkins Hospital durchgeführten Untersuchungen hatten ergeben, dass das Inkamädchen nicht, wie Reinhard vermutet hatte, erstickt oder erfroren, sondern durch einen heftigen Schlag gegen die rechte Schläfe gestorben war. Und dass sie sechs bis acht Stunden vor ihrem Tod eine vegetarische Mahlzeit zu sich genommen hatte.

»Wir hatten gehofft, dass die Biopsien auch Zellkerne mit DNA zutage fördern würden«, berichtete Reinhard in einem Folgeartikel im Januar 1997,

> die es ermöglichen würden, Näheres über die Abstammung des Mädchens zu erfahren und vielleicht sogar lebende Verwandte ausfindig zu machen. Doch alle Kerne hatten sich aufgelöst, was darauf hinweist, dass der Körper nicht sofort nach Eintritt des Todes gefror. Jetzt konzentriert sich die Hoffnung, Genmaterial zu finden, auf die Mitochondrium-DNA aus ihrem Herz-, Haut- und Muskelgewebe, das Wissenschaftler am Institute for Genomic Research in Rockville, Maryland, untersuchen. Mitochondrium-DNA, die sich außerhalb des Zellkerns befindet, wird ausschließlich in weiblicher Linie vererbt.

Eine Bildunterschrift zu den CT-Aufnahmen berichtet: »Interessant ist auch, was die Aufnahmen nicht zeigen: Weder Knochen noch Zähne weisen irgendwelche Anzeichen von Krankheit oder Mangelernährung auf. Die Inka wählten als Gabe für ihre Götter ein kerngesundes, etwa 14 Jahre altes, 145 Zentimeter großes Mädchen.«

Neben den Artikeln im Magazin, einer EXPLORER-Fernsehsendung und der Ausstellung in der »Halle der Entdecker« erschienen Informationen über die »Amapato-Maid« auch auf der Website der Society und in der Jugendzeitschrift WORLD.

In demselben Maße, in dem sich eine neue, engere Zusammenarbeit zwischen den verschiedenen Abteilungen der Society anbahnte, konnte man bei den jüngeren Fotografen eine andere Einstellung zu Abenteuern und Entdeckungen feststellen. Zwei von ihnen, George Steinmetz und Michael »Nick« Nichols, konnten – so unglaublich das klingen mag – noch vor kurzem in Gegenden vordringen, die im Falle von George Steinmetz kein Außenstehender gesehen hatte. Und im Falle von Nick Nichols war wahrscheinlich sogar noch nie ein Mensch zuvor in dieser Gegend: Es handelt sich um eines der bedeutendsten Regenwaldreservate der Welt, den erst jüngst geschaffenen, über 4000 Quadratkilometer großen kongolesischen Nouabalé-Ndoki-Nationalpark.

Der Biologe Douglas H. Chatwick begleitete Nichols in den Nationalpark, und der Anfang seines Artikels liest sich fast wie eine Parodie auf frühere GEOGRAPHIC-Abenteuerberichte:

> Um hierher zu gelangen, war unsere Expedition dem Sangha, einem Nebenfluss des Kongo, zu dem kleinen Dorf Bomassa gefolgt, nur knapp drei Meilen von der Südspitze der Zentralafrikanischen Republik entfernt. Dort wandten wir uns ostwärts, schlugen uns über Land zum Ndoki-Fluß durch und stakten in Einbäumen durch die nachtschwarzen Wasser, die vermutlich nie ein Sonnenstrahl erreicht. Weiße Lilien leuchteten uns den Weg. Anschließend marschierten wir durch diesen tiefgelegenen Teil des Kongobeckens, einmal Richtung Süden, dann wieder gen Osten und viel zu oft hüfttief im Sumpf, in dem es nicht nur jede

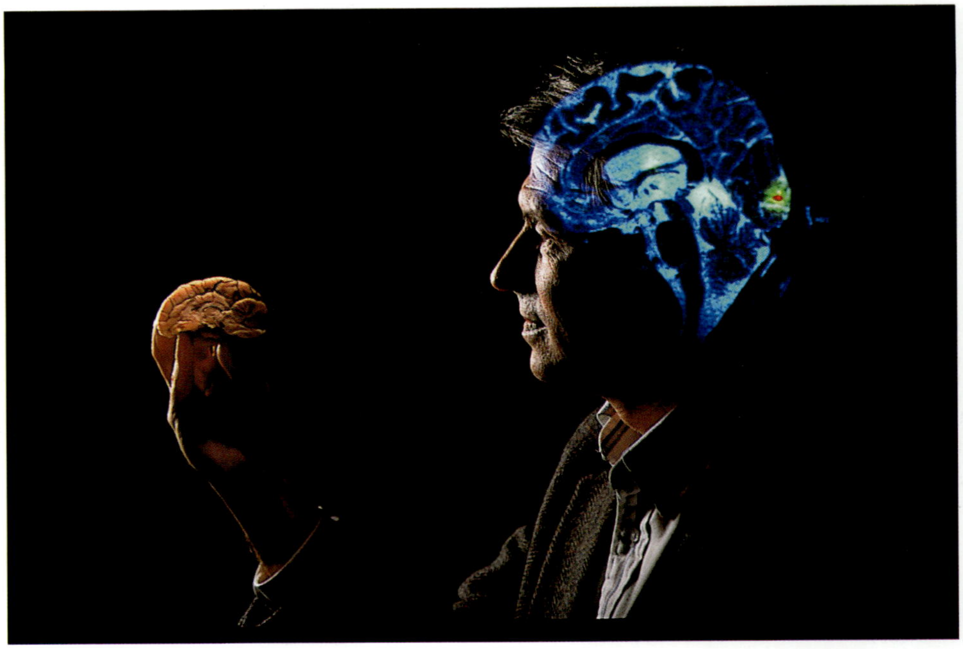

»Der rote Punkt dieser auf den Kopf des Caltech-Wissenschaftlers John Allman projizierten Computeraufnahme markiert ein Bildverarbeitungszentrum im hinteren Teil des Gehirns. Die rote Farbe weist auf verstärkten Blutfluss zu der Region hin – ausgelöst durch den konzentrierten Blick auf ein kleines Objekt wie das Primatenhirn, das Allman in der Hand hält.« Aus »Der Gesichtssinn« *im November-Heft von 1992*

Menge Zwergkrokodile gab, sondern auch vor Blutegeln und Tsetsefliegen nur so wimmelte. Wir hatten selbst das äußerste Jagdgebiet der Pygmäen hinter uns gelassen und tasteten uns in wahrhaft unbekanntes Land vor. Ich war müde. Wir alle waren müde, und das forderte seinen Zoll ...

Zweck unserer Expedition war es, einen Teil an der Südgrenze des Parks zu erkunden und dann zu den Nebenflüssen des Oubangui und einem Likouala aux Herbes genannten Sumpfgebiet vorzustoßen, das 50 Meilen südöstlich von Bomassa beginnt. In diesem riesigen Marschland soll der mokélé-mbembé zu Hause sein, der legendäre Dinosaurier des Kongobeckens.

Sie bekamen keinen mokélé-mbembé zu Gesicht, wohl aber, so Chadwick, »mehr als ein Dutzend Schimpansen, die sicher noch nie im Leben einem menschlichen Wesen begegnet waren.« Der amerikanische Ökologe J. Michael Fay, der die Gruppe führte, konnte die nasalen Schreie einer »Ducker« genannten Antilope imitieren, und die Schimpansen »waren am Boden von allen Seiten herangeeilt; wahrscheinlich wollten sie einen ›Ducker‹ erlegen«, schrieb Chadwick.

Sobald sie durch das Laub unsere Silhouetten ausmachten, schrien sie laut und sprangen in die Bäume. Angeführt von einem großen, grauhaarigen Männchen, begannen sie ein noch wilderes Schauspiel. Sie kreischten, fletschten die Zähne, warfen mit überraschend hoher Treffsicherheit Äste auf uns – und urinierten mit ähnlicher Zielgenauigkeit. Doch schon nach wenigen Minuten fingen einige Mitglieder der Gruppe an, zwischen diese Drohgebärden weichere, fragende Huuhs einzuflechten.

Wohin wir schauten, überall blickten uns Augen an, gebaut nach praktisch denselben Genen wie unsere eigenen. Und hinter diesen Augen, dessen war ich mir sicher, saß ein Verstand, der dasselbe Erstaunen fühlte wie wir ...

Etwa eine Stunde nach der ersten Begegnung starrten uns die meisten Schimpansen nur mehr unaufhörlich an, umarmten sich aber zwischendurch gegenseitig. ›Um sich Mut zu machen‹, flüsterte Nick. Das große Männchen machte es sich rücklings auf einer dicken Liane bequem und begann, sachte zu schaukeln, so als läge es in einer Hängematte; nur gelegentlich wandte es den Kopf und schaute uns an. Ein kleineres Männchen von vielleicht sechs oder sieben Jahren kletterte herunter und hockte sich keine zehn Meter von uns entfernt auf den Boden. Wir blickten uns direkt an; seine Augen wurden groß, und unsere wurden groß. Er machte Huuh. Wir huuten zurück, und er antwortete umgehend. Bald führten wir dieselbe Unterhaltung mit mehreren Tieren. Unbewusst ahmten wir sogar ihre Bewegungen nach, kratzten uns und wedelten mit den Händen vorm Gesicht, denn Insekten hatten begonnen, unser Primatentreffen heimzusuchen.

»Es ist einfach, von einem ersten Kontakt zu sprechen«, meinte Nick Nichols nach seiner Rückkehr von Ndoki, »aber ist es wirklich ein solcher? Woher zum Teufel soll man das wissen? Um das herauszufinden, versuchten wir, dieselbe Gruppe am folgenden Tag oder nach zwei oder drei Tagen wiederzufinden. Gelang dies, schenkten sie uns nie besondere Beachtung; ein oder zwei Blicke aus den Baumwipfeln, und dann machten sie weiter mit Jagen oder Früchteernten oder was auch immer. Denn sie hatten ihre Neugier am ersten Tag bereits gestillt. Im Prinzip sagten sie damit: ›Okay, wir kennen euch jetzt, soll jeder machen, was er will.‹ Selbst das Geschnatter blieb schon bei der zweiten Begegnung weitgehend aus. Deshalb glaube ich, dass es wirklich ein erster Kontakt war, oder wenigstens der erste Kontakt in zehn Jahren oder fünf Jahren oder eben im kollektiven Gedächtnis der Gruppe.«

Obwohl er seit mittlerweile mehr als zehn Jahren Menschenaffen in Asien und Afrika fotografiert, glaubt Nichols, noch immer nicht ausgelernt zu haben. Die wahre Herausforderung für einen Tierfotografen liegt, so Nichols, darin, Aufnahmen von Wildtieren zu schießen, die künstlerischen Wert besitzen und den Abgelichteten gerecht werden. Auf die Frage, wie man denn einem Wildtier gerecht werde, antwortete er: »Indem man ihnen ihre Würde lässt. Die nämlich geht so gut wie immer verloren, wenn man sie einfängt oder in Gehege sperrt, um sie zu fotografieren. Man sollte versuchen, ihre Seele, ihr Temperament aufzuspüren. Mir geht es darum, die Bilder etwas surrealer zu machen, weil ich diese Welt genau dafür halte. Ganz besonders Ndoki. Das ist eine derart düstere, unberührte Wildnis, dass der Mensch dort wirklich nichts verloren hat. Und ich wollte meinen Aufnahmen dieses Gefühl mitgeben. Es gibt so viele Fotografen, die einfach sagen: ›Komm, machen wir ein Porträt von diesem Tiger‹, aber das sagt dann überhaupt nichts über das Tier selber aus. Ich will, dass der Tiger den Betrachter aus dem Foto heraus anbrüllt: ›Ich bin das wildeste Geschöpf, das es gibt, und ich habe ein Recht darauf, in Ruhe gelassen zu werden!‹«

Nun gibt es Wissenschaftler, die meinen, wenn Ndoki tatsächlich so unberührt ist, wie Chadwick, Nichols und die übrigen Expeditionsteilnehmer behaupten, verdiene es dann nicht, in Ruhe gelassen zu werden? Nichols' Antwort darauf lautet, es sei eine »Art Wunschdenken zu glauben, dass das so bliebe. Vergessen Sie nicht, dass Kettensägen und Bulldozer nur noch Minuten entfernt sind. Besser ist es für den Schutz des Gebietes, es in der Welt bekannt zu machen.«

Der in Beverly Hills aufgewachsene Fotograf George Steinmetz wurde in Afrika zweimal wegen Spionage festgenommen. Das erste Mal in Burkina Faso, nördlich von Ghana. »Ich war zu impulsiv, um nicht zu sagen unverfroren«, erläutert er. »Ich machte Aufnahmen von Leuten, die Dinge über die Grenze schmuggelten. Das hätte ich nicht tun dürfen.« Seine zweite Verhaftung passierte im Zentralafrikanischen Staat Kamerun, »hauptsächlich deswegen, weil ich keine Fotoerlaubnis hatte. Die Polizei dort ist recht korrupt.« Er erkrankte zweimal schwer an Malaria, verlor wegen eines Loaloa-Wurms fast das Augenlicht und unterbrach sein Studium in Stanford anderthalb Jahre lang, um durch 17 afrikanische Länder zu trampen und ihre Naturräume und Menschen zu erleben. Danach machte er seinen Abschluss in Geophysik.

»Ich knabberte gerade ein paar Dosenkekse als Mittagessen und trank Tee dazu, da ertönte auf der anderen Seite der Lichtung ein schriller Schrei«, beginnt sein im Februar 1996 erschienener Essay über zwei abgeschiedene Stämme in Irian Jaya, der indonesischen Seite von Neuguinea.

Zwei nackte Männer stürmten auf uns zu, große, gezähnte Pfeile in die Bogen gespannt. Unsere Träger hielten sie auf, nur wenige Meter von uns ent-

Folgende Seiten: Im Herbst 1996 wurde der Arktisforscher Will Steger der erste Explorer-in-Residence der Society, was ihm unter anderem die Möglichkeit intensiven Gedankenaustauschs mit deren Mitarbeitern bot. Ein wichtiges Instrument, wie er später sagte, »um die Mission der Society lebendig zu halten.« Im Januar des gleichen Jahres hatte das Magazin mit »Nachrichten vom Nordpolarmeer« eine spannende Reportage seiner Eismeerdurchquerung vom Jahr davor gedruckt – fünftägiger Aufenthalt am Nordpol inklusive. Mit seinen Kämpfen gegen Blizzards, klirrende Kälte, Treibeis und offene Wasserflächen hatte Stegers Team, das sich aus amerikanischen, japanischen, russischen, dänischen und britischen Forschern zusammensetzte, das öffentliche Interesse auf die Arktis als einzigartiges Ökosystem lenken wollen. Die Bildunterschrift zu dem Foto der folgenden Doppelseite beschreibt nur ein Abenteuer: »Der Schlitten sank immer tiefer. Sollten es die Hunde nicht schaffen, ihn herauszuziehen, wäre unsere Fahrt von Russland nach Kanada schon nach nicht einmal der halben Wegstrecke beendet gewesen. Dieses Mal hatten wir Glück. Die Huskies waren kräftig, und wir konnten weiterfahren.«

bolle

Gegenüber, oben: Im kongolesischen Nationalpark Nouabalé-Ndoki beobachtete der Fotograf Nick Nichols die Reaktionen einer Gruppe von Schimpansen, die er in Kamerareichweite gelockt hatte. »Die meisten Affen wären davongelaufen, aber bei diesen hier schien die Neugier größer zu sein als die Furcht. Sie schrien, kreischten und schimpften, warfen mit Stöckchen und machten überhaupt einen Mordskrawall, aber schließlich beruhigten sie sich und beobachteten uns. Warum?« Nichols, der seit vielen Jahren Primaten fotografiert, nimmt an, dass dies ihr erster Kontakt mit Menschen war. »Andernfalls hätten sie uns nie so nahe herangelassen.« Aus »Ndoki: Der Letzte Ort auf Erden« *im Juli-Heft 1995*

Gegenüber, unten: Das erste jemals veröffentlichte Foto eines Tieflandgorillas im Wasser. »Was mich an der Arbeit für den GEOGRAPHIC frustriert, ist die ewige Faktenüberprüferei«, meint Nick Nichols. »Da komme ich aus Ndoki zurück und erzähle, dass ich diesen Gorilla im Wasser waten sah, und die klingeln sämtliche Wissenschaftler an, die jemals mit Gorillas zu tun hatten – und von denen einige seit 15 Jahren keine Freilandbeobachtungen mehr gemacht haben -, und dann heißt es: ›Vollkommen unmöglich, dass ein Gorilla sich im Wasser aufhält!‹ Dabei hatten wir es mit eigenen Augen gesehen! Ich hockte 21 Tage lang in einem Baum, um diese Aufnahme zu machen. Daran ist überhaupt nichts Wundersames. Es ist einfach so, dass in ihrem Habitat so viel Wasser zu finden ist, dass sie lernen mussten, damit zurechtzukommen.«

fernt. Ärgerliche Worte wurden getauscht, verstummten aber, als mein Dolmetscher ihnen Begrüßungsgeschenke anbot. Ich erfuhr, dass es sich um Vater und Sohn handelte, dass wir die ersten Weißen waren, die sie jemals erblickt hatten, und dass sie vorgehabt hatten, uns zu töten. Das war meine erste Begegnung mit dem Bäume bewohnenden Volk der Kombai aus Irian Jaya.

Zwei Jahre später kehrte ich zurück, kämpfte mich durch einen 1500 Quadratkilometer großen Waldabschnitt, in dem vielleicht 300 Korowai leben – eines der 250 Eingeborenenvölker Irian Jayas. Die Korowai sind Nachbarn der Kombai. Beide Stämme wohnen in Baumhäusern und haben in etwa denselben kulturellen Stand, aber ihre Sprachen unterscheiden sich stark. Beide Stämme sind in ihrer Existenz bedroht, da Indonesien das Hinterland Irian Jayas erschließen will. Ich war zurückgekommen, um ihre Lebensweise zu dokumentieren, bevor sie für immer verschwinden würde.

»Wir fuhren in diese Gegend«, erinnert sich Steinmetz, »weil der Autor Tom O'Neill den Ort finden wollte, der noch am unberührtesten war. Und als wir hinkamen, fürchtete ich zunächst, wir seien zu spät dran, dass wir 1940, 1950 oder spätestens in den Sechzigerjahren hätten kommen müssen. Die Träger redeten viel von Kannibalismus, dass die Menschen nackt herumliefen, nur Steinwerkzeuge besäßen, und ich dachte mir: ›Okay, okay, ich glaub's, wenn ich es selber sehe‹. Und dann kommen da diese Kerle aus dem Wald gerannt, Pfeil und Bogen in der Hand, und wollen uns umbringen. Das war Realität! Diese Menschen wollten uns töten, weil sie uns für Geister hielten! Das hat mich überzeugt.«

Auch Steinmetz wurde wiederholt gefragt, warum er die Korowai nicht in Ruhe gelassen habe, und er gab zu, mit gemischten Gefühlen hingefahren zu sein. »Aber sämtliche Kulturen auf Neuguinea haben sich durch Kontakt mit der modernen Zivilisation verändert«, sagt er, »und es war unvermeidlich, dass dieses Volk ebenfalls damit in Berührung kommen und sich wandeln würde. In der Nähe einer riesigen Goldmine im Sudirman-Gebirge im zentralen Hochland hörte ich, wie ein eingeborener Bergmann über einen anderen, der etwas später zum Lager gestoßen war, sagte: ›Der Kerl ist viel primitiver als ich!‹ Bei beiden lag der erste Kontakt mit Weißen eine, höchstens zwei Generationen zurück. Und bei den Korowai wollte ich einfach dokumentieren, wie sie lebten, damit sie sich später, wenn sich alles gewandelt haben würde, anschauen konnten, wie ihr Leben früher war. Ich hatte die Absicht, eine Art Dokumentation zu schaffen, für sie, damit sie später ihren Weg zurückfinden könnten.«

Das Hauptproblem war Steinmetz zufolge, dass er nicht fotografieren konnte, wie die Korowai vor seiner Ankunft gelebt hatten. Er konnte nur festhalten, was für einen ungeheuren Eindruck seine Gegenwart auf sie machte. »Sie wollten nichts anderes tun als ›Whitey‹ anstieren«, erzählt er. »Ich war so absolut fremdartig für sie. Sie konnten mich nicht einordnen, hielten mich für etwas aus der Welt der Geister. Sie nannten Kleidung ›Geisterhaut‹, ein Stahlwerkzeug war eine ›Geisteraxt‹. Ich wollte einige der Träger fortschicken, damit sich die Korowai entspannten – aber nicht so viele, dass wir Gefahr liefen, angegriffen zu werden. Zum Schluss waren wir nur noch zu zehnt, aber sie starrten uns immer noch an. Wir verbrachten eine volle Woche in ihrem Klan-Gebiet und warteten darauf, ihnen dabei zusehen zu können, was sie normalerweise tun. Wir fragten immer wieder: ›Was tut ihr heute?‹, aber sie schauten uns bloß an und folgten jeder unserer Bewegungen. Deshalb wollte ich wissen: ›Was denkt ihr?‹ Und sie antworteten: ›Was meinst du damit, was wir denken? Du bist hier!‹«

»Es war ungefähr so, wie wenn ein Ufo vom Mars in Ihrem Vorgarten landet«, fährt Steinmetz fort, »und heraus kommen lauter kleine grüne Männchen in goldenen Raumanzügen und sagen: ›Verhaltet euch vollkommen natürlich. Wir wollen mit euch über euer Haus sprechen und Fotos von euch machen.‹ Und Sie haben keinen blassen Schimmer, was ein Foto ist, und es gibt keine Polizei, die Sie rufen

können. Deshalb bleiben Sie einfach sitzen, Pfeil und Bogen im Anschlag, und beäugen die Fremdlinge die ganze Zeit.«

In der Hoffnung, von oben ein paar halbwegs natürliche Bilder vom Leben der Korowai schießen zu können, kletterte Steinmetz auf einen Baum. »Ich hockte ein paar Stunden auf dem Ast, bis meine Beine ganz taub waren, und die saßen einfach nur da und beobachteten mich«, erzählt er. »Dann wurde mir klar, dass ich in der Dunkelheit hinaufsteigen musste. Also kletterte ich früh um fünf auf den Baum, und sie wachten auf und sagten: ›Oh, der Verrückte ist wieder in den Bäumen!‹ Aber so waren die Spielregeln: Ich musste versuchen, sie so zu langweilen, dass sie wieder ihrer normalen Beschäftigung nachgingen. Klar ist es nach wie vor eine Ausnahmesituation, aber man kann sich wenigstens vorstellen, wie sich jemand unter normalen Umständen verhält. Es ist früh am Morgen. Sie sind noch ganz verschlafen, und entweder sie stieren dich an, oder sie kümmern sich um ihr schreiendes Baby. Was auch immer. Mir kam es recht authentisch vor, aber sicher kann man sich natürlich nie sein.«

»Der Unterschied zwischen uns in den Neunziger- und Joseph Rock in den Zwanzigerjahren ist«, so Nick Nichols, »dass wir durch das Fernsehen und natürlich auch durch die Tatsache sensibilisiert sind, dass man in fünf Minuten unseren Globus umrunden kann. Wenn George Steinmetz und ich irgendwohin fahren und eine Geschichte machen, erwarten wir dort ein Ndoki, ein möglichst primitives Eingeborenenvolk. Das ist unser sehnlichster Wunsch und, davon bin ich überzeugt, auch der wichtigste Grund, warum Entdeckungen so wichtig für das Image der Society sind. Aber wenn wir finden, wonach wir gesucht haben, dann haben wir nach meinem Dafürhalten auch die moralische Verpflichtung, es zu schützen. Das ist der Unterschied. Früher existierte diese moralische Verpflichtung nicht. Man forschte um des Forschens willen, um neue Erkenntnisse zu gewinnen. Wenn wir heute etwas Neues entdecken, sagen wir oft: ›Das müssen wir schützen!‹ Und die Möglichkeiten, die das riesige Netzwerk der Society und die Millionen Leser des GEOGRAPHIC bieten, dieses Anliegen zu verbreiten, sind immens nützlich. Deshalb habe ich mich für dieses Konzept entschieden. Ich halte es für meine Pflicht, möglichst viele Menschen dafür zu interessieren, und das GEOGRAPHIC ist das beste Instrument dazu. Ich hoffe nur, dass wir nie an einen Punkt kommen, wo nur noch die wirtschaftlichen Interessen zählen.«

Dale Petroskey ist der neue Leiter des Bereichs Public Service. Bevor er 1988 als Director of Public Affairs zur Society stieß, hatte er sich in Washington D. C. in Politikerkreisen bewegt. Heute ist er nicht nur für das Geography-Education-Programm, den Geographiewettbewerb, die Education Foundation und die »Halle der Entdecker« verantwortlich, sondern überwacht auch das Research-and-Exploration-Komitee und ist als Senior Vice President Mitglied des Executive Management Council und damit wichtiger Teil der neuen Firmenstruktur. Insofern gibt das, was er über die Zukunft der Forschung sagt, die Meinung des derzeitigen Managements wieder.

»Reg Murphy hat eine Fünf-Millionen-Dollar-Stiftung gegründet«, erzählt Petroskey. »Sein Ziel ist es, für Forschung und Entdeckung von Jahr zu Jahr mehr Geld zur Verfügung zu stellen. Die ersten fünf Prozent der fünf Millionen sollen alljährlich für die folgenden Projekte ausgegeben werden: 100 000 US-Dollar, steuerfrei und ohne dass irgendwelche Bedingungen daran geknüpft wären, für die Person oder Institution, die ›die Mehrung und Verbreitung geographischen Wissens‹ nach unserem Dafürhalten am besten verkörpert; 50 000 Dollar für George Stuart, der damit die wissenschaftliche Arbeit von bis zu fünf Stipendiaten noch weiter unterstützt – vielleicht 10 000 Dollar hier, 5000 Dollar dort. Zudem haben wir das so genannte Explorer-in-Residence-Programm ins Leben gerufen; der erste dieser unserer ›hauseigenen Abenteurer und Entdecker‹ war Will Steger, der zweite Johan Reinhard. Bisher lag der durchschnittliche Förderungsbetrag bei 15 300 US-Dollar, und auch in

Gegenüber: Die Kombai und Korowai in Irian Jaya bauen ihre Häuser in bis zu 50 Meter Höhe über dem Boden, »damit wir die Vögel und die Berge sehen können und damit keine Hexenmeister die Stufen heraufklettern«, erklärt ein Korowai-Mann dem Fotografen George Steinmetz. Aus »Die Baum-Menschen von Irian Jaya« *in der Februar-Nummer von 1996*

Ein verspielter Eisbär jongliert mit einem Autoreifen, den er zuvor einem Artgenossen abgejagt hat. Derartiges spontanes Verhalten, das man bei Säugetieren und auch vielen Vogelarten findet, war das Thema von »Tiere beim Spiel« – Leserumfragen zufolge einer der fünf beliebtesten Magazin-Reportagen aus dem Jahr 1994. »Ich musste so lachen, dass ich kaum die Kamera halten konnte«, erzählt Norbert Rosing, der dieses Foto schoss.

In der Peary Collection des Nationalarchivs in Washington D. C. werden die Instrumente aufbewahrt, die ein Polarforscher im Jahre 1909 dabei haben musste: ein Fläschchen Quecksilber zur Erzeugung eines künstlichen Horizonts, wenn Eiskämme die Sicht blockierten, eine Wanne, in die das Quecksilber gegossen wurde, Pearys drei Chronometer und ein Sextant mit Okularen.

Der Streit darüber, ob Peary den Nordpol erreichte oder nicht, ist noch immer nicht beigelegt – zum Teil aufgrund von Lücken in seiner Dokumentation, zum Teil wohl aber auch wegen der Aggressivität des Expeditionsleiters. Bestärkt durch eine neuerliche Untersuchung sämtlicher Beweisstücke, hält die Society jedoch an ihrer ursprünglichen Meinung fest, Peary sei in der Tat zum Pol vorgedrungen.

Zukunft sollen 75 Prozent unseres Budgets in solch kleine Summen aufgespaltet werden. Aber zum ersten Mal können wir auch ›Super-Zuschüsse‹ in Höhe von 60 000 Dollar vergeben, und zwar für mindestens fünf förderungswürdige Projekte, was Feldforschung auf hohem Niveau ermöglicht. Daraus resultiert – so zumindest hoffen wir – wiederum neues Material für das Magazin, was seinerseits neue Geldmittel einbringen könnte. Wir suchen uns ein Projekt, Korallenriffe etwa oder Olmeken-Archäologie, und sagen: ›Okay, unterbreiten Sie uns ein Konzept, das großzügige Unterstützung verdient.‹ Und dann bemühen wir uns, Einzelpersonen oder Organisationen zu finden, die dafür eine nennenswerte Summe stiften.«

»Forschung und Entdeckung bilden das Fundament der Society«, fährt Petroskey fort. »So kommen wir an die faszinierenden Geschichten, die wir im Magazin, im Fernsehen, in Büchern, auf unserer Website und im Klassenzimmer erzählen. Bisher haben wir nur selten Vorträge oder ähnliche Veranstaltungen außerhalb von Washington organisiert, bei denen unsere Autoren oder Fotografen darüber berichten, was sie so machen. Johan Reinhard zum Beispiel hätte da einen Riesenerfolg, da bin ich mir sicher. Die Leute würden wochenlang darüber sprechen. Oder Paul Sereno mit den neuen Dinosaurierfunden. Genauso Bob Ballard, Will Steger oder Todd Skinner, der als Freeclimber eine berühmt-berüchtigte 1000-Meter-Steilwand im

pakistanischen Hochgebirge bezwang. Da wären Fotografen wie Nichols und Steinmetz. Und natürlich Maurice Hornocker mit den sibirischen Tigern, Beverly und Dereck Joubert, die seit 14 Jahren mit den Löwen von Botswana leben, und Tim Laman und Cheryl Knott, ein weiteres Forscherehepaar. Er hat in Harvard über Regenwaldökologie promoviert, sie sitzt an ihrer Doktorarbeit über Orang-Utans. Beide arbeiten derzeit in Borneo. Sie alle könnten die neuen Heroen, die neuen Leakeys und Goodalls und Hillarys werden. Und eine meiner Aufgaben besteht darin, solche Leute ausfindig und zu erstklassigen Geschichtenerzählern zu machen, damit man ihre Namen weltweit mit der National Geographic Society in Verbindung bringt. Der 100 000-Dollar-Preis, die Stipendiengelder für George Stuart, die ›Super-Zuschüsse‹, das Explorer-in-Residence-Programm – sie alle sollen dazu beitragen, mit uns gemeinsam große Projekte in Angriff zu nehmen. Und die Aussicht, Menschen dazu zu bringen, im Rahmen unseres Development Office und des Grosvenor Council (damit sind die Leute gemeint, die über fünf Jahre hinweg jährlich 1000 Dollar oder mehr stiften) diese Forschungsgelder noch weiter aufzustocken, diese Aussicht ist nicht nur ungeheuer aufregend, sondern sichert auch Fortbestand und Weiterentwicklung der Art von Forschung und Entdeckung, die die Society berühmt gemacht haben.«

Paul Sereno, Professor für Paläontologie an der University of Chicago, klammert sich bei 50 Grad Celsius Außentemperatur an einen Sandsteinfelsen, um die gerillten Zähne eines Carcharodontosaurus freizulegen, der zu den größten bekannten Landraubtieren aller Zeiten zählt. Sereno und sein Team haben in Marokko »unwiderlegbare Beweise dafür gefunden, dass afrikanische Dinosaurier sich vom Standpunkt der Evolution aus betrachtet nicht identisch mit denen anderer Kontinente entwickelten«. Aus »Afrikas gestrandete Dinosaurier« *im Juni-Heft von 1996*

Beute von Menschengröße konnte er mit einem Biss töten. Der Carcharodontosaurus, hier die Rekonstruktion eines 90 Millionen Jahre alten Schädels, gehört zu den bemerkenswertesten neueren Entdeckungen in der Sahara. Seinen Namen »Haizähniges Reptil« verdankt er den messerscharfen Kauwerkzeugen, die – warum, rätseln die Wissenschaftler noch – seitlich eine Reihe von Rillen aufweisen.

DANKSAGUNGEN

Bei einem Buch wie diesem ist es ein Problem, wo man mit den Danksagungen beginnen soll. In meinem Kopf wirbeln die Namen von Personen durcheinander, die alle ein Sonderrecht haben, wie eine Zuschauermenge nach der Vorstellung, die auf Taxisuche geht. Die Bereitschaft von Gilbert M. Grosvenor, Präsident und Vorstandsvorsitzender der National Geographic Society, außerhalb der Society nach einem unabhängigen Verleger eines Buches über ihre 100-jährige Geschichte zu suchen, mag es rechtfertigen, ihn an die Spitze der Liste zu stellen. Da es aber Paul Gottlieb war, Präsident und Verleger der Harry N. Abrams Inc., der Gil Grosvenor überredete, dass Abrams der richtige Verlag sei, ein solches Buch zu produzieren, und mich dann auswählte, um den Text zu schreiben, sollte nicht ihm dann mit gleichem Recht – und einer Prise Klugheit – dieser Rang gebühren?

Robert L. Breeden, Senior Vice President der National Geographic Society, zuständig für Publikationen und Lehrmedien, war ein wirklicher Freund. Bob Breeden ist immer großzügig mit Zeit und Rat eingesprungen, im richtigen Moment mit der notwendigen Energie, Perspektive und Erfahrung, um die Teams von Abrams und der Society zusammenzubringen, wenn unterschiedliche Publikationsmethoden das Projekt scheitern zu lassen drohten. (Bob Breedens Linie »Was wir eigentlich sehen, ist doch nur das Dunkel am Ende des Tunnels« wird mir lange in Erinnerung bleiben.)

Die begeisterte Zusammenarbeit der Mitarbeiter des NATIONAL GEOGRAPHIC war für den Außenstehenden erstaunlich. Gilbert M. Grosvenor gab trotz seines vollen Terminkalenders stundenlang Auskunft, wobei er sehr offen in seinen Antworten war und ohne zu zögern beweiskräftige Dokumente lieferte.

Chefredakteur Wilbur E. Garrett fand trotz wichtiger Termine und Sitzungen immer Zeit, Fragen zu beantworten und Rat zu geben. Senior Associate Editor Joseph Judge, Schriftsteller, Erzähler und ein unvergleichlicher Tischgenosse, werde ich sehr vermissen. Stellv. Chefredakteur Thomas R. Smith, Senior Assistant Editors William Graves, Carolyn Bennett Patterson (pens.), Edward J. Linehan, Samuel W. Matthews, O. Louis Mazzatenta, Charles McCarry, Elizabeth A. Moize, Howard E. Paine, Mary G. Smith – Ihnen allen Dank für Ihre geduldigen, informativen und in vielen Fällen heiteren Interviews und Reminiszenzen.

Die Kapitel über die Entwicklungen der Farbfotografie in der Society hätte ich nicht schreiben können ohne die Ratschläge von Senior Writer des GEOGRAPHIC, Priit J. Vesilind und die großzügige Bereitstellung seiner Doktorarbeit. Priit verdient eine eigene Dankeseile.

Assistant Editors Kent Britt, Rick Gore, Bart McDowell, Merle Severy, Senior Writers Thomas J. Abercrombie, William S. Ellis, Peter T. White und Senior Editorial Staff Members Boyd Gibbons und David Jeffery – auch Ihnen bin ich dankbar. Die Fotografen Dean Conger, David Alan Harvey, George F. Mobley, Steve Raymer, Robert F. Sisson und Layout-Chef Robert W. Madden, jeder von Ihnen ist tausend Worte wert – oder gar zehntausend? Senior Assistant Editor John B. Carver Jr. und seine kartografische Abteilung halfen mir, den rechten Weg zu finden.

Bei der täglichen Arbeit an diesem Buch war Senior Assistant Editor und Direktor des Bücherdienstes Charles O. Hyman unser Freund und Wohltäter. Keiner, der meine Worte einem guten Bild im Weg stehen ließ, der uns aber über manch schwierigen Punkt hinweghalf. Senior Assistant Editor und Direktor der Abteilung für Sonderveröffentlichungen Donald J. Crump war eine wichtige Quelle für die frühen Tage der Spezialpublikationen. Von George Peterson, Direktor der Lehrmedien, habe ich viel gelernt – nicht nur über den Lebenszyklus des Frosches. Ralph Gray, früher Chef des Schuldienstes, und Executive Assistant William Gray – Vater und Sohn –: euch beiden ein besonderes Dankeschön. Joan Tapper, Chefredakteurin von TRAVELER, und Director of Publications Art John D. Garst schenkten mir ihre Zeit und Freundschaft. Associate Director Tim T. Kelly war mir beim Thema der Fernsehprogramme und den Filmen der Society behilflich, und Susanne K. Dupré, Corporate Counsel der Society, war sehr offen und, in Parenthese, informativ bezüglich der Anstrengungen der Society, ihren steuerfreien Status als gemeinnützige Vereinigung aufrechtzuerhalten.

Bibliotheksdirektorin Susan Fifer Canby und die Bibliothekarin Carolyne Locke halfen mir beim Auffinden von Quellenangaben, und Ted Wojtaskik brachte mir genau die richtigen Korrespondenzen. Boris Weintraub vom News Service zeigte das Herz eines Journalisten. Und der Bezwinger des Everest und jetzige Vice Chairman des Committee for Research and Exploration, Barry C. Bishop, bewies, »dass man zumindest etwas wissen kann, wenn man schon nichts sieht«.

Mit dem bärbeißigen ehemaligen Senior Assistant Editor für Fotografie Robert E. Gilka (in dessen Büro ein gesticktes Kissen gelegen hatte mit der Aufschrift »Wischen Sie sich Ihre Knie ab, bevor Sie eintreten«) war es ein Vergnügen, sich zu unterhalten – und wenn auch nur um des einen Satzes über Gil Grosvenor willen: »Er ist östlich, östlich, östlich, östlich – ein Yale-Mann. Östlicher können Sie nicht kommen, es sei denn, Sie schwimmen.« Ich bin dem pensionierten GEOGRAPHIC-Fotografen Volkmar K. Wentzel dankbar und Edwards Park, Herausgeber des Jubiläumsbandes anlässlich des 17-jährigen Bestehens der Society, *Große Abenteuer*, und, später, von *Smithsonian:* beide waren sie immer für ein Gespräch bereit. Und der ehemalige Chefredakteur des GEOGRAPHIC und Mitglied des Kuratoriums, Frederick G. Vosburgh, war so freundlich, mir lange Telefoninterviews zu geben.

Der frühere Vorstandsvorsitzende Melvin M. Payne, der Vice Chairman Owen R. Anderson, Chairman Emeritus Thomas W. McKnew und der Vice President der Society Leonard J. Grant halfen mir dabei, sowohl die Stimmung als auch die Geschichte der früheren Jahrzehnte der Society zu verstehen. Eine besondere Ehre und Freude war es, so viel Zeit mit dem legendären Luis Marden der Society zu verbringen.

Ich bin auch dem Vice President der Society, Danforth P. Fales, und Dorothy (Dori) Jacobsen dankbar, die beide zur Abteilung Publikationen und Lehrmedien gehören. Ihre Freundschaft und Ermutigung haben mir viel bedeutet.

Die Senior Editor von Abrams, Edith M. Pavese, hat mit unermüdlichem Humor und viel Mühe täglich das Buch durchgesehen. Edith, es war ein Vergnügen, mit Ihnen wieder einmal zu arbeiten!

Genauso viel Vergnügen hat die Zusammenarbeit mit dem Gestalter dieses Buches gemacht, mit Samuel N. Antupit, dessen Arbeit ich schon bewunderte, als wir vor 25 Jahren beim Monocle waren. Ein Danke auch an Maria Miller, die mit großer Geduld die Gestaltung und die Technik koordinierte. Und an Gertrud Brehme, die den manchmal einander widersprechenden Forderungen der Produktion und der Technik gerecht zu werden versuchte.

Die Erfahrung der Bild-Chefin Anne D. Kobor war unschätzbar. Sie war es, die zusammen mit der Bildrechercheurin Brooke Kane alle Bilder für dieses Buch fand, heraussuchte und zusammenstellte, allerdings mit Hilfe von Leah Roberts, Linda Rinkinen, Bill Bonner, Eudora (Dori) Babyak und Elizabeth Leader.

Edith, Sam, Maria, Anne und Brooke, dies ist auch euer Buch.

Wenn die National Geographic Society ihren Ruf für Genauigkeit und Sorgfalt zu Recht trägt – und sie tut es, glauben Sie mir -, dann dank ihrer Rechercheure, die unermüdlich den Quellen nachspüren und Fakten bestätigen. Glücklicherweise hatte ich Researcher Tee Loftin zur Seite, die mir viele Mühen auf meinen literarischen Reisen zu den Polen ersparte. Ich danke ihr und auch Tori Garrett Connors, die zur Halbzeit des Projektes dazustieß und viele Überstunden machte, um das Material immer wieder durchzusehen.

Aber niemandem schulde ich mehr Dank als Researcher Sallie M. Greenwood, die von der Society von Anfang an dazu ausersehen war, für die Richtigkeit meines Textes zu sorgen. Als 1996 beschlossen wurde, die erste Auflage zu überarbeiten, arbeitete Sallie nicht mehr in der Society. An ihrer Stelle arbeitete Victoria Cooper mit mir zusammen, deren Fähigkeiten als Researcher nur noch von ihrem fantastischen Humor und ihrer Geduld übertroffen wurden. Das scharfe Auge und der untrügliche Verstand des Bild-Chefs Thomas B. Powell III. waren eine glückliche Fügung.

William R. Gray, der jetzige Vice President und Direktor der Jubiläumsbuch-Abteilung, hat hart gearbeitet, um sichergehen zu können, dass meine Texte so viel von den vergangenen zehn Jahren des GEOGRAPHIC reflektieren, wie es für die Society wichtig ist. Danke, Will. Und Dank auch an Barbara A. Payne, Bob Madden, Johan Reinhard, George Steinmetz, Cathy Newman, Charles Kogod, Leah Bendavid-Val und alle, die zu meiner guten Laune in Washington beigetragen haben.

Zu guter Letzt möchte ich mich ganz besonders bei meinem Freund Robert Morton, dem Special Projects-Direktor von Abram und Chef-Editor dieser Ausgabe bedanken. In dem Bewusstsein, dass alles Schreiben ein Kompromiss ist, von denen einige schwieriger als andere sind, hat Bobs ruhige, diplomatische Art den Weg entlang der Felsen und harten Stellen kontinuierlich geebnet.

C. D. B. Bryan
Guilford, Connecticut

BIBLIOGRAFIE

Da es sich ausschließlich um Veröffentlichungen aus dem angloamerikanischen Bereich handelt, wurden die bibliografischen Angaben in Englisch belassen.

Beebe, William. *Half Mile Down.* New York: Harcourt, Brace, and Company, 1934.

Bruce, Robert V. Bell: *Alexander Graham Bell and the Conquest of Solitude.* Boston: Little, Brown and Company, 1973.

Buckley, Tom. »With the NATIONAL GEOGRAPHIC on Its Endless, Cloudless Voyage.« *New York Times Magazine,* September 6, 1970.

Chamberlin, Anne. »Two Cheers for the NATIONAL GEOGRAPHIC.« *Esquire,* December 1963.

»Change at the GEOGRAPHIC.« *Washington Post,* July 17, 1977.

Chock, Alvin K. »J. F. Rock, 1884-1962.« *Hawaiian Botanical Society Newsletter,* January 1963.

»Climbing Mount Everest Is Work for Supermen.« *New York Times,* March 18, 1923.

Conaway, James. »Inside the GEOGRAPHIC.« *Washington Post,* December 18, 19, 20, 1984.

Cornell, James. *The Great International Disaster Book.* New York: Charles Scribners'Sons, 1982.

Eber, Dorothy Harley. *Genius at Work: Images of Alexander Graham Bell.* New York: The Viking Press, 1982.

»Footnote to Geography.« *The New York Times* editorial, July 26, 1942.

Frazier, Kendrick. *The Violent Face of Nature: Severe Phenomena and Natural Disasters.* New York: William Morrow and Co., Inc., 1979.

Garrett, W.E. »The Magazine Today.« NATIONAL GEOGRAPHIC INDEX, 1947–1983.

Ders. »NATIONAL GEOGRAPHIC: The Magazine That Taught Us How to Use Pictures ...and Color.« *Photojournalism: Principles and Practices* (2nd ed.). Clifton C. Edom, ed. Dubuque, Iowa: Wm. C. Brown Company, 1980.

»The GEOGRAPHIC Faces Life.« *Newsweek,* September 12, 1977.

»GEOGRAPHIC from Upbeat to Realism.« *Los Angeles Times,* August 5, 1977.

»GEOGRAPHIC Moves, Like a Glacier.« *San Francisco Examiner,* September 25, 1977.

»Geograpic Society Raid Drill Empties Building in 3 Minutes.« *Washington Star,* February 15, 1942.

»The GEOGRAPHIC's Flawed Picture.« *Accuracy in Media, vol. VI, no. 6* (March 1977).

Great Adventures with NATIONAL GEOGRAPHIC. Washington, D.C.: National Geographic Society, 1963.

Grosvenor, Gilbert H. »Earth, Sea, and Sky: Twenty Years of Exploration by the National Geographic Society.« *The Scientific Monthly,* May 1954.

ders. »First Lady of the NATIONAL GEOGRAPHIC.« *NATIONAL GEOGRAPHIC MAGAZINE,* July 1965.

ders. The National Geographic Society and Its Magazine: A History. Washington, D.C.: National Geographic Society, 1957.

ders. »The Romance of the Geographic.« *NATIONAL GEOGRAPHIC MAGAZINE,* October 1963.

ders. Speech at U.S. Camera Achievement Awards Dinner, November 6, 1951.

Grosvenor, Melville Bell. »Bringing the World to Your Fingertips.« Washington, D.C.: National Geographic Society, 1970.

ders. »Editor's Note.« *NATIONAL GEOGRAPHIC MAGAZINE,* October 1963.

Grun, Bernard. *TheTimetables of History: A Horizontal Linkage of People and Events.* New York: Simon and Schuster, 1975.

Hart, Scott. »Whole Earth Monthly: The Power and the Glory of Being the NATIONAL GEOGRAPHIC.« *Washington Star-News,* 09, 1973.

Hellmann, Geoffrey T. »Geography Unshackled.« *The New Yorker,* September 25, October 2, October 9, 1943.

Hoffer, William. »All the World's a Page.« *Regardies,* March 1986.

Huntford, Roland. *The Last Place on Earth.* New York: Atheneum, 1986.

ders. Scott and Amundsen. London and Toronto: Hodder and Stoughton, 1979.

Images of the World: Photography at the NATIONAL GEOGRAPHIC. Washington, D.C.: National Geographic Society, 1981.

Kirwan, L.P. *A History of Polar Exploration.* New York: Norton and Company, Inc., 1959.

LaGorce, John Oliver. *The Story of the Geographic.* Washington, D.C.: National Geographic Society, 1915.

»Maps of a Changing World.« *The New York Times editorial,* January 15, 1945.

Marden, Luis. Tribute to Melville Bell Grosvenor. Address delivered at the Cosmos Club, Washington, D.C., May 1979.

McGee, W.J. »Fifty Years of American Science.« *Atlantic Monthly,* September 1898.

Mott, Frank L. *A History of American Magazines, 1885-1905, vols. I-V.* Cambridge, Massachusetts: Harvard University Press, 1930-1968.

Mowat, Farley. *The Polar Passion: The Quest for the North Pole.* Boston: Little, Brown and Company, 1967.

»The 'Mystery' Army of World War II.« *Trading Post,* March-April 1956.

NATIONAL GEOGRAPHIC INDEX, 1888-1946. Washington, D.C.: National Geographic Society, 1967.NATIONAL GEOGRAPHIC INDEX, 1947-1983. Washington, D.C.: National Geographic Society, 1984.

»NATIONAL GEOGRAPHIC Photographers: The Gang That Better Shoot Straight.« *Potomac* (*The Washington Post*), July 7, 1974.

»NATIONAL GEOGRAPHIC Still Poking Its Lens Around the World.« *Chicago Tribune,* Tempo Section, September 12, 1977.

Oehser, Paul H., ed. *National Geographic Society Research Reports,* 1890-1954. Washington, D.C.: National Geographic Society, 1975.

»One of the Grosvenor Twins of Amherst to Wed the Bell Telephone Millions.« *Boston Sunday Post,* October 7, 1900.

Payne, Melville M. »The Geographic Society at 75.« *Washington Star,* January 27, 1963.

ders. »75 Years Expanding Earth, Sea and Sky.« *NATIONAL GEOGRAPHIC MAGAZINE,* January 1963.

»Rose-Colored Geography.« *Time,* June 15, 1959.

Ross, Ishbel. »Geography, Inc.« *Scribner's,* June 1938.

Sullivan, Wilson. »NATIONAL GEOGRAPHIC: 'The Whole World Inside'.« *Saturday Review,* March 14, 1964.

Sutton, S. B. *In China's Border Provinces: The Turbulent Career of Joseph Rock, Botanist Explorer.* New York: Hastings House, 1974.

This Fabulous Century: 1920-1930. New York: Time-Life Books, 1968.

Vesilind, Priit Juho. »NATIONAL GEOGRAPHIC and Color Photography.« Unpublished Master's thesis in Journalism, Syracuse University, December 1977.

Vosburgh, Frederik G. »To Gilbert Grosvenor: A Monument 25 Mile High.« NATIONAL GEOGRAPHIC MAGAZINE, October 1966.

»What NATIONAL GEOGRAPHIC Can Teach You.« *35mm Photography,* Spring 1970

REGISTER

PERSONENREGISTER

Kursiv gedruckte Zahlen verweisen auf Seiten mit Illustrationen.

ORTS- UND SACHREGISTER

NACHWEISE

FOTONACHWEISE

Folgende Abkürzungen werden verwendet: (o) oben, (m) Mitte, (u) unten, (1) links, (r) rechts; NGP NATIONAL GEOGRAPHIC Photographer, NGS NATIONAL GEOGRAPHIC Staff

1 Thomas Ives. 2, 3 Jen and Des Bartlett. 4, 5 Steve Raymer, NGP. 6, 7 David Austen. 8, 9 Merlin D. Tuttle. 10, 11 Thomas J. Abercrombie, NGS. 12, 13 Nicholas DeVore III. 14, 15 David Doubilet. 16, 17 Gordon W. Gahan. 18 Charles O'Rear.

22, 23 Gemälde von Stanley Meltzoff für NATIONAL GEOGRAPHIC. 26 Peter Bissett. 28 John K. Hillers, Smithsonian Institution. 29 Culver Pictures, Inc. 32 Gemälde von Paul Calle für National Geograpic. 34, 35 Kokusho Kankokai, Inc. 38–45 Gilbert H. Grosvenor Collection, Library of Congress. 46 Library of Congress. 47 Gilbert H. Grosvenor Collection, Library of Congress.

50, 51 Will Steger. 52–59 Robert E. Peary Collection, National Geographic Society. 60, 61 Naomi Uemura. 62(1) Von Richard E. Byrd. 62, 63 Gemälde von N. C. Wyeth für NATIONAL GEOGRAPHIC. 64, 65 Jannick Schou. 67 Herbert G. Ponting. 68, 69 Byrd Antarctic Expedition. 70, 71 Charles Swithinbank. 72(l) Paul A. Siple. 72, 73 Thomas J. Abercrombie, NGS. 73(r) William R. Curtsinger. 74, 75 David Pratt. 76, 77 George Lowe, Royal Geographical Society, London. 78 Paul A. Siple. 79 Robert Benson.

80–87 Gilbert H. Grosvenor Collection, Library of Congress. 88(o) C. W. Blackburne. 88(u) Gemälde von Paul Calle für NATIONAL GEOGRAPHIC. 89 Dean C. Worcester. 90 John Oliver LaGorce. 91 Fred J. Maroon. 92 Tsybikoff and Norzunoff. 93 Joseph D. Lavenburg, NGP. 94 Robert S. Oakes.

96, 97 Maurice and Katia Krafft. 98 From Morris J. Elsing. 100, 101 Gary Rosenquist, Earth Images. 102 National Earth Satellite Service, NOAA. 103 Laboratory für Atmospheric and Space Physics, University of Chicago. 104, 105 Guillermo Aldana E. 106, 107 John LeBaron Collection. 108, 109 Winfield Parks. 111 Guillermo Aldana E. 112, 113 Annie Griffiths. 114, 115 Steve Raymer, NGP.

116, 117 Grace Adams, Gilbert H. Grosvenor Collection, Library of Congress. 120 From F P. Sargent. 122, 123 George Shiras III. 125 Thomas Barbour. 126,127 William W. Chapin. 128, 129 Charles Martin. 130 Wallis W. Nutting, Gilbert H. Grosvenor Collection, Library of Congress. 131 Gilbert H. Grosvenor. 132(o) A. R. Moore. 132(u) Horace Albright, Gilbert H. Grosvenor Collection, Library of Congress. 133 Franklin Price Knott. 134(or) American Red Cross. 134(or) From Harriet Chalmers Adams. 134(u) Christina Krysto.

136, 137 Edwards Park. 138 Paul Bestor. 139 E. C. Erdis. 140, 141 Loren McIntyre. 142–144 Richard H. Stewart. 145 Farrell Grehan. 146, 147 Bates Littlehales, NGP. 149 Gemälde von H. M. Herget für NATIONAL GEOGRAPHIC. 150–153 David Brill. 154, 155 O. Louis Mazzatenta, NGS. 156 David Brill. 157 Adam Woolfitt. 159 Chinese photographer.

165 Frank J. Magee. 167 Benjamin A. Stewart. 168 Franklin Price Knott. 169 M. Stephane Passet. 170 Maynard Owen Williams. 171 Charles Martin and W. H. Longley. 172(o) Keystone View Company. 172(u) Wide WorldPhotos. 174 Portraits von Carl Rose; © 1934, 1962 The New Yorker, Inc.

172–182 Maynard Owen Williams. 184, 185 Zeichnungen von Alexandre Iacovleff. 186, 187 Joseph F. Rock. 188, 189(1) Jodi Cobb, NGP. 189(r), 190, 191 Joseph F. Rock. 192, 193 United Press International, Bettmann Newsphotos. 195 Robin L. Graham. 196 Cotton Coulson, Brendan Archive. 198, 199 Carlo Mauri.

200–204 B. Anthony Stewart. 205 Henri de Monfreid. 206(o1), 206(m1) Charles Martin. 206(or) Franklin Price Knott. 206(u) Melville Bell Grosvenor. 207(o1) Hans Hildenbrand. 207(om) Charles Martin. 207(or) B. Anthony Stewart. 207(ul) W. Robert Moore. 207(ur) Eastman Kodak Company. 208 Victor R. Boswell, Jr., NGP. 209 W. Robert Moore. 210, 211 Alan J. Villiers. 212, 213 American Museum of Natural History. 214 Keystone View Company. 215 Wide World Photos. 216, 217 Arthur A. Allen. 218 Karikatur von Gaar Williams; Reprinted von: Tribune Media Services.

220, 221 Robert B. Goodman. 222 David Knudsen, von William Beebe. 224, 225 Gemälde von Else Bostelmann. 226, 227 Luis Marden. 228, 229 David Doubilet. 230, 231 Jonathan S. Blair. 232, 233 William R. Curtsinger. 234(1) David Doubilet. 234, 235 Annie L. Doubilet. 235(r) David Doubilet. 236, 237 Emory Kristoff, NGP. 238 Al Giddings, Ocean Images. 239 Emory Kristoff and Alvin M. Chandler, beide NGS. 240, 241 Zeichnung von Pierre Mion für NATIONAL GEOGRAPHIC.

242–245 U.S. Navy. 247 Gemälde von Thorton Oakley für NATIONAL GEOGRAPHIC. 249(r) United Press International, Bettmann Newsphotos. 251(o1) U.S. Navy. 251(u1) United Press International, Bettmann Newsphotos. 251(r) George De Zayas. 253 U.S. Navy. 253(u) B. Anthony Stewart. 255 British Ministry of Information. 256(o) U.S. Navy. 258 Carl R. Markwith. 260(o) Robert S. Oakes. 260(u) Karikatur von Selz; © 1943, 1971 The New Yorker, Inc.

262, 263 Wally McNamee. 264 Karikatur von Lucien Jones. 265 Brown Brothers. 266 © Times Newspapers, Ltd. London. 267 Solo Syndication & Lit. Ag. 268, 269 Gemälde von Lt. William F. Draper, U.S. Navy. 270, 271 Howard Sochurek. 273 Gordon W. Gahan. 274 Robert Azzi. 276 Michael Coyne, The Image Bank. 278, 279 Wilbur E. Garrett, NGS. 280, 281 Michael S. Wilson. 282, 283 James Nachtwey. 284, 285 Steve McCurry.

286, 287 J. R. Eyerman, Life © 1958 Time, Inc. 290(1) Wide World Photos. 290(r) Fred J. Maroon. 291 Culver Pictures, Inc. 293 By Edgerton, Germeshausen and Grier, Inc. für the U.S. Atomic Energy Commission. 293(r) U.S. Army. 295 Robert E.. Sisson, NGP. 296(o) Willard R. Culver. 296(u) Andrew H. Brown. 298 B. Anthony Stewart. 299 Andrew H. Brown. 300(o) Leet Brothers. 300(u) Clifton Adams. 301 Luis Marden. 303 J. Baylor Roberts.

306, 307 Samuel Silverstein. 308 U.S. Geological Survey. 310, 311 Bradford Washburn. 313 Galen Rowell. 314, 315 Bradford Washburn. 316 Barry C. Bishop, NGS. 317 Luther G. Jerstadt. 318, 319 Nicholas De Vore III. 320, 321 Vera Komarkova. 323 John Roskelley. 324(1) Nena Holguin. 324, 325 Reinhold Messner. 326, 327 Galen Rowell.

328, 329 Bates Littlehales, NGP. 331 W. Robert Moore. 332 Joseph D. Lavenburg, NGP. 335 Victor R.Boswell, Jr., NGP. 336

Joseph D. Lavenburg, NGP. 338 B. Anthony Stewart. 339(ol&u) Luis Marden. 339(or) Wilbur E. Garrett, NGS. 340(o) James L. Stanfield, NGP. 340(u) Joseph H. Bailey, NGP. 342(o) Thomas J. Abercrombie, NGS. 342(u) Vokmar Wentzel. 343 Harald Schultz. 344(ol) Winfield Parks. 344(or&m). 345 Victor R. Boswell, Jr., NGP. 347(ol) Gordon W. Gahan. 347(or) Baron Hugo Van Lawick. 347(ol) Rod Brindamour. 347(mr) Robert M. Campbell. 348 Joseph D. Lavenburg, NGP. 350 Mad magazine © 1958 von E. C. Publications, Inc.

352, 353 Dean Conger für NASA. 354, 355 Richard H. Stewart. 356, 357 Gemälde von Tom Lovell für NATIONAL GEOGRAPHIC. 358 Henry Burroughs, Wide World Photos. 359 Doug Martin. 360, 361 James A. McDivitt, NASA. 362, 363 E. C. Cernan, NASA. 364, 365 NASA. 366, 367 Scene from the IMAX®/ OMNIMAX® Film »The Dream Is Alive« © Smithsonian Institution and Lockheed Corporation 1985. 368, 369 NASA. 370, 371 U.S. Geological Survey, Flagstaff, Arizona. 372, 373 NASA. 374, 375 Gemälde von James Hervat für NATIONAL GEOGRAPHIC.

376, 377 James L. Amos, NGP. 379 James L. Stanfield, NGP. 380, 381 James P. Blair, NGP. 382 Mate Mestrovic. 384(ol) Barry C. Bishop, NGS. 384(ml) Carol Hughes. 384(ul) Joseph H. Bailey, NGP. 384(or) Daniel Tomasi, The Cousteau Society. 384(mr) Jonathan Wright. 384(ur) David Doubilet. 385(l) Edgar Boyles.

385 (r) Mick Coyne. 386(l) Victor R. Boswell, Jr., NGP. 386(r) Foster Wiley. 387 Bianca Lavies, NGP. 388(o) Joseph H. Bailey, NGE. 388(u) Joseph D Lavenburg, NGP. 389 Victor R. Boswell, Jr., NGP. 390 Fred Ward, Black Star. 393(o) Leroy Woodson, Wheeler Pictures. 393(u) WORDSMITH von Tim Menees. © 1976 Universal Press Syndicate. Reprinted by permission. 394 Winfield Parks. 397 James P. Blair, NGP. 398 © 1980 Henson Associates, Inc. Reprinted by permission.

400, 401 Bruce Dale, NGP. 402 From Brigadier General William Mitchell. 404, 405 Belinda Wright. 406, 407 Oria and Iain Douglas–Hamilton. 408 Frank and John Craighead. 409 Pat Powell. 410, 411 Al Giddings, Ocean Images. 412, 413 Glenn W. Elison. 414 U.S. Air Force. 415 Robert S. Dyer, Environmental Protection Agency. 416 James P Blair, NGP. 417 Ted Spiegel, Black Star. 418, 419 Dewitt Jones. 420 James P. Blair, NGP. 421 Walter Meayers Edwards. 422, 423(l) Fred Ward, Black Star. 423(r) James P Blair, NGP. 424, 425 Steven C. Wilson, Entheos.

426, 427 James L. Amos, NGP. 429 Martin Rogers. 430 Pat Lanza Field, NGS. 431 Gemälde von Ned M. Seidler für NATIONAL GEOGRAPHIC. 432 Joseph D. Lavenburg, NGP. 433 Victor R. Boswell, Jr., NGP. 434 Robert S. Oakes. 435 Jon Schneeberger, Ted Johnson, Jr., and Anthony Peritore, all NGS. 436 Wilbur E. Garrett, NGS. 439 William Albert Allard. 440, 441 Claude E. Petrone, NGS. 442 Joseph D. Lavenburg, NGP. 443 Joseph H. Bailey, NGP. 444 Lowell Georgia. 447 Steve McCurry. 448 Joseph H. Bailey, NGP. 450 James L Amos, NGP. 452 Grin and Bear it by Lichty and Wagner © 1982 Field Enterprises, Inc. by permission of North American Syndicate, Inc.

454, 455 Boehringer Ingelheim International GmbH. 456 David Fairchild. 457 Phillip Degginger, Bruce Coleman, Inc. 458, 459 David Scharf. 460–464 Lennart Nilsson. 466 Mallinckrodt Institute of Radiology, St. Louis. 467 Howard Sochurek. 468–471 Kevin Fleming. 472, 473 National Optical Astronomy Observatories, Arizona.

474, 475 Stephen G. St. John. 477 Lydia Mychiliuk Suchy. 478–479 Bill Curtsinger. 479 Eric Hiner. 482 Louie Psihoyos. 483 José Azel. 485(o) Steve Raymer. 485(u) George Steinmetz. 486 Lisa Silcock/DJA River Films. 487(om) Ken Regan/Camera 5. 487(or) Steve McCurry. 487(u) David E. Hornback. 488(ol) Mark Thiessen. 488(or) James L. Stanfield. 489(or) David Alan Harvey.

492, 493 Stephen Alvarez. 494 Johan Reinhard. 496 Johns Hopkins Hospital. 497 Kenneth Garrett. 498, 499 Original photograph courtesy of NASA. Printed from digital image © 1996 CORBIS. 500 Eric Valli and Diane Summers. 502 Ted Tamburo. 504 Joseph McNally/Superimposed brain image by Bassem Mora and George Carman.

506, 507 Gordon Wiltsie. 509(o&m) Michael Nichols, NGP. 510 George Steinmetz. 512, 513 Norbert Rosing. 514 Victor R. Boswell, Jr. 515 Hans Larsson. 516, 517 Louie Psihoyos.

TEXTNACHWEISE

Wir danken für die Erlaubnis, aus folgenden Texten zitieren zu dürfen:

William Beebe, Half Mile Down, published by Harcourt Brace, 1934. Rights reserved by Meredith Corporation, New York.

Tom Buckley, »With the NATIONAL GEOGRAPHIC on Its Endless, Cloudless Voyage,« September 6, 1970, Copyright © The New York Times.

Arthur C. Clarke, Interplanetary Flight: An Introduction to Astronautics, 1960. By permission of the author and the author's agents, Scott Meredith Literary Agency, Inc. Michael Collins, Carrying the Fire, copyright © 1974 Michael Collins. By permission of the publishers, Farrar, Straus and Giroux, Inc.

C. Day-Lewis, »Transitional Poem« from Collected Poems 1929–1933, published by The Hogarth Press, 1938.

Kendrick Frazier, The Violent Face of Nature. Severe Phenomena and Natural Disasters, published by William Morrow & Company, Inc., 1979. By permission of William Morrow & Company, Inc., and Harold Matson Company, Inc.

Bernard Grun, The Timetables of History: A Horizontal Linkage of People and Events, copyright © 1975, 1979 Simon & Schuster, Inc. (A Touchstone Book).

Geoffrey T. Hellman, »Geography Unshakkled,« September 25, October 2, and October 9, 1943, published by The New Yorker. Included here by permission of Special Collections, New York University.

Tom Holzel and Audrey Salkeld, First on Everest: The Mystery of Mallory und Irvine, published by Henry Holt and Company, Inc., 1986.

Roland Huntford, Scott and Amundsen, published by Hodder & Stoughton, London und Toronto, 1979.

Roland Huntford, The Last Place on Earth, published by Atheneum, 1986.

Rudyard Kipling, The Explorer, © 1940 Elsie Kipling Bambridge, published by Doubleday & Co., Inc.

Archibald MacLeish, »A Reflection: Riders on Earth Together, Brothers in Eternal Cold,« December 25, 1968, copyright © The New York Times.

Frank Luther Mott, A History of American Magazines, 1885–1905, published by The Belknap Press, Harvard University Press, 1930–1968.

New York Times editorial, »Footnote to Geography,« July 26, 1942, copyright © The New York Times.

New York Times editorial, »Maps of a Changing World,« January 15, 1945, copyright © The New York Times.

Time-Life Books Editors, This Fabulous Century: 1920–1930, copyright © 1968 Time-Life Books Inc.

Washington Star feature article, Sunday Section, February 5, 1942. All rights reserved.